国家科学技术学术著作出版基金资助出版

车辆电子控制技术

冯国胜 著

科学出版社

北京

内 容 简 介

本书系统地介绍美国飞思卡尔（Freescale）公司的 DSP56F807、MPC555 和美国德州仪器（TI）公司的 TMS320F2812 在柴油机电子控制系统开发、柴油机电子控制系统控制策略、电控单体泵柴油机优化标定、高压共轨柴油机燃油喷射系统模糊控制、汽车 CAN 总线控制系统、车载故障诊断检测系统、动力电源管理系统、混合动力汽车能量管理系统和混合动力汽车电动机控制系统方面的开发及应用实例。本书根据作者多年的工程实践、教学和科研成果撰写，将理论和实际相结合，使读者对车辆电子控制系统研发有一个较为全面的了解，具有很强的实用性。

本书适合高等学校机械工程、电气工程、车辆工程专业的教师、研究生、高年级本科生和相关专业的工程技术人员阅读及参考。

图书在版编目（CIP）数据

车辆电子控制技术 / 冯国胜著. —北京：科学出版社，2020.7
ISBN 978-7-03-065578-3

Ⅰ. ①车… Ⅱ. ①冯… Ⅲ. ①汽车-电子控制-高等学校-教材
Ⅳ. ①U463.6

中国版本图书馆 CIP 数据核字（2020）第 108491 号

责任编辑：冯 涛 杨 昕 / 责任校对：王万红
责任印制：吕春珉 / 封面设计：东方人华平面设计部

科学出版社 出版
北京东黄城根北街 16 号
邮政编码：100717
http://www.sciencep.com
三河市骏杰印刷有限公司印刷
科学出版社发行 各地新华书店经销
*
2020 年 7 月第 一 版 开本：787×1092 1/16
2020 年 7 月第一次印刷 印张：25
字数：590 000

定价：175.00

（如有印装质量问题，我社负责调换〈骏杰〉）
销售部电话 010-62136230 编辑部电话 010-62135397-2032

前　　言

汽车是一种方便快捷的交通工具，当今我国汽车产销量稳居全球第一位。汽车在消耗大量能源的同时也带来了严重的环境污染问题，实现汽车的节能环保既是世界汽车发展的永恒主题，也是我国汽车工业实现与社会协调发展面临的现实问题。近年来，电子控制技术在解决汽车油耗、排放、安全等问题方面起着越来越重要的作用，大大推动了汽车工业的发展。汽车电子控制技术的研究成果在节能环保、高端装备制造和新能源汽车等战略性新兴产业中具有广阔的应用前景。

本书是作者十多年来从事汽车电子控制技术研究的成果，其中大部分实例经过了验证，成功地解决了多家企业的技术问题。本书重点介绍飞思卡尔（Freescale）公司的DSP56F807、MPC555和德州仪器（TI）公司的TMS320F2812在汽车电子控制技术方面的开发及应用实例。

感谢国家自然科学基金项目（项目编号：11272220）、国家科学技术学术著作出版基金资助项目（项目编号：2018-E-085）、河北省自然科学基金项目（项目编号：F2004000428、E2009000925、E2014210050）、河北省科技支撑计划项目（项目编号：10212118D、17392202D、18212201D、18042211Z）、河北省引进留学人员项目（项目编号：C2015005019）和河北省研究生课程建设项目（项目编号：KCJSX2017064）的资助。期望拙著能够给机械、车辆和电气界各位同人在车辆电子控制技术方面提供点滴的启发和帮助。

感谢在天津大学和中国汽车技术研究中心博士后期间的合作导师姚春德教授和李孟亮研究员在柴油机排放监测方面的指导，感谢在美国北卡罗来纳大学访问学者期间的合作导师艾哈迈德·苏莱曼（Ahmed Soliman）教授在混合动力汽车参数匹配方面的指导。

感谢北京理工大学张幽彤教授、山东大学程勇教授、河北工业大学关玉明教授在百忙之中为本书审稿并提出了许多宝贵意见。

在本书的写作过程中，作者查阅和参考了一些国内外文献，在此谨向这些文献的作者、编者表示衷心的感谢。

作者课题组成员及吴汗生、周玮、冯丽沙、牛晓燕、邓伟、杜飞、甄苗苗、马良、孙先赏、袁新华、于海征、彭超亮、钱超等研究生也承担了本书的部分编写工作，贾素梅研究员对书稿进行了校订，在此一并表示感谢。

由于作者水平有限，本书不足之处敬请读者批评指正。作者的邮箱地址：fguosheng@stdu.edu.cn。

作　者

目　　录

第1章　绪　　论

1.1　汽车电子技术概述

1.1.1　汽车电子技术发展的原因

汽车是当今社会的重要交通工具，如何满足人们对汽车安全、清洁、节能、舒适的需求，一直是汽车设计师的重要课题。近十几年来，汽车电子技术在解决汽车所面临的各种问题方面起着越来越重要的作用，推动了汽车工业的发展。汽车电子技术水平已经成为衡量一个国家汽车技术水平的重要标志，同时也是各汽车生产厂家在竞争中掌握主动权的关键。节能与新能源汽车是《中国制造 2025》明确的十个重点领域之一。我国将继续支持电动汽车、燃料电池汽车的发展，提升汽车动力电池、驱动电机、高效内燃机、先进变速器、轻量化材料、智能控制等核心技术工程化和产业化的能力，形成从关键零部件到整车的完整工业体系和创新体系，推动自主品牌节能与新能源汽车同国际先进水平接轨[1]。汽车电子技术发展的原因可以归结为以下两个方面。

（1）社会对汽车性能要求的不断提高

汽车作为一种重要的交通运输工具为人类的发展做出了不可磨灭的贡献。然而，汽车在造福人类的同时，也带来了能源紧张、排气污染、噪声污染和交通安全等一系列社会问题，这成为制约汽车工业乃至人类社会可持续发展的主要障碍。因此，开展汽车电子技术的研究，改善与提高汽车性能，满足日趋严格的汽车油耗法规、排放法规和安全法规的要求，已经成为当今社会和市场共同追求的目标。

（2）电子技术的高速发展

经过一百多年的技术革新，汽车上应用的传统机械装置得到了长足的发展，功能已经相当完善，若仅依靠对机械结构的改进来满足人们不断提升的对汽车性能的要求，则必将事倍功半。因此，只有在汽车的工作原理和结构上进行根本性变革，才有可能给汽车的发展带来革命性变化，从而使汽车的性能满足人们的要求。目前，汽车工业越来越多地从后工业时代的能源、电子、信息科技中吸收新的元素，汽车电子化已经成为一种趋势，而电子技术特别是大规模集成电路、微型计算机和传感器等技术的发展，为汽车电子装置的发展提供了必要的物质条件和技术保证。

1.1.2　汽车电子技术的发展趋势

能源、环境保护和交通安全依然是 21 世纪全世界关注的三大课题。随着地球环境遭受的污染越来越严重，以及能源问题越来越严峻，关于汽车油耗、排放和安全等方面的法规必将越来越严格。因此，在传统机械装置的发展潜力基本枯竭的情况下，汽车电子技术的发展是大势所趋[2]。

汽车电子技术的发展依赖机械技术、控制理论、电子学、计算机和网络等多方面技术的共同进步。汽车电子技术发展的主要趋势如下。

1）针对汽车嵌入式系统的发展，包括功能越来越强的微控制器和稳定、可靠、方便的实时操作系统。

2）42V 汽车电气系统的应用。随着汽车上安装的电子装置越来越多，其消耗的电能也会大幅度增加。目前，汽车电子装置的总功率已经增长到 8～10kW，如果按 8kW 计算，那么供电电压为 14V 的汽油车电气系统（12V 蓄电池）的电路电流将达到 570A。若将汽车的供电电压由 14V 提高至 42V，则电路电流降至 190A。因此，在相同热损耗的情况下可以选用更细的导线。目前，美国、欧洲各国的汽车制造商和零部件供应商已经在讨论由 12V/14V 汽车电气系统向 36V/42V 汽车电气系统转换的问题。

3）线控技术的应用。线控技术将驾驶员的操作命令转换为电信号，再以电子控制方式驱动执行机构以实现对汽车的控制。汽车电子控制系统采用线控技术，这不仅可以大大简化应用传统操纵机构的机械或液压传动系统，还能使汽车的结构发生改变，尤其是利用新能源的电动汽车，其底盘结构将会有全新改变。

4）随着智能化交通技术的迅速发展，汽车自身不仅是个复杂的系统，而且还将成为智能交通大系统中的一员。基于卫星导航定位系统的汽车导航技术、移动电话和互联网等都将在汽车上普及，汽车电子控制与信息技术的结合也将更加紧密，这将成为汽车电子技术的重要发展方向。

1.1.3 汽车电子技术对汽车工业的影响

随着汽车技术的发展及各种高新技术在汽车上的广泛应用，汽车已经由一个传统的机械装置逐渐演变为一个集机械、电子、计算机、控制、通信等技术于一体的复杂系统。先进车用发动机电子控制技术、发动机电子控制单元和匹配标定系统技术、柴油机电子控制高压共轨系统技术、发动机尾气排放控制系统技术、汽车电子控制技术、节能和新能源汽车的关键零部件先进技术、新型储能及管理系统等被列为 2016 年国家重点支持的高新技术领域[2]。汽车电子技术对汽车工业的影响主要表现在以下几个方面。

（1）汽车用途的改变

汽车不仅仅是可靠的交通代步工具，其已经逐渐演变成人际交往的流动办公室或舒适的休闲娱乐室，是人类社会活动的重要场所。

（2）汽车产品特征的改变

汽车正在经历从“机械时代”向“电气时代”的过渡与转型，即由车载一系列能够提高局部性能的电子装置的机械系统转变为车载一系列能够实现预定功能的执行机构的电子系统。同时，随着汽车电子装置的网络化、智能化，汽车将会成为一个以信息化、电气化为主导的有感知的智能化产品。

（3）汽车工业特征的改变

随着电子技术、信息技术及其他新兴科学技术在汽车上的广泛应用，汽车产业已从机械制造转变为集机械、电子、计算机、通信等技术为一体的产业。网络化经营和模块化生产使汽车产业链结构发生了重大变化。随着电子系统在整车成本中所占的比例不断增加，电子产品制造商及软件开发商正在成为汽车界的重要汽车零部件供应商。

（4）汽车学科基础的改变

汽车学科基础将从传统的以机械为主的学科群（如力学、机构、材料等方面的课程）转变为机械和电子并重的学科群（即增加电子技术、计算机技术和控制技术等方面的课程）。

1.2 汽车电子控制系统

目前，汽车电子控制系统由多种传感器、中央处理器（central processing unit，CPU）、微处理器、存储器、输入/输出（I/O）接口、执行机构、显示器、数据总线和相应软件集合而成。该系统采用复杂的多元过程控制，使车辆系统实时处于最佳的工作状态。本节对汽车电子控制系统的组成和工作原理进行详细介绍，重点阐述汽车电子控制单元（electronic control unit，ECU）的功能。

1.2.1 汽车电子控制系统组成

汽车电子控制系统的基本组成框图如图1-1所示[3]。

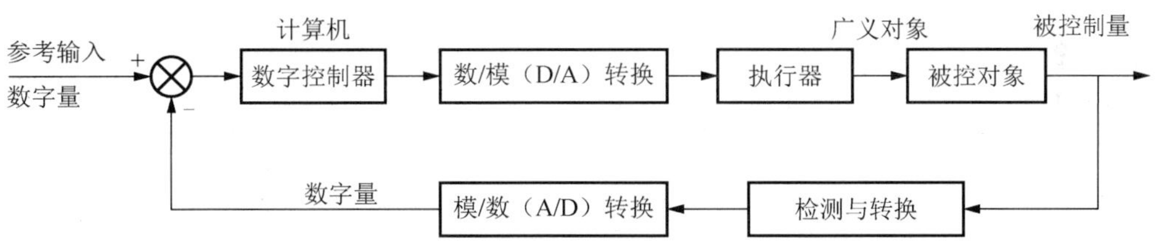

图1-1 汽车电子控制系统的基本组成框图

汽车电子控制系统包括硬件和软件两部分。

（1）硬件

汽车电子控制系统的硬件结构一般由三部分组成：外部传感器、计算机和执行机构，如图1-2所示。计算机部分是由输入接口、微处理器和输出接口组成的。

汽车电子控制系统硬件的基本工作原理如下：汽车运行时，各个传感器不断检测汽车运行的工况信息，并将信息通过输入接口实时传送给微处理器；接收信息后，微处理器根据内部控制程序进行决策并作相应处理，再通过输出接口将控制信号传送给执行机构；执行机构接收程序信号后执行相应的动作，实现某种预定功能。

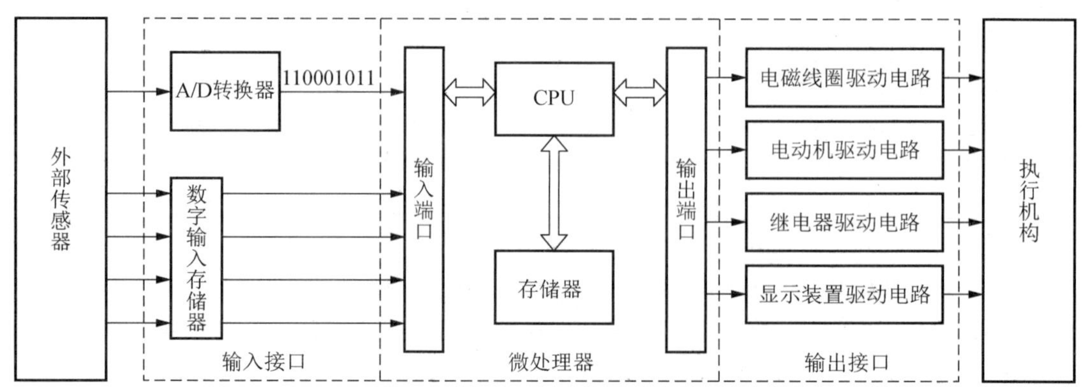

图 1-2　汽车电子控制系统的硬件结构框图

（2）软件

软件分为系统软件和应用软件。系统软件是对主机和外部设备进行统一管理和控制的程序系统，包括操作系统、语言加工系统和诊断系统。应用软件是为实现控制功能，根据被控对象和控制要求编写的程序。

1.2.2　汽车电子控制系统工作原理

汽车电子控制系统将一系列已经设计好的指令程序存储在存储器中，输入信号来自控制系统的各个传感器。电子控制系统工作时，微处理器接收各个传感器的输入信号，并将其与存储器中的“标准数据”做比较，按照一定的控制算法进行误差计算，得出控制信号，再传送给执行机构采取相应的控制动作。电子控制系统处理信息的方式是多种多样的，有的是按照一定的时序依次对接收的信息进行处理，有的是在常规工作时因某种既定条件，系统产生一个中断，微处理器停止当前的工作而对特定的信息进行处理。现代汽车电子控制系统已经引入了各种实时操作系统，用来管理系统中各种任务的优先级、中断条件和执行时间等。

1.2.3　汽车电子控制单元（ECU）

ECU 是汽车电子控制系统的核心部件，其主要功能如下。

1）接收传感器或其他装置的输入信号，并将输入信号处理成计算机能够接收的信号，如将模拟信号转换成数字信号。

2）为传感器提供参考电压，如 2V、5V、9V 或 12V。

3）存储、计算、分析处理信息，如存储运行信息和故障信息，分析输入信息，以及进行相应的计算处理。

4）输出执行指令，如把弱信号变为强信号的执行指令。

5）输出故障信息。

6）完成多种控制功能。例如，在发动机控制中，计算机可以完成点火控制、燃油喷射控制、怠速控制、排放控制、进气控制和增压控制等多种功能。

ECU 一般由输入接口电路、微处理器、输出接口电路和线束与总线系统组成。

1. 输入接口电路

输入接口电路的主要功能是将被测物理量转换为电信号，并根据预先设定的程序处理该信号，其主要包括一些传感器、放大电路及开关器件等。汽车电子控制系统的传感器通常可分为以下三类：①检测控制对象状态的传感器。这类传感器是汽车电子控制系统进行决策的主要依据。②检测周围环境状态参数的传感器。在控制策略中，这类传感器一般用于控制的补偿和修正。③将驾驶员的操作指令、判断转换为开关等电信号的传感器。这类传感器一般用于辅助汽车电子控制系统进行决策。

输入接口电路主要完成传感器与微处理器之间的信息传递，并对传感器输入信号进行预处理[4]，使输入信号变成微处理器可以接收的信号。

（1）模拟信号的处理

若输入的模拟信号较弱（如氧传感器产生的电压信号小于 1V），则首先需要对该信号进行放大处理，再通过 A/D 转换器（ADC）将放大后的模拟信号转换成数字信号。

若输入的模拟信号的强度在 ADC 设定的量程范围内（如空气流量传感器的输出电压在 0～5V 之间变化）且没有超过 ADC 设定的转换范围，则可直接进行 A/D 转换。

ADC 以固定频率不断地对模拟信号进行扫描。例如，若在某时刻 ADC 扫描到节气门位置传感器的电压信号是 5V，那么 ADC 就为该电压信号赋予特定的数值 3，再将该数值转换成二进制数 11。ADC 不断地对模拟信号进行采样、赋值并转换成二进制数，再将其实时传送给微处理器进行处理。

（2）数字信号的输入

控制系统采集的数字信号主要来自转速传感器的转速信号和曲轴位置信号，它们都是脉冲信号。这两个信号经过处理电路之后，通过 I/O 接口可被直接送入微处理器。由于磁感应式转速传感器的输出信号随转速变化而变化，当发动机转速降低时，电压信号变弱，这时需要将信号放大和将波形变成整齐的矩形波，为此需要设置放大电路和脉冲信号整形电路。

另外，为了提高测量精度，输入接口电路中一般还有转角脉冲发生器，它可将曲轴转角传感器每转产生的几十个脉冲转变成 720 个脉冲。

2. 微处理器

ECU 的核心是微处理器，它负责接收输入信号，根据其内部预先编制的控制程序进行相应的决策和处理，并通过其输出接口对相应的执行器发出相应的操作命令。目前，应用于汽车上的微处理器主要是 8 位单片机和 16 位单片机，32 位单片机的应用也越来越广泛。这里所说的单片机是指将 CPU、RAM/ROM、I/O 接口、定时器/计数器等元件集成在一块芯片上形成的芯片级计算机。单片机具有小型化、功能强、可靠性高、价格低、性能价格比高和功耗低等一系列优点，因而在汽车实时控制系统中得到了广泛应用。

许多汽车上应用的是通用单片机，包括英特尔（Intel）、飞思卡尔（Freescale）、德州仪器（TI）、微芯（Microchip）和英飞凌（Infineon）等公司的产品。除了通用单片机系列外，汽车产业中还会用到一些专用单片机。专用单片机是为某一特定领域或商品而开发设计的，其内部结构或指令系统都是特殊设计的，甚至其内部的程序都是已经固化好的。

3. 输出接口电路

计算机输出的是数字信号，并且输出电压较低，用这种输出信号一般不能驱动执行元件进行工作。输出回路在计算机与执行元件之间建立联系，可将计算机做出的决策指令转变为控制信号来驱动执行元件进行工作。它起着生成和放大控制信号的作用，通过输出驱动电路、各类继电器、电动机、电磁阀等执行器件，将 ECU 发出的命令转变为相应的动作，实现某种预定功能。

4. 线束与总线系统

线束是利用各种导线、开关等配电装置，将汽车电子控制系统中的电气设备和电子设备按照它们各自的工作特性及相互间的内在联系连接成一个完整的用电系统。

随着车用电气设备越来越多，无论从材料成本还是从工作效率看，传统的线束布线法已经不适应汽车的发展[5,6]。因此，基于串行信息传输的网络结构将成为汽车布线的一种必然选择。随着汽车电子化的深入，以网络通信为基础的线控技术（control by wire，CBW）将在汽车上普遍应用，这是汽车网络技术需求不断增长的原因之一[7]。

1.3 电子控制系统的共性问题

汽车作为一种最普及的交通工具，涉及相当多的性能指标。仅汽车本身的性能指标就包括燃油经济性、动力性、尾气排放性、制动性、操纵稳定性、平顺性、安全性、弱附着路面的通过性等。为了满足人类的多方面需要，汽车还有许多附加自动装置，如自动空调、安全气囊、电话、自动门窗、防盗、通信、自动导航等。目前，这些附加电子装置的装车比例也在不断扩大。从控制的对象来看，这些系统是根本不同的。但从控制系统的设计方面看，这些系统又有相同的地方，其共性问题如下[8-11]。

1）动态建模。对于满足给定要求的电子控制系统，通常需要建立控制系统的动态模型或标定系统的数据模型。

2）传感装置。为了实现对被控对象的精确控制，需要通过传感装置测量被控对象的变化信息。

3）执行机构。执行机构把期望的动作要求转化为准确的动作。

4）控制算法。控制算法根据测量信号（对象输出）和期望的动作要求（输入）之间的偏差，基于系统的动态模型进行控制器的设计，满足系统在不同条件下的使用要求。

5）电子控制装置。电子控制装置是实现控制算法（软件或程序）的载体。

1.3.1　传感器

随着电子技术的发展，汽车电子控制装置普遍采用以微处理器为核心的数字系统，它具有很强的信息处理能力。为了最大限度地提高汽车的使用性能，如燃油经济性、动力性，系统工作的可靠性，乘员的舒适性、安全性，操作方便性等，电子控制装置需要各种必要的信息以实现各类精确控制。传感器被用来提供这些必要的信息，在某些汽车上，传感器的数量多达 50 多个。例如，提高发动机性能的关键在于精确控制燃油喷射量和点火时间，确定这两个参数需要许多信息，需要在汽车上安装温度传感器、空气流量传感器、曲轴位置传感器及氧气浓度传感器等。如果没有各类传感器提供发动机、汽车行驶的工作状态和外部环境条件，电子控制装置就失去了控制目标。可以说，汽车电子技术成功与否在很大程度上取决于传感器。车用传感器按检测项目可分为温度传感器、压力传感器、空气流量传感器、位置与角度传感器、气体浓度传感器、转速传感器、加速度传感器、光量传感器、液位传感器、距离传感器、电流传感器、载荷传感器等。

设计或选用传感器时，除考虑传感器的测量范围、精度、分辨率、响应速度等基本要素应当符合要求外，还要考虑参数的一致性、耐久性及经济性。车用发动机传感器的工作环境非常苛刻，因此还必须考虑它的特定工作环境。车用发动机的典型工作环境要求和特殊工作环境要求分别见表 1-1 和表 1-2。

表 1-1　车用发动机的典型工作环境要求

参数	要求
振动	15g，50～200Hz，三维，无振动
冲击	从距混凝土地面 90cm 的高处落下，100g，11ms，三维
温度（工作）	−40～+120℃
温度（存放）	−40～+150℃
湿度	10%～100%RH
盐雾、污浊	盐雾、污浊溶液及油中的浸渍
热冲击	−40～+120℃，各温度下存放 30min，800 次循环

表 1-2　车用发动机的特殊工作环境要求

传感器	环境参数	要求
曲轴转角 冷却液温度	乙二醇中浸渍	24h，100℃
空气流量 歧管绝对压力 歧管负压	反转	304kPa（3 个标准大气压）的气体脉冲
氧量	高温、热冲击	300～700℃下工作，30s 内承受−50～+70℃的突变温度

除非是有特别的原因需要选用间接测量的传感器，我们一般选用直接测量的传感器。某些信号从数学意义上来说（如位移、速度和加速度）是可以相互表达的，如从位移信号可以推出速度信号和加速度信号。然而，由于传感器的测量噪声，即使采用滤波技术，也很难由其中一个信号来重构其他信号，尤其是当信号的工作频率与测量噪声的频率在同一个范围或相隔很近时。

1.3.2 执行机构

常用的执行机构根据驱动的能量不同可分为三类：液压元件、气动元件和电气元件。另外，还有一些特殊的执行机构，它们利用材料的特殊性质来完成期望的动作。例如，控制发动机冷却液循环的节温器利用材料的热膨胀特性，在冷却液温度超过规定的温度后，自动打开强制循环冷却液通道。对于小功率运动伺服系统，一般采用电气元件，如节气门开度控制、散热器冷却风扇等。对于大功率系统，可以采用液压和气动元件。若结构尺寸要求很严格，则采用液压传动（如轿车）；若结构尺寸要求不严格，则多采用气动（如货车电子悬架、防抱死制动）。常用的执行机构见表 1-3。

表 1-3 常用的执行机构

名称		驱动能源	应用举例
电动机	直流电动机	电能	刮水器
	伺服电动机	电能	节气门开度控制
	步进电动机	电能	节气门开度控制、电子悬架阻尼与刚度控制
控制阀	2/2 开关阀	液压/气动	防抱死制动、驱动控制、自动变速器
	3/3 开关阀	液压/气动	防抱死制动、驱动控制、自动变速器
	比例压力阀	液压/气动	起步离合器、无级变速器（continuously variable transmission，CVT），金属带夹紧力控制
	比例流量阀	液压/气动	CVT 连续速比控制
继电器		电能	电磁阀驱动、电动机驱动
电磁铁	比例	电能	电磁离合器、比例液压阀
	开关	电能	开关电磁阀

1.3.3 系统模型

为了实现精确控制，在设计时建立系统模型是非常重要的。汽车电子控制系统的模型既包括动态模型，也包括静态模型。比较典型的动态模型有汽车驱动控制的动态模型、汽车整车动力学模型、防抱死制动模型、驱动控制模型等；常用的静态模型有发动机数据模型、各种液压阀控制电压（电流）与流量/压力输出特性模型。

通过理论推导、实验标定及系统辨识三种方法，可以获得系统模型。

理论模型能够准确而全面地描述系统的动态和稳态特性，是深入了解系统本质特性的钥匙。例如，悬架、防抱死制动系统（anti-lock braking system，ABS）及整车驱动的力学模型等，是建立在牛顿力学基础上的理论模型。然而在许多场合，导出理论模型非常困难，有时甚至是不可能的。例如，发动机就很难用一个解析表达式来描述它的全部特性，因此无论是发动机控制，还是传动系统与发动机的动态匹配控制，都采用发动机在稳态工况下的标定数据模型。

一般而言，静态模型可以解决任意复杂系统的定量描述问题。但是当系统的动态特性起主导作用时，用静态模型描述可能会产生较大的误差。系统辨识可以提供包括动态特性在内的参数模型。在实际应用中，人们习惯把系统辨识的动态参数模型与稳态数据模型结合起来以改善数据模型的精度。

1.3.4 主要控制技术

汽车作为复杂的人造设备存在较高的非线性和不确定性。汽车工作时速度、载荷等在很大范围内不断变化，车况也随着行驶里程的变化而变化，并且驾驶员在汽车行驶时有着十分重要的作用，这些因素造成了系统模型的不确定性。同时，汽车行驶时路面、气候等环境因素变化也存在不确定性。因此，很难建立精确的汽车数学模型，有时甚至根本无法建立数学模型。汽车电子控制系统通常采用分级递进结构，其中组织级采用智能控制进行决策，而执行级由于通常具有较精确的数学模型，因此可以采用传统控制理论来实现高精度控制。

由于人们对汽车电子控制系统的实时性和可靠性要求很高，同时还要考虑价格因素，因此汽车电子控制技术的控制方法有其特殊性。逻辑门限值控制技术、比例积分微分（proportional integral derivative，PID）控制技术和模糊控制技术是汽车电子控制系统中常见的控制技术。

1. 逻辑门限值控制技术

逻辑门限值控制技术先选择一些控制参数并设定相应的门限值，再将测量得到的参数实际值与门限值进行比较，并将比较结果作为判断条件决定控制逻辑。该技术在实际使用时可以通过其中几个判断条件的共同作用来进行控制。

采用逻辑门限值控制技术可以避免一系列繁杂的理论分析和对一些不确定因素的定量计量，具有简单、可靠、实时性好等优点。因此，它是当今汽车上普遍采用的一种控制技术。

从形式上看，逻辑门限值控制技术与汽车系统的模型（动态特征）无关，但实际上逻辑门限值是根据所选用的车型和路面特性且在反复试验的基础上确定的。它隐含了系统模型与路面特性的依赖关系。由于系统的动态特性和路面条件在较大范围内连续变化，而采用逻辑门限值控制技术只能把这些变化分为有限的几种状态，因此不能期望逻辑控制技术在不同路面条件下都能达到最佳的控制效果。同时，由于逻辑门限值控制技术缺少理论上的指导，属于经验方法，为了获得门限值需要较多的道路试验来调试和验证，因而开发周期较长。

2. PID 控制技术

被控对象的控制量u和偏差e的传递函数为

$$U(s)=(K_p+K_i/s+K_d)E(s) \tag{1-1}$$

式中，$U(s)$、$E(s)$——系统控制量u和偏差e的拉普拉斯变换（简称拉氏变换）；

K_p——比例系数；

K_i——积分系数；

K_d——微分系数；

s——拉氏算子。

控制量u由偏差e的比例（proportional）、积分（integral）和微分（derivative）部分线性组合而成，故称为 PID 调节器。该调节器作为一种校正环节对被控对象进行校正，使闭环系统得到预期的控制效果。

PID 调节器已经形成了典型结构，其参数整定方便，结构变化灵活（P、PI、PD、PID 等），在工业过程控制中获得了良好的效果。通过调整比例系数、积分系数、微分系数，可以得到不同特性的控制系统，具体如下。

1）比例系数直接决定控制作用的强弱，增大比例系数可使系统开环增益加大，从而减小系统的稳态误差，提高系统的动态响应速度。然而，比例系数过大会使动态质量变坏，引起被控制量振荡，甚至导致闭环系统不稳定。

2）在比例调节的基础上加上积分控制可以消除系统的稳态误差。因为只要存在偏差，积分控制所产生的控制量就总是用来消除稳态误差的，直到积分的值为零，控制作用才停止。积分控制将使系统的动态过程变慢，而且过强的积分作用会使系统的超调量增大，从而使系统的稳定性变坏。

3）微分的控制作用与偏差的变化速度相关。微分控制能够预测偏差产生超前的校正作用，有助于减少超调、克服振荡，使系统趋于稳定，并能加快系统的动作速度，减少调整时间，从而改善了系统的动态性能。微分作用的不足之处是放大了噪声信号。

PID 控制技术是经典控制理论中较为成熟的控制技术，对于那些数学模型不易精确求得、参数变化较大的被控对象，采用 PID 调节器往往能够得到满意的控制效果。20 世纪 30 年代末出现的模拟式 PID 调节器目前仍在广泛应用。今天，随着计算机技术的迅速发展，人们已经可以用计算机算法代替模拟式 PID 调节器，实现数字 PID 控制，使其控制作用更灵活、更易于改进和完善。数字 PID 控制的增量式算法可以表示为

$$\Delta u(k)=K_p[e(k)-e(k-1)]+K_i e(k)+K_d[e(k)-2e(k-1)+e(k-2)] \tag{1-2}$$

该算法是递推的，因此数字 PID 控制占用计算机内存很小，其输出的控制量为

$$u(k)=u(k-1)+\Delta u(k) \tag{1-3}$$

3. 模糊控制技术

模糊控制属于智能控制，它采用模拟人类智能的形式，在被控对象模糊模型的基础上，运用模糊控制器的近似推理等功能实现系统控制。

模糊控制不依赖系统的精确数学模型，对系统参数的变化不敏感，具有很强的鲁棒性。另外，它的控制算法基于若干控制规则，非常简捷，特别适合车辆动态控制系统。模糊控制的基本原理框图如图 1-3 所示。

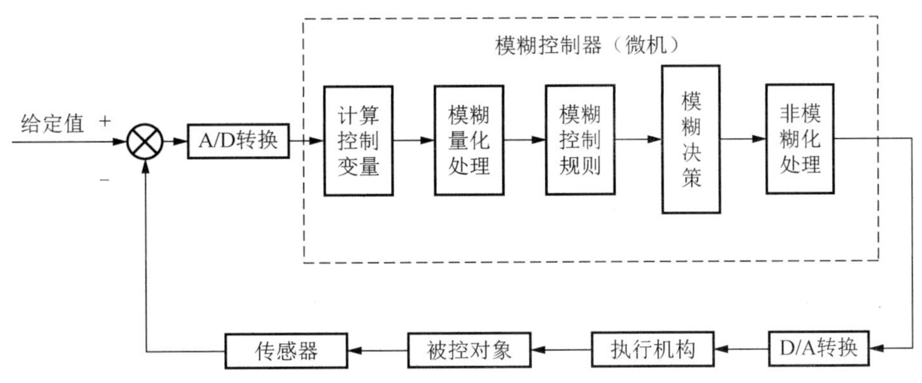

图 1-3 模糊控制的基本原理框图

模糊控制的基本方法如下。

1）将精确量模糊化。

2）将模糊变量分解成模糊子集。

3）构造模糊控制规则集。

4）确定系统的模糊输出量。

5）进行模糊判决，得出控制量的精确值。

为提高一般模糊控制的跟踪性能和定位精度，将计算得出的变化率与系统偏差通过离散化和模糊化处理，可以增加系统偏差、系统变化率、偏差变化率和最终控制量的档次，但这样又使算法不够简捷，控制过于烦琐。克服这个缺点的方法是使一般模糊控制和其他控制方式相结合，相互取长补短。

参考文献

[1] 周济. 智能制造："中国制造 2025"的主攻方向[J]. 中国机械工程，2015，26（17）：2273-2284.

[2] 科技部，财政部，国家税务总局. 关于修订印发《高新技术企业认定管理办法》的通知[EB/OL].（2016-01-29）[2017-01-12]. http://www.tax.sh.gov.cn/pub/xxgk/2cfg/qysds/201603/t20160307-422248.html.

[3] 孙骏. 汽车电子工程学[M]. 合肥：合肥工业大学出版社，2011.

[4] 林学东，王霆. 车用发动机电子控制技术[M]. 北京：机械工业出版社，2008.

[5] 张戟，孙泽昌. 基于 PowerPC 的 32 位微控制器原理：汽车电子控制系统应用[M]. 北京：电子工业出版社，2010.

[6] 罗峰，孙泽昌．汽车 CAN 总线系统原理、设计与应用[M]．北京：电子工业出版社，2010．
[7] 王旭东．汽车电子控制装置与应用[M]．北京：机械工业出版社，2007．
[8] 周云山，钟勇．汽车电子控制技术[M]．北京：机械工业出版社，2009．
[9] 李建秋，赵六奇，韩晓东，等．汽车电子学教程[M]．2 版．北京：清华大学出版社，2011．
[10] EHSANI M, GAO Y, EMADI A. Modern electric, hybrid electric, and fuel cell vehicles: fundamentals theory, and design[M]. 2nd ed. Boca Raton: CRC Press, 2010.
[11] ZHANG X, MI C.Vehicle power management: modeling, control and optimization[M]. London: Springer, 2013.

第 2 章　基于 DSP 的柴油机电子控制系统开发

尽管柴油机电子控制技术已经取得了一系列研究成果，但是与柴油机的优化匹配和采用复杂模型及算法的需求尚有差距。为提高柴油机的动力性、经济性和排放性，柴油机综合电子控制技术随着电子技术和现代控制理论的飞速发展应运而生，控制参数急剧增加，控制算法日趋复杂，对计算能力的要求不断提高，开发以具有高性能信号处理能力的单片机为核心的电子控制系统势在必行。本章介绍在已有 ECU 技术上基于数字信号处理器（digital signal processor，DSP）的电子控制系统设计，为发动机优化匹配和执行器智能控制方法的研究奠定基础[1]。

2.1　DSP56F807 数字信号处理器概述

2.1.1　微处理器的选型

车用柴油机的运行工况往往比较复杂，它的控制机构较多，除了燃油喷射系统的电磁阀外，还有可调几何涡轮增压器（variable geometry turbocharger，VGT）、喷油正时、废气再循环（exhaust gas return，EGR）等控制机构。为使车用发动机满足日益严格的排放法规和更高的燃油经济性、动力性要求，需要实时优化柴油机的运转参数，并进行智能控制，这就要求选用的微处理器具有运算速度快、存储空间大、I/O 接口线资源丰富的特点。

在过去几十年里，单片机的广泛应用实现了简单的智能控制。随着信息化进程加速，以及计算机科学与技术、信号处理理论与方法等的迅速发展，单片机需要处理的数据越来越多，人们对实时性和精度的要求越来越高，此时低档单片机已经不能满足要求。近年来，各种集成化 DSP 的性能得到很大改善，其相关软件和开发工具越来越多，价格大幅度下降，从而使 DSP 及其技术更容易使用，价格也能为广大用户所接受。越来越多的单片机用户开始选用 DSP 来提高产品性能，DSP 取代单片机的时代已经到来。

飞思卡尔（Freescale）公司的单片机在汽车行业有着广泛的应用，该公司开发的 DSP 具备单片机和信号处理器的双重功能，运算速度快，具有丰富的 I/O 接口和多种外部设备及良好的软件开发环境。本章选用 DSP56F807 作为柴油机电子控制系统开发的处理器，它不仅可以较好地继承前期单片机的研究成果，满足优化匹配和采用复杂模型算法对硬件的需求，而且可以为将来进一步开发留有余地。

2.1.2　DSP56F807 的内核特点

DSP 能够在一个时钟周期内完成乘法和加法运算，并能并行地将后面运算用到的两个参数传入相应的运算用寄存器。在循环方面，DSP 有重复 *n* 次（repeat n）或循环 *n* 次（do loop n）等指令，使 DSP 能够迅速完成 *n* 次循环，而不必每次检查是否已经循环了 *n* 次。这就是 DSP 在数字信号处理方面的优势，也是 DSP 区别于 CPU 的地方。

DSP 与 CPU 在结构方面的区别是，DSP 往往采用哈佛结构，而传统的 CPU 多为冯·诺依曼结构。冯·诺依曼结构是指将程序与数据统一编址，不区分存储器的程序空间和数据空间；哈佛结构是指将程序空间与数据空间分开编址，这样 DSP 在处理数据空间运算与数据传输的同时可以并行地从程序空间读取下一条指令。DSP 同时具有单片机的特点，如同把单片机中的 CPU 内核换成了 DSP 内核，故 DSP 对存储器的分配与管理比普通意义上的单片机对存储器的分配与管理复杂。单片机有片内存储器和片外可扩展存储器之分。在 DSP 中，除了要区分片内存储器和片外可扩展存储器外，还要区分程序 Flash、程序 RAM、数据 Flash、数据 RAM、引导 Flash。采用哈佛结构将程序空间与数据空间分开编址的好处是速度快，读程序和读/写数据可以同时进行[2,3]。

DSP56F807 数字信号处理器的内核特性如下。

1）关键部分采用双哈佛结构，支持并行处理。

2）在 80MHz 时钟频率下可以达到 40 兆条指令/s（million instructions per second，MIPS）的指令执行速度。

3）单指令周期可以完成 16 位×16 位的并行乘-加运算。

4）支持 15 种不同的寻址方式。

5）具有两个带有扩展位的 36 位累加器。

6）支持 16 位双向循环移位。

7）支持位操作。

8）支持硬件 DO 和 REP 循环指令。

9）支持可由用户灵活定义的多级中断优先级。

10）具有 3 条内部地址总线和 1 条外部地址总线。

11）具有 4 条内部数据总线和 1 条外部数据总线。

12）支持 DSP 和微控制单元（micro controller unit，MCU）两种功能风格的指令系统。

13）寻址方式类似 MCU 风格，指令代码简洁易学。

14）高效的 C 编译器，支持局部变量。

15）支持软件子程序，中断堆栈空间仅局限于存储器空间大小。

16）JTAG/OnCE 程序调试接口，允许在系统设计过程中随时进行调试，并可对软件进行实时调试。

DSP56F807 内核主要由算术逻辑单元（arithmetic logic unit，ALU）、地址产生单元（address generation unit，AGU）、程序控制单元（program control unit，PCU）、总线和位操作单元、片上仿真单元（OnCE）和内部总线等组成，如图 2-1 所示。

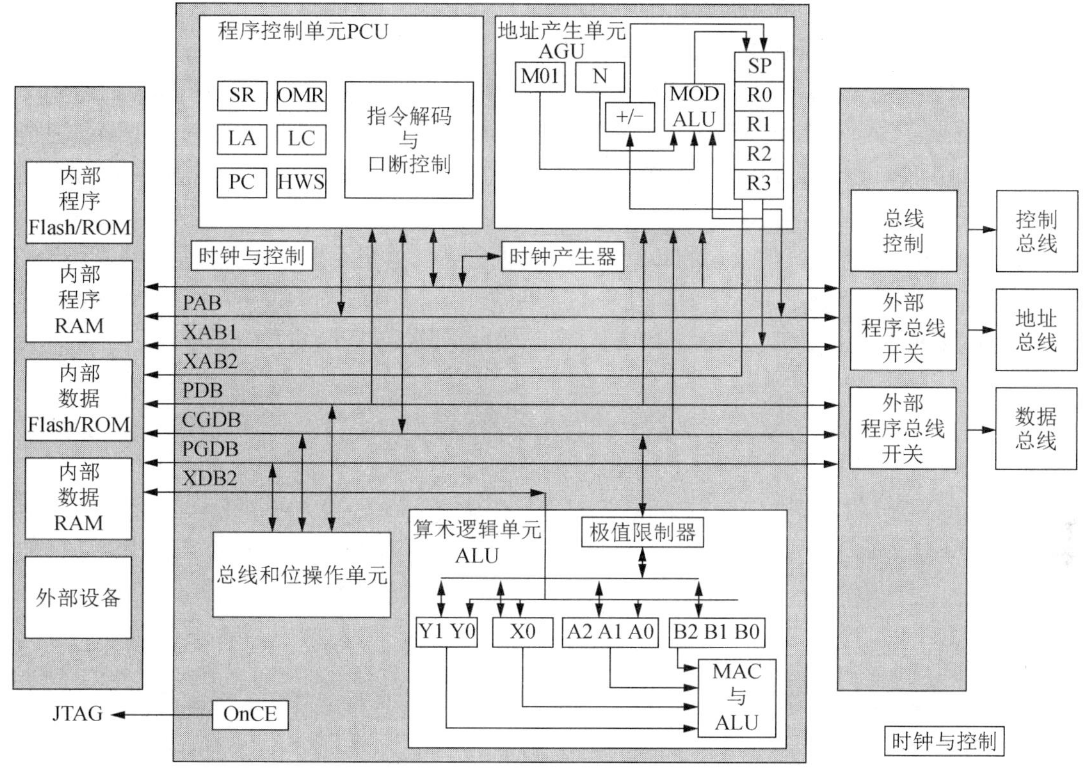

图 2-1　DSP56F807 内核框图

2.1.3　DSP56F807 的存储器特性

DSP56F807 芯片具有 60KB×16 位的程序 Flash 空间和 8KB×16 位的数据 Flash 空间、2KB×16 位的程序 RAM 空间和 4KB×16 位的数据 RAM 空间，以及 2KB×16 位的引导 Flash 空间。对于一般的系统，这些存储空间已经足够。对于那些程序算法复杂，并且需要处理大量数据的嵌入式应用，DSP56F807 芯片允许进行外部存储器扩展，可以有最大为 64KB 的外部空间，并且它们支持三种工作模式：全部使用内部存储空间、全部使用外部存储空间、同时使用内部存储空间和外部存储空间。工作模式可以通过对相关寄存器的简单设置来选择，大大增加了应用的灵活性。

DSP56F807 采用 8MHz 外部晶体振荡器，利用内部压控振荡器和锁相环产生 80MHz 总线时钟。由于使用了锁相环技术，因此可以利用外部晶体振荡器并通过软件编程来产生多种不同频率的时钟信号，将其用作定时器或 D/A 转换器等外部设备的时钟，也可以改变芯片的总线时钟，使它们工作在大于或小于 80MHz 的频率下。

2.1.4　DSP56F807 的外部设备模块

柴油机电子控制系统中选用 DSP56F807 数字信号处理器，主要的原因之一是它具有丰富的I/O接口和多种外部设备。它在单一的DSP芯片上集成了通用I/O（general purpose input output，GPIO）模块、异步串行通信接口（serial communication inferface，SCI）模块、同步串行外部设备接口（serial peripheral interface，SPI）模块、控制器局域网（control area network，CAN）2.0B模块、多路A/D转换模块、用于各类电机控制的多路脉冲宽度调制（pulse width modulation，PWM）模块、定时器（timer）模块等多种外部设备模块，实现了完全的单片化。

DSP56F807不同于其他公司的DSP产品，它很少需要甚至不需要外加功能模块就可以进行开发。DSP56F807使用JTAG口，几乎不需要硬件支持。DSP56F807与PC的连接，只需先将一片74HC244进行5V到3V的电平转换，然后将其接到PC的并口即可。

2.2 电子控制系统总体设计

电子控制系统硬件设计包括ECU、线束、传感器、执行器几个部分。柴油机电子控制系统总体结构框图如图2-2所示。ECU为电子控制系统的核心。作为实时控制系统，电子控制系统要求ECU具有较强的抗干扰能力，同时具有良好的可靠性。

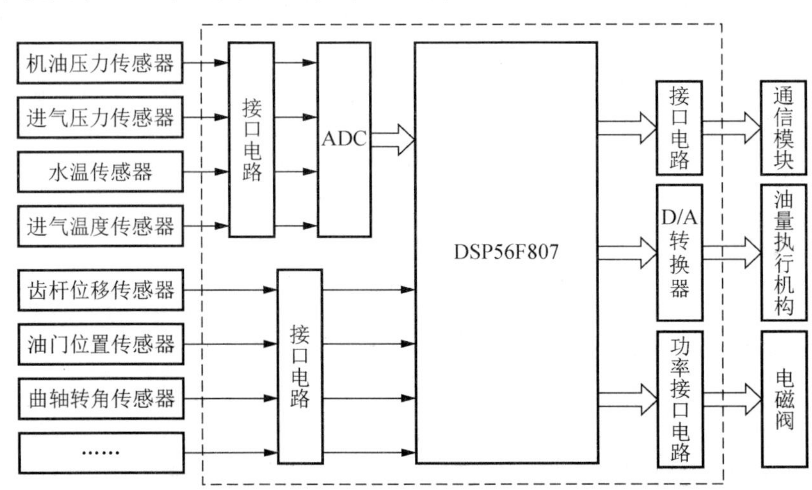

图2-2 柴油机电子控制系统总体结构框图

电子控制系统设计主要从系统控制功能的需要出发。首先通过软硬件采集、处理传感器得到发动机的各种状态参数，然后根据适当的控制策略进行判断、推理和计算，确定发动机在不同转速、载荷、温度等工况下的燃料喷射量、供油提前角和VGT开度，最后根据发动机的性能要求向执行装置输出控制信号，控制燃油喷射和VGT开度的整个工作过程。

电子控制系统应按以下要求进行设计[4]。

1）选择合适的发动机工况信号采集方式，设计或合理选用传感器，使信号能够准确地反映发动机在不同转速、载荷、温度下的状态参数。

2）选用合适的控制芯片，采用低功耗高性能的元器件，简化电路，降低功耗，提高控制精度；电路采用模块化设计方法。

3）电子控制系统驱动模块的可靠性好，具有良好的载荷能力。

4）系统具有较好的抗振动和抗干扰能力，能够在各种温度环境下可靠工作；系统要求成本低、质量小，结构紧凑牢固，便于安装调试和维修。

5）采用标准化设计方法，便于系统的扩展、移植和修改。

2.3　信号采集模块

传感器的功能是采集发动机的各种状态信息，由于许多传感器的输入信号不能满足单片机的输入要求，在输入 DSP 之前，需要采用各种信号变换和调节电路，使之成为 ECU 能够接收和识别的电子信号。传感器与现场采集对象直接相连，是干扰信号进入系统的主要途径，必须采取抗干扰措施，如运用去耦滤波和光电隔离等方法。传感器的选择和电路设计沿用了以往开发电子控制系统信号采集的经验，并进行了改进[5-8]。

根据采样信号的特点，传感器的输出信号可分为数字脉冲信号和模拟脉冲信号两种。数字脉冲信号的输入包括转速、油门、齿杆位移等；模拟脉冲信号的输入包括机油压力、水温、进气温度等。不同信号所需要的处理电路和处理方法也不同。

2.3.1　曲轴位置传感器和凸轮轴位置传感器

曲轴位置传感器又称为发动机转速与曲轴转角传感器，其功能是采集曲轴转角的位置信号和发动机转速信号，并将其输入控制单元，以便确定喷油时刻。凸轮轴位置传感器又称为判缸传感器，用来确定 1 缸压缩上止点的位置。该电子控制系统中的曲轴位置传感器采用差动霍尔式传感器，安装在变速器的壳体上，信号盘安装在曲轴前端的飞轮盘上。根据差动霍尔式传感器的工作原理可知，当飞轮上的凹槽转过传感器的霍尔传感头时，凹槽与磁头之间的间隙就会发生变化，传感器的信号电路会产生霍尔电压。传感器输出信号的高电平为 5V，低电平为 0.3V。

气缸判别信号由凸轮轴位置传感器提供。凸轮轴位置传感器也是差动霍尔式传感器，安装在柴油机的燃油泵轴上。传感器的脉冲环上有凸起沿，占 180° 凸轮转角，当凸轮轴转动一周时，传感器就会产生一个完整的方波信号。首先利用曲轴位置传感器和凸轮轴位置传感器产生信号，然后转速传感器电路对主要信号进行滤波整形处理，最后将脉冲信号直接送入 DSP。

转速传感器采用集成的霍尔传感器，其输入基准电压为+5V，直接输出脉冲频率信号，由于存在信号干扰，因此需要对信号进行滤波和施密特整形处理。转速信号处理电路图如图 2-3 所示。

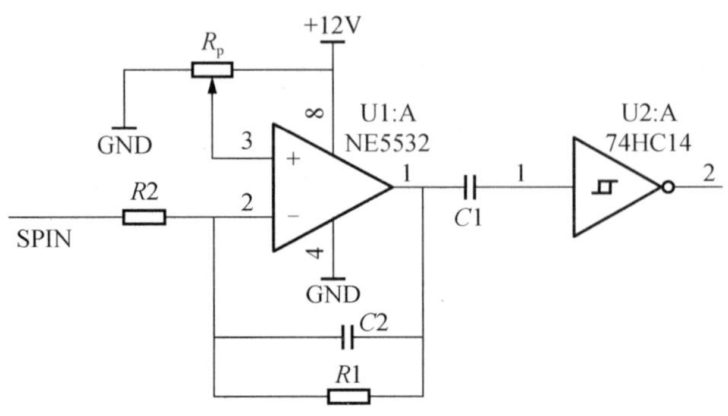

图 2-3　转速信号处理电路图

2.3.2　齿杆位移传感器及信号处理电路

齿杆位移传感器采用电涡流式传感器，测量的原理是将传感器置于正弦波振荡器中，通过改变传感器上金属片的相对位置改变线圈中的电涡流，进而改变线圈的输出阻抗，使振荡器的输出频率产生变化。其输出的是频率信号，而且频率较高，为了与微控制器的测量分辨率相匹配，处理电路需要对输出信号进行施密特整形和分频处理。齿杆位移信号处理电路图如图 2-4 所示。

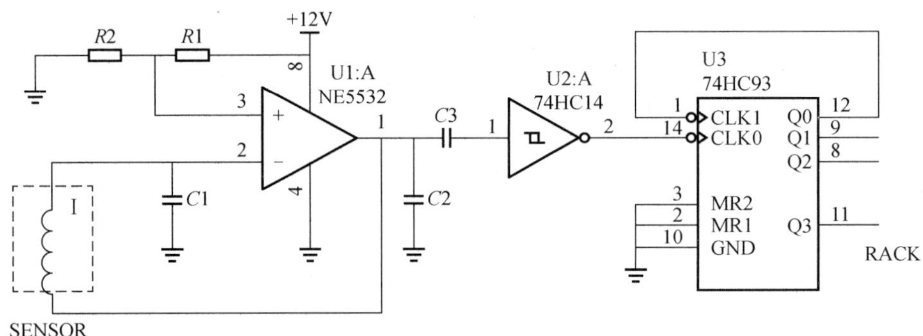

图 2-4　齿杆位移信号处理电路图

2.3.3　温度传感器及信号处理电路

温度传感器用来判定发动机进排气和自身的热状态。通过进气温度修正循环进入气缸的空气量，通过排气温度监测控制排气净化处理过程，通过对发动机机体温度的监测了解发动机工作状态，通过检测机油温度监测发动机的热状态，防止出现机油过热。

进气温度传感器、机体温度传感器、机油温度传感器都选用热敏电阻式传感器——铂电阻 Pt100。热敏电阻是利用物质在温度变化时本身电阻也随之发生变化的特性来测量温度的。铂电阻具有很好的稳定性和很高的测量精度，用于高精度的温度测量。

铂电阻一般不单独使用，加上绝缘套管、保护套管和接线盒等可以组成测温传感器。

在电路设计中将铂电阻看作随温度变化的电阻，利用桥式电路将电阻值转变为电压信号，经过放大整形及滤波处理后输出。Pt100 温度信号处理电路图如图 2-5 所示。由于发动机的排气温度较高，因此选用热电偶式传感器进行测量。当两种不同类型且存在温度差异的导体形成闭合回路时，该回路中会产生电动势，该电动势的大小就是对温度差异的反应。热电偶式传感器正是利用物体的这种热电效应制成的。实际使用时一般选用 K 类热电偶，这是因为其温度测量范围大，但输出的电压信号较小。信号处理电路设计的主要目的是放大输入信号。

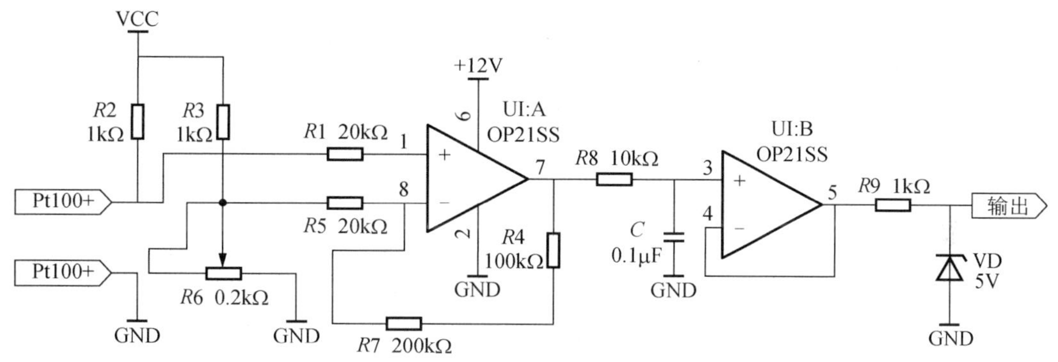

图 2-5　Pt100 温度信号处理电路图

2.3.4　压力传感器及信号处理电路

机油压力的测量采用集成的压电传感器，输入基准电压为+5V，直接输出压力信号，该信号的范围为 0～+5V。由于在传输中有信号干扰，因此需要对信号进行滤波处理。它的处理电路主要是一阶有源模拟低通滤波器电路。压力信号处理电路图如图 2-6 所示。

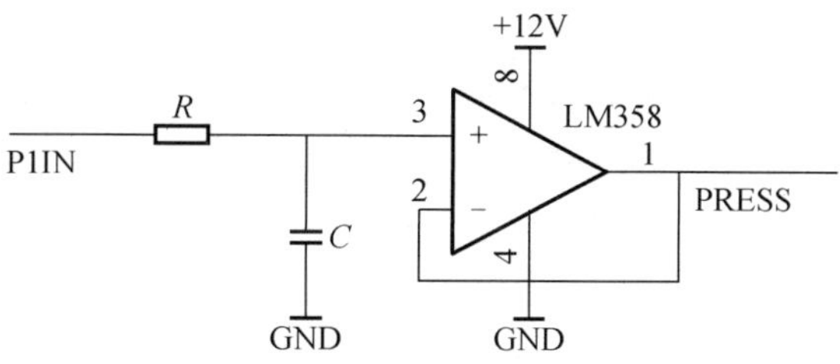

图 2-6　压力信号处理电路图

2.4　外 围 电 路

中央处理模块由 DSP56F807 和其外部电路组成，DSP 正常工作时需要外部电路的支持。外部电路主要包括时钟电路、复位电路、供电电路和串口通信等。

1. 时钟电路

DSP 使用一个 8MHz 的外部晶体振荡器连接 DSP 的外部晶体振荡器的输入接口 EXTAL 和 XTAL，之后 DSP56F807 利用它的内部锁相环将频率提高到 80MHz，如图 2-7 所示。

2. 复位电路

复位电路比较简单，就是在 RESET 引脚上产生一个逻辑值为“0”的信号，如图 2-8 所示。

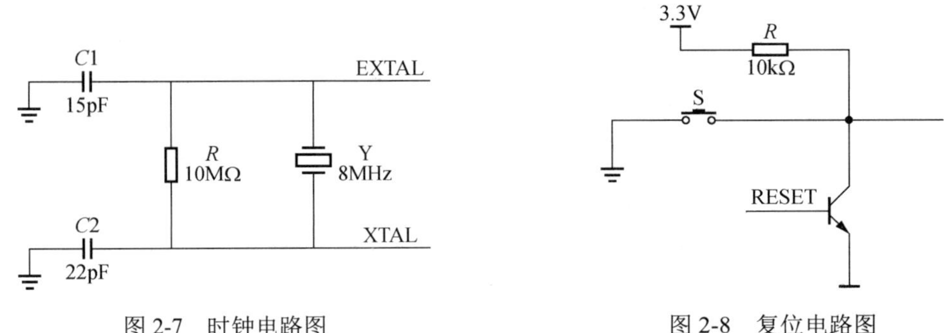

图 2-7 时钟电路图

图 2-8 复位电路图

3. 供电电路

电子控制系统电源的功能是为各传感器和元器件提供所需的稳定工作电压。DSP 系统供电电路如图 2-9 所示。该电路将市电电压 220V 转换为放大器工作电压 5V。

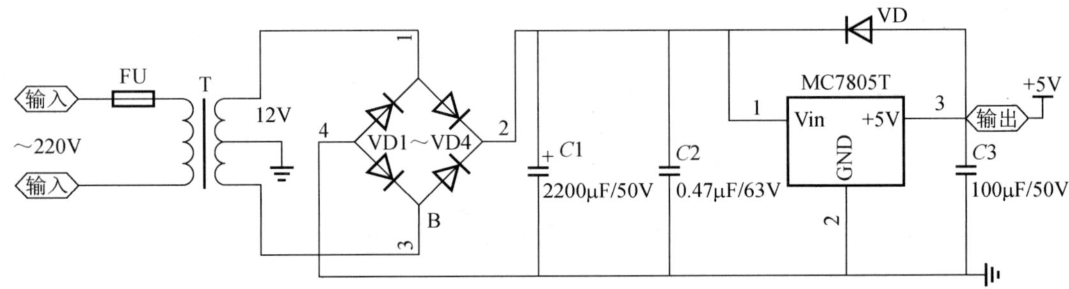

图 2-9 DSP 系统供电电路图

4. 串口通信

通过使用一个 RS-232 转换芯片，DSP56F807 可以通过串行通信协议（RS-232 协议）同主机系统通信。RS-232 转换芯片把异步通信硬件电路 UART 的 3.3V 电压转换为 RS-232 可以接收的信号，再通过 J3 和主机的串口通信，如图 2-10 所示。通过计算机和电子控制系统之间的通信，可以对电子控制系统的部分参数（如转速、油门等）进行实时监测，并根据需要调节某些系统参数，以便进行发动机试验和调试。

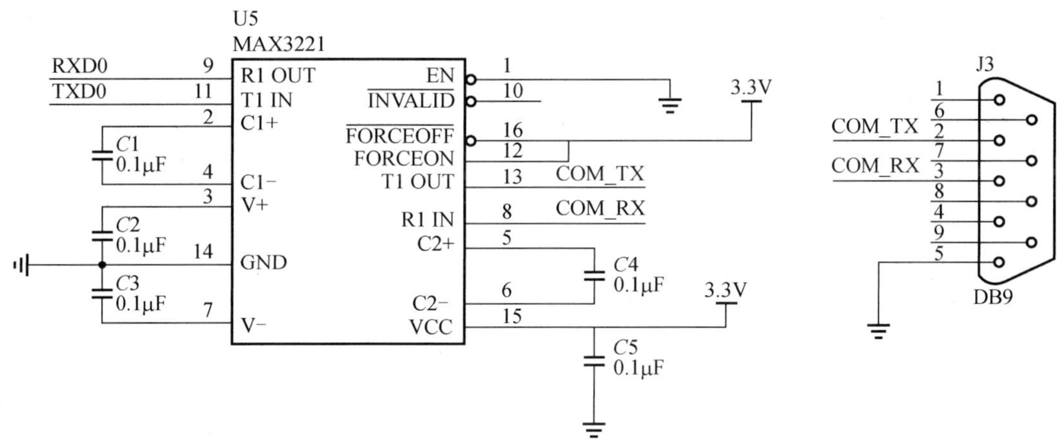

图 2-10　串口通信电路图

2.5　电 源 模 块

汽车系统的车载电源电压是+12V，而控制器需要+5V 直流电压供电，需要进行+12V 到+5V 的电压转换，且车载电源的稳定性差，需要对其输出电压进行稳压处理。本节使用 TLE4264 电源转换稳压芯片，该芯片接口简单，使用方便，提供的 100mA 电流输出可以满足系统功率输出要求。电源电路图如图 2-11 所示。

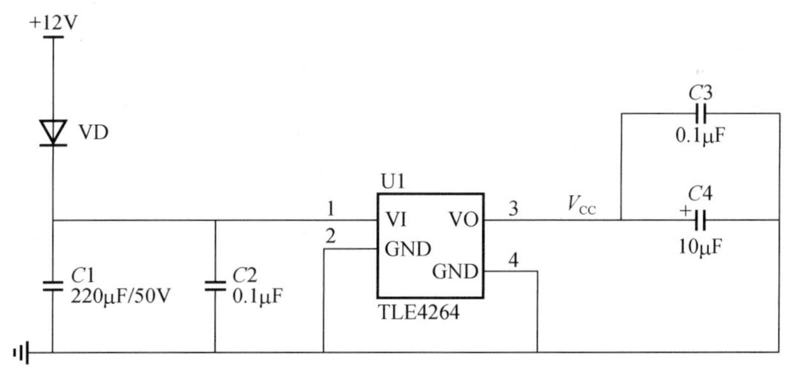

图 2-11　电源电路图

2.6　输出驱动模块

输出驱动模块是电子控制系统执行机构正常工作的保证，驱动模块的好坏与系统的稳定性和可靠性密切相关。根据以往电路开发的经验，设计输出驱动模块时应当以功能性和可靠性为主要目标。

电磁式执行器的 PWM 功率放大电路图和电源驱动电路图如图 2-12 和图 2-13 所示。

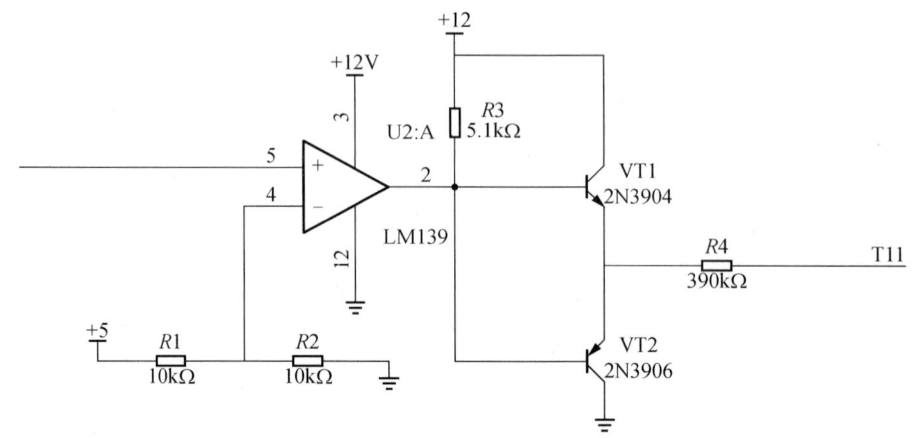

图 2-12　电磁式执行器的 PWM 功率放大电路图

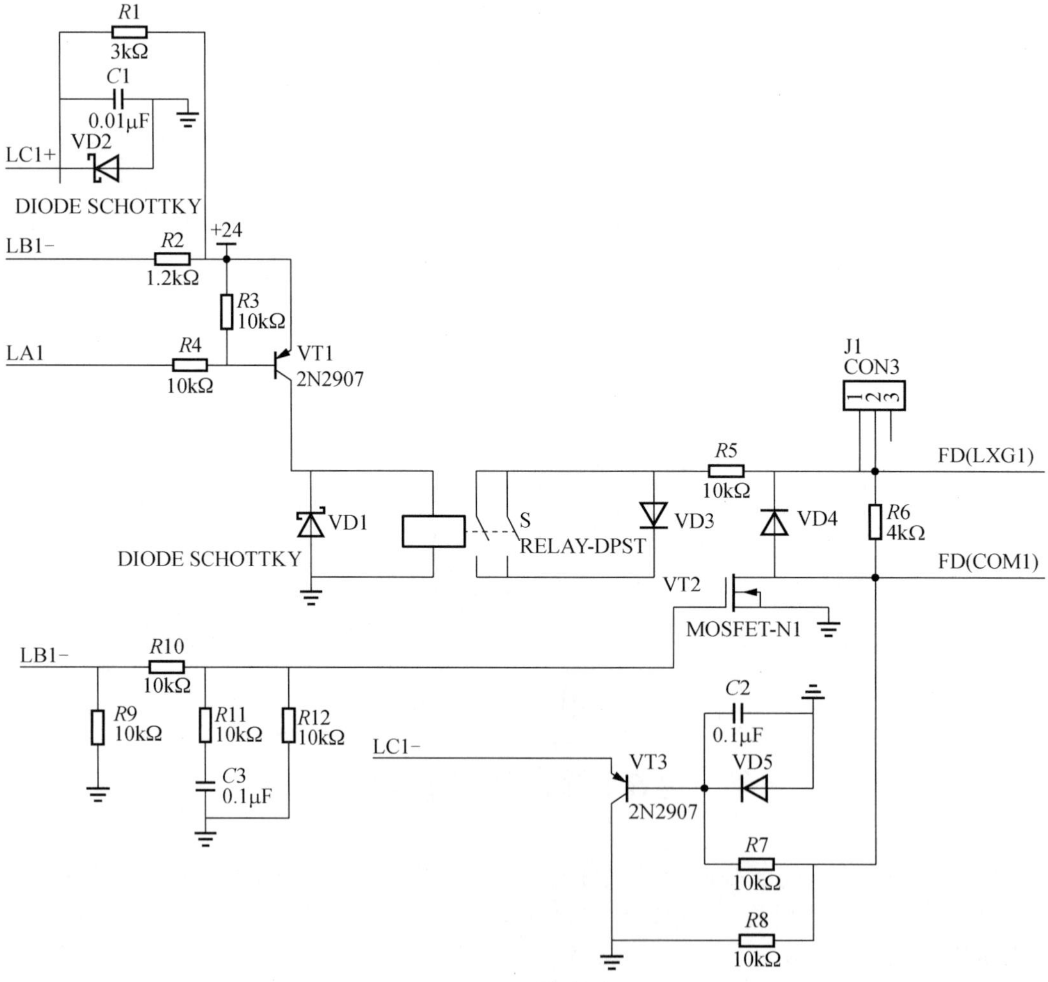

图 2-13　电磁式执行器的电源驱动电路图

在运用 DSP56F807 对电磁式执行器进行智能控制研究时，位移传感器的输出电压为 1～8V，超出 DSP56F807 最高允许输入电压 5V，为此设计了电磁式执行器位移信号输出电压转换电路，如图 2-14 所示。这样即可将位移信号送入 DSP56F807 的 ADC。

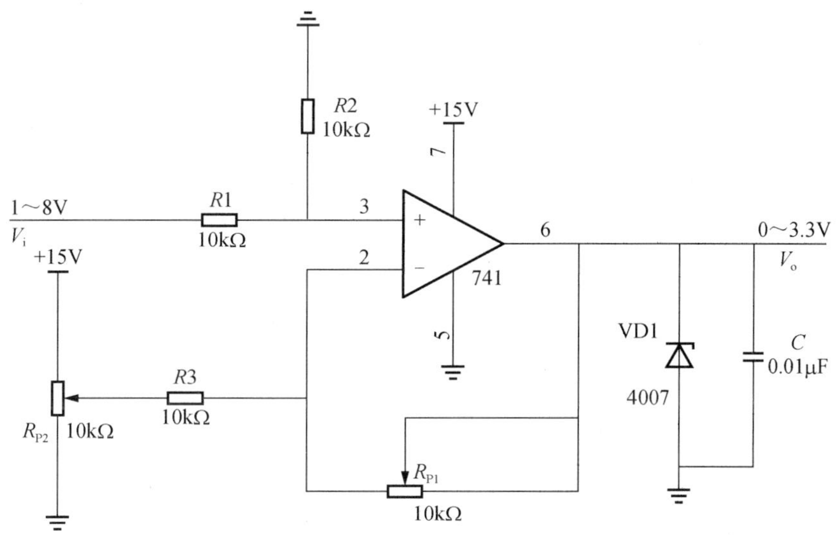

图 2-14　电磁式执行器位移信号输出电压转换电路图

2.7　用 C 语言开发 DSP

2.7.1　DSP56F807 的开发工具

DSP56F807 提供了两个功能强大的软件开发工具：①Codewarrior 集成开发环境，是一种可靠的用于交叉汇编、交叉 C 编译、链接和调试的开发工具；②软件开发工具 Embedded SDK，提供了各种外部设备模块的驱动程序和接口。

梅特罗克斯（Metrowerks）公司的 Codewarrior 集成开发环境包含一个可视化的工程创建和管理系统，对源代码文件和库进行全面管理，降低了工程的复杂性。它带有一个代码编辑器，该编辑器采用习惯的拼写风格，是建立和修改源代码的理想工具。另外，它还带有一个 C 源码级的调试器，提供基于 Windows 的代码调试功能，可视化地显示复杂的数据结构和表达式的内容，大大加快了系统开发的速度。总之，Codewarrior 集成开发环境允许设计人员可视化地进行代码编辑、链接、调试和内核仿真等多种操作。

Embedded SDK 并不是 DSP 开发所必需的，但它可以大大降低开发工作的难度，加快开发的速度。这是因为它提供了全面调试过的外部设备、驱动程序、库函数和接口函数，允许程序员创建自己的 C 应用程序代码，而不用考虑硬件的结构。

2.7.2 ADC

ADC 包括八个输入通道和两个独立的采样保持电路，转换精度为 12 位。两个独立的转换器把它们的转换结果存储在各自的缓冲器内，等待内部操作。转换过程可以被 SYNC 信号激起，也可以被(ADCR1)START 位的写操作激起。单边输入电压的计算公式为

$$\frac{\text{ValueRead}}{32\,760}\times V_{\text{REF}}=\text{SingleEndedVoltage}$$

式中，ValueRead——转换的结果；

V_{REF}——参考电平；

SingleEndedVoltage——单边输入的电压值。

ADC 是 12 位精度的，其转换结果的最大值是 4 096。由于 12 位转换结果被左移了 3 位，再加上一个符号位，因此最大值是 32 760。差分输入电压的计算公式为

$$6.6\text{V}\times\frac{\text{ValueRead}}{32\,760}-3.3\text{V}=\text{DifferentialVoltage}$$

式中，DifferentialVoltage——差分输入电压值。

使用 ADC 驱动程序的步骤如下。

1）在 config.h 文件中把 undef INCLUDE_ADC 改为 define INCLUDE_ADC。

2）在 main.c 的开始加入#include "adc.h"，用 define 语句实现 ADC 的配置。例如，

```
#define ADC_RAW_CONVERSION_COMPLETE_CALLBACK  CC_CallBack1
```

其意是把函数 CC_CallBack1 作为 A/D 转换完成的中断函数，在 A/D 每次转换完成后程序自动跳转执行 CC_CallBack1。

```
#define ADC_RAW_LOW_LIMIT_CALLBACK  CC_CallBack2
```

其意是把函数 CC_CallBack2 作为 A/D 转换的下阈值中断函数，当 A/D 转换结果低于给定值时程序自动跳转执行 CC_CallBack2。

```
#define ADC_RAW_HIGH_LIMIT_CALLBACK  CC_CallBack0
```

其意是把函数 CC_CallBack0 作为 A/D 转换的上阈值中断函数，当 A/D 转换结果高于给定值时程序自动跳转执行 CC_CallBack0。

3）设置结构体 adc_sState。

```
static const adc_sState sAdc1 = {
    /* AnalogChannel = */ ADC_CHANNEL_0,
    /* NumSamplesPerScan= */ 1,
    /* OffsetRegister = */ 0,
    /* LowLimitRegister = */ 0x06fe,
    /* HighLimitRegister = */ 0x0700,
    /* ZeroCrossing = */ 0,
    };
```

说明：ADC_CHANNEL_0 表示用 AN0 作为输入通道。

0x06fe 是下阈值，当转换结果低于这个值时执行下阈值中断程序。

0x0700 是上阈值，当转换结果高于这个值时执行上阈值中断程序。

OffsetRegister 是数字偏置量，现设为 0。

ZeroCrossing 是过零中断设置，现设为无过零中断。

NumSamplesPerScan 是设置每次扫描的采样，现设为每次扫描取采样 0。

4）打开 ADC 的驱动。

```
AdcFD = adcOpen(BSP_DEVICE_NAME_ADC_0, 0, (adc_sState *)&sAdc1);
```

说明：BSP_DEVICE_NAME_ADC_0 表示使用 ADCA。如果使用 ADCB，则用 BSP_DEVICE_NAME_ADC_1 表示。

0 表示只读。

(adc_sState *)&sAdc1 表示这次操作使用结构体 Adc1 中的设置。

此次打开操作得到一个标志值 AdcFD，这是一个 int 型变量。

5）A/D 转换开始。

```
adcIoctl(AdcFD, ADC_START, 0, BSP_DEVICE_NAME_ADC_0);
```

说明：AdcFD 为打开操作得到的变量。

ADC_START 为操作的类型，这里是让 A/D 转换开始。

第三个变量是指向 Ioctl 命令的参数，通常取 0。

BSP_DEVICE_NAME_ADC_0 表示使用 ADCA。

6）关闭 A/D 转换。

```
adcClose(AdcFD)
```

说明：AdcFD 为打开操作得到的变量。

2.7.3　定时器和中断控制

DSP56F807 有四个定时器：定时器 A、定时器 B、定时器 C 和定时器 D。其中，定时器 A、定时器 B 和其他模块复用引脚，而定时器 C、定时器 D 有固定的引脚。定时器的特点如下。

1）每个定时器单元包括四个 16 位的计数器/定时器。

2）计数既可以递加，也可以递减。

3）计数器可以级联使用。

4）计数器模块可编程。

5）计外部事件数时，最高频率可以达到外部设备时钟频率的 1/2。

6）使用内部时钟时，最高频率可以达到外部设备模块的时钟频率。

7）支持单次计数和重复计数。

8）计数器可以预置。

9）计数器可以共享输入引脚。

10）每个计数器有单独的分频器。

11）每个计数器都有捕捉和比较功能。

定时器的每个计数器模块都有自己的寄存器，分别为定时器计数寄存器（CNTR）、定时器预置寄存器（LOAD）、定时器保持寄存器（HOLD）、定时器捕捉寄存器（CAP）、定时器比较寄存器（CMP1 和 CMP2）、定时器状态和控制寄存器（SCR）、定时器控制寄存器（CTRL）。计数器/定时器有两个基本功能：一是可以记录内部或外部事件数；二是可以记录每个外部事件之间所经历的内部时钟周期数，由此得到外部事件的时间间隔。

根据定时器的特点和功能，借助定时器 Timer 的驱动程序，通过结构体 qt_sState quadParamA0 对定时器的寄存器进行初始化，设置计数中断 CallbackOnNewEdge、溢出中断 CallbackOnOverload，便可测量转速、油门、齿杆等数字脉冲信号的脉冲宽度。其中，定时器寄存器初始化程序如下：

```
const qt_sState quadParamA0 = {
    /* Mode = */                        qtCount,
    /* InputSource = */                 qtPrescalerDiv128,
    /* InputPolarity = */               qtNormal,
    /* SecondaryInputSource = */        qtSISCounter1Input,
    /* CountFrequency = */              qtRepeatedly,
    /* CountLength = */                 qtPastCompare,
    /* CountDirection = */              qtUp,
    /* OutputMode = */                  qtAssertWhileActive,
    /* OutputPolarity = */              qtNormal,
    /* OutputDisabled = */              0,
    /* Master = */                      0,
    /* OutputOnMaster = */              0,
    /* CoChannelInitialize = */         0,
    /* AssertWhenForced = */            0,
    /* CaptureMode = */                 qtRisingEdge,
    /* CompareValue1 = */               0,
    /* CompareValue2 = */               0,
    /* InitialLoadValue = */            0,
    /* CallbackOnCompare = */           { 0, 0 },
    /* CallbackOnOverflow = *           { CallbackOnOverload, 0 },
    /* CallbackOnInputEdge = */         { CallbackOnNewEdge, 0 },
};
```

2.7.4 PWM

DSP56F807 的 PWM 模块主要用于控制柴油机电子控制系统的执行器。每一个模块有六个输出引脚（PWM0～PWM5），称为六个通道。PWM 模块的主要特性如下。

1）三对互补的 PWM 信号或六个独立的 PWM 信号。

2）在互补通道模式下：①可编程死区时间插入；②通过电流状态输入或软件独立的顶/底通道脉宽纠正；③独立的顶部和底部通道极性控制。

3）边对齐或中心对齐的脉宽产生方式。

4）15 位精度。

5）半周期参数重载能力。

6）1～16 的整数重载频率。

7）单独的软件控制 PWM 输出。

8）可编程的出错保护。

9）带有寄存器写保护功能等。

PWM 模块的寄存器主要有 PWM 控制寄存器（PMCTL）、PWM 出错控制寄存器（PMFCTL）、PWM 出错状态确认寄存器（PMFSA）、PWM 输出控制寄存器（PMOUT）、PWM 计数器（PMCNT）、PWM 计数模寄存器（PWMCM）和 PWM 计数值寄存器（PWMVAL0～PWMVAL5）等。

在应用 C 语言编程以实现 PWM 信号对电液或电磁式执行器进行控制时，SDK 中设置了与 PWM 模块相关的几个主要文件，如 pwm.h、pwmdrv.h、pwmdrv.c、arc.h 等。其中，arc.h 结构体包含的成员不仅与实际硬件电路结构的所有寄存器相对应，而且这些成员的排列次序就是按照硬件中的寄存器地址次序排列的。通过 SDK 的这种设计方法，在确定该结构对象的地址为实际内存映射地址后，就能够很容易地对硬件模块中的各个寄存器进行访问。根据需要在 Dependencies 的 appconfig.h 中定义周期，在程序中确定 PWM 计数值寄存器（PWMVAL0～PWMVAL5）的值，这样就确定了实现控制所需的脉宽，其中 PWM 模块的初始化程序如下：

```
static void Initialize(void)
{
    pwm0FD = open(BSP_DEVICE_NAME_PWM_A, 0);
    pwmIoctl(pwm0FD,PWM_SET_DISABLE_MAPPING_REG1,PWM_ZERO_MASK,
    BSP_DEVICE_NAME_PWM_A);
    pwmIoctl(pwm0FD,PWM_SET_DISABLE_MAPPING_REG2,PWM_ZERO_MASK,
    BSP_DEVICE_NAME_PWM_A);
    archEnableInt();
}
void pwm_QT(void)
{
```

```
    pwm_CB.pCallback =(void*)pwm_Reload_A_Callback;
    pwm_CB.pCallbackArg = NULL;
    pwmIoctl(pwm0FD,PWM_SET_RELOAD_CALLBACK,&pwm_CB, BSP_DEVICE_NAME_
     PWM_A);
    pwmIoctl ( pwm0FD, PWM_SET_INDEPENDENT_OPERATION, PWM_ZERO_MASK,
    BSP_DEVICE_NAME_PWM_A);
    pwmIoctl(pwm0FD,PWM_SET_ALIGNMENT,PWM_ALIGN_CENTER, BSP_DEVICE_
    NAME_PWM_A);
    pwmIoctl(pwm0FD,PWM_OUTPUT_PAD,PWM_ENABLE, BSP_DEVICE_NAME_PWM_
    A);
    pwmIoctl(pwm0FD,PWM_UPDATE_VALUE_REGS_COMPL,&Comp, BSP_DEVICE_
    NAME_PWM_A);
    pwmIoctl(pwm0FD,PWM_RELOAD_INTERRUPT,PWM_ENABLE, BSP_DEVICE_NAME_
    PWM_A);
}
```

编辑完成源程序后，通过编译链接就可以将 C 界面的对象和具体的硬件结构联系起来。当利用这种方法定义的文件类型被移植到硬件结构稍有不同的芯片中时，只需修改这些文件中定义的结构体类型，使之符合具体的硬件结构，就能够方便地移植程序了。

2.7.5 SCI 串口发送模块

SCI 功能模块中的 SCI 适用 DSP 和 PC 之间的通信，或者 DSP 与其他 CPU 之间的通信。DSP56F807 的 SCI 是一个通用异步接收器/发送器类型的异步通信接口，通过 RS-232 等串行通信协议与主机系统（如 PC、终端等）通信。在一般应用中，CPU 简单地把数据写入数据寄存器即可发送一个格式化的串行字符。SCI 系统完成发送数据的所有细节工作，包括附加起始位和停止位以符合串行通信格式。在使用 SCI 模块前同样需要进行初始化，除在 config.h 文件中把 undef INCLUDE_SCI 更改为 define INCLUDE_SCI 外，还应设置发送缓冲区长度大小：#define SCIO-SEND-BUFFER-LENGTH 2。因为每组发送 2 字节，所以缓冲区长度设为 2。

SCI 配置程序如下：

```
static const sci_sConfig sciconfig=
{
    /*设置每字符位数*/SCI_CNTL_WORD_8BIT,
    /*设置最高位值 */SCI_HIBIT_0,
    /*设置波特率*/SCI_BAUD_1200,
};
sci0=open(BSP_DEVICE_NAME_SCI_0,O_RDWR|O_NONBLOCK,&sciconfig);
// 打开 SCI 设备
ioctl(SCI0,SCI_DATAFORMAT_EIGHTBITCHARS,NULL);
//初始化 SCI 模块
```

```
ch[0]=av>>8;
ch[1]=((av & 0x00ff)>>1);
//数据分解
write(sci0,&ch[0], sizeof(ch[0]) );
write(sci0,&ch[1], sizeof(ch[1]) );
//发送数据
close(sci0);
```

因为 SCI 中的传输数据为八个二进制位，而 ADC 采集到的 12 位数据占据 2 字节，所以在发送到 SCI 传输前需要将这 12 位数据分为 2 字节（高 8 位和低 8 位）依次发送。拆分方法如下面程序所示：

```
ch[0]=av>>8;
ch[1]=((av & 0x00ff)>>1);
```

其中，ch[0]为高 8 位；ch[1]为低 8 位；av 为 A/D 转换的结果数据。

尤其需要注意的是，将 ch[1]向右移位是为了避免符号位的影响，否则软件会将低 8 位的最高位当作符号位处理，从而造成有效数据位的丢失，当还原时将会发生数据混乱[9,10]。

2.7.6　监控程序

监控程序可以帮助开发人员了解 DSP 内部的工作情况，对程序运行进行实时干预，便于观察发动机的运行状况，并对其进行实时在线修改。

监控系统的硬件主要是指电子控制系统中的 SCI 模块，使控制系统与 PC 的 RS-232 之间能够进行数据传输。监控系统的软件主要包括 DSP 通信程序、PC 通信程序，以及连接两者的通信协议。DSP 开发工具 PC Master 能够以图形界面的方式监视和控制处理器的运行，通过设置可以观察变量的内存地址和数值，以多种数制形式显示，根据特定的时间表激活变量值。在电磁式执行器调试过程中得到的理想齿杆位置（RVL2）、实际齿杆位置（RVL）、位置误差（erk）、误差变化率（ec）随时间变化的曲线，如图 2-15 所示。

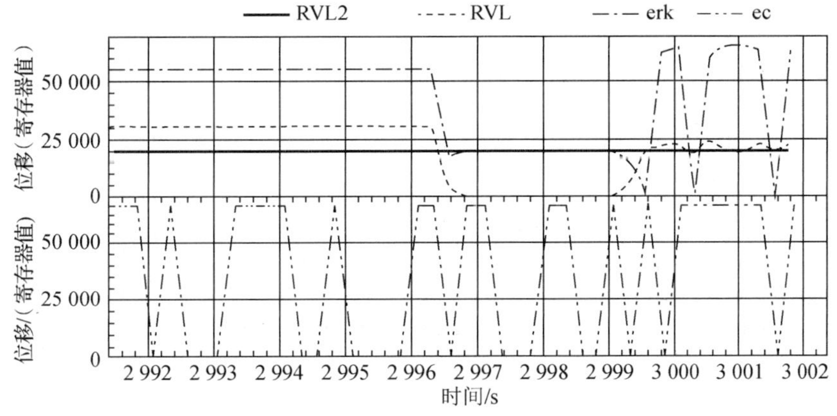

图 2-15　理想齿杆位置、实际齿杆位置、位置误差、误差变化率随时间变化的曲线

2.8 抗干扰设计

车用柴油机电子控制系统的干扰主要来自喷油器驱动电路、高频数字电路的电磁干扰，以及蓄电池电压波动引起的电源干扰，这对电路的设计提出了很高的要求。为此在电路设计中强化了抗干扰设计，主要有以下几点。

1）在 ECU 和传感器、执行器、电源之间的线束中，既会有电流的变化，也会产生电磁干扰。为此，在线束制作时，对属于同一路传感器或电磁阀的电源、地线及信号线，采用双绞线连接，同一路元器件的电流一来一回，在双绞线中产生的电磁干扰大小相等、方向相反，相互抵消。

2）当发动机起动电动机工作时，发动机工作电路、大电流驱动电路在接通时都会引起车用电源蓄电池的电压波动。为此，对电源要求很高的 DSP 及其外部电路需要设计稳压电源。

3）为了避免由电源导线电阻引起的共电源干扰，在电路电源设计中将大电流驱动电路的电源和数字电路的电源分开接入。

4）地线布置的好坏影响电路的可靠性。在电路的地线上会有共接地阻抗干扰，为此将大电流电路的地线和小电流电路的地线分开布置，在两者之间布置电感，缓解两根地线上的电势差。

5）当数字电路频率很高时，高频脉冲也会在有电感的电路线路中产生电磁干扰，为此在每一个数字芯片的电源引脚并联去耦电容；另外，将集成芯片未用的引脚接地或接电源，以防引入干扰。

6）电磁阀驱动电路的优化设计也能减少干扰。在硬件电路采取防干扰措施的同时，通过软件滤波也能提高系统抗干扰的能力。

参考文献

[1] 冯国胜．基于 DSP 的电控发动机实时优化及智能控制研究[D]．北京：北京理工大学，2003．

[2] 邵贝贝，龚光华，薛涛，等．Motorola DSP 型 16 位单片机原理与实践[M]．北京：北京航空航天大学出版社，2003．

[3] 刘和平，郑群英，严利平，等．数字信号处理器原理及应用：MC56F8346[M]．北京：科学出版社，2011．

[4] 王旭东．汽车电子控制装置与应用[M]．北京：机械工业出版社，2007．

[5] 赖海鹏，冯国胜，李昶．基于 DSP 电控柴油机监控系统的开发[J]．柴油机设计与制造，2005，14（4）：27-31．

[6] 薛淑发，冯国胜，赖海鹏．基于 DSP 的柴油机位置式调速系统设计[J]．天津汽车，2006（2）：19-21．

[7] 薛淑发，赖海鹏，冯国胜．柴油机位置式电子调速系统设计[J]．柴油机设计与制造，2006，14（3）：16-19．

[8] 冯国胜，贾素梅．基于柴油机的电控天然气发动机设计[J]．车用发动机，2007（3）：36-39．

[9] 薛淑发．车用催化转化器性能检测评价系统开发[D]．石家庄：石家庄铁道学院，2007．

[10] 周玮，张长青，冯国胜．基于 DSP 和 LabVIEW 的多通道数据采集系统的设计[J]．石家庄铁道学院学报，2009，22（3）：91-94．

第 3 章　柴油机电子控制系统控制策略

柴油机电子控制的基本任务是实现柴油机性能的优化。电子控制系统运行参数优化匹配的最终效果取决于执行器的性能和控制策略，因为执行器的性能和控制策略直接决定了实时系统的稳定性及响应速度。就控制策略而言，传统的机械式柴油机控制系统是建立在古典控制理论，即传递函数、频率特性和根轨迹等为基础的频域分析方法上的，所研究的系统多为线性定常系统。然而，由于现代车用柴油机要求的是多参数和多目标的控制，而具有非线性、时变性、多因素、大滞后和不确定性等特点的柴油机控制系统很难用简单、精确的数学模型来描述。因此，经典的控制方法已经难以满足对柴油机实施所需的控制要求[1]。在进行整机匹配之前，对执行器部件进行控制实验是检验实时优化的关键步骤之一。本章基于 DSP56F807 对电子控制系统的执行器分别实施传统 PID 控制、基于遗传算法的 PID 整定控制、模糊自适应整定 PID 控制、基于小脑关节模型控制器（cerebellar model articulation controller，CMAC）与 PID 的并行控制，并进行电控执行器部件实验研究。

3.1　执行器控制在柴油机电子控制系统中的作用

柴油机电子控制系统主要由传感器、执行器和 ECU 组成。由于柴油机缸内混合气的动态特征对循环喷油量、喷油正时的控制精度要求很高，而柴油机燃油喷射又具有高压（为汽油机燃油喷射压力的百倍以上）、高频和脉动等特点，再加上柴油机燃油喷射装置的多样性（直列泵、分配泵、单体泵和泵喷嘴等），这些都使现代车用柴油机电子控制系统在燃油喷射控制中所用的执行器远比汽油机电子控制系统中的执行器复杂，技术含量也要高得多。可以说，柴油机电子控制技术的关键和难点就是执行器。

车用柴油机燃油喷射系统的电子控制主要有两个方面，即喷油正时控制和燃油喷射量控制。燃油喷射系统的性能直接影响柴油机的排放、噪声、油耗等性能指标，而喷油正时控制和燃油喷射量控制是 ECU 通过驱动执行器来实现的。执行器将电子控制系统的电能或液压能转换为机械能，直接与发动机的相关部件连接，通过驱动控制对象达到控制目的。执行器的调节精度、动态响应特性、抗振动能力、抗干扰能力等性能直接影响整个电子控制系统的性能，因此研究执行器的控制具有重要意义。

目前，用于柴油机电子控制系统的执行器主要有两种类型：电磁式执行器和电液式执行器。电磁式执行器主要用于中、小功率柴油机，大功率柴油机一般采用电液式执行器。电液式执行器主要由电液转换元件和液压缸组成，其控制信号的类型由电液转换元件确定。由于电液式执行器使用液压缸推动齿杆，因此它的推力大、响应速度快、功耗低，对于大功率柴油机而言有着明显的优越性。

3.2 基于 DSP 的电液式执行器控制

3.2.1 电液式执行器的工作原理与结构

电液式执行器的工作原理图如图 3-1 所示。图中液压缸 A 由推杆、回位弹簧和活塞组成。当液压为零时，推杆在回位弹簧的作用下处于零位移位置；当液压升高后，推杆移动，直到回位弹簧的回复力和液压力平衡。图中二位三通高速数字开关阀 B 的基本结构图如图 3-2 所示，其控制方式是 PWM 方式。

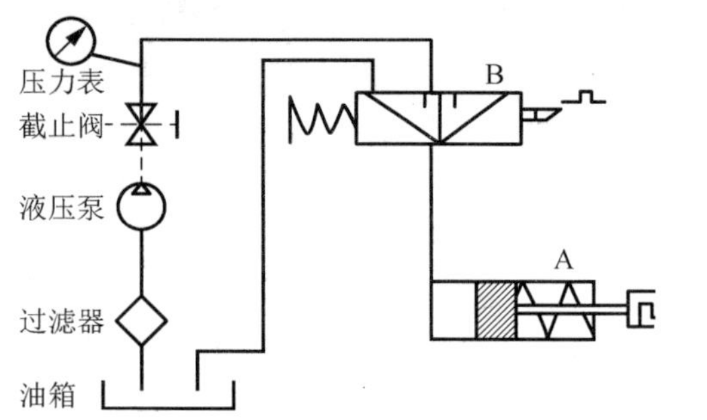

图 3-1　电液式执行器的工作原理图

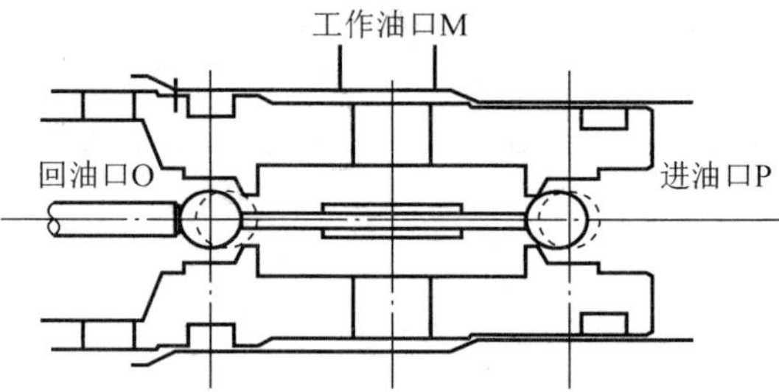

图 3-2　二位三通高速数字开关阀 B 的基本结构图

当脉冲信号为低电平时，滑阀在进油口油压作用下处于左端（实线位置）。此时进油口 P 与工作油口 M 断开，回油口 O 与工作油口 M 连通，开关阀呈回油状态。当脉冲信号为高电平时，电磁铁将滑阀推至右侧（虚线位置），进油口 P 与工作油口 M 连通，回油口 O 与工作油口 M 断开，开关阀呈进油状态，当脉冲信号在一定脉宽内连续输出时，开关阀便给液压缸连续供油。

油压使液压缸内的活塞在一定的位移上连续工作。这样，阀的平均流量为

$$\bar{Q} = \tau Q_{\max} \tag{3-1}$$

式中，τ——脉冲信号占空比，$\tau = T_{\mathrm{P}}/T$，其中，T 为脉冲信号周期（s），T_{P} 为脉宽，即一个周期内高电平持续的时间（s）；

$Q_{\max}$——阀的最大流量（$\mathrm{m^3/s}$），$Q_{\max} = CA_{\mathrm{P}}\sqrt{2\Delta P/\rho}$，其中，$C$ 为流量系数，A_{P} 为阀的流通截面面积（$\mathrm{m^2}$），ΔP 为阀的上下游压力差（$\mathrm{N/m^2}$），ρ 为流体密度（$\mathrm{kg/m^3}$）。

3.2.2 电液式执行器数学模型

在电液式执行器中，由高速数字开关阀、液压缸和回位弹簧组成一个完整的阀控缸系统，对该系统建立数学模型，其表示如下。

（1）液压缸的力平衡方程

$$P_{\mathrm{L}} A_{\mathrm{P}} = M\frac{\mathrm{d}X_{\mathrm{m}}^2}{\mathrm{d}t^2} + B_{\mathrm{c}}\frac{\mathrm{d}X_{\mathrm{m}}}{\mathrm{d}t} + KX_{\mathrm{m}} + C_{\mathrm{K}} \tag{3-2}$$

（2）液压缸的连续流量方程

$$Q = A_{\mathrm{P}} \frac{\mathrm{d}X_{\mathrm{m}}}{\mathrm{d}t} + C_{\tau} P_{\mathrm{L}} + \frac{V}{\beta_{\mathrm{e}}} \frac{\mathrm{d}P_{\mathrm{L}}}{\mathrm{d}t} \tag{3-3}$$

阀的进油口流量方程

$$Q_1 = \tau C A_{\mathrm{v}} \sqrt{\frac{2(P_{\mathrm{s}} - P_{\mathrm{L}})}{\rho}} \tag{3-4}$$

阀的出油口流量方程

$$Q_2 = (1-\tau) C A_{\mathrm{v}} \sqrt{\frac{2P_{\mathrm{L}}}{\rho}} \tag{3-5}$$

一个周期内输出的负载流量即进入阀控缸的流量方程为

$$Q = Q_1 - Q_2 = \tau C A_{\mathrm{v}} \sqrt{\frac{2(P_{\mathrm{s}} - P_{\mathrm{L}})}{\rho}} - (1-\tau) C A_{\mathrm{v}} \sqrt{\frac{2P_{\mathrm{L}}}{\rho}} \tag{3-6}$$

（3）高速数字开关阀流量连续方程

设在一个周期 T 内，当时间宽度在 T_{P} 内时电磁铁通电，令 $K_{\mathrm{q}} = \dfrac{\partial Q}{\partial \tau}$ 表示阀的流量增益（$\mathrm{m}^3/\mathrm{s}^2$），它是阀的流量特性曲线的斜率，表示当负载压力一定时，τ 的变化引起负载流量变化的大小。阀的压力-流量系数 $K_{\mathrm{c}} = \dfrac{\partial Q}{\partial P_{\mathrm{L}}}$ ［m^5/（N・s）］，它是压力-流量特性曲线的斜率并冠以负号。压力-流量系数表示当阀的位移一定时，负载压力变化所引起的负载流量变化的大小，则

$$Q = K_{\mathrm{q}} \tau + K_{\mathrm{c}} P_{\mathrm{L}} \tag{3-7}$$

设负载压力变化时负载流量基本不变，则 $K_{\mathrm{c}}=0$，并且液压缸总泄漏系数 C_{τ} 很小可以忽略不计。这样，式（3-2）和式（3-3）的拉氏变换及式（3-7）可以简化为

$$P_{\mathrm{L}} A_{\mathrm{P}} = (Ms^2 + B_{\mathrm{c}} s + K) X_{\mathrm{m}} \tag{3-8}$$

$$Q = \left(A_{\mathrm{P}} X_{\mathrm{m}} + \frac{V}{\beta_{\mathrm{e}}} P_{\mathrm{L}} \right) s \tag{3-9}$$

$$Q = K_{\mathrm{q}} \tau \tag{3-10}$$

由式（3-9）和式（3-10）可知

$$K_{\mathrm{q}} \tau = \left(A_{\mathrm{P}} X_{\mathrm{m}} + \frac{V}{\beta_{\mathrm{e}}} P_{\mathrm{L}} \right) s \tag{3-11}$$

把式（3-8）代入式（3-11），有

$$K_{\mathrm{q}} \tau = \left[A_{\mathrm{P}} + \frac{V(Ms^2 + B_{\mathrm{c}} s + K)}{\beta_{\mathrm{e}} A_{\mathrm{P}}} \right] s X_{\mathrm{m}} \tag{3-12}$$

因此，阀控缸部分的传递函数 $G_{\mathrm{a}}(s)$ 为

$$G_a(s)=\frac{X_m}{\tau}=\frac{K_q}{sA_P\left[1+\frac{VM}{\beta_e A_P^2}s^2+\frac{VB_c}{\beta_e A_P^2}s+\frac{VK}{\beta_e A_P^2}\right]} \tag{3-13}$$

考虑$\frac{VK}{\beta_e A_P}<<1$，将其忽略，式（3-13）可以写为

$$G_a(s)=\frac{K_q/A_P}{s\left(1+\frac{VM}{\beta_e A_P^2}s^2+\frac{VB_c}{\beta_e A_P^2}s\right)}=\frac{K_q/A_P}{s\left(1+\frac{s^2}{\omega_n{}^2}+2\xi\frac{s}{\omega_n}\right)} \tag{3-14}$$

式中，$\omega_n=\sqrt{\frac{\beta_e A_P{}^2}{VM}}$；

$\xi=\sqrt{\frac{B_c{}^2V}{4A_P{}^2\beta_e M}}$。

由式（3-14）可知，阀控缸的传递函数由一个积分环节、一个振荡环节和一个比例环节组成。式（3-2）～式（3-14）中：Q 表示液压缸的瞬时流量（m^3/s）；P_s 表示油源压力（N/m^2）；P_L表示缸内油压（N/m^2）；A_P表示活塞面积（m^2）；M 表示缸内运动件总等效质量（kg）；K 表示回位弹簧刚度（N/m）；C_K 表示弹簧预紧力（N）；B_c 表示阻尼系数；X_m表示推杆位移（m）；C_τ表示液压缸总泄漏系数［m^5/（N・s）］；V 表示液压缸工作腔及管道总容积（m^3）；β_e表示液压油体积弹性模量（N/m^2）；C 表示阀口流量系数；A_v 表示阀口流通面积（m^2）；τ 表示占空比；ρ 表示柴油密度（kg/m^3）。式（3-2）～式（3-14）完整地描述了电液式执行器连续变动的工作过程。

3.2.3 基于 DSP 控制的电液式执行器实验

在完成基于 DSP56F807 的转速信号处理电路、齿杆位移信号处理电路、压力信号处理电路、外部电路、电源模块、输出驱动模块等硬件电路和控制程序设计后，在 YS150 型电液式执行器（图 3-3）上进行实验研究，其目的主要是验证设计电路的可靠性和控制软件的有效性，为 DSP 用于控制发动机进行前期部件控制实验。

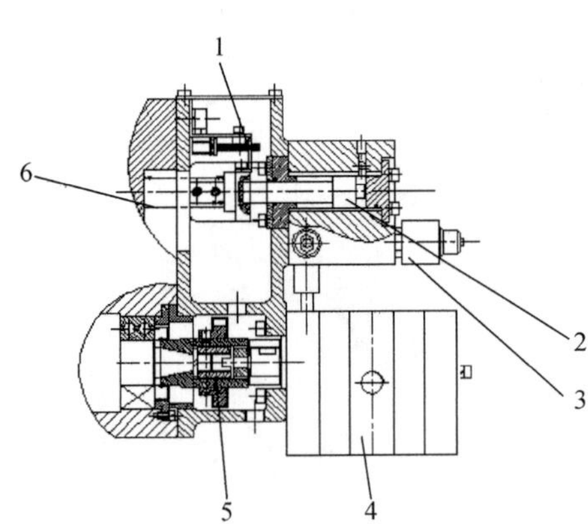

1—位移传感器；2—活塞；3—高速数字开关阀；4—齿轮泵；5—齿轮泵联轴器；6—活塞回位弹簧

图 3-3 YS150 型电液式执行器结构图

影响电液式执行器性能和特性的主要参数有柴油机提供的油源压力（P_s）、由执行器结构和弹簧刚度决定的负载压力（P_L）和由系统控制器输出的占空比（τ），这些参数决定了执行器的输出位移特性和输出流量特性。实验中，将占空比和油源油压作为可变参数，研究占空比（τ）、油源压力（P_s）、弹簧刚度（K）、输出位移（X_m）之间的变化关系。实验条件是：执行器的弹簧刚度（负载）大小是变化的，并且由大变小；油源压力为 1MPa、

0.9MPa、0.8MPa、0.7MPa、0.6MPa、0.5MPa；占空比为 0～100%。

在电液式执行器的调试过程中测得的电动机转速（pctp）、齿杆位移（RVL）随时间变化的曲线，如图 3-4 所示。由实验可知当弹簧刚度较小时，系统较灵敏，快速响应好；反之，系统的稳定性好，但响应差，占空比的调节范围增加。当弹簧刚度一定，油源压力 P_s 为 0.8～1MPa 时，在 τ 的工作范围内线性度较好，响应也较快；当油源压力 P_s 为 0.5～0.7MPa 时，系统虽然稳定但响应性恶化。可见，电液式执行器通常要选择大的弹簧刚度，小的油源压力是以牺牲系统的响应性为代价得到的。因此，在实际应用中，应将二者进行细致的匹配，求得系统的最佳参数和最低成本。

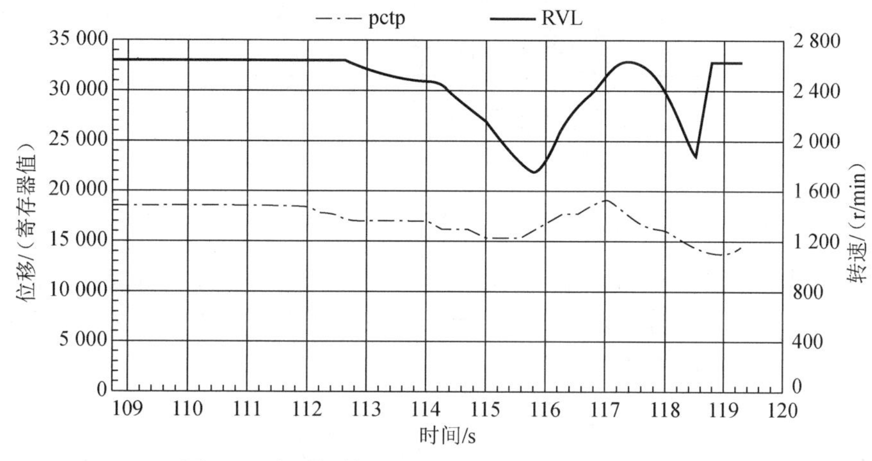

图 3-4　电动机转速、齿杆位移随时间变化的曲线

对电液式执行器进行的理论分析和实验研究表明，建立的执行器数学模型是正确的，实验研究的结果与理论分析的结果是吻合的。实验研究表明，基于 DSP56F807 设计的 ECU 可用于电液式执行器控制，将油源压力从原来的 1MPa 降为 0.8MPa 是可行的，由此降低了电控发动机油源的功耗、体积和成本。

当对大功率柴油机实行电子控制时，可供执行器安装的空间狭窄且要求执行器推力大、响应速度快、功耗低，因此选择电液式执行器比较合适[2]。

3.3　基于 DSP 的电磁式执行器控制

电磁式执行器用电磁力作为推动力，一般用回位弹簧复位，控制信号为电流信号，这种执行器的优点是结构简单、控制方便、响应速度快，输出位移和输入电流之间可以保持良好的线性关系，但是它的最大推力受到线圈匝数和最大控制电流的限制，因此主要用于中、小功率的柴油机上。

3.3.1 电磁式执行器的结构和性能

采用电磁式执行器的执行机构简图如图 3-5 所示。该执行机构为比例电磁铁与一根刚性弹簧组成的系统，由比例电磁铁推动齿杆来控制喷油量的大小，具体说就是通过改变流经电磁铁的电流大小来改变电磁力，使其与回位弹簧处于不同的平衡位置，从而实现对齿杆位置的控制。

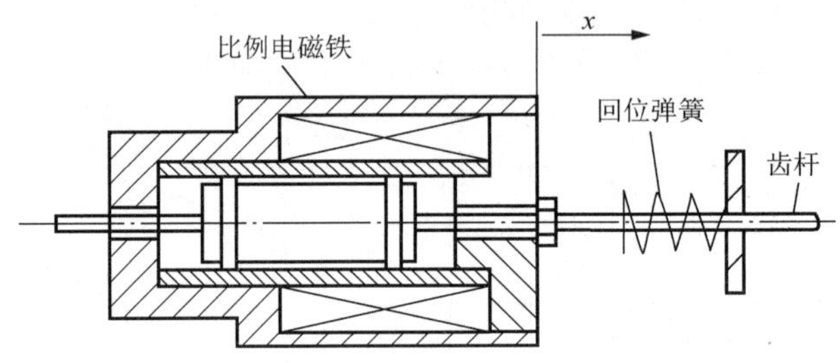

图 3-5 采用电磁式执行器的执行机构简图

对理想的比例电磁铁而言，当线圈电流给定时，在其工作行程范围内具有水平的位移力特性（图 3-6）。在气隙接近零的区域输出力急剧上升，称为吸合区；当气隙过大时输出力明显下降的区域，称为空行程区。

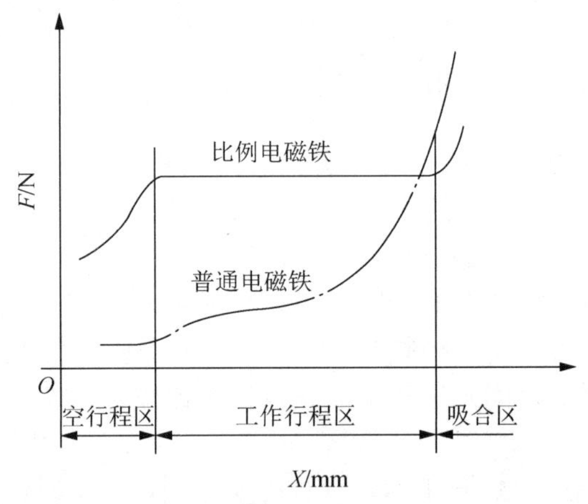

图 3-6 电磁铁行程位移力特性

实际的比例电磁铁并不具有简单的水平位移力特性。通过实验测得的电磁铁输出力与位移和通过线圈电流的关系如图 3-7 所示。一方面，电磁力随着线圈电流的增大而增大；另一方面，在线圈电流较小的区域，力的大小随着位移的增大而增大，随着线圈电流的增大，力与位移的关系逐渐转变为力的大小随着位移的增大而减小。

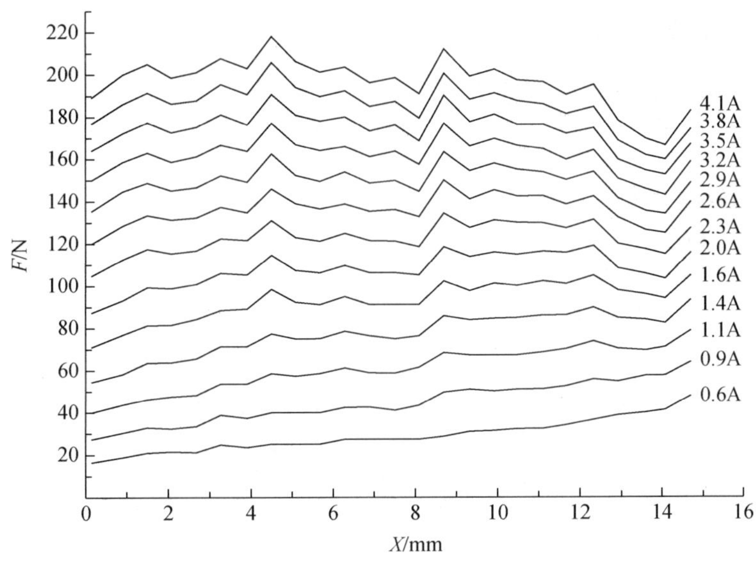

图 3-7　电磁铁输出力与位移和通过线圈电流的关系

改善电磁式执行器的性能主要有两条途径。一条途径是增大负载，即增大弹簧的刚度，提高位移产生的力的增益。这样做的好处是，可以充分利用电磁力控制电流的范围，减少摩擦力造成的影响，改善系统的抗干扰性。然而弹簧的刚度并不是越大越好，理论上负载刚度选取的最佳值应该是在齿杆行程和电磁力允许范围所形成的矩形的对角线值，如图 3-8 中的斜线Ⅰ。但弹簧刚度的增大会引起驱动电路中电流的增大，这将导致驱动电路产生发热等问题。同时，弹簧刚度还应该受到控制行程的限制，如果弹簧的刚度过大，如图 3-8 中的斜线Ⅱ，那么在电流允许的范围内，弹簧力不足以覆盖整个行程区域。另一条途径是通过优化比例电磁铁磁路的设计改变电磁力与位移的特性，使比例电磁铁的电磁力尽量与位移无关，甚至使电磁力随位移的增大而减小，进一步提高系统的性能[3]。

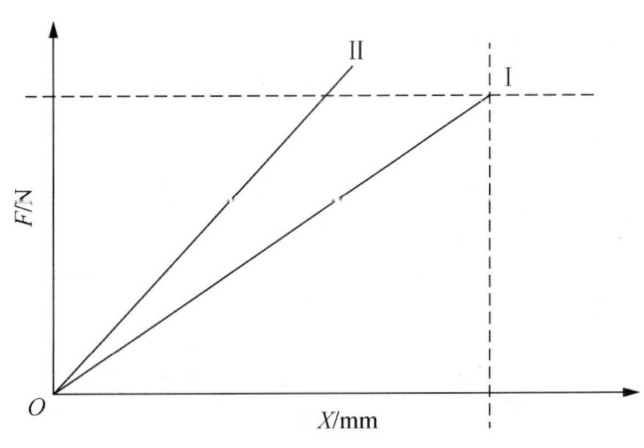

图 3-8　理论最佳弹簧刚度

3.3.2 电磁式执行器数学模型

电磁式执行器的运动增量方程为[4,5]

$$m\frac{\mathrm{d}^2\Delta x}{\mathrm{d}t^2}+D\frac{\mathrm{d}\Delta x}{\mathrm{d}t}+K_{\mathrm{s}}\Delta x=\Delta F_{\mathrm{m}} \tag{3-15}$$

式中，m——衔铁推杆组件的质量；

Δx——电磁铁位移增量；

D——阻尼系数；

K_{s}——回位弹簧刚度；

ΔF_{m}——电磁力增量。

在工作区域内，比例电磁铁的稳态控制力特性可以表示为

$$\Delta F_{\mathrm{m}}=K_{\mathrm{I}}\Delta i+K_{\mathrm{x}}\Delta x \tag{3-16}$$

式中，K_{I}——比例电磁铁的电流力增益，$K_{\mathrm{I}}=\frac{\partial F_{\mathrm{m}}}{\partial i}$；

Δi——线圈电流增量；

K_{x}——比例电磁铁的位移力增益和弹簧刚度之和，$K_{\mathrm{x}}=\frac{\partial F_{\mathrm{m}}}{\partial x}$；

Δx——电磁铁位移增量。

因为电磁力增大时轴向工作气隙变小，所以Δx前应当改为负号，即

$$\Delta F_{\mathrm{m}}=K_{\mathrm{I}}\Delta i-K_{\mathrm{x}}\Delta x \tag{3-17}$$

将式（3-15）和式（3-17）合并并进行拉氏变换，得

$$ms^2\Delta x(s)+Ds\Delta x(s)+(K_{\mathrm{s}}+K_{\mathrm{x}})\Delta x(s)=K_{\mathrm{I}}\Delta i\ (s) \tag{3-18}$$

电磁式执行器中比例电磁铁控制线圈的端电压增量方程为

$$\Delta u_{\mathrm{c}}=L(\mathrm{d}\Delta i/\mathrm{d}t)+(R_{\mathrm{C}}+r_{\mathrm{P}})\Delta i+K_{\mathrm{e}}s\Delta x \tag{3-19}$$

式中，L——线圈电感；

R_{C}，r_{P}——线圈和放大电路内阻；

K_{e}——线圈感应反应电动势系数；

s——拉氏算子。

将式（3-19）进行拉氏变换得

$$\Delta u_{\mathrm{c}}(s)=Ls\Delta i(s)+(R_{\mathrm{C}}+r_{\mathrm{P}})\Delta i(s)+K_{\mathrm{e}}s\Delta x\ (s) \tag{3-20}$$

因为线圈感应反应电动势极小，所以K_{e}可以忽略不计，式（3-20）可以简化为

$$\Delta u_{\mathrm{c}}(s)=Ls\Delta i(s)+(R_{\mathrm{C}}+r_{\mathrm{P}})\Delta i(s) \tag{3-21}$$

电磁式执行器的传递函数框图如图 3-9 所示。

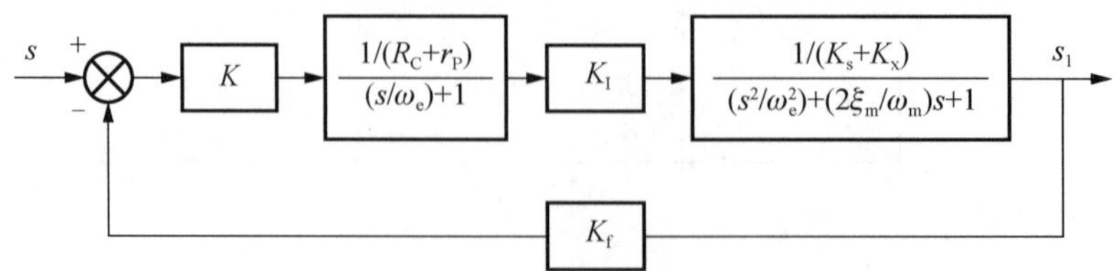

图 3-9 电磁式执行器的传递函数框图

可知，电磁式执行器主要由比例电磁铁电感线圈的一阶环节和衔铁推杆的弹簧质量系统的二阶环节组成。驱动电路中采用了电流负反馈，使比例电磁铁电感线圈的电气时间常数显著减小，可以忽略不计，因此系统传递函数可以写为

$$G(s)=\frac{K_{\rm p}K_{\rm I}K_{\rm f}/(R_{\rm C}+r_{\rm P})}{ms^2+Ds+(K_{\rm s}+K_{\rm x})}=\frac{K_{\rm p}K_{\rm I}K_{\rm f}/[(R_{\rm C}+r_{\rm P})(K_{\rm s}+K_{\rm x})]}{(s^2/\omega_{\rm m}^2)+(2\xi_{\rm m}/\omega_{\rm m})s+1} \tag{3-22}$$

式中，$\omega_{\rm m}$——弹簧质量环节的固有频率，$\omega_{\rm m}=\sqrt{(K_{\rm s}+K_{\rm x})/m}$；

$\xi_{\rm m}$——弹簧质量环节的阻尼比，$\xi_{\rm m}=D/2\sqrt{(K_{\rm s}+K_{\rm x})m}$；

$K_{\rm f}$——位置反馈系数。

式（3-22）即为电磁式执行器的数学模型。

3.4　电磁式执行器的传统 PID 控制

对柴油机的各种控制，如循环供（喷）油量控制和供（喷）油正时控制等，从控制理论来说都是一种过程控制，即按照预先给定的目标，改变系统的行为或性能。实际上，过程控制的任务是形成控制作用的变化规律，无论是否存在干扰，都能得到所希望的行为。在建立了执行器的传递函数后，可以采用多种控制算法对其进行控制。

利用微机实现的 PID 控制又称为数字 PID 调节。这种控制策略是连续系统中技术最成熟、应用最广泛的一种控制策略。其最大的优点是不需了解被控对象的数学模型，只要根据经验进行调节参数在线整定，即可取得满意的结果。特别是用软件编程的方法实现 PID 控制，参数变化十分灵活。该方法具有控制原理简单、易于实现、稳定性好等特点，因此在汽车发动机微机控制中应用极为广泛。例如，在柴油机电子控制系统采用位置控制的循环供油量控制和供油正时控制中，大多采用了 PID 控制策略。这种控制策略的不足之处是对被控对象参数变化比较敏感。有时为了抵消测量中的扰动，需要增加一些前馈控制行为。

微机 PID 控制策略的基本结构方案框图如图 3-10 所示。它是按照反馈控制的原理构成的，将被控对象输出的反映实际控制结果的反馈信号 $y(t)$，与反映预期控制结果的输入信号 $r(t)$比较后的偏差 $e(t)$，加给微机中的数字 PID 控制器，由它根据偏差的变化情况来调节控制量，并将控制量 $u(k)$输送给被控对象。数字 PID 控制器进行调节时，如果偏差加大，则控制量也加大，这就是比例控制。由于偏差一直存在，因此把它累加起来，加大控制量使偏差得以消除，这就是积分控制。在对偏差进行预估时，当偏差的变化率大于零时，表示偏差在加大，可以及时增加控制量；当偏差的变化率小于零时，表示偏差在减小，应当适当减小控制量，这就是微分控制。

PID 控制器是一种线性控制器，它根据给定值 $r(t)$与实际输出值 $y(t)$构成控制偏差：

$$e(t)=r(t)-y(t) \tag{3-23}$$

PID 的控制规律为

$$u(t)=K_{\rm p}e(t)+\frac{1}{T_{\rm I}}\int_0^t e(t){\rm d}t+\frac{T_{\rm D}{\rm d}e(t)}{{\rm d}t} \tag{3-24}$$

或写成传递函数的形式：

$$G(s)=\frac{U(s)}{E(s)}=K_{\mathrm{p}}\left(1+\frac{1}{T_{\mathrm{I}}s}+T_{\mathrm{D}}s\right) \tag{3-25}$$

式中，T_{I} ——积分时间常数；

T_{D} ——微分时间常数。

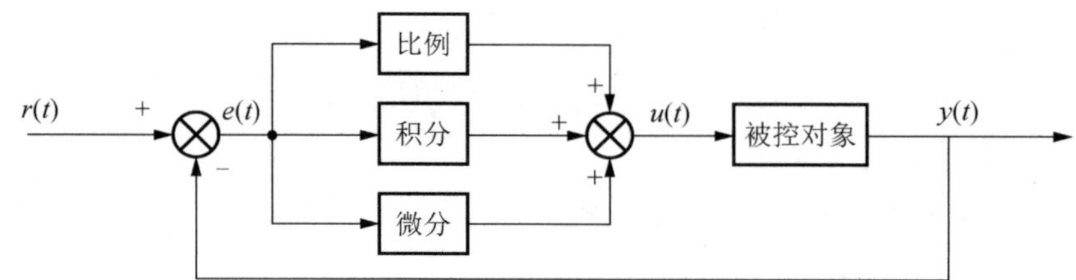

图 3-10　微机 PID 控制策略的基本结构方案框图

简单来说，PID 控制器各校正环节的作用如下。

1）比例环节：成比例地反映控制系统的偏差信号 $e(t)$，偏差一旦产生，控制器立即产生控制作用，以减少偏差。

2）积分环节：主要用于消除静差，提高系统的无差度。积分作用的强弱取决于积分时间常数 T_{I}，T_{I} 越大，积分作用越弱，反之则越强。

3）微分环节：反映偏差信号的变化趋势（变化速率），并能在偏差信号变得太大之前在系统中引入一个有效的早期修正信号，从而加快系统的动作速度，减少调节时间[6]。

数字 PID 控制器的基本算法是从模拟 PID 控制算法演化而来的，其基本计算式为

$$u(k)=K_{\mathrm{p}}\left\{e(k)+T\sum_{j=0}^{k}e(j)/T_{\mathrm{I}}+T_{\mathrm{D}}[e(k)-e(k-1)]/T\right\} \tag{3-26}$$

式中，T——采样周期。

由于式（3-26）的输出 $u(k)$直接对应执行机构的位置，因此该算法称为位置式算法，即控制量 u 与执行器的位置 k（如柴油机喷油泵齿杆的位移、喷油正时控制液压伺服机构步进电动机的进给等）相对应。这种位置算法是非递推形式的，计算 $u(k)$不仅需要本次及上次采样的偏差值 $e(k)$和 $e(k-1)$，还需要 $e(0)$到 $e(k)$的所有值。当 k 很大时，计算工作量太大。为此，常用的是递推形式的增量式算法。增量式算法由位置式算法推出，先由位置式算法写出前一时刻的输出量，再由式（3-26）减去该输出量，即可得到第 k 个时刻的输出增量：

$$\Delta u(k)=K_{\mathrm{p}}\left[e(k)-e(k-1)\right]+K_{\mathrm{i}}e(k)+K_{\mathrm{d}}\left[e(k)-2e(k-1)+e(k-2)\right] \tag{3-27}$$

式中，$K_{\mathrm{i}}=K_{\mathrm{p}}T/T_{\mathrm{I}}$；$K_{\mathrm{d}}=K_{\mathrm{p}}T_{\mathrm{D}}/T$。

将式（3-27）化简，得

$$\Delta u(k)=K_0e(k)+K_1e(k-1)+K_2e(k-2) \tag{3-28}$$

式中，$K_0=K_{\mathrm{p}}+K_{\mathrm{i}}+K_{\mathrm{d}}$；$K_1=-(K_{\mathrm{p}}+2K_{\mathrm{d}})$；$K_2=K_{\mathrm{d}}$。

这样，控制量表示为

$$u(k)=u(k-1)+\Delta u(k) \tag{3-29}$$

式（3-27）和式（3-29）组成了增量式 PID 控制算法。图 3-11 所示为这种控制算法的流程图。

为验证算法及所选控制参数（K_p、K_i、K_d、T）的有效性，在图 3-12 所示的电磁式执行器实验装置上进行了实验。

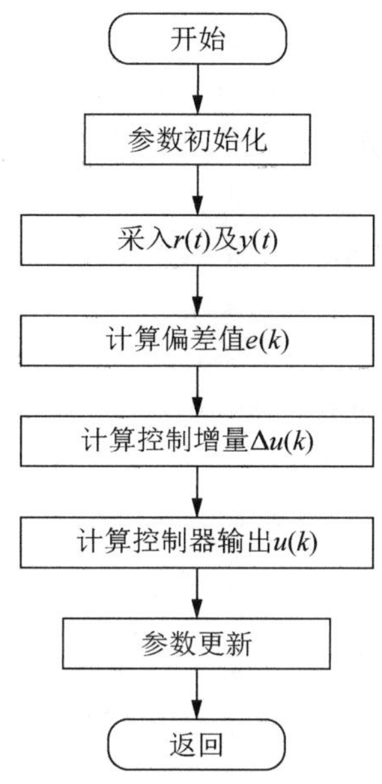

图 3-11　增量式控制算法的流程图

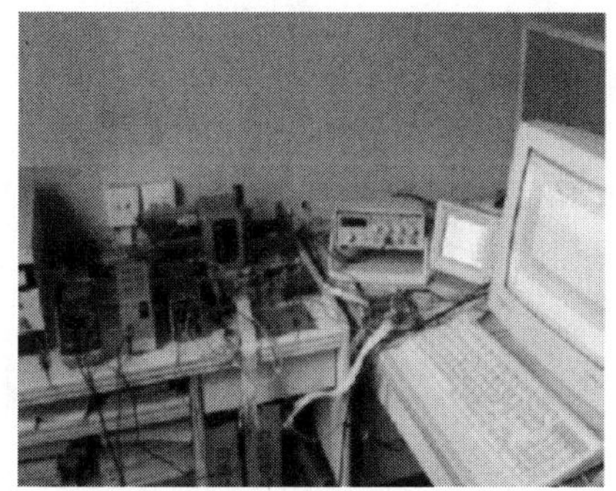

图 3-12　电磁式执行器实验装置

数字 PID 参数的整定，除了确定比例系数 K_p、积分时间常数 T_I 和微分时间常数 T_D 外，还需要确定第 4 个参数——采样周期 T。由于生产过程一般有较大的时间常数，而在大多数情况下，采样周期又比过程的时间常数小得多，因此数字调节器参数的整定可以仿照模拟 PID 调节器参数整定的方法，一般有扩充临界比例系数法和扩充响应曲线法两种方法。这里采用扩充响应曲线法。

扩充响应曲线法是将模拟调节器响应曲线法推广用来求数字 PID 调节器参数，其整定步骤如下。

1）测出对象的动态响应曲线。具体方法：将系统开环，给被控对象加上阶跃输入，测得被控量的过渡过程，如图 3-13 所示。

2）在对象响应曲线的拐点处作一条切线，求出等效纯滞后时间 τ 和等效时间常数 T_m，并计算出它们的比值 T_m/τ 。

3）选择控制度。控制度是以模拟调节器为基础，将直接数字控制（direct digital control,

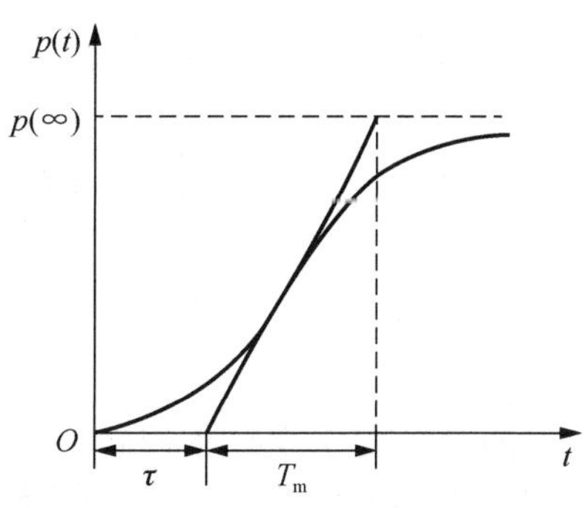

图 3-13　执行器的动态响应曲线

DDC）的效果与模拟调节器的控制效果相比较，控制效果的评价函数一般采用误差平方积分表示，故

$$控制度=\frac{\left(\int_0^{\infty} e^2 \mathrm{d}t\right)_{\mathrm{DDC}}}{\left(\int_0^{\infty} e^2 \mathrm{d}t\right)_{模拟}}$$

通常当控制度为 1.05 时，表示数字控制效果和模拟控制效果相当；当控制度为 2.0 时，表示数字控制效果比模拟控制效果差，即数字控制误差平方积分是模拟控制误差平方积分的 2 倍。

4）按照扩充响应曲线 PID 参数计算公式[7]求得 T 和 K_p，以及积分时间常数 T_I 和微分时间常数 T_D。

5）投入运行，观察控制效果，适当修正参数。

本次实验所使用的比例电磁铁执行器的最大位移量为 0～15mm，经 A/D 转换的数字量为 2 000～32 000。图 3-14 为 T=0.01s，K_p=2.4，T_I=2.6，T_D=1.8 时的电磁式执行器增量式 PID 阶跃响应实验曲线，图中 RVL2 为目标值，RVL 为实测值，纵坐标数为 AD 采到寄存器的数值。

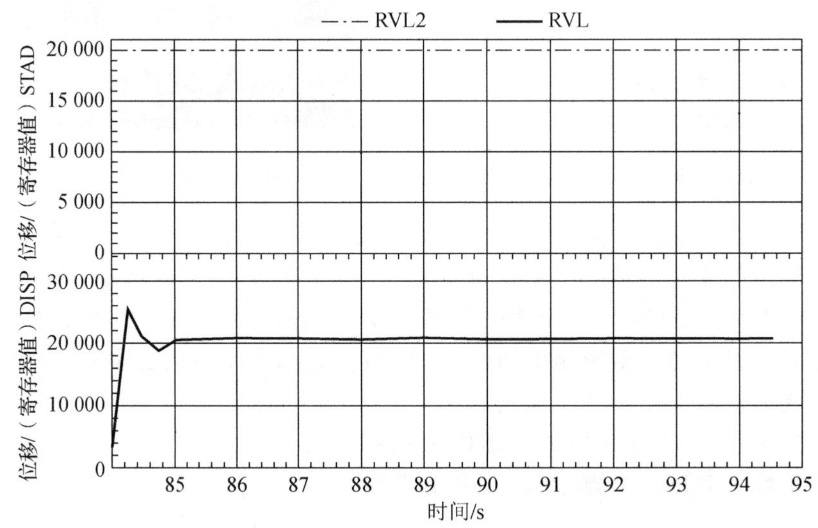

图 3-14　传统 PID 阶跃响应实验曲线

3.5　基于遗传算法的 PID 整定

PID 控制是工业过程控制中应用较广的控制策略之一，因此 PID 控制器参数的优化成为人们关注的问题，它直接影响控制效果的好坏，并与系统的安全、经济运行有着密不可分的联系。目前，PID 参数的优化方法有很多，如间接寻优法、梯度法和爬山法等。

然而，单纯形法、专家整定法在热工系统中应用较广。虽然这些方法具有良好的寻

优特性，但是也存在一些弊端。例如，单纯形法对初值较为敏感，容易陷入局部最优解，造成全局寻优失败。又如，专家整定法需要太多的经验，而且不同的目标函数对应不同的经验，但整理知识库却是一项长期工程。因此，本节选取遗传算法来进行参数寻优，该方法是一种不需要任何初始信息并可以寻求全局最优解的、高效的优化组合方法[8,9]。

采用遗传算法进行 PID 三个系数的整定，具有以下优点。

1）与单纯形法相比，遗传算法同样具有良好的寻优特性，而且它克服了单纯形法对初值的敏感性。在初始条件选择不当时，遗传算法在不需要给出调节器初始参数的情况下，仍能寻找到合适的参数，使控制目标满足要求。单纯形法难以解决多值函数问题，并且在多参数寻优（如串级系统）中容易造成寻优失败或时间过长，而遗传算法的特性决定了它能够很好地解决以上问题。

2）与专家整定法相比，遗传算法具有操作方便、速度快的优点，不需要复杂的规则，只需对字符串进行简单的复制、交叉、变异，便可达到寻优，避免了专家整定法前期大量的知识库整理工作及大量的仿真实验。

3）遗传算法是从许多点开始并行操作的，在解空间进行高效启发式搜索，克服了从单点出发的弊端及搜索的盲目性，从而使寻优速度更快，避免了过早陷入局部最优解。

4）遗传算法不仅适用单目标寻优，而且适用多目标寻优。根据不同的控制系统，针对一个或多个目标，遗传算法均能在规定的范围内寻找到合适的参数。

作为一种全局优化算法，遗传算法得到了越来越广泛的应用。近年来，遗传算法在控制上的应用日益增多。

3.5.1　基于遗传算法的 PID 整定原理

（1）参数的确定及表示

首先确定参数范围，该范围一般由用户给定；然后按照精度要求对其进行编码，选取二进制数字串来表示每个参数，并建立与参数间的关系；最后把这些二进制数字串连起来组成一个长的二进制数字串，该字串即为遗传算法的操作对象。

（2）选取初始种群

因为需要编程来实现各过程，所以利用计算机随机产生初始种群。对于二进制编码而言，首先产生 0～1 的平均分布的随机数，然后规定在产生的随机数中 0～0.5 代表 0，0.5～1 代表 1。此外，还要考虑计算的复杂程度，并以此来确定种群的大小。

（3）适配函数的确定

一般的寻优方法在约束条件下可以求得满足条件的一组参数，在设计中是从该组参数中寻找一个最好的参数。衡量一个控制系统的指标有三个方面，即稳定性、准确性和快速性。上升时间反映了系统的快速性，上升时间越短，控制进行得越快，系统的品质也就越好。

如果单纯追求系统的动态特性，那么得到的参数很可能使控制信号过大，在实际应用中会因系统中固有的饱和特性而导致系统不稳定，为了防止控制能量过大，在目标函数中加入控制量。因此，为了使控制效果更好，给出了控制量、误差和上升时间三个约束条件。因为适配函数与目标函数相关，所以当目标函数确定后，就可以直接将其作为适配函数进行参数寻优。最优控制参数是在满足约束条件下使 $f(x)$ 最大时，x 所对应的控制器参数。

（4）遗传算法的操作

首先，利用适应度比例法进行复制，即通过适配函数求得适配值，进而求出每个字符串对应的复制概率。复制概率与每代字符串的个数的乘积为该字符串在下一代中应当复制的个数。复制概率大的在下一代中将有较多的“子孙”，反之则被淘汰。

然后，进行单点交叉，交叉概率为 P_c。从复制后的成员里以 P_c 的概率选取字符串组成匹配池，而后对匹配池的成员随机匹配，交叉的位置也是随机确定的。

最后，以概率 P_m 进行变异。若每代有 15 个字符串，每个字符串 12 位，则共有 15×12=180 个串位，期望的变异串位数为 180×0.01≈2（位），即每代中有两个串位要由 1 变为 0 或由 0 变为 1。

初始种群通过复制、交叉及变异得到了新一代种群，该代种群经过解码后代入适配函数，并观察其是否满足结束条件。若不满足，则重复以上操作，直到满足为止。

结束条件由具体问题决定，只要各目标参数在规定范围内，就可以终止计算。

利用遗传算法优化 K_p、K_i、K_d 的具体步骤如下。

1）确定每个参数的大致范围和编码长度，进行编码。

2）随机产生 n 个个体，构成初始种群 $P(0)$。

3）将种群中各个个体解码成对应的参数值，并用此参数求代价函数值 J 及适应函数值 f，取 $f=\dfrac{1}{J}$。

4）应用复制、交叉和变异算子对种群 $P(t)$ 进行操作，产生下一代种群 $P(t+1)$。

5）重复步骤 3）和 4），直至参数收敛或达到预定指标。

3.5.2 基于实数编码遗传算法的 PID 整定

由电磁式执行器的数学模型和执行器阶跃响应的过渡过程特性，可以求得最大超调量 M_P 和峰值时间 t_P 分别为 0.5s 和 0.3s。M_P、t_P 与系统特征参数 ω_n、ξ 之间的关系为[10,11]

$$\xi=\cos\left\{\arctan\left[\frac{-\pi}{\ln(M_P)}\right]\right\} \tag{3-30}$$

$$\omega_n=\frac{\pi}{t_P\sqrt{1-\xi^2}} \tag{3-31}$$

将 M_P、t_P 的值分别代入式（3-30）和式（3-31）可以求得 ω_n、ξ 的值，闭环传递函数表达式为

$$G(s)=\frac{\omega_n^2}{s^2+2\xi\omega_n s+\omega_n^2} \tag{3-32}$$

将 ω_n、ξ 的值代入式（3-32）可以求出被控对象为二阶传递函数

$$G(s)=\frac{115}{s^2+4.5s+115} \tag{3-33}$$

采样时间为 0.01s，输入指令为一阶跃信号。

为了获取满意的过渡过程动态特性，采用误差绝对值时间积分性能指标作为参数选择的最小目标函数。为了防止控制能量过大，在目标函数中加入控制输入的平方项。选用式（3-34）作为参数选取的最优指标。

$$J=\int_{0}^{\infty}\left[w_1\left|e(t)\right|+w_2u^2(t)\right]\mathrm{d}t+w_3t_{\mathrm{u}} \tag{3-34}$$

式中，$e(t)$——系统误差；

$u(t)$——控制器输出；

t_{u}——上升时间；

w_1、w_2、w_3——权值。

为了避免超调采用了惩罚功能，即一旦产生超调，就将超调量作为最优指标的一项，此时最优指标为

$$e(t)<0,\quad J=\int_{0}^{\infty}\left[w_1\left|e(t)\right|+w_2u^2(t)+w_4\left|e(t)\right|\right]\mathrm{d}t+w_3t_{\mathrm{u}} \tag{3-35}$$

式中，w_4——权值，且 $w_4>>w_1$。

遗传算法中使用的样本个数为 30，交叉概率和变异概率分别为 P_{c}=0.9，P_{m}=0.033。参数 K_{p} 的取值范围为[0,20]，K_{i}、K_{d} 的取值范围为[0,1]，取 w_1=0.999，w_2=0.001，w_3=100，w_4=2.0。采用实数编码方式，经过 100 代进化，获得的优化参数如下：PID 整定结果分别为 K_{p}=3.81，K_{i}=8.67，K_{d}=0.002 5，性能指标 J=3.582。代价函数 J 的优化过程和采用整定后的 PID 控制阶跃响应分别如图 3-15 和图 3-16 所示。

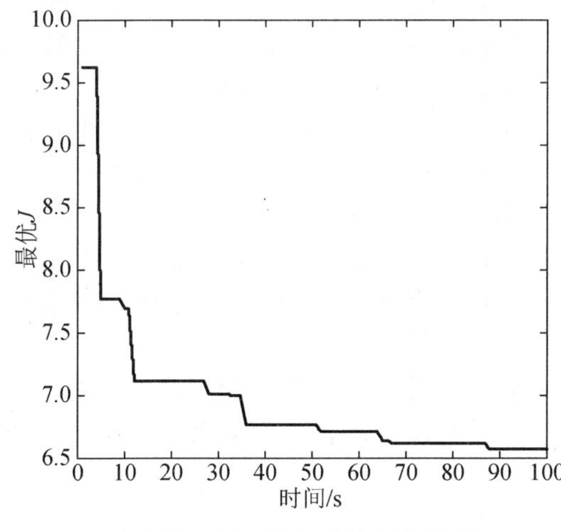

图 3-15　代价函数 J 的优化过程

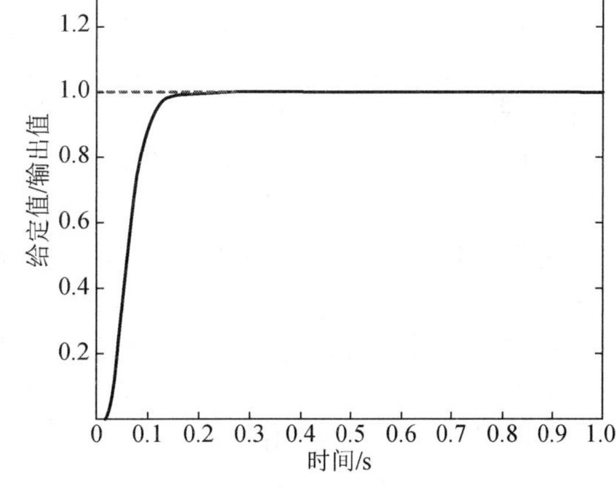

图 3-16　整定后的 PID 控制阶跃响应

在应用遗传算法时，为了避免参数选取范围过大，可以先按照经验选取一组参数，然后再在这组参数的周围利用遗传算法进行设计，从而大大减少初始寻优的盲目性，节约计算量。

根据遗传算法的 PID 参数整定结果，取 K_{p}=3.81，K_{i}=8.67，K_{d}=0.002 5，在执行器上进行阶跃响应实验。电磁式执行器阶跃响应实验曲线如图 3-17 所示。可用作图法求得最大超调量 M_{P} 和峰值时间 t_{P}，进而获得模型参数，将其与遗传算法相结合，可以

成功地应用于 PID 控制器参数的整定[12]。

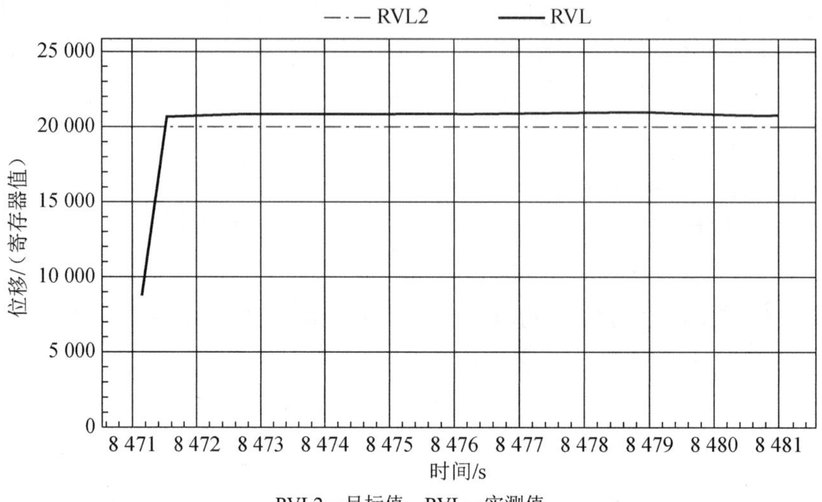

RVL2—目标值；RVL—实测值

图 3-17 电磁式执行器阶跃响应实验曲线

3.6 模糊自适应整定 PID 控制

PID 控制器结构简单、工作稳定、鲁棒性强，但是系统的动态特性与静态特性之间的矛盾、跟踪设定值与抑制扰动之间的矛盾、鲁棒性与控制性之间的矛盾还没有得到很好的解决，因此通常不得不采用折中的方法来整定参数，致使系统不能获得最佳的控制效果。

对于 PID 控制存在的问题，应该认为并不是 PID 本身引起的，而是 PID 控制中 P、I、D 的线性组合和系统特性变化与控制量之间的线性映射关系造成的。P、I、D 三种控制作用对于获得良好的控制来说都是必要的，但还不是充分的。

模糊控制是一种智能控制方法，它将控制人员的控制经验用控制规则的形式表达出来，具有控制适应性好、控制过程平滑的特点，但由于其本质上属于 PD 控制，无法消除静态误差。

如果将两者结合起来，根据控制者对 PID 控制器的设计经验，利用模糊控制法将 PID 参数的实时调整策略制定为模糊控制规则，实现 PID 控制器在线参数实时调整，便可构成模糊自适应整定 PID 控制。

3.6.1 模糊自适应整定 PID 控制原理

模糊控制利用人工智能的方法将操作人员的经验作为知识存入计算机中，计算机根据现场实际情况自动调整 PID 参数。这种控制首先将操作人员（专家）长期实践积累的经验知识用控制规则模型化，然后运用推理便可对 PID 参数实现最佳调整。

由于操作者的经验不易精确描述，控制过程中的各种信号量及评价指标不易定量表示，而模糊理论是解决这一问题的有效途径。运用模糊数学的基本理论和方法，把规则的条件、操作用模糊集表示，并把这些模糊控制规则及有关信息（如评价指标、初始

PID 参数等）作为知识存入计算机知识库中，然后计算机根据控制系统的实际响应情况运用模糊推理，即可自动实现对 PID 参数的最佳调整。但是模糊控制非常依赖控制专家或操作人员的经验和知识，若缺乏这样的控制经验，则很难期望它获得满意的控制效果，为此本节提出了运用模糊自适应控制方法来解决这样的问题。

模糊自适应 PID 控制以误差 e 和误差变化率 ec 作为输入量，可以满足不同时刻的 e 和 ec 对 PID 参数自整定的要求。利用模糊控制规则在线对 PID 参数进行修改，便构成了模糊自适应 PID 控制器，其结构框图如图 3-18 所示。

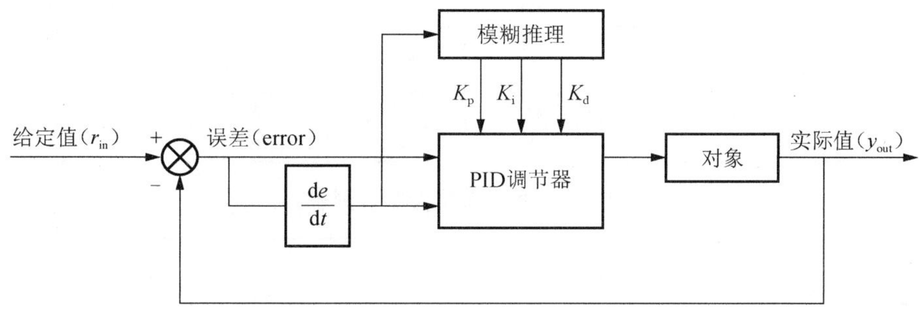

图 3-18　模糊自适应 PID 控制器结构框图

PID 参数自整定的目的是找出 PID 三个参数与 e 和 ec 之间的模糊关系，在运行中通过不断检测 e 和 ec，根据模糊控制原理对三个参数进行在线修改，以满足不同 e 和 ec 对控制参数的不同要求，从而使被控对象具有良好的动态和静态性能。

对于常规的控制系统，从系统的稳定性、响应速度、超调量和稳态精度等方面来考虑，自适应控制就是找到这些指标与控制作用之间的联系，K_p、K_i、K_d 的作用如下。

1）比例系数 K_p 的作用是加快系统的响应速度，提高系统的调节精度。K_p 越大，系统的响应速度越快，系统的调节精度越高，但易使系统产生超调，甚至会导致系统不稳定。若 K_p 取值过小，则会降低系统的调节精度，使响应速度变慢，从而延长调节时间，使系统的静态特性、动态特性变坏。

2）积分作用系数 K_i 的作用是消除系统的稳态误差。K_i 越大，系统的稳态误差消除越快，但 K_i 过大，在响应过程的初期会产生积分饱和现象，从而引起响应过程的较大超调。若 K_i 过小，则系统的稳态误差难以消除，影响系统的调节精度。

3）微分作用系数 K_d 的作用是改善系统的动态特性，主要是在响应过程中抑制偏差向任何方向的变化，对偏差变化提前预报。但 K_d 过大，会使响应过程提前制动，不仅延长了调节时间，而且降低了系统的抗干扰性能。

PID 参数的整定必须考虑在不同时刻三个参数的作用，以及相互之间的关系。在线实时模糊自整定 PID 控制器的控制原理如图 3-18 所示。

模糊自整定 PID 是在 PID 算法的基础上，通过计算当前系统误差 e 和误差变化率 ec，利用模糊规则进行模糊推理，查询模糊矩阵表进行参数调整。根据电磁式执行器的特点和实验结果，总结出针对 K_p、K_i、K_d 三个参数分别整定的 K_p 模糊控制规则表、K_i 模糊控制规则表、K_d 模糊控制控则表，表中对偏差划分 NB、NM、NS、ZO、PS、PM、PB 七个模糊量，用 NB 表示负大，NM 表示负中，NS 表示负小，ZO 表示零，PS 表示正小，PM 表示正中，PB 表示正大，如表 3-1～表 3-3 所示。

表 3-1 K_p 的模糊控制规则表

e	ΔK_p						
	NB（ec）	NM（ec）	NS（ec）	ZO（ec）	PS（ec）	PM（ec）	PB（ec）
NB	PB	PB	PM	PM	PS	ZO	ZO
NM	PB	PB	PM	PS	PS	ZO	NS
NS	PM	PM	PM	PS	ZO	NS	NS
ZO	PM	PM	PS	ZO	NS	NM	NM
PS	PS	PS	ZO	NS	NS	NM	NM
PM	PS	ZO	NS	NM	NM	NM	NB
PB	ZO	ZO	NM	NM	NM	NB	NB

表 3-2 K_i 的模糊控制规则表

e	ΔK_i						
	NB（ec）	NM（ec）	NS（ec）	ZO（ec）	PS（ec）	PM（ec）	PB（ec）
NB	NB	NB	NM	NM	NS	ZO	ZO
NM	NB	NB	NM	NS	NS	ZO	ZO
NS	NB	NM	NS	NS	ZO	PS	PS
ZO	NM	NM	NS	ZO	PS	PM	PM
PS	NM	NS	ZO	PS	PS	PM	PB
PM	ZO	ZO	PS	PS	PM	PB	PB
PB	ZO	ZO	PS	PM	PM	PB	PB

表 3-3 K_d 的模糊控制规则表

e	ΔK_d						
	NB（ec）	NM（ec）	NS（ec）	ZO（ec）	PS（ec）	PM（ec）	PB（ec）
NB	PS	NS	NB	NB	NB	NM	PS
NM	PS	NS	NB	NM	NM	NS	ZO
NS	ZO	NS	NM	NM	NS	NS	ZO
ZO	ZO	NS	NS	NS	NS	NS	ZO
PS	ZO	ZO	ZO	ZO	ZO	ZO	ZO
PM	PB	NS	PS	PS	PS	PS	PB
PB	PB	PM	PM	PM	PS	PS	PB

在 K_p、K_i、K_d 的模糊控制规则表建立好后，K_p、K_i、K_d 可以根据如下方法进行自适应校正。

设系统误差 e 的基本论域为[−1 000,1 000]且相当于 0.5mm，误差变化率 ec 的基本论域为[−250,250]，ΔK_p 的基本论域为[−1,1]，模糊集上的论域为

$$e,ec,\Delta K_p = \{-5,-4,-3,-2 -1,0,1,2,3,4,5\} \tag{3-36}$$

系统误差 e 的量化因子 K_e=5/1 000=1/200，误差变化率 ec 的量化因子 K_{ec}=5/250=

1/50，控制量变化 ΔK_p 的比例因子 $K_{\Delta K_p}=1/5$。将 K_p 的模糊控制规则表的模糊子集赋予以下正态模糊数：{PS,PM,PB,0,NB,NM,NS} = {3,2,1,0,−1,−2,−3}，模糊子集中的元素分别代表负大、负中、负小、零、正小、正中、正大，这样就构成了如表 3-4 所示的 K_p 的模糊数模型表，同理得出 K_i、K_d 的模糊数模型表。在表中查出 ΔK_p 的值并将其代入式（3-37）计算：

$$\begin{cases} K_p = K_p' + \{e_i, ec_i\}_P \\ K_i = K_i' + \{e_i, ec_i\}_I \\ K_d = K_d' + \{e_i, ec_i\}_D \end{cases} \tag{3-37}$$

式中，K_p'、K_i'、K_d'——在不同状态下，对参数 K_p、K_i、K_d 用常规 PID 参数整定法得到的整定值。

表 3-4　K_p 的模糊数模型表

e	ΔK_p						
	NB（ec）	NM（ec）	NS（ec）	ZO（ec）	PS（ec）	PM（ec）	PB（ec）
−3	3	3	2	2	1	0	0
−2	3	3	2	1	1	0	−1
−1	2	2	2	1	0	−1	−1
0	2	2	1	0	−1	−2	−2
1	1	1	0	−1	−1	−2	−2
2	1	0	−1	−2	−2	−2	−3
3	0	0	−2	−2	−2	−3	−3

模糊数模型表相当于常规模糊控制器的模糊控制查询表。对于常规模糊控制器，从模糊控制规则表获得模糊控制查询表，需要进行极大极小合成推理运算，工作量极大。若模糊规则选择不合适需要修改，还需要重新进行极大极小合成推理运算，这样才能获得修正后的模糊控制查询表，其重复计算量大且十分烦琐。

上述模糊数模型的建立方法，只需要将模糊控制规则表中的模糊子集换成相应的模糊数，就可以得到所需的模糊数模型。利用这种方法修改模糊控制规则时，不需进行推理运算，只需要将表 3-1 中修改的模糊子集（模糊规则）换成相应的模糊数模型，就可以获得修改后的模糊数模型。因此，这种方法十分简洁，避免了烦琐的极大极小合成运算，尤其在修改模糊控制规则（调试）过程中，更显出这种方法的优越性。在线运行过程中，控制系统通过对模糊逻辑规则的结果处理、查表和运算完成对 PID 参数的在线自校正[13,14]，其工作流程图如图 3-19 所示。

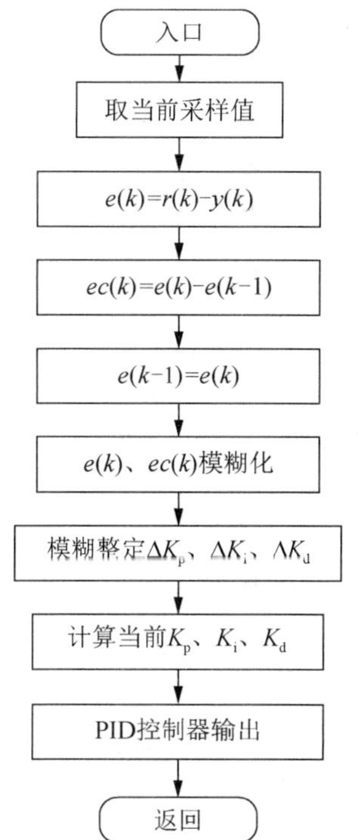

图 3-19　在线自校正工作流程图

3.6.2　电磁式执行器模糊自适应整定 PID 控制仿真

被控对象为电磁式执行器，采用二阶传递函数，采样时间为 1ms。采用模糊 PID 控制进行阶跃响应，获取的响应结果如图 3-20 所示。通过仿真，还可以得到以下几个结果。

1）可以得到模糊系统输入 e、ec 的隶属函数及输出 K_p、K_i、K_d 的隶属函数，如图 3-21～图 3-25 所示。

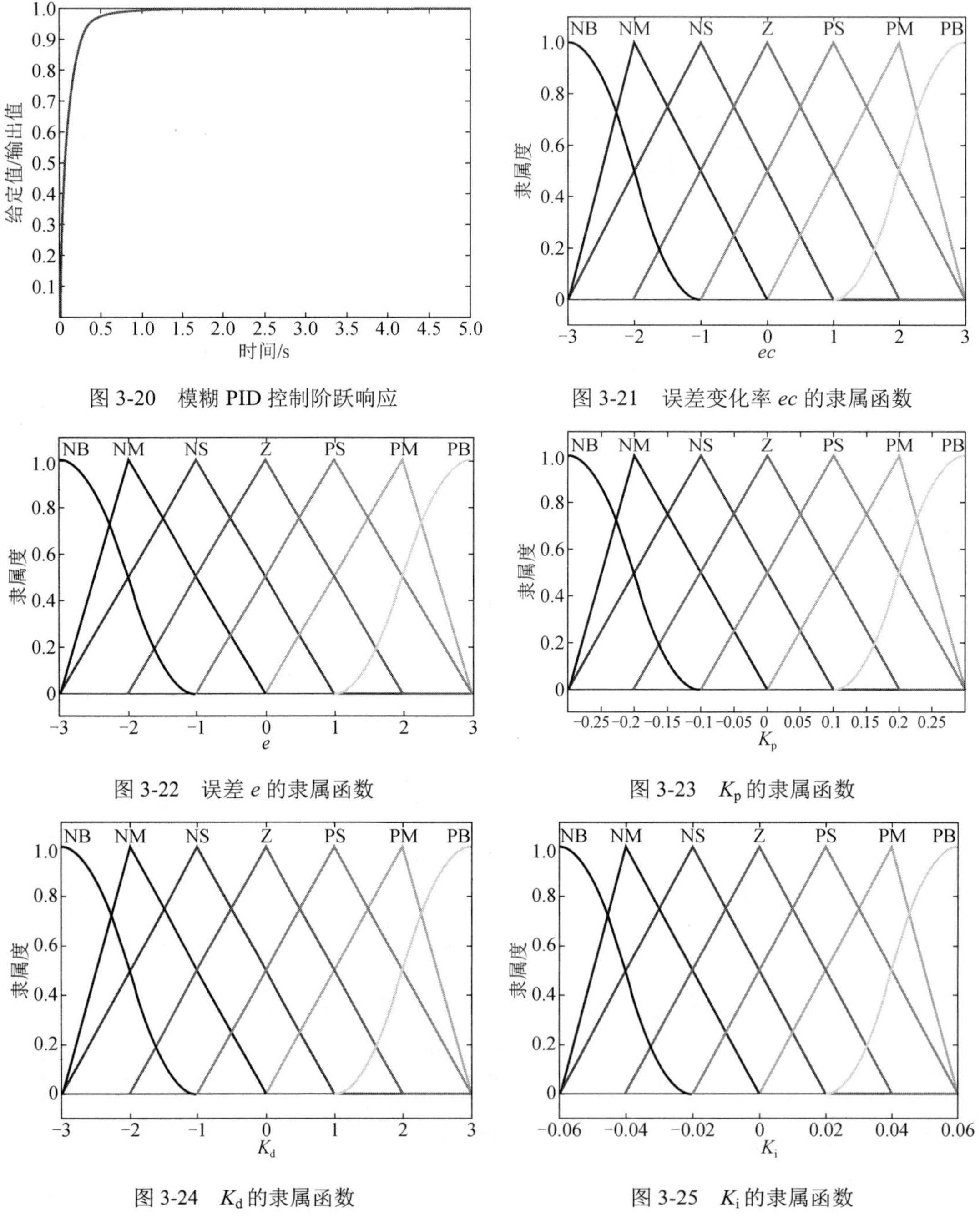

图 3-20 模糊 PID 控制阶跃响应

图 3-21 误差变化率 ec 的隶属函数

图 3-22 误差 e 的隶属函数

图 3-23 K_p 的隶属函数

图 3-24 K_d 的隶属函数

图 3-25 K_i 的隶属函数

2）可以得到以下 49 条模糊规则。

① If (e is NB) and (ec is NB) then (kp is PB)(ki is NB)(kd is PS)。

② If (e is NB) and (ec is NM) then (kp is PB)(ki is NB)(kd is NS)。

③ If (e is NB) and (ec is NS) then (kp is PM)(ki is NM)(kd is NB)。

④ If (e is NB) and (ec is Z) then (kp is PM)(ki is NM)(kd is NB)。

⑤ If (e is NB) and (ec is PS) then (kp is PS)(ki is NS)(kd is NB)。

⑥ If (e is NB) and (ec is PM) then (kp is Z)(ki is Z)(kd is NM)。

⑦ If (e is NB) and (ec is PB) then (kp is Z)(ki is Z)(kd is PS)。

⑧ If (e is NM) and (ec is NB) then (kp is PB)(ki is NB)(kd is PS)。

⑨ If (e is NM) and (ec is NM) then (kp is PB)(ki is NB)(kd is NS)。

⑩ If (e is NM) and (ec is NS) then (kp is PM)(ki is NM)(kd is NB)。

⑪ If (e is NM) and (ec is Z) then (kp is PS)(ki is NS)(kd is NM)。

⑫ If (e is NM) and (ec is PS) then (kp is PS)(ki is NS)(kd is NM)。

⑬ If (e is NM) and (ec is PM) then (kp is Z)(ki is Z)(kd is NS)。

⑭ If (e is NM) and (ec is PB) then (kp is NS)(ki is Z)(kd is Z)。

⑮ If (e is NS) and (ec is NB) then (kp is PM)(ki is NB)(kd is Z)。

⑯ If (e is NS) and (ec is NM) then (kp is PM)(ki is NM)(kd is NS)。

⑰ If (e is NS) and (ec is NS) then (kp is PM)(ki is NS)(kd is NM)。

⑱ If (e is NS) and (ec is Z) then (kp is PS)(ki is NS)(kd is NM)。

⑲ If (e is NS) and (ec is PS) then (kp is Z)(ki is Z)(kd is NS)。

⑳ If (e is NS) and (ec is PM) then (kp is NS)(ki is PS)(kd is NS)。

㉑ If (e is NS) and (ec is PB) then (kp is NS)(ki is PS)(kd is Z)。

㉒ If (e is Z) and (ec is NB) then (kp is PM)(ki is NM)(kd is Z)。

㉓ If (e is Z) and (ec is NM) then (kp is PM)(ki is NM)(kd is NS)。

㉔ If (e is Z) and (ec is NS) then (kp is PS)(ki is NS)(kd is NS)。

㉕ If (e is Z) and (ec is Z) then (kp is Z)(ki is Z)(kd is NS)。

㉖ If (e is Z) and (ec is PS) then (kp is NS)(ki is PS)(kd is NS)。

㉗ If (e is Z) and (ec is PM) then (kp is NM)(ki is PM)(kd is NS)。

㉘ If (e is Z) and (ec is PB) then (kp is NM)(ki is PM)(kd is Z)。

㉙ If (e is PS) and (ec is NB) then (kp is PS)(ki is NM)(kd is Z)。

㉚ If (e is PS) and (ec is NM) then (kp is PS)(ki is NS)(kd is Z)。

㉛ If (e is PS) and (ec is NS) then (kp is Z)(ki is Z)(kd is Z)。

㉜ If (e is PS) and (ec is Z) then (kp is NS)(ki is PS)(kd is Z)。

㉝ If (e is PS) and (ec is PS) then (kp is NS)(ki is PS)(kd is Z)。

㉞ If (e is PS) and (ec is PM) then (kp is NM)(ki is PM)(kd is Z)。

㉟ If (e is PS) and (ec is PB) then (kp is NM)(ki is PB)(kd is Z)。

㊱ If (e is PM) and (ec is NB) then (kp is PS)(ki is Z)(kd is PB)。

㊲ If (e is PM) and (ec is NM) then (kp is Z)(ki is Z)(kd is PS)。

㊳ If (e is PM) and (ec is NS) then (kp is NS)(ki is PS)(kd is PS)。

㊴ If (e is PM) and (ec is Z) then (kp is NM)(ki is PS)(kd is PS)。

㊵ If (e is PM) and (ec is PS) then (kp is NM)(ki is PM)(kd is PS)。

㊶ If (e is PM) and (ec is PM) then (kp is NM)(ki is PB)(kd is PS)。

㊷ If (e is PM) and (ec is PB) then (kp is NB)(ki is PB)(kd is PB)。

㊸ If (e is PB) and (ec is NB) then (kp is Z)(ki is Z)(kd is PB)。

㊹ If (e is PB) and (ec is NM) then (kp is Z)(ki is Z)(kd is PM)。

㊺ If (e is PB) and (ec is NS) then (kp is NM)(ki is PS)(kd is PM)。

㊻ If (e is PB) and (ec is Z) then (kp is NM)(ki is PM)(kd is PM)。

㊼ If (e is PB) and (ec is PS) then (kp is NM)(ki is PM)(kd is PS)。

㊽ If (e is PB) and (ec is PM) then (kp is NB)(ki is PB)(kd is PS)。

㊾ If (e is PB) and (ec is PB) then (kp is NB)(ki is PB)(kd is PB)。

3）可以得到模糊控制器的输入（e、ec）和输出 K_p 的脉谱，如图 3-26 所示。

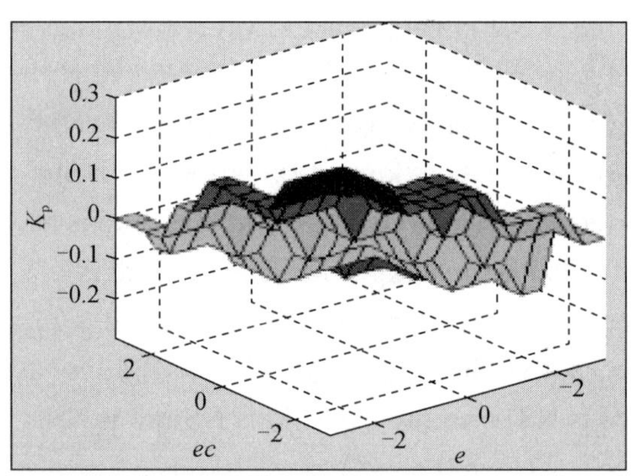

图 3-26　模糊控制器的输入和输出的脉谱

3.6.3　电磁式执行器模糊自适应整定 PID 控制实验

为了验证上述控制算法的有效性，分别采用常规 PID 算法和模糊自适应整定 PID 控制算法对电磁式执行器进行控制实验。首先，采用常规 PID 算法进行控制，利用增量式 PID 控制算法整定控制参数，使执行器在某一阶段的阶跃响应具有较好的特性；然后，用同一组 PID 参数测试执行器在其他阶跃条件下的动态响应。例如，图 3-27 所示阶跃量（RVL2）为 15 000，实测阶跃响应波形为 RVL；图 3-28 所示阶跃量（RVL2）为 20 000，实测阶跃响应波形为 RVL。

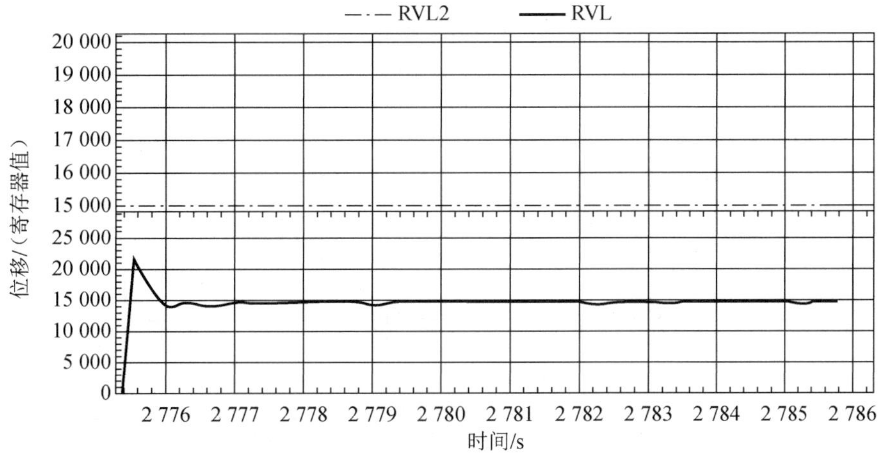

图 3-27　阶跃量为 15 000 时的实测阶跃响应

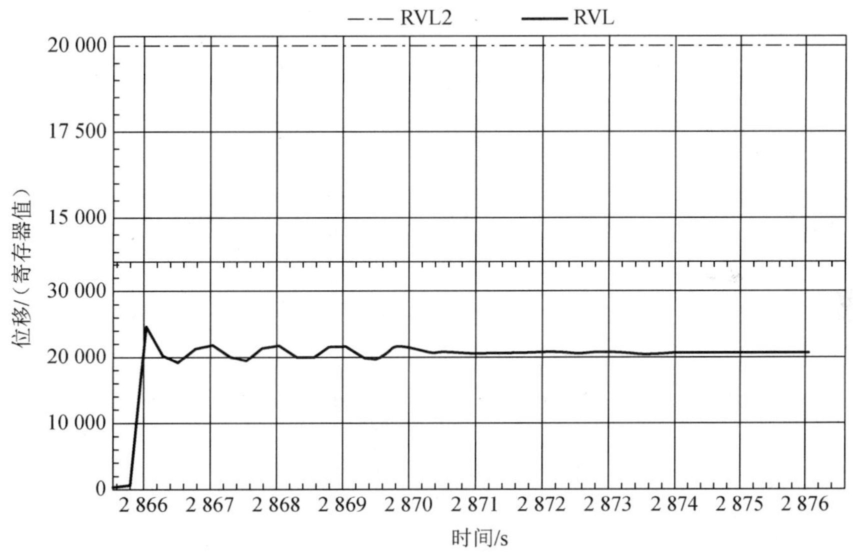

图 3-28　阶跃量为 20 000 时的实测阶跃响应

采用模糊自适应整定 PID 控制得出一组实测阶跃响应波形，如图 3-29 和图 3-30 所示。将图 3-27 和图 3-28 中的两部分曲线进行对比可以看出：采用常规 PID 算法控制时，由于被控对象参数非线性的影响，使为某特定阶跃过程整定合适的 PID 参数在用于其他阶跃输入条件的控制时，其响应特性变化很大，甚至可能发生振荡；采用模糊自适应整定 PID 控制后，由于充分考虑了执行器具有较强非线性的特点，控制效果在整体上得到了较大改善[15,16]。

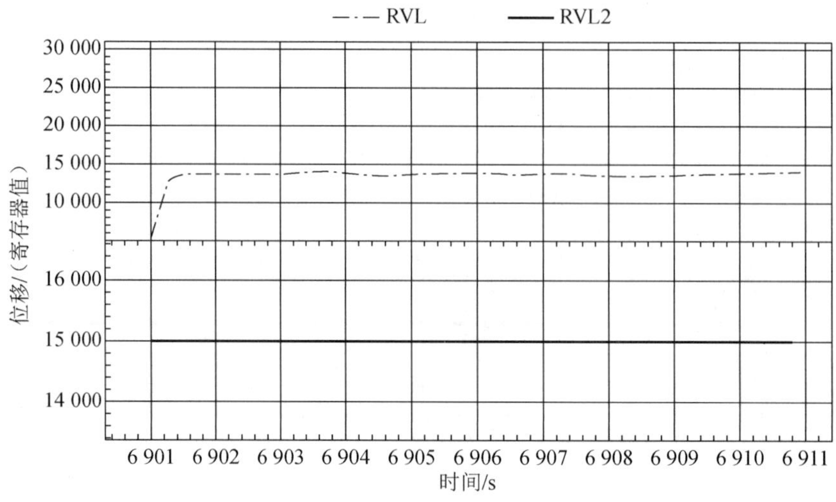

图 3-29　模糊自适应整定 PID 阶跃量为 15 000 时的实测阶跃响应

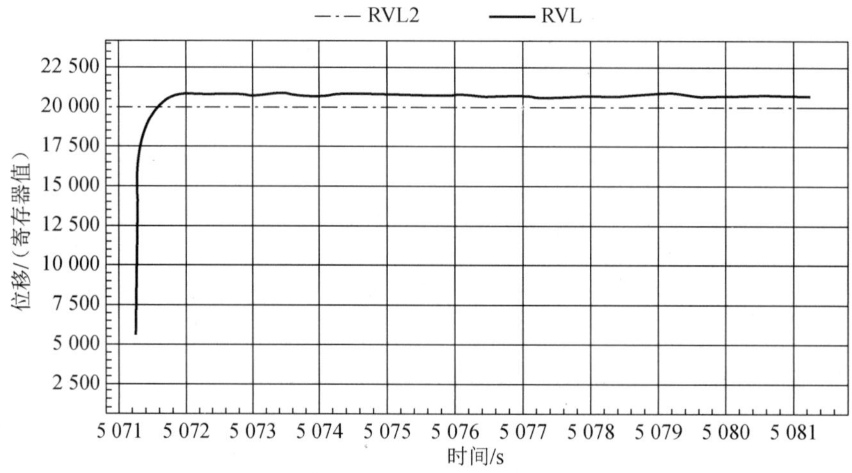

图 3-30　模糊自适应整定 PID 阶跃量为 20 000 的实测阶跃响应

3.7　基于 CMAC 与 PID 的并行控制

20 世纪 90 年代以来，国内外对人工神经网络的研究十分活跃。这是继模糊控制和人工智能控制之后国际学术界掀起的又一个研究热点，其基本思想是从仿生学角度对人脑的神经系统进行模拟，使机器具有人脑的感知、学习和推理等智能。它不仅具有记忆过去的经验和识别环境变化的能力，而且能够按照一定的规律改变自己的结构或工作程序，以便更好地适应环境。它能够充分逼近任意复杂的非线性系统，学习与适应严重不确定性系统的动态特性。神经网络采用并行分布结构，可以进行快速的并行运算。这些特点显示了神经网络在解决高度非线性和严重不确定性系统控制方面的巨大潜力，是人工智能向更高水平发展的标志。

传统的基于模型的控制方式是根据被控对象的数学模型及对控制系统要求的性能指标来设计控制器的，并对控制规律加以数学解析描述。模糊控制基于专家经验和领域知识总结出若干条模糊控制规则，构成描述具有不确定性复杂对象的模糊关系，通过被控系统输出误差及误差变化和模糊关系的推理合成获得控制量，从而对系统进行控制。这两种控制方式都具有显式表达知识的特点。神经网络虽然不善于显式表达知识，但是它具有很强的逼近非线性函数的能力，即非线性映射能力，因而可以通过对系统性能的学习来实现具有最佳组合的 PID 控制。

3.7.1　CMAC 的设计方法

CMAC 神经网络是一种表达复杂非线性函数的表格查询型自适应神经网络，该网络可以通过学习算法改变表格的内容，具有信息分类存储的能力，并且其迭代次数比反向传播（back propagation，BP）神经网络少得多，因此适用非线性系统的实时控制[17]。

CMAC 把系统的输入状态作为一个指针，把相关信息分布式地存入一组存储单元。它本质上是一种用于映射复杂非线性函数的查表技术。具体方法是：将输入空间分成许多分块，每个分块指定一个实际存储器位置；每个分块学习到的信息分布式地存储到相邻分块的位置上；存储单元数通常比所考虑问题的最大可能输入空间的分块数少得多，因此实现了多对一映射，即多个分块映射到同一个存储器地址上。

CMAC 已被公认为是一类联想记忆神经网络的重要组成部分，能够学习任意多维非线性映射。CMAC 算法可以有效地用于非线性函数逼近、动态建模、控制系统设计等。与其他神经网络相比，CMAC 的优越性能体现在如下几方面。

1）它是基于局部学习的神经网络，把信息存储在局部结构上，使每次修正的权值很少，在保证函数非线性逼近的前提下，学习速度快，适于实时控制。

2）具有一定的泛化能力，即相近输入产生相近输出，不同输入给出不同输出。

3）具有连续（模拟）输入、输出的能力。

4）采用寻址编程方式，利用串行计算机仿真，使回响速度加快。

5）作为非线性逼近器，它对学习数据出现的次序不敏感。

因为 CMAC 具有上述优越性能，所以它比一般神经网络具有更好的非线性逼近能力，更适于复杂动态环境下的非线性实时控制。

CMAC 的基本思想是：在输入空间给出一个状态，从存储单元中找到对应于该状态的地址，将这些存储单元中的内容求和以得到 CMAC 的输出；将此响应值与期望输出值进行比较，并根据学习算法修改这些已经激活的存储单元的内容。CMAC 的设计方法分为以下三个步骤。

（1）量化（概念映射）

在输入层对 N 维输入空间进行划分，每个输入都降落到 N 维网格基的一个超立方体单元内。中间层由若干个判断区间构成，对任意一个输入，只有少数几个判断区间的输出为非零值，非零值区间的个数为泛化参数 c，它规定了网络内部影响网络输出的区域大小。

（2）地址映射（实际映射）

采用除余数法，将输入样本映射至概念存储器的地址，并将除以一个数得到的余数作为实际存储器的地址值，即将概念存储器中的 c 个单元映射至实际存储器的 c 个地址。

（3）CMAC 的函数计算（CMAC 输出）

将输入映射至实际存储器的 c 个单元，每个单元中存放着相应的权值，CMAC 的输出为 c 个实际存储器单元加权之和。CMAC 的结构简图如图 3-31 所示。

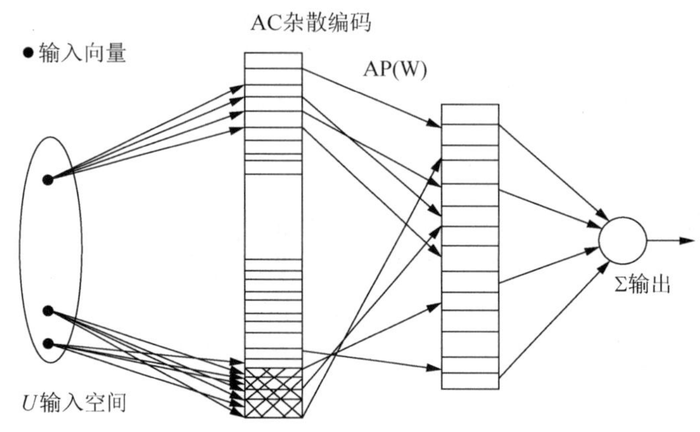

图 3-31　CMAC 的结构简图

3.7.2　CMAC 与 PID 复合控制算法

CMAC 一开始就被应用于机器人控制，目前有多种控制形式，如 CMAC 直接逆运动控制、CMAC 前馈控制、CMAC 反馈控制等。本节采用的是 CMAC 前馈控制。CMAC 与 PID 复合控制结构框图如图 3-32 所示。

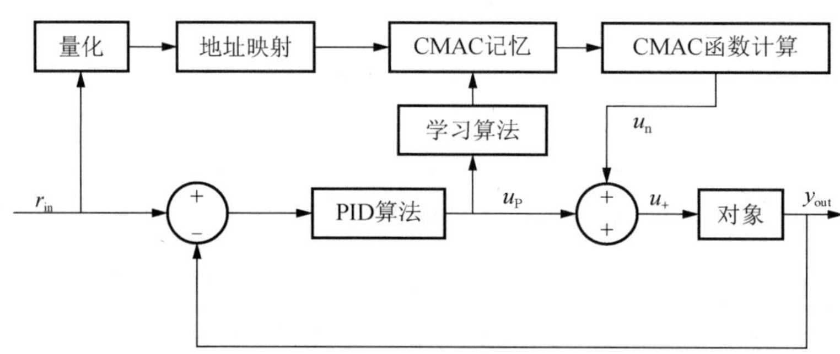

图 3-32　CMAC 与 PID 复合控制结构框图

该系统通过 CMAC 和 PID 复合控制实现前馈控制和反馈控制，其特点如下。

1）小脑模型神经控制器实现前馈控制，实现被控对象的逆动态模型。

2）常规控制器实现反馈控制，保证系统的稳定性，并且抑制扰动。

CMAC 采用有导师的学习算法。每个控制周期结束时，计算出相应的 CMAC 输出 $u_n(k)$，并将其与总控制输入 $u(k)$ 进行比较，修正权重，进入学习过程。学习的目的是使总控制输入与 CMAC 输出之差最小，使系统的总控制输出由 CMAC 产生。常规控制器采用传统的 PD 算法而不用 PID 控制算法，使 CMAC 的学习仅仅依赖于误差的当时测量值及变化值。

该系统的控制算法为

$$u_n(k)=\sum_{i=1}^{c} w_i a_i \tag{3-38}$$

$$u(k)=u_n(k)+u_P(k) \tag{3-39}$$

式中，a_i——二进制选择向量；

c——CMAC 网络的泛化参数；

$u_n(k)$——CMAC 产生相应的输出；

$u_P(k)$——常规控制器 PID 产生的输出。

CMAC 的调整指标为

$$E(k)=\frac{1}{2}\left[u(k)-u_n(k)\right]^2\cdot\frac{a_i}{c} \tag{3-40}$$

$$\Delta w(k)=\eta\frac{u(k)-u_n(k)}{c}a_i=\eta\frac{u_P(k)}{c}a_i \tag{3-41}$$

$$w(k)=w(k-1)+\Delta w(k)+\alpha\left[w(k)-w(k-1)\right] \tag{3-42}$$

式中，η——网络学习速率，$\eta\in(0,1)$；

α——惯性量，$\alpha\in(0,1)$。

当系统开始运行时，设置 w=0，此时 $u_n=0$，$u=u_P$，系统由常规控制器进行控制。通过 CMAC 的学习，PID 产生的输出控制量 $u_P(k)$ 逐渐为零，CMAC 产生的输出控制量 $u_n(k)$ 逐渐逼近控制器总输出 $u(k)$。

3.7.3　CMAC 与 PID 复合控制仿真

被控对象为电磁式执行器，采用二阶传递函数，PID 控制参数分别取 K_p=38，K_i=0，K_d=1.5 和 K_p=28，K_i=0，K_d=1.5，采样时间为 1ms。取输入信号为阶跃信号，采用 CMAC 与 PID 复合控制进行阶跃响应，在第 150 个采样时间时控制器输出加 5.0 的干扰，其跟踪结果分别如图 3-33 和图 3-34 所示。图 3-35 和图 3-36 分别给出了 CMAC 控制器、PD 控制器和总控制器的输出效果。

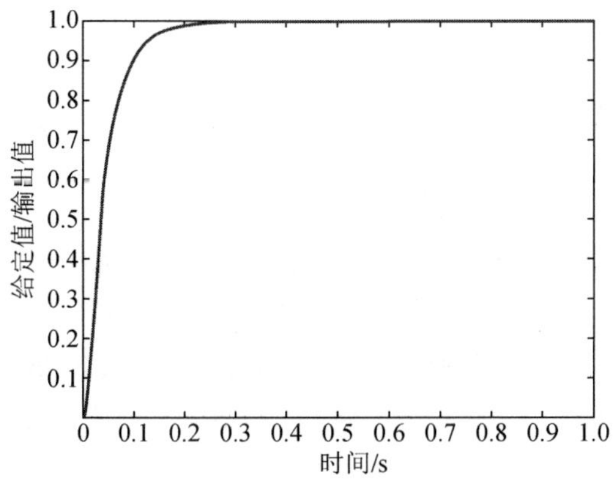

图 3-33　K_p=38 时阶跃信号跟踪结果

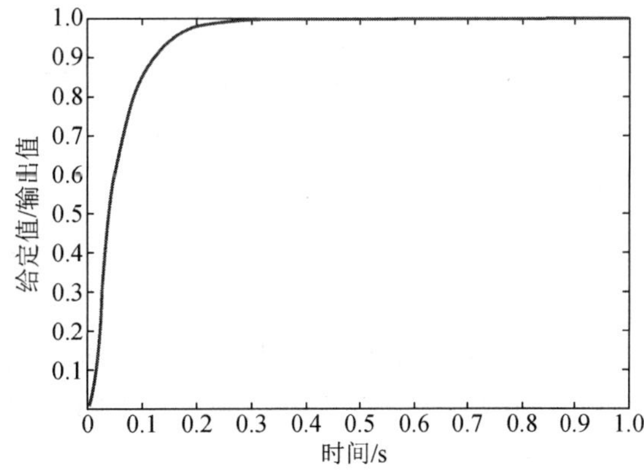

图 3-34　K_p=28 时阶跃信号跟踪结果

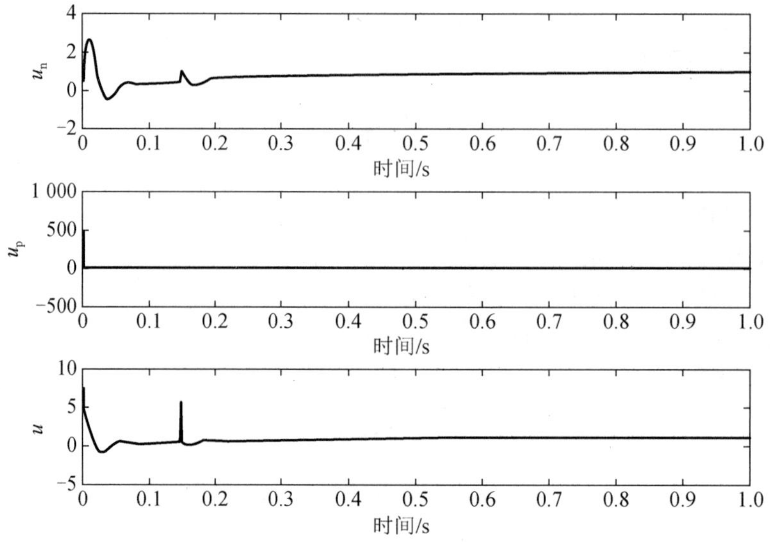

图 3-35 K_p=38 时各个控制器的输出效果

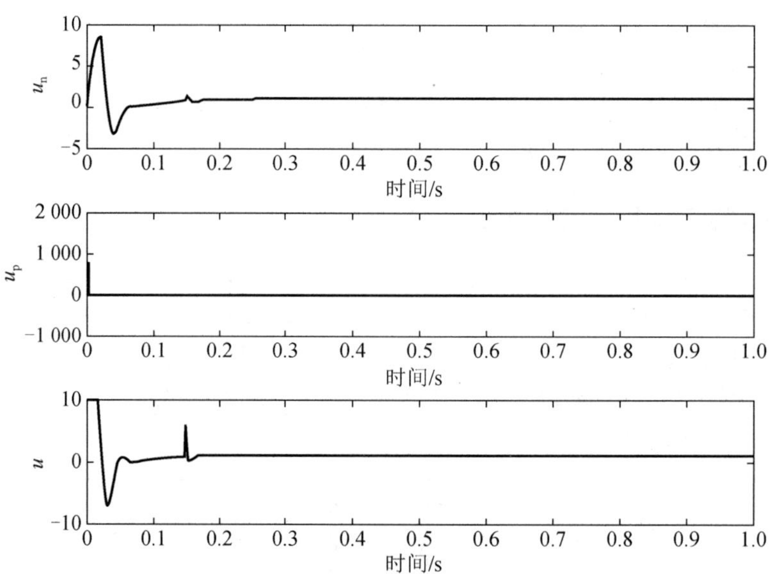

图 3-36 K_p=28 时各个控制器的输出效果

CMAC 控制算法虽然是由 PD 控制器的输出训练的，但并不是 PD 控制器的简单复制。加入 PD 控制器是为了评判 CMAC 控制器的性能，增强系统的稳定性，抑制扰动。采用 PD 单独控制时，增益 K_p 的值在很大程度上决定着控制效果，而采用 PD+CMAC 复合控制时，控制效果不依赖于 K_p 的值，K_p 的值只需在一个合理的范围内即可，如图 3-33～图 3-36 所示。

通过仿真效果可以看出，开始时主要是常规 PD 控制器起作用，经过对常规控制器输出的不断学习，小脑模型的输出逐渐起控制作用。小脑模型的加入使复合控制效果比单独的 PID 控制效果好很多，当方波（阶跃）信号输入时，大大减少了超调，加快了控制响应速度，充分体现了小脑模型输出误差小、实时性好、鲁棒性强等[18]特点。

在加入干扰的情况下，CMAC 的加入可以使干扰作用下的控制系统很快恢复稳定状态。CMAC+PD 并行控制在一定程度上克服了常规控制器自身无法避免的弊端，从而使控制效果得到提高。

参 考 文 献

[1] 杨杰民，郑霞君．现代汽车柴油机电控系统[M]．上海：上海交通大学出版社，2002.

[2] 刘兴华．大功率废气涡轮增压柴油机电控系统开发应用研究[D]．北京：北京理工大学，1996.

[3] 王鹏．电磁式执行器及电子调速器的研究[D]．北京：北京理工大学，2003.

[4] 李国岫，张幽彤，王尚勇，等．柴油机电控系统中电磁式执行器的研究[J]．北京理工大学学报，1997（5）：622-626.

[5] 路甬祥．电液比例控制技术[M]．北京：机械工业出版社，1988.

[6] 刘金琨．先进 PID 控制 MATLAB 仿真[M]．北京：电子工业出版社，2003.

[7] 高金源．计算机控制系统：理论、设计与实现[M]．北京：北京航空航天大学出版社，2002.

[8] 姜培刚．基于遗传算法的柴油机自适应智能调速控制系统[J]．农业机械学报，2001，32（4）：14-16.

[9] 冯国胜，杨绍普．基于遗传算法的柴油机电控参数实时优化[J]．石家庄铁道学院学报，2005，18（2）：57-60.

[10] 杨叔子，杨克冲．机械工程控制基础[M]．武汉：华中理工大学出版社，1999.

[11] 胡寿松．自动控制理论[M]．4 版．北京：科学出版社，2000.

[12] 冯国胜，刘玉杰，戎美瑞．基于遗传算法的柴油机电磁执行器控制研究[J]．内燃机工程，2006，27（3）：33-35.

[13] 赵福堂，宾科，冯国胜，等．共轨燃油压力模糊 PID 控制器的设计[J]．北京理工大学学报，2003，23（3）：294-297.

[14] 冯国胜，贾素梅．电控柴油机模糊自适应整定 PID 控制[J]．农机化研究，2007（8）：167-169.

[15] 潘新民，王燕芳．微型计算机控制技术[M]．北京：高等教育出版社，2001.

[16] HU L, FENG G, JIA S, et al. Fuzzy-PID control of electronic controlled diesel engine[J]. Applied Mechanics and Materials, 2012 (201): 1143-1146.

[17] 李人厚．智能控制理论与方法[M]．西安：西安电子科技大学出版社，1999.

[18] 冯国胜，李昶，杨绍普．基于 CMAC 与 PID 的电磁执行器并行控制[J]．车用发动机，2005（3）：44-47.

第 4 章　电控单体泵柴油机优化标定

柴油机是一个非线性、非稳态的复杂系统，它的输入（油门开度、转速、喷油脉宽、喷油时间等）和输出（动力性、经济性、排放指标等）之间是一种强耦合的多变量非线性时变动力学系统，因此确定柴油机燃烧性能控制系统的数学模型是非常困难的。建立在大量台架实验基础上的传统控制方法不仅费时费力，而且在实际应用中对柴油机这样一个复杂多变的系统缺乏自适应性，无法很好地满足工作要求[1]。

人工神经网络（artificial neutral networks，ANN）发展的基础是现代神经科学，它模拟了人的大脑的许多基本功能和简单的思维方式，具有一定的智能。它是一种高度并行的信息处理系统，不依赖于被控对象的数学模型。它还具有很强的自适应学习能力，能够灵活应对实际应用中各种复杂的现实情况，对被控对象的系统参数变化及外界干扰有很强的鲁棒性。从各个方面来说，神经网络比传统控制策略更适于柴油机燃烧性能实时控制[2]。

4.1　人工神经网络理论

人工神经网络是由大量简单的基本元件——神经元相互连接，通过模拟人的大脑神经处理信息的方式进行信息并行处理和非线性转换的复杂网络系统。

人工神经网络特有的非线性、自适应性信息处理能力，克服了传统人工智能方法对直觉，如模式、语音识别、非结构化信息处理方面的缺陷，使之在神经专家系统、模式识别、智能控制、组合优化、预测等领域得到成功应用。人工神经网络与模糊系统、遗传算法、进化机制等相结合形成计算智能，成为人工智能的一个重要发展方向，并在实际应用中得到发展。

使用神经网络的主要优点是能够自适应样本数据。当数据中有噪声、形变和非线性时，它也能够正常工作，并且可以很容易地继承现有的领域知识。它使用灵活，能够处理来自多个资源和决策系统的数据。它除能够提供简单工具自动进行特征选取并产生有用的数据表示外，还可作为专家系统的前端（预处理器）。此外，神经网络还能提供快速的优化过程，尤其是以硬件直接实现网络时，还可以加快联机应用程序的运行速度[3]。

4.1.1　神经网络的基本概念

人工神经元是对生物神经元的模拟和简化。生物神经元经抽象化后，可以得到如图 4-1 所示的一种人工神经元模型，它包括连接权、求和单元、激活函数和阈值等基本要素[4]。

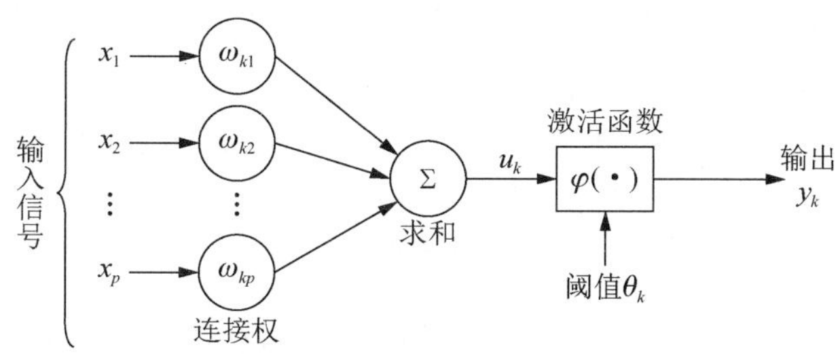

图 4-1　人工神经元模型框图

以上要素可以分别用数学式表达如下：

$$u_k=\sum_{j=1}^{p}\omega_{kj}x_j\ ,\quad v_k=\mathrm{net}_k=u_k-\theta_k\ ,\quad y_k=\varphi(v_k) \tag{4-1}$$

式中，$x_1,x_2,\cdots,x_p$ ——输入信号，它相当于生物神经元的树突，为人工神经元的输入信息；

$\omega_{k1},\omega_{k2},\cdots,\omega_{kp}$ ——神经元 k 的权值；

u_k ——线性组合结果；

θ_k ——阈值；

φ ——激活函数；

y_k ——神经元 k 的输出，它相当于生物神经元的轴突。

激活函数 φ 一般常用 Sigmoid 函数表示，即

$$\varphi(x)=\frac{1}{1+\exp(-ax)} \tag{4-2}$$

式中，a ——可控制该函数的斜率。

神经网络的学习又称为训练，指的是通过神经网络所在环境的刺激作用调整神经网络的权值和阈值，使神经网络以一种新的方式对外部环境做出反应的一个过程，能够从环境中学习和在学习中提高自身性能是神经网络最有意义的性质。根据学习过程的组织方式不同，学习方式可分为两类：有监督学习和无监督学习。神经网络通过不同的学习规则来调整神经元之间的连接权重，常用的学习规则有 Hebb 规则、Delta 规则和相近学习规则等。

4.1.2　BP 神经网络

人工神经网络经过几十年的发展形成了数十种网络，包括多层感知器、BP 神经网络、Kohomen 自组织特征映射、Hopfield 网络、自适应谐振理论、径向基神经网络和近年来出现的小波神经网络、概率神经网络等。本节选择使用 BP 神经网络进行建模。

BP 神经网络是 1986 年由鲁梅尔哈特（Rumelhart）和麦克莱兰（McClelland）提出

的一种利用误差反向传播算法训练的神经网络，它系统地解决了多层网络中隐含单元连接权的学习问题，具有高度非线性映射能力，是目前应用较广的一种神经网络，其应用已经渗透到模式识别、语音识别、机器人工程、图像处理、自动控制及故障诊断等许多领域[5]。

BP 学习算法的基本原理是梯度最速下降法，它的中心思想是调整权值使网络总误差最小。BP 神经网络的基本架构图如图 4-2 所示。

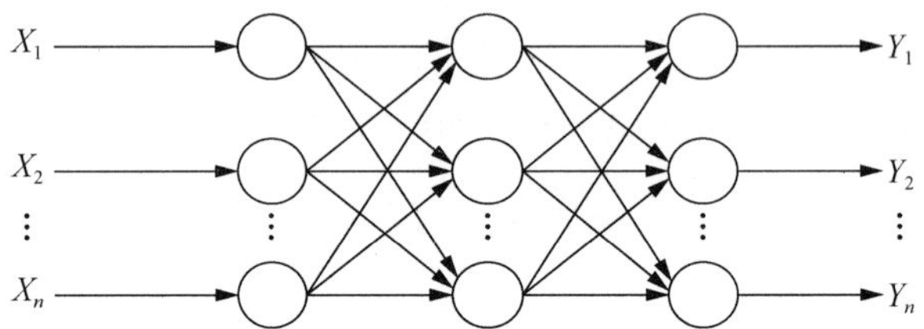

图 4-2　BP 神经网络的基本架构图

关于神经网络有如下两个定理[6]。

定理一：给定任一连续函数 $f:U^n \to R^m$，$f(x)=Y$，这里 U 是单位闭区间[0,1]，f 可以利用一个三层前向网络精确地实现，此网络的第一层（输入层）有 n 个处理单元，中间层有 $2n+1$ 个处理单元，第三层（输出层）有 m 个处理单元。此定理即映射网络存在定理（Kolmogorov 定理）。

定理二：给定任意 $\varepsilon \to R^m > 0$ 和任意 L^2 函数 $f:[0,1]^n \to R^m$ 存在一个三层 BP 神经网络，它可以在任意 ε 平方误差精度内逼近 f，此定理即 BP 定理。

上述两个定理在数学上证明了最基本的 BP 神经网络是一个三层前馈型网络，即输入层、输出层和隐含层。因此，可用输入矢量和相应的输出矢量训练一个网络逼近一个函数。

（1）BP 学习算法的数学描述

设神经网络有 m 层，并且在输入层加有样本集合 X，第 k 层的 i 神经元的输入总和表示为 u_i^k，输出为 x_k^k；从第 k–1 层的第 i 个神经元的权系数为 ω_{ij}，各个神经元的激励函数为 f，则各个变量的关系可用数学式表示为

$$u_i^k = \sum_j \omega_{ij} x_j^{k-1} \tag{4-3}$$

$$x_i^k = f(u_i^k) \tag{4-4}$$

误差函数 e 可用期望输出和实际输出之差的平方和来表示，公式为

$$e = \frac{1}{2}\sum (x_j^m - y_i)^2 \tag{4-5}$$

式中，y_i——期望输出；

x_j^m——实际输出。

多层网络的学习训练方法是将样本集合 X 中的一个样本加入输入层，该样本按照向前传播的规则一层一层地向输出层传递，最终在输出层得到输出 x_i^m，将 x_i^m 和期望输出值 y_i 进行

比较，如果两者不相等，则产生误差信号，接着按照式（4-6）反向传播修改权系数：

$$\Delta\omega_{ij} = -\eta d_j^k x_j^{k-1} \tag{4-6}$$

式中，η——学习效率；

d_j^k——k 是隐含层，$d_j^k = x_j^k(1-x_j^k)\sum_l \omega_{ij} d_l^{k+1}$。

可见，误差函数的求取是从输出层开始到输入层结束的反向传播过程。通过多个样本的反复学习训练，同时向误差逐渐减小的方向对权系数进行修正，以达到消除误差的目的。从上面的描述可以看出，如果网络的层数较多，并且计算量很大，则收敛速度很慢。为了加快学习速度，可以将上一次的权系数作为本次修正的一部分进行修正，公式如下：

$$\Delta\omega_{ij}(n+1) = -\eta d_j^k x_j^{k-1} + \alpha\Delta\omega_{ij}(n) \tag{4-7}$$

式中，η——学习效率；

α——权系数修正常数；

n——上一次权系数的修正值；

$n+1$——本次权系数的修正值。

在 BP 神经网络算法的应用中，为了加快训练速度，避免陷入局部最小，提高其有效性，有关人员提出了许多改进方法。具体做法：采用批处理方法训练神经网络，使其更有效地收敛于极小；附加冲量项，平滑曲面，尽量避免收敛到极小；采用优化的权值和阈值初始化方法。另外，还可以利用自适应学习算法以便加快收敛速度；采用双极性 S 型压缩函数法；采用函数链网络结构等。

（2）BP 神经网络学习算法的计算步骤

1）初始化：设置所有的加权系数为最小随机数。

2）提供训练集：给出顺序赋值的输入向量 $x_1, x_2, \cdots, x_m$ 和期望的输出向量（训练集）$t_1, t_2, \cdots, t_l$。

3）计算实际输出：计算隐含层、输出层各神经元的输出。

4）计算期望值与实际值的误差。

5）调整输出层的加权系数 ω_{ki}。

6）调整隐含层的加权系数 ω_{ij}。

7）返回计算 3），直到误差满足要求为止。

BP 神经网络学习算法程序流程图如图 4-3 所示。

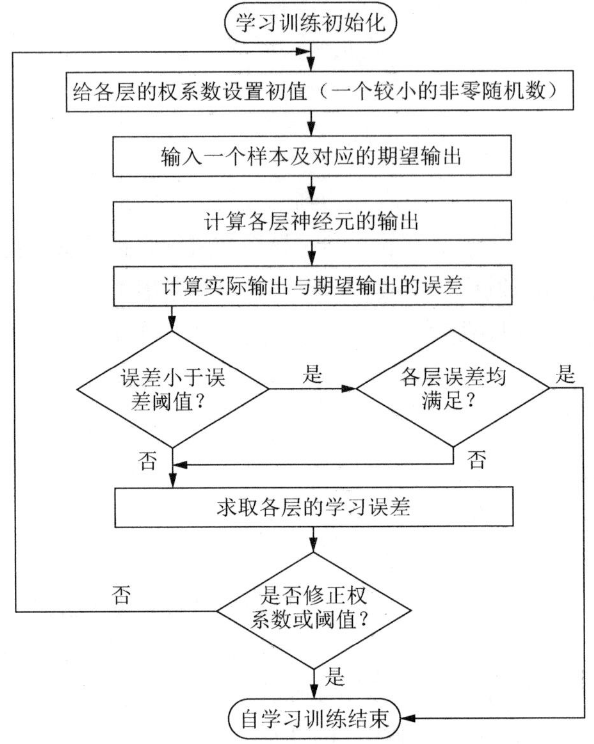

图 4-3　BP 神经网络学习算法程序流程图

4.2　神经网络建模

4.2.1　柴油机性能模型

内燃机输出的有效指标通常用平均有效压力 P_e、有效转矩 M_e、有效功率 N_e、有效燃油消耗率 g_e 及每小时耗油量 G_T 表示。这些指标与内燃机工作过程参数的关系可以推导如下。

每次循环加热量 Q 可以用数学式表示为

$$Q = \frac{\eta_v V_h \rho_0 h_u}{\alpha l_0} \tag{4-8}$$

式中，η_v——充气效率；

V_h——工作容积（m^3）；

ρ_0——进气管状态下的空气密度（kg/m^3）；

h_u——燃料低热值；

α——过量空气系数；

l_0——化学计量空燃比。

根据平均有效压力 P_e 的定义，其数学表达式为

$$P_e = \frac{W_e}{V_h} = \frac{\eta_e Q}{V_h} \tag{4-9}$$

式中，W_e——循环有效功（kJ）；

η_e——有效热效率。

$$P_e = \frac{\eta_e \eta_v \rho_s h_u}{\alpha l_0} = \frac{h_u}{l_0}\rho_0 \frac{\eta_i}{\alpha}\eta_m \eta_v = K\frac{\eta_i}{\alpha}\eta_m \eta_v \tag{4-10}$$

式中，ρ_s——空气密度（kg/m^3）；

K——比例常数；

η_i——指示热效率；

η_m——机械效率。

有效转矩 M_e 的数学表达式为

$$M_e = \frac{iP_e V_h}{0.0314\tau} = K_1 \frac{\eta_v}{\alpha}\eta_m \eta_i \tag{4-11}$$

有效功率 N_e 的数学表达式为

$$N_e = \frac{P_e V_h ni}{120} = K_2 \frac{\eta_v}{\alpha}\eta_m \eta_i n \tag{4-12}$$

有效燃油消耗率 g_e 的数学表达式为

$$g_e = \frac{3.6}{\eta_e h_u} \times 10^6 = K_3 \frac{1}{\eta_i \eta_m} \tag{4-13}$$

每小时耗油量 G_T 的数学表达式为

$$G_T = g_e N_e = K_4 \frac{\eta_v}{\alpha} n \tag{4-14}$$

式中，i——气缸数；

n——内燃机转速（r/min）；

K_1、K_2、K_3、K_4——比例常数。

式（4-8）～式（4-14）描述了内燃机的重要性能指标与工作过程主要参数之间的关系，可以看出影响柴油机性能的因素很多，主要有两大类：一是结构参数，如燃烧室形状、进气道形状、排气道形状、配气相位、压缩比等；二是运转参数，如转速、油门开度、负荷、空燃比、喷油时间、喷油量等。其中，运转参数的控制在执行上应用较广[7,8]。

本节主要讨论柴油机的运转参数对柴油机的动力性、经济性及污染物排放性能等的影响，借助神经网络理论，重点研究它们之间的定量关系。从研究方法上看，利用神经网络避开了具体的混合气燃烧过程的诸多环节，试图直接在运转参数和柴油机的性能指标之间建立起定量关系。运转参数对柴油机性能的影响是有规律性的，但是这种规律性难以用数学函数的显式形式表示出来，加上各种运转参数之间的相互影响，使影响特性更为复杂，同时运转参数对柴油机性能的影响还受结构参数限制。因此，目前用显式的函数形式表达柴油机各种性能与其运转参数之间的关系是很困难的，但是利用神经网络的学习功能和非线性映射能力，可以将这些参数对柴油机的影响以网络模型的形式表达出来。

4.2.2 训练样本的处理

为了训练好神经网络，关键是采集合适的数据样本集。产生数据样本集的过程包括变量选择、原始数据的收集、数据分析及数据的预处理。系统的输入、输出关系包含在数据样本中。一般来说，取得数据越多，学习和训练的结果越能正确反映输入、输出关系，但是选取太多的数据将增加收集、分析数据及网络训练的工作量。当然选取太少的数据则可能得不到正确的结果。事实上，选取数据的多少取决于许多因素，如网络大小、网络测试的需要及输入、输出分步等。其中，网络大小最关键，通常较大的网络需要较多的训练数据。一个经验规则的训练数据应是连接权总数的 5～10 倍。

在神经网络训练完成后，需要由测试数据对网络加以检验，测试数据应是独立的数据集合。

本网络选择油门开度、转速、喷油定时、喷油时间作为输入，选择功率、油耗、排放指标作为输出，建立网络模型[9]。

在确定了输入量、输出量后，需要对其进行尺度变换和数据的预处理。尺度变换常常将它们变换到[−1,1]或[0,1]范围。在进行尺度变换前，必须先检查是否存在必须剔除的异常点。通过数据的预处理分析，还可以检验其是否具有周期性、固定变化趋势或其他关系。对数据进行预处理的目的是使经过尺度变换后的数据更易于神经网络学习和训练。

为了有效地训练网络，需要将输入数据进行归一化处理。归一化是指把某向量除以该向量的长度，而使其长度为 1。这样做的目的是使各输入变量的重要性从一开始就处于同等地位，能使网络所有权值都在一个不太大的范围内，以此来减轻网络训练的难度。输入向量的归一化，第一步就是要确保组成向量的各分量值都在 0～1 范围内。为此，对于每一个变量都要先确定它的最大值和最小值，然后根据公式将其最小值映射为 0，最大值映射为 1，用公式表示为

$$X=\frac{x-x_{\min}}{x_{\max}-x_{\min}} \tag{4-15}$$

式中，x ——原始输入变量；

$x_{\min}$、$x_{\max}$ ——原始输入变量 x 的最小值和最大值；

X ——归一化的量。

网络的期望输出值也要进行相应的处理，因为当 BP 神经网络的输出层使用 S 形激活函数时，输出层各神经元的理想输出值只能接近于 1 或 0，而不能达到 1 或 0。另外，这种函数的特点是中间输出部分对输入的变化较为敏感，而两端的输出部分则对输入的变化反应较为迟钝。为此，考虑把输出数据压缩到离中心点较近的范围内，就需要将期望输出变量值变换到 S 形函数所能表达的范围之内。这样，在设置各训练样本的期望输出分量时，以设置 0.9 或 0.1 为适宜。具体变换公式如下：

$$Y=0.1+0.8\times\frac{y-y_{\min}}{y_{\max}-y_{\min}} \tag{4-16}$$

式中，y ——期望输出数据；

y_{max}、y_{min} ——期望输出数据的最大值和最小值。

某单体泵柴油机实验后，通过归一化的部分学习样本集见表 4-1。

表 4-1　通过归一化的部分学习样本集

实验号	因素				实验结果		
	油门开度/%	转速/（r/min）	喷油脉宽/°CA	喷油时间/°CA	功率/kW	油耗量/（kg/h）	光吸收系数/（1/cm）
1	0.000 1	0.000 1	0.268 0	0.863 9	0.228 5	0.337 4	0.204 3
2	0.000 1	0.166 7	0.169 9	0.716 0	0.237 9	0.123 7	0.134 8
3	0.000 1	0.333 3	0.091 5	0.568 0	0.181 0	0.118 3	0.100 0
4	0.000 1	0.500 0	0.0001	0.301 8	0.113 0	0.100 0	0.169 6
5	0.090 9	0.000 1	0.908 5	0.994 1	0.432 2	0.565 8	0.621 7
6	0.090 9	0.166 7	0.902 0	0.846 2	0.409 8	0.607 8	0.587 0
7	0.090 9	0.333 3	0.895 4	0.701 2	0.387 9	0.638 8	0.726 1
8	0.090 9	0.500 0	0.954 2	0.449 7	0.349 8	0.748 4	0.795 7
9	0.090 9	0.666 7	1.000 0	0.218 9	0.314 9	0.679 0	0.865 2
10	0.090 9	0.833 3	0.902 0	0.165 7	0.306 8	0.806 8	0.900 0
11	0.090 9	1.000 0	0.817 0	0.118 3	0.299 7	0.856 2	0.900 0
12	0.181 8	0.500 0	0.254 9	0.316 6	0.304 6	0.204 1	0.134 8
13	0.181 8	0.656 7	0.196 1	0.050 3	0.100 0	0.300 9	0.134 8
14	0.363 6	0.000 1	0.568 6	0.896 4	0.494 4	0.384 9	0.343 5
15	0.363 6	0.166 7	0.503 3	0.733 7	0.437 5	0.275 3	0.273 9
16	0.363 6	0.333 3	0.437 9	0.594 7	0.524 0	0.417 8	0.343 5
17	0.363 6	0.500 0	0.372 5	0.337 3	0.507 4	0.483 6	0.343 5
18	0.363 6	0.666 7	0.339 9	0.082 8	0.433 1	0.368 5	0.273 9
19	0.363 6	0.833 3	0.183 0	0.014 8	0.309 1	0.417 8	0.134 8
20	0.545 5	0.000 1	0.679 7	0.926 0	0.598 7	0.315 5	0.378 3

根据以上 BP 神经网络计算出的输出值为[0.1,0.9]，为了得到实际输出值，需要对数据进行反变换。变换公式为

$$y = y_{min} + \frac{Y - 0.1}{0.8}(y_{max} - y_{min}) \tag{4-17}$$

4.2.3　神经网络设计

在处理好样本数据、设计神经网络之前，首先要确定所选用的网络类型。本设计选用 BP 神经网络，是由于 BP 神经网络具有以下优点。

1）具有自适应功能。

2）具有泛化功能。网络的性能主要用它的泛化能力来衡量。选用 BP 神经网络主要是因为它具有很好的泛化功能，既能够处理那些未经训练的数据，也能够处理有噪声或不完全的数据，从而具有很好的容错能力。

3）非线性映射功能。

4）高度并行处理。

在数据处理中，1/4 用来测试，1/4 用来确证，剩下的 1/2 用来训练网络，利用 MATLAB 程序可以很方便地等间隔选取数据[10]。

根据 Kolmogorov 定理选择一个 3 层 4 输入 3 输出的 BP 神经网络。经过调试，隐含层中设计 6 个神经元单元，使用如图 4-4 所示的 tan-sigmoid 传递函数，输出层中使用如图 4-5 所示的 purelin 线性传递函数。使用 Levenberg-Marquardt 算法来训练网络，MATLAB 命令函数为 trainlm。

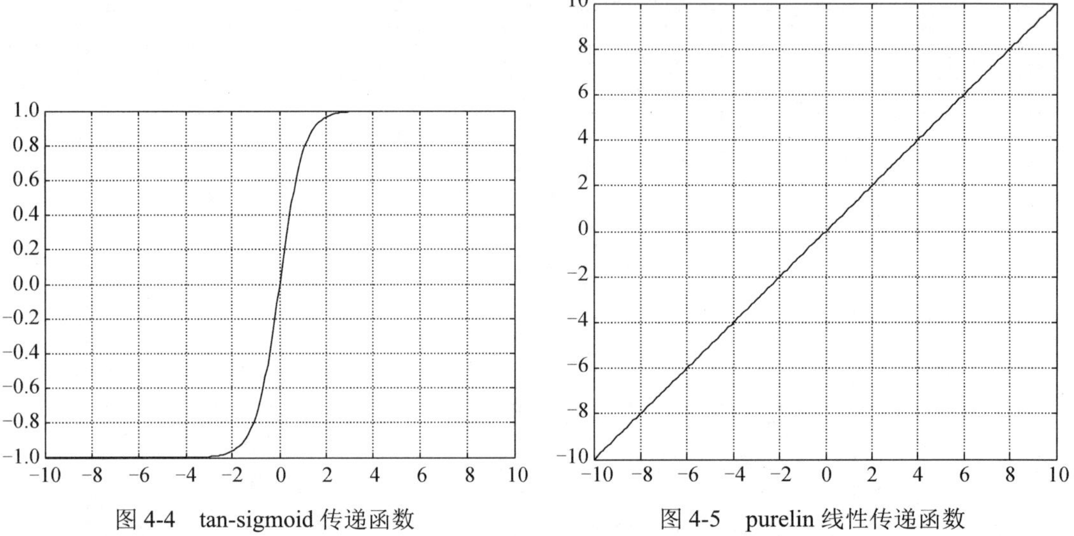

图 4-4　tan-sigmoid 传递函数　　图 4-5　purelin 线性传递函数

经过 20 步运算以后，误差达到要求。分别将训练误差曲线、确证误差曲线和测试误差曲线绘制在同一幅图中，这样可以更加直观地观察训练的过程。神经网络训练过程图如图 4-6 所示。

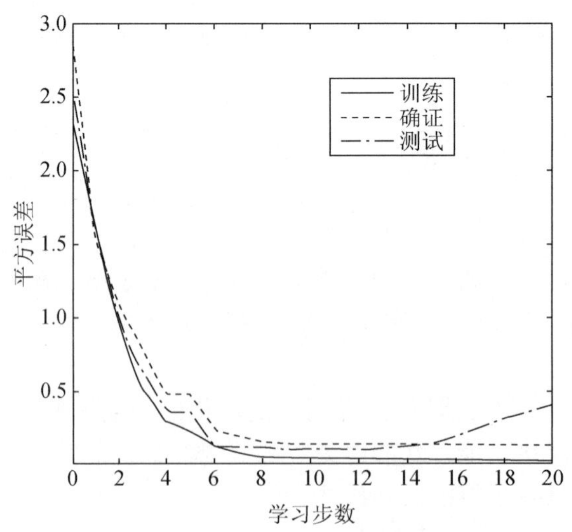

图 4-6　神经网络训练过程图

下面对网络的响应进行分析。当所有的数据通过网络后，对网络输出和相应的目标进行线性回归。由于有三组输出，因此进行了三次线性回归，结果如图 4-7～图 4-9 所示。

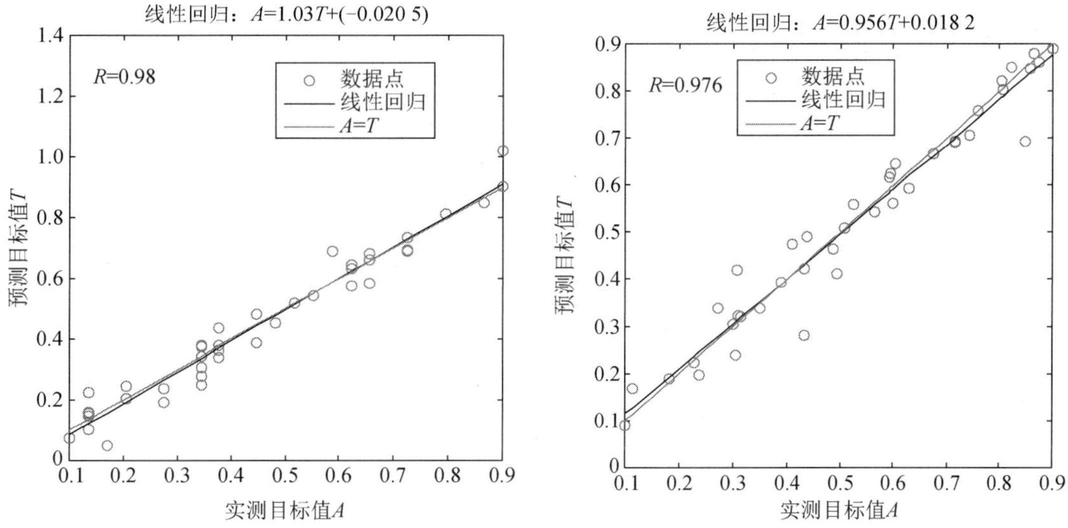

图 4-7　光吸收系数与目标的线性回归结果　　图 4-8　输出功率与目标的线性回归结果

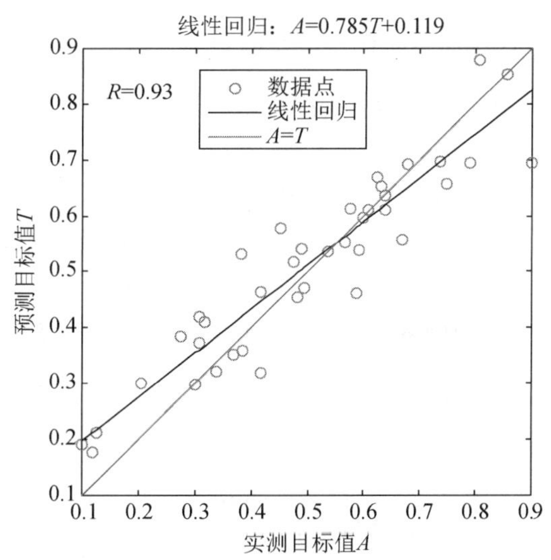

图 4-9　输出油耗与目标的线性回归结果

可以看出，上面得到的结果是合理的，测试误差和确证误差有相似的性质。这三组输出对目标的跟踪较好，响应的相关性指标 R 值都在 0.9 以上。

最佳喷油脉宽的 MAP 图如图 4-10 所示。最佳喷油时间的 MAP 图如图 4-11 所示。

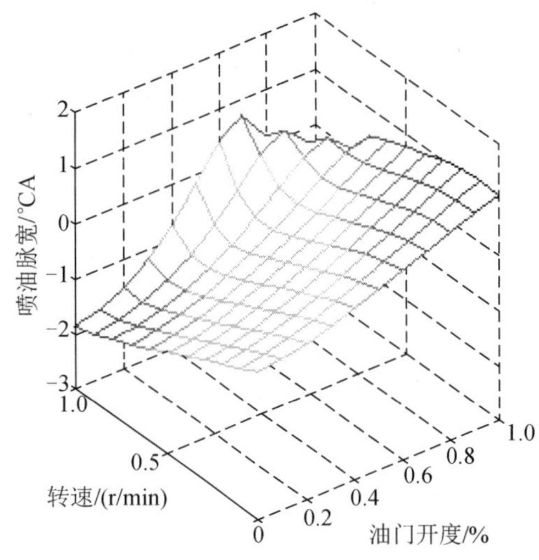

图 4-10　最佳喷油脉宽的 MAP 图

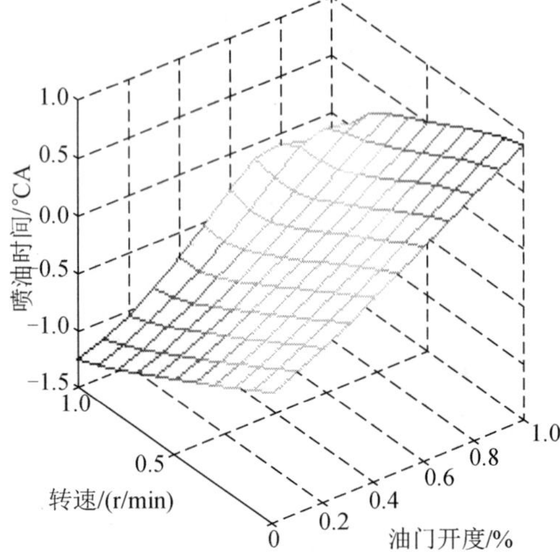

图 4-11　最佳喷油时间的 MAP 图

可以计算出输入层至中间层的连接权 w_1，中间层至输出层的连接权 w_2，中间层各单元的输出阈值 b_1 及输出层各单元的输出阈值 b_2。将训练较理想的阈值和连接权值保存并赋值给网络，便可以使每次输出的结果都是训练得到的较理想的结果。

输出阈值和连接权值的 MATLAB 命令运行结果为

$$\text{net.iw}\{1,1\}=\begin{bmatrix} -0.1363 & -0.0375 & 1.0042 & 1.8422 \\ -0.8650 & -0.7907 & 0.4087 & 0.6065 \\ -0.4123 & -0.6082 & -0.1463 & -5.2029 \\ 0.4649 & -1.1214 & -0.8955 & 3.9088 \\ 1.6485 & -1.9215 & 2.3072 & 1.5699 \\ 0.8803 & 0.3441 & -1.9996 & 3.9647 \end{bmatrix}$$

$$\text{net.b}\{1\}=\begin{bmatrix} -0.4196 \\ -0.9198 \\ -1.8081 \\ 0.8506 \\ -2.0743 \\ 3.6622 \end{bmatrix}$$

$$\text{net.lw}\{2,1\}=\begin{bmatrix} -0.0727 & -0.2604 & -1.0543 & -0.5468 & -0.7004 & 0.5175 \\ 1.5250 & -0.8357 & 0.0301 & -0.3615 & -0.4674 & 0.7298 \\ 1.8044 & -0.7115 & 0.0974 & -0.7278 & -0.3015 & 0.7849 \end{bmatrix}$$

$$net.b\{2\}=\begin{bmatrix}-1.5236\\-0.3524\\-0.1147\end{bmatrix}$$

其中，w_1=net.iw{1,1}是输入层至中间层的连接权值，b_1=net.b{1}是中间层各单元的输出阈值，w_2=net.lw{2,1}是中间层至输出层的连接权值，b_2=net.b{2}是输出层各单元的输出阈值。这些值在柴油机性能建模中会用到。

训练好的部分 BP 神经网络测试结果反归一化后与实际输出的相对误差如表 4-2 所示。

表 4-2　训练好的部分 BP 神经网络测试结果反归一化后与实际输出的相对误差

实验号	功率/kW	功率相对误差/%	油耗量/（kg/h）	油耗量相对误差/%	光吸收系数/（1/cm）	光吸收系数相对误差/%
1	4.365 9	−0.027 6	3.875 9	−0.021 2	0.069 9	−0.001 0
2	3.781 1	−0.195 5	3.269 3	0.171 8	0.040 6	−0.188 0
3	3.584 4	0.045 0	3.078 1	0.115 2	0.031 8	−0.205 8
4	3.093 5	0.619 6	3.157 1	0.186 9	0.025 3	−0.578 9
5	8.847 5	−0.021 3	5.144 6	−0.012 6	0.193 1	0.016 4
6	9.991 5	0.170 0	5.457 1	0.003 1	0.209 7	0.165 0
7	8.166 9	0.014 5	5.594 1	−0.002 8	0.222 0	0.008 9
8	6.911 7	−0.040 0	5.711 2	−0.080 3	0.245 3	0.022 0
9	6.505 9	0.013 4	5.912 8	0.014 2	0.255 6	−0.016 8
10	8.779 2	0.406 9	6.936 5	0.062 3	0.304 5	0.127 8
11	6.148 7	0.011 3	6.784 5	−0.002 3	0.270 6	0.002 3
12	4.705 7	−0.239 8	3.755 3	0.162 6	0.056 6	0.131 3
13	1.352 1	−0.165 4	3.736 3	−0.006 3	0.053 6	0.071 4
14	8.593 1	−0.176 1	4.076 4	−0.034 0	0.082 2	−0.253 0
15	10.357 0	0.130 7	4.212 1	0.163 6	0.079 4	−0.117 4
16	11.902 5	0.073 3	4.645 1	0.055 7	0.098 6	−0.103 7
17	10.754 5	0.003 2	4.605 8	−0.032 4	0.090 5	−0.177 6
18	5.621 2	−0.379 6	4.031 9	−0.023 7	0.066 4	−0.262 0
19	6.558 8	0.042 7	3.850 9	−0.124 8	0.055 9	0.117 3
20	11.924 4	−0.065 5	4.356 5	0.134 5	0.108 5	−0.095 9
21	12.665 0	−0.060 5	4.645 1	−0.128 5	0.109 5	−0.004 5
22	13.190 5	0.046 9	5.016 5	0.194 4	0.120 0	0.090 6
23	13.812 5	0.070 7	5.079 2	0.060 4	0.118 4	0.076 4
24	13.367 3	0.053 4	4.949 9	0.048 7	0.115 5	−0.037 2
25	9.780 4	−0.047 7	4.403 4	0.161 9	0.081 8	0.168 4
26	6.946 2	0.269 9	4.152 7	0.095 7	0.075 9	0.518 4
27	14.818 0	−0.032 8	4.692 2	−0.026 5	0.136 7	0.139 2
28	15.147 4	−0.052 1	5.046 4	−0.000 7	0.141 7	−0.055 6
29	14.845 7	−0.032 2	5.385 3	−0.002 7	0.149 7	0.069 5
30	16.345 8	0.001 6	5.474 4	0.040 8	0.160 2	0.001 4

续表

实验号	功率/kW	功率相对误差/%	油耗量/（kg/h）	油耗量相对误差/%	光吸收系数/（1/cm）	光吸收系数相对误差/%
31	17.350 2	−0.003 4	5.462 4	−0.026 3	0.167 5	−0.014 8
32	14.294 9	−0.011 4	5.163 0	−0.106 8	0.122 9	−0.121 8
33	11.527 3	−0.040 2	5.058 3	−0.054 5	0.119 7	−0.002 4
34	17.726 7	0.021 1	5.277 8	0.149 9	0.177 0	−0.068 5
35	18.394 5	0.032 8	5.685 6	0.020 8	0.196 0	0.031 8
36	18.326 2	−0.014 2	5.924 9	−0.081 4	0.206 7	0.033 3
37	19.056 1	0.016 3	5.931 0	−0.035 6	0.209 9	−0.045 8
38	19.294 0	−0.010 1	5.784 7	0.046 1	0.201 1	0.005 7
39	18.610 5	−0.017 4	5.992 4	0.075 8	0.210 4	−0.043 8
40	14.851 4	−0.192 4	5.921 1	−0.158 9	0.179 2	−0.103 9

从表 4-2 中可以看出，输出功率的最大正相对误差为 0.619 6%，最大负相对误差为−0.379 6%；输出油耗量的最大正相对误差为 0.194 4%，最大负相对误差为−0.158 9%；输出光吸收系数的最大正相对误差为 0.518 4%，最大负相对误差为−0.578 9%。除去少数特异点后，大部分误差是相当小的。可见，训练成功后的神经网络是切实可行的。同时，由于神经网络具有很好的泛化功能，对于网络数据样本表中没有的点，也能够利用网络各节点之间的连接权值和阈值来映射其正确的输出。

4.3 遗传算法简介

遗传算法（genetic algorithm，GA）在本质上是一种不依赖具体问题的直接搜索方法[11]，是一种新的全局优化搜索算法。遗传算法简单通用、鲁棒性强，能够并行处理数据且高效实用，能够处理一些复杂的组合优化或函数优化问题。

对电控柴油机的控制参数进行优化时，因为控制参数是互相耦合的，满足约束条件的不止一组解，所以采用一般的优化方法以求得全局最优解是很难的。遗传算法的优势就是它能够以较高的效率寻找到较多的可行解。

将遗传算法与神经网络相结合，可以充分利用两者的优点。两者的结合包括两种形式。一是将遗传算法用于神经网络中，利用遗传算法的寻优能力来对神经网络的连接权值进行优化学习以获得最佳权值。将遗传算法用于神经网络控制的学习和训练，可以提高控制系统的性能，如在系统的控制精度、动态特性和鲁棒性方面都将得到较大的改善和提高。这样不仅可以提高收敛速度，而且可以实现全局优化。二是将神经网络用于遗传算法中，可以改进遗传算法的收敛性。

遗传算法是模拟生物在自然环境中的遗传和进化过程而形成的一种自适应全局优化概率搜索算法，也是一种基于生物自然选择与遗传机理的随机搜索算法。

4.3.1　遗传算法的数学表达

对于一个求函数最大值的优化问题（求函数最小值的优化问题与此类似），一般可以描述为以下数学规划模型：

$$\max f(\boldsymbol{X}), \boldsymbol{X} \in R, R \subseteq U \tag{4-18}$$

式中，$\boldsymbol{X}=[x_1,x_2,\cdots,x_n]^{\mathrm{T}}$ ——决策变量；

$f(\boldsymbol{X})$ ——目标函数；

$\boldsymbol{X} \in R, R \subseteq U$ ——约束条件；

U ——基本空间；

R ——U 的一个子集。

其中，满足约束条件的解 $\boldsymbol{X}$ 称为可行解；集合 R 表示由所有满足约束条件的解所组成的一个集合，称为可行解集合。

遗传算法开创了一种新的全局优化搜索算法。在遗传算法中，将 n 维决策向量看作 n 个遗传基因，它的所有可能取值称为等位基因，这样就可以将 n 维决策向量看成由 n 个遗传基因组成的一个染色体。最简单的等位基因是由 0 和 1 这两个整数组成的，相应的染色体就是个体的基因型，与它对应的是个体的表现型。个体的表现型和基因型通常是一一对应的，但有时也允许基因型和表现型是多对一的关系。

在遗传算法中，决策变量 $\boldsymbol{X}$ 组成了问题的解空间。对问题最优解的搜索是通过对染色体 $\boldsymbol{X}$ 的搜索过程来进行的，因而由所有的染色体 $\boldsymbol{X}$ 组成了问题的搜索空间。

遗传算法的运算对象是由 M 个个体组成的群体，第 t 代群体记作 $P(t)$，经过一代遗传和进化后，得到由多个个体组成的第 t+1 代群体，记作 $P(t+1)$。这个群体不断经过遗传和进化操作，并且每次都按照优胜劣汰的规则将适应度较高的个体更多地遗传到下一代，这样最终将会在群体中得到一个优良的个体 $\boldsymbol{X}$，它所对应的表现型 $\boldsymbol{X}$ 将达到或接近问题的最优解[12]。

4.3.2　遗传算法的运算过程

利用遗传算法求解最优化问题，首先应对可行域中的点进行二进制编码，然后在可行域中随机挑选一些编码作为进化起点的第一代编码组，并计算每个解的目标函数值，也就是编码的适应度。接着就像自然界一样，利用选择机制从编码组中随机挑选编码作为繁殖过程前的编码样本。选择机制应当保证适应度较高的解能够保留较多的样本，而适应度较低的解则保留较少的样本，甚至被淘汰。在之后的繁殖过程中，遗传算法提供了交叉和变异两种算子对挑选后的样本进行交换。交叉算子交换随机挑选的两个编码的某些位，变异算子直接对一个编码中的随机挑选的某一位进行反转。这样，通过选择和繁殖就产生了下一代编码组。重复上述选择和繁殖过程，直到结束条件得到满足为止。进化过程最后一代中的最优解，就是利用遗传算法求解最优化问题所得到的最终结果。

遗传算法的运算过程框图如图 4-12 所示。

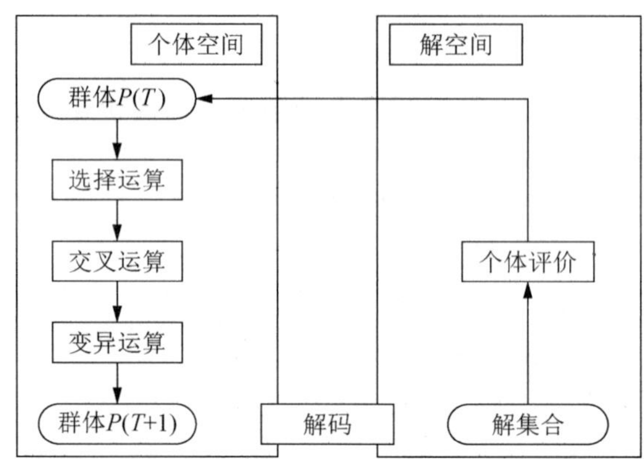

图 4-12　遗传算法的运算过程框图

遗传算法的主要步骤如下。

1）编码。在进行搜索之前先将解空间的解数据表示成遗传空间的基因型串结构数据，这些串结构数据的不同组合便构成了不同的点。

2）初始化。设置进化代数计数器 $t \leftarrow 0$，设置最大进化代数 T，随机生成 M 个个体作为初始群体 $P(0)$。

3）个体评价。计算群体 $P(t)$中每个个体的适应度。

4）选择运算。将选择算子作用于群体。

5）交叉运算。将交叉算子作用于群体。

6）变异运算。将变异算子作用于群体。群体 $P(t)$经过选择、交叉、变异运算后得到下一代群体 $P(t+1)$。

7）终止条件判断。若 $t \leqslant T$，则 $t \leftarrow t+1$，跳转到步骤 2）；若 $t > T$，则以进化过程中所得到的具有最大适应度的个体作为最优解输出，终止计算。

4.3.3　遗传算法的特点

遗传算法是一种新兴的可用于复杂系统优化计算的鲁棒搜索算法。它模仿生物的遗传和进化，根据生存竞争和优胜劣汰的原则，借助复制、杂交和变异等操作，淘汰最差个体，保留最优个体，从而使优化问题的初始解一步步向最优解逼近。与其他搜索算法相比，遗传算法主要有以下优点。

1）遗传算法在搜索过程中不易陷入局部寻优，即使在所定义的适应值函数非连续、不规则和伴有噪声的情况下，也能以极大的概率找到全局最优解。

2）遗传算法从由很多个体组成的一个初始群体开始最优解的搜索过程，而不是从一个单一的个体开始搜索，这是遗传算法固有的隐含并行性。这种性质使其非常适合大规模并行分布处理，搜索速度很快。

3）遗传算法易于和其他控制技术（如神经网络、模糊控制等）相结合，形成性能更优的问题求解方法。

4）遗传算法直接以目标函数值作为搜索信息，避开了函数求导这个障碍。因此，对目标函数是无法或很难求导数的函数、导数不存在的函数的优化问题，以及组合优化问题等，都可以应用遗传算法。直接利用目标函数值或个体适应度，也可以提高搜索效率。

本节选择遗传算法作为优化算法，正是利用了遗传算法的并行处理特性，搜索速度很快，满足电控单体泵柴油机工作的实时性要求；利用了遗传算法和神经网络相结合的建模方法，使本控制策略相较于传统的 PID 法等更加智能化，控制输出的结果更优。

实践表明，遗传算法求解最优化问题的计算效率较高，适用范围相当广。近期的研究表明，遗传算法经适当改进后对任意优化问题以概率 1 收敛于全局最优解[13,14]。

4.4　柴油机性能模型的建立

4.4.1　多目标优化概述

柴油机电控性能参数的实时优化是一个多目标最优化问题。为了提高柴油机的动力性、燃油经济性和排放性能，选取的子目标分别为功率、油耗和排放。在实际应用中，各个子目标之间是相互冲突的，既需要排放小、油耗低，也希望功率大。一个子目标的改善将会引起另一个子目标性能降低。也就是说，要同时使多个子目标一起达到最优值是不可能的，只能是在它们中间进行协调和折中处理，使各个子目标尽可能达到最优。这些设计目标的改善有可能是相互抵触的，这就需要在这些设计目标之间选取一个折中结果。

这种多于一个的数值目标函数在给定区域上的最优化问题称为多目标优化（multi-object optimization）问题。多目标优化问题一般可以描述为下面的数学模型：

$$V-\min\ \boldsymbol{f}(x)=[f_1(x),f_2(x),\cdots,f_p(x)]^{\mathrm{T}},x\in X,X\subseteq \boldsymbol{R}^m \tag{4-19}$$

式中，$V-\min$——向量极小化，即目标向量 $\boldsymbol{f}(x)=[f_1(x),f_2(x),\cdots,f_p(x)]^{\mathrm{T}}$ 中的各个子目标函数都尽可能地极小化。

多目标优化问题的最优解与单目标优化问题的最优解有着本质的不同。为了正确地求解多目标优化问题，必须对其最优解的概念进行定义。

定义 4.1　设 $X\subseteq \boldsymbol{R}^m$ 是多目标优化模型的约束集，$\boldsymbol{f}(x)\in \boldsymbol{R}^p$ 是多目标优化时的向量目标函数，$x_1\in X,x_2\in X$。若 $\boldsymbol{f}_k(x_1)\leqslant \boldsymbol{f}_k(x_2)$（$\forall k=1,2,\cdots,p$），并且 $\boldsymbol{f}_k(x_1)<\boldsymbol{f}_k(x_2)$,（$\exists k=1,2,\cdots,p$），则称解 x_1 比解 x_2 优越。

定义 4.2　设 $X\subseteq \boldsymbol{R}^m$ 是多目标优化模型的约束集，$\boldsymbol{f}(x)\in \boldsymbol{R}^p$ 是向量目标函数。若 $x^*\in X$，并且 x^* 比 X 中的所有其他点都优越，则称 x^* 是多目标极小化模型的最优解。

由定义 4.2 可知，多目标优化问题的最优解 x^* 就是使向量目标函数 $\boldsymbol{f}(x)$ 的每一个子目标函数同时到达最优点的解。

定义 4.3　设 $X\subseteq \boldsymbol{R}^m$ 是多目标优化模型的约束集，$\boldsymbol{f}(x)\in \boldsymbol{R}^p$ 是向量目标函数。若

$\tilde{x} \in X$，并且不存在比 $\tilde{x}$ 更优越的 x，则称 $\tilde{x}$ 是多目标极小化模型的帕累托（Pareto）最优解，或者称为非劣解。

由定义 4.3 可知，多目标优化问题的 Pareto 最优解仅仅只是它的一个可以接受的“不坏”的解，并且通常一个多目标优化问题大多具有很多个 Pareto 最优解。

由上述三个定义可知，若一个多目标优化问题存在最优解，则这个最优解必定是 Pareto 最优解，并且 Pareto 最优解也只能由这些最优解组成，不包含其他解。可以说 Pareto 最优解是多目标优化问题的合理的解集合。求解多目标优化问题的首要步骤和关键步骤是求出其所有的 Pareto 最优解。

4.4.2 遗传算法数学优化模型的建立

为了得到 Pareto 最优解，将各项排放指标和满足功率要求作为约束条件，将燃油消耗率最低作为寻优目标，这样就将多目标优化问题转化为单目标多约束多变量问题，可得目标函数：

$$\min f(x) = f_2 \to \min \tag{4-20}$$

式中，f_2——油耗。

决策变量：喷油脉宽 x_3 和喷油时间 x_4。

约束条件：由于本套实验设备电控单体泵的 ECU 中已经存储了燃烧控制性能参数的 MAP 图，该图是已经标定过的，并经过了国家检测部门的检测，符合国家的排放法规。因此，若输出功率、油耗及排放的数值更优，则可说明神经网络-遗传算法优化策略优于传统控制策略。

$$g_1(x) = f_1 - g_{t1} \geqslant 0 \tag{4-21}$$

$$g_2(x) = g_{t3} - f_3 \geqslant 0 \tag{4-22}$$

式中，$g_i(x)$——各约束条件，$i = 1,2,3\cdots$；

g_{ti}——神经网络模型的目标输出，$i = 1,2,3\cdots$；

f_1——功率；

f_3——光吸收系数。

根据 BP 神经网络的数学描述，结合 BP 神经网络建模的过程及结果，可知遗传算法的目标函数即为神经网络的模型，求解过程如下。

1）用输入样本 P、输入层至中间层的连接权 w_1 和中间层各单元的输出阈值 b_1 计算中间层各单元的输入 s_j，再用 s_j 通过传递函数 tansig 计算中间层各单元的输出 c_j。

$$s_j = \sum_{i=1}^{4} w_{1(ji)} P_i - b_{1(j)} \tag{4-23}$$

$$c_j = \mathrm{tansig}(s_j), j = 1,2,\cdots,6 \tag{4-24}$$

2）利用中间层的输出 c_j、中间层至输出层的连接权 w_2 和输出层各单元的输出阈值 b_2 计算输出层各单元的输出 L_t，然后通过传递函数 purelin 计算输出层各单元的响应 f_t。

$$L_t = \sum_{i=1}^{6} w_{2(ji)} c_j - b_{2(j)} \tag{4-25}$$

$$f_t = \text{purelin}(L_t), t = 1,2,3,4 \tag{4-26}$$

由于对染色体进行遗传算法运算时有时会获得不可行染色体的后代，因此为了满足约束，本节选择使用惩罚策略来解决产生不可行解的问题。在本质上，惩罚策略就是通过惩罚不可行解降低该个体的适应度，从而将有约束问题转化为无约束问题。这里采用了加法形式构造带有惩罚项的适应度函数。

$$\text{val}(x) = f(x) + p(x) \tag{4-27}$$

式中，x——染色体；

$f(x)$——目标函数；

$p(x)$——惩罚项。

$$\begin{cases} p(x) = 0, & x\text{可行} \\ p(x) = \sum_{i=1}^{3} r_i g_i > 0, & x\text{不可行，极大化问题} \\ p(x) = \sum_{i=1}^{3} r_i g_i < 0, & x\text{不可行，极小化问题} \end{cases} \tag{4-28}$$

式中，r_i——约束的可变惩罚系数。

4.5　遗传算法优化的 MATLAB 实现

用 MATLAB 实现遗传算法优化时使用了两种方法，一种是使用 MATLAB 中的遗传算法直接搜索工具箱（Direct Search Toolbox），另一种是使用 M 语言在 m 文件中编程。

4.5.1　使用 Direct Search Toolbox 实现遗传算法优化

直接搜索方法是在解决优化问题时不需要考虑目标函数斜率的一种方法。直接搜索方法是在当前点的周围寻找适应度函数更优的点，也可以用来解决非离散优化问题。

在 MATLAB 中使用 Direct Search Toolbox，即在 MATLAB 的控制窗口（Command Windows）中输入：

```
>>gatool
```

按 Enter 键，在 GA Tool 界面中输入数学模型和遗传算法运行参数的各个选项，就可以进行优化计算了。下面详细介绍优化过程。

由于 Direct Search Toolbox 默认求适应度目标函数的极小值，因此适应度目标函数为 $z = f_2 \to \min$，约束条件如下：

```
function z=my_fun(x)
x3=x(1);
```

```
x4=x(2);
......
if(g1>=0)&(g2>=0)&(g3>=0)
    z=f2;
else
    z=f2+r1*g1+r2*g2+r3*g3;
    z=-z;
end
```

将其保存在 work 目录下并命名为 my_fun.m。在适应度目标函数的选项（Fitness Function）中输入“@my_fun”。

遗传算法的运行参数设置如下。

1）种群规模 Population size=80。

2）选择运算使用比例算子，又称为赌盘算子 Selection function=roulette。

3）交叉运算使用单点交叉算子，即 Crossover function=Single point。

4）变异运算选择均匀变异，即 Mutation function=Uniform，概率 ratio=0.1。

5）终止条件设置终止代数 Generation=100，其余均为 Inf。

6）在绘图选项 Plots 中选择 Best fitness，绘制遗传算法寻优图。

以油门开度为34%，转速为1 000r/min时为例说明，在目标函数中输入油门开度（x_1）和转速（x_2）归一化后的数值，即

```
x1=0.0001;  x2=0.0001;
```

取可变惩罚系数 $r_1 = 0.2$，$r_2 = 0.65$，其中可变惩罚系数的取值是经过多次调试后选择的较为合适的数值。在《重型柴油车污染物排放限值及测量方法（中国第六阶段）》（GB 17691—2018）中规定了光吸收系数限值，不同的名义流量规定光吸收系数的限值不同，这里使模型优化的光吸收系数都小于 1。

在目标函数 m 文件中输入带约束的适应度评价函数：

```
g1=f1-0.8508;
g2=1-f3;
r1=0.2;
r2=0.65;
if(g1>=0)&(g2>=0)
    z=f2;
else
    z=f2+(r1*g1+r2*g2);
    z=-z;
end
```

单击 start 按钮，在 Direct Search Toolbox 界面显示运行结果。

遗传算法寻优性能跟踪图如图 4-13 所示。

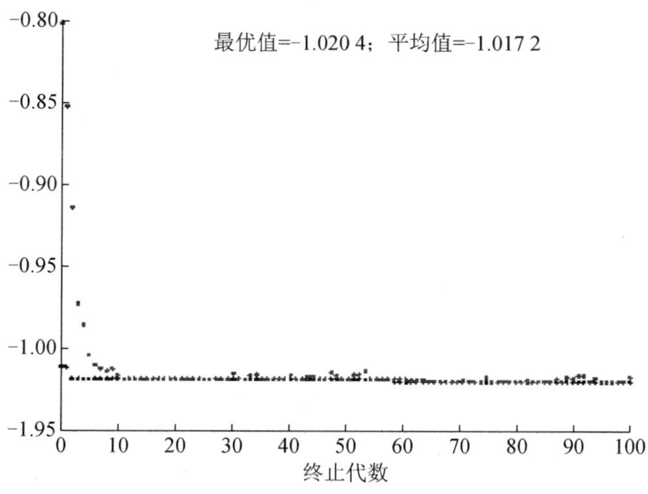

图 4-13　遗传算法寻优性能跟踪图

得到结果，$x_1 = 0.0034$，$x_2 = 0.5515$。此时，经过优化模型的运算，柴油机的动力性、燃油经济性和排放输出与优化前的比较如表 4-3 所示。

表 4-3　柴油机的动力性、燃油经济性和排放输出与优化前的比较

项目	油门开度/%	转速/（r/min）	喷油脉宽/°CA	喷油时间/°CA	功率/kW	油耗量/（kg/h）	光吸收系数/（1/cm）
优化前	34	1 000	5.26	8.6	4.49	3.96	0.07
优化后	34	1 000	4.86	7.56	4.82	3.44	0.04
差值	—	—	—	—	0.33	-0.52	-0.03

从表 4-3 中可以看出，经过遗传算法优化后的喷油脉宽和喷油时间，使柴油机的功率增加，油耗量降低，光吸收系数也降低，结果优于优化前。

4.5.2　使用 M 语言实现遗传算法优化

除了使用 Direct Search Toolbox 外，也可以在 MATLAB 中直接编程，使用 M 语言来实现遗传算法优化。尽管这种方法没有直接搜索法直观、方便，但是能够更加灵活地控制算法。求解该问题需要经过以下七个步骤。

（1）确定目标函数、决策变量和约束条件

经过多次调试，可变惩罚系数取 $r_1 = 0.2$，$r_2 = 0.65$，这是由于在确定约束条件时，排放指标光吸收系数的限值所取的裕度较大，因此适当多惩罚一些也依然能够满足要求。

建立适应度目标函数的 M 命令语言：

```
g1=f1-t(1,1);
```

```
g2=1-f3;
r1=0.2;
r2=0.65;
if(g1>=0)&(g2>=0)
    F(s)=f2;
else
    F(s)=f2-(r1*g1+r2*g2);
    F(s)=-F(s);
end
```

（2）建立优化模型

将训练结果较理想的 BP 神经网络的连接权值和阈值、可变惩罚系数等参数代入式（4-21）～式（4-28），可以得到具体的模型。

（3）确定编码方法

两个决策变量x_3和x_4分别用长度为 10 位的二进制编码串来表示。这 10 位二进制编码串可以表示 0～1 023 之间的 1 024 个不同的数。这样便将x_3、x_4的定义域离散化为 1 023 个均等区域，包括两个端点在内共有 1 024 个不同的离散点。从离散点 0.1 到离散点 0.9，依次让它们分别对应 0000000000(0)～1111111111(1 023)之间的二进制编码。再将分别表示x_3、x_4的两个 10 位长的二进制编码串连在一起，组成一个 20 位长的二进制编码串，就构成了这个函数优化问题的染色体编码方法。使用这种编码方法，解空间和遗传算法的搜索空间就具有一一对应的关系。一个个体的基因型的前 10 位表示x_3，后 10 位表示x_4。

初始群体大小为 80，编码长度为 10，产生初始群体的 MATLAB 命令：

```
Size=80;
CodeL=10;
E=round(rand(Size,2*CodeL));
```

（4）确定解码方法

与编码相反，解码时需要将 20 位长的二进制编码串切断为两个 10 位长的二进制编码串，再分别将它们转换为对应的十进制整数代码y_3、y_4。根据个体编码方法和对定义域的离散化方法可知，将代码y_i转换为变量x_i的解码公式为

$$x_i = 0.9 \times \frac{y_i}{1\,023} - 0.1 (i = 3,4) \tag{4-29}$$

对应的 MATLAB 程序如下：

```
umax=0.9;
umin=0.1;
m1=m(1:1:CodeL);
for i=1:1:CodeL
```

```
y3=y3+m1(i)*2^(i-1);
end
m2=m(CodeL+1:1:2*CodeL);
for i=1:1:CodeL
y4=y4+m2(i)*2^(i-1);
end
x3=(umax-umin)*y3/1023+umin;
x4=(umax-umin)*y4/1023+umin;
```

（5）确定个体评价方法

由于目标函数的值域总是非负的，并且优化目标是求函数的最大值，因此可以将个体的适应度直接取为对应的目标函数值，即

$$F(x)=f(x_3,x_4)$$

选个体适应度的倒数作为目标函数：

$$J(x)=\frac{1}{F(x)} \tag{4-30}$$

对应的 MATLAB 程序如下：

```
Ji=1./F;
BestJ(k)=min(Ji);
fi=F;                                   %适应度函数
[Oderfi,Indexfi]=sort(fi);              %从小到大排列个体适应度值
Bestfi=Oderfi(Size);                    %选择最大值
BestS=E(Indexfi(Size),:);               %选择最大值的二进制编码串
bfi(k)=Bestfi;
```

（6）设计遗传算子

选择运算使用比例算子。比例算子是个体被选中并遗传到下一代群体中的概率，其与该个体的适应度大小成正比。实际上，比例算子的选择是一种有退还随机选择，又称赌盘（roulette wheel）选择。

交叉运算使用单点交叉算子。单点交叉算子是最常用和最基本的交叉操作算子。具体方法是：对群体中的个体进行两两随机配对，随机设置某一基因座之后的位置为交叉点，个体按照设定的交叉概率 *pc* 在其交叉点处交换两个个体的部分染色体，从而产生新的个体。

变异运算使用基本位变异算子。基本位变异算子是最简单和最基本的变异操作算子。对于基本遗传算法中用二进制编码符号串所表示的个体，将需要进行变异操作的某一基因座上的原有基因值取反。

（7）确定遗传算法的运行参数

终止进化代数 G=150，经过反复调试，最终确定交叉概率 pc=0.6，变异概率 pm=0.1。

样本输入以油门开度为 34%，转速为 1 000r/min 时为例，样本归一化处理后对应的

x_1=0.000 1，x_2=0.000 1。

运行 MATLAB 程序进行仿真，经过 100 步迭代可得最佳样本的二进制编码串：BestS=10001110000101010111，即当 x_3=0.188 4，x_4=0.833 5 时，适应度函数具有极大值，极大值 Max_Value=−3.762 4。

柴油机的动力性、燃油经济性和排放输出优化前后的比较如表 4-4 所示。由此可见，遗传算法寻优使单体泵柴油机的燃烧性能得到了有效提高，达到了预期目标，即功率提高、油耗量降低、排放减少。遗传算法寻优的跟踪图如图 4-14 所示。

表 4-4　柴油机的动力性、燃油经济性和排放输出优化前后的比较

项目	油门开度/%	转速/(r/min)	喷油脉宽/°CA	喷油时间/°CA	功率/kW	油耗量/(kg/h)	光吸收系数/(1/cm)
优化前	34	1 000	5.26	8.6	4.49	3.96	0.07
优化后	34	1 000	5.14	8.5	4.50	3.50	0.05
差值	—	—	—	—	0.01	−0.46	−0.02

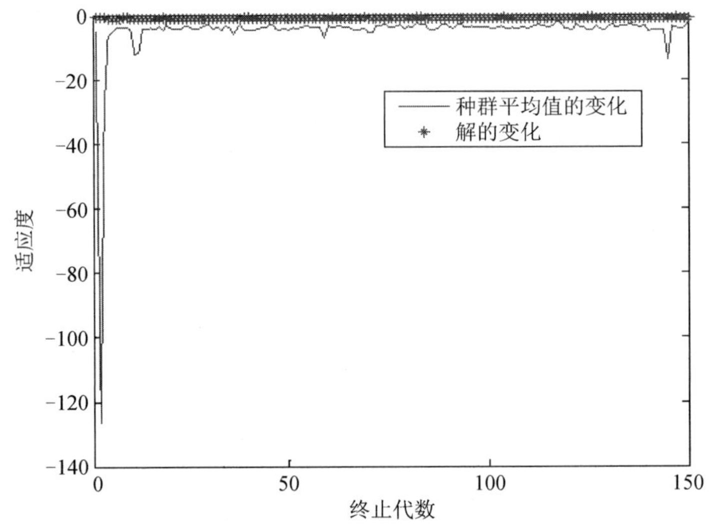

图 4-14　遗传算法寻优的跟踪图

4.6　遗传算法优化的 C 语言实现

为了使遗传算法程序能够在 DSP 中实现，从而可以下载到车载 ECU 中，这里使用了 C 语言进行基本遗传算法编程。染色体的编码方法、目标函数、约束条件、决策变量、优化模型及遗传算子等都与使用 MATLAB 语言编程时相同。

遗传算法优化程序的流程图如图 4-15 所示。

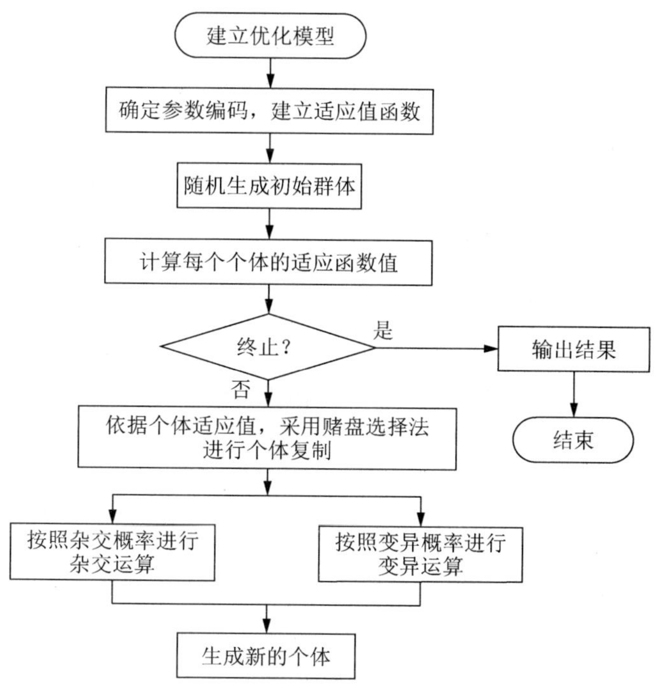

图 4-15　遗传算法优化程序的流程图

遗传算法的运行参数设置的 C 语言程序如下：

```
int PopSize=80;                          //群体大小 M
int MaxGeneration=200;                   //终止代数 T
double pc=0.6;                           //交叉概率
double pm=0.1;                           //变异概率
```

主程序如下：

```
void main(void)
{
    generation=0;
    GenerateInitialPopulation();         //产生初始群体
    EvaluatePopulation();
    while (generation<MaxGeneration){
        generation++;
        GenerateNextPopulation();
        EvaluatePopulation();
        PerformEvolution();              //评价个体适应度
        OutputTextReport();              //输出结果
    }
}
```

其中，在 OutputTextReport()子函数中需要将由两个变量组成的 20 位长的二进制编码串解码，分成两个 10 位长的二进制编码串，并将二进制转换为十进制。具体的 C 语言程序如下：

```
for(i=0;i<10;i++){
    b1+=(currentbest.chrom[i]-'0')*pow(2,i);
  }
  for(i=10;i<20;i++){
  b2+=(currentbest.chrom[i]-'0')*pow(2,i-10);
}
```

再将解码后的b_1、b_2分别对应于可行解域[0.1,0.9]上，相应的 C 语言程序如下：

```
x3=0.9*b1/1023+0.1;
x4=0.9*b2/1023+0.1;
```

可以由 ECU 将x_3、x_4反归一化后得到的值输出到执行器，从而实现柴油机燃烧性能的实时优化。这里的执行器就是电控单体泵的电磁阀。

4.7 发动机性能实验

本节中发动机优化标定系统的总体设计思路是将数据采集系统采集的传感器数据经过处理后作为数据样本，使用 BP 神经网络进行建模，再以网络模型为基础使用遗传算法对发动机的运行参数即喷油脉宽和喷油时间进行优化[15]。实验标定方案框图如图 4-16 所示。

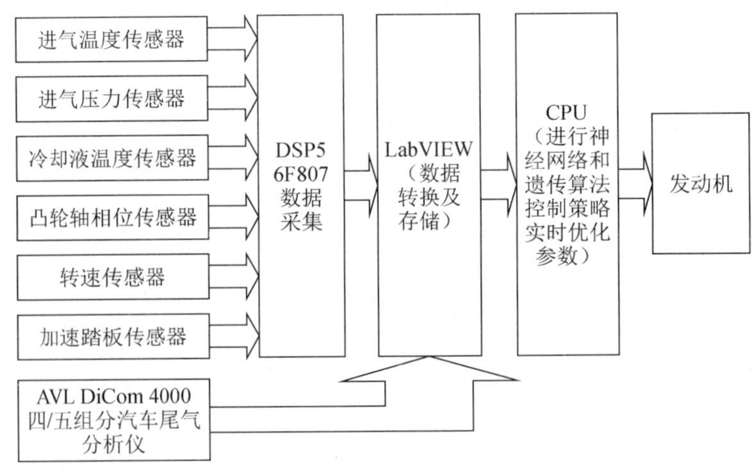

图 4-16　实验标定方案框图

本节使用的主要实验仪器及设备如表 4-5 所示。由河北华北柴油机有限责任公司生产的 HC4132UPS 型单体泵柴油机、凯迈（洛阳）机电有限公司生产的 FST 2D 发动机数控系统、FCM-D 油耗转速测量仪、CW 2608 电涡流测功机，航空工业总公司南峰机械厂生产的 ZD-5 型电测执行器，奥地利 AVL 公司生产的发动机排放测试仪，FST 2D 系统软件组成了发动机测试系统。发动机台架实验装置如图 4-17 所示。

表 4-5　本节使用的主要实验仪器及设备

仪器设备	规格型号	设备厂家
柴油机	HC4132UPS	河北华北柴油机有限责任公司
发动机数控系统	FST 2D	凯迈（洛阳）机电有限公司
油耗转速测量仪	FCM-D	凯迈（洛阳）机电有限公司
电涡流测功机	CW 2608	凯迈（洛阳）机电有限公司
电测执行器	ZD-5	洛阳南峰机械厂
发动机排放测试仪	AVL DiCom 4000	奥地利 AVL 公司

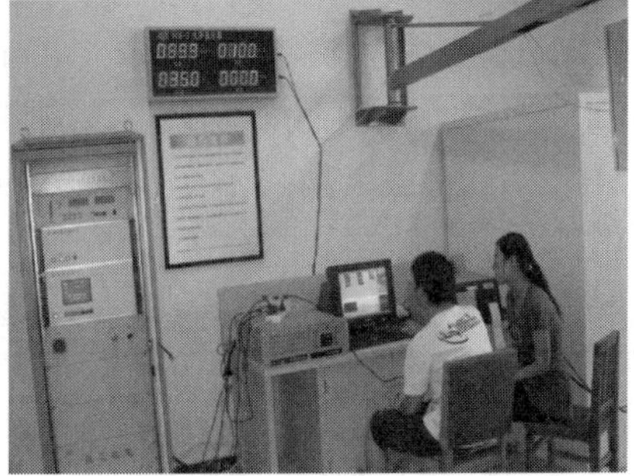

图 4-17　发动机台架实验装置

4.7.1　HC4132UPS 单体泵柴油机

本实验使用 HC4132UPS 单体泵柴油机采集数据样本。发动机基本参数如表 4-6 所示，发动机污染控制装置配置如表 4-7 所示。

表 4-6　发动机基本参数

项目	参数	项目	参数
规格型号	c	供油系统形式	单体泵
排量	7.9	点火顺序	1—3—4—2
进气方式	增压中冷	冷却方式	液冷
进气阻力	2.5	排气背压	7.5
缸数-缸径×行程	4-132×145	怠速转速	600
最大净功率/转速	200/2 100	最大转矩/转速	1 200/1 200～1 300
气缸排列形式	直列	喷油正时	ECU
容积压缩比	17.0:1	最高空车转速	2 310～2 370

注：最大净功率单位为 kW；最大转矩单位为 N • m；转速单位为 r/min；进气阻力单位为 kPa；排气背压单位为 kPa；喷油正时单位为°CA；缸径和行程单位为 mm；排量单位为 L。

表 4-7　发动机污染控制装置配置

项目	参数	生产厂家
喷油泵型号	DB110167	威特电喷有限责任公司
喷油器型号	K0334350UD0165-19	亚新科油泵油嘴股份有限公司
增压器型号	J85-1	北方天力增压技术公司
ECU 型号	K0334492UD0165-24	威特电喷有限责任公司
缸数-缸径×行程	4-132×145	—
中冷器形式，最高出口温度	空-空中冷、50	—

注：缸径和行程单位为 mm；温度单位为℃。

4.7.2　发动机排放测试仪

发动机排放测试仪使用奥地利李斯特（AVL）公司生产的 AVL DiCom 4000 型四/五组分汽车尾气分析仪，其兼有 AVL DiGas 4000 Light 五组分汽车排气分析仪和 AVL DiSmoke 4000 不透光烟度计的功能。该测试仪由河北计量监督检测院完成标定，标定时间间隔为 365 天，仪器自动显示下次标定的剩余天数。

采集的实验数据样本见表 4-8。

表 4-8　实验数据样本

试验号	因素				试验结果			
	油门/%	转速/（$r \cdot min^{-1}$）	喷油脉宽/°CA	喷油时间/°CA	功率/ kW	油耗/（$kg \cdot h^{-1}$）	不透光度/%	光吸收系数/m^{-1}
1	34	1 000	5.26	8.61	4.49	3.96	3.0	0.07
2	34	1 050	5.11	8.13	4.70	2.79	2.5	0.05
3	34	1 100	4.99	7.61	3.43	2.76	2.0	0.04
4	34	1 150	4.85	6.71	3.91	2.66	2.8	0.06
5	35	1 000	6.24	9.04	9.04	5.21	8.0	0.19
6	35	1 050	6.23	8.54	8.54	5.44	7.5	0.18
7	35	1 100	6.22	8.05	8.05	5.61	9.2	0.22
8	35	1 150	6.31	7.21	7.20	6.21	9.9	0.24
9	35	1 200	6.38	6.42	6.42	5.83	10.9	0.26
10	35	1 250	6.23	6.24	6.24	6.53	11.1	0.27
11	35	1 300	6.12	6.08	6.08	6.8	11.1	0.27
12	36	1 150	5.24	6.75	6.19	3.23	2.5	0.05
13	36	1 197	5.15	5.85	7.62	3.76	2.3	0.05
14	38	1 000	5.72	8.71	10.43	4.22	4.7	0.11
15	38	1 050	5.62	8.16	9.16	3.62	3.8	0.09
16	38	1 100	5.52	7.69	11.09	4.4	4.7	0.11
17	38	1 150	5.42	6.82	10.72	4.76	5.0	0.11
18	38	1 200	5.37	5.96	9.06	4.13	4.0	0.09
19	38	1 250	5.13	5.73	6.29	4.4	2.5	0.05
20	40	1 000	5.89	8.81	12.76	3.84	5.2	0.12
21	40	1 050	5.82	8.33	13.48	5.33	5.0	0.11
22	40	1 100	5.73	7.79	12.60	4.2	5.0	0.11

续表

试验号	因素				试验结果			
	油门/%	转速/（r・min^{-1}）	喷油脉宽/°CA	喷油时间/°CA	功率/ kW	油耗/（kg・h^{-1}）	不透光度/%	光吸收系数/m^{-1}
23	40	1 150	5.67	6.98	12.90	4.79	4.7	0.11
24	40	1 200	5.63	6.13	12.69	4.72	5.2	0.12
25	40	1 250	5.48	5.87	10.27	3.79	3.3	0.07
26	40	1 300	5.24	5.68	5.47	3.79	2.5	0.05
27	42	1 000	6.03	8.91	15.32	4.82	5.7	0.12
28	42	1 050	5.96	8.37	15.98	5.05	6.4	0.15
29	42	1 100	5.93	7.91	15.34	5.41	5.9	0.14
30	42	1 150	5.92	7.10	16.32	5.26	6.9	0.16
31	42	1 200	5.90	6.27	17.41	5.61	7.2	0.17
32	42	1 250	5.78	6.05	14.46	5.78	5.9	0.14
33	42	1 300	5.62	5.85	12.01	5.35	5.2	0.12
34	45	1 000	6.28	9.06	17.36	4.59	7.9	0.19
35	45	1 050	6.25	8.52	17.81	5.57	8.1	0.19
36	45	1 100	6.24	8.05	18.59	6.45	8.4	0.2
37	45	1 150	6.29	7.31	18.75	6.15	9.1	0.22
38	45	1 200	6.35	6.48	19.49	5.53	8.6	0.2
39	45	1 250	6.26	6.28	18.94	5.57	9.1	0.22
40	45	1 300	6.13	6.10	18.39	7.04	8.6	0.2

参 考 文 献

[1] 李国勇．智能控制与 MATLAB 在电控发动机中的应用[M]．北京：电子工业出版社，2007.
[2] 冯国胜，杨绍普，程京平．基于神经网络的柴油机性能建模[J]．内燃机学报，2005，23（2）：182-186.
[3] 葛哲学，孙志强．神经网络理论与 MATLAB R2007 实现[M]．北京：电子工业出版社，2008.
[4] 闻新，周露，王丹力，等．MATLAB 神经网络应用设计[M]．北京：科学出版社，2000.
[5] 王军，冯国胜，张幽彤．基于神经网络的供油提前角脉谱研究[J]．北京理工大学学报，2005，25（1）：27-30.
[6] 冯国胜，杨绍普．车辆现代设计方法[M]．北京：科学出版社，2006.
[7] 冯国胜，杨绍普．柴油机及其电控系统仿真[J]．系统仿真学报，2005，17（9）：2276-2279.
[8] 冯国胜．基于 DSP 的电控发动机实时优化及智能控制研究[D]．北京：北京理工大学.
[9] 冯国胜，张幽彤，李建纯，等．天然气电控发动机的匹配研究[J]．内燃机工程，2005，26（4）：56-58.
[10] 飞思科技产品研发中心．MATLAB 6.5 辅助神经网络分析与设计[M]．北京：电子工业出版社，2003.
[11] 李绍远，王景成．智能控制[M]．北京：机械工业出版社，2005.
[12] 周明，孙树栋．遗传算法原理及应用[M]．北京：国防工业出版社，1999.
[13] 冯国胜，杨绍普．基于遗传算法的柴油机电控参数实时优化[J]．石家庄铁道学院学报，2005，18（2）：57-60.
[14] 刘金琨．先进 PID 控制 MATLAB 仿真[M]．北京：电子工业出版社，2003.
[15] 冯国胜，贾素梅，周玮．基于 BP 神经网络的电控单体泵柴油机标定方法[J]．农业工程学报，2012，28（15）：21-26.

第 5 章　高压共轨柴油机燃油喷射系统模糊控制

5.1　高压共轨系统的组成和工作原理

德国 Bosch 公司的高压共轨系统在世界范围内应用广泛，代表了当今世界高压共轨技术的最高水平，本节使用的 CA4DF3-13E3 型发动机采用博世公司的 CR 系列高压共轨燃油喷射系统。高压共轨系统主要由低压系统、高压系统、喷油器总成、电控单元（ECU）和监测发动机运行状态的各种传感器组成。高压共轨系统的组成结构图如图 5-l 所示。

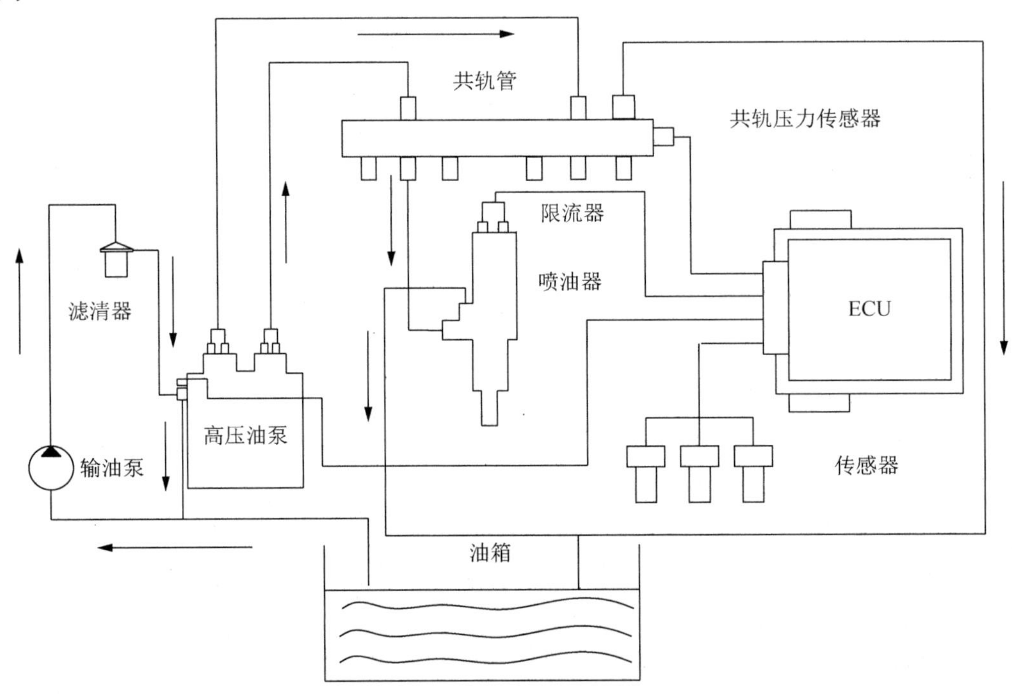

图 5-1　高压共轨系统的组成结构图

在发动机的驱动下，输油泵将低压燃油经燃油滤清器过滤后泵出油箱，再通过进油计量比例阀进入高压油泵柱塞偶件腔，高压油泵将燃油压缩增压至某一压力值后，流经出油阀和高压油管进入高压共轨管，再经过限流器从共轨管分两路流入喷油器，一路直接作用于喷油嘴压力室针阀下承压面，另一路作用于控制室针阀上承压面，上下两面的压力差决定了喷油器的启闭。控制室上方有一个电磁阀，此电磁阀的启闭时间控制其喷油起始时间和喷油持续时间[1]。

ECU 根据各个温度、压力等传感器信号判断柴油机工况，依据相关 MAP 图计算出正确的共轨压力、油泵供油量、喷油量、喷油正时等，通过控制进油计量比例阀开度可以控制油泵供油量和共轨压力，控制喷油器电磁阀的启闭就可以完成对喷油量和喷油正时的控制[2]。

本章结合后面章节讲述的建模工作对高压共轨的高压油泵、共轨管、喷油器的结构和工作原理进行介绍。

5.2　高压共轨燃油喷射系统的组成

高压共轨燃油喷射系统由进油计量比例阀、高压油泵、共轨管和喷油器组成。

5.2.1　进油计量比例阀

进油计量比例阀是一个比例电磁阀，功能与压力控制阀相似。进油计量比例阀安装在高压油泵的进油口位置，用于调节从输油泵进入高压油泵的油量，从而控制燃油压力值。进油计量比例阀的控制线圈在断电时是常开的，此时可以以最大流量提供燃油。控制线圈由 ECU 发出的脉冲信号导通，脉冲宽度决定电磁阀的开度大小，从而控制进油量的大小。通常在共轨管上安装压力限制阀，防止常开式进油计量比例阀在工作过程中因电源线或控制线圈断路引起高压油管和共轨中的油压超过极限值而损坏。

5.2.2　高压油泵

高压油泵是低压和高压部分之间的接口，其作用是将输油泵输送来的低压燃油压缩加压后存储到共轨管中，为共轨系统提供稳定的压力保障。Bosch CP3 高压油泵内部结构图如图 5-2 所示。通过进油计量比例阀控制进入高压油泵的供油量，满足共轨压力的要求。高压供油泵由发动机凸轮轴带动，转速为发动机转速的一半。三个柱塞成 120°夹角，呈均匀径向分布，交替压缩燃油，可以保证系统的供油频率和喷油频率一致，从而减小燃油的压力波动和驱动扭矩的波动。

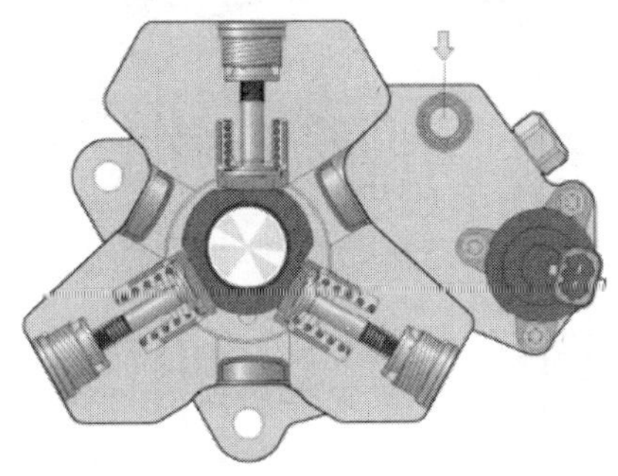

图 5-2　Bosch CP3 高压油泵内部结构图

5.2.3　共轨管

共轨管结构示意图如图 5-3 所示。共轨管上安装有压力限制阀、流量限制阀、轨压传感器等部件，其功能是存储高压燃油，并将燃油分配给各个喷油器，同时消除由喷油器喷油和高压油泵供油所引起的压力波动。

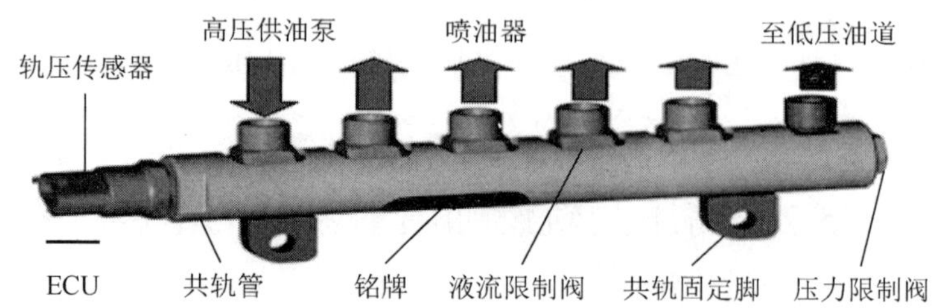

图 5-3 共轨管结构示意图

共轨管是长形的储油管道，它的滤波和稳压作用的好坏对发动机品质有着重要的影响。共轨管容积的大小较为重要，容积大有利于吸收压力振荡，但是容积过大却会导致过渡过程响应缓慢，不能保证共轨有足够的压力响应速度以快速满足柴油机工况变化的需求。

5.2.4 喷油器

喷油器结构原理图如图 5-4 所示。电控单元的脉冲信号控制喷油器高速电磁阀的启闭，使共轨内的燃油以最佳的喷油正时、喷油量、喷油率喷入发动机气缸内。

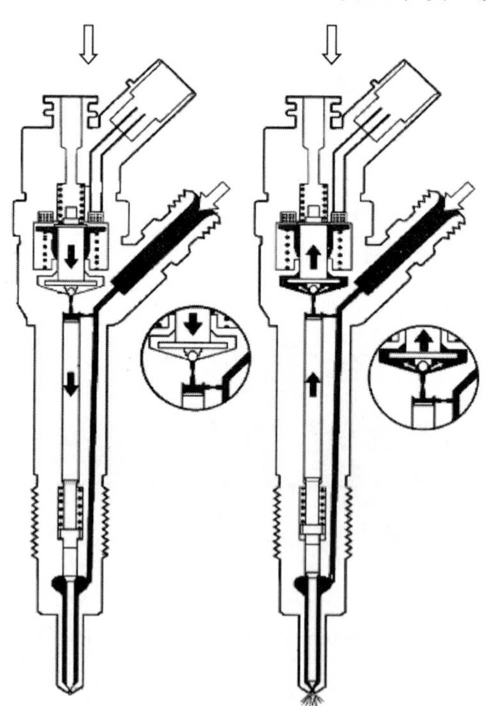

图 5-4 喷油器结构原理图

孔式喷油嘴、液压伺服系统和电磁阀是喷油器的关键部件。共轨管中的高压燃油经油道流向喷油器压力室，同时经节流孔流向控制室，控制室通过泄油孔与低压燃油回路相连。

泄油孔关闭时，由于作用于针阀控制活塞的液压力加上调压弹簧的力超过了它在喷油嘴压力室针阀承压面的力，针阀被压入阀座，将压力室与燃烧室隔离。

当 ECU 发出的控制信号触发泄油孔电磁阀时，泄油孔被开启，导致控制腔的压力下降，活塞上承压面所受液压力降低，当液压力低于作用于喷油嘴压力室针阀承压面上的力时，针阀被顶起，燃油经喷油孔喷入气缸。

5.3　电控单元（ECU）

电控单元（ECU）相当于人体的大脑，控制着整个发动机系统，使发动机安全稳定运行。电控单元功能模块示意图如图 5-5 所示。电控单元的主要作用是对传感器采集的信号进行处理，计算出相应的驱动信号来驱动相关的控制阀，实现喷油量、喷油时间和喷油率的柔性控制，使柴油机在最佳动力性、最佳燃油经济性工况下运行[3,4]。

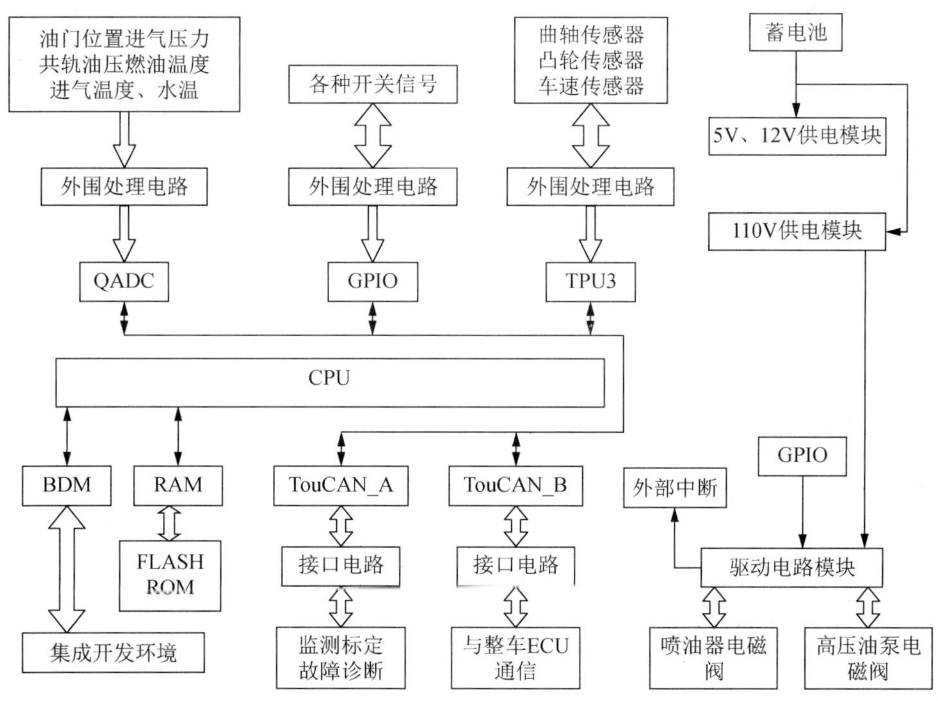

图 5-5　电控单元（ECU）功能模块示意图

5.4 建立模型方法

高压共轨喷油系统结构复杂，直接建立数学模型较为困难，因此需要分别建立各个部件的数学模型，再根据各个模型的数学和物理关系建立总体模型。控制系统的被控对象是由比例节流阀（进油计量比例阀）、高压油泵、高压共轨管和喷油器组成的。喷油压力控制系统结构框图如图 5-6 所示。

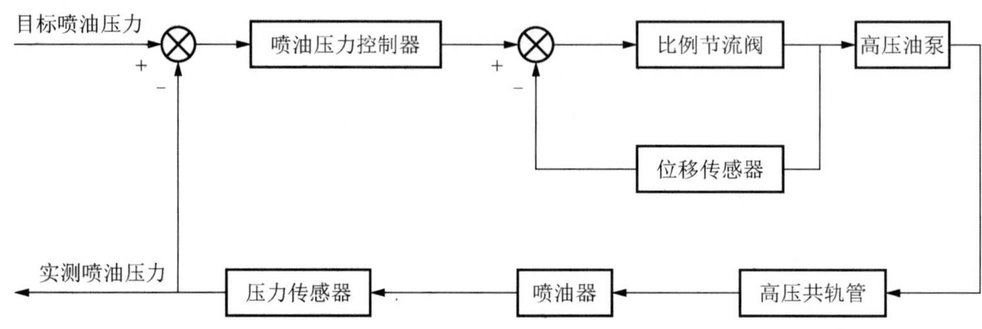

图 5-6　喷油压力控制系统结构框图

5.5 燃油控制方程的推导

根据流体力学的基本原理，使用一维非线性运动方程来描述燃油的压力和速度变化，从而获得喷油器运动部件的运动规律，再利用牛顿第二定律描述宏观运动部件的运动规律[5]。

集中容积法仅利用容积的大小，控制方程为质量守恒方程和状态方程。基本计算公式如下。

（1）声速和压力、密度的关系

声速和压力、密度的关系表达式为

$$a^2 = \frac{\mathrm{d}P}{\mathrm{d}\rho} \times 10^6 \tag{5-1}$$

式中，a——燃油声速（m/s）；

P——燃油压力（MPa）；

ρ——燃油密度（kg/m^3）。

（2）质量守恒方程

根据在单位时间内进出某容积的燃油质量相等，可以得到如下方程：

$$\frac{\mathrm{d}(V \cdot \rho)}{\mathrm{d}t} = \sum_{i=1}^{n} m_i \times 10^9 \tag{5-2}$$

式中，V——容积体积（m^3）；

$\sum_{i=1}^{n} m_i$——出入燃油质量（kg）。

（3）求解状态方程

① 由式（5-1）得

$$\mathrm{d}P = a^2 \mathrm{d}\rho \times 10^{-6}$$

② 由式（5-2）求导得

$$V\frac{\mathrm{d}\rho}{\mathrm{d}t} + \rho\frac{\mathrm{d}V}{\mathrm{d}t} = \sum_{i=1}^{n} m_i \times 10^9$$

③ 由①和②得

$$\frac{V}{a^2}\frac{\mathrm{dP}}{\mathrm{d}t} + \rho\frac{\mathrm{d}V}{\mathrm{d}t} = \sum_{i=1}^{n} m_i \times 10^9$$

④ 经过化简，可以得到如下状态方程：

$$\frac{V}{E}\frac{\mathrm{d}P}{\mathrm{d}t} = \sum_{i=1}^{N} Q_{\mathrm{I}i} - \sum_{i=1}^{n} Q_{\mathrm{O}i} - \frac{\mathrm{d}V}{\mathrm{d}t} \tag{5-3}$$

式中，E——燃油弹性模量（MPa）；

$Q_{\mathrm{I}i}$——流入的燃油量（mm^3/s）；

$Q_{\mathrm{O}i}$——流出的燃油量（mm^3/s）。

（4）集中容积中流量计算公式

设流体中有一个驻点 1，在该点的速度$u_1 = 0$，在流体远前方 2 点与驻点 1 的伯努利方程为

$$\frac{P_2}{\rho_2}\frac{k}{k-1}\left[\left(\frac{P_1}{P_2}\right)^{(k-1)/k} - 1\right] - \frac{u_2^2}{2} = 0$$

由此得

$$\frac{P_1}{P_2} = \left[1 + \frac{k-1}{k}\frac{\rho_2 u_2^2}{2P_2}\right]^{k/k-1}$$

设$\sqrt{\dfrac{\rho_2 u_2^2}{kP_2}} = M$，则

$$\frac{P_1}{P_2} = \left[1 + \frac{k-1}{2}M^2\right]^{k/k-1}$$

按照二项式定理展开，如果 $M<1$，则可以略去 M 的高次方项，有

$$P_1 = P_2 + \frac{\rho_2 u_2^2}{2}\left(1 + \frac{M^2}{4}\right)$$

如果流体是不可压缩的，那么由伯努利方程可得驻点 1 的压强为

$$P_1 = P_2 + \frac{\rho_2 u_2^2}{2}$$

若知道两点的压强，则可以求出 2 点的流体流速为

$$u_2 = \sqrt{\frac{2(P_1 - P_2)}{\rho_2}} \tag{5-4}$$

2 点的流量可以表示为

$$Q = \mu_2 A_2 u_2 \tag{5-5}$$

式中，$\mu_2 A_2$ ——有效流通面积（m^2）；

μ_2 ——流量系数；

A_2 ——2 点的截面面积（m^2）。

5.6 共轨系统的数学模型

高压共轨的喷射特性受很多因素的影响，如高压油管的弹性变形、燃油在高压下产生的压缩性等，使得喷油过程十分复杂。将这些因素都考虑是不符合实际的。喷油器针阀开启后，压力室容积和控制室容积会发生微小变化。因此，针对系统的特点作出如下假设[6]。

1）系统低压回路无泄漏现象。

2）把系统当作一维非定常层流流动。

3）刚体容积在高压下无弹性膨胀。

4）在一次喷射中，燃油的温度不变。

5）燃油的物理性质，即黏度、表面张力、密度、弹性模量仅与压力有关。

6）不考虑运动部件的冲量损失。

7）不考虑空泡的影响。

5.6.1 比例节流阀的数学模型

行程控制型比例电磁铁能够实现电流-力-位移的线性转换，因此可以看作比例环节[7]。图 5-7 所示为阀芯的受力示意图。阀芯力的平衡方程为

$$K_{\mathrm{m}} i(t) = m_{\mathrm{v}} \frac{\mathrm{d}^2 x_{\mathrm{v}}(t)}{\mathrm{d}t^2} + (B_{\mathrm{v}} + B_{\mathrm{s}}) \frac{\mathrm{d}x_{\mathrm{v}}(t)}{\mathrm{d}t} + K_{\mathrm{s}} x_{\mathrm{v}}(t) + K_{\mathrm{t}} \left[x_{\mathrm{v}}(t) + x_0 \right] \tag{5-6}$$

式中，B_{v} ——阀芯与阀套间的黏性摩擦系数，$B_{\mathrm{v}} = \frac{\pi \alpha d L_{\mathrm{f}}}{r_{\mathrm{d}}}$，$\alpha$ 为油液动力黏度，d 为滑阀的阀芯直径（m），L_{f} 为阀芯凸肩总长度（m），r_{d} 为阀芯与阀套的径向间隙（m）；

B_{s} ——瞬态液动力阻尼系数（N • s/m），$B_{\mathrm{s}} = L C_{\mathrm{d}} W \sqrt{2\rho(P_1 - P_2)}$，$L$ 为节流口的

宽度（m），C_d 为节流口流量系数，W 为阀芯的面积梯度，ρ 为油液密度（kg/m^3），P_1、P_2 为进出油口压力（MPa）；

K_s——稳态液动力系数，$K_s = 0.43W(P_1 - P_2)$；

K_m——阀芯的力常数（N/A），$K_m = \pi DNB$，D 为线圈的平均直径（m），N 为线圈匝数，B 为气隙的磁感应强度（T）；

$i(t)$——线圈电流（A）；

m_v——阀芯、阀腔油液及弹簧等效质量（kg）；

x_0——复位弹簧预压缩量（m）；

x_v——阀芯位移（m）；

K_t——复位弹簧刚度（N/m）。

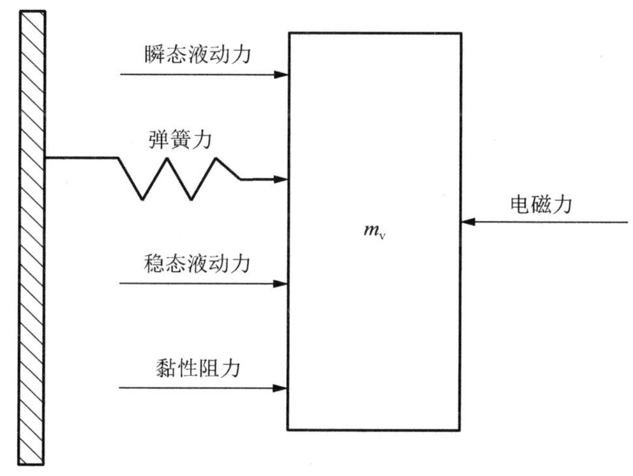

图 5-7　阀芯的受力示意图

位移传感器的传递函数为

$$G_3(s) = \frac{U_f(s)}{X_v(s)} = K_f \tag{5-7}$$

式中，K_f——位移传感器的增益；

$U_f(s)$——输出力象函数；

$X_v(s)$——输入位移象函数；

s——拉普拉斯算子。

将式（5-6）进行拉普拉斯变换后得到阀芯的传递函数为

$$G_2(s) = \frac{K_m}{m_v s^2 + (B_v + B_s)s + K_s + K_t} = \frac{\dfrac{K_m}{K_s + K_t}}{\dfrac{s^2}{\omega_0^2} + \dfrac{\lambda_0 s}{\omega_0} + 1} \tag{5-8}$$

式中，$\omega_0=\sqrt{\dfrac{K_s+K_t}{m_v}}$；

$\lambda_0=(B_v+B_s)\sqrt{\dfrac{1}{(K_s+K_t)m_v}}$。

比例节流阀线圈电路图如图 5-8 所示。

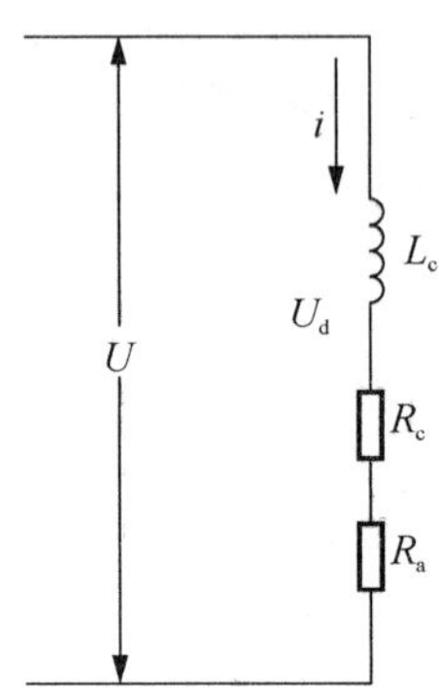

图 5-8　比例节流阀线圈电路图

因为线圈内阻 R_c 远远大于驱动电路电阻 R_a，所以忽略驱动电路电阻 R_a。线圈的电路方程为

$$U=iR_c+L_c\frac{di}{dt}+k_d\frac{dx_v}{dt} \tag{5-9}$$

式中，U——线圈端电压（V）；

L_c——线圈自感系数（H）；

k_d——反电动势常数（V·s/m）。

比例节流阀的开度变化表示为

$$\frac{dA_{LH}}{dt}=L\frac{dx_v}{dt} \tag{5-10}$$

式中，A_{LH}——比例节流阀至柱塞腔的流通面积（m^2）。

将式（5-9）和式（5-10）进行拉普拉斯变换，在零初始条件下可以得到

$$\begin{gathered}E(s)=I(s)r_c+L_csI(s)+K_dsX(s)\\A_{LH}(s)=LX(s)\end{gathered} \tag{5-11}$$

$$G(s)=\frac{I(s)}{E(s)}=\frac{1}{L_cs+R_c}=\frac{\dfrac{1}{R_c}}{\dfrac{s}{\omega_1}+1} \tag{5-12}$$

式中，$\omega_1=\dfrac{R_c}{L_c}$。

5.6.2 高压油泵的数学模型

高压油泵模型简图如图 5-9 所示。

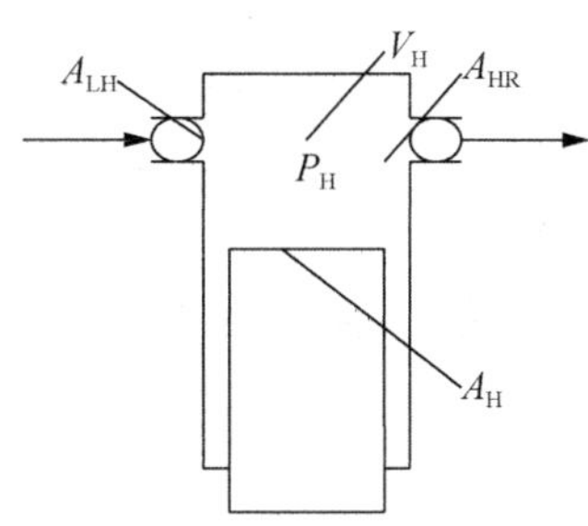

图 5-9　高压油泵模型简图

在 t 到 t+dt 时间内，柱塞腔内流量关系为[8]

$$Q_H = Q_{VH} + Q_{HR} + Q_{LH} + Q_{HO} \tag{5-13}$$

式中，Q_H——柱塞的几何供油量（m^3/s）；

Q_{VH}——压缩燃油量变化（m^3/s）；

Q_{HR}——流向共轨管的流量（m^3/s）；

Q_{LH}——流向柱塞腔的流量（m^3/s）；

Q_{HO}——柱塞腔泄油量（m^3/s）。

瞬时压入油量 Q_H 表示为

$$Q_H = A_H U_H \tag{5-14}$$

式中，U_H——柱塞速度（m/s）；

A_H——柱塞截面积（m^2），$A_H = \dfrac{\pi d_H^2}{4}$，$d_H$ 为柱塞直径（m）。

柱塞腔压力变化引起的压缩油量变化率 Q_{VH} 表示为

$$Q_{VH} = \frac{V_H}{E}\frac{dP_H}{dt} \tag{5-15}$$

式中，P_H——油腔压力（Pa）；

V_H——柱塞腔集中容积（m^3）；

E——柴油的弹性模量（N/m^2）。

柱塞腔流向高压共轨管的流量 Q_{HR} 表示为

$$Q_{HR} = \zeta(\mu A_{HR})\sqrt{\frac{2}{\rho}\left|P_H - P_R\right|} \tag{5-16}$$

式中，ρ——柴油的密度，表示为压力的函数（kg/m^3）；

P_R——高压共轨管的压力（Pa）；

A_{HR}——柱塞腔至共轨管的有效流通面积（m^2）；

μ——流量系数；

ζ——阶跃函数，$\zeta=\begin{cases}1, & P_{\mathrm{H}} \geqslant P_{\mathrm{R}} \\ 0, & P_{\mathrm{H}}<P_{\mathrm{R}}\end{cases}$；

$A_{\mathrm{HR}}=\dfrac{\pi d_{\mathrm{c2}}^{2}}{4}$，$d_{\mathrm{c2}}$为高压油泵出油阀孔直径（m）。

将式（5-16）线性化可得

$$Q_{\mathrm{HR}}=\zeta \mu A_{\mathrm{HR}} \sqrt{\frac{2}{\rho}} \times \frac{\left(P_{\mathrm{H0}}-P_{\mathrm{R0}}\right)^{-\frac{1}{2}}}{2}\left(P_{\mathrm{H}}-P_{\mathrm{R}}\right)=\zeta K_{11}\left(P_{\mathrm{H}}-P_{\mathrm{R}}\right) \tag{5-17}$$

式中，$K_{11}=\zeta \mu A_{\mathrm{HR}} \sqrt{\dfrac{2}{\rho}} \times \dfrac{\left(P_{\mathrm{H0}}-P_{\mathrm{R0}}\right)^{-\frac{1}{2}}}{2}$；

P_{H0}、P_{R0}——平衡点柱塞腔内的压力参数和共轨管内的压力参数（Pa）。

比例节流阀流向柱塞腔的流量Q_{LH}表示为

$$Q_{\mathrm{LH}}=\gamma\left(\mu A_{\mathrm{LH}}\right) \sqrt{\frac{2}{\rho}\left|P_{\mathrm{H}}-P_{2}\right|} \tag{5-18}$$

式中，P_{2}——比例节流阀出油口燃油压力（MPa）；

A_{LH}——比例节流阀至柱塞腔的有效流通面积（m^2）；

γ——阶跃函数，$\gamma=\begin{cases}0, & P_{\mathrm{H}} \geqslant P \\ 1, & P_{\mathrm{H}}<P\end{cases}$。

当输油泵输出的燃油压力P_{2}=0.2MPa，高压油泵吸油时可认为P_{H}=0，则有

$$Q_{\mathrm{LH}}=\gamma\left(\mu A_{\mathrm{LH}}\right) \sqrt{\frac{1}{\rho}}=\gamma K_{\mathrm{L}} A_{\mathrm{LH}} \tag{5-19}$$

式中，$K_{\mathrm{L}}=\mu \sqrt{\dfrac{2}{5 \times \rho}}$。

$$Q_{\mathrm{H0}}=\frac{\pi d_{\mathrm{H}} \delta_{\mathrm{H}}^{3}}{12 \eta L_{\mathrm{H}}}\left(P_{\mathrm{H}}-P_{0}\right)=K_{\mathrm{H0}}\left(P_{\mathrm{H}}-P_{0}\right) \tag{5-20}$$

式中，d_{H}——柱塞直径（m）；

η——柴油的动力黏度（Pa • s）；

L_{H}——柱塞的密封长度（m）；

δ_{H}——柱塞偶件的间隙（m）；

P_{0}——低压管道的压力（Pa）；

$K_{\mathrm{H0}}=\dfrac{\pi d_{\mathrm{H}} \delta_{\mathrm{H}}^{3}}{12 \eta L_{\mathrm{H}}}$。

将式（5-15）～式（5-20）结合可得

$$\frac{V_{\mathrm{H}}}{E}\frac{\mathrm{d}P_{\mathrm{H}}}{\mathrm{d}t}=A_{\mathrm{H}}\mu_{\mathrm{H}}-\zeta K_{11}(P_{\mathrm{H}}-P_{\mathrm{R}})-\gamma K_{\mathrm{LH}}A_{\mathrm{LH}}-K_{\mathrm{H0}}(P_{\mathrm{H}}-P_{\mathrm{h}}) \tag{5-21}$$

在零初始条件下，将式（5-21）进行拉普拉斯变换后得

$$\frac{V_{\mathrm{H}}}{E}sP_{\mathrm{H}}(s)=A_{\mathrm{H}}U_{\mathrm{H}}(s)-\zeta K_{11}\left[P_{\mathrm{H}}(s)-P_{\mathrm{R}}(s)\right]-\gamma K_{\mathrm{L}}A_{\mathrm{LH}}(s)-K_{\mathrm{H0}}P_{\mathrm{H}}(s)$$

合并后得

$$\left(\frac{V_{\mathrm{H}}}{E}s+\zeta K_{11}+K_{\mathrm{H0}}\right)P_{\mathrm{H}}(s)=A_{\mathrm{H}}U_{\mathrm{H}}(s)+\zeta K_{11}P_{\mathrm{R}}(s)-\gamma K_{\mathrm{L}}A_{\mathrm{LH}}(s)$$

在控制系统中，由转速引起的动态过程不影响系统的固有特性，在此不予考虑，可得高压油泵传递函数为

$$G_4(s)=\frac{1}{\dfrac{V_{\mathrm{H}}}{E}s+\zeta K_{11}+K_{\mathrm{H0}}}=\frac{\dfrac{1}{\zeta K_{11}+K_{\mathrm{H0}}}}{\dfrac{s}{\omega_2}+1} \tag{5-22}$$

式中，$\omega_2=\dfrac{\zeta K_{11}+K_{\mathrm{H0}}}{\dfrac{V_{\mathrm{H}}}{E}}$。

5.6.3 共轨管的数学模型

根据流入共轨管燃油和流出共轨管燃油的平衡关系，建立高压共轨管的数学模型[9]。高压共轨管模型简图如图 5-10 所示。

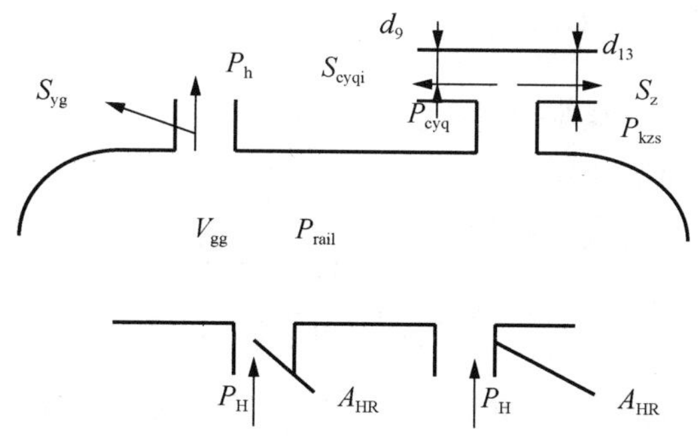

图 5-10　高压共轨管模型简图

（1）共轨管至盛油槽流量

流通面积 $S_{\mathrm{cyqi}}=\pi d_9^2/4$，流量系数 $C_{\mathrm{cyqi}}=0.8$，共轨管至盛油槽的流量表示为

$$Q_{\mathrm{rc}}=\zeta S_{\mathrm{cyqi}}C_{\mathrm{cyqi}}\sqrt{\frac{2}{\rho}\left|P_{\mathrm{R}}-P_{\mathrm{cyq}}\right|} \tag{5-23}$$

式中，P_{cyq}——盛油槽内的压力（MPa）。

当 $P_{\mathrm{R}} \geqslant P_{\mathrm{cyq}}$ 时，$\zeta = 1$；当 $P_{\mathrm{R}} < P_{\mathrm{cyq}}$ 时，$\zeta = -1$。将上式进行线性化后可得

$$Q_{\mathrm{rc}} = \zeta S_{\mathrm{cyqi}} C_{\mathrm{cyqi}} \sqrt{\frac{2}{\rho}} \frac{(P_{\mathrm{R0}} - P_{\mathrm{cyq0}})^{-\frac{1}{2}}}{2} (P_{\mathrm{R}} - P_{\mathrm{cyq}}) = \zeta K_{13} (P_{\mathrm{R}} - P_{\mathrm{cyq}}) \tag{5-24}$$

式中，$K_{13} = S_{\mathrm{cyqi}} C_{\mathrm{cyqi}} \sqrt{\frac{2}{\rho}} \frac{(P_{\mathrm{R0}} - P_{\mathrm{cyq0}})^{-\frac{1}{2}}}{2}$；

P_{R0}、P_{cyq0}——平衡点共轨管内的压力参数和盛油槽内的压力参数（MPa）。

（2）共轨管至控制室的流量

流通面积 $S_{\mathrm{Z}} = \pi d_{13}^2 / 4$，进油孔 Z 的长度与直径之比 $C_{\mathrm{Z}} = 0.82$，共轨管至控制室的流量方程为

$$Q_{\mathrm{kzs}} = \zeta S_{\mathrm{Z}} C_{\mathrm{Z}} \sqrt{\frac{2}{\rho} |P_{\mathrm{R}} - P_{\mathrm{kzs}}|} \tag{5-25}$$

式中，P_{kzs}——喷油器控制室内的压力（MPa）；

$\zeta = \begin{cases} 1, & P_{\mathrm{R}} \geqslant P_{\mathrm{kzs}} \\ 0, & P_{\mathrm{R}} < P_{\mathrm{kzs}} \end{cases}$。

将上式进行线性化后可得

$$Q_{\mathrm{kzs}} = \zeta S_{\mathrm{Z}} C_{\mathrm{Z}} \sqrt{\frac{2}{\rho}} \frac{(P_{\mathrm{R0}} - P_{\mathrm{kzs0}})^{-\frac{1}{2}}}{2} (P_{\mathrm{R}} - P_{\mathrm{kzs}}) = \zeta K_{14} (P_{\mathrm{R}} - P_{\mathrm{kzs}}) \tag{5-26}$$

式中，$K_{14} = S_{\mathrm{Z}} C_{\mathrm{Z}} \sqrt{\frac{2}{\rho}} \frac{(P_{\mathrm{R0}} - P_{\mathrm{kzs0}})^{-\frac{1}{2}}}{2}$；

P_{kzs0}——平衡点喷油器控制室内的压力（MPa）。

（3）共轨管至低压油道的流量

共轨管主低压油道的流量方程为

$$Q_{\mathrm{rh}} = \zeta S_{\mathrm{yg}} C_{\mathrm{yg}} \sqrt{\frac{2}{\rho} |P_{\mathrm{R}} - P_{\mathrm{h}}|} \tag{5-27}$$

式中，S_{yg}——高压油管截面积（m^2），$S_{\mathrm{yg}} = \pi d_{\mathrm{yg}}^2 / 4$，$d_{\mathrm{yg}}$ 为高压油管直径（m）；

$\zeta = \begin{cases} 1, & P_{\mathrm{R}} \geqslant P_{\mathrm{sd}} \\ 0, & P_{\mathrm{R}} < P_{\mathrm{sd}} \end{cases}$，$P_{\mathrm{sd}}$ 为调压阀的共轨压力设定值（MPa）。

将上式进行线性化后可得

$$Q_{\mathrm{rh}} = \zeta S_{\mathrm{yg}} C_{\mathrm{yg}} \sqrt{\frac{2}{\rho}} \frac{(P_{\mathrm{R0}} - P_0)^{-\frac{1}{2}}}{2} (P_{\mathrm{R}} - P_{\mathrm{h}}) = \zeta K_{15} (P_{\mathrm{R}} - P_{\mathrm{h}}) \tag{5-28}$$

式中，$K_{15} = S_{\mathrm{yg}} C_{\mathrm{yg}} \sqrt{\frac{2}{\rho}} \frac{(P_{\mathrm{R0}} - P_0)^{-\frac{1}{2}}}{2}$；

P_h——低压油道压力，取固定值为 0.08MPa。

（4）柱塞腔至共轨管流量

柱塞腔至共轨管的流量方程在 5.6.2 节中已经求出，如下所示：

$$Q_{HR}=\zeta(\mu A_{HR})\sqrt{\frac{2}{\rho}\left|P_H-P_R\right|} \tag{5-29}$$

将上式线性化后可得

$$Q_{HR}=\zeta(\mu A_{HR})\sqrt{\frac{2}{\rho}}\frac{(P_{H0}-P_{R0})^{-\frac{1}{2}}}{2}(P_H-P_R)=\zeta K_{12}(P_H-P_R) \tag{5-30}$$

式中，$K_{12}=(\mu A_{HR})\sqrt{\frac{2}{\rho}}\frac{(P_{H0}-P_{R0})^{-\frac{1}{2}}}{2}$。

由上述各式可以得到共轨管内燃油平衡方程为

$$\begin{aligned}\zeta\mu A_{HR}\sqrt{\frac{2}{\rho}\left|P_H-P_R\right|}=&\frac{V_{gg}}{E}\frac{dP_R}{dt}+\zeta S_{cyqi}C_{cyqi}\sqrt{\frac{2}{\rho}\left|P_R-P_{cyq}\right|}\\&+\zeta S_Z C_Z\sqrt{\frac{2}{\rho}\left|P_R-P_{kzs}\right|}+\zeta S_{yg}C_{yg}\sqrt{\frac{2}{\rho}\left|P_R-P_h\right|}\end{aligned} \tag{5-31}$$

式中，V_{gg}——共轨管的容积（m^3）。

此方程线性化后的表达式为

$$\zeta K_{12}(P_H-P_R)=\frac{V_{gg}}{E}\frac{dP_R}{dt}+\zeta K_{13}(P_R-P_{cyq})+\zeta K_{14}(P_R-P_{kzs})+\zeta K_{15}(P_R-P_0) \tag{5-32}$$

在零初始条件下，对式（5-32）进行拉普拉斯变换后得

$$\begin{aligned}\zeta K_{12}P_Z(s)-\zeta K_{16}P_R(s)=&\frac{V_{gg}}{E}sP_R(s)+\zeta K_{12}P_R(s)-\zeta K_{13}P_{cyq}(s)\\&+\zeta K_{14}P_R(s)-\zeta K_{14}P_{kzs}(s)+\zeta K_{15}P_R(s)\end{aligned} \tag{5-33}$$

当高压共轨正常喷油工作时，若将 ζ 值取为 1，则上式可以简化为

$$\begin{aligned}K_{12}P_Z(s)-K_{16}P_R(s)=&\frac{V_{gg}}{E}sP_R(s)+K_{12}P_R(s)-K_{13}P_{cyq}(s)\\&+K_{14}P_R(s)-K_{14}P_{kzs}(s)+K_{15}P_R(s)\end{aligned} \tag{5-34}$$

5.6.4　喷油器液压系统模型

1. 喷油嘴压力室的数学模型

压力室压力即燃油喷射压力，通过建立喷油嘴压力室燃油连续方程，可以获得燃油喷射压力和喷油量等动态参数。

（1）喷油嘴压力室的容积计算

喷油嘴压力室结构简图如图 5-11 所示。

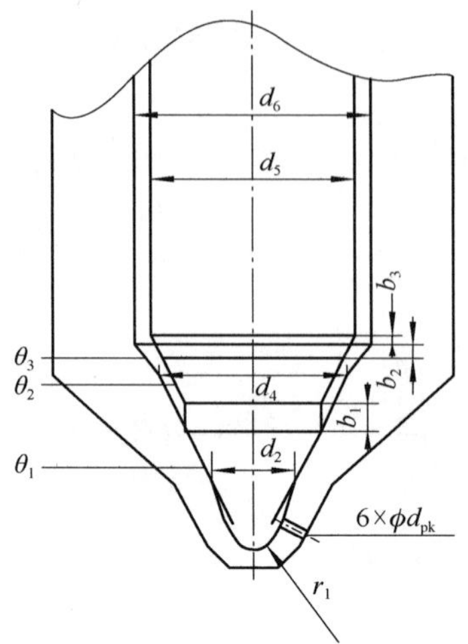

图 5-11　喷油嘴压力室结构简图

压力室容积的计算公式如下：

$$\begin{cases} V_1=\dfrac{3\pi d_{pk}^2}{2}+\dfrac{2}{3}\pi r_1^3+\dfrac{\pi\left[d_2^3-(2r_1)^3\right]}{24\tan\theta_1} \\ V_2=\dfrac{\pi\left[\left(\dfrac{d_2}{2}-h_{zf}\times\tan\theta_1\right)^3-0.2^3\right]}{3\tan\theta_1} \\ V_y=V_1-V_2 \end{cases}$$

$$\frac{dV_y}{dt}=\pi\left(\frac{d_2}{2}-h_{zf}\tan\theta_1\right)^2u_{zf} \tag{5-35}$$

式中，h_{zf}——喷油嘴针阀升程（m）；

u_{zf}——喷油嘴针阀速度（m/s）；

V_y——压力室容积（m^3）。

将V_y进行线性化可以得到

$$V_y=\frac{3\pi d_{pk}^2}{2}+\frac{2}{3}\pi r_1^3+\frac{\pi\left[d_2^3-(2r_1)^3\right]}{24\tan\theta_1}-\frac{\pi\left[\left(\dfrac{d_2^3}{8}-\dfrac{3d_2^3}{4}h_{zf}\tan\theta_1\right)-0.008\right]}{3\tan\theta_1}$$

（2）压力室的流入量和流出量计算

1）计算喷油嘴喷孔处流量。喷孔的有效横截面积$S_{pk}=\dfrac{3\pi d_{pk}^3}{2}$，喷孔处的出油流量为

$$Q_{yo}=\zeta C_{pk}S_{pk}\sqrt{\frac{2}{\rho}(P_y-P_a)} \tag{5-36}$$

式中，Q_{yo}——喷孔处出油流量（m^3/s）；

C_{pk}——喷油孔流量系数；

P_a——喷油嘴喷孔背压，取平均压力 12MPa；

P_y——压力室压力（MPa）；

$\zeta=\begin{cases}1, & P_y\geqslant P_a\\ 0, & P_y<P_a\end{cases}$。

将上式进行线性化后得

$$Q_{yo}=\zeta C_{pk}S_{pk}\sqrt{\frac{2}{\rho}}\frac{(P_{y0}-P_{a0})^{-\frac{1}{2}}}{2}(P_y-P_a)=\zeta K_{21}(P_y-P_a) \tag{5-37}$$

式中，$K_{21}=C_{pk}S_{pk}\sqrt{\frac{2}{\rho}}\frac{(P_{y0}-P_a)^{-\frac{1}{2}}}{2}$；

P_{a0}——平衡点处喷油嘴喷孔背压（MPa）；

P_{y0}——平衡点处压力室压力（MPa）。

2）计算喷油嘴针阀座孔处的流量。针阀座孔的截面积为

$$S_{zfzk}=\pi\left[(d_2/2\cos\theta_1)^2-(d_2/2\cos\theta_1-h_{zf}\sin\theta_1)^2\right]\cos\theta_1$$

流量系数 C_{zfzk} 的计算公式为

$$C_{zfzk}=\begin{cases}195h_{zf}, & h_{zf}\leqslant 0.0038\text{mm}\\ A_0+A_1h_{zf}+A_2(h_{zf})^2+A_3(h_{zf})^3+A_4(h_{zf})^4, & 0.0038<h_{zf}\leqslant 0.059\text{mm}\\ 0.70898+1.53025h_{zf}, & h_{zf}>0.059\text{mm}\end{cases}$$

式中，$A_0=0.48021$；$A_1=82.759$；$A_2=-5.3413\times10^3$；$A_3=1.3984\times10^5$；$A_4=-1.6239\times10^6$。

针阀座孔处的流量为

$$Q_{yi}=\zeta C_{zfzk}S_{zfzk}\sqrt{\frac{2}{\rho}\left|P_{zfq}-P_y\right|} \tag{5-38}$$

式中，$\zeta=\begin{cases}1, & h_{zf}>0\\ 0, & h_{zf}=0\end{cases}$。

将上式进行线性化后得

$$Q_{yi}=\zeta C_{zfzk}S_{zfzk}\sqrt{\frac{2}{\rho}}\frac{(P_{zfq0}-P_{y0})^{-\frac{1}{2}}}{2}(P_{zfq}-P_y)=\zeta K_{20}(P_{zfq}-P_y) \tag{5-39}$$

式中，$K_{20}=C_{\mathrm{zfzk}}S_{\mathrm{zfzk}}\sqrt{\frac{2}{\rho}}\frac{(P_{\mathrm{zfq0}}-P_{\mathrm{y0}})^{-\frac{1}{2}}}{2}$。

压力室燃油连续方程为

$$\frac{V_{\mathrm{y}}}{E}\frac{\mathrm{d}P_{\mathrm{y}}}{\mathrm{d}t}=\zeta C_{\mathrm{zfzk}}S_{\mathrm{zfzk}}\sqrt{\frac{2}{\rho}\left|P_{\mathrm{zfq}}-p_{y}\right|}-\zeta C_{\mathrm{pk}}S_{\mathrm{pk}}\sqrt{\frac{2}{\rho}(P_{\mathrm{y}}-P_{\mathrm{a}})}-\pi\left(\frac{d_{2}}{2}-h_{\mathrm{zf}}\tan\theta_{1}\right)^{2}u_{\mathrm{zf}} \tag{5-40}$$

线性化后的方程为

$$\frac{\mathrm{d}V_{\mathrm{y}}}{\mathrm{d}t}+\frac{V_{\mathrm{y}}}{E}\frac{\mathrm{d}P_{\mathrm{y}}}{\mathrm{d}t}+\pi\left(\frac{d_{2}}{2}-h_{\mathrm{zf}}\tan\theta_{1}\right)^{2}u_{\mathrm{zf}}=\zeta K_{20}(P_{\mathrm{zfq}}-P_{\mathrm{y}})-\zeta K_{21}(P_{\mathrm{y}}-P_{\mathrm{a}}) \tag{5-41}$$

将上式进行拉普拉斯变换后得

$$\frac{\pi d_{2}^{2}h_{\mathrm{zf}}(s)}{4}s+\frac{\pi d_{2}^{2}h_{\mathrm{zf}}(s)}{4}sP_{\mathrm{y}}(s)=K_{20}\left[P_{\mathrm{zfq}}(s)-P_{\mathrm{y}}(s)\right]-K_{21}P_{\mathrm{y}}(s) \tag{5-42}$$

2. 喷油嘴针阀座的数学模型

喷油嘴针阀座连接盛油槽和压力室，针阀腔的结构尺寸和动态容积决定着喷射压力的稳定性。喷油嘴针阀座的几何结构图如图 5-11 所示。

（1）喷油嘴针阀座容积计算

喷油嘴针阀座容积计算公式为

$$V_{\mathrm{zfq}}=\frac{\pi d_{6}^{2}}{4}(h_{2}+h_{3})+\frac{\pi(d_{6}^{3}-d_{4}^{3})}{24\tan\theta_{3}}+\frac{\pi(d_{4}^{3}-d_{2}^{3})}{24\tan\theta_{1}}-\frac{\pi\left[d_{3}^{3}-(d_{2}-2h_{\mathrm{zf}}\tan\theta_{1})^{3}\right]}{24\tan\theta_{1}}-\frac{\pi d_{3}^{2}}{4}h_{1}-\frac{\pi(d_{5}^{3}-d_{3}^{3})}{24\tan\theta_{2}}-\frac{\pi d_{5}^{2}}{4}(h_{3}-h_{\mathrm{zf}}) \tag{5-43}$$

线性化后可得

$$V_{\mathrm{zfq}}=\frac{\pi d_{2}^{3}-6\pi d_{2}^{2}\tan\theta_{1}h_{\mathrm{zf}}}{24\tan\theta_{1}}-\frac{\pi d_{5}^{2}(h_{3}-h_{\mathrm{zf}})}{4}$$

（2）喷油嘴针阀座容积的流入量和流出量

1）计算喷油嘴针阀座集中容积的流入量。针阀座有效流通截面积 $S_{\mathrm{zfqi}}=\frac{\pi(d_{6}^{2}-d_{5}^{2})}{4}$，流量系数 $C_{\mathrm{zfqi}}=0.9$，针阀座集中容积的流入量为

$$Q_{\mathrm{zfqi}}=\zeta S_{\mathrm{zfqi}}C_{\mathrm{cyqi}}\sqrt{\frac{2}{\rho}\left|P_{\mathrm{cyq}}-P_{\mathrm{zfq}}\right|} \tag{5-44}$$

式中，$\zeta=\begin{cases}1, & P_{\mathrm{cyq}}\geqslant P_{\mathrm{zfq}}\\0, & P_{\mathrm{cyq}}<P_{\mathrm{zfq}}\end{cases}$。

将上式进行线性化后得

$$Q_{\mathrm{zfqi}} = \zeta K_{18}(P_{\mathrm{cyq}} - P_{\mathrm{zfq}}) \tag{5-45}$$

式中，$K_{18} = S_{\mathrm{zfqi}} C_{\mathrm{cyqi}} \sqrt{\frac{2}{\rho}} (P_{\mathrm{cyq}} - P_{\mathrm{zfq}})^{-\frac{1}{2}}$。

2）计算喷油嘴针阀座集中容积的流出量。喷油嘴针阀座集中容积的流出量已经由喷油器压力室的流入量计算得出，即为Q_{yi}。

由式（5-43）、式（5-44）可以得出喷油嘴针阀座集中容积数学模型为

$$\frac{\mathrm{d}V_{\mathrm{zfq}}}{\mathrm{d}t} + \frac{V_{\mathrm{zfq}}}{E}\frac{\mathrm{d}P_{\mathrm{zfq}}}{\mathrm{d}t} = Q_{\mathrm{zfqi}} + Q_{\mathrm{yi}} \tag{5-46}$$

将上述各式代入整理，即可得到喷油嘴针阀座的数学模型为

$$\frac{\mathrm{d}V_{\mathrm{zfq}}}{\mathrm{d}t} + \frac{V_{\mathrm{zfq}}}{E}\frac{\mathrm{d}P_{\mathrm{zfq}}}{\mathrm{d}t} = \zeta S_{\mathrm{zfqi}} C_{\mathrm{zfqi}} \sqrt{\frac{2}{\rho}\left|P_{\mathrm{cyq}} - P_{\mathrm{zfq}}\right|} - \zeta C_{\mathrm{zfzk}} S_{\mathrm{zfzk}} \sqrt{\frac{2}{\rho}\left|P_{\mathrm{zfq}} - P_{\mathrm{y}}\right|} \tag{5-47}$$

将上式线性化后可以得到

$$\frac{\mathrm{d}V_{\mathrm{zfq}}}{\mathrm{d}t} + \frac{V_{\mathrm{zfq}}}{E}\frac{\mathrm{d}P_{\mathrm{zfq}}}{\mathrm{d}t} = \zeta K_{18}(P_{\mathrm{cyq}} - P_{\mathrm{zfq}}) - \zeta K_{19}(P_{zfq} - P_{\mathrm{y}}) \tag{5-48}$$

将上式进行拉普拉斯变换后得

$$\begin{aligned} &\frac{\pi(d_2^2 + d_5^2)}{4} sh_{\mathrm{zf}}(s) + \frac{\pi(d_2^2 + d_5^2)}{4} sh_{\mathrm{zf}}(s) P_{\mathrm{zfq}}(s) \\ &= K_{18}\left[P_{\mathrm{cyq}}(s) - P_{\mathrm{zfq}}(s)\right] - K_{19}\left[P_{\mathrm{zfq}}(s) - P_{\mathrm{y}}(s)\right] \end{aligned} \tag{5-49}$$

$$K_{19} = S_{\mathrm{zfzk}} C_{\mathrm{zfzk}} \sqrt{\frac{2}{\rho}} (P_{\mathrm{zfq}} - P_{\mathrm{y}})^{-\frac{1}{2}}$$

3. 喷油器盛油槽的数学模型

高压燃油流经后，高压油管产生一定的压力波动，盛油槽容积起着传输燃油和稳定油道压力的作用，使燃油压力波动减少到最小。喷油器盛油槽的结构简图如图 5-12 所示。

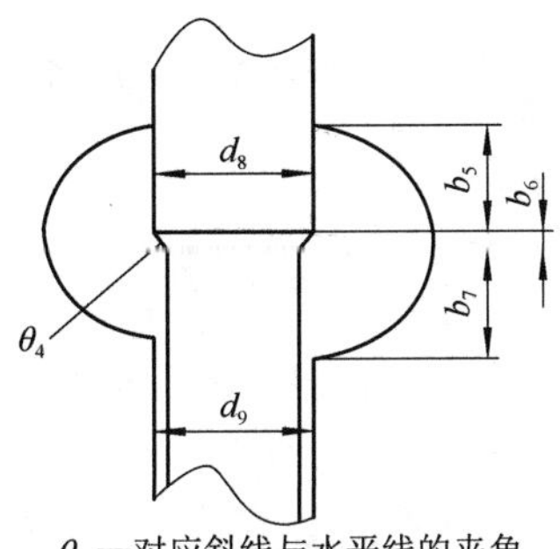

θ_4—对应斜线与水平线的夹角

图 5-12　喷油器盛油槽结构简图

（1）盛油槽的容积

盛油槽的容积表达式为

$$V_{\mathrm{cyq}}=194.5-(h_5+h_{\mathrm{zf}})\frac{\pi d_5^2}{4}-\frac{\pi(d_7^3-d_5^3)}{24\tan\theta_4}-(h_7-h_{\mathrm{zf}})\frac{\pi d_7^2}{4}$$

$$\frac{\mathrm{d}V_{\mathrm{cyq}}}{\mathrm{d}t}=\frac{\pi(d_7^2-d_5^2)}{4}u_{\mathrm{zf}} \tag{5-50}$$

（2）盛油槽的流入量

盛油槽流通面积 $S_{\mathrm{cyqi}}=\dfrac{\pi d_9^2}{4}$，流量系数 $C_{\mathrm{cyqi}}=0.8$，盛油槽的流入量为

$$Q_{\mathrm{cyqi}}=\zeta S_{\mathrm{cyqi}}C_{\mathrm{cyqi}}\sqrt{\frac{2}{\rho}\left|P_{\mathrm{R}}-P_{\mathrm{cyq}}\right|} \tag{5-51}$$

式中，$\zeta=\begin{cases}1, & P_{\mathrm{R}}\geqslant P_{\mathrm{cyq}}\\0, & P_{\mathrm{R}}<P_{\mathrm{cyq}}\end{cases}$。

将上式进行线性化后可得

$$Q_{\mathrm{cyqi}}=\zeta S_{\mathrm{cyqi}}C_{\mathrm{cyqi}}\sqrt{\frac{2}{\rho}}\frac{(P_{\mathrm{R0}}-P_{\mathrm{cyq0}})^{-\frac{1}{2}}}{2}(P_{\mathrm{R}}-P_{\mathrm{cyq}})=\zeta K_{16}(P_{\mathrm{R}}-P_{\mathrm{cyq}}) \tag{5-52}$$

式中，$K_{16}=S_{\mathrm{cyqi}}C_{\mathrm{cyqi}}\sqrt{\dfrac{2}{\rho}}\dfrac{(P_{\mathrm{R0}}-P_{\mathrm{cyq0}})^{-\frac{1}{2}}}{2}$。

（3）盛油槽的流出量

盛油槽的流出量与喷油嘴针阀座集中容积的流入量 Q_{zfqi} 相同。

由上述各式可得喷油器盛油槽的数学模型为

$$\frac{\mathrm{d}V_{\mathrm{cyq}}}{\mathrm{d}t}+\frac{V_{\mathrm{cyq}}}{E}\frac{\mathrm{d}P_{\mathrm{cyq}}}{\mathrm{d}t}=\zeta S_{\mathrm{cyqi}}C_{\mathrm{cyqi}}\sqrt{\frac{2}{\rho}\left|P_{\mathrm{R}}-P_{\mathrm{cyq}}\right|}-\zeta S_{\mathrm{zf}}C_{\mathrm{cyqo}}\sqrt{\frac{2}{\rho}\left|P_{\mathrm{cyq}}-P_{\mathrm{zfq}}\right|} \tag{5-53}$$

将上式进行线性化后可以得到：

$$\frac{\mathrm{d}V_{\mathrm{cyq}}}{\mathrm{d}t}+\frac{V_{\mathrm{cyq}}}{E}\frac{\mathrm{d}P_{\mathrm{cyq}}}{\mathrm{d}t}=\zeta K_{16}(P_{\mathrm{R}}-P_{\mathrm{cyq}})-\zeta K_{17}(P_{\mathrm{cyq}}-P_{\mathrm{zfq}}) \tag{5-54}$$

将上式进行拉普拉斯变换后得

$$\begin{aligned}&\frac{\pi(d_5^2+d_7^2)}{4}sh_{\mathrm{zf}}(s)+\frac{\pi(d_5^2+d_7^2)}{4}sh_{\mathrm{zf}}(s)P_{\mathrm{cyq}}(s)\\&=K_{16}\left[P_{\mathrm{R}}(s)-P_{\mathrm{cyq}}(s)\right]-K_{17}\left[P_{\mathrm{cyq}}(s)-P_{\mathrm{zfq}}(s)\right]\end{aligned} \tag{5-55}$$

$$K_{17}=S_{\mathrm{zf}}C_{\mathrm{cyqo}}\sqrt{\frac{2}{\rho}}(P_{\mathrm{cyq}}-P_{\mathrm{zfq}})^{-\frac{1}{2}}$$

4. 喷油器控制室的数学模型

（1）喷油器控制室的容积

在喷油嘴针阀运动过程中，假设活塞杆、挺杆和喷油嘴针阀彼此不脱开，则它们具有相同的升程 h_{zf}、速度 u_{zf} 和加速度 a_{zf}，并且定义喷油嘴针阀的开启方向为正[10]。喷油器控制室几何结构简图如图 5-13 所示。

控制室容积为

$$V_{kzs}=\frac{\pi d_{17}^2}{4}h_{10}+\frac{\pi d_{16}^2}{4}h_9+\frac{\pi d_{11}^2}{4}(h_8-h_{zf})-\frac{\pi(d_{11}^3-d_{12}^3)}{24\tan\theta_5}-\frac{\pi(d_{15}^3-d_{14}^3)}{24\tan\theta_6}$$

$$\frac{\mathrm{d}V_{kzs}}{\mathrm{d}t}=-\frac{\pi d_{11}^2}{4}u_{zf} \tag{5-56}$$

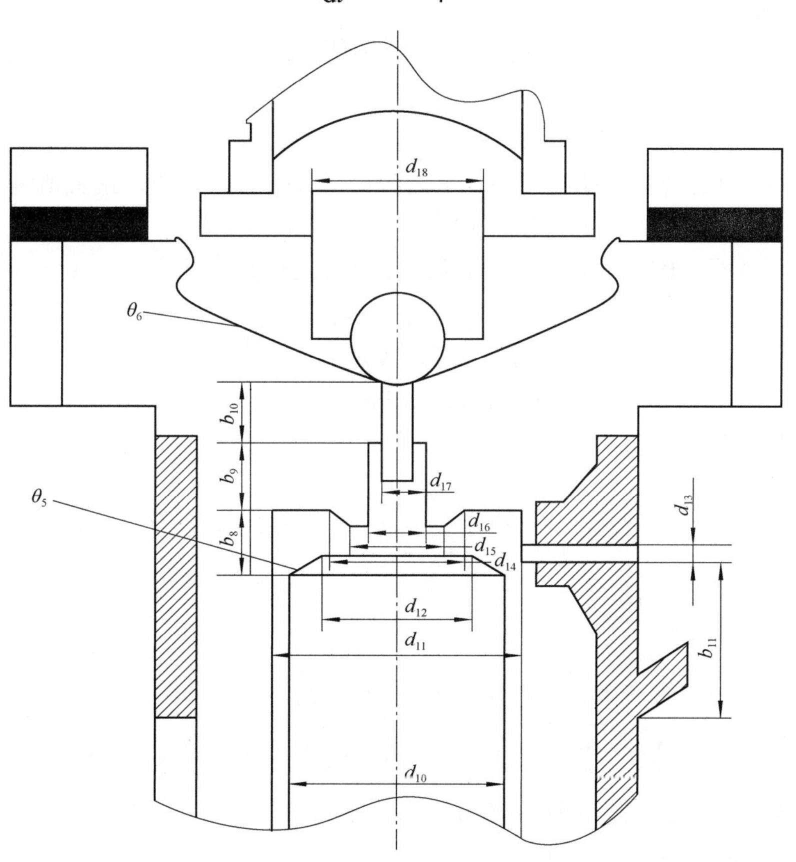

θ_5、θ_6—对应斜线与水平线的夹角

图 5-13　喷油器控制室几何结构简图

（2）进油孔 Z 的流入流量

流通面积 $S_Z=\frac{\pi d_{13}^2}{4}$，进油孔 Z 的长度与直径之比 $2<1/d\leqslant 4$，为外伸厚壁孔，取

$C_Z = 0.82$，进油孔 Z 的流量表示为

$$Q_{kzsi} = \zeta S_Z C_Z \sqrt{\frac{2}{\rho}\left|P_R - P_{kzs}\right|} \tag{5-57}$$

将上式进行线性化可得

$$Q_{kzsi} = \zeta S_Z C_Z \sqrt{\frac{2}{\rho}} \frac{\left(P_R - P_{kzs}\right)^{-\frac{1}{2}}}{2}\left(P_R - P_{kzs}\right) = \zeta K_{22}\left(P_R - P_{kzs}\right) \tag{5-58}$$

式中，$K_{22} = S_Z C_Z \sqrt{\frac{2}{\rho}} \frac{(P_R - P_{kzs})^{-\frac{1}{2}}}{2}$。

（3）出油孔 A 的流出流量

出油孔 A 的流通面积表示为

$$S_A = \pi\left[(r_q + h_{dcf}\cos\beta)^2 - r_q^2\right]\sin\beta \tag{5-59}$$

式中，β——衔铁球阀与出油孔 A 的接触半角；

r_q——衔铁球阀半径（m）；

h_{dcf}——电磁阀衔铁球阀升程，电磁阀衔铁开启方向为正，最大值为 0.05 mm；

S_A——出油孔 A 的流通面积（m^2）。

取流量系数 C_A=0.82，出油孔 A 的流出流量表示为

$$Q_{kzso} = \zeta S_A C_A \sqrt{\frac{2}{\rho}\left|P_{kzs} - P_h\right|} \tag{5-60}$$

式中，P_h——低压油道压力，取定值 0.08MPa。

将上式进行线性化可得

$$Q_{kzso} = \zeta S_A C_A \sqrt{\frac{2}{\rho}} \frac{(P_{kzs0} - P_{h0})^{-\frac{1}{2}}}{2}(P_{kzs} - P_h) = \zeta K_{23}(P_{kzs0} - P_h) \tag{5-61}$$

式中，$K_{23} = S_A C_A \sqrt{\frac{2}{\rho}} \frac{\left(P_{kzs0} - P_h\right)^{-\frac{1}{2}}}{2}$。

由上述各式可以得到喷油器控制室的数学模型为

$$\frac{dV_{kzs}}{dt} + \frac{V_{kzs}}{E}\frac{dP_{kzs}}{dt} = \zeta K_{22}(P_R - P_{kzs}) - \zeta K_{23}(P_{kzs0} - P_{h0}) \tag{5-62}$$

将式（5-62）进行拉普拉斯变换后可得

$$-\frac{\pi d_5^2 h_{zf}(s)}{4}s - \frac{\pi d_5^2 h_{zf}(s)}{4}sP_{kzs}(s) = K_{22}\left[P_R(s) - P_{kzs}(s)\right] - K_{23}P_{kzs}(s) \tag{5-63}$$

5. 喷油嘴针阀的运动方程建立

针阀的上下运动决定了喷油器喷油的喷油正时和喷油量。针阀的运动由控制室液体作用力、针阀弹簧力、盛油槽液体作用力、针阀座通道液体作用力和压力室液体作用力

决定。

由牛顿第二定律可以得到针阀的数学模型为

$$m_{\mathrm{zf}}\frac{\mathrm{d}^2h_{\mathrm{zf}}}{\mathrm{d}t}=P_{\mathrm{zfq}}\pi\frac{d_5^2-d_2^2}{4}\frac{\pi d_2^2P_y}{4}-P_{\mathrm{kzs}}\frac{\pi d_{11}^2}{4}+P_{\mathrm{cyq}}\frac{\pi(d_7^2-d_5^2)}{4}-K_{\mathrm{zf}}(h_{\mathrm{zf}0}+h_{\mathrm{zf}}) \tag{5-64}$$

式中，m_{zf}——针阀质量（kg）；

$h_{\mathrm{zf}0}$——针阀弹簧的预压缩量（m）；

K_{zf}——针阀弹簧的刚度（N/m）。

将上式进行线性化可得

$$\begin{aligned}m_{\mathrm{zf}}s^2h_{\mathrm{zf}}(s)=&\pi P_{\mathrm{zfq}}(s)\frac{d_5^2-d_2^2}{4}+\frac{\pi d_2^2}{4}P_{\mathrm{y}}(s)-\frac{\pi d_{11}^2}{4}P_{\mathrm{kzs}}(s)\\&+\frac{\pi(d_7^2-d_5^2)}{4}P_{\mathrm{cyq}}(s)-K_{\mathrm{zf}}h_{\mathrm{zf}}(s)\end{aligned} \tag{5-65}$$

5.7　建立高压共轨系统的传递函数

整个高压共轨系统模型简图如图 5-14 所示。从图中可以看出，油液从高压共轨腔到喷油器油路，再进入控制室和盛油腔，通过针阀达到力的平衡，本节将共轨和喷油器看成一个整体，进行传递函数的求解[11]。

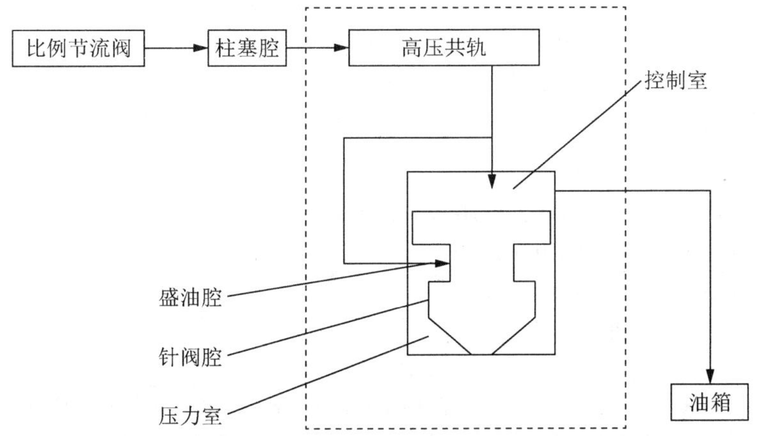

图 5-14　高压共轨系统模型简图

由式（5-34）、式（5-42）、式（5-49）、式（5-55）、式（5-63）和式（5-65）可将柱塞腔压力和喷油压力之间的关系表示为

$$P_{\mathrm{H}}(s)=\frac{\frac{V_{\mathrm{gg}}}{E}sA+C+K_{13}C-K_{13}B+K_{14}C-K_{14}D+K_{15}C}{K_{12}}P_{\mathrm{y}}(s) \tag{5-66}$$

式中，$A=\dfrac{\dfrac{V_{\text{y}}}{E}s+K_{20}+K_{21}}{K_{20}}$；

$$B=\frac{\left(V_{\text{y}}s+EK_{20}+EK_{21}\right)\left(\dfrac{V_{\text{zfq}}}{E}s+K_{18}+K_{19}\right)-EK_{19}K_{20}}{EK_{18}K_{20}}；$$

$$C=\frac{\left(\dfrac{V_{\text{cyq}}}{E}s+K_{16}+K_{17}\right)B-K_{17}A}{K_{16}}；$$

$$D=\frac{K_{22}C}{\dfrac{V_{\text{kzs}}}{E}s+K_{22}+K_{23}}。$$

由此可以求出图中虚线框内模块的闭环传递函数为

$$G_5(s)=\frac{P_{\text{y}}(s)}{P_{\text{H}}(s)}=\frac{K_{12}}{\dfrac{V_{\text{gg}}}{E}sC+K_{13}C+K_{14}C+K_{15}C+C-K_{13}B-K_{14}D} \tag{5-67}$$

高压共轨燃油喷射系统的具体参数参照参考文献[2]，将参数代入，可以求出：

$K_{\text{H0}}=1.067\times10^{-7}$，$K_{\text{L}}=4\times10^{-2}$，$K_{11}=1.33\times10^{-2}$，$K_{13}=0.285$，

$K_{14}=1.03\times10^{-3}$，$K_{15}=7.63\times10^{-3}$，$K_{12}=1.34\times10^{-2}$，$K_{21}=1.73\times10^{-4}$，

$K_{19}=1.03\times10^{-3}$，$K_{13}=0.285$，$K_{22}=1.03\times10^{-3}$，$K_{23}=1\times10^{-4}$，

$K_{20}=1.03\times10^{-3}$，$K_{18}=0.583$，$K_{17}=0.583$。

$A=17.48s+1.17$，

$B=3.06\times10^2s^2+1.8\times10^4s+1.17\times10^3$，

$C=81.6s^3+5.73\times10^3s^2+5.51\times10^4s+3.58\times10^3$，

$D=\dfrac{0.084s^3+5.9s^2+56.75s+3.69}{0.019s+1.13\times10^{-3}}$。

由以上数据可以得到

$$G_5(s)=\frac{0.26s+1.46\times10^{-2}}{3.46\times10^4s^5+2.19\times10^6s^4+2.1\times10^7s^3+3.81\times10^6s^2+2.71\times10^5s+6.9\times10^3}$$

在一定条件下把状态空间的描述保持到最低维数，把高阶系数的传递函数尽可能降到低的阶数，可以在保证不失去原有系统稳定性的前提下描述系统的特性。本节采用帕德（Pade）逼近法进行降阶。Pade逼近法是用有理函数作为逼近函数的逼近方法。用有理函数可以逼近在有限点处其值为无穷的函数，或者在无穷远处趋于某一定数的函数，以及一些无理函数、超越函数等。对于如$G(s)=\dfrac{a_0+a_1s+a_2s^2+\cdots+a_ms^m}{b_0+b_1s+b_2s^2+\cdots+b_ns^n}$这样的高阶有理函数，Pade逼近法可以有效地用低阶有理函数逼近。

设高阶系统传递函数$G(s)$可以在给定点s^0附近展开成泰勒（Taylor）级数：

$$G(s)=c^0+c^1\left(s-s^0\right)+c^2\left(s-s^0\right)^2+\cdots \tag{5-68}$$

式中，c^i 为常系数，且 $c^i=\frac{1}{i}\frac{d^iG(s)}{\mathrm{d}s^i}|s=s^0$。

设 $s^0=0$，则式（5-68）转换为

$$G(s)=c^0+c^1s+c^2s^2+\cdots \tag{5-69}$$

设对应 $G(s)$ 有一有理函数 $R^K(s)\in(j,k)$，则有

$$\begin{aligned}R^K(s)&=\frac{d_0+d_1s+d_2s^2+\cdots+d_js^j}{e_0+e_1s+e_2s^2+\cdots+e_ks^k}=\frac{P_j(s)}{Q_k(s)}\\&=r^0+r^1s+r^2s^2+\cdots\end{aligned} \tag{5-70}$$

并约定 $c^i=r^i(i=0,1,2\cdots)$，则称 $R^K(s)$ 为函数 $G(s)$ 的 Pade 逼近。

原传递函数 $G_5(s)$ 的一阶、二阶、三阶和四阶阶跃响应曲线对比图如图 5-15 所示。从图中可以看出，二阶传递函数的最大误差为 0.21，传递函数的变化趋势和原函数基本一致。其一阶简化模型误差较大，不能准确反映原传递函数的实质，因此确定取其二阶简化模型。降阶处理后可以得到新的传递函数为

$$G_5(s)=\frac{0.26s+0.014\,6}{38\,100\,s^2+271\,000\,s+6\,900} \tag{5-71}$$

根据前面的计算可以得到整个共轨燃油喷油系统的传递函数为

$$G(s)=\frac{1.35\times10^3s+75.6}{1.52s^5+6.44\times10^2s^4+3.08\times10^3s^3+3.83\times10^4s^2+2.71\times10^3s+69} \tag{5-72}$$

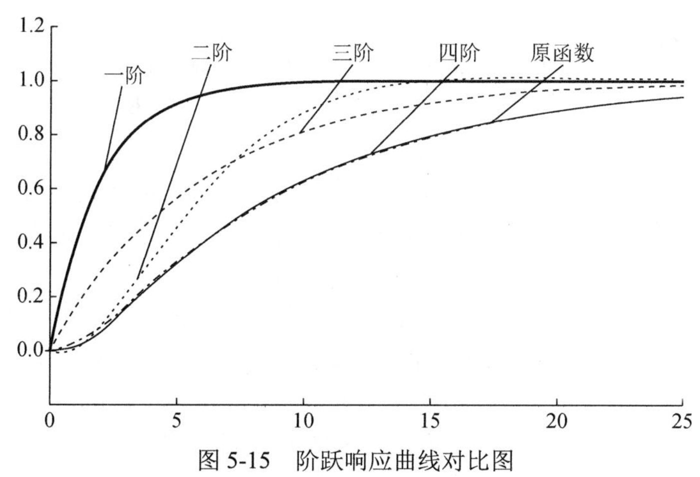

图 5-15　阶跃响应曲线对比图

5.8　系统的可控可观性分析

系统的可控性与可观性对系统的设计至关重要，喷油压力控制系统框图如图 5-16 所示。在设计一个最优控制系统之前，必须首先知道系统是否可控，以及是否可观测，

这是因为系统的可控性与可观性往往是确定最优系统是否有解的先决条件[12]。

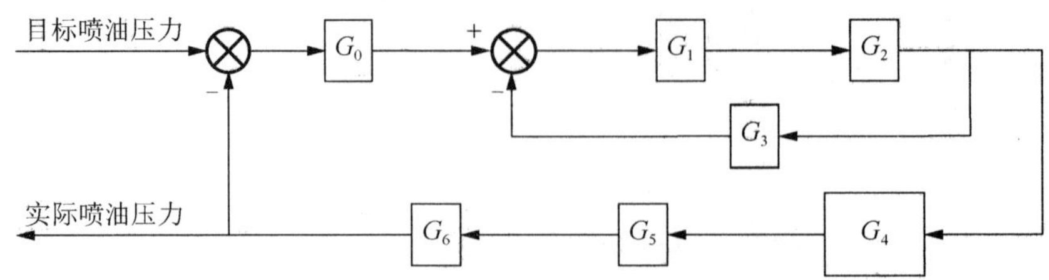

图 5-16 喷油压力控制系统框图

系统的可控性是指系统的状态是可以被控制的，还是不能被控制的，其精确定义如下：一个线性定常系统（$\boldsymbol{A}$、$\boldsymbol{B}$、$\boldsymbol{C}$、$\boldsymbol{D}$），其状态向量 $\boldsymbol{x}$ 属于 n 维实空间，即 $\boldsymbol{x} \in \boldsymbol{R}^n$，若对 $\boldsymbol{R}^n$ 空间中任一状态 $\boldsymbol{x}(t_0)$ 与 $\boldsymbol{R}^n$ 空间中另一状态 $\boldsymbol{x}(t_\mathrm{f})$，存在一个有限的时间 t_f 大于 t_0 及输入 $\boldsymbol{u}(t_\mathrm{f}, t_0)$，能够在有限时间 $(t_\mathrm{f} - t_0)$ 内使状态 $\boldsymbol{x}(t_0)$ 转移到状态 $\boldsymbol{x}(t_\mathrm{f})$，则系统称为完全可控，简称可控。如果一个系统至少有一个状态变量是不可控的，则系统称为不完全可控，简称不可控。

对于线性定常系统的完全可控性判断有如下定理，设线性系统的动态方程为

$$\begin{cases} \boldsymbol{x}' = \boldsymbol{A}\boldsymbol{x} + \boldsymbol{B}\boldsymbol{u} \\ \boldsymbol{y} = \boldsymbol{C}\boldsymbol{x} + \boldsymbol{D}\boldsymbol{u} \end{cases} \tag{5-73}$$

式中，$\boldsymbol{x}$——状态变量；

$\boldsymbol{u}$——输入变量；

$\boldsymbol{y}$——输出变量；

$\boldsymbol{A}$、$\boldsymbol{B}$、$\boldsymbol{C}$、$\boldsymbol{D}$——$n \times n$、$n \times r$、$m \times n$、$m \times r$ 常数矩阵。

系统完全可控的条件是 $n \times (n \times r)$ 可控性矩阵 $\boldsymbol{Q}_\mathrm{c} = [\boldsymbol{B} \quad \boldsymbol{AB} \quad \boldsymbol{A}^2\boldsymbol{B} \quad \cdots \quad \boldsymbol{A}^{n-1}\boldsymbol{B}]$ 的秩为 n。即 $\mathrm{rank}[\boldsymbol{B} \quad \boldsymbol{AB} \quad \boldsymbol{A}^2\boldsymbol{B} \quad \cdots \quad \boldsymbol{A}^{n-1}\boldsymbol{B}]=n$。

在控制系统的设计中，有时需要控制系统的输出，而不是控制系统状态。对于输出控制而言，状态完全可控既不是必要的，也不是充分的。因此需要定义系统的输出完全可控性。

线性系统的动态方程与式（5-73）相同。如果存在一个无约束的分段连续的控制向量 $\boldsymbol{u}(t)$，在有限时间 $(t_\mathrm{f} - t_0)$ 内，使得任一输出 $\boldsymbol{y}(t_0)$ 能够转移到 $\boldsymbol{y}(t_\mathrm{f})$，则称这个系统为输出完全可控。上述系统输出完全可控的条件为 $m \times (n+1)r$ 矩阵 $\boldsymbol{T}=[\boldsymbol{CB} \quad \boldsymbol{CAB} \quad \boldsymbol{CA}^2\boldsymbol{B} \quad \cdots \quad \boldsymbol{CA}^{n-1}\boldsymbol{B} \quad \boldsymbol{D}]$ 的秩为 m，$\boldsymbol{T}$ 称为系统的输出可控性矩阵。

（2）系统的可观性

系统的可观性是指系统状态的变化是否能够由输出检测反映出来。设 n 维线性定常系统的动态方程如式（5-73）。如果在有限时间间隔 $(t_0 \leqslant t \leqslant t_\mathrm{f})$，根据输出值 $\boldsymbol{y}(t)$ 与给出的 $\boldsymbol{u}(t)$，能够确定系统的初始状态 $\boldsymbol{x}(t_0)$ 的每一个分量，则称此系统为完全可观测，简称可观测。若系统中至少有一个状态变量是不可观测的，则称此系统为不完全可观测，

简称不可观测。

对线性定常系统，其完全可观测的条件为$(m\times n)\times n$矩阵$\boldsymbol{Q}_0$的秩等于 n，即 rank$(\boldsymbol{Q}_0)=n$，$\boldsymbol{Q}_0=[\boldsymbol{A}\ \ \boldsymbol{CA}\ \cdots\ \boldsymbol{CA}^{n-1}]'$。

（3）高压共轨系统的可控、可观性分析

分析系统的可控性需要用 MATLAB 函数将共轨系统传递函数转换为状态空间模型。函数 tf2ss 给出了传递函数的一个状态空间实现，其一般形式为

$$[\boldsymbol{A},\boldsymbol{B},\boldsymbol{C},\boldsymbol{D}]=\text{tf2ss}(\textbf{num},\textbf{den})$$

式中，**num**——传递函数中分子多项式的系数向量（单输入单输出系统）；

den——传递函数中分母多项式的系数向量。

根据式（5-73），可以得到：

$$\boldsymbol{A}=\begin{bmatrix}-424 & -2\,026 & -25\,197 & -1\,783 & -45\\ 1 & 0 & 0 & 0 & 0\\ 0 & 1 & 0 & 0 & 0\\ 0 & 0 & 1 & 0 & 0\\ 0 & 0 & 0 & 1 & 0\end{bmatrix}$$

$$\boldsymbol{B}=\begin{bmatrix}1 & 0 & 0 & 0 & 0\end{bmatrix}$$

$$\boldsymbol{C}=\begin{bmatrix}0 & 0 & 0 & 888.157\,9 & 49.736\,8\end{bmatrix}$$

$$\boldsymbol{D}=0$$

经过计算可以得到$\text{rank}(\boldsymbol{Q}_\text{c})=5$，$\text{rank}(t)=1=m$，$\text{rank}(\boldsymbol{Q}_0)=5=n$。因此该系统状态完全可控，输出完全可控，具有可观性。

5.9　模糊自适应整定 PID 控制器设计

在高压共轨柴油机系统中，系统具有非线性化、参数多变与时滞等特点，PID 控制技术所产生的超调较大，鲁棒性差，而且 PID 参数调节只能针对发动机的某一工况达到最优，不能在柴油机每个工况下都达到最优，无法兼顾动态性能与静态性能。而模糊控制是一种非线性控制，稳态控制精度比线性控制精度差，但本质上是一种 PID 控制，无法消除静差[13]。

因此，将模糊控制和 PID 控制两者结合，构成模糊 PID 的复合控制，具有线性控制精度高和非线性控制适应性强的特点，使 PID 参数能够根据发动机的不同工况进行自我整定。模糊 PID 控制策略框图如图 5-17 所示。

确定模糊 PID 控制器的结构为两输入三输出。模糊 PID 控制器将共轨喷油压力偏差 e 和喷油压力偏差变化率 ec 作为控制器的输入变量，将 K_p、K_i、K_d 的偏移量作为模糊 PID 控制器的输出变量。以下为模糊 PID 控制器的设计过程。

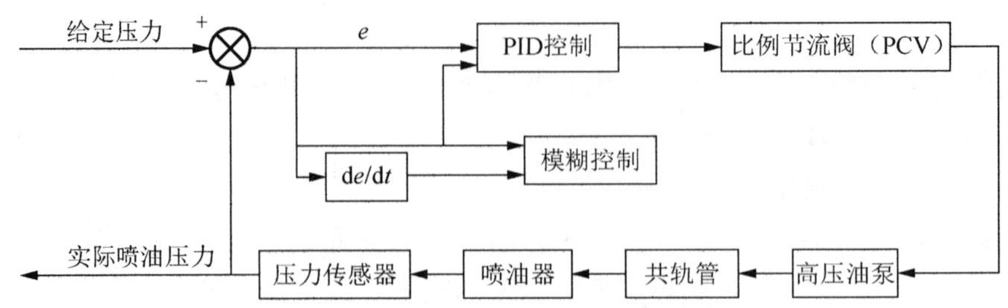

图 5-17 喷油压力的模糊 PID 控制策略框图

5.9.1 输入、输出量的变化范围及其论域

经过试验可知共轨柴油机喷油压力的误差$|E_0|$实际变化范围为 0～160MPa，若超出此范围，则按照最大或零输出。误差变化率$|E_{c0}|$的实际变化范围定为 0～160MPa。模糊 PID 控制器的输出语言变量为比例系数K_p、积分系数K_i、微分系数K_d，其基本论域分别为[0 18]、[0 10]、[0 12][14]。

在实际的控制系统中，误差和误差变化率的变化一般不是论域中的元素，需要通过量化因子进行论域变换，将输入变量的变化范围转化到变量论域范围以内，也就是模糊化。偏差和偏差变化率的量化因子为$K_e=\frac{n}{e}$，$K_{ec}=\frac{n}{ec}$。

经过量化后误差的模糊论域为 7 级，即$|E|$=[0 1 2 3 4 5 6]，误差的量化比例因子为 0.04；误差变化率的基本论域$|E_1|$=[0 160]，量化后的模糊论域为 7 级，$|E_c|$=[0 1 2 3 4 5 6]，误差变化率的量化比例因子为 0.0375。K_p、K_i、K_d的基本论域对应的量化论域取为u=[0 1 2 3 4 5 6]，可得出比例因子$K_{pu}=6/18=0.3$，$K_{iu}=6/10=0.6$，$K_{du}=6/12=0.5$。

5.9.2 知识库

描述输入变量和输出变量的模糊子集取四种模糊语言变量：{ 0，小，中，大}，可以采用简记形式{Z，S，M，B}，即$|E|$= {Z S M B}，$|E_c|$= {Z S M B}，K_p={Z S M B}，K_i={Z S M B}，K_d={Z S M B}。

根据 PID 参数整定规律，可以得到比例系数K_p、积分系数K_i和微分系数K_d的模糊控制规则表，如表 5-1～表 5-3 所示。模糊 PID 控制器的控制规则也可以写成如下条件语句形式：

① IF $|E|$=Z and $|E_c|$=Z Then K_p=Z；

② IF $|E|$=Z and $|E_c|$=S Then K_p=S；

③ IF $|E|$=Z and $|E_c|$=M Then K_p=M；

④ IF $|E|$=Z and $|E_c|$=B Then K_p=M。

…

表 5-1　比例系数 K_p 的模糊控制规则表

K_p		$\lvert E_c \rvert$			
		Z	S	M	B
$\lvert E \rvert$	Z	Z	S	M	M
	S	M	B	B	B
	M	M	M	M	M
	B	B	B	B	B

表 5-2　积分系数 K_i 的模糊控制规则表

K_i		$\lvert E_c \rvert$			
		Z	S	M	B
$\lvert E \rvert$	Z	M	M	B	B
	S	M	M	B	B
	M	S	S	S	S
	B	Z	Z	Z	Z

表 5-3　微分系数 K_d 的模糊控制规则表

K_d		$\lvert E_c \rvert$			
		Z	S	M	B
$\lvert E \rvert$	Z	Z	M	B	B
	S	B	B	B	B
	M	S	S	S	S
	B	Z	Z	Z	Z

输入变量的模糊分割图如图 5-18 所示。从图中可以看出，各个语言变量值所覆盖的整数论域范围为 Z—0～2；S—0～4；M—2～6；B—4～6。

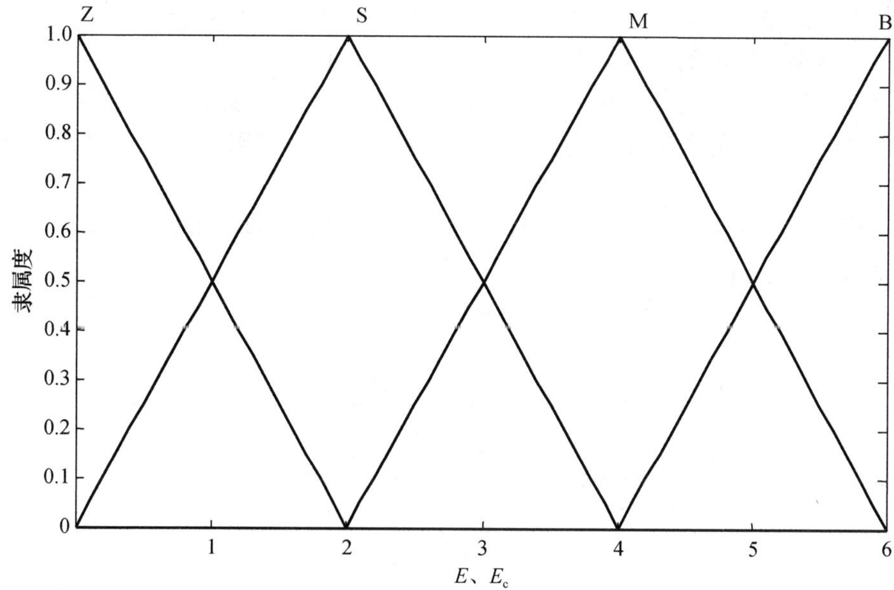

图 5-18　E、E_c 的模糊分割图

把模糊变量$|E|$、$|E_c|$的整数论域元素即量化等级和语言表变量值分别作为表格的行和列，就可以得到语言变量值隶属函数的表格表示，即语言变量的赋值表。模糊变量$|E|$、$|E_c|$的隶属度函数表如表 5-4 所示。同理可以得到K_p、K_i、K_d的隶属函数表，如表 5-5 所示。

表 5-4　$|E|$、$|E_c|$隶属函数表

$|E|$、$|E_c|$	$\mu(x)$						
	0	1	2	3	4	5	6
Z	1	0.5	0	0	0	0	0
S	0	0.5	1	0.5	0	0	0
M	0	0	0	0.5	1	0.5	0
B	0	0	0	0	0	0.5	1

表 5-5　K_p、K_i、K_d隶属函数表

K_p、K_i、K_d	$\mu(x)$						
	0	1	2	3	4	5	6
Z	1	0.5	0	0	0	0	0
S	0	0.5	1	0.5	0	0	0
M	0	0	0	0.5	1	0.5	0
B	0	0	0	0	0	0.5	1

5.9.3　模糊推理

模糊推理是模糊控制器的核心，它具有模拟人的基于模糊概念的推理能力。该推理过程是基于模糊逻辑中的蕴涵关系及推理规则来进行的。

采用隶属函数可以设计模糊系统。常用的隶属函数有 S 形隶属函数、梯形隶属函数、高斯型隶属函数、三角形隶属函数和 Z 形隶属函数。本节采用三角形隶属函数定义隶属函数。

假定某一采样时刻$|E|=2.5$，$|E_c|=1$，根据隶属函数的分段描述解析式，可以得到此时所对应的隶属度如下：

$$uS_{|E|}(x)=\frac{4-x}{2}=\frac{4-2.5}{2}=0.75$$

$$uM_{|E|}(x)=\frac{x-2}{2}=\frac{2.5-2}{2}=0.25$$

$$uZ_{|E_c|}(x)=\frac{2-x}{2}=\frac{2-1}{2}=0.5$$

$$uS_{|E_c|}(x)=\frac{x}{2}=\frac{1}{2}=0.5$$

根据K_p的调节规则，显然只有下列四条语句有效：

① IF $|E|$=S and $|E_c|$=Z Then K_p=M；

② IF $|E|$=S and $|E_c|$=S Then K_p=B；

③ IF $|E|$=M and $|E_c|$=Z Then K_p=M；

④ IF $|E|$=M and $|E_c|$=S Then K_p=M。

对应的 K_p 的隶属度计算如下：

① $uK_{p1} = uMK_p = uS|E| \wedge uZ|E_c| = 0.75 \wedge 0.5 = 0.5$；

② $uK_{p2} = uBK_p = uS|E| \wedge uS|E_c| = 0.75 \wedge 0.5 = 0.5$；

③ $uK_{p3} = uMK_p = uM|E| \wedge uZ|E_c| = 0.25 \wedge 0.5 = 0.25$；

④ $uK_{p4} = uMK_p = uM|E| \wedge uS|E_c| = 0.25 \wedge 0.5 = 0.25$。

将 $uK_{pi} (i = 1,2,3,4)$ 进行合成可以得到输出模糊量 K_p 的隶属度为

$$uK_p = (uK_{p1} \vee uK_{p3} \vee uK_{p4}) \vee uK_{p2} = 0.5 \vee 0.5 \tag{5-74}$$

5.9.4 去模糊化

由模糊推理得出的模糊输出为一多边形面积，必须转换为非模糊值输出才能用于调节过程，该过程称为去模糊化，也称模糊判决。常用的去模糊化方法有最大隶属度法、重心法和加权平均法三种[15]。

本节采用重心法进行去模糊化，即输出值由下式决定：

$$v_0 = \frac{\int_V v u_v(v) \mathrm{d}v}{\int_V u_v(v) \mathrm{d}v}$$

对于具有 m 个输出量化级数的离散域情况如下：

$$v_0 = \frac{\sum_{k=1}^{m} v_k u_v(v_k)}{\sum_{k=1}^{m} u_v(v_k)}$$

对以上求得的输出模糊量 K_p 的隶属度[式（5-74）]采用重心法进行模糊判决，可以得出 K_p 的精确整定值为

$$K_p = \frac{0.5 \times 6 + 0.5 \times 4}{0.5 + 0.5} = 5$$

同理可以求出 K_i、K_d 的精确整定值。最后可以得到 K_p、K_i、K_d 的模糊控制规则表，如表 5-6～表 5-8 所示。

表 5-6　比例系数 K_p 模糊控制规则表

K_p		$\|E_c\|$						
		0	1	2	3	4	5	6
$\|E\|$	0	0	1	2	3	4	4	4
	1	1	3	4	4	5	5	5
	2	4	5	6	6	6	6	6
	3	4	5	5	5	5	5	5
	4	4	4	4	4	4	4	4
	5	5	5	5	5	5	5	5
	6	6	6	6	6	6	6	6

表 5-7　积分系数 K_i 模糊控制规则表

K_i		$\|E_c\|$						
		0	1	2	3	4	5	6
$\|E\|$	0	0	4	4	5	6	6	6
	1	4	4	4	5	6	6	6
	2	4	4	4	5	6	6	6
	3	3	3	3	4	5	5	5
	4	2	2	2	2	2	2	2
	5	1	1	1	1	1	1	1
	6	0	0	0	0	0	0	0

表 5-8　微分系数 K_d 模糊控制规则表

K_d		$\|E_c\|$						
		0	1	2	3	4	5	6
$\|E\|$	0	0	4	4	5	6	6	6
	1	5	5	5	5	6	6	6
	2	6	6	6	6	6	6	6
	3	4	4	4	4	4	4	4
	4	2	2	2	2	2	2	2
	5	1	1	1	1	1	1	1
	6	0	0	0	0	0	0	0

5.9.5　输出量的变换

K_p、K_i、K_d 的论域范围为[0，6]，在实际控制时需要将其变换到实际控制量的变化范围，其中 $u'K_p$ 为[0，18]，变换采用线性变换，可以得到实际的控制量 u' 为

$$u' = uK_{\text{p}\min} + \frac{uK'_{\text{p}\max} - uK'_{\text{p}\min}}{uK_{\text{p}\max} - uK_{\text{p}\min}}(uK_{\text{p}} - uK_{\text{p}\min}) = 0 + \frac{18-0}{6-0}(u-0) = 3u$$

在上面的例子中，可以将求得的 K_{p} 值代入上式，可以得到实际的 K_{p} 调整值为

$$uK_{\text{p}} = 3\times 5 = 15$$

同理可以得到 K_{p}、 K_{i}、 K_{d} 的实际调整值。

5.10　模糊自适应整定 PID 仿真

MATLAB 是 MathWorks 公司推出的一套高效率的数值计算和可视化软件，在各个工程领域应用广泛，其中的模糊逻辑工具箱为研究模糊控制提供了极大便利[16,17]。

首先利用 FIS 编辑器生成推理机制，具体的操作步骤如下。

1）在 MATLAB 命令窗口输入 fuzzy 打开 FIS 编辑器，或者利用 FIS Editor 模糊编辑器的 Edit/Membership Functions 菜单打开。

2）添加输入变量和输出变量，分别取名为 E、E_{c}、K_{p}、K_{i} 和 K_{d}。

3）双击输入隶属函数图标，可以进入隶属函数编辑界面，如图 5-19 所示。

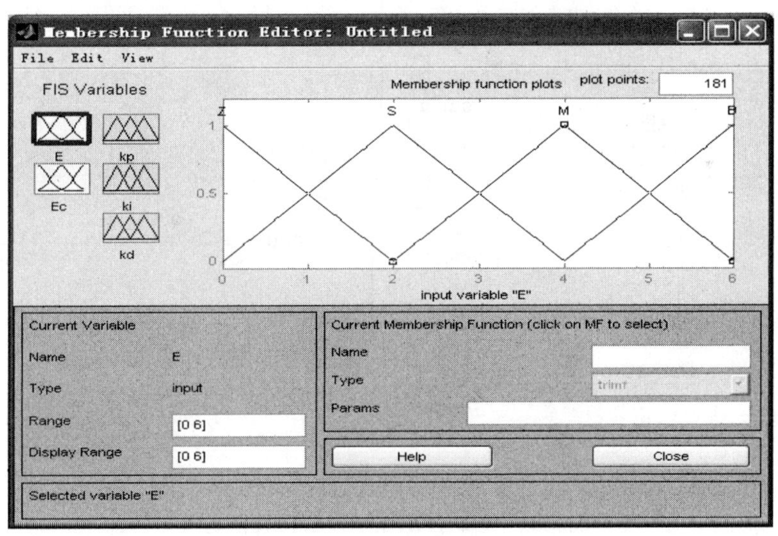

图 5-19　FIS 隶属函数编辑界面

4）利用编辑器的 Edit/Rules 菜单打开模糊规则编辑器，将规则表中的规则添加到规则库中，如图 5-20 所示。将生成的 FIS 文件取名为 mohupid.Fis 并保存到工作空间中，以便在 Simulink 仿真时能够方便地调用。

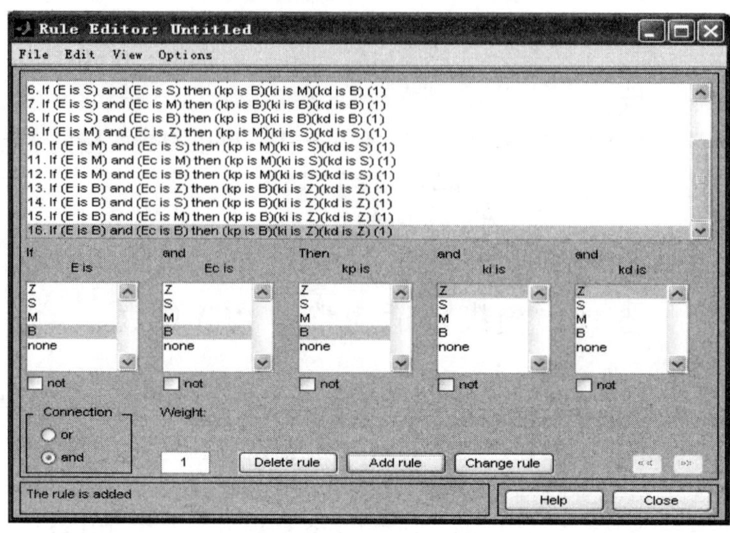

图 5-20 规则编辑器操作界面

5）为了实现 PID 模糊自整定控制系统仿真，需要在图库中扩充参数 K_p、K_i 和 K_d 可调式 PID 控制器模块。PID 控制子模块仿真模型如图 5-21 所示。

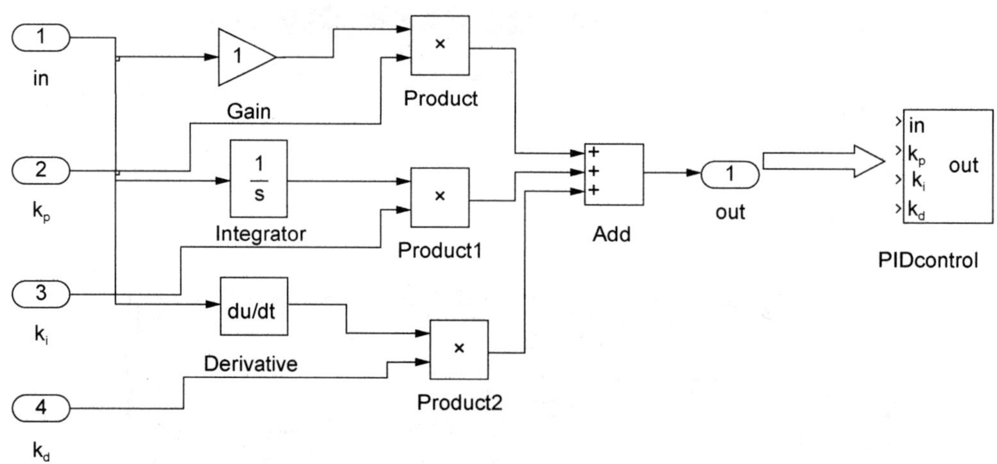

图 5-21 PID 控制器子模块仿真模型

6）PID、模糊 PID 控制系统仿真模型如图 5-22 所示。打开 Fuzzy Logic Controller 模糊逻辑控制器模块，在 FIS File or Structure 参数对话框中输入模糊推理系统的名称，正确设置仿真参数，采用 5.6 节建立的高压共轨模型在 MATLAB/Simulink 环境下进行 PID 控制、模糊 PID 控制仿真[18,19]。

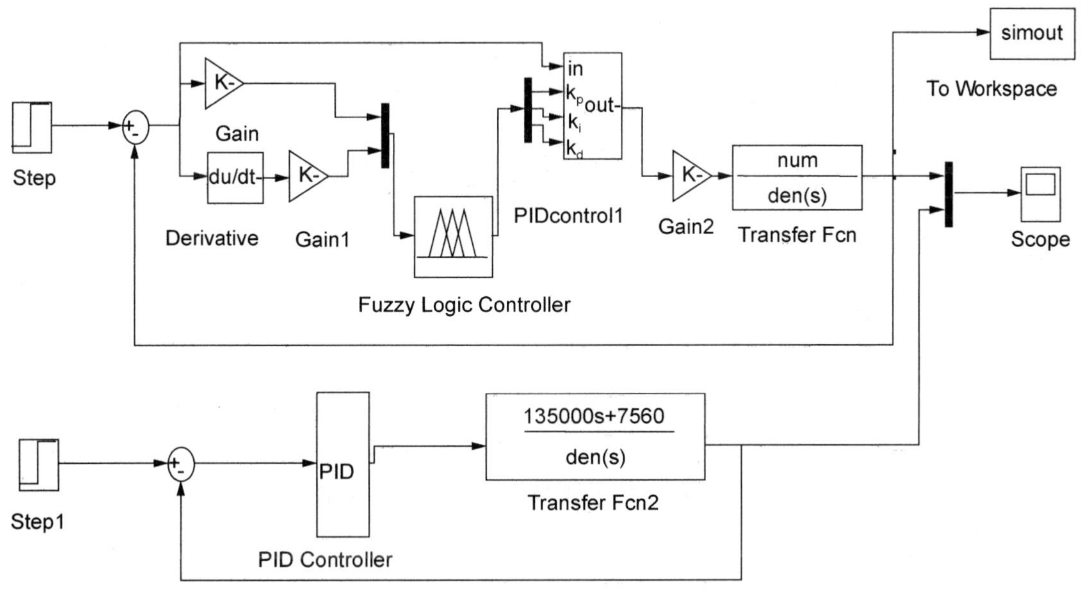

图 5-22 PID、模糊 PID 控制系统仿真模型

5.11 仿真结果分析

5.11.1 阶跃响应特性

输入单位阶跃信号，幅值为 1，仿真时间设置为 10s，K_p 取值为 20，K_i 取值为 0.1，K_d 取值为 8，得到模糊 PID 控制和 PID 控制的响应曲线图，如图 5-23 所示。由响应曲线可知，模糊 PID 控制的调整时间为 3s，超调量为 0.3。传统 PID 控制调节速度较慢，超调量达到 0.58。由仿真结果可知，在参数一致的情况下，模糊 PID 控制的动态响应迅速，调整时间较短。

5.11.2 抗扰动抑制性

喷油器在喷油瞬间，由于内腔容积发生变化，高压燃油会产生扰动；或者在发动机负载、环境发生变化导致喷油压力急剧变化时，也会对喷油造成扰动。因此，必须对传递函数的抗扰动性作出分析。在 t=3s 时控制器输出加 1.0 的干扰，相应的响应结果如图 5-24 所示。由仿真结果可知，模糊 PID 控制对干扰的控制能力非常强，能够在很短的时间内恢复到稳态，也能够在实际的喷油控制中使喷油压力的脉动迅速恢复到预定值，保证了喷油量的精确控制。

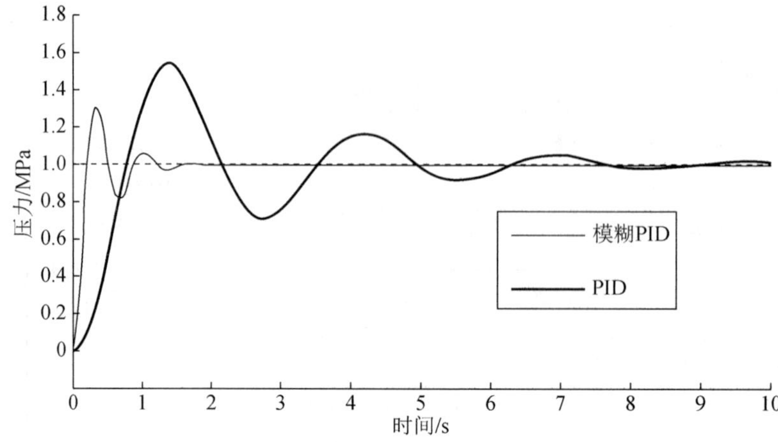

图 5-23　模糊 PID、PID 单位阶跃响应曲线图

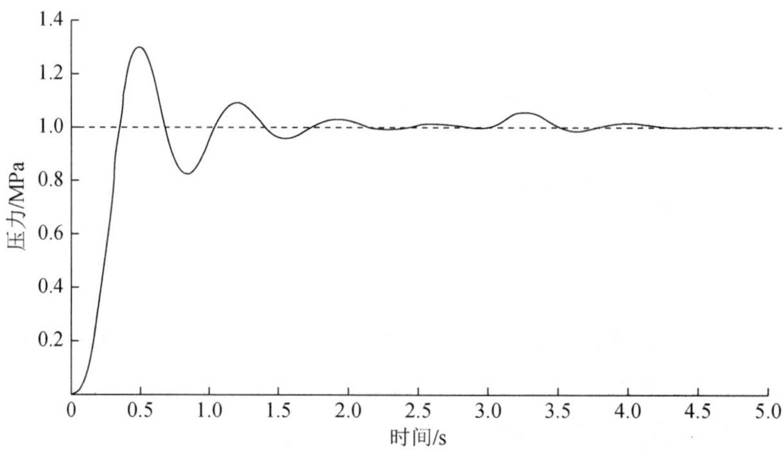

图 5-24　扰动曲线图

参 考 文 献

[1] 蔡珍辉. 柴油机高压共轨电控燃油喷射系统数值模拟计算[D]. 南京：南京航空航天大学, 2008.

[2] BONGIRWAR R A. Innovative approach to implement complex automotive electronic systems at reduced time and cost[J]. SAE Technical Paper Series 2007.01（0513）：161-172.

[3] 张戟，孙泽昌. 基于 PowerPC 的 32 位微机控制器原理：汽车电子控制系统应用[M]. 北京：电子工业出版社，2010.

[4] 邓伟，冯国胜，王超. 电控发动机多通道数据采集系统开发[J]. 内燃机，2011（1）：10-12.

[5] 向红. 基于 Simulink 的柴油机共轨系统仿真研究[D]. 重庆：重庆交通大学，2007.

[6] 李正帅. 高压共轨式电控燃油喷射系统的计算机仿真[J]. 长安大学学报，2002，22（1）：66-69.

[7] 郭温. 电磁比例节流阀控制系统的动态特性研究[J]. 西安航空技术高等专科学校学报，2009，27（5）：26-27.

[8] 安士杰. 高压共轨燃油系统高压油泵特性研究[J]. 小型内燃机与摩托车，2000，31（5）：7-14.

[9] 高宗英. 柴油机喷油系统变声速变密度模拟计算的研究[J]. 内燃机学报，1986，4（2）：150-163.

[10] 尹爽清. 共轨系统喷油规律计算分析[D]. 上海：上海交通大学，2005.

[11] 唐开元. 高等内燃机学[M]. 北京：国防工业出版社，2008.
[12] 吕广明. 工程机械智能化技术[M]. 北京：中国电力出版社，2007.
[13] 刘金琨. 智能控制[M]. 北京：电子工业出版社，2007.
[14] 张美娟. 高压共轨式电控柴油机共轨压力的控制方法[J]. 江南大学学报，2007，6（4）：463-466.
[15] 李士勇. 模糊控制・神经控制和智能控制论[M]. 哈尔滨：哈尔滨工业大学出版社，1996.
[16] 李国勇. 智能控制与 MATLAB 在电控发动机中的应用[M]. 北京：电子工业出版社，2007.
[17] 王华. MATLAB 电子仿真与应用教程[M]. 北京：国防工业出版社，2007.
[18] 刘金琨. 先进 PID 控制及其 MATLAB 仿真[M]. 北京：电子工业出版社，2003.
[19] 吴志红. 基于模糊 PID 控制的电子压力控制器的实现[J]. 机械与电子，2009（4）：43-45.

第 6 章　汽车 CAN 总线控制系统

6.1　CAN 总线技术的特点

CAN 是由德国 Bosch 公司及几个半导体生产商开发的一种控制器局域网络，CAN 总线是一种串行多主站控制器局域网总线。CAN 具有很高的网络安全性、通信可靠性和实时性，简单实用，网络成本低，特别适用于汽车计算机控制系统，以及环境温度恶劣、电磁辐射强和振动大的工业环境。因此，CAN 总线在诸多现场总线中独占鳌头，逐渐成为汽车总线的代名词。

CAN 是一种有效支持分布式控制或实时控制的总线式串行通信网络，具有物理层、数据链路层和应用层三层协议。CAN 总线专用接口芯片中以固件形式集成了 CAN 协议的物理层和数据链路层功能，可以完成对通信数据的成帧处理，包括位填充、数据块编码、循环冗余校验、优先级判别等多项工作。CAN 总线各节点之间依据优先级进行总线访问，并以广播的形式进行通信。

由于采用了许多新技术及独特的设计，与一般的通信总线相比，CAN 总线具有可靠性、实时性和灵活性等特点。目前其应用范围已经不再局限于汽车行业。CAN 现在已经形成国际标准，并被公认为是最有前途的现场总线之一。

CAN 具有如下主要特点[1-3]。

1）通信方式灵活。CAN 为多主方式工作，网络上任一节点均可在任意时刻主动向网络上其他节点发送信息，而不必区分主从，并且无须站地址等节点信息。利用这一特点可以方便地构成多机备份系统。

2）CAN 上的节点信息可分为不同的优先级，满足不同的实时要求。

3）CAN 采用无破坏性总线仲裁技术，当多个节点同时向总线发送信息时，优先级较低的节点会主动退出发送，而最高优先级的节点可以不受影响地继续传输数据，从而大大节省了总线冲突仲裁时间，即使在网络负载很重的情况下也不会出现网络瘫痪情况。

4）CAN 只需通过报文滤波即可实现点对点、一点对多点及全局广播等多种方式传输数据，无须专门“调度”。

5）CAN 的直接通信距离最远可达 10km（速率在 5Kb/s 以下）；通信速率最高可达 1Mb/s（通信距离最长为 40m）。

6）CAN 上的节点数主要取决于总线驱动电路，目前理论上可达 110 个；报文标识符可达 2 032 种（CAN 2.0A），而扩展标准（CAN 2.0B）的报文标识符几乎不受限制。

7）CAN 采用短帧结构，传输时间短，受干扰概率低，具有极好的检错效果。每帧字节数最多为八个，可以满足通常工业领域中控制命令、工作状态及测试数据的一般要求。

8）CAN 的每帧信息都有循环冗余校验码（cyclic redundancy check，CRC）校验及其他检错措施，保证了数据通信的可靠性。

9）CAN 总线通信接口中集成了 CAN 协议的物理层和数据链路层功能，可以完成对通信数据的成帧处理，包括位填充、数据块编码、循环冗余校验和优先级判别等多项工作。

10）CAN 的通信介质可以是双绞线、同轴电缆或光纤，选择灵活。

11）CAN 节点在错误严重的情况下具有自动关闭功能，可以切断该节点与总线的联系，使总线上的其他节点及其通信不受影响。

6.2　整车 CAN 总线网络系统设计

6.2.1　汽车 CAN 总线内部局域网络

目前，汽车计算机控制已经涉及动力性、经济性、安全性、可靠性、排气净化、舒适性和娱乐等诸多方面，具体包括发动机控制、变速器控制、安全气囊控制、巡航控制、制动控制、照明控制、空调控制、雨刷控制、仪表管理、车载电视、车载电话、车载音箱等，而且各种控制系统的 ECU 之间相互联系紧密，需要随时进行实时数据通信。CAN 总线作为一种极具应用潜力的控制器局域网总线，近年来在汽车计算机控制系统中得到越来越广泛的应用，已经成为欧洲汽车制造业的主体行业标准，代表着汽车电子控制网络的主流发展趋势。

随着 CAN 总线在汽车中的大量应用，汽车电子系统将会呈现“局部成网，区域互联”的格局。汽车 CAN 总线内部局域网络框图如图 6-1 所示。

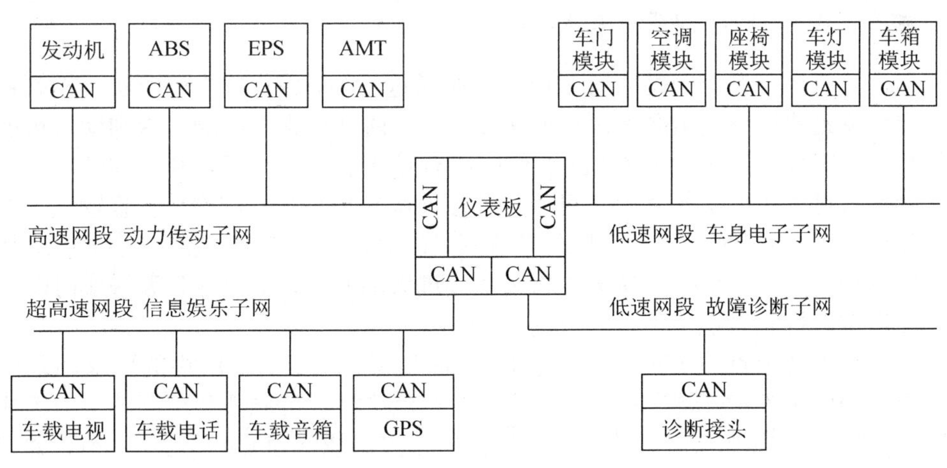

图 6-1　汽车 CAN 总线内部局域网络框图

在这种汽车网络中，各个子网根据内部数据通信的网络特征，采用不同的 CAN 标准，具体如下。

1）信息娱乐子网。音响、图像等媒体数据流的位速率一般在 2Mb/s 以上，超出了 CAN 的带宽范围。信息娱乐子网执行 IDB-C 标准，且目前 IDB-C 标准只适合在信息娱乐子网中进行媒体数据较少出现的辅助通信，如执行远程诊断或传输操控指令。

2）动力传动子网。该子网一般按照 ISO 11898、SAE—J 1939 及 SAE—J 2284 的要求组建高速 CAN 或时间触发控制器局域网络（time triggered controller area network，TTCAN）来实时采集所有传感器的输出信号，并将采集到的数据打包，再定期以广播方式发送出去；系统中各节点从广播信息中“各取所需”。这样才能最佳地利用总线带宽资源，使每次通信尽可能多地吞吐数据，从而用尽量短的广播周期来达到动态实时控制的要求。

3）车身电子子网。该子网通常遵循 ISO 11519—2 和 SAE—J 2284 的要求组建低速容错 CAN 来增加传输距离，改善系统抗干扰性。另外，按照 SAE—J 1939 的规定，车身电子子网和动力传动子网也可以统一采用高速 CAN 来实现。不过，考虑现阶段单片机的处理能力，最好还是将两者分开，这样可以让动力传动子网中的 ECU 全力保障汽车动力传动系统的正常运行。为了降低系统的成本，根据系统功能，可以采用以 CAN 网络为主体，局域互联网络（local interconnect network，LIN）为补充的 CAN/LIN 混合网络。

4）故障诊断子网。传统故障诊断子网模块正在尝试采用高速 CAN 的物理层来实现，且已形成了 ISO/DIS 15765 和 SAE—J 2480 等通信协议。这些协议有望成为汽车行业的通用标准。

图 6-1 中的四个子网通过网关并联。由 CAN 派生出来的各种标准，除了在物理层有高低速差别外，其余协议的内容大同小异。考虑仪表板原本就是车上多种信息的汇集中心，只要给它增设高低速 CAN 的驱动转换功能，基本上就可以起到网关的作用。

6.2.2 汽车 CAN 总线控制系统总体结构

汽车计算机控制系统中的所有子控制系统通过 CAN 总线构成一个实时控制系统网络，各控制单元的指令发出之后，必须保证在一定时间内得到响应，否则就有可能发生重大事故。这就要求汽车上的 CAN 通信网络有较高的波特率设置和可靠性。同时，汽车在实际运行过程中，众多节点之间需要进行大量的实时数据交换，若整辆汽车的所有节点都挂在同一个 CAN 网络上，则众多节点只能通过一条 CAN 总线进行通信，如果信息管理配置稍有不当，就很容易出现总线负载过大的问题，从而导致系统实时响应速度下降，这在实时控制系统中是不允许的。

在对汽车上各节点的实时性进行分析之后，根据各节点对实时性的要求，设计了高、低速率不同的两个 CAN 通信网络，将实时性要求严格、可靠性要求高的节点组成高速 CAN 通信网络，将其他实时性要求相对较低的节点组成低速 CAN 通信网络，并架设网关将这两个不同速率的 CAN 通信网络连接起来，实现全部节点之间的数据共享。这里主要针对汽车动力传动子网和车身电子子网来完成汽车 CAN 总线控制系统的总体设计。汽车 CAN 总线通信网络拓扑结构框图如图 6-2 所示。

图 6-2 中的发动机控制、电动助力转向（electric power steering，EPS）控制、ABS

控制、自动变速器（automated mechanical transmission，AMT）控制等控制单元节点是现代汽车运行的核心部件，对时间响应要求严格，因而采用传输速率为 500Kb/s 的高速 CAN 通信网络；座椅控制、车门控制、车灯控制和汽车仪表管理等节点相对来说对实时性的要求较低，因此采用传输速率小于 125Kb/s 的低速 CAN 通信网络；主控制器跨接高、低速两条总线，与各节点进行数据交换，兼起网关的作用，实现网络互联。

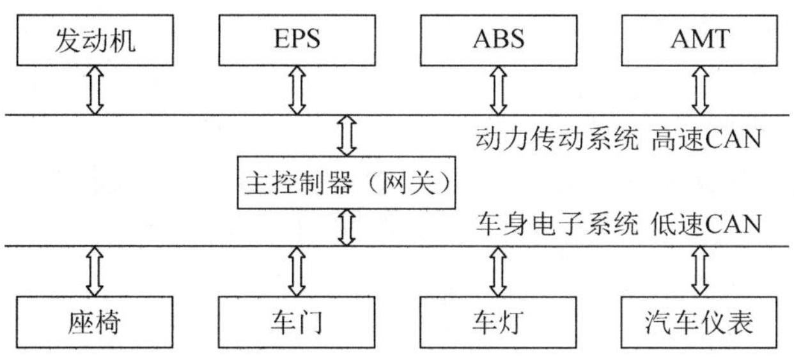

图 6-2　汽车 CAN 总线通信网络拓扑结构框图

6.3　动力传动系统总线网络设计

汽车动力传动系统的 CAN 总线控制系统主要包括电控燃油喷射（electronic fuel injection，EFI）系统、ABS 控制器、AMT 控制器、EPS 控制器等，其所控制的对象是与汽车行驶直接相关的系统，要求与汽车的转速同步。将这些控制器连接到 CAN 总线上，采用 C 类高速的 CAN 总线，其传输速率达到 500Kb/s，易于连续、高速地传输数据，实现高速的实时控制。汽车动力传动系统 CAN 总线总体结构框图如图 6-3 所示。

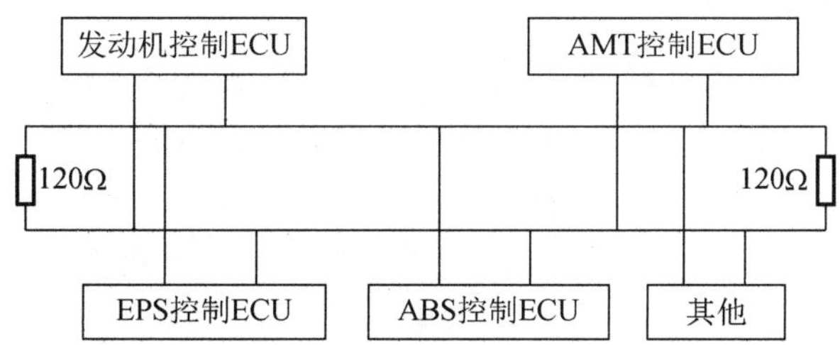

图 6-3　汽车动力传动系统 CAN 总线总体结构框图

6.4　车身控制系统总线网络设计

汽车车身 ECU 主要有座椅 ECU、车灯 ECU、车门 ECU 和汽车仪表等。早期的汽车车身电子控制系统采用低速的 B 类总线，主要用于蓄电池、仪表盘的控制，通常采用基于 SAE—J 1850 标准的总线连接。CAN 总线也可用于车身系统的连接，但其采用的是一种容错式总线，即总线内置容错功能，当两条总线中有一条短接至搭铁或开路时，网络可以切换至一线方式继续工作。相关规范要求从两线切换至一线期间不能丢失数据位，为此，车身控制系统的物理层芯片比动力传动系统更复杂，当其在较低的速率下运行时，通常采用的传输速率为 125Kb/s。此类总线目前已经逐渐被 LIN 总线所取代，只作为各 LIN 次级总线的连接总线使用。

LIN 总线的传输速率比 CAN 总线的传输速率慢，是一种成本较低的串行通信总线，设计用于汽车车身分布式电子单元之间的连接。LIN 总线根据车内设备的分布情况组成一个个独立的 LIN 分总线，作为 CAN 的次级总线用于汽车中，通过与 CAN 总线的接口接入汽车网络，其接口成本比 CAN 接口成本低，能够作为汽车现有的总线传输协议的补充。

为此，在原有的容错式 CAN 总线的基础上，用 LIN 总线标准给出一种汽车车身系统的总线总体结构，如图 6-4 所示。其特点是先通过 LIN 总线将各控制单元和设备连接起来，再连接至 CAN 总线，进一步降低了系统的成本。

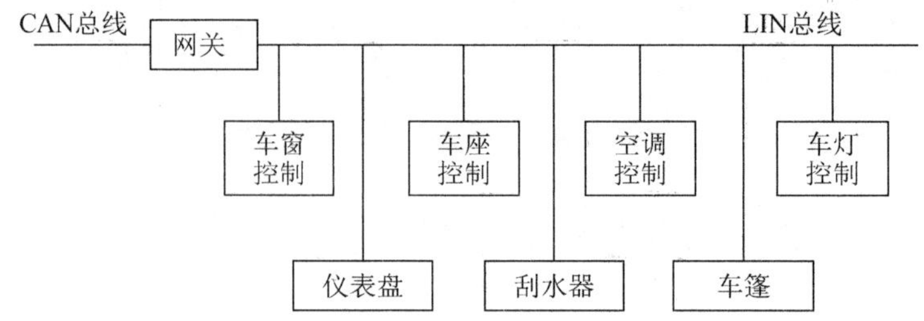

图 6-4　汽车车身系统的总线总体结构框图

6.5　CAN 总线硬件总体设计

6.5.1　CAN 总线网络结构

根据汽车上电子控制设备处理信号的分类，本节搭建了一个由主控节点、车灯控制节点、直流电动机控制节点及电磁执行器控制节点组成的简化的汽车 CAN 总线控制系统，如图 6-5 所示。

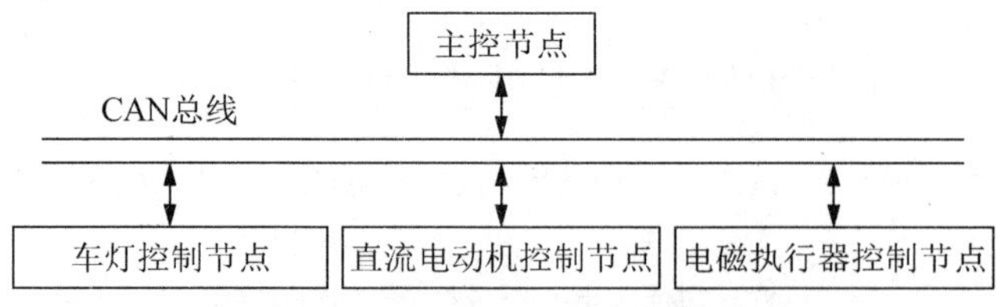

图 6-5　CAN 总线控制系统结构框图

主控节点是整个控制系统的中枢，负责和其他各个节点进行数据通信并对消息进行处理。各子节点将检测到的各种量，如开关量、频率量和模拟量，处理后打包成含有各种所需信息的报文（即消息）发送给主控节点，主控节点对报文所含的信息作出相应处理（包括逻辑关系处理）后再打包成消息发送给子节点执行。CAN 总线通信采用广播模式，即子节点的报文只有主控节点接收（点对点模式），主控节点的报文所有子节点均接收，通信协议就是根据这个机制定义的。主控节点除了作为系统的中枢外，还负责记录车辆基本信息和测量运行数据。

车灯控制节点完成对汽车车灯的控制、驱动及对车灯开关量的检测与处理。

直流电动机控制节点完成对直流电动机正反转的控制，以及对少量开关量的检测、处理。直流电动机控制节点还可以实现对汽车刮水器和车窗升降电动机的控制。

电磁执行器控制节点完成电磁执行器位置信号的检测、处理及实现对电磁执行器的驱动控制。电磁执行器控制节点还负责测量发动机的转速，以及实现对发动机喷油量的控制。

6.5.2　CAN 总线智能节点总体设计

在 CAN 总线智能节点中，CAN 控制器可以采用独立控制器 Philips SJA1000 或 Intel 82527，也可以采用集成 CAN 控制器，如 Philips P87C591、Freescale 16 位 DSP56F807 或其他微控制芯片，它们具有如下特点。

1）片内集成 CAN 控制器抗干扰能力强；在开发过程中，CAN 控制器便于操作；电路简单、节省 PCB 的面积；可以缩短开发周期；CAN 控制器对 CPU 的负载较低，是独立 CAN 的 50%。

2）片外 CAN 控制器使用灵活，可以通过接口与不同 CPU 配合使用；CAN 通信的程序可方便地移植到其他节点中；适合开发多节点、不同微处理器或微控制器的网络。

传统 CAN 总线是一个基于微控制器的元器件相互连接的网络。理论上，CAN 总线上的节点数几乎不受限制，可以达到 2 000 个，但受电气特性的限制，其实际节点数最多可达 110 个。因此，为了延长 CAN 网络系统的传输距离，可以在总线中加设中继器。

本节以 Freescale 公司的数字信号处理器 DSP56F807 作为 CAN 总线控制器，采用 Philips 公司的 PCA82C250 作为 CAN 控制器和物理总线之间的驱动器，构成 CAN 总线硬件接口电路。图 6-6 所示为 CAN 总线智能节点硬件结构。

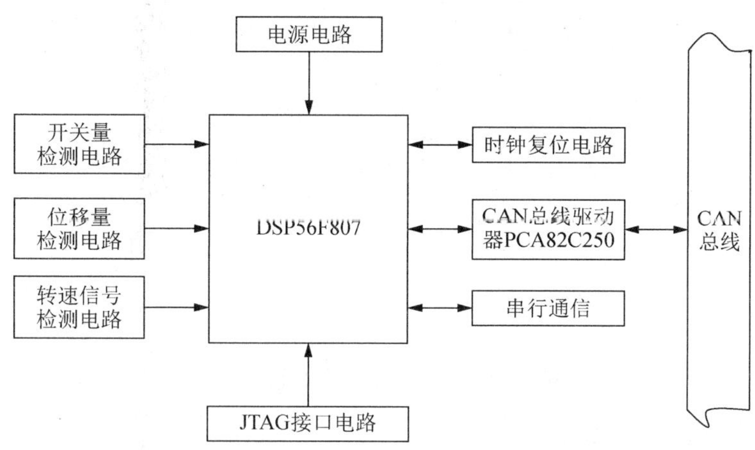

图 6-6　CAN 总线智能节点硬件结构框图

6.6 CAN 总线接口设计

为了实现CAN总线通信功能，硬件电路中设计了由CAN控制器DSP56F807和CAN总线驱动器PCA82C250组成的CAN总线接口电路。

6.6.1 MSCAN 模块

MSCAN 模块是 Freescale 公司为 68HC12 系列 16 位 MCU 设计的通信模块，在 DSP56F807 中也嵌入了这个模块。该模块的设计符合 CAN 2.0A/B 协议标准，具有以下特性。

1）模块化设计。

2）符合 CAN 2.0A/B 协议标准。

3）双缓冲接收器。

4）具有内部优先级的三缓冲发送器。

5）灵活的标识符过滤。可以配置成两个 32 位过滤码、四个 16 位过滤码或八个 8 位过滤码。

6）具有内置低通滤波的远程唤醒功能。

7）可编程为方便调试的自环工作模式，即自发、自收。

8）接收数据、发送数据、故障警告、错误和总线断开事件都有独立的标志和中断。

9）可以使用 CPU 内部时钟或外部晶体振荡器时钟作为 MSCAN 模块时钟。

10）有三种低功耗模式。

MSCAN 控制器的结构框图如图 6-7 所示。MSCAN 控制器必须通过 CAN 驱动芯片才能与 CAN 总线相连，这里使用的驱动芯片是 Philips 公司的 PCA82C250。

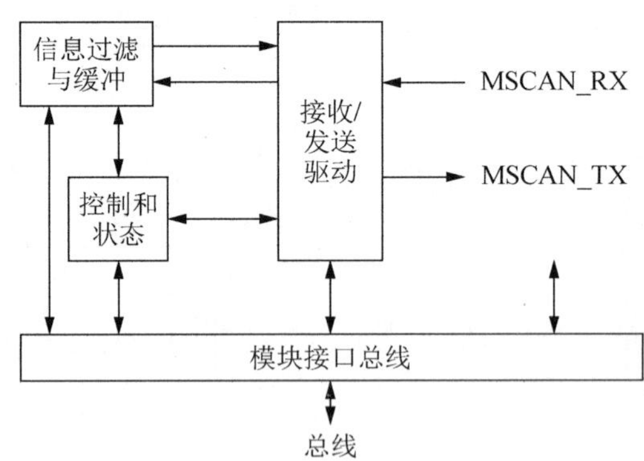

图 6-7　MSCAN 控制器的结构框图

6.6.2 CAN 总线驱动器 PCA82C250

PCA82C250 是 CAN 控制器和物理总线之间的接口，它最初为汽车高速通信（最高可达 1Mb/s）应用设计。其具有对总线的差动发送能力和对 CAN 控制器的差动接收能力。PCA82C250 的功能框图如图 6-8 所示[4]。

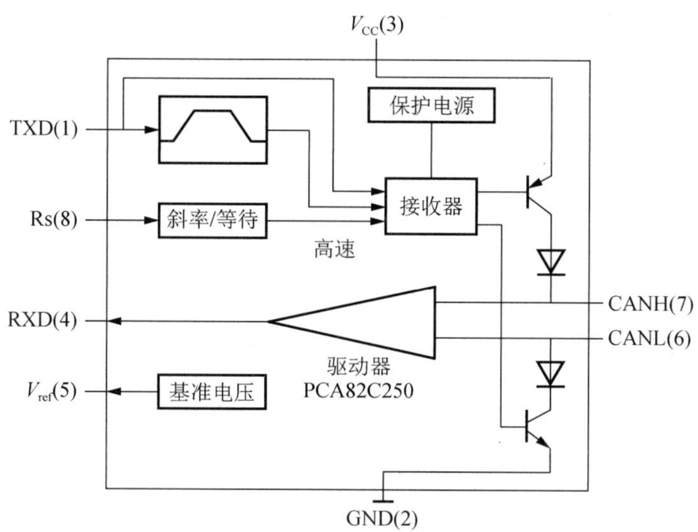

图 6-8　PCA82C250 的功能框图

PCA82C250 的主要特点如下。

1）与 ISO/DIS 11898 标准全兼容。

2）高速（最高可达 1Mb/s）。

3）具有抗瞬间干扰和保护总线的能力。

4）热保护。

5）防护电源和地之间发生短路。

6）低电流待机方式。

7）某一个节点掉电不会影响总线。

8）可以支持 110 个节点相互连接。

6.6.3　CAN 总线接口电路

本系统以 Freescale 公司的 DSP56F807 芯片为核心，并且在芯片上集成了 CAN 控制器，可以方便地接入 CAN 总线网络。采用了 Philips 公司的 PCA82C250 作为 CAN 总线收发器，形成了具有光电隔离功能的 CAN 总线硬件接口电路图，如图 6-9 所示。

DSP56F807 的发送输出端 MSCAN_TX 与接收输入端 MSCAN_RX 分别经高速集成光耦 6N137 隔离后与 CAN 总线接口芯片 PCA82C250 相连，PCA82C250 直接与物理总线相连。

因为光敏晶体管不能达到 1Mb/s 的响应速度，所以 6N137 中的光敏器件采用了可以满足高速数字信号传输要求的光敏二极管。6N137 的应用实现了 CAN 总线与节点之间的隔离传输。CAN 总线的隔离措施有助于提高节点装置的安全性和可靠性。

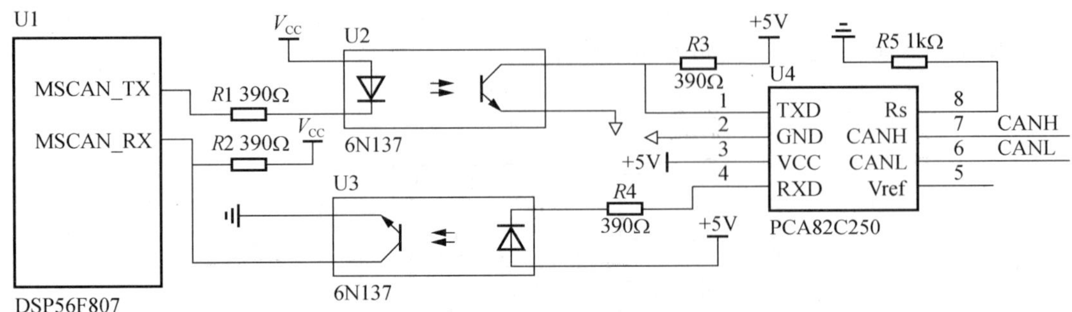

图 6-9　CAN 总线硬件接口电路图

6.6.4　开关量检测电路

本系统输入的信号主要有三种：开关信号、转速信号和执行器位置信号。为了满足 DSP 输入要求，在信号输入 DSP 之前，需要对各种信号进行变换和调节，使之成为 ECU 能够接收和识别的信号。

本节以车灯控制为例来说明开关信号的采集和处理原理。汽车上所有的车灯开关控制模式都是一样的，这里以前照灯开关为例进行说明。汽车上使用的电源系统是 12V 系统，输入的车灯控制信号也为 12V，而 DSP56F807 是 5V 系统供电。车灯开关的控制信号不能直接输入 DSP 的 I/O 引脚，必须先进行电平转换，使输入的 12V 车灯开关控制信号转换后输出 5V 电压，再输入 DSP 的 I/O 引脚。开关量检测电路图，如图 6-10 所示。每个开关 S 对应一个 DSP 的 I/O 口，当 S 闭合或断开时，DSP 就可以通过检测 I/O 口的电平来判断是哪一个开关闭合，并且把这个信号上传到 CAN 总线，供车灯 CAN 总线控制节点使用。

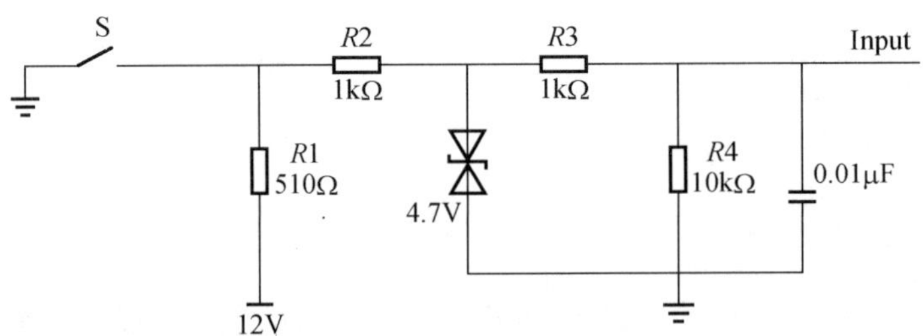

图 6-10　开关量检测电路图

6.6.5　车灯功率驱动电路

DSP 输出的控制信号最大只有 3.3V，而汽车的车灯为 12V 电压供电，为了达到对车灯的控制，需要对 DSP 输出的控制信号进行功率变换。车灯控制采用继电器控制方案，通过驱动继电器的开合实现对车灯回路的控制。采用继电器作为车灯控制的核心，具有对信号屏蔽性高、信号衰减小、不会造成电子串扰等优点。各个车灯节点对车灯的驱动大致相同，这里以一个高边驱动电路为例进行说明。当 DSP 通过开关量检测电路判断是哪一路车灯开关闭合时，就利用车灯功率驱动电路完成此车灯的控制。每路车灯对应一个控制电路。车灯功率驱动电路图如图 6-11 所示。

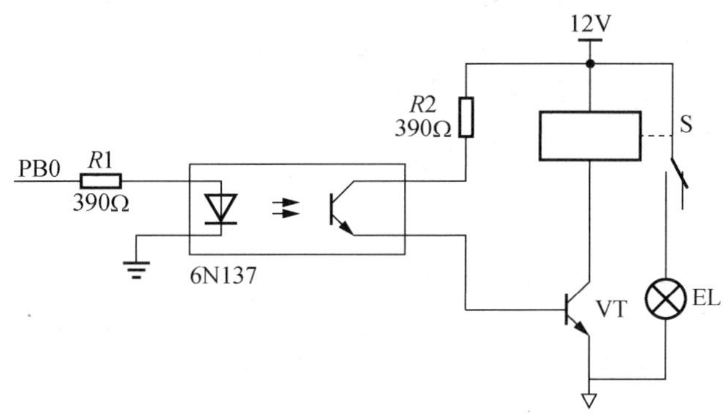

图 6-11　车灯功率驱动电路图

6.6.6　直流电动机驱动电路

PWM 控制方式是通过不停地打开和关闭电源，使电动机线圈保持一个固定的电流值，这要求其打开和关闭电源的频率较高。DSP 产生的 PWM 信号通过光耦控制功率 MOSFET 来完成对直流电动机电源的高频开闭。由于刮水器直流电动机或车窗直流电动机需要向正反两个方向转动，因此需要搭建一个 H 桥电路来满足对直流电动机双向控制的需求。直流电动机驱动电路图如图 6-12 所示。其中，光耦合器实现上、下级之间的电气隔离，防止高电压大电流进入主控电路，干扰 DSP 的正常工作，四个二极管具有消除电压尖峰的作用。

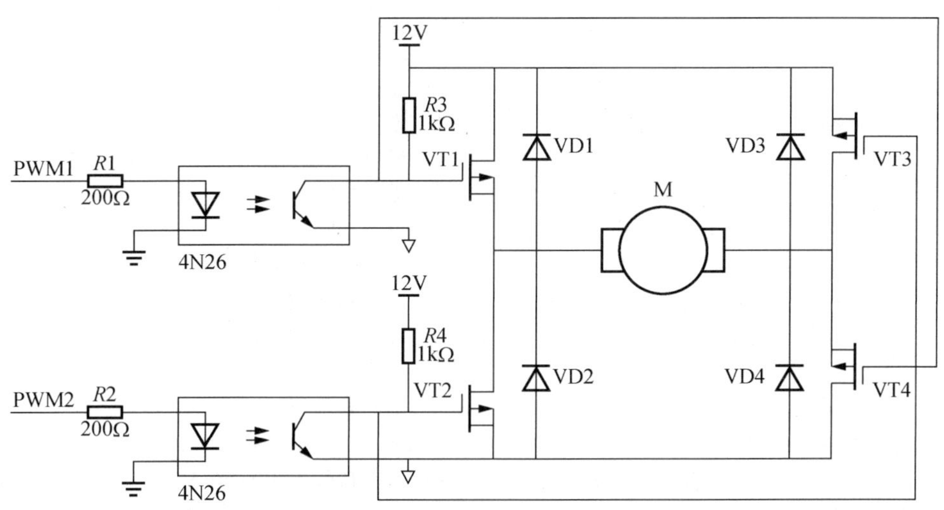

图 6-12　直流电动机驱动电路图

6.7 CAN 通信模块程序设计

本节通过使用 Init_MSCAN Bean 来完成 CAN 总线通信模块驱动程序的开发。Init_MSCAN Bean 的属性设置对 CAN 总线通信来说至关重要，Init_MSCAN Bean 的属性主要有时钟源选择、时钟分频因子、时间段 1 时间份额、时间段 2 时间份额、重同步宽度、接收符 ID 过滤屏蔽码、接收符 ID 过滤比码及中断等。

6.7.1 初始化 MSCAN 模块

在使用 CAN 控制器之前必须初始化 MSCAN 模块，对它的一些内部寄存器进行设置。在处理器专家（processor expert，PE）中，只需完成对 Init_MSCAN Bean 的属性设置，就可以完成 MSCAN 模块的初始化。CAN 模块的初始化程序如下：

```
void CAN1_Init(void)
{
  setRegBit(CANCTL0, SFTRES);     /* 设置软件复位 */
  setReg16(CANIDAR0, 0);          /* 设置接收码 */
  setReg16(CANIDAR1, 0);          /* 设置接收码 */
  setReg16(CANIDAR2, 0);          /* 设置接收码 */
  setReg16(CANIDAR3, 17);         /* 设置接收码 */
  setReg16(CANIDAR4, 0);          /* 设置接收码 */
  setReg16(CANIDAR5, 0);          /* 设置接收码 */
  setReg16(CANIDAR6, 0);          /* 设置接收码 */
  setReg16(CANIDAR7, 0);          /* 设置接收码 */
  setReg16(CANIDMR0, 0);          /* 设置接收屏蔽码 */
  setReg16(CANIDMR1, 0);          /* 设置接收屏蔽码 */
  setReg16(CANIDMR2, 0);          /* 设置接收屏蔽码 */
  setReg16(CANIDMR3, 17);         /* 设置接收屏蔽码 */
  setReg16(CANIDMR4, 0);          /* 设置接收屏蔽码 */
  setReg16(CANIDMR5, 0);          /* 设置接收屏蔽码 */
  setReg16(CANIDMR6, 0);          /* 设置接收屏蔽码 */
  setReg16(CANIDMR7, 0);          /* 设置接收屏蔽码 */
  setReg16(CANIDAC, 16);          /* 设置标识符接收控制寄存器 */
  setReg16(CANBTR0, 9);           /* 设置总线定时寄存器 0 */
  setReg16(CANBTR1, 35);          /* 设置总线定时寄存器 1 */
  setReg16(CANCTL1, 132);         /* 设置控制寄存器 1 */
  clrRegBit(CANCTL0, SFTRES);     /* 消除软件复位 */
  UPIE=0,RWRNIE=0,TWRNIE=0,RERRIE=0,TERRIE=0,BOFFIE=0,OVRIE=0,RXFIE=1
  setReg16(CANRIER, 1);           /* 使能接收器中断位 */
  setReg16(CANTCR, 0);            /* 使能发送器中断位 */
  setReg16(CANCTL0, 32);          /* 设置控制寄存器 0 */
}
```

为了保证 MSCAN 模块不会因为编程错误对 CAN 协议造成破坏，在 MSCAN 模块的使用过程中不能修改某些寄存器的值，只有当控制寄存器 CANCTL0 中的 SFTRES 位设置为 1 时，即 MSCAN 模块进入软重启状态时，才可以修改这些寄存器的值。受到锁定保护的寄存器有控制寄存器 1（CANCTL1）、总线定时寄存器 0 和 1（CANBTR0、CANBTR1）、标识符接收控制寄存器（CANIDAC）、标识符接收寄存器（CANIDAR0～CANIDAR7）和标识符屏蔽寄存器（CANIDMR0～CANIDMR7）。当进入软重启状态时，MSCAN 模块会退出所有的发送和接收操作，并失去总线同步。因此，当 MSCAN 模块退出软重启状态后，要通过查看 SYNCH 位确定总线是否再次同步。

6.7.2　CAN 发送程序设计

DSP56F807 芯片的每个外部设备都有与之相对应的中断向量。用户可以选择中断的优先级，中断向量值越低，说明向量具有的优先级越高。与 MSCAN 模块相对应的中断向量有四个，分别是 MSCAN 唤醒中断、MSCAN 错误中断、MSCAN 接收器满中断和 MSCAN 发送器准备好中断。在程序中可以通过 Init_MSCAN Bean 的属性窗口设置这些中断向量的值。

此外，通过使能 CAN 总线发送接收中断属性，并在中断服务程序名选项中写入自定义的发送接收子程序名，可以完成 MSCAN 模块发送接收中断函数的定义，通过这个属性的设置，PE 会产生以中断服务程序名命名的空子程序，用户只要在产生的空子程序中编写发送接收代码就可以完成 CAN 总线发送程序的设计，这为用户带来极大的方便。

MSCAN 模块具有三个发送缓冲器结构，这样的发送结构允许预先安排多个等待发送的信息，可以获得最优化的实时性能。每个发送缓冲器都带有一个优先级寄存器（TBPR），用户可以通过编程确定信息发送的顺序。CPU 通过一组发送缓冲器空标志位（TXE[2:0]）确认有效的发送缓冲器。当标志位置为 1 时，CPU 将标识符、控制位和数据内容存储到发送缓冲器中，并将该标志位清零。当标志位再次置为 1 时，说明缓冲器成功地发送了信息，并产生发送中断，重装发送缓冲器。CAN 发送流程图如图 6-13 所示。CAN 发送中断程序如下：

```
void CAN1_OnReadyTxBuffer(void)
{
 if(CANTFLG&0x0001)
  {
   CAN_TB0_DSR0=SendData;
   CANTCR=0x0000;
   CANTFLG=0x0001;
  }
}
```

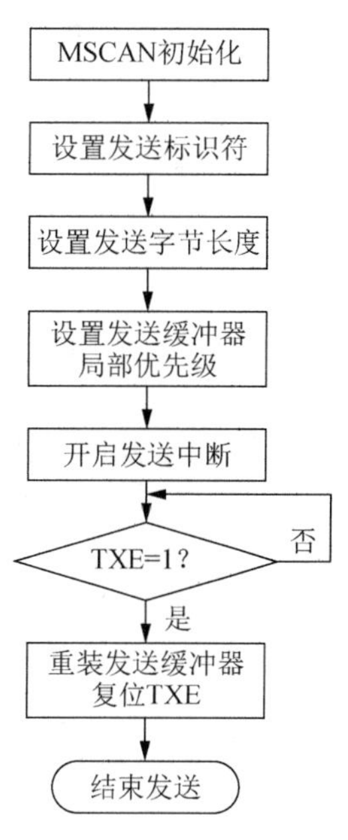

图 6-13　CAN 发送流程图

6.7.3 CAN 接收程序设计

MSCAN 具有双缓冲器的接收结构，两个缓冲器轮流映射到一个存储器区域。后台接收缓冲器（RxBG）单独与 MSCAN 联系，而 CPU 只能访问前台接收缓冲器（RxFG），这一结构简化了软件的处理过程。CAN 接收流程图如图 6-14 所示。当 MSCAN 控制器接收信息时，先将要接收的信息的标识符与接收缓冲器的标识符进行比较，只有标识符相同的信息才能被接收。MSCAN 控制器的接收滤波器使接收缓冲器可以忽略更多的位来接收信息，即如果只有被屏蔽的那几位标识符不相符，则接收缓冲器仍能接收此信息。

CAN 接收中断程序如下：

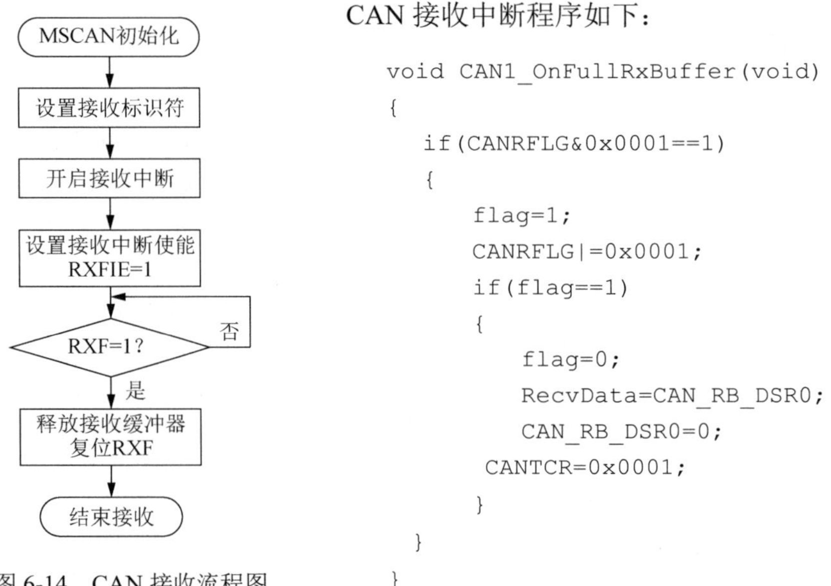


```
void CAN1_OnFullRxBuffer(void)
{
   if(CANRFLG&0x0001==1)
   {
       flag=1;
       CANRFLG|=0x0001;
       if(flag==1)
       {
           flag=0;
           RecvData=CAN_RB_DSR0;
           CAN_RB_DSR0=0;
        CANTCR=0x0001;
       }
   }
}
```

图 6-14　CAN 接收流程图

以上分别阐述了 CAN 总线的初始化程序、CAN 总线发送和接收程序，通过对此模块编程，可以实现 CAN 总线的数据识别和数据接收、发送功能。

6.8　CAN 总线网络协议

CAN 遵循 ISO/OSI 国际标准，其结构被划分为数据链路层和物理层[1]。数据链路层和物理层属于硬件控制。除此之外，若要建立和控制一个总线网络，则还需要应用层，这属于软件控制。6.8.3 节将详细介绍应用层协议。

6.8.1 CAN 总线报文结构

根据 CAN 2.0A 协议和 CAN 2.0B 协议，帧分为标准帧和扩展帧，其区别在于接收符 ID 的长度。标准帧格式的报文较短，具有 11 位标识符，CAN 2.0A 协议只规定了标准帧的格式。扩展帧格式的报文较长，具有 29 位标识符，CAN 2.0B 协议对扩展帧格式作出了规定。注意，CAN 2.0B 协议同时适用于标准帧和扩展帧。

总线上的数据根据功能不同可分为四类，分别是数据帧、远程帧、出错帧及超载帧[5,6]。

1）数据帧：主要用于传输数据，由七个位场组成。报文数据帧结构图如图 6-15 所示。其中，帧间空间用于区分不同的帧。

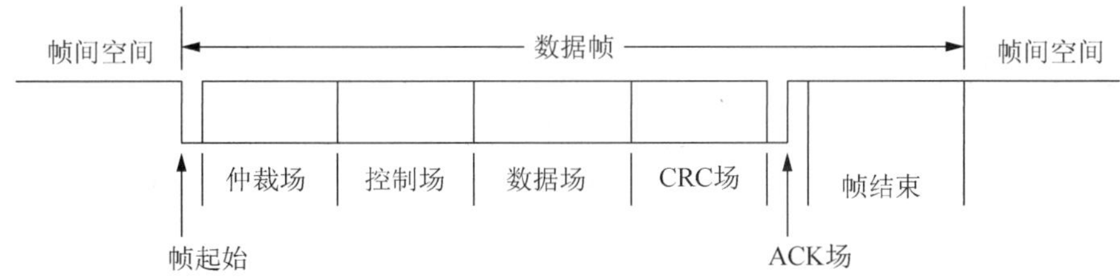

图 6-15　报文数据帧结构图

2）远程帧：接收节点可以向发送节点发送远程帧，以获得所需要的数据。

3）出错帧：接收节点发现总线上报文发生错误时，将自动发送活动“错误标志”；其他节点检测到活动错误标志后，发送“认可错误标志”。错误界定符由八个隐性位组成，当检测到显性电平跳变时，表明所有节点错误标志发送完成，开始发送错误界定符。

4）超载帧：它的工作原理与出错帧类似，这里不再赘述。

6.8.2　CAN 总线传输特点

CAN 总线的两条导线分别用于传输不同的数据，以便提高数据传输的可靠性，这两条线分别称为 CANH 线和 CANL 线[7-9]。CAN 总线逻辑电平有两种状态，分别为隐性状态（对应逻辑电平 1）和显性状态（对应逻辑电平 0）。

在隐性状态下，CANH 线和 CANL 线上有两个相同的预设值，对于 CAN 总线来说，这个值约为 2.5V。在显性状态下，CANH 线上的电压值会升高一个预期值，而 CANL 线上的电压值则会降低一个相同的预期值，对于 CAN 总线来说，这个预期值至少为 1V。这时 CANH 线就处于激活状态，其电压不低于 3.5V，而 CANL 线上的电压最低可降至 1.5V。

在隐性状态下，差分电压为 0；在显性状态下，差分电压至少可达到 2V。CAN 总线的信号变化如图 6-16 所示。

图 6-16　CAN 总线的信号变化

在 CAN 总线传输过程中，由于节点不同，数据在发送时引起的 CAN 总线跳变是不固定的，而接收节点不一定处在同步段开始阶段，CAN 总线会发生跳变延迟或跳变提前，因此需要对其进行重同步，确保总线跳变到采样点之间的间隔时间不发生变化。对于这种跳变的延迟和提前是有一定规定的，其范围为 1～4 个时间份额。用户可以在 MSCAN 的总线时钟寄存器 CANBTR0 中设置重同步跳变宽度。

6.8.3 CAN 总线应用层协议制定

在 CAN 2.0A/B 规范中只定义了数据链路层和物理层，而对应用层没有作出规定。本节在 CAN 2.0A/B 规范的基础上，根据 CAN 通信内容、标识符的制定、消息编码方式及数据格式编写了汽车网络控制模块的应用层协议[10]。

在制定 CAN 应用层协议时，首先，应该注意各节点需要实现的具体功能，清楚每个节点需要发送的数据和需要接收的数据。只有清楚各个节点发送和接收的信号，才能合理地制定 CAN 应用层协议。其次，CAN 总线网络标识符 ID 的合理分配。应该清楚每类报文的紧急性，通过对标识符 ID 的设置来确定各类信息的优先级。再次，还应当对数据的传输格式进行设置。根据 CAN 底层协议规范，每次收发信息的数据长度最大为 8 字节，可以满足大多数工控行业的需求。当应用层需要发送报文时，只有先将信息转化为数据链路层形式，才能完成信息的传输。本节采用扩展模式，该模式包括标识符和数据两部分。这里需要对扩展模式标识符 ID 进行逐位定义。

1）ID.28～ID.24 为信息类型标识符。

2）ID.23～ID.16 为帧信息目的地址标识符。

3）ID.15～ID.08 为帧信息源地址标识符。

4）ID.7～ID.0 为帧数据通信标识符。

1. 信息类型标识符 ID 分配

CAN 信息类型标识符设定在 ID 的高 5 位，它规定了数据传送的类型，包括以下信息：紧急信息、命令信息、报告信息、数据信息及广播信息等。信息类型的优先级分配如表 6-1 所示。

表 6-1 信息类型的优先级分配

优先级定义	ID.28	ID.27	ID.26	ID.25	ID.24	信息类型
0	0	0	0	0	1	紧急信息
1	0	0	0	1	0	命令信息
2	0	0	0	1	1	报告信息
3	0	0	1	0	0	数据信息
4	0	0	1	0	1	广播信息

2. 目的地址和源地址标识符 ID 分配

目的地址和源地址标识符 ID 分配如表 6-2 所示。

表 6-2　目的地址和源地址标识符 ID 分配

节点	节点模块名称	ID23～16/ID15～08
1	主控节点	00000001
2	左前车门模块	00000010
3	右前车门模块	00000011
4	左后车门模块	00000100
5	右后车门模块	00000101
6	前车灯模块	00000110
7	后车灯模块	00000111
8	广播	00001000

3. 帧数据通信标识符

根据 CAN 2.0B 协议和规范，制定 CAN 总线上各节点应用层通信协议[11]，如表 6-3 所示。

表 6-3　制定 CAN 总线上各节点应用层通信协议

帧类型	目的地址	源地址	ID7～ID0	说明
命令	00000010	00000001	—	左前车门控制命令
	00000011		—	右前车门控制命令
	00000100		—	左后车门控制命令
	00000101		—	右后车门控制命令
	00000110		—	前车灯控制命令
	00000111		—	后车灯控制命令
报告	00000001	00000010	—	左前车门数据信息
		00000011	—	右前车门数据信息
		00000100	—	左后车门数据信息
		00000101	—	右后车门数据信息
		00000110	—	前车灯数据信息
		00000111	—	后车灯数据信息
数据	00000001	00000010	—	左前车门数据信息
		00000011	—	右前车门数据信息
		00000100	—	左后车门数据信息
		00000101	—	右后车门数据信息
		00000110	—	前车灯数据信息
		00000111	—	后车灯数据信息
广播	00001000	00000001	—	转速信号
			—	位置信号
			—	广播所有请求
			—	广播所有节点自检

注：“—”表示系统可以根据实际情况设定 ID7～ID0 位。

4. 车灯节点灯组控制信号的标识符 ID 定义

本节和 6.10.1 节的实验结合，利用四个 LED 来模拟通过 CAN 总线对车灯的控制，从而设定 ID7～ID0 位，通过对每一位的设置，相应地控制一组车灯。CAN 总线车灯节点灯组控制信号的标识符 ID 定义如表 6-4 所示。

表 6-4　CAN 总线车灯节点灯组控制信号的标识符 ID 定义

灯组	标识符 ID	车灯状态
前车灯开关	ID.7	0—关闭，1—点亮
尾灯开关	ID.6	0—关闭，1—点亮
左转向灯开关	ID.5	0—关闭，1—闪烁
右转向灯开关	ID.4	0—关闭，1—闪烁
—	—	—

注：“—”表示省略了其他灯组。

选用表 6-1 中命令信息对应的 ID，表 6-2 中主控节点和后车灯模块对应的 ID，表 6-4 中尾灯开关对应的 ID，组成尾灯点亮时的发送缓冲区接收符 ID 为 0x101A0E80，在程序中的表示如下。

```
......
PE_low_level_init();
CANCTL0=0x0000;
while(((CANCTL0)&0x0010)==1)
CAN_TB0_IDR0=0x10;    // 设置发送缓冲区的接收符 ID,使用扩展模式
CAN_TB0_IDR2=0x1A;
CAN_TB0_IDR3=0x0E;
CAN_TB0_IDR4=0x80;
......
```

在接收程序中可将标识符屏蔽寄存器 CANIDMR0～CANIDMR7 全部设置为 0，标识符接收寄存器 CANIDAR0～CANIDAR7 设置为 0x101A0D0，这样就只有尾灯能够接收主控节点发送的 ID。其他灯组 ID 的表示方法也可按照尾灯的表示方法制定。

5. 车门节点控制信号标识符 ID 定义

本节和 6.10.2 节的实验结合，利用电动机的正转与反转，模拟通过 CAN 总线对车门模块中门锁、车窗等的控制，从而设定 ID7～ID0 位，通过对每一位的设置，控制电动机做出相应的正转和反转动作。CAN 总线车门节点控制信号标识符 ID 定义如表 6-5 所示。

表 6-5　CAN 总线车门节点控制信号标识符 ID 定义

车门模块	标识符 ID	车门模块状态
电动机正转开关	ID.7	0—关闭，1—开启
电动机反转开关	ID.6	0—关闭，1—开启
—	—	—

注：“—”表示省略了其他模块。

选用表 6-1 中命令信息对应的 ID，表 6-2 中主控节点和前车门节点对应的 ID，表 6-5 中电动机正转开关对应的 ID，组成电动机反转时的发送缓冲区接收符 ID 为 0x101A0680，在程序中的表示如下：

```
......
PE_low_level_init();
CANCTL0=0x0000;
while(((CANCTL0)&0x0010)==1)
```

```
CAN_TB0_IDR0=0x10;    // 设置发送缓冲区的接收符 ID,使用扩展模式
CAN_TB0_IDR2=0x1A;
CAN_TB0_IDR3=0x06;
CAN_TB0_IDR4=0x80;
……
```

在接收程序中可将标识符屏蔽寄存器 CANIDMR0～CANIDMR7 全部设置为 0，标识符接收寄存器 CANIDAR0～CANIDAR7 设置为 0x101A0680，这样就只有对应电动机能够接收主控节点发送的 ID。其他模块 ID 的表示方法也可按照电动机反转的表示方法制定。

6.9　控制节点软件设计

6.5.1 节已经完成了 CAN 总线网络的总体结构设计，分别是主控节点、车灯节点和车门节点，下面设计各个节点的软件部分。

6.9.1　主控节点的软件设计

主控节点是整个控制系统的中枢，主要完成与其他节点的数据通信，并进行数据处理和分析。主控节点的软件设计程序流程图如图 6-17 所示。

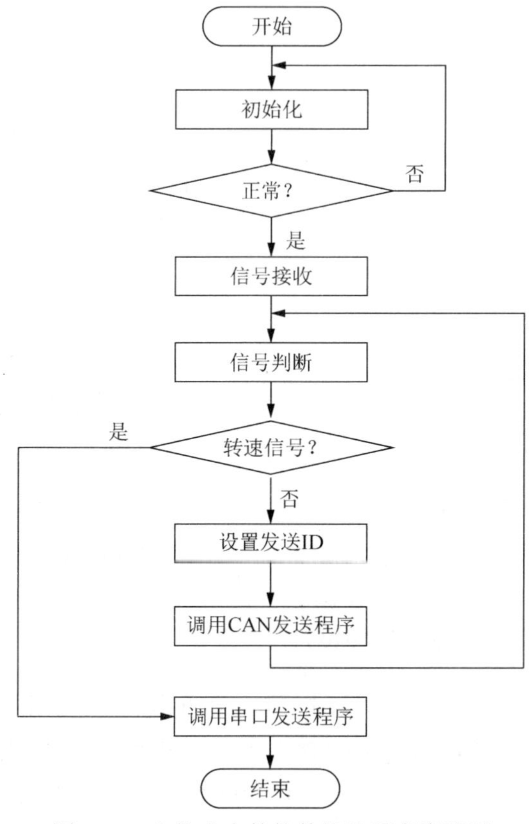

图 6-17　主控节点的软件设计程序流程图

6.9.2 车灯节点的软件设计

汽车上各类车灯的控制方式类似，本系统车灯模块采用传统继电器控制方法，通过驱动继电器的开合实现对车灯的控制。车灯节点程序设计流程图如图 6-18 所示。

6.9.3 车门节点的软件设计

6.8.3 节对车门模块控制对象作了较为详细的介绍，这里不再赘述。因为车门节点控制对象基本是电动机，所以车门节点程序设计流程图如图 6-19 所示。

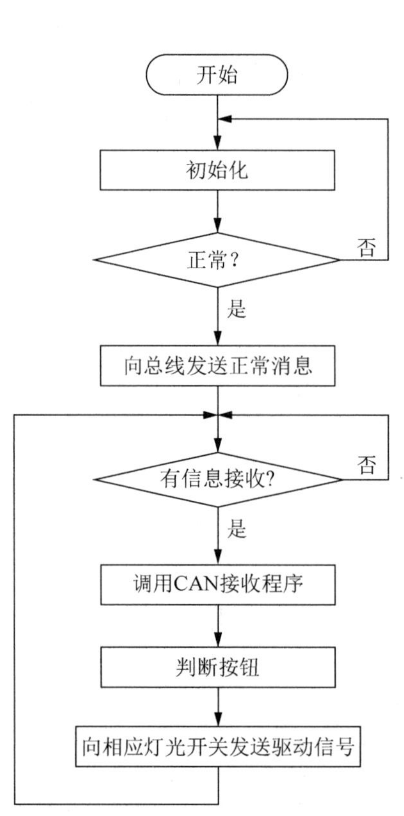

图 6-18 车灯节点程序设计流程图

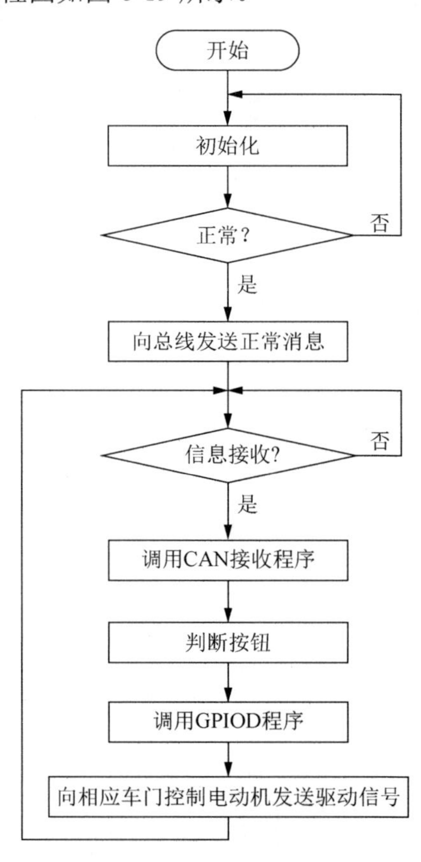

图 6-19 车门节点程序设计流程图

6.9.4 电磁式执行器控制节点的软件设计

电磁式执行器控制节点程序设计流程图如图 6-20 所示。节点初始化后，一直查询电磁式执行器位置信号，并调用脉宽调制程序。调用脉宽调制程序的目的是根据控制程序的需要产生 PWM 信号，从而达到对执行器的控制。根据电磁式执行器的性质，通过调节 PWM 信号占空比的方式调节电磁式执行器的通断电时间，从而改变通过电磁式执行器的电流大小，控制电磁式执行器的位置，实现对喷油量的控制。

6.9.5　直流电动机节点的软件设计

直流电动机控制节点程序设计流程图如图 6-21 所示。节点初始化并报告正常工作后将一直处于查询状态，直到主控节点发送的电动机正反转控制命令到达直流电动机控制节点，此时 DSP 才能判断控制的是哪一路开关闭合，并调用 PWM 程序完成对直流电动机正反转控制，之后又回到查询状态。

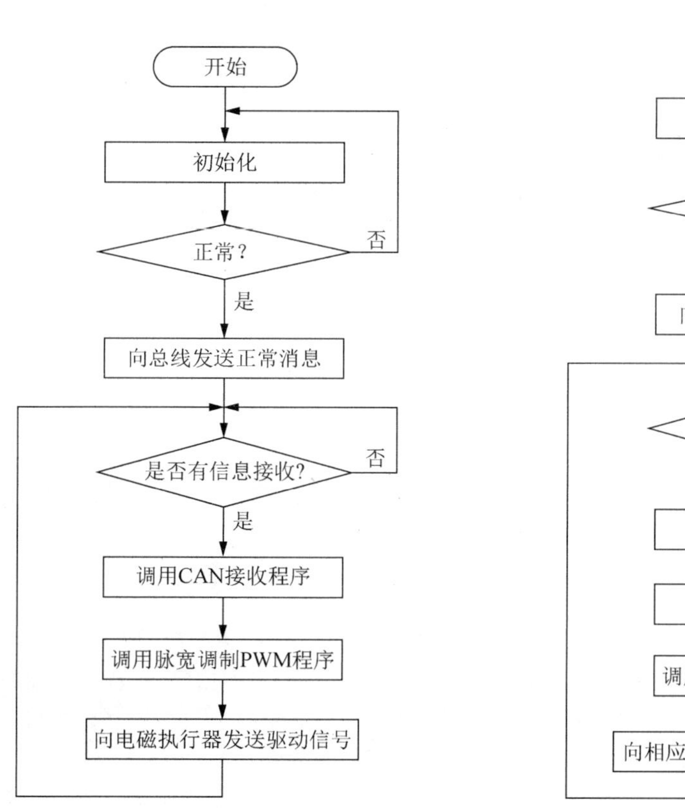

图 6-20　电磁式执行器控制节点程序设计流程图

开始
初始化
正常？
否
是
向总线发送正常消息
是否有信息接收?
否
是
调用CAN接收程序
开关闭合
调用脉宽调制PWM程序
向相应直流电动机发送驱动信号

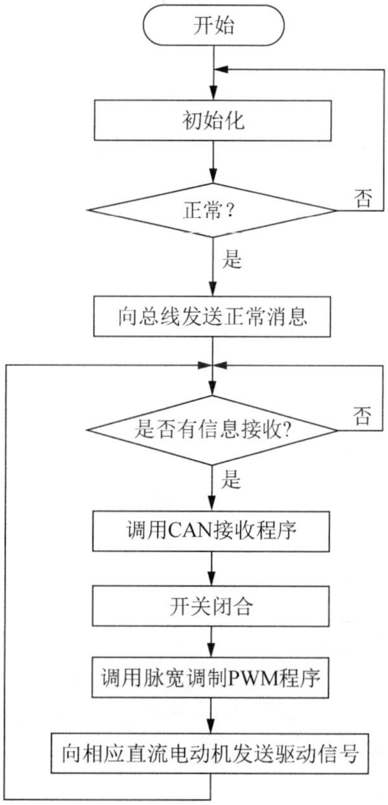

图 6-21　直流电机控制节点程序设计流程图

6.10　CAN 总线控制实验

本节将在实验室与实车条件下验证所设计的总线控制系统的有效性[12-15]，分别进行基于 CAN 总线的车灯控制实验、基于 CAN 总线的电动机控制实验，以及 CAN 总线协议优先级验证实验。

6.10.1 基于 CAN 总线的车灯控制实验

该实验的目的是模拟 CAN 总线系统对汽车车灯的控制。实验中用到了两块 DSP56F807 开发板，分别作为CAN 节点 1 和 CAN 节点 2。CAN 节点 1 向总线发送开关量信号，由 CAN 节点 2 连接编号为 1～4 号的四个 LED，通过检测这四个 LED 的状态获得 CAN 节点 1 发送到总线的开关量信号，达到控制 1～4 号 LED 亮灭的目的。实验中控制 1 号灯和 3 号灯点亮，2 号灯和 4 号灯状态为关闭。基于 CAN 总线的 LED 控制实验如图 6-22 所示。

图 6-22 基于 CAN 总线的 LED 控制实验

实车实验在丰田皇冠 3.0 上进行，将连接汽车尾灯的线路连接到本节设计的车灯控制电路上，使用 DSP56F807 完成对汽车尾灯的控制，如图 6-23 所示。

图 6-23 实车尾灯点亮实验

6.10.2 基于 CAN 总线的电动机控制实验

汽车上有很多地方用到了电动机，如车窗电动机、车门门锁电动机、后视镜电动机、行李箱锁电动机和刮水器电动机等，而这些电动机大多依靠其本身的正转和反转达到控制目的。该实验的目的是验证 CAN 总线系统控制车上电动机模块正常运行的可行性。

该实验中 CAN 节点 2 连接一台混合式步进电动机 57BYGH802-01，对 CAN 节点 1 进行按键动作，控制电动机正反转。CAN 节点 2 通过检测并获得 CAN 总线上 CAN 节点 1 发送的开关量信号，达到控制 CAN 节点 2 所连接的电动机的目的，以此证明 CAN 总线系统对汽车上的电动机进行控制的有效性。基于 CAN 总线的电动机控制实验如图 6-24 所示。

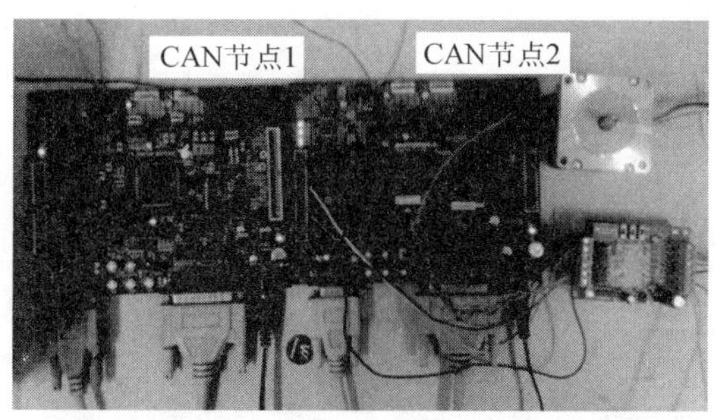

图 6-24　基于 CAN 总线的电动机控制实验

6.10.3　电磁执行器控制试验

本实验是在实验室条件下通过 CAN 总线来控制电磁执行器的位置，从而实现对柴油机喷油泵喷油量的控制。图 6-25 为基于 CAN 总线的电磁执行器控制系统装置。本实验中的转速信号采用信号发生器输出的方波来模拟发动机转速，将此方波输入 EVM 板，通过 Timer 程序得到方波信号，同时，这块 EVM 板还负责采集电磁执行器的位置信号，通过转速信号与位置信号控制连接在 CAN 总线中的电磁执行器的位置，从而实现基于 CAN 总线的电磁执行器控制。

图 6-25　基于 CAN 总线的电磁执行器控制装置

通过转速的变化实时调整 PWM 的占空比，从而改变通过电磁铁的电流量大小，进而实现电磁执行器位置控制。实验证明，本节设计的电磁执行器控制系统基本上实现了对电磁执行器的位置控制。

6.10.4 CAN 总线协议优先级验证实验

该实验的目的是建立一个小型 CAN 总线网络，通过 CAN 总线系统实现对电动机和 LED 的控制。实验中用到了一块 TMS320F2812 和两块 DSP56F807，分别作为 CAN 节点 1、CAN 节点 2 和 CAN 节点 3，用来模拟 CAN 总线系统中的主控节点、车灯节点和车门节点。CAN 总线协议优先级验证实验如图 6-26 所示。

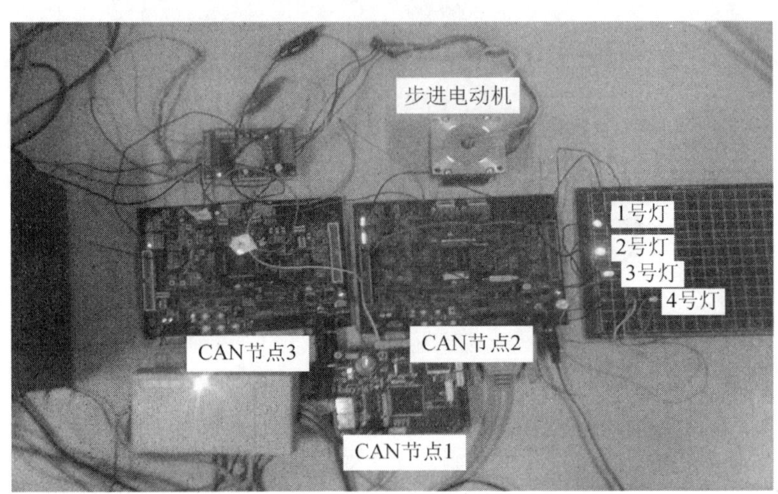

图 6-26 CAN 总线协议优先级验证实验

在图中，CAN 节点 1 将包含电动机控制指令和 LED 控制指令的报文分别发送到总线，通过对 MSCAN 中接收符 ID 标识符屏蔽寄存器和标识符接收寄存器的设置，CAN 节点 2 和 CAN 节点 3 只能收到符合过滤条件的报文，即 CAN 节点 2 只能接收控制 LED 亮灭的开关量信号，CAN 节点 3 只能接收驱动电动机正反转信号。实验中 CAN 节点 3 报文优先级的设置比 CAN 节点 2 的优先级要高，当同时发送控制电动机和控制 LED 的报文时，CAN 节点 1 会优先发送电动机控制信息，当 CAN 节点 3 正确接收总线上的信息后将释放总线，总线处于空闲状态，这时 LED 控制信号才会被发送到总线上，CAN 节点 2 获得信号。本节用实验证明了 CAN 2.0B 协议和所制定的应用层协议的正确性。

参考文献

[1] 罗峰，孙泽昌．汽车 CAN 总线系统原理、设计与应用[M]．北京：电子工业出版社，2010．

[2] FENG G S, ZHANG W, JIA S M. CAN bus application in automotive network control[C]//International Conference on Measuring Technology and Mechatronics Automation. Changsha, 2010.

[3] 杜尚丰，曹晓钟，徐津．CAN 总线测控技术及其应用[M]．北京：电子工业出版社，2007．

[4] Philips Semiconductor. PCA82C250 CAN controller interface data sheet[Z]. 2000：1-8.

[5] 朱敏．CAN 总线控制系统研究[D]．合肥：合肥工业大学，2002．

[6] 王举友．基于 CAN 总线的汽车电子集中驱动单元设计[D]．长春：吉林大学，2010．

[7] 邓遵义，宁祎．CAN 总线在汽车控制系统中的应用研究[J]．机电产品开发与创新，2010，23（4）：137-139.
[8] 倪彰，范鑫，潘茂辉，等．基于 CAN 总线的电动汽车车灯控制系统设计[J]．传感器与微系统，2011，30（12）：82-84.
[9] 杜飞．汽车 CAN 总线网络控制系统开发及应用[D]．石家庄：石家庄铁道大学，2013.
[10] 范寿康，康广荃，尹磊．Freescale 16 位 DSP 原理与开发技术[M]．北京：机械工业出版社，2006.
[11] 杜飞，冯国胜．基于 DSP56F807 的汽车车灯 CAN 总线控制设计[J]．汽车工程师，2013（1）：41-43.
[12] 王明坤，冯博，冯国胜．混合动力车电源系统监测及 CAN 总线通信[J]．国防交通工程与技术，2013，11（4）：68-71.
[13] 彭朝亮，冯国胜，李晓楠，等．基于 CAN 总线的混合动力汽车状态实时监测系统[J]．汽车工程师，2016（6）：36-39.
[14] 彭朝亮，冯国胜，袁新华．混合动力汽车电机控制器硬件设计与 CAN 通信[J]．农业装备与车辆工程，2017，55（3）：12-17.
[15] 薛淑发，冯国胜，李昶．基于 CAN 总线的柴油机电控系统[J]．中国设备工程，2006（6）：44-46.

第 7 章　车载故障诊断检测系统

7.1　车载故障诊断系统

车载故障诊断（on board diagnostics，OBD）系统根据发动机的运行状况实时监控汽车排放的尾气是否超标，一旦超标，就会马上发出警示。当系统出现故障时，故障灯或“检查发动机”警示灯将会变亮。与此同时，动力总成控制模块会将故障信息存入存储器，并通过一定的程序将故障码从动力总成控制模块中读出来。根据故障码的提示，维修人员就能迅速确定故障的位置。

自 20 世纪 80 年代以来，全球各大汽车制造企业就开始在生产的电喷汽车上配备了 OBD，然而初期的 OBD 并没有自检的功能，而比 OBD 更为先进的 OBD-Ⅱ是在 20 世纪 90 年代中期产生的。OBD-Ⅱ与之前的所有车载自诊断系统的不同之处在于它有着严格的排放针对性。当汽车排放出的一氧化碳、碳氢化合物、氮氧化合物等污染物超过了设定标准，故障灯就会报警。

虽然 OBD-Ⅱ对监测汽车的排放很有效，但是驾驶员是否接受警告全凭“自觉”。因此，比 OBD-Ⅱ更先进的 OBD-Ⅲ就产生了。OBD-Ⅲ的主要目的是使汽车的检测、维护以及管理合为一体，以此满足对环境保护的要求。OBD-Ⅲ系统会进入到发动机、变速箱、ABS 等系统中去读取故障码以及其他相关的数据，并将相关信息自动通告相关管理部门，管理部门就能根据车辆排放问题的等级来对其发出相关指令，包括去哪里维修的一些建议以及解决排放问题的期限等，同时还可对超出时限的违规车辆发出禁行指令。

美国和欧洲 OBD 法规的主要内容如表 7-1 所示。其中，催化器失效验证是 OBD 系统必须监测的项目。测量和评价催化器转化效率的方法主要有三种：双氧传感器法、双碳氢传感器法和双温度传感器法。其中，应用广泛的是双氧传感器法。

表 7-1　美国和欧洲 OBD 法规的主要内容

检查项目	美国	欧洲
催化器效率降低	√	√
氧传感器失效	√	√
失火	√	√
蒸发系统泄漏	√	电路完整性
与排放相关的部件系统的电路完整性	√	√
燃油系统	√	√
颗粒捕集器	√	√

续表

检查项目	美国	欧洲
EGR	√	√
二次空气喷射	√	√
温控器	√	×
PCV 阀（曲轴箱压力控制阀）	√	×

OBD 技术是国家第三阶段机动车污染物排放标准（以下简称国III）以上轻型车在线监控汽车排放的重要手段之一，也是车辆电子控制技术中的一项核心技术。国III排放法规认证中 OBD 的三个必检项目为催化器失效验证、氧传感器失效验证和失火验证。

由于汽车在使用过程中工况相当复杂，三元催化转化器在某些条件下会发生老化从而工作效率下降，甚至失效。氧传感器是三元催化系统的组成部件，同时也是 OBD 系统要检测的关键传感器，它对三元催化转化器的正常工作起着决定性的作用。国III排放标准的一个重要变化就是加装了后氧传感器，以便更好地监测催化转化系统的转化效率。

7.1.1　催化器性能检测系统

为实现催化器的性能参数检测，在底层 DSP 采集单元设计完成之后，将其与通用气体合成反应器（universal synthetic gas reactor，USGR）和气体成分分析仪（HORIBA）联合在一起组建了催化器性能检测系统硬件平台，同时采集 USGR 的温度数据和 HORIBA 的气体浓度数据[1]。

USGR、HORIBA 联合数据采集系统框图如图 7-1 所示。

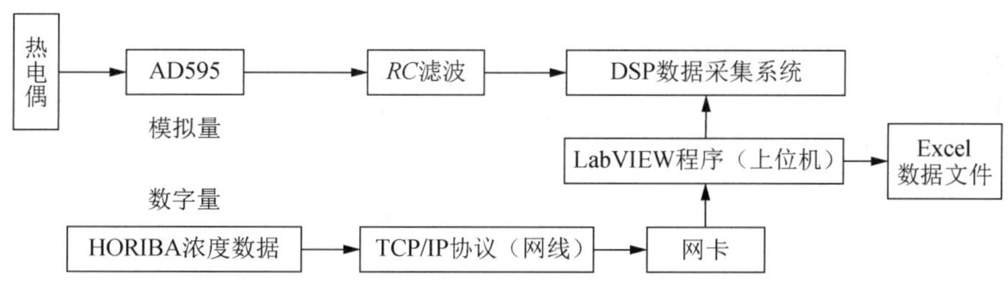

图 7-1　USGR、HORIBA 联合数据采集系统框图

USGR 可以利用标准气体合成尾气成分，为催化剂活性分析、中毒机理研究和小样筛选等提供了有力手段，其温度数据的采集是通过 K 型热电偶实现的。

通过 K 型热电偶采集 USGR 系统的温度信号，经 AD595 芯片进行信号放大及温度补偿后，再经 *RC* 滤波电路及 DSP 数据采集系统的 A/D 转换模块，将温度信号转变为数字信号并发送到上位机的串口。HORIBA 的九路气体浓度数据本身为数字信号，因此不需要进行 A/D 转换，直接由 HORIBA 系统提供的对外数据输出端口通过 TCP/IP 协议传输至上位机的网卡接口。在上位机上通过用 LabVIEW 图形化编程语言编写的数据接收软件，同时从串口和网络接口接收数据，并将两者合并保存为 Excel 文件格式，永久存储在硬盘中，供以后数据分析及结果分析使用。

7.1.2 热电偶检测放大电路

热电偶作为温度传感器，可以实现从−270℃的极低温度到 2 600℃的超高温度的测量。热电偶产生与温差成比例的热电动势，由表 7-2 可知，在 600℃时热电偶的输出电压仅为 24.902mV，因此必须经过信号放大才能转变为 DSP 可以接收的信号。

表 7-2 镍铬-镍硅热电偶（K 型）分度表

温度/℃	0	10	20	30	40	50	60	70	80	90
0	0.000	0.397	0.798	1.203	1.611	2.022	2.436	2.850	3.266	3.681
100	4.095	4.508	4.919	5.327	5.733	6.137	6.539	6.939	7.338	7.737
200	8.137	8.537	8.938	9.341	9.745	10.151	10.560	10.969	11.381	11.793
300	12.207	12.623	13.039	13.456	13.874	14.292	14.712	15.132	15.552	15.974
400	16.395	16.818	17.241	17.664	18.088	18.513	18.938	19.363	19.788	20.214
500	20.640	21.066	21.493	21.919	22.346	22.772	23.198	23.624	24.050	24.476
600	24.902	25.327	25.751	26.176	26.599	27.022	27.445	27.867	28.288	28.709
……										
1300	52.398	52.747	53.093	53.439	53.782	54.125	54.466	54.807	—	—

注：第 1 列为温度百位数值，第 1 行为温度十位数值。其他为热电动势单位为 mV，参考端温度为 0℃。

图 7-2 所示为测高温热电偶信号放大电路。图中 E_c 为等效热电偶电压，其电压输出取决于热端与冷端的温度差。理论上应使冷端温度为冰点，而实际上冷端温度通常为室温，因此图中增加了一个冷端补偿电路，它利用 PN 结电压随温度上升而线性下降的特性来进行补偿。

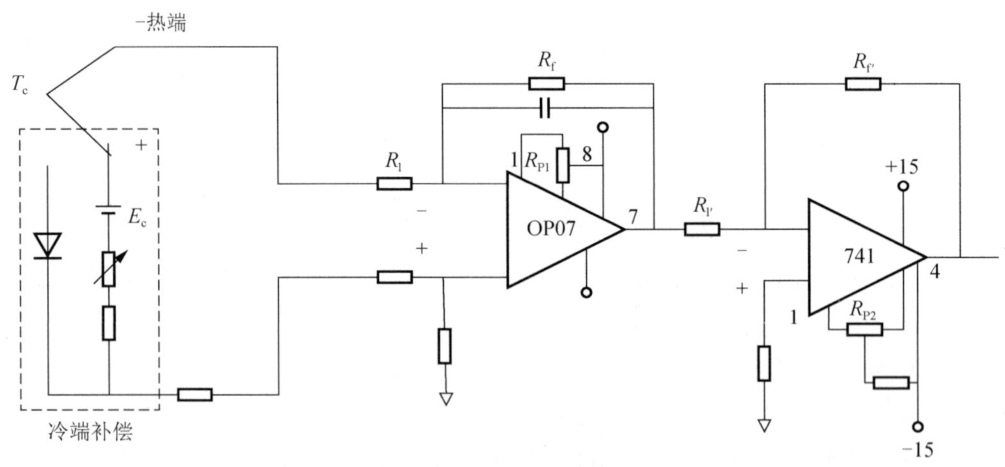

图 7-2 测高温热电偶信号放大电路图

热端每变化 1℃，K 型热电偶就有 40μV 的电位差输出，其灵敏度为微伏级。采用由 OP07 运算放大器构成的低漂移高精度前端放大器，它对几十微伏变化的信号测量较为精确，其放大倍数与 R_f/R_1 成正比，而且可以根据需要设计。其中 OP07 的 1、7、8 端与 R_{P1} 构成调零电路。前端放大器的输出为毫伏级，再接一级由运算放大器 741 构成的续接放大器，即可将毫伏级信号放大到需要的幅度。例如，0～5V，其放大倍数与 $R_{f'}/R_{1'}$ 的比值成正比。741 的 1、4、5 端与 R_{P2} 构成调零电路。741 的输出送给后面的多路开关及 A/D 转换电路。

除此之外，热电偶检测放大电路还使用了 AD595 芯片。AD595 芯片为热电偶专用放大器，它具有低阻抗电压输出 10mV/℃、内建冰点补偿、工作电压宽±5～±15V、极地功率消耗小于 1mW、热电偶线断报警、激光晶片刻度可调整、可单独作为摄氏温度计使用、高阻抗微分输入等优点。其内部集成冷端补偿电路，省去了附加的室温传感器单元，极大地降低了对开发人员硬件知识的要求，缩短了开发周期。热电偶专用放大器 AD595 内部结构框图如图 7-3 所示。将 K 型热电偶的正极与负极分别接到 AD595 的 1 脚和 14 脚，即可在输出端获得 10mV/℃的电压变化。

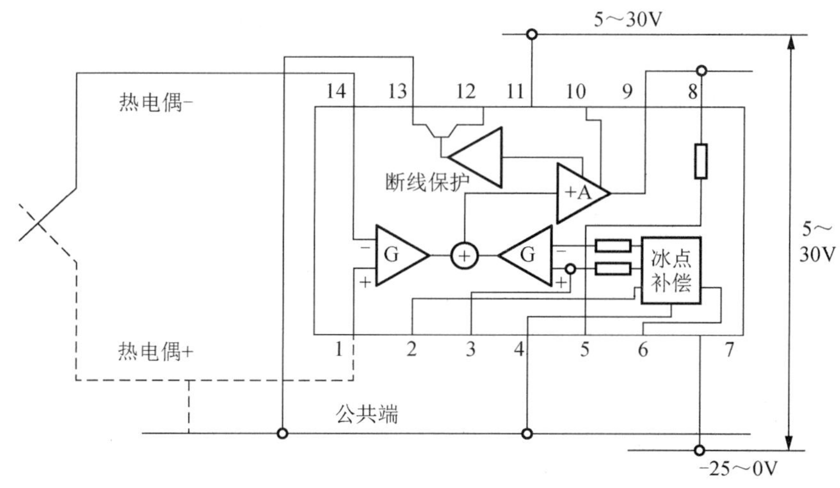

图 7-3　热电偶专用放大器 AD595 内部结构框图

7.1.3　氧传感器检测电路

氧传感器的性能参数检测是在索克公司的燃油机催化老化系统（fuel oil catalyst aging system，FOCAS）上进行的。燃油机催化老化系统采用燃烧器代替发动机作为废气发生源，能够在更大范围内对实验条件（如排气温度、空燃比和油品质量等）进行灵活控制。

氧传感器的参数检测项目主要有内阻及响应特性。为检测氧传感器的内阻和响应特性曲线，检测装置中的恒温加热体将被测件环境温度控制在一定温度之下（温度调节范围为 400～800℃），由标准气体（大气）、混合气体发生器提供检测环境。被测件置于此环境中，其输出信号由电缆送至 A/D 数据采集板，转换成数字量后送入计算机进行处理。计算机根据检测规范、测试条件（温度、混合气体）进行控制，并将检测的结果进行实时记录。经分析处理后显示出产品的性能参数[2]。氧传感器信号采集检测系统框图如图 7-4 所示。

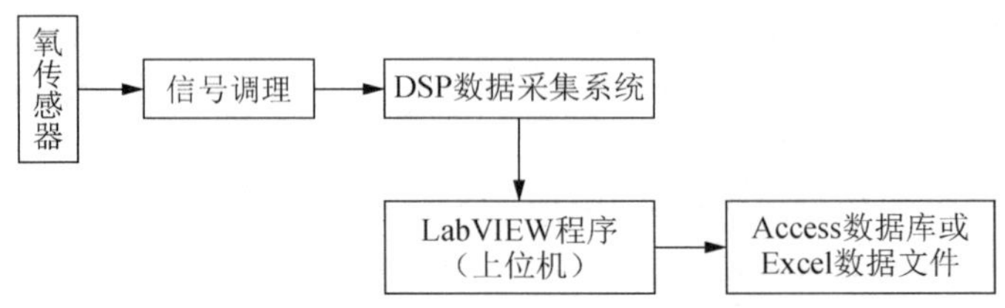

图 7-4　氧传感器信号采集检测系统框图

二氧化锆元件在高温下具有根据其内外表面氧浓度差产生电动势的性质。氧气与二氧化锆元件的覆盖表面反应，当与内表面和外表面反应的氧气浓度存在差别时，则会产生电压，浓度差越大，电势差亦越大。由于氧气浓度差急剧变化，传感器的输出电压从 0.9V 急剧变化到 0.1V。信号范围在 A/D 转换范围之内，信号处理电路只需进行 *RC* 滤波和电压跟随以降低对原信号的影响即可。氧传感器信号处理电路图，如图 7-5 所示。

氧传感器的内阻 R_n 不能直接测出，需按图 7-6 所示的氧传感器的内阻测量电路进行转换。图中左边为氧传感器的等效电路。

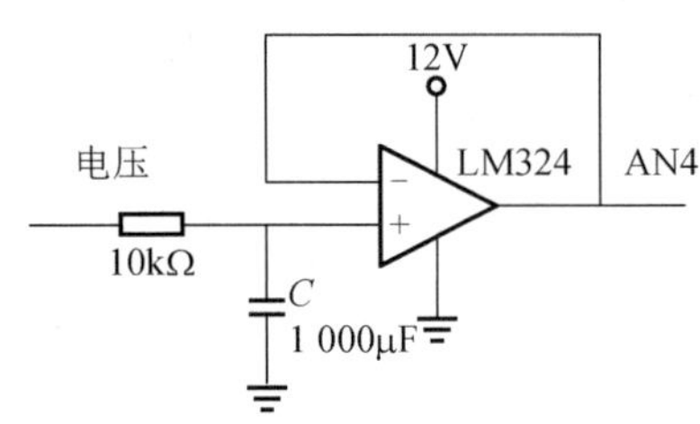

图 7-5　氧传感器信号处理电路图

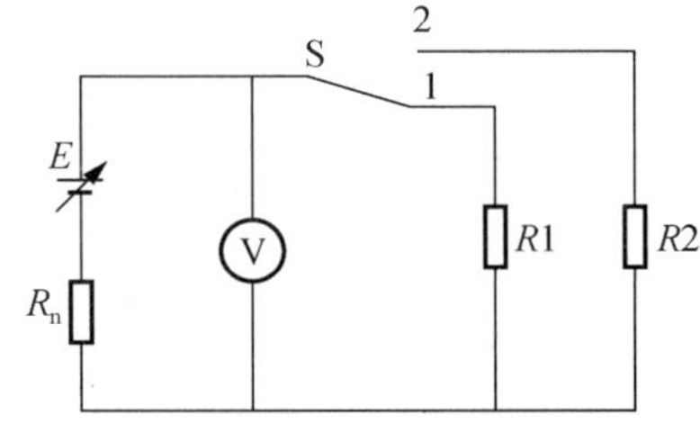

图 7-6　氧传感器的内阻测量电路图

7.2　数据采集系统软件设计

在 7.1 节中主要完成了基于 DSP 的底层数据采集系统、USGR 和 HORIBA 联合数据采集系统及氧传感器性能检测系统的硬件设计方案，并且设计了相关电路，为进一步研究和开发提供了硬件保证，但系统的运行还需要有软件系统的支持。本节主要介绍在 DSP 中实现底层数据采集和在上位机中利用 LabVIEW 软件实现 USGR 和 HORIBA 联合数据采集的系统软件设计过程。

7.2.1 实时复合滤波

模拟信号接入控制单元后，虽然经过硬件电路滤波处理，但某些干扰信号还是会进入控制单元 A/D 转换口。因此，采集处理模块在完成信号采集工作的同时，对采集的 USGR 温度信号再次进行数字滤波处理，去除随机的尖脉冲干扰，确保模拟信号准确。

数字滤波有很多方法，在此选用了限幅滤波与平均值滤波相结合的实时复合滤波法。复合滤波程序流程图，如图 7-7 所示。具体过程如下：在主程序中每次 A/D 转换完成后进行限幅滤波，将超出可能范围的瞬间干扰值滤除，并将结果加入和数 S，数据个数 N 加 1，当需要处理数据的中断发生时，用 S/N 求得平均值，并将中值滤波值的和数 S 及数据个数 N 置 0。中值滤波中 N 的具体数值根据不同需要通过现场调试确定，经调试 60 次即可达到要求的效果。

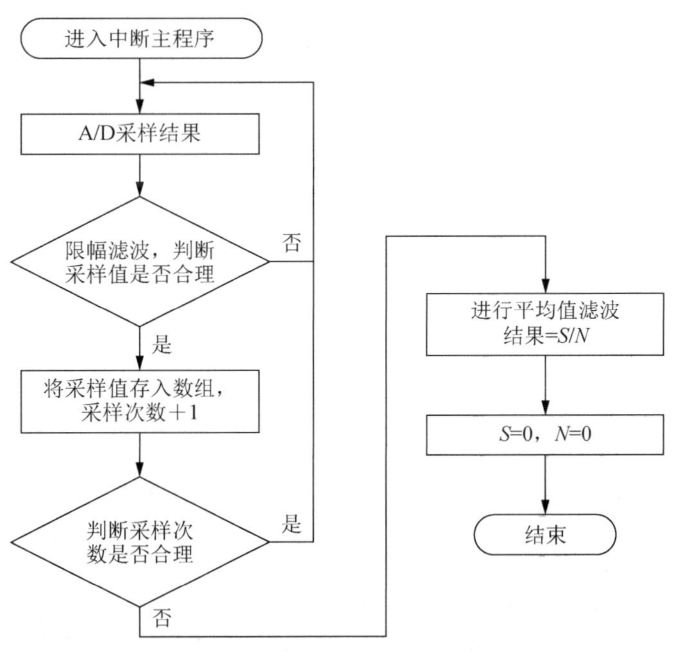

图 7-7 复合滤波程序流程图

限幅滤波具体过程如下：将此次 A/D 转换的结果与上一次均值滤波的结果进行比较，如果超出平均值很多，则认为此次结果为干扰产生的尖峰值，去掉不用，而用上一次的正常值代替。例如，限值定为 0.1V，放大后热电偶的电压变化为 10mV/℃，即 0.1V 的电压变化相当于 10℃的温升。第一次运行时 A/D 转换的结果将和平均值滤波的初始值进行比较，此初始值在初始化时定义，为保证程序的顺利执行，取其极大值 3.3V。

平均值滤波具体过程如下：将 A/D 转换的结果存入数组中，并求出这些结果的累加和，当数组长度等于 60 时，求取此 60 次转换的平均值，并将此平均值与上次的结果进行比较，如果在允许范围之内，如相差 0.5V，则输出结果到 SCI，否则用上一次的结果代替此次结果输出。因为在测试过程中 USGR 温度信号本身是上升的，所以为保证系统在迅速升温时不会被程序误判为干扰值，此误差限值应当较大。0.5V 的电压变化大约相当于 50℃的温升。

7.2.2 多通道配置

在实现多通道 A/D 转换的过程中，除进行以上所述配置外，还应配置扫描方式等。例如，START 位置 1 触发 A/D 转换：

```
ADC-INITIATE-SCAN-ON-START
```

扫描方式设为单次顺序扫描，此时每次扫描取一个采样：

```
ADC-SEQUENTIAL-ONCE
```

ADC 时钟分频值设为 15。

每组 A/D 中有八个通道，在使用每个通道时有八个采样可以选择。

在 ADC 配置中设置：

```
static const adc_sState sAdc1={
    …
 /* NumSamplesPerScan= */1, …
```

其中，第二行参数项设置非常重要，它可以设定该通道选择第几个采样值。

经过多次实验发现，每个不同通道的采样值应不相同，且值应为 2^n（n 为采样数，取 0～7），如采样值为 0、2、4、8、16 等，否则将无法打开设备，或者仅第一个配置的通道可以工作，无法实现多通道顺序采集。

在进行多通道采集时，为保证同步，ADC 的时钟频率都采用 DSP 系统内部 IP 总线时钟频率的 1/32。例如，DSP 的 IP 总线时钟频率为 40MHz，ADC 的时钟频率为其 $1/2N$，N 为 ADC 时钟分频值加 1。本节将时钟分频值设为 15，因此 N=15+1=16。ADC 的时钟频率为 40/(2×16)，即 1.25MHz。

7.2.3 LabVIEW 与 DSP 接口程序

使用 LabVIEW 从 PC 的 SCI 串口接收 DSP 发送的数据程序。LabVIEW 与 DSP 接口程序后面板如图 7-8 所示，其流程图如图 7-9 所示。

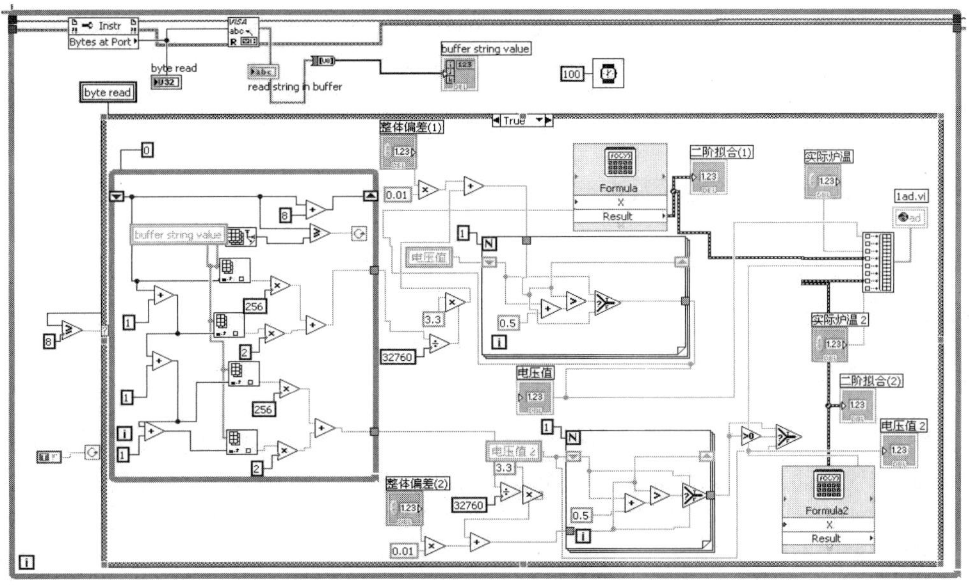

图 7-8　LabVIEW 与 DSP 接口程序后面板

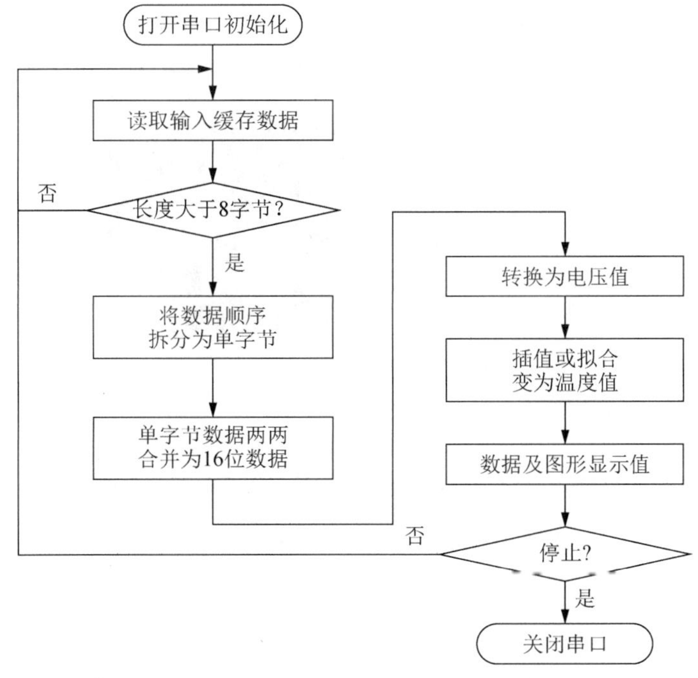

图 7-9　LabVIEW 与 DSP 接口程序流程图

本程序使用 VISA Read 函数读取串口接收的数据，并将数据存入变量 buffer string value 中，同时测量数据的长度；字节的拆分及合并在 While 循环中实现；使用了 Select Case 结构判断进行字节合并的条件。在 DSP 中将 16 位数据拆分成了两个 8 位数据，字节合并是将 DSP 中分解后发送的数据还原成原来的 16 位数据：

$$\mathrm{av} = \mathrm{ch}[0] \times 256 + \mathrm{ch}[1] \times 2 \tag{7-1}$$

式中，ch[0]——高 8 位；

ch[1]——低 8 位；

av——A/D 转换的结果数据。

将 av 转换为电压数据：

$$V = (\mathrm{av}/32\ 760) \times 3.3 \tag{7-2}$$

式中，V——电压值。

7.2.4 USGR 的温度标定

测量 K 型热电偶电压数据的最终目的是为了得到 USGR 的温度数据，因此必须将电压数据转换为温度数据的形式。这一工作可以通过插值或通过最小二乘法拟合数据公式来实现。

根据 K 型热电偶的分度表可知，热电偶的电压与温度的关系为近似线性关系，因此在 LabVIEW 内部用分段线性插值的方法就可以实现数据的转换[3,4]。使用 Scalling and Mapping 函数，在标定前先根据 USGR 上自带的温度显示器记录某些关键点的温度值，以及在某一时刻 K 型热电偶经放大后的电压值。将这些点输入 LabVIEW 表格中作为关键点，如图 7-10 所示。在关键点之间的温度值由软件通过分段线性插值利用电压值计算得出。

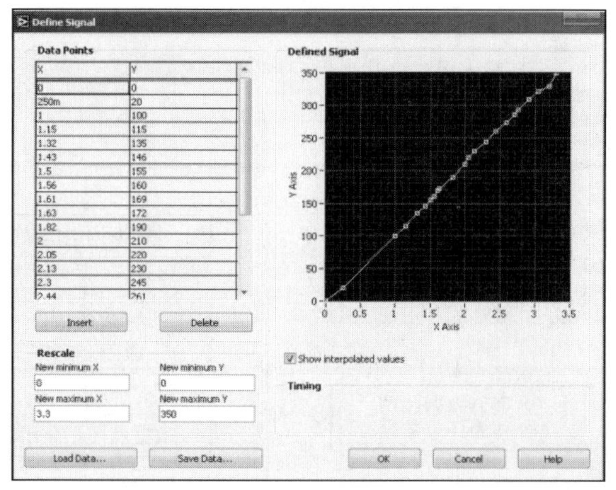

图 7-10　LabVIEW 中实现线性分段插值

除在 LabVIEW 中使用线性插值方法外，还使用 MATLAB 软件利用最小二乘法原理进行了数据拟合[5,6]。

在记录关键点后，因为催化剂起作用的温度范围为 200～300℃，所以仅选择了 150～330℃区间内的关键点拟合。将这些关键点输入用 MATLAB 语言编制的程序中，使用 MATLAB 软件进行数据拟合，得到一个两次或线性的拟合函数关系式，以便反映温度与电压之间的关系。利用此函数关系式，在已知电压值时可以计算出其对应的温度值。输入的拟合关键点如下：

```
V=[1.5,1.56,1.61,1.63,1.82,2,2.05,2.13,2.3,2.44,2.59,2.7,2.75,2.9,3.2];
T=[155,160,169,172,190,210,220,230,245,261,274,286,294,310,330];
```

各关键点与拟合后曲线之间的位置关系如图 7-11 所示。

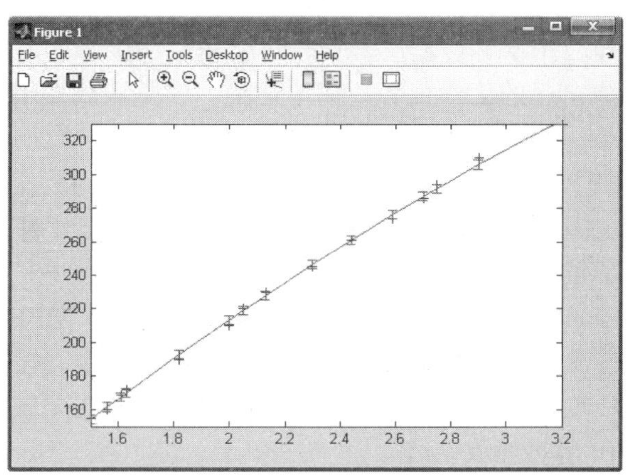

图 7-11　各关键点与拟合后曲线之间的位置关系

使用上述关键点得出的拟合关系式为 $T=-12.299V^2+172.35V-80.86$。其中，$T$ 为对应温度；V 为 K 型热电偶经放大后的电压值。

使用 Formula 子函数将此关系式写入 LabVIEW 软件中，使用上述两种方法在同一电压值下得到的温度数据都保存在 Excel 文件中，通过 Excel 绘制的结果曲线进行比较，如图 7-12 所示。通过比较可知，使用二次曲线拟合的方法效果较好，可以满足要求[7]。

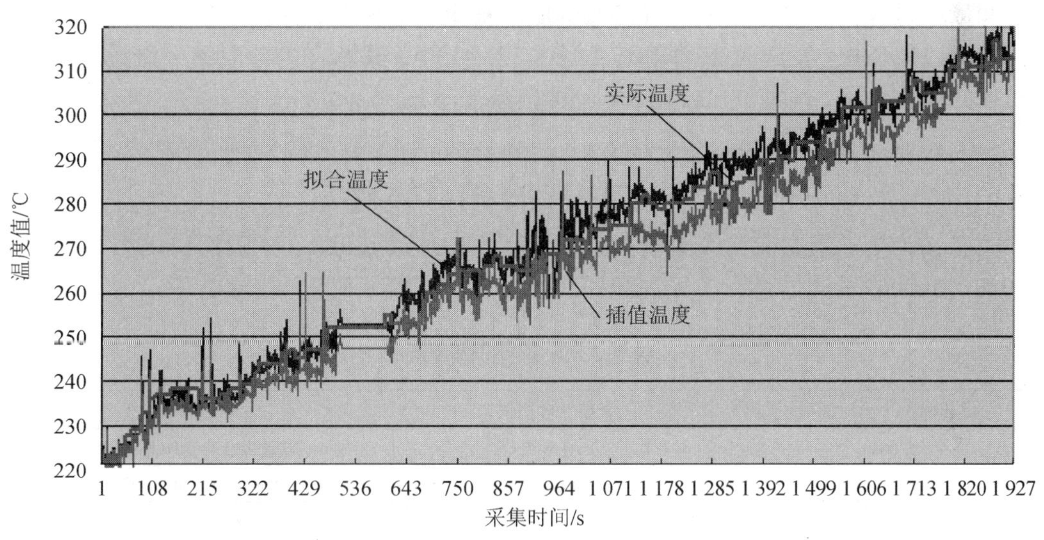

图 7-12　插值与拟合结果比较图

7.3 使用 TCP/IP 协议实现 HORIBA 浓度数据的采集

TCP/IP 协议的全称为传输控制协议/互联网络协议，是 Internet 最基本的协议，采用了四层的层级结构，即应用层、传输层、互联网层和网络接口层，每层都利用它的下一层所提供的网络来完成自己的工作任务。简单地说，它是由底层 IP 协议和 TCP 协议组成的。

IP 协议是一个无连接的协议，主要负责在主机间寻址并为数据包设定路由，在交换数据前并不建立会话。因为它不能保证正确传递，数据在被接收时，IP 不需要收到确认信息，所以它是不可靠的。

HORIBA MEXA-7000 系列的主机接口使用的局域网符合 IEEE 802.3（ISO 8802/3）标准，系统主控单元发出命令，IP 地址及端口号可由用户设定。气体浓度分析仪是命令的响应者，命令和响应均使用 ASCII 码传递。主控单元拥有在局域网中唯一的 IP 地址，支持 TCP/IP 和 UDP/IP 两种协议。

7.3.1 HORIBA 指令系统及频率设定

HORIBA 系统主控单元（主机）的命令格式为

```
<Cmd-head>,<Rsp-flag>,<Repeat-cnt>[,<Ope-data>]<CR><LF>
```

其中，<Cmd-head>为命令标题；“,”为分隔符，<CR><LF>为终止符；<Rsp-flag>为请求响应标识；<Repeat-cnt>为<Ope-data>的数目；<Ope-data>可能包括操作码、组号、序列号和量程号等；“[]”表示有几个<Ope-data>被重复。例如：

1）向 HORIBA 发送命令 MRMS,1,1,1<CR><LF>。其意义为读取第一组设备中所有分析仪的配置情况。对应的 HORIBA 反馈信息如下：

```
MRMS,00,07,01,01,0x0028,01,02,0x0028,01,03,0x0018,01,04,
0x0071,01,05,0x0044,01,06,0x0048,01,07,0x0067
```

其意义为第一组共有七个分析仪，依次为 0x0028、0x0028、0x0018、0x0071、0x0044、0x0048、0x0067。通过查设备标识编码表（表 7-3）可以确定分析仪类型。

表 7-3　设备标识编码表

设备标识（十六进制）	设备（分析仪）	类型
0011	AIA-721	碳氢化合物（HC）（低）
0018	AIA-721	一氧化碳（CO）（低）
0019	AIA-721	一氧化氮（NO）（低）
0021	AIA-722	一氧化碳（CO）（高）
0022	AIA-722	二氧化碳（CO_2）

续表

设备标识（十六进制）	设备（分析仪）	类型
0023	AIA-723	一氧化碳（CO）（高）
0022	AIA-722	碳氢化合物（HC）（高）
0041	FIA-720	总碳氢化合物（THC）
0071	MPA-720	氧气（O_2）
0081	GFA-720	甲烷（CH_4）
…	…	…

例如，0x0018 代表分析仪 AIA-721，为一氧化碳（低）分析仪，即使用此分析仪可以在尾气出口端测量经过催化剂的催化转化作用后的一氧化碳浓度。

2）发送指令 MRDF,1,1,1<CR><LF>。其意义为读取组 1 内所测的所有气体成分的代码。对应的 HORIBA 反馈信息如下：

```
MRDF,00,07,01,01,02,01,02,03,01,03,01,01,04,10,01,05,06,01,06,11,
01,07,08
```

其意义为第一组中共有七种气体成分，依次为 02、03、01、10、06、11、08。

通过查气体成分代码表（表 7-4）可以确定气体成分类型。例如，02 为一氧化碳 CO（高），即在尾气入口端未经催化剂的催化转化作用的一氧化碳浓度。

表 7-4　气体成分代码表

气体成分	成分代码
一氧化碳（CO）（低）	01
一氧化碳（CO）（高）	02
二氧化碳（CO_2）	03
碳氢化合物（HC）（低）	04
碳氢化合物（HC）（高）	05
总碳氢化合物（THC）	06
一氧化氮（NO）	07
氮氢化合物（NO_x）	08
…	…

3）发送指令 MRMD,0,0<CR><LF>。其意义为读取所有组号内所有分析仪的测量数据。对应的 HORIBA 反馈信息如下：

```
MRMD,00,01,10903,15,01,01,01,00,+2.7606E+02,01,02,01,00,+2.8281E+0
3,01,03,01,00,+2.0337E+01,01,04,01,00,+1.8482E+02,01,05,01,00,
-7.2066E-01,01,06,01,00,-6.8865E+00,01,07,01,00,+7.5624E-02,02,01,0
1,00,+1.2687E+02,02,02,01,00,+7.5697E+03,02,03,01,00,+4.9038E+00,02,
04,01,00,+4.5719E+01,02,05,01,00,+2.7533E-01,02,06,01,00,-4.7683E+
00,02,07,01,00,+4.7393E-02,-1,01,01,00,+5.1766E+02
```

其意义为系统中共有三组设备，组号 01、02 中都有七种气体成分，组号-1 表示所测成分为空燃比数据，共有 15 种成分。其中“01,01,01,00,+2.7606E+02”表示第一组设备中所测的第一种气体成分一氧化碳高，CO（H）浓度为+2.7606×10^2mg/L。

HORIBA 在默认状态下数据发送的频率为 10Hz，这一数值频率可以通过网络编程发送命令的方式改变，最大频率为 40Hz。可以通过更改发送数据的频率和修改 DSP 采集频率实现采集数据的同步。HORIBA 中可以修改的参数如下。

Sampling speed（采样速度）：可以设定数据采样间隔（0.1～100s）。

Data collection time：数据采集时间用于设定保存数据文件大小。

由于浓度数据变化频率较低，因此默认的采集 10Hz 的数据已经足够结果分析使用。

7.3.2 TCP/IP 通信

LabVIEW 具有强大的功能，用以实现远程网络化测试，实现方法如下。

1）动态数据交换（dynamic data exchange，DDE）。

2）硬件设备共享方式。采用远程数据访问（remote data access，RDA）技术实现数据采集（data acquisition，DAQ）设备的远程控制采集。

3）数据发布方式。利用 TCP、UDP 等传输控制协议实现网络通信。

4）数据共享方式。利用 DataSocket 技术实现远程数据通信。

5）传统数据库共享方式。

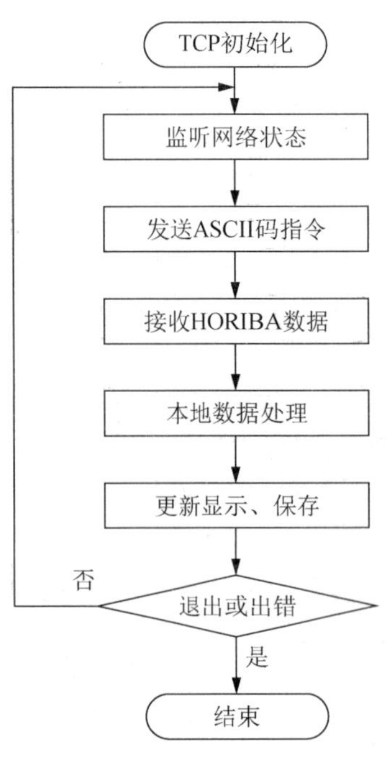

图 7-13 与 HORIBA 的 TCP/IP 通信程序流程图

无论采用哪种方式，系统都由通过网络连接的客户机（Client）和服务器（Server）构成。HORIBA 系统提供了 TCP/IP 协议的外部接口，允许用户通过网络编程的方式向主机发送固定格式的命令，调取各种浓度测试仪表的数据。因此，选用 TCP/IP 通信可以实现 HORIBA 浓度数据的远程提取。

为了实现这一功能，将 HORIBA 系统作为服务器，PC 作为客户端，编制客户端程序。TCP/IP 通信主要使用了 LabVIEW 的 TCP/IP 相关函数模块、字符转换及处理函数、数组及图形显示模块等。与 HORIBA 的 TCP/IP 通信程序流程图如图 7-13 所示，TCP/IP 接收程序后面板源程序框图如图 7-14 所示。其中，初始化使用 TCPListen 函数创建了一个网络监听者，设定要监听的 IP 地址及其端口，用来监听 HORIBA 的数据请求，HORIBA 的端口号为 7700。使用 TCPRead 函数从网络上读取数据到本地 PC，用于数据处理；使用 TCPWrite 函数向网络上发送数据，请求 HORIBA 发送数据；使用 TCPClose 函数关闭 TCP 连接等[8]。

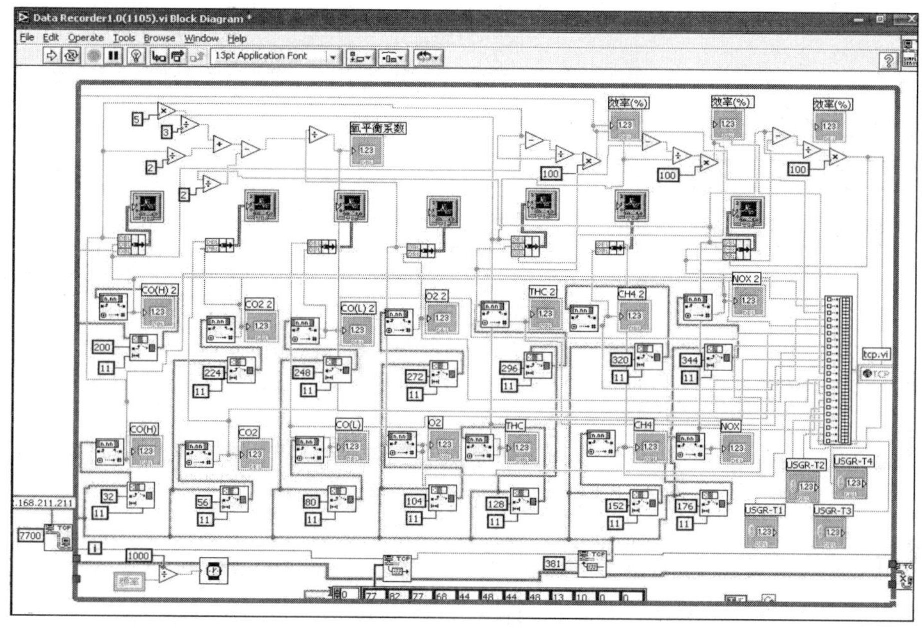

图 7-14　TCP/IP 接收程序后面板源程序框图

7.3.3　HORIBA 反馈数据处理

因为从 HORIBA 反馈的数据为字符串型，所以在进行数据处理时首先要将所需数据（各组分浓度）提取出来，提取过程在 LabVIEW 中通过使用索引子字符串函数 StringSubset 实现；其次进行类型转换，将子字符串变为数字量以供显示或保存时使用，使用 String to Number 函数实现此项功能。

7.3.4　数据融合、实时显示及同步保存

在使用 LabVIEW 软件分别完成了 USGR 设备温度数据的采集和 HORIBA 设备气体浓度数据的采集后，还需要将这两组数据进行融合，以时间为标准，保存为同一组数据，并实时显示。数据保存程序流程图如图 7-15 所示，后面板源程序框图如图 7-16 所示。

首先使用 Open File 函数打开一个 Excel 文件，用户可以自己定义文件的名称及保存的路径等，然后使用 Array to SpreadSheet String 函数及 Concatenate String 函数将以时间为标准的一组数据与时间数值组合，用 Write File 函数实现数据保存。

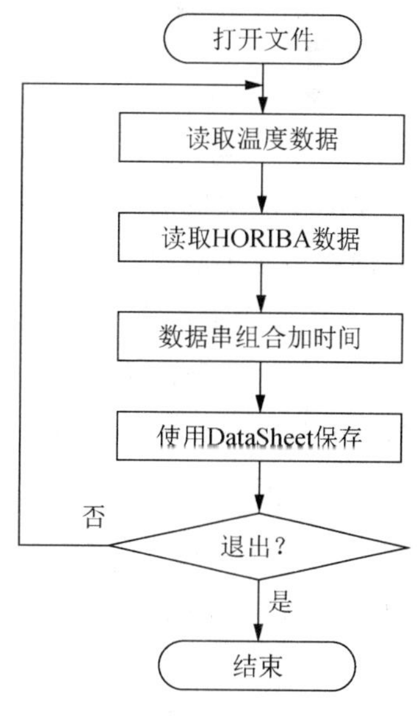

图 7-15　数据保存程序流程图

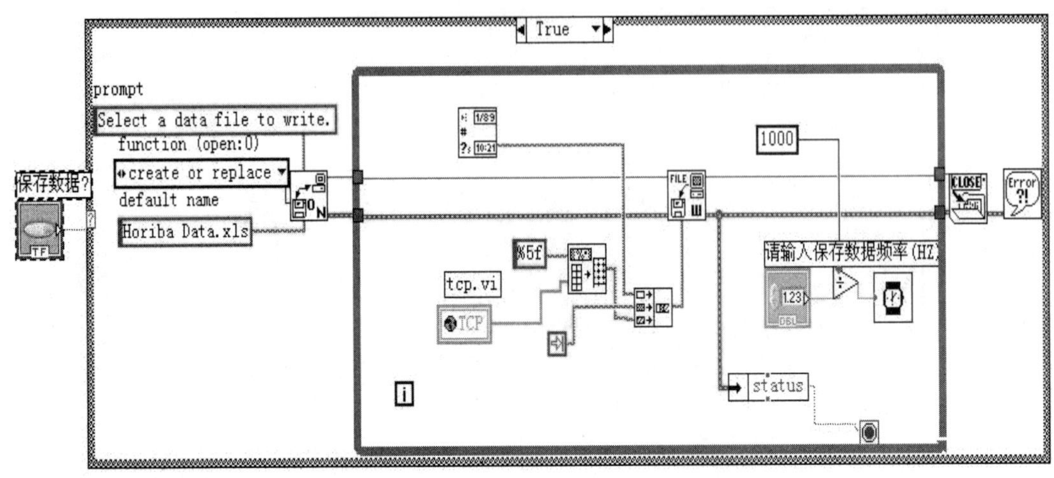

图 7-16　数据保存程序后面板源程序框图

为了保证温度数据与浓度数据的同步性，将保存数据的时间间隔设定为 100ms（数据保存频率默认为 10Hz），与 HORIBA 的数据发送频率 10Hz 保持一致。因为 DSP 采集温度数据的频率远大于 10Hz，所以在 100ms 内采集的数据个数可能大于 1，但此时的温度数据将每隔 100ms 保存一次，在 100ms 之间采集的其他多余温度数据将被丢弃。

数据的图形显示使用了 Waveform Charts 控件，它以从采集开始到现在的相对时间为横坐标，以在此时间下的浓度数据或温度数据为纵坐标。USGR 设备温度数据和 HORIBA 设备气体浓度数据的具体数值及其变化情况将随着时间的变化实时显示。因此，在实验进行过程中就可以观察到温度的变化情况，以及经过催化剂催化转化作用后气体浓度的变化情况。如果不使用 LabVIEW，就只有等到实验结束后才能从数据结果中观察到这种情况。因此，LabVIEW 给使用者带来了极大的便利，提高了工作效率。Excel 中保存的数据格式如表 7-5 所示，表中数据为不加标准气体时随机状态下的数据。在此过程中需要注意的是，打开 Excel 文件的操作只在保存循环开始时执行一次，不应包括在循环体之中，即在保存第一组数据时，用户指定保存路径，在保存第二组数据时，路径等参数与第一组一致，在停止数据保存操作之前，Excel 文件一直是打开的并未关闭，否则每保存一组数据都要求用户输入保存路径，而且新的数据将替换之前的数据，在保存结束后，Excel 文件中仅保存最后一组数据。

表 7-5　Excel 中保存的数据格式

系统时间	CO(H)入口/10^{-6}	CO(H)出口/10^{-6}	CO(H)效率/%	CO_2 入/10^{-6}	CO_2 出/10^{-6}	CO(L)入/10^{-6}	CO(L)出/10^{-6}
10:56:02	1039.6	408.08	60.74644	2345.2	2795.6	1239.4	521.14
10:56:03	1045.2	408.07	60.95771	2345.1	2793.7	1239.3	521.1
10:56:04	1040.5	409.88	60.6074	2345	2792.7	1239.3	521.16
10:56:05	1038.6	408.06	60.71057	2343.1	2793.5	1239.3	521.16
系统时间	O_2 入/10^{-6}	O_2 出/10^{-6}	THC 入/10^{-6}	THC 出/10^{-6}	THC 效率/%	CH_4 入/10^{-6}	CH_4 出/10^{-6}
10:56:02	91.548	−14.589	−1.3408	1.1064	182.5179	−5.569	−3.8636
10:56:03	110.89	0.63425	−1.2271	0.97795	179.696	−5.569	−3.9147
10:56:04	85.738	−29.81	−1.4544	0.58755	140.3981	−5.569	−3.8891
10:56:05	89.61	−43.128	−0.77474	0.71853	192.7447	−5.5102	−3.8509
系统时间	NO_x 入/10^{-6}	NO_x 出/10^{-6}	NO_x 效率/%	氧平衡系数	温度 T_1/℃	温度 T_2/℃	
10:56:02	−1.0876	−4.1452	−281.133	0.176696	221.7262	222.4523	
10:56:03	−1.0876	−4.2732	−292.902	0.2128	224.3452	224.9944	
10:56:04	−1.0876	−4.2731	−292.893	0.165399	221.1973	221.9377	
10:56:05	−0.96461	−3.635	−276.836	0.172828	222.5321	223.2357	

7.4　氧传感器性能检测系统软件开发

氧传感器是三元催化系统的组成部件，也是 OBD 系统要检测的关键传感器。它对催化器的正常工作起着决定性作用。国Ⅲ排放标准的一个重要变化就是加装了后氧传感器，以便更好地监测催化转化系统的转化效率。因此，有必要进行氧传感器性能参数检测[9,10]。

7.4.1　氧传感器及其应用

氧传感器的类型主要有浓差型氧传感器、极限型氧传感器及半导体型氧传感器等。本节所述是指浓差型氧传感器——氧化锆氧传感器。氧化锆氧传感器输出电压与空燃比的关系如图 7-17 所示。在一定工作条件下，氧传感器内外两侧存在氧浓度差。浓度差越大，其输出电压越大。浓混合气（$\lambda<1$ 时）燃烧后生成的废气中不含氧，输出一个高电压（0.6～1V），即氧传感器的上限电压；稀混合气（$\lambda>1$ 时）燃烧后生成的废气中含有较多的氧，输出一个低电压（0～0.3V），即氧传感器的下限电压。当混合气在理论最佳空燃比（14.7）的情况下稀释或加浓时，其输出电压的最大值、最小值将发生跳变，跳变的过渡时间一般在 50～300ms。

催化器转化效率是 OBD 系统必须监测的项目之一。催化器转化效率的监测原理，如图 7-18 所示。图 7-18 中采用双氧传感器，用“浓”和“稀”混合气交替的方法监测催化器的储氧能力。催化器转化效率监测要监测氧传感器的信号电压是否超出可能范围、响应速度是否过低、跳变时间之比是否超出规定范围、波动频率是否过低，以及氧传感器加热器是否加热过慢等。通过比较上、下游氧传感器电压的幅值和频率，判断催化器的储氧能力。不同催化剂下氧传感器响应速度变化和输出电压变化，分别如图 7-19 和图 7-20 所示。图 7-19（a）所示为正常情况下上游氧传感器及下游氧传感器信号电压及频率，催化剂中铈元素的储放氧能力使下游传感器电压变化缓慢；图 7-19（b）所示为催化器储氧能力不足时下游氧传感器输出波形。图 7-20（a）所示为下游氧传感器电压偏高，一直高于稀混合气时的输出电压，说明尾气中氧含量异常低；图 7-20（b）所示为下游氧传感器电压偏低，一直低于浓混合气时的输出电压。

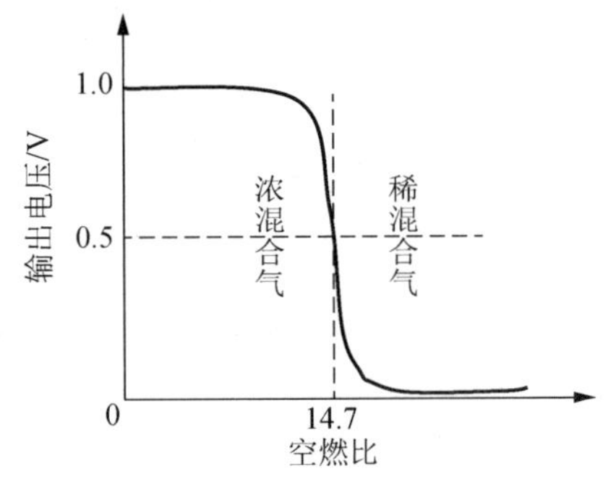

图 7-17　氧化锆氧传感器输出电压与空燃比的关系

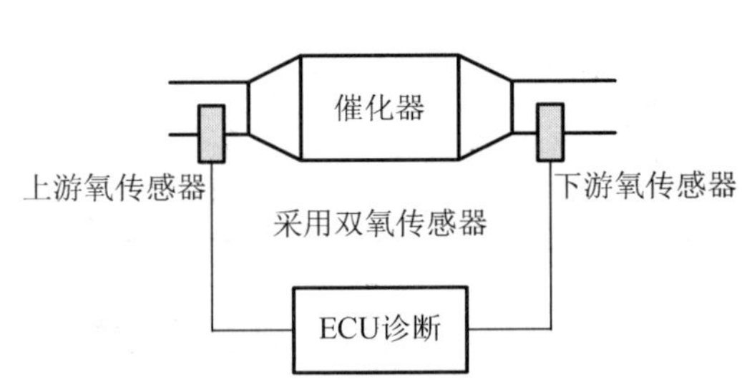

图 7-18　催化器转化效率的监测原理

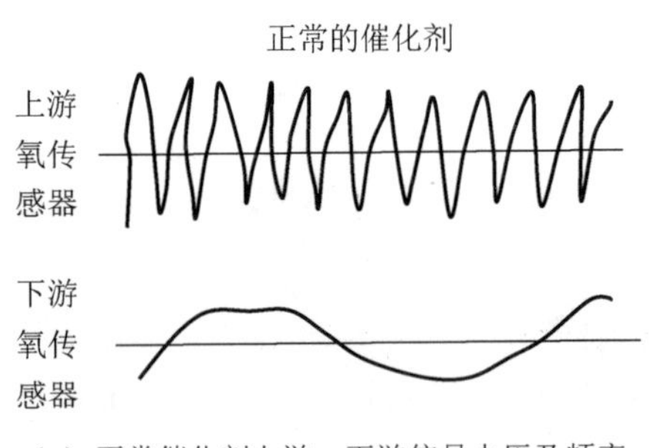

（a）正常催化剂上游、下游信号电压及频率

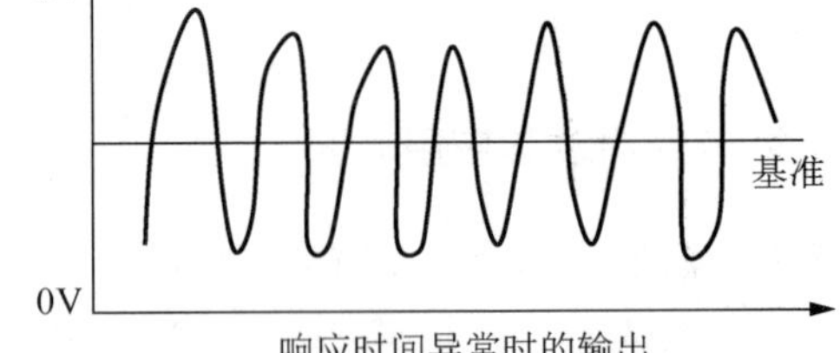

（b）储氧能力不足时下游氧传感器输出波形

图 7-19　不同催化剂下氧传感器响应速度变化

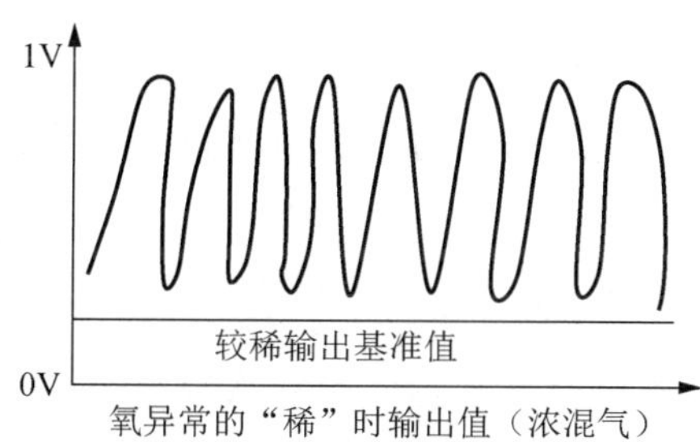

（a）尾气中氧含量异常低时的输出电压

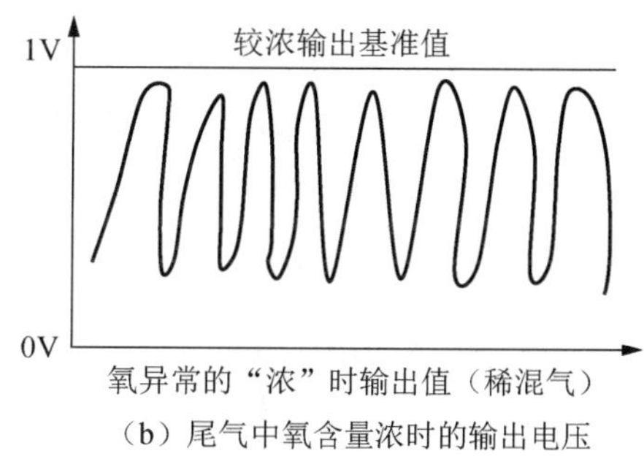

（b）尾气中氧含量浓时的输出电压

图 7-20　不同催化剂下氧传感器输出电压变化

7.4.2　氧传感器输出电压信号检测

氧传感器电压信号在 DSP 中的采集过程与 USGR 温度信号的采集过程相似，也经过 A/D 转换、发送到 SCI 串口、字节拆分等程序，在此仅介绍 A/D 转换程序的开发。

DSP56F807 有两个 ADC 功能模块，每个 ADC 功能模块包括八个输入通道和两个独立的采样保持电路，其转换精度为 12 位。两个独立的转换器把它们的结果存储在数字输出存储寄存器中，等待内部操作。转换过程可以被 SYNC 同步信号触发，也可以被控制寄存器 START 位的写操作触发。单边输入电压计算公式为

$$V_{\text{result}} = \frac{V_{\text{Read}}}{32\,760} \times V_{\text{ref}} \tag{7-3}$$

式中，V_{Read}——转换结果的寄存器读数；

V_{ref}——参考电平 3.3V；

V_{result}——单边输入电压（V）。

因为 ADC 是 12 位精度的，其转换的最大值是 4 096，但 12 位转换结果被左移了 3 位，再加上一个符号位，所以最大值是 32 760。ADC 最大时钟频率为 5MHz（每个时钟周期为 200ns）。第一个采样需要 8.5 个 ADC 时钟，以后每个采样需要 6 个 ADC 时钟。同时模式采样一次，扫描有 4 个采样，一共需要 26.5 个时钟周期，最快需要 5.3μs（26.5×200ns=5.3μs）。

A/D 转换程序流程图如图 7-21 所示。

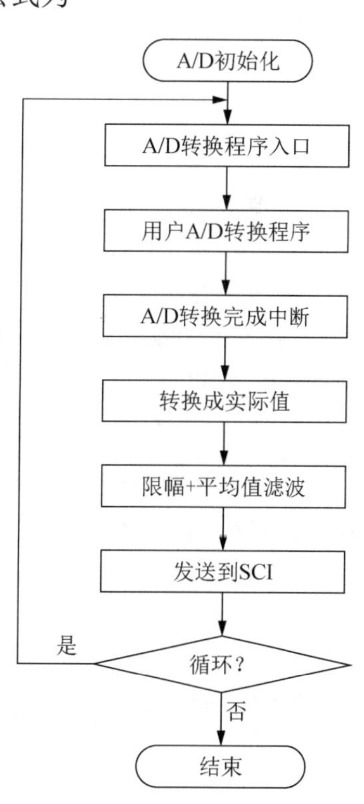

图 7-21　A/D 转换程序流程图

使用 ADC 驱动程序的步骤，首先要将低层次 I/O API 初始化：

1）在 config.h 文件中把 undef INCLUDE_ADC 改为 define INCLUDE_ADC。

2）在 main.c 的开头加入#include"adc.h"，还可以用 define 语句实现 ADC 的配置。例如：

```
#define ADC_RAW_CONVERSION_COMPLETE_CALLBACK wczd
```

它的意思是把函数 wczd（“完成中断”四字的拼音首字母）作为 A/D 转换完成的中断函数，每次 A/D 转换完成后自动跳转执行 wczd ()。

```
#define ADC_RAW_LOW_LIMIT_CALLBACK  dzzd
```

它的意思是把函数 dzzd（“低值中断”四字的拼音首字母）作为 A/D 转换的下阈值中断函数，当 A/D 转换的结果低于给定值时程序自动跳转执行 dzzd。

```
#define ADC_RAW_HIGH_LIMIT_CALLBACK  gzzd
```

它的意思是把函数 gzzd（“高值中断”四字的拼音首字母）作为 A/D 转换的上阈值中断函数，当 A/D 转换的结果高于给定值时程序自动跳转执行 gzzd。

3）配置结构体 adc_sStates。

```
static const adc_sState sAdc1={
    /* AnalogChannel = */  ADC_CHANNEL_0,
    /* NumSamplesPerScan = */  1,
    /* OffsetRegister = */  0,
    /* LowLimitRegister = */ 0x0ba2,
    /* HighLimitRegister = */ 0x26c7
    /* ZeroCrossing = */ 0,
};
```

其中，ADC_CHANNEL_0 表示采用 AN0 作为输入通道。

0x0ba2 是下阈值（0.3V），当转换结果低于这个值时执行下阈值中断程序。

0x26c7 是上阈值（1V），当转换结果高于这个值时执行上阈值中断程序。

OffsetRegister 是数字偏量，现设为 0。

ZeroCrossing 是过零中断设置，现设为无过零中断。

NumSamplesPerScan 是设置每次的扫描采样，现每次扫描采样设为 0。

4）打开 ADC 的驱动。

```
AdcFD=adcOpen(BSP_DEVICE_NAME_ADC_0,0,(adc_sState*)&SAdc1)
```

其中，BSP_DEVICE_NAME_ADC_0 表示使用 ADCA，如果用 ADCB 则用 BSP_DEVICE_NAME_ADC_1，0 表示只读。

(adc_sState*)&SAdc1 表示这次操作使用结构体 Adc1 中的设置。

该操作得到一个 int 型变量标志值 AdcFD。

5）进行 A/D 转换。

```
adcIoctl(AdcFD,ADC_START,0,BSP_DEVICE_NAME_ADC_0);
```

其中，AdcFD 为打开操作得到的变量。

ADC_START 为操作的类型，即让 A/D 转换开始。

BSP_DEVICE_NAME_ADC_0 表示用 ADCA。

当每次转换完成时，程序产生完成中断，进入完成中断程序 wczd()。在此程序中，用户自定义了需要的结果处理程序。

6）关闭 A/D 转换。

```
adcClose(AdcFD)
```

其中，AdcFD 为打开操作得到的变量。

7.4.3 内阻及过渡时间检测程序

内阻检测及过渡时间检测主要在 DSP 中通过 C 语言编程来实现，再发送到上位机中保存。

由于氧传感器的内阻不能直接读出，因此使用了内阻测量电路（图 7-6）间接地进行测量。内阻检测程序使用了两路 A/D 通道分别检测接不同电阻值 R_1 和 R_2 时电路的输出电压值，再经过计算得出氧传感器的内阻值 R_n，并将其发送到 SCI 中。

$$R_n = \frac{R_1 R_2 (U_1 - U_2)}{U_2 R_1 - U_1 R_2} \tag{7-4}$$

氧传感器过渡时间检测程序流程图如图 7-22 所示。

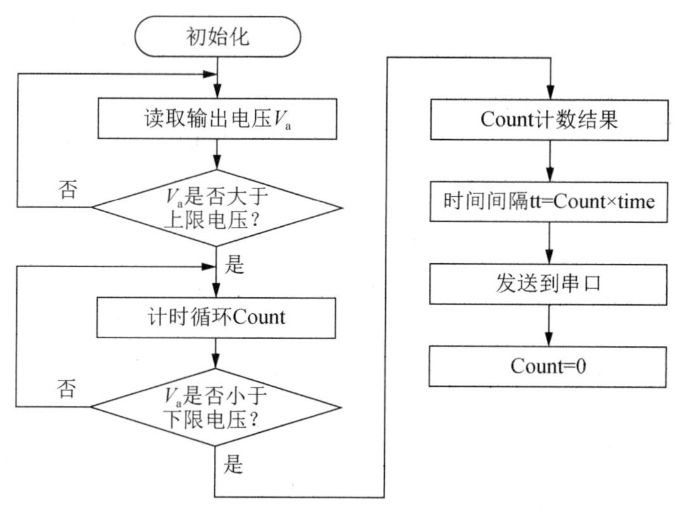

图 7-22 氧传感器过渡时间检测程序流程图

过渡主要使用了定时器中断 Timer 功能模块。定时器中断 Timer 功能模块初始化程序如下：

```
{
  TimerEvent.sigev_notify_function = TimerISR;    //定义定时器溢出中断函数
```

```
  timer_create(CLOCK_AUX1,&TimerEvent,&Timer); //使用 AUX1 时钟信号
//设置定时器的时间间隔
  TimerSettings.it_interval.tv_sec=0;
  TimerSettings.it_interval.tv_nsec=10000000;    //10ms
  TimerSettings.it_value.tv_sec=0;
  TimerSettings.it_value.tv_nsec=10000000;       //10ms
  timer_settime(Timer,0,&TimerSettings,NULL);
}
  static void TimerISR(void)          //定时器中断服务子程序
{
  ioctl(LedFD,LED_TOGGLE,LED_RED);
  count++;                            //定时器发生中断时,中断次数计数器加 1
  timerset();                         //重启 Timer 计时器
 // printf( "count= %d",count);
}
```

过渡时间检测程序的运行过程如下。

Timer 函数的主调用入口程序放在 A/D 转换的完成中断函数中，程序通过判断 A/D 转换后的电压值是否超过氧传感器的上限电压值（较浓混合气时的输出电压值约为 800mV）来判断是否启动 Timer 计时程序。若满足条件，即电压值大于 800mV，则启动 Timer 计时程序。程序在初始化时设定的 Timer 模块计时周期为 10ms，当超过 10ms 时，Timer 程序会发生溢出中断。在溢出中断处理程序中，中断次数计数器 Count 的值会自动加 1，并重启 Timer 计时器。如此循环，直到电压值低于氧传感器的下限电压值时关闭 Timer 计时器，停止循环并输出 Count 的当前值。氧传感器的过渡时间 tt 即为 Timer 计时周期 time 与计时次数 Count 之积。将 tt 值发送到 SCI，即可实现 DSP 中过渡时间的采集计算过程。

DSP 中部分 C 语言程序如下：

```
void wczd(adc_eCallbackType type,adc_tSampleMask causeSampleMask)
 { …
    If( ReadValue >= 0x45cd )            // Timer 高值触发
    {  timerset ();                      // 打开 Timer 计时器
    }
    If( ReadValue <= 0x1388)             // Timer 低值触发
    {  tt=count*10;  /*输出 count 值;计算时间;*/
      // printf("过渡时间 tt=%dms\n",T);
    }
     sci0=open(BSP_DEVICE_NAME_SCI_0,O_RDWR|O_NONBLOCK,&sciconfig);
     …
```

```
        close(sci0);
    }
```

DSP 底层数据采集单元作为检测系统的基础部分，在开发完成后需要脱离原来的 SDK 编译环境，实现真正的片内独立运行。这就需要将用户编译的程序写入 DSP 的片内 Flash 存储器中。

7.4.4　催化器老化指数

车用汽油机三元催化器的性能指标有很多，其中最主要的性能指标有污染物转化效率和排气流动阻力，由汽车发动机排出的废气在催化器中进行催化反应后，其有害污染物浓度得到不同程度的降低，催化器的转化效率定义为

$$\eta_i = \frac{c(i)_{\text{in}} - c(i)_{\text{out}}}{c(i)_{\text{in}}} \times 100\% \tag{7-5}$$

式中，$c(i)_{\text{in}}$——排气污染物 i 在催化器入口处的浓度；

$c(i)_{\text{out}}$——排气污染物 i 在催化器出口处的浓度。

催化器对某种污染物的转化效率，取决于污染物的组成、催化剂的活性、工作温度和空间速度等因素，它们分别可用催化器的空燃比特性、起燃特性和空速特性表征；而催化器中排气的流动阻力则由流动特性表征。催化器的车载诊断一般不使用直接测量发动机尾气排放的方式获得，而是在转化效率与 OBD 传感器信号之间建立一定的关系，用催化器老化指数表征，对催化器效率进行间接测量。

设上游氧传感器输出信号为 $x(t)$，下游氧传感器输出信号为 $y(t)$，目前催化器老化指数（ID）被定义为[11]

$$\begin{cases} \text{ID} = \text{Max}\left\{\varphi_{xy} / \varphi_{xx}\right\} \\ \varphi_{xx} = \int x^2(t)\text{d}x \text{，} \quad \varphi_{xy} = \int x(t)y(x-\tau)\text{d}\tau \end{cases} \tag{7-6}$$

如果催化器老化，则 ID 最大值约为 1.0，表示前述两个氧传感器电压信号波形相似。

7.4.5　小波变换的基本原理

设信号 $x(t)$ 是平方可积函数，$\psi(t)$ 称为基本小波函数，则信号 $x(t)$ 的小波变换可定义为

$$\text{WT}_x(a,b) - \frac{1}{\sqrt{a}}\int_{-\infty}^{\infty} x(t)\psi^*\left(\frac{t-b}{a}\right)\text{d}t -< x(t),\psi_{a,b}(t) > \qquad (a>0) \tag{7-7}$$

式中，a、b——尺度参数和位移参数；

$*$——取复共轭。

式（7-7）中符号 $< x,y >$ 表示内积，它的含义是

$$< x(t), y(t) >= \int x(t)y(t)\text{d}t \tag{7-8}$$

$$\psi_{a,b}(t) = \frac{1}{\sqrt{a}}\psi\left(\frac{t-b}{a}\right) \tag{7-9}$$

式（7-9）是基本小波的位移和尺度伸缩。式（7-9）的等效频域表达式为

$$\mathrm{WT}_x(a,b)=\frac{1}{2\pi}\int X(\omega)\psi^*(a\omega)\mathrm{e}^{j\omega b}\mathrm{d}\omega \tag{7-10}$$

式中，$X(\omega)$、$\psi(a\omega)$——$x(t)$ 和 $\psi(t)$ 的傅里叶变换。

由此可见，如果 $\psi(a\omega)$ 是复频特性较为集中的带通函数，则小波变换便具有表征待分析信号 $X(\omega)$ 频域上局部性质的能力。当采用不同的 a 值进行处理时，各 $\psi(a\omega)$ 的中心频率和带宽都不一样，但品质因数[(中心频率) / (带宽)]却不变，因此从频域上看，用不同尺度作小波变换相当于用一组带通滤波器对信号进行处理。

Mallat 提出了信号处理的多分辨率概念，用滤波器组等效地计算离散小波，从而使计算方法大为简化。Mallat 塔式算法可描述如下。

对于离散序列信号 $x(t)$，有

$$\begin{cases} x_k^{(0)}=x(k), \quad k=0,1,2,\cdots,N-1 \\ x_k^{(j)}=\sum h_{n-2k}^* x_n^{(j-1)}, \quad d_k^{(j)}=\sum g_{n-2k}^* x_n^{(j-1)} \end{cases} \tag{7-11}$$

式中，N——采样信号点数；

$x_k^{(j)}$——分辨率为 2^{-j}（第 j 层小波分解）下的平滑逼近；

$d_k^{(j)}$——分辨率为 2^{-j} 下的细节信号；

h_{n-2k}、g_{n-2k}——共轭镜像滤波器的脉冲响应。

Mallat 塔式算法就是利用一组带通滤波器对信号进行滤波，把信号分解到不同的频率通道中去。设原信号的分析频率为 f，首先将信号分解为高频段($[2^{-1}f,f]$)细节信号和低频段($[0,2^{-1}f]$)离散逼近信号，然后每进行一次分解，将上次分解的低频离散逼近信号再分解为次高频和低频，每分解一层数据点数减半，采样间隔增加一倍。如此分解 N 次，便可得到第 N 层的小波分解结果。

由于小波分解的各个频率通道内的结果相当于原信号经滤波和减点抽样的时域信号，因此可以直接根据时域结果对信号进行分析。但是经减点抽样的小波分析结果，其时间分辨率下降，若要提高计算精度，则可以利用此频率通道内的结果进行重构，使其恢复原始信号的时间分辨率。重构算法可由下式完成，即

$$x_k^{(j-1)}=\sum_n h^*{}_{2k-n}x_n^{(j)}+\sum_n g_{2k-n}d_n^{(j)} \tag{7-12}$$

近年来，小波函数 $\psi(t)$ 的选取、函数 $x(t)$ 的小波分解和重构算法取得了很大的进展，并出现了一些通用计算程序。小波函数应当根据应用目的不同而选取的原则[12]，在 MATLAB 环境下对实时采集的前后氧传感器的电压信号选取不同小波函数 $\psi(t)$ 进行分解和重构，通过比较和分析最后选取了 Daubechies 小波函数。

7.4.6　信号特征向量和相关系数

假设 $x(t)$ 是氧传感器输出信号，对 $x(t)$ 进行四层小波分解，分解表达式为

$$x = a_1 + d_1 + a_2 + d_2 + a_3 + d_3 + a_4 + d_4$$

式中，a_i、d_i——四层小波分解的第 i 层重构信号。

假设：

$$E_{ai} = \int_{-\infty}^{+\infty} a_i^2(t)\mathrm{dt}\ ,\quad E_{di} = \int_{-\infty}^{+\infty} d_i^2(t)\mathrm{dt}\ ,\quad E_{ai} = \left(\sum_1^4 E_{ai}^2 + \sum_1^4 E_{di}^2\right)^{1/2}$$

则定义信号 $x(t)$ 的特征向量为[13,14]

$$T = \left\{E_{a1}, E_{d1}, E_{a2}, E_{d2}, E_{a3}, E_{d3}, E_{a4}, E_{d4}\right\} / E \tag{7-13}$$

假设 $x(t)$ 和 $y(t)$ 分别是上、下游氧传感器的输出信号，T_x 和 T_y 为响应的特征向量。定义 $x(t)$ 和 $y(t)$ 的相关系数为

$$R_{xy} = T_x T_y \tag{7-14}$$

相关系数 R_{xy} 反映信号 $x(t)$ 和 $y(t)$ 的相关程度，它能够决定被研究的上、下游氧传感器信号的相关程度。

7.4.7　催化器相关性分析

采用氧传感器的输出信号来控制燃油的喷射，确保空燃比在理论空燃比附近，这是目前控制汽油车排放的一项主要技术。但是，由于系统的响应延迟（主要是废气的流动和传感器的响应延迟），导致实际的空燃比总是以一定的频率在理论值附近波动。因此，在催化器的水洗涂层中添加了能够储存和释放氧的稀土元素铈，这样当空燃比波动时能够提高催化器的净化效率。当空燃比较大时，铈能够吸收废气中多余的氧气；而当混合气较浓时，铈又能释放出所吸收的氧气参与废气在催化器中的氧化反应。由此可知，当车辆在相对稳定的转速和负载下运转时，如果催化器工作正常，则催化器下游的废气中氧含量将会很小；相反地，如果催化器的工作效率及氧的储存能力下降，则催化器下游的废气中氧含量会很高。

基于上述原理，可以采用在催化器的上下游各装置一个氧传感器的方法，通过对氧传感器的信号分析来确定催化器的工作状态。正常运行的催化器因其储氧功能而使下游氧传感器的动态响应与上游氧传感器相比受到明显的阻尼，下游氧传感器动态响应曲线的振幅将非常小。反之，如果下游氧传感器电压信号的波形非常接近上游氧传感器电压信号的波形，则 ECU 认为催化器的工作效率过低。催化器的工作效率可以通过对前后氧传感器信号波形的对比来评价，当催化器工作正常时，曲线的振幅相差较大；而当催化器工作效率下降或者已经失效时，曲线的振幅较为接近。

汽车尾气净化前后采集到的上、下游氧传感器的电压信号是不同的，上游氧传感器信号变化较小，而下游氧传感器信号随催化器的使用（老化）时间而发生较大的变化，

如图 7-23～图 7-25 所示。从图中可以看出，老化之前，催化剂储氧能力较强，能够在贫氧时释放氧，在富氧时储存氧，使尾气中的有害气体发生化学变化，从而达到净化废气的作用，相应的抗波动能力也很强，下游氧传感器的迟滞时间较长。随着老化时间的增加，催化剂储氧能力明显下降，抗波动能力下降，下游氧传感器的迟滞时间缩短，下游氧传感器动态响应的幅值和输出循环将逐渐接近上游氧传感器[15,16]。这样，通过对比催化器前后两个氧传感器的输出波形，就可以判断催化器的储氧能力，从而得到催化器的老化程度，即对前后氧传感器的输出波形进行相关性分析便可判断催化器的性能优劣。

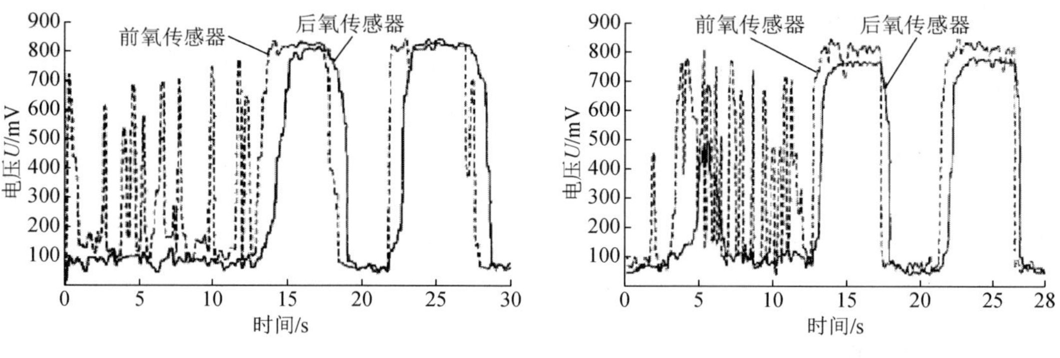

图 7-23　新鲜催化器输出信号

图 7-24　老化 a 小时后输出信号

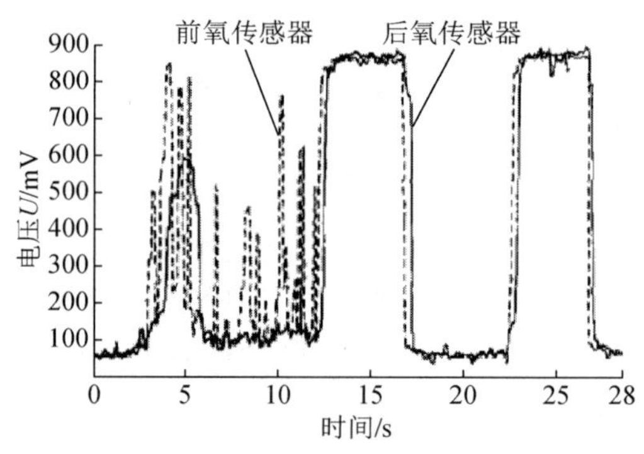

图 7-25　老化 b 小时后输出信号

前后氧传感器的输出波形为监测系统采集后保存的离散数据，可以利用小波变换得到各频带的信息，使用能量元素构造特征向量的式（7-13），得到特征向量后，直接按照式（7-14）计算得到前后氧传感器的相关系数，完成前后氧传感器的相关性分析。选取新鲜状态下前后氧传感器数据进行分析，小波分析的结果如图 7-26 和图 7-27 所示，计算得到的相关系数如表 7-6 所示。

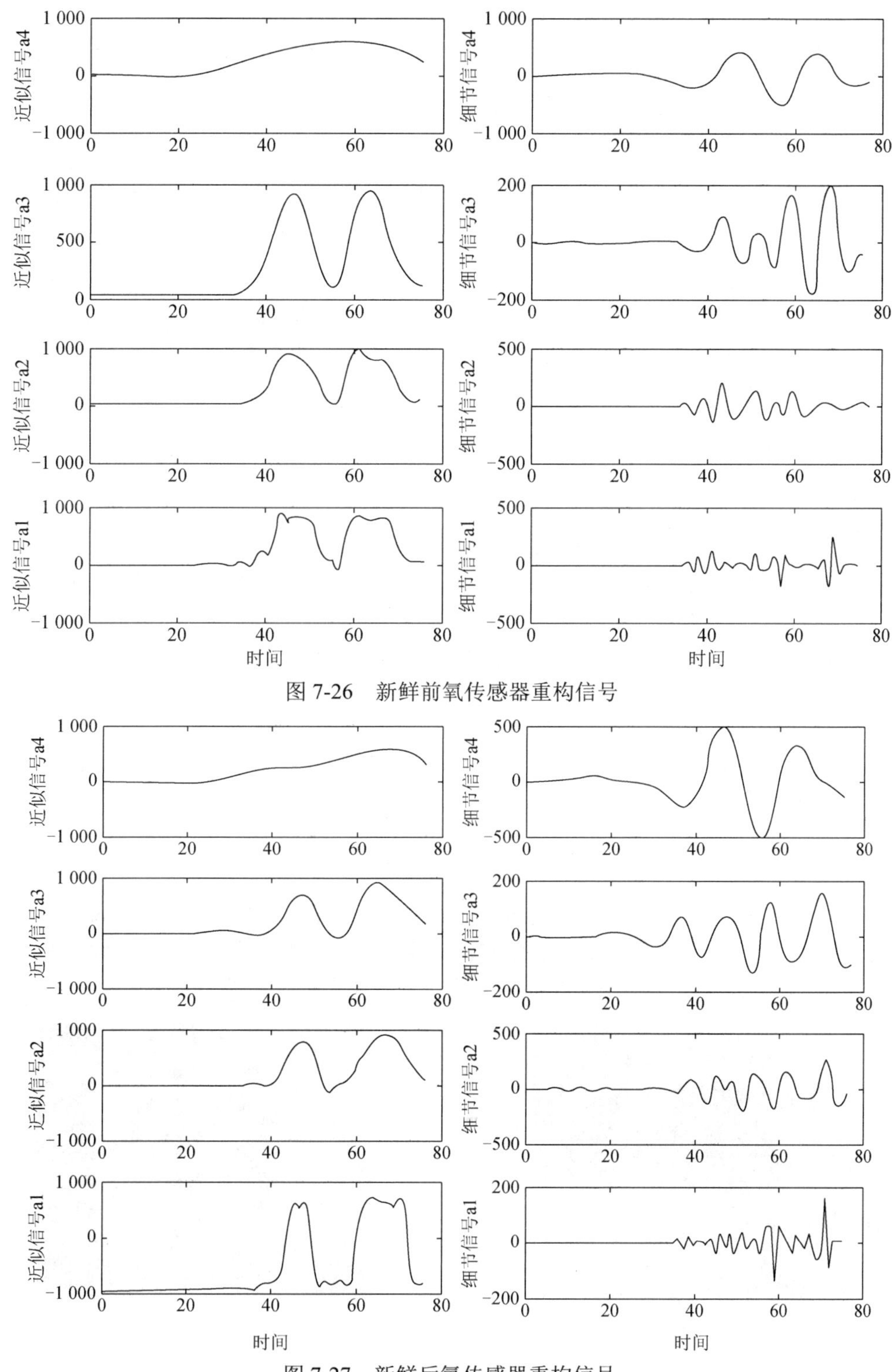

图 7-26　新鲜前氧传感器重构信号

图 7-27　新鲜后氧传感器重构信号

表 7-6　不同老化程度下前后氧传感器特征向量和相关系数

老化程度	特征向量	相关系数
新鲜	T_1=[0.283,0.486,0.322,0.219,0.022,0.009,0.029,0.023]	0.876
	T_2=[0.423,0.510,0.505,0.375,0.012,0.078,0.026,0.066]	
a 小时后	T_1=[0.330,0.186,0.116,0.070,0.016,0.100,0.041,0.004]	0.968
	T_2=[0.514,0.210,0.129,0.083,0.011,0.114,0.048,0.004]	
b 小时后	T_1=[0.383,0.243,0.156,0.081,0.015,0.025,0.033,0.011]	0.994
	T_2=[0.399,0.304,0.187,0.112,0.022,0.019,0.036,0.012]	

采用双氧传感器法判断催化器的性能，实际上是检测催化器的储氧能力，储氧能力强的催化器具有较高的转换效率。利用小波变换的方法可以得到不同老化状态下前后氧传感器输出信号的相关性，如表 7-6 所示，相关性越大，前后氧传感器的波形就越接近，催化器的老化程度也就越高[17,18]。

7.5　检测系统实验

在完成了对催化剂温度信号数据和排放气体浓度信号数据进行联合采集、对氧传感器的性能参数检测的软硬件设计后，为验证各种方案及不同参数设置下的效果，在某公司的实验设备上进行了大量的检测实验。

在实验过程中用到的主要设备有USGR，其主要用于催化剂小样的性能测试与评价；HORIBA，其用于测试经催化剂催化转化作用前后的标准气的成分和浓度变化情况；燃油机油催化老化系统（FOCAS），用于模拟发动机气缸的燃烧过程，提供不同空燃比下的燃烧状况。在氧传感器的前期实验中，还检测了催化器水急冷实验台上的氧传感器信号电压等参数。

7.5.1　USGR 与 HORIBA 联合数据采集系统实验

某公司的主要实验设备分别如图 7-28 和图 7-29 所示。表 7-7 所示为 Excel 记录文件中部分实际温度与二次拟合温度数据比较。其中，实际温度项通过人工读取 USGR 设备上的仪表显示，然后通过软件界面保存在 Excel 文件中。

图 7-28　某公司的主要实验设备（USGR）

图 7-29　某公司的主要实验设备（HORIBA）

表 7-7　Excel 记录文件中部分实际温度与二次拟合温度数据比较

单位：℃

采集时间	实际温度	插值温度	拟合温度	采集时间	实际温度	插值温度	拟合温度
14:25:09	255	249.872 8	255.397 3	14:34:20	282	274.135 9	283.158 9
14:25:10	255	249.849 8	255.374 1	14:34:21	282	274.048	283.071 3
…	…	…	…	…	…	…	…
14:31:28	267	265.465 1	272.205 3	14:38:28	289	282.949 1	291.853
14:31:29	272	266.373	273.367 5	14:38:29	289	284.004	292.882 9
…	…	…	…	14:38:33	290	286.779 5	295.341 1
14:34:18	282	273.549 2	282.458 2	14:38:34	290	283.146 9	292.046 3
14:34:19	282	273.392 1	282.260 9				

图 7-30 为采集 USGR 温度时，LabVIEW 软件程序中显示的实测温度与二次拟合温度数据图形比较。

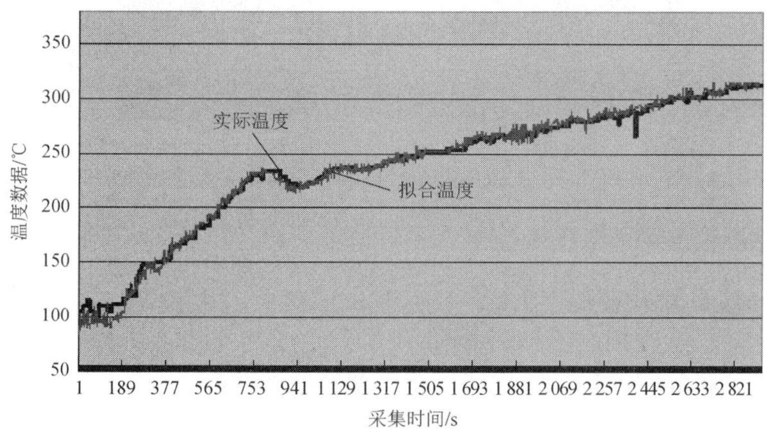

图 7-30　实测温度与二次拟合温度数据图形比较

理论空燃比下催化剂转化效率曲线如图 7-31 所示。图 7-32 为USGR 温度与 HORIBA 浓度信号联合数据采集系统实验结果界面。

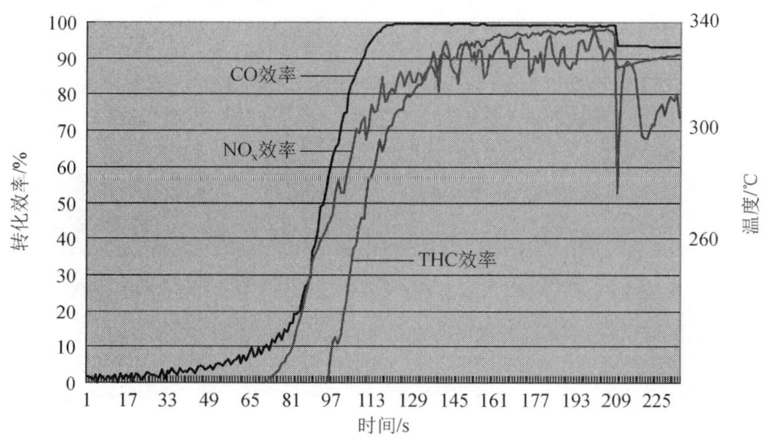

图 7-31　理论空燃比下催化剂转化效率曲线

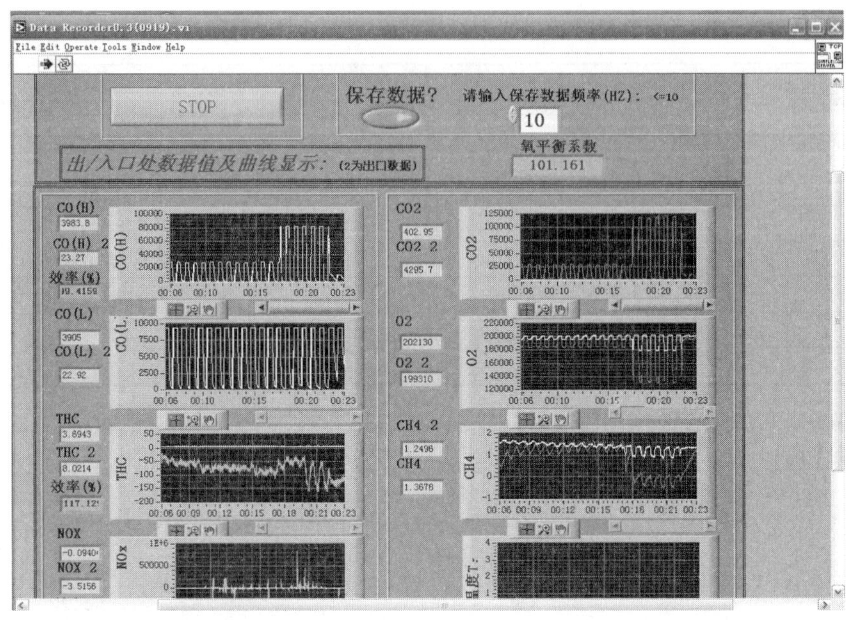

图 7-32　USGR 温度与 HORIBA 浓度信号联合数据采集系统实验结果界面

7.5.2　氧传感器输出信号电压值检测

在使用 LabVIEW 软件程序之前，使用了 SDK 软件包中自带的 PC-Master 软件观测催化器水急冷实验台上的氧传感器信号电压变化曲线。在 FOCAS 系统上使用 LabVIEW 软件程序采集的氧传感器信号的电压变化曲线，如图 7-33 所示。本系统已经应用于公司的检测实验中，实现了实验数据的自动保存及显示，而且实验人员可以远离现场通过局域网实现远程操作，极大地降低了实验人员的劳动强度，为公司节省了数目可观的设备购置费用。

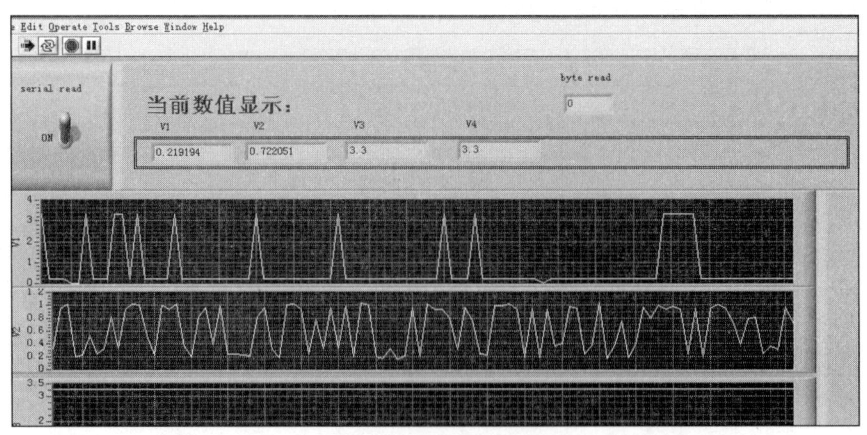

图 7-33　LabVIEW 采集的氧传感器信号的电压变化曲线

7.6　发动机失火监测

发动机失火故障会对环境和车辆本身造成巨大的危害。发动机失火率越高，排气温度越接近催化器正常工作所允许的最高排气温度，致使催化器失效，车辆排放超标，发动机发生失火故障对装配催化器的车辆的危害尤为严重，因此，必须及时准确地诊断发动机的失火故障。OBD 法规中明确规定失火故障是必须进行检测的项目。

7.6.1　发动机失火产生原因及危害

发动机失火是指燃油不足、气缸密封问题、火花塞缺火和点火时刻过早等因素造成的混合气在燃烧的过程中因为燃烧速度为零而不能传播火焰的现象。该现象使混合气在发动机循环工作过程中不能完全燃烧，导致发动机输出功率下降、消耗的燃油量增加、排放的废气中 HC 成分超标[19-21]。

发动机失火通常是点火系统的软件或硬件发生故障，以及混合气的实际浓度与理论值差距过大等原因引起的，归纳起来主要有以下几个原因[22]。

1）点火系统中，线圈、导线或火花塞发生了故障。

2）进气系统，包括曲轴箱的强制通风系统及 EGR 阀，密封性存在缺陷或空气流量传感器提供的信息为虚假的小流量信息，导致混合气过稀。

3）燃油泵或燃油过滤器发生堵塞，压力调节器或喷油器等发生故障，导致喷油压力达不到正常值，从而造成混合气过稀。

4）氧传感器在长时间怠速状态或短距离运行工况下发生表面硅污染，向 ECU 提供不正确的混合气浓度信息。

5）燃油中含有水、酒精或其他种类的污染物，导致混合气被稀释。

6）ECU 硬件或软件发生故障。

上述原因会造成发动机在运行过程中发生持续失火，同时导致催化剂温度大幅度升高，催化剂在温度升高后会引起严重的热失效，最终导致催化剂失效，使发动机排放超标。OBD 法规中规定必须对失火造成的催化剂损害和排放超标这两种失火危害进行监测。

7.6.2　发动机失火诊断方法

对发动机失火故障进行诊断的方法主要有以下几种。

1）转矩估计法。根据实际情况建立发动机的动力学模型，利用瞬时转速计算得到瞬时转矩或得到各缸的缸内燃后气体压力，从而判断发动机失火情况并确定失火的气缸[23]。

2）波形统计分析法。对得到的瞬时转速的波形进行直接分析，可以采用傅里叶变换和相关性分析等方法，通过特征值的范围来判定失火故障[24,25]。

3）瞬态参数计算法。将采集到的发动机的瞬时转速或瞬时加速度与发动机正常运行时的数据进行比较，以此来判断发动机是否发生失火故障[26-30]。

4）辅助检测法。在发动机上安装必要的辅助检测设备以提取需要的信息，从而判断发动机是否发生失火故障，主要有离子电流法、宽域氧传感器法及缸内压力法三种方法[31]。

第一种方法能够准确地判断发动机失火故障，但是由于算法较为复杂，难以满足诊断的实时性要求，因此这种方法多用于离线诊断。第二种方法和第三种方法都能满足诊断的实时性要求，相比之下第三种方法的算法更为简单，因此目前的车载诊断策略普遍采用这种方法。第四种方法由于需要增加额外的设备，成本被大幅提高，因此应用不广泛。

7.6.3 发动机失火诊断使能条件

发动机转速波动的影响因素有很多，为了避免进行失火监测时受到其他因素的干扰，只有满足下列条件时才进行失火监测。

1）发动机的转速控制在一定的范围内。这是因为当发动机转速过低时会发生油气混合不良导致失火，这属于正常现象。当发动机转速过高时，失火气缸转速下降的比例会因为飞轮较大的惯性力而降低，给失火诊断造成难度。

2）发动机冷却液的温度要保持在 20～100℃。

3）蓄电池的电压要高于 18V。

4）其余设备没有故障。

5）仅在平滑路面进行失火诊断。

7.6.4 利用做功时间差诊断发动机失火

发动机运行时要经历进气、压缩、做功、排气四个行程，在压缩和做功过程中，发动机的转速必然会经历先减速后加速，这是正常现象。但是发动机一旦发生失火，在压缩期间发动机的转速会发生小幅减缓，而在做功期间由于缺乏应有的加速，发动机的转速会大幅下降。

发动机曲轴平衡公式为

$$M = W + J\mathrm{d}\omega / \mathrm{d}t \tag{7-15}$$

式中，M——发动机净转矩（N·m）；

W——负载转矩（N·m）；

$\mathrm{d}\omega / \mathrm{d}t$——角加速度（rad/s^2）；

J——发动机的转动惯量（kg·m^2）。

失火会导致发动机的转矩突然下降。因此，式中 $\mathrm{d}\omega / \mathrm{d}t$ 为负值。

式（7-16）为 ω_i 的计算公式，它定义为两个气缸点火时间间隔 T_i 内的曲轴角速度。式（7-16）中，c 代表发动机的气缸数。式（7-17）为角加速度的计算公式。

$$\omega_i = (4\pi / c) / T_i \tag{7-16}$$

$$\alpha = \mathrm{d}\omega / \mathrm{d}t = (\omega_i - \omega_{i-1}) / \Delta T = (4\pi / c) \times (T_i - T_{i-1}) / T_i^3 \tag{7-17}$$

当车辆行驶在平滑的路面上时，可以通过角加速度来判定发动机是否发生失火故障，但是车辆在行驶中一般都存在换挡、路面不平等影响因素，使车辆在加减速或开闭空调时造成角加速度的波动，因此仅凭角加速度变化不能判定发动机发生失火。为了在任何工况下都能准确地判断发动机失火故障，必须要消除这些影响因素。

为此，在这里引入发动机粗暴度（engine roughness）这个概念。发动机粗暴度是指两个连续的角加速度的差值，是研究发动机失火问题的重要概念，可以用来对发动机在运行中的平顺性进行评估，从而判断发动机是否发生失火故障。由式（7-16）和式（7-17）可以得到发动机粗暴度的计算式（7-18）。利用式（7-18）能够计算得到不同气缸之间的发动机粗暴度，以此来确定发动机的振动是由发动机的瞬态工况引起的，还是由发动机失火引起的。

$$\mathrm{ER}=\left|\Delta T\right|/T_i^3=\left|(T_{i-1}-T_{i-2})-(T_i-T_{i-1})\right|/T_i^3 \tag{7-18}$$

在计算式（7-18）中的 T_i 时用到测量段周期这个概念。测量段周期是指相邻两次点火所对应的发动机曲轴转过的角度，由发动机的气缸数决定，T_i 的值等于发动机曲轴转过（720°/发动机气缸数）所对应的时间。对于三缸发动机来说，T_i 为曲轴转过 240° 对应的时间；对于四缸、五缸和六缸发动机来说，T_i 分别为曲轴转过 180°、144° 和 120° 对应的时间。

利用安装在曲轴上的曲轴位置传感器，可以得到发动机每完成一个测量段周期对应的时间 T_i。由于失火的气缸产生的曲轴加速度与燃烧正常的气缸所产生的曲轴加速度不同，因此两者从上止点到下止点的时间长度不同。针对这个特点，在满足失火诊断条件的前提下，可以把相邻气缸在点火期间上止点到下止点之间的时间差作为判断气缸是否失火的指标，这个时间差称为做功时间差。

以四缸发动机为例，用前面所述的方法来判断失火，T_i 为曲轴转过 180° 对应的时间。将齿盘输入的正弦波信号经过整波后得到方波，设相邻两个方波经过的时间为 Δt_k，那么每个测量段的大小为 30 个 Δt，即

$$T_i=\sum_k^{30}\Delta t_k \tag{7-19}$$

相邻缸的做功时间差 ΔT_i（i=1,2,3,4）为

$$\Delta T_1=T_1-T_4,\quad \Delta T_2=T_2-T_1,\quad \Delta T_3=T_3-T_2,\quad \Delta T_4=T_4-T_3 \tag{7-20}$$

式（7-20）中，1、2、3、4 对应发动机的点火顺序，对于本节实验使用的四缸发动机来说，其点火顺序为 1—3—4—2。

发动机在运行过程中，不发生失火的瞬时转速也是不断波动的，在各缸均正常燃烧的工况下做功时间差 ΔT_i 不为零，且其在一定的范围内波动，这是发动机工作时的正常现象。如果发动机发生失火，那么 ΔT_i 将会远大于其正常的波动范围。当 ΔT_1 出现较大范围波动时，说明测试的第一个气缸发生失火，同理可以判断其他三个气缸。需要注意的是，式（7-20）中的顺序是按照点火顺序排列的，利用公式判定时，若是第二个气缸发生失火，则实际失火的是发动机的气缸 3。

7.6.5　发动机失火诊断程序

应用前面所述的诊断方法，必须正确采集到发动机气缸的做功时间差 T_i，本节利用 TI2812 开发版编写 CAP 模块程序，完成采集 T_i 的功能。利用 LabVIEW 编写程序创建显

示界面，在失火诊断过程中能够直观地显示做功时间差的变化，方便准确地判定失火的发生。LabVIEW 读取数据程序框图如图 7-34 所示。从图中可以看出，因为实验采用的是四缸发动机，所以需要同时采集显示四组数据，在 LabVIEW 中可以利用数组元素，将得到的一组数据分解成实际的针对四个气缸的转速处理数据。

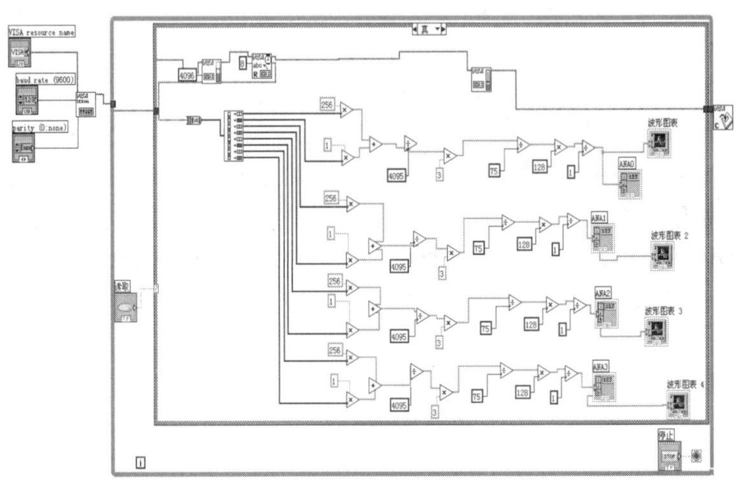

图 7-34　LabVIEW 读取数据程序框图

为了验证策略的准确性，采用人为断火的方式进行失火实验。人为断火是指先使发动机处于稳定工作状态，然后人为地用短路或断路的方法使某一个气缸不能点火，达到这个气缸完全失火状态。在尼桑阳光车上进行发动机失火实验，该车为直列四缸发动机，发动机点火顺序为 1—3—4—2。未失火时的实验结果如图 7-35 所示。人为操作使三缸不能着火，即三缸完全失火，得到如图 7-36 所示的实验结果。从图中可以明显看出波动范围较大，运用失火诊断策略，结合该发动机点火顺序，判定三缸失火，这与实际情况吻合。因此，该失火诊断策略有效，能够准确诊断发动机失火情况。

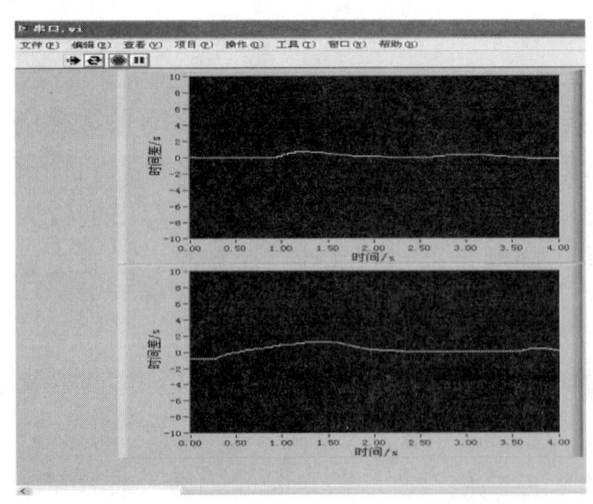

图 7-35　失火实验 LabVIEW 显示结果（未失火）

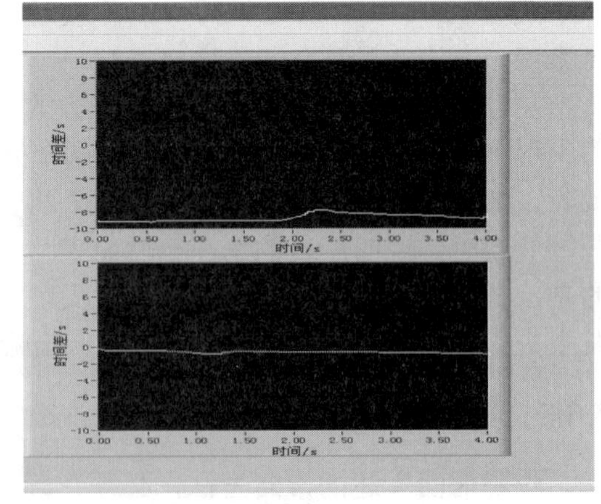

图 7-36　失火实验 LabVIEW 显示结果（失火）

7.7　基于无线网络的 OBD 系统

7.7.1　系统方案设计

基于 ZigBee 技术进行无线收发系统设计时，可以在城市各交通要道和关口处设置监测站，每个监测站配备一个 ZigBee 网络协调器（full functional device，FFD），过往车辆（reduced functional device，RFD）是具有收发功能的传感器节点，这些节点通过车牌号与车辆的其他信息进行唯一对应，当 RFD 进入 FFD 局域网覆盖的范围时，FFD 采集 RFD 车载诊断信息，并通过串口传至监测站计算机数据库，最后传到监控中心计算机，完成对车载尾气排放的监测和管理[32-35]。系统网络架构图如图 7-37 所示。

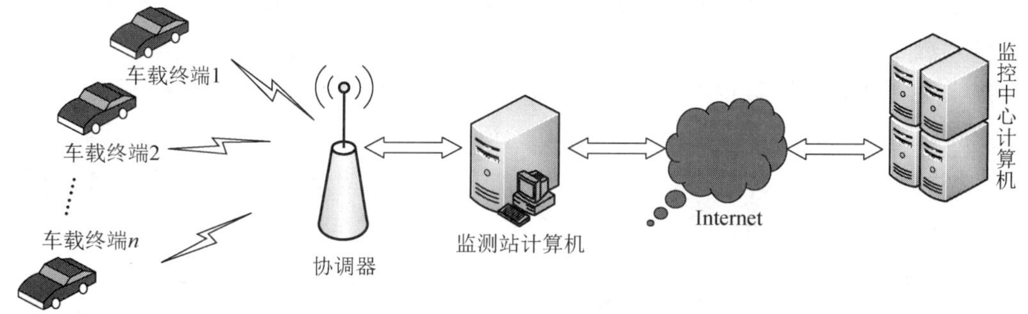

图 7-37　系统网络架构图

该系统由 OBD 自诊断系统[36]和尾气排放监测系统组成[37]。OBD 自诊断系统的原型即 OBD-Ⅱ系统，完成对车上各种与排放有关的零部件的诊断。尾气排放监测系统即 OBD 系统的网络化，完成在无人监管的方式下对运行车辆的 OBD 系统诊断参数的自动采集与处理。

7.7.2　监测站数据库

监测站计算机可以读取数据库存储的车辆档案信息（车辆 VIN、车牌号、车主等）、故障码等。通过对故障码进行分析，给出排放等级、维修建议和维修时限等指令，并对超出维修时限的车辆发出罚款和禁行密令。首先基于 Access 数据库管理系统建立监测站数据库，接着使用 LabVIEW 数据库工具包操作数据库，设计对数据库进行创建表格、添加记录、删除记录等操作的 LabVIEW 程序。

车载监测数据库功能主要有监测站信息管理、车辆信息管理、车主信息管理、监测记录管理、违规车辆管理和监测信息查询[38]。为实现其功能，建立了相应的数据表逻辑结构。其中，车辆信息管理数据表的逻辑结构如表 7-8 所示。

表 7-8　车辆信息管理数据表的逻辑结构

字段名称	字段说明	数据类型	字段大小	备注
VehicleID	车牌号	文本	8	主键
VehicleType	车辆类型	文本	4	—
BuyTime	购买时间	日期/时间	—	短日期
BuyComInsu	购买车险	逻辑	2	—
AnnualInsp	年检	逻辑	2	—

为实现数据的修改和查询，首先建立各数据表之间的关系，其中“车辆信息管理”“车主信息管理”“违规车辆管理”三个数据表和“监测记录管理”数据表以主键“车牌号”字段进行关联，同时“违规车辆管理”数据表和“监测记录管理”数据表以“通过时间”字段进行关联；“监测站信息管理”数据表和“监测记录管理”数据表以“监测站编号”进行关联。

要实现 LabVIEW 数据库工具包操作，应当先连接数据库。采用数据源名称（data source names，DSN）连接数据库方法建立的程序代码界面如图 7-38 所示。数据库连接后，对数据库进行创建表格、添加记录、删除记录、查询记录和关闭窗体等操作。其中，添加记录的程序代码界面如图 7-39 所示。

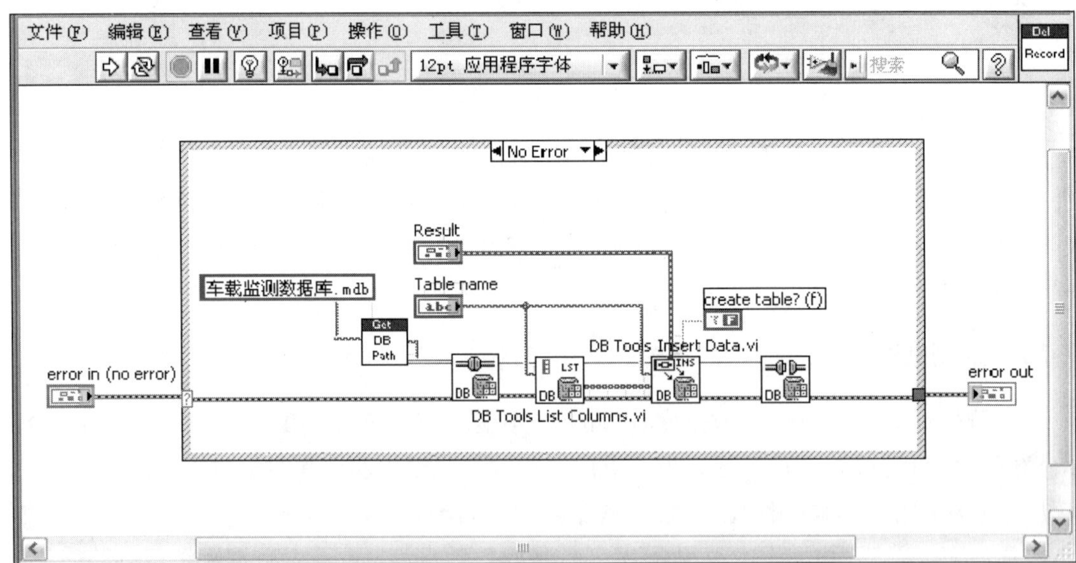

图 7-38　采用 DSN 连接数据库方法建立的程序代码界面

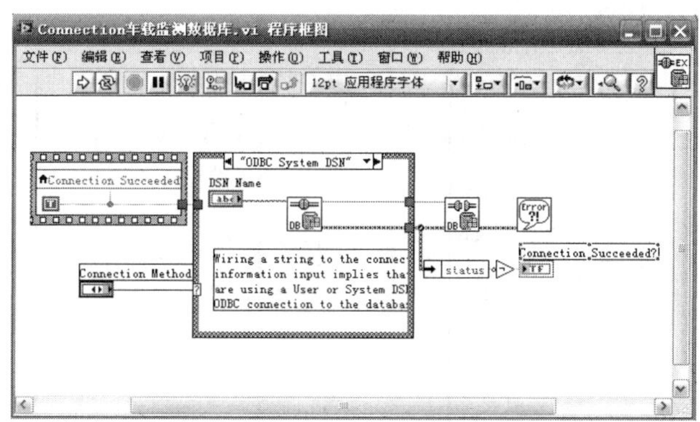

图 7-39　添加记录的程序代码界面

7.7.3　系统硬件设计

无线网络 OBD 系统车载终端与监测站协调器之间的硬件平台示意图如图 7-40 所示。MC9S08GT60 是整个硬件平台的核心，通过单线传输与传感器相连，负责采集各传感器产生的信号，并进行 A/D 转换、数据处理等操作；通过 SPI 总线与 MC13192 相互通信，实现数据的收发和控制信息的交换；通过 RS-232 串口和 BDM 接口与 PC 相连，实现数据的显示和程序下载、调试等操作。车载终端和协调器之间通过两个 MC13192 进行无线射频通信，完成数据的上传和控制指令的下达。

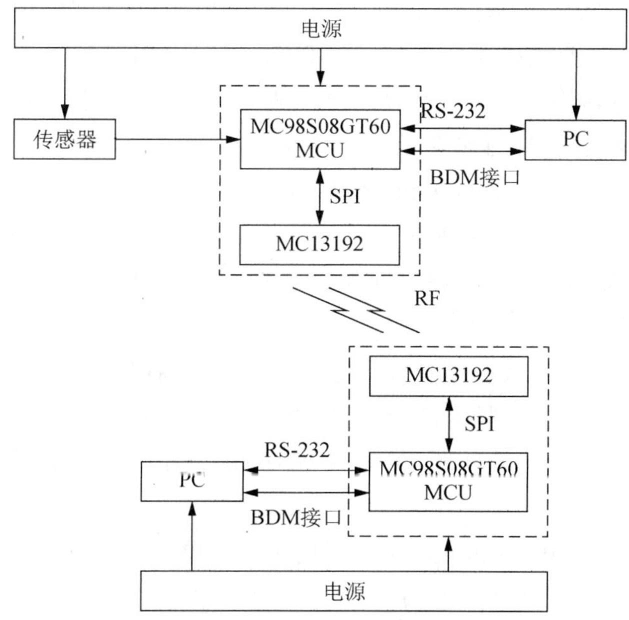

图 7-40　无线网络 OBD 系统车载终端与监测站协调器之间的硬件平台示意图

系统选用 Freescale 公司的 MC9S08GT60 和 MC13192，两者的接口电路较为简单，仅需要四根 SPI 线、一根 IRQ 中断请求线和三根控制线，如图 7-41 所示。

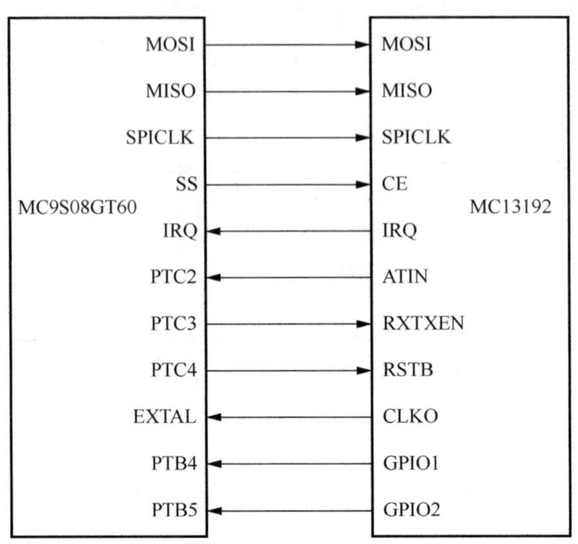

图 7-41　MC9S08GT60 与 MC13192 接口电路图

MC9S08GT60 通过四线 SPI（MOSI、MISO、SPICLK、SS）接口对 MC13192 内部寄存器进行读写操作。SPI 通信时，MC13192 只能作为从机，对于 MC9S08GT60 而言，MOSI 线是发送数据线，MISO 线是接收数据线。SPI 的同步时钟由 MC9S08GT60 在 SPICLK 引脚上给出，连接到 MC13192 的 SPICLK 上。SPICLK 信号处于上升沿时，数据开始传输，每次传输至少需要三个 SPICLK 脉冲组（24 个时钟脉冲）；SPICLK 信号处于下降沿时，决定数据的传输流向（输入主机或从机）。CE 低电平有效，由 MC9S08GT60 驱动，其作用是允许 SPI 传输数据。

将 MC9S08GT60 和 MC13192 的中断引脚 IRQ 相连，当 MC13192 发生中断时，MC9S08GT60 将捕捉到该中断，并根据 MC13192 的中断状态寄存器来判断发生了何种中断，从而提供相应的中断服务。

MC13192 射频电路主要由信号接收电路、信号发送电路和晶体振荡电路组成，如图 7-42 所示。图中，1、2 引脚为信号接收端，由其引出信号接收电路；5、6 引脚为信号发送端，由其引出信号发送电路。芯片外接 16MHz 晶体振荡器，组成晶体振荡电路，为芯片提供时钟信号。

MC13192 工作在 2.4GHz 波段，可以采用平衡式单极天线或倒 F 形天线。本章采用倒 F 形天线，将其直接制作在 PCB 上，成本低且效果好。

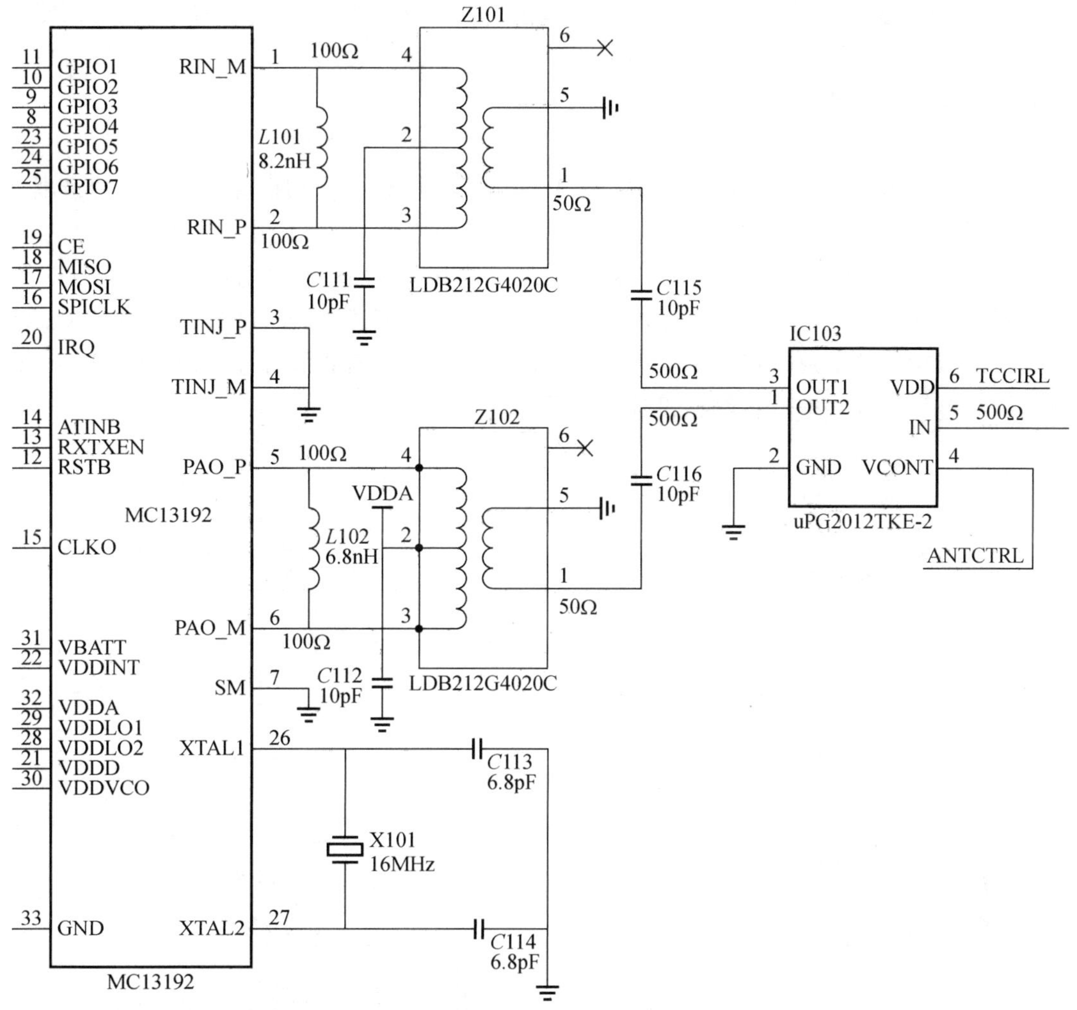

图 7-42　MC13192 射频电路图

7.7.4　系统软件设计

由于 MC9S08GT60 对 MC13192 寄存器的读写操作都是通过四线 SPI 接口实现的，因此先进行 SPI 通信程序设计[39]，实现 SPI 通信之后，进行监测站协调器和车载终端之间的短程无线通信程序设计，完成两者之间的数据交换，并将数据通过串口传至监测站计算机。

监测站协调器的主要任务是建立网络和接收车载终端的信息。协调器上电后，首先需要对 ZigBee 协议栈进行初始化；接着网络管理层请求 MAC 层对 16 个信道进行能量扫描，检测协调器所指定的信道是否存在其他 ZigBee 网络，根据扫描的结果选择合适的信道；然后选择 PAN 标识符，保证选择的 PAN 标识符与同一信道的其他 PAN 标识符互不冲突，确定了 PAN 标识符之后选择协调器的 16 位网络短地址；最后启动协调器，接受车载终端设备的连接请求，通过 CSMA/CA 算法实现数据的发送、接收。监测站协调器网络设计流程图如图 7-43 所示。

车载终端设备的主要任务有两项，一是发现网络并加入网络，二是向协调器发送车辆相关信息。车载终端经过监测站时，车载终端设备进行信道扫描寻找监测站协调器，发现协调器后向协调器发出入网请求，收到协调器应答后，开始向协调器发送自己的 64 位物理地址，协调器根据收到终端设备物理地址的顺序为终端设备分配短地址，此时终端设备网络连接成功。加入网络后，终端设备主动向协调器发送车牌号、车辆 VIN、尾气排放是否超标等信息。随着车辆渐渐驶离监测站，协调器的信号强度逐渐减弱，并退出网络连接。车载终端设备网络设计流程图如图 7-44 所示。

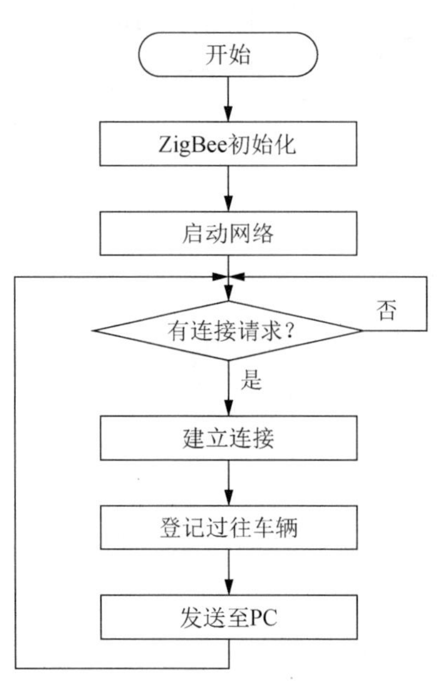

图 7-43　监测站协调器网络设计流程图

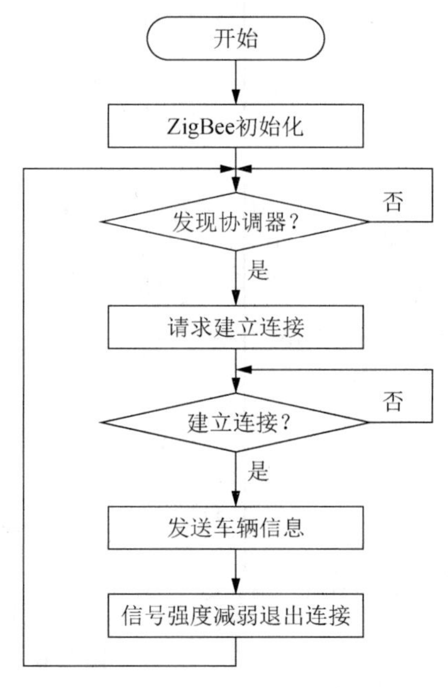

图 7-44　车载终端设备网络设计流程图

氧传感器是三元催化系统的组成部件，同时也是 OBD 系统要检测的关键传感器，国III排放标准的一个重要变化就是加装了后氧传感器，以便更好地监测催化转化系统的转化效率。氧传感器输出电压信号的采集主要包括 A/D 转换、中断处理、SCI 发送、LabVIEW 串口读取存储数据四部分[40,41]。A/D 模块采集电压可以调用函数 getVoltage() 实现。基于 ZigBee 2004 协议栈编写的无线收发程序流程图如图 7-45 所示。

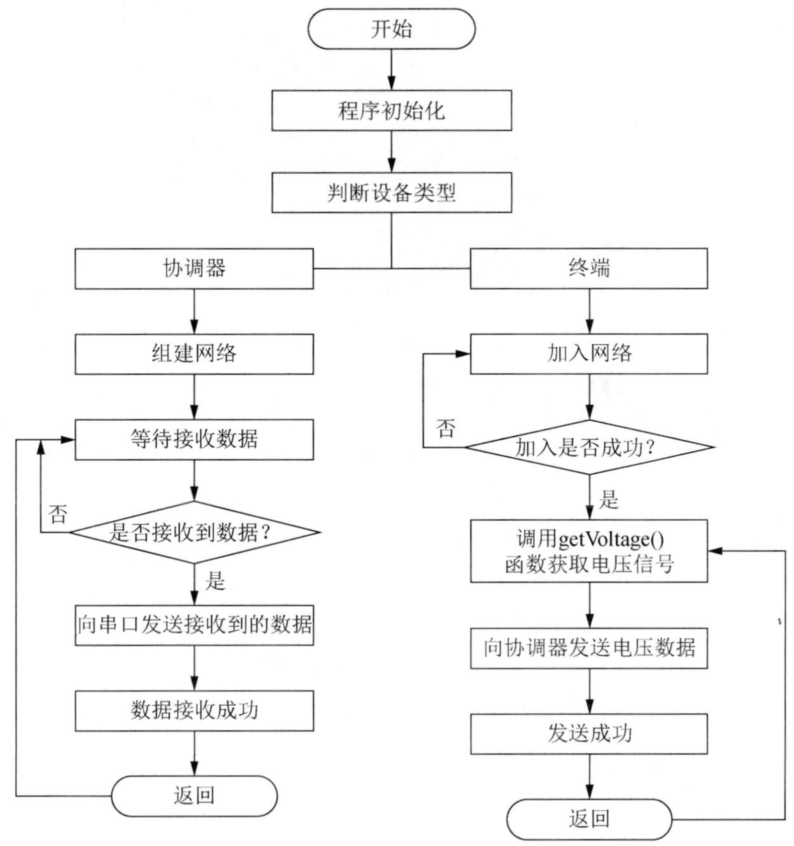

图 7-45　基于 ZigBee 2004 协议栈编写的无线收发程序流程图

7.7.5　协调器和车载终端组网实验

本实验利用两块 13192 SARD 板进行监测站协调器和一个车载终端之间无线通信的实验测试，从而验证协调器和多个车载终端之间组网程序的有效性。两块 13192 SARD 板均采用 9V 电池供电，其中一块板作为协调器，另一块板作为车载终端，使用 RS232 串口线分别与两台 PC 相连，并用 BDM 仿真器将协调器程序和车载终端程序分别下载到两块板中。

测试连接图如图 7-46 所示。协调器启动网络和接收数据信息界面如图 7-47 所示，车载终端加入网络和发送数据信息界面如图 7-48 所示。

图 7-46　测试连接图

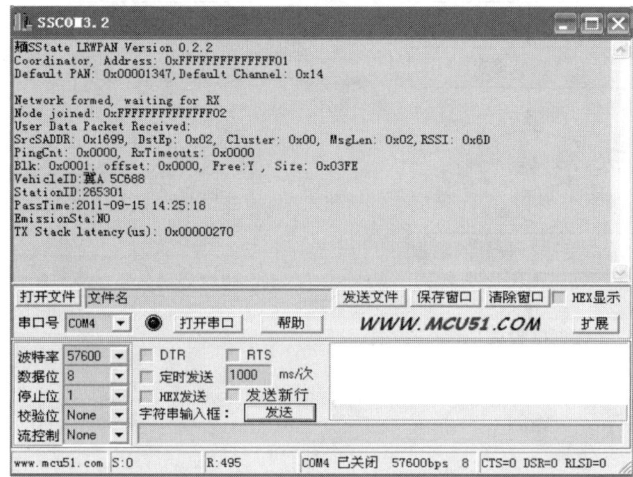

图 7-47　协调器启动网络和接收数据信息界面

图 7-48　车载终端加入网络和发送数据信息界面

实验时，首先给协调器上电，再给终端节点上电，通过 SSCOM3.2 串口调试工具进行实验结果显示。串口设置如下：端口为 COM4 口，波特率为 57 600Bd，数据位为 8，停止位为 1，无奇偶校验位，无流量控制。

其中，协调器的物理地址为 0xFFFFFFFFFFFFFF01，PAN 标识符为 0x00001347，信道为 0x14；车载终端的物理地址为 0xFFFFFFFFFFFFFF02，短地址为 0x1699，发送的数据为 VehicleID（车牌号）为冀 A5C688，StationID（监测站编号）为 265301，PassTime（通行时间）为 2011-9-15 14:25:18，EmissionSta（尾气排放超标）为 NO。

参 考 文 献

[1] 冯国胜，李孟良，李军，等．车用催化剂评价系统开发[J]．天津大学学报，2007，40（12）：1481-1484.

[2] 冯国胜，刘玉杰，薛淑发．基于 DSP 的车用氧传感器性能参数检测[J]．仪器仪表学报，2007，28（4）：374-377.

[3] 潘玉宝，张志新，马孝江．基于 LabVIEW 平台的重采样技术的软件实现[J]．仪器仪表用户，2006（3）：115-116.

[4] 王剑．基于 LabVIEW 的数据采集及分析系统的开发[D]．哈尔滨：哈尔滨理工大学，2004.

[5] 张继龙，甄蜀春，曹鹏，等．实验数据的曲线拟合方法及其应用[J]．测试技术学报，2003，17（3）：225-257.

[6] 陈光，任志良，孙海柱．最小二乘曲线拟合及 Matlab 实现[J]．兵工自动化，2005，24（3）：107-108.

[7] 王红萍．一种基于基本样条插值的热电偶特性曲线拟合方法[J]．仪表技术与传感器，2000（10）：33-35.

[8] 冯国胜，詹隽青，张伟．轻型汽油车 OBD 部件检测系统开发[J]．汽车工程，2008，30（7）：602-604.

[9] 冯丽沙，冯国胜，牛晓燕．等．车用 OBD 性能参数多通道数据采集系统设计[J]．汽车工程师，2012（3）：20-22.

[10] 牛晓燕，冯国胜，冯丽沙，等．氧传感器性能参数检测系统设计[J]．汽车工程师，2012（4）：32-34.

[11] 业红玲，王继先，王务林，等．现代低排放汽车的 OBD 系统[J]．机械工程师，2007（9）：13-15.

[12] 葛哲学．小波分析理论与 MATLAB R2007 实现[M]．北京：电子工业出版社，2007.

[13] 冯国胜，李劲松，刘鹏．基于小波变换的客车车内振动噪声源识别[J]．振动、测试与诊断，2006，26（3）：196-199.

[14] FYFE K R, ZUO J, LIN J. Mechanical fault detection based on the wavelet de-noising technique[J]. Journal of Vibration and Acoustic, 2004, 126(1): 9-16.

[15] 业红玲，王继先，李军，等．汽车标定用失效催化器排放劣化指标一致性研究[J]．车用发动机，2008（4）：67-70.

[16] AUCKENTHALE T S, ONDE C H, GEERING H P. Online estimation of the oxygen storage level of a three way catalyst[C]. SAE Paper, 2004.

[17] 牛晓燕．车载诊断 OBD 性能检测评价系统开发[D]．石家庄：石家庄铁道大学，2012.

[18] FENG G, FENG B, JIA S, et al. Computational method of aging index for catalytic converter based on wavelet transform[J]. Sensors and Transducers, 2013, 156(9): 330-336.

[19] 王华民，陈霞，安钢，等．基于爆发噪声信号的内燃机失火故障诊断研究[J]．内燃机工程，2004，25（1）：47-50.

[20] 吴义虎，宫唤春，岳文辉，等．基于废气排放和工况参数信息融合的内燃机失火故障诊断[J]．电子科学与技术学报，2007，22（1）：82-86.

[21] 乔新勇，刘建敏，张小明．基于神经网络信息融合的发动机失火故障诊断[J]．内燃机工程，2009，30（1）：74-79.

[22] 王震，方茂东，颜伏伍，等．基于 OBD 系统的失火诊断与排放分析[J]．车用发动机，2007（2）：58-61.

[23] 梁锋，杨林，赫强，等．电控柴油机的在线失火诊断策略研究[J]．内燃机学报，2004，22（4）：332-336.

[24] PONTI F. Development of a torsional behavior powertrain model for multiple misfire detection[J]. Journal of Engineering for Gas Turbines and Power-Transactions of the Asme, 2008, 130(2): 1-13.

[25] HU C, LI A, ZHAO X. Multivariate statistical analysis strategy for multiple misfire detection in internal combustion engines[J]. Mechanical Systems and Signal Processing, 2011, 25(2): 694-703.

[26] CHARLES P, SINHA J K, GU F. Application of novel polar representation method of monitoring minor engine condition variations[J]. Mechanical Systems and Signal Processing, 2009, 24(3): 841-843.

[27] 陆金铭，王醇涛，周海港．基于 EMD 的柴油机失火故障诊断[J]．江苏科技大学学报，2009，23（3）：234-238.

[28] TINAUT F V, MELGAR A, LAGET H, et al. Misfire and compression fault detection through the energy model[J]. Mechanical Systems and Signal Processing, 2007, 21(3): 1521-1535.

[29] LEE M, YOON M, SUNWOO M, et al. Development of a new misfire detection system using neural network[J]. International Journal of Automotive Technology, 2006, 5(7): 637-644.

[30] CAVINA N, CIPOLLA G, MARCIGLIANO F, et al. A methodology for increasing the signal to noise ratio for misfire detection at high speed in a high performance engine[J]. Control Engineering Practice, 2006, 14(3): 243-250.

[31] OSBUM A W, KOSTEK T M, FRANCHEK M A. Residual generation and statistical pattern recognition for engine misfire diagnostics[J]. Mechanical Systems and Signal Processing, 2006, 20(8): 2232-2258.

[32] TSINOQLOU D, SAMARAS Z. Malfunctions in selected emissions-related components of euro 4 passenger cars: emissions increase and OBD system response[J]. SAE International Journal of Fuels and Lubricants, 2009, 2(1): 250-258.

[33] CHEN Y, XIANG Z, JIAN W, et al. Design and implementation of multi-source vehicular information monitoring system in real time[C]. Proceedings of the IEEE International Conference on Automation and Logistics, 2009.

[34] HUANG Y W, YOUNG J S, WU C H, et al. A practice learning of on-board diagnosis (OBD) implementations with embedded systems[C]. Washington: American Society for Engineering Education, 2010.

[35] LIN J, CHEN S C, SHIH Y T, et al. A study on remote on-line diagnostic system for vehicles by integrating the technology of OBD, GPS, and 3G[J]. Proceedings of World Academy of Science, Engineering and Technology, 2009(56): 435-441.

[36] 卜建国，张卫锋，资新运，等．基于 OBD 技术的轻型柴油车 DPF 系统诊断策略的研究[J]．汽车工程，2011，33（3）：203-207.

[37] 王瑛．基于 ZigBee 技术的高速公路不停车收费系统[D]．马鞍山：安徽工业大学，2009.

[38] 赵晓峰，泮俊，沈党云．基于驾驶行为分析的车辆管理信息系统的开发[J]．公路交通与科技，2010（8）：299-302.

[39] 冯丽沙．基于无线网络的车载诊断 OBD 系统开发与研究[D]．石家庄：石家庄铁道大学，2012.

[40] 冯国胜，冯丽沙，贾素梅，等．基于无线网络的车载诊断系统开发[J]．车用发动机，2013（1）：80-84.

[41] FENG G S, FENG B, JIA S, et al. Development of an on-board diagnostics system based on wireless network[J]. Sensors and Transducers, 2014, 164(2): 100-106.

第 8 章　动力电源管理系统

新能源车辆的电源管理系统（battery management system，BMS）直接决定了电池的使用寿命和续航里程。本章基于 TI 公司的 TMS320F2812DSP 芯片建立铅酸电池的电压、电流和温度监测、CAN 总线通信、电池组均衡管理、复合电源控制系统，该系统可以推广应用于镍氢动力电池、锂离子动力电池等新能源车辆的电源管理系统。

8.1　电池均衡管理系统硬件设计

均衡管理系统硬件设计框图如图 8-1 所示。该系统主要由铅酸电池组、TMS320F2812 开发板、均衡控制电路、电压采集电路、电流采集电路等组成。TMS320F2812 开发板是整个系统的控制核心，通过电压、电流采集电路对蓄电池的电压、电流进行采样，分别送入相对应的 A/D 转换通道中，得到蓄电池组中各个电池的电压和电流，通过计算对比电压大小，判断电池组是否需要进行均衡。当电压不一致时，启动均衡电路，通过 PWM 控制开关的变化。电池均衡管理系统还可以利用 TCP/IP 协议通过上位机与充电站进行通信。

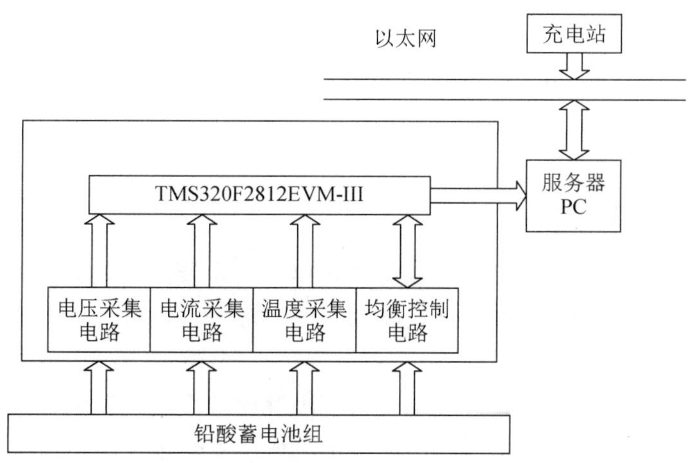

图 8-1　均衡管理系统硬件设计框图

8.1.1　电压采集电路设计

在整个电池管理系统中，最直观地反映其工作状态的参量就是电压。影响电压大小的主要因素有电动机负载大小、剩余电量及环境温度。然而，即使同种型号的电池也会在生产过程中由于生产工艺的一些细微差异，或者在运行过程中由于环境温度的不同，导致其电压值的不同，这些细微差异对整个电池组影响颇大。电池组中的电池都是串联使用的，这样一来便会造成某些电压较高的电池过充电，而某些电压较低的电池过放电，这在很大程度上降低了电池的使用寿命[1]。为了及时掌握电池的工作状态，使电池均衡控制更加精确，需要对单体电池电压进行实时监测。

车载动力电池的单体电池标称电压多为 12V，而 F2182 模拟输入端口的电压输入范围为 0～3V，因此，电池电压不可以直接输入 TMS320F2812 的 A/D 端口，需要将采集到的电池电压进行调理之后再送入模拟输入端口。本节采用电阻分压采集法，即将实际的电池电压通过电阻分压使其降低到 TMS320F2812 的 A/D 端口的允许输入范围之内[2]。电压采集电路图如图 8-2 所示。该电路对一组四块电池的电压进行电阻分压采样。

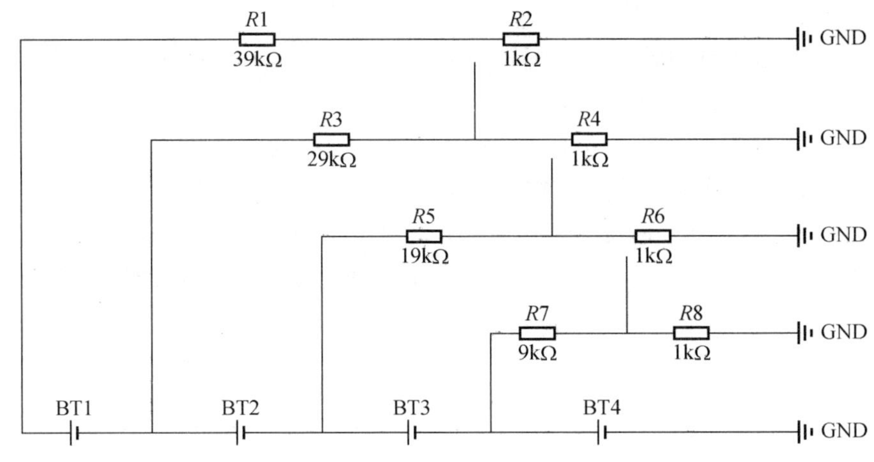

图 8-2　电压采集电路图

8.1.2　电流采集电路设计

电池组的电流大小是电池是否过放电或过电流的重要判断依据，其大小直接或间接影响电池组的均衡系统控制。为了延长电池的使用寿命，必须对电池组的电流进行实时跟进监测。

当前，常用的电流信号采集方法主要有利用互感器采集、利用分流器采集、利用霍尔电流传感器采集三种方法。本节利用霍尔电流传感器对电池组电流进行采样，综合考虑电池管理系统实际工作时的电流大小和电流信号的采用精度，电流传感器选择 CS100EK1 型霍尔电流传感器进行电流信号的采集。

CS100EK1 型霍尔电流传感器使用方便、简单直观，输入为电流值，输出为电压值。CS100EK1 型霍尔电流传感器输入电流的量程为 100A，并且能够进行幅度上的调节。CS100EK1 主要性能参数如表 8-1 所示。

表 8-1　CS100EK1 主要性能参数

型号	CS100EK1
一次输入电流范围/A	±200
一次额定输入电流/A	100
供电电源电压/V	±15
二次输出电压范围/V	4
响应时间/μs	≤5
工作温度/℃	−40～+85

CS100EK1 型霍尔电流传感器一次额定输入电流为 100A，测量范围为-200～+200A，二次额定输出电压为 4V，需要±15V 的外部电源对其供电。为保证严格的±15V 电源供电，选择 A0515S-2W 型电源模块对 CS100EK1 进行供电。A0515S-2W 模块相当于一个 DC/DC 变压器，该模块的输入电压为 5V，输出双电压+15V 和−15V，输出电压精度满足 CS100EK1 的电源要求。

电流采集电路图如图 8-3 所示。A0515S-2W 为 CS100EK1 提供±15V 的电压，Output 是电流传感器的输出电压信号，经过电压跟随器和钳位电路被送入 TMS320F2812 的 ADC 端口进行采集。

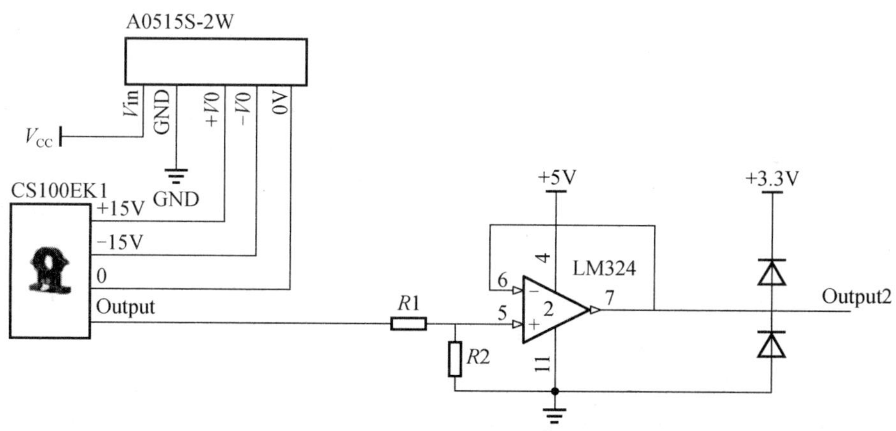

图 8-3　电流采集电路图

8.1.3　温度采集电路设计

当车载动力电池长时间工作时，其温度也会有所升高，温度的高低不仅影响电池剩余电流的估计，还在很大程度上影响电池的使用寿命，因此对电池组温度的有效采集也至关重要。温度信号的采集方法有很多，常见的有热敏电阻法、数字温度传感器采集法[3]。本节采用直观通用的数字温度传感器 DS18B20 对电池组的温度信号进行采集。温度采集电路图如图 8-4 所示。

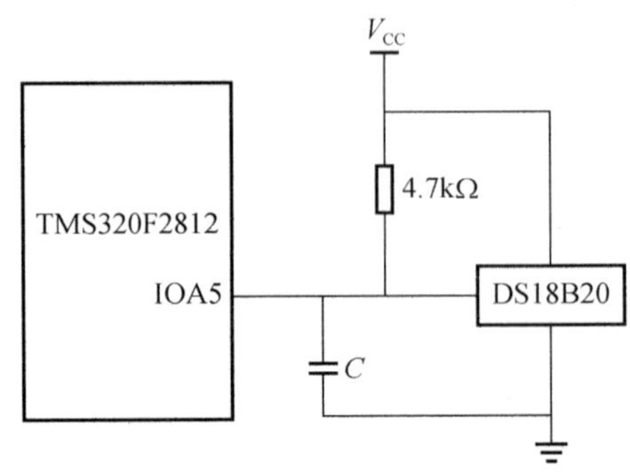

图 8-4　温度采集电路图

DS18B20 抗干扰能力极强，附加功能多，精度高，而且体积超小，在很大程度上减小了硬件的开销。DS18B20 的主要特性如下。

1）单总线数据通信。

2）转换输出为全数字温度，简单直观。

3）高分辨率，−10～+85℃范围内精度为±0.5℃。

4）可检测温度范围广，为−55～+125℃。

5）超温报警功能，内置 EEPROM。

6）光刻 64 位 ROM，便于多机挂接。

7）封装形式多样，可应用于多种硬件系统。

DS18B20 集数字数据输出功能和输入温度检测功能于同一个芯片，增强了其抗干扰能力，工作周期分为两个部分：温度采集和温度数据处理。DS18B20 采用单总线数据通信，只有一根数据线，系统中的控制命令及数据采集处理都依靠这根总线完成，处理器不传输数据时要释放总线[4]。

DS18B20 的供电方式主要有两种：寄生电源供电方式和外部电源供电方式。

寄生电源供电即从单总线上接收电源能量：当信号线 DQ 接高电平时提前将电量存储在内部电容中，当信号线处于低电平时再通过电容提供电能带动其工作，当信号线处于高电平时继续给电容充电。这样的寄生电源供电有很多优点：①可以在没有外部电源的情况下读取 ROM；②当检测距离过远时可以自己解决电源；③使信号采集电路更加简单。其缺点是存在电源电流不足的问题，从而影响数据的转换精度。另外，寄生电源的能力有限，无法挂载多个传感器，因而无法组成多点测温系统[5]。

采用外部电源供电时，DS18B20 的工作电源由 VDD 引脚外接电源提供，此时 I/O 口不需要上拉电阻且转换精度高。为了保证测量数据的精度，本节选择外部电源供电方式对 DS18B20 进行供电，电路图如图 8-5 所示。

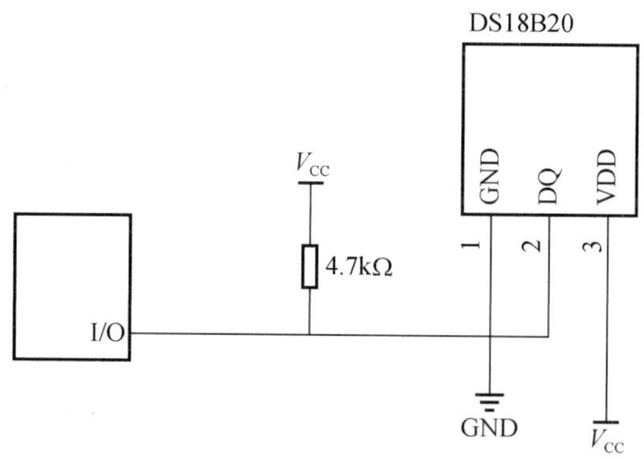

图 8-5　DS18B20 外部电源供电方式电路图

8.1.4　A/D 输入保护电路

TMS320F2812 共有 16 路 12 位精度 ADC，其模拟电压的输入范围是 0～3V。事实上，在实际使用 TMS320F2812 的 A/D 端口采集电池参数时，所要采集的信号电压范围并不能保证在 0～3V。A/D 模块比较脆弱，如果采集端口的电压小于 0V 或大于 3V，就极有可能损坏 A/D 端口，使其不能正常工作[6]。为了将 A/D 端口的输入电压钳位在 0～3V 以达到保护 A/D 端口的目的，在采集信号进入 A/D 端口之前接入一个钳位电路，如图 8-6 所示。

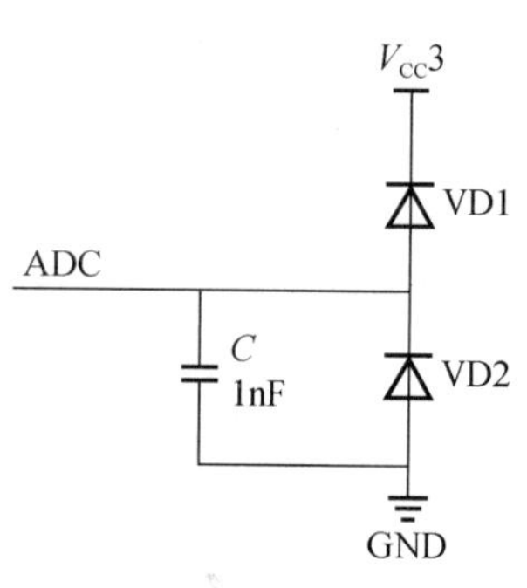

图 8-6　ADC 输入端口钳位电路图

钳位电路原理：VD1 和 VD2 是两个二极管，当采集电路处于的工业环境要求较高时可用快速恢复二极管代替。当采集信号的电压小于 0V 时，VD2 导通，输入 A/D 端口的电压为地电压，也就是 0V；当采集信号的电压大于 3V 时，VD1 导通，输入 A/D 端口的电压是电源 VCC 的值，为 3V。只有当采集信号电压范围介于 0～3V 时，输入的电压才是采集信号的真实电压。这样就将输入端口的电压范围钳位在所允许的电压范围之内。输入端口并联 1nF 的旁路电容，对输入的采集信号有滤波作用。

8.1.5　CAN 接口电路设计

电动汽车的电子控制系统比较复杂，电磁干扰较强，因此在 CAN 总线电路中必须增加抗干扰措施。本节将高速光耦 6N137 构成的光电隔离电路放置在 CAN 控制器和 CAN 收发器 SN65HVD230 之间。高速光耦 6N137 的传输延迟时间与 TTL 电路的传输延迟时间相近，都为 48ns，这样就不会对 CAN 总线通信有较大的影响。为了提高通信的可靠性和抗干扰性，需要将阻值为 120Ω 的总线阻抗匹配电阻连接在 CAN 总线末端。CAN 总线接口电路图如图 8-7 所示。

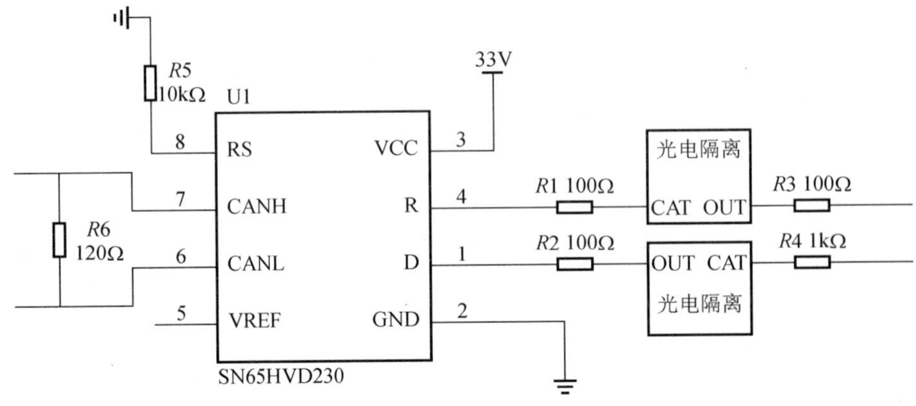

图 8-7　CAN 总线接口电路图

8.1.6　电感式双向均衡电路

本节采用电感式双向均衡方案，实现电池组内单体电池的能量双向均衡，每个电池均衡模块都由一个电感、两个效应开关管和两个二极管组成。为了合理地设计和简化均衡电路，选用 P 沟道增强型 MOSFET 和 N 沟道增强型 MOSFET 分别作为均衡电路的上半部分开关管和下半部分开关管。该设计中电路采用电流断续模式，占空比设置小于 50%，以保证电感中电量的充分转移。下面分析在电池组电压不一致时均衡过程中电压、电流的关系。图 8-8 所示为简化的电感式双向均衡电路原理图。

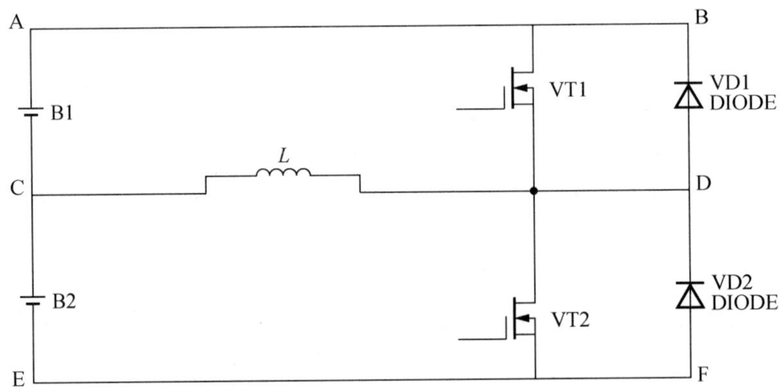

图 8-8　简化的电感式双向均衡电路原理图

当 $V_{B1} > V_{B2}$ 时，通过 PWM 脉冲控制 VT1 导通，则电池 B1、VT1、电感 L 形成一个回路，此时电池 B1 对电感 L 进行充电。PWM 脉冲在周期中处于高电平的时间就是开关管 VT1 受控的时间。均衡模块中开关管 VT1 快要导通的瞬间，此时电感还没电量，即 $V_C = V_D$，P 沟道增强型 MOSFET 的漏源电压 $V_{DS} < 0$。开关管 VT1 导通的条件是在栅极 G 端加一电压，使 V_{GS} 小于 P 沟道增强型 MOSFET 的开启电压且同时小于零。因此，加

一个低电压就可以导通开关管。

P 沟道增强型 MOSFET 导通后，只要一直保证 $V_{DS} \approx 0$，$V_D = V_S$ 这个条件成立，开关管 VT1 就会一直导通。在此期间，电池 B1 的电压和储能电感上的电压相等。若设 PWM 脉冲信号频率为 f，占空比为 D，开关导通时间为 T，则 $T = D \times 1/f$。由 $L\dfrac{\mathrm{d}i}{\mathrm{d}t} = V_{B1}$ 可以推导出电感流过的最大电流为 $i_{L\max} = TV_{B1}/L$。控制器输出的 PWM 脉冲信号使开关管 VT1 断开后，储能电感中的电流不会发生突变，但电流有减小的趋势，储能电感的电压极性相反。在开关管 VT1 关断瞬间，电感中电量和电流还没来得及变化，电感上的电压基本没有变小而极性反向。此时，电感、续流二极管 VD2 和电池 B2 构成回路，电感电压大于电池 B2 的电压，使续流二极管导通，电感中的多余电量转移到电池 B2 中。在此期间电感上电压缓慢减小，电池 B2 的电压缓慢增加，直到续流二极管无法导通，此时电池 B2 的电压和电感电压相等。

当电池电压 $V_{B1} < V_{B2}$ 时，均衡控制模块利用 PWM 脉冲导通开关管 VT2，此时电池 B2 给电感 L 充电。电池 B2、电感 L 和开关管 VT2 形成一个回路，在 VT2 即将导通时，电感两端电动势相等。均衡模块下部选用 N 沟道增强型 MOSFET，其导通条件为 N 沟道增强型 MOSFET 漏源电压大于其开启电压且大于零。N 沟道增强型 MOSFET 与 P 沟道增强型 MOSFET 某些特性相同，导通后，保证 N 沟道增强型 MOSFET 一直导通。在其导通期间，电感 L 和电池 B2 的电压相等。在控制器输出的 PWM 脉冲信号使开关管 VT2 断开后，电感 L、电池 B1 和续流二极管 VD1 组成一个回路，在这个瞬间电感的电压极性取反，储存的电量没有变化。此时，电感电压大于电池 B1 的电压使二极管承受正压导通，然后电感对电池 B1 进行充电，直到电感的电流无法通过二极管结束。

通过以上分析，该均衡电路可以实现能量的双向流动，能量损失少，因此该均衡电路适用串联电池组。

本均衡电路中的主要元件有 MOSFET、二极管和电感，这些元件的选择对于均衡电路来说是很重要的。

1）MOSFET 的选择。MOSFET 被广泛应用在各种开关电源中，其开关频率较高，是均衡电路选择的理想开关元件。MOSFET 的选取条件是要留有足够电压和电流裕量，且导通阻抗尽量小，要选择性能好的元件。本节选择的 P 沟道增强型 MOSFET 和 N 沟道增强型 MOSFET 分别为 FDS4435 和 FDS6690A，两者最大栅极驱动电压值分别为-3V 和+3V，满足均衡电路的设计要求。

2）二极管的选取。选择二极管的要求：①具有很大的正向电流；②导通压降尽量小；③可承受反向电压高。根据要求，本节选择 HER303 型号的二极管，其最大可以承受的反向电压为 50V，而通态压降只有 0.8V。

3）电感的选择。本节研究的对象是电压为 12V，容量为 40A·h 的铅酸电池，要求最大均衡电流为 0.02C，即电感的峰值电流为 800mA。根据电感流过的最大电流为 $i_{L\max} = TV_{B1}/L$，设占空比为 50%，开关管工作频率为 10kHz，可计算出电感为 $750\mu\mathrm{H}$。

为使电感体积小且有一定的电流裕量，最后选用的电感要小于计算值。

8.1.7 变压器均衡电路

本节基于变压器进行无损均衡电路设计，其原理图如图 8-9 所示。该均衡电路的核心为正激式变压器、采样双向 DC/DC 变换器。电池组由六块单体电池组成，每节电池通过功率开关管连接到变压器二次绕组。变压器的一次侧也通过开关连接到电池组的总的正负极。假设第四节电池电压最高且压差大于阈值电压，则均衡开启，MOS1、MOS3、MOS4 导通，软件控制 MOS2 以 200kHz、85%的占空比导通变压器的二次侧，通过变压器电磁转换将第一节电池的能量转移到电池组上，完成顶部均衡。同理，当第四节电池电压最低时，MOS4、MOS2、MOS3 导通，软件控制 MOS1 以 200kHz、85%的占空比导通变压器的一次侧，将电池组的能量转移到第四节电池上，完成底部均衡。

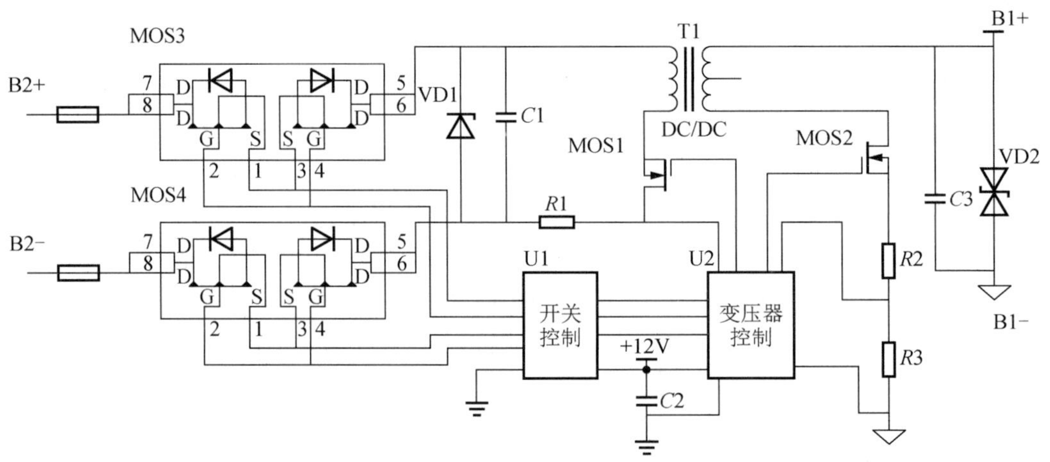

图 8-9 基于变压器的无损均衡电路设计原理图

8.1.8 通信接口电路

DSP 系统采集到电池组的各种信息后，要通过以太网传送至上位机。采集信号从 DSP 传输到以太网时，需要通过网络控制器进行转换。本节采用台湾 Realtek 公司生产的高性能工业以太网控制器 RTL8019AS。RTL8019AS 的结构框图如图 8-10 所示。

TMS320F2812 采集信号后，该信号经以太网控制器进入以太网进行传输，但是 TMS320F2812 的工作电压与 RTL8019AS 的工作电压不匹配。为了进行数据传输，需要进行逻辑电平的转换。这里选用 Altera 公司生产的 EPM240（其自带内部程序）完成逻辑电平的转换。TMS320F2812 和 RTL8019AS 电平转换接口电路图如图 8-11 所示。RTL8019AS 与 RJ45 的接口引脚功能如表 8-2 所示，TMS320F2812 与 RTL8019AS 的接口引脚功能如表 8-3 所示。

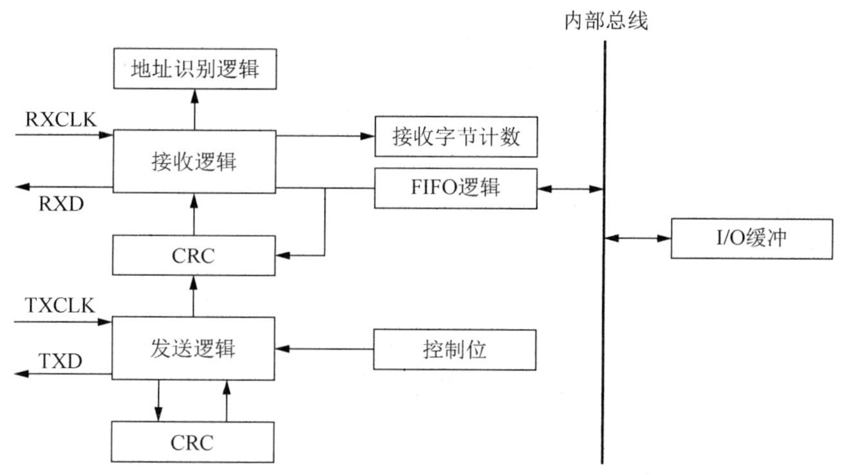

图 8-10　RTL8019AS 的结构框图

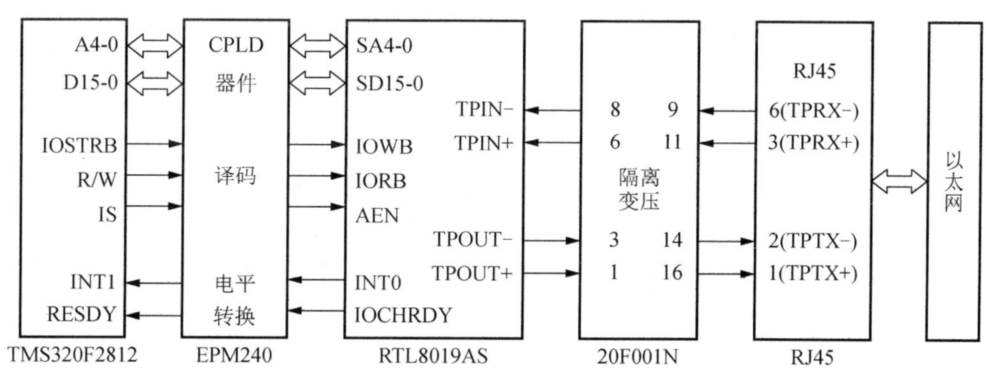

图 8-11　TMS320F2812 和 RTL8019AS 电平转换接口电路图

表 8-2　RTL8019AS 与 RJ45 的接口引脚功能

AUI	输入/输出	外部 MAU 检测
CD+、CD−	输入	AUI 冲突，接收 MAU 的冲突
RX+、RX−	输入	AUI 接收，接收 MAU 的输入信号
TX+、TX−	输出	AUI 发送，发往 MAU 的输出信号
TPRX+、TPRX−	输入	双绞线接收差分输入信号
TPTX+、TPTX−	输出	发往双绞线的差分输出信号

表 8-3　TMS320F2812 与 RTL8019AS 的接口引脚功能

AEN	输入/输出	I/O 端口操作允许
INT7-0	输出	中断输出
/IOCS 16	输出	16 位 I/O 端口方式
/IOR_/IOW	输入	端口读、写控制

续表

AEN	输入/输出	I/O 端口操作允许
IOCHRDY	输出	I/O 通道准备
/SMEMR_/SMEMW	输入	存储器读、写控制
RSTDRV	输入	复位
SA4-0	输入	20 位地址总线
SD15-0	双向	16 位数据总线

RTL8019AS 的初始化配置一般有两种方式：中断方式和查询方式。

中断方式：DSP 的控制系统中最常采用的是中断方式，当数据发送或接收开始时，RTL8019AS 会发出中断申请给 DSP。DSP 开始响应中断后依据中断状态寄存器的内存值进行相应的操作处理。

查询方式：查询方式通过判断 CURR 和 Boundary 两个寄存器的值是否相等来决定是否接收数据帧。当两者相等时，说明接收缓冲区接收到了新的数据帧；当程序读取数据帧之后，被读取数据帧的第二个字节，也就是下一个数据帧的页地址，开始填充更新 Boundary 寄存器。主程序循环查询 CURR 与 Boundary 的内存值已达到接收数据帧的目的发送数据帧时，程序需要先查询 TSR 寄存器的内存值来判断上一帧数据是否传送完毕。

RTL8019AS 复位初始化后，需要对其寄存器进行进一步初始化。RTL8019AS 的接收与发送缓冲区为 16KB 的 SRAM，分为 64 页，范围是 0x40～0x80，每页 256 字节。接收缓冲器的页范围由 PSTART 和 PSTOP 寄存器来设定，发送缓冲器的页范围由 RSAR0、RSAR1 和 RBCR0、RBCR1 寄存器来设定。

8.2 电池均衡管理系统软件设计

均衡管理系统采用 TMS320F2812 开发板作为系统的硬件，与其配套的软件开发环境为 CCS 3.3。使用该软件开发环境时，用户编写、调试 DSP 程序代码都要在 CCS 环境中进行。该开发环境可以应用于 TI 公司生产的不同的 DSP，它具有源文件编写、代码调试、动态观察和分析的功能。在 CCS 3.3 环境下，编写完程序代码后，经过 XDS510USB 2.0 仿真器把代码下载到 DSP TMS320F2812 开发板的 ROM 中，就可以调试和运行 DSP 程序。

8.2.1 软件系统总体设计

本节均衡系统的实现程序是在 CCS 3.3 环境中用 C 语言编写的，将均衡系统中的每个功能与一个程序模块相对应，以使每个模块相互独立、便于调试。主程序主要如下：①对 TMS320F2812 开发板进行初始化，包括变量的声明和各个寄存器功能参数的设置；②数据采集模块的运行；③均衡控制的实现；④与充电站的通信。均衡管理系统的总体流程图如图 8-12 所示。

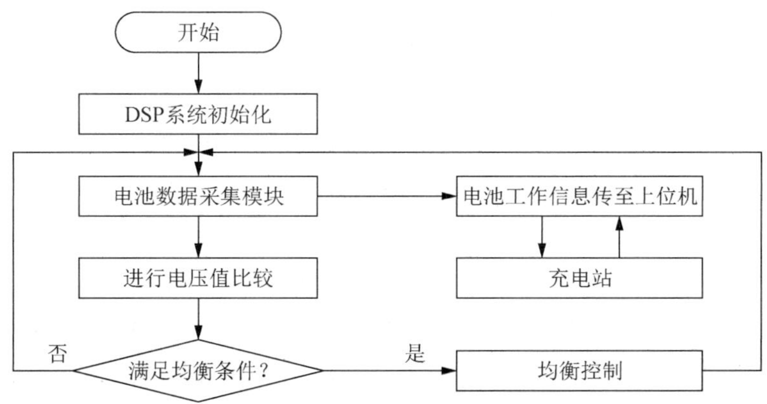

图 8-12　均衡管理系统的总体流程图

主程序要对整个系统进行一些参数设置，主要是对 TMS320F2812 开发板的外部晶体振荡器频率和“看门狗”进行设置，以及 A/D 转换模块的初始化等。系统完成参数设置后，经过延时程序启动采集电路，在此之前要完成硬件电路的连接，并对电压和电流进行采样。采样数据进入 DSP 后，把每个电池的电压值进行比较，并确定电池间的电压差是否超过设定的阈值，若超过设定的阈值，则启动均衡模块。电池均衡管理系统还可以与充电站进行通信，当电量低于设定的阈值时，启动通信模块，电动汽车可以把动力电池的各个状态数据传送给充电站，以便电动汽车用户充电等。

8.2.2　电池组电压、电流采集程序

利用 TMS320F2812 对电池组的电流及单体电池的电压进行信号采集。ADC 采样流程图如图 8-13 所示。在软件设计上主要是对 ADC 模块和 EV（事件管理器）模块进行配置，TMS320F2812 自带的 ADC 模块的主要特性如下。

1）12 位内核使处理速度更快，包含两个采样保持器。

2）16 路模拟输入通道，分为 A、B 两组（各八路）。

3）SEQ（自动序列发生器）有两种工作模式：两个 8 状态的独立序列发生器模式和一个 16 状态的级联序列发生器模式。允许过采样操作，即允许序列发生器对同一个通道进行多次采样，以提高采样精度。

4）时钟频率最高可达 25MHz，采样时频率可达 12.5 MSPS。

5）输入信号电压范围严格限制在 0～3V，本设计在信号送入 ADC 之前加入了钳位电路，确保输入信号的电压在允许范围之内。

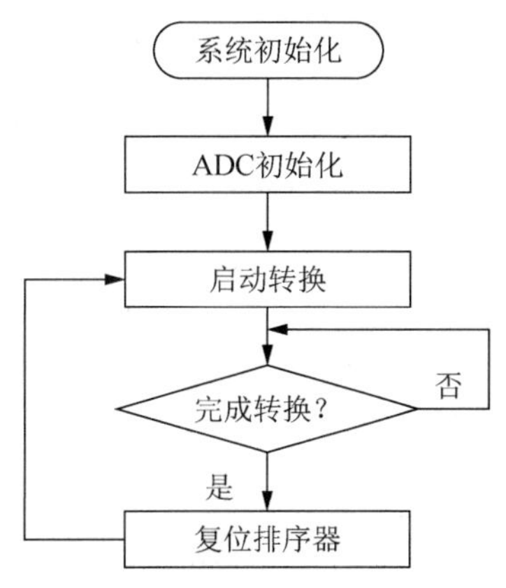

图 8-13　ADC 采样流程图

6）对应16路模拟输入通道，共有16个结果寄存器，用于存放转换后的数字电压信号值。结果寄存器是16位的，但ADC是12位的，因此采集到的电压数字信号也是12位，无法全部占用16位的结果寄存器，只占用其高12位，而低4位则被忽略。输入模拟量与转换后的数字量的推导关系式如下。

$$\text{ADCResult} = 65\,520 \times (\text{VoltInput} - \text{ADCL0}) / 3 \tag{8-1}$$

式中，ADCResult——转换后的电压数字量；

VoltInput——输入的模拟电压信号值；

ADCL0——转换的参考电压，一般实际使用时将该端常接地，其值为0。

电池组的电流信号采集通过CS100EK1电流传感器将电流信号转换为电压信号送入TMS320F2812的A/D端口，在实际的软件程序中，通过数据变换将输入的电压转换为实际测得的电流值。

本节对两个铅酸蓄电池电压及整个电池组的电流进行模拟信号采集，采用顺序采样，ADC的启动采用定时器T1周期中断的方法，通过配置寄存器设置时钟频率为6.25MHz。采样的基本流程如下。

1）初始化DSP系统，处理“看门狗”电路，为系统配置时钟电路。

2）初始化ADC模块，设置ADC的采样方式为顺序采样。

3）定时器T1计数，计数周期中断时启动ADC，进入ADC中断程序，执行ADC的采样命令。

主要程序如下：

```
void Adc_Init()
{
    AdcRegs.ADCTRL1.bit.SEQ_CASE=0;          //双序列/级联选择:双序列工作模式
    AdcRegs.ADCTRL3.bit.SMODE_SEL=0;         //连续/并发选择: 连续采样模式
    AdcRegs.ADCTRL1.bit.CONT_RUN=0;          //启动-停止/连续转换选择:启动-
                                               停止选择
    AdcRegs.ADCTRL1.bit.CPS=1;               //时钟预分频器; ADC_CLK=
                                              ADCLKPS/2=3.125MHz
    AdcRegs.ADCTRL1.bit.ACQ_PS=0xf;          //采集窗口大小:SH pulse/clock
                                               =16
    AdcRegs.ADCTRL3.bit.ADCCLKPS=0x2;        //时钟分频:ADCLKPS=HSPCLK/
                                               4=6.25MHz
    AdcRegs.MAX_CONV.BIT.MAX_CONV=0X02;      //共三个顺序采样，共采样三路
    AdcRegs.CHSELSEQ1.bit.CONV00=0X00;       //采样 ADCINA0
    AdcRegs.CHSELSEQ1.bit.CONV01=0X01;       //采样 ADCINA1
    AdcRegs.CHSELSEQ1.bit.CONV02=0X02;       //采样 ADCINA2
}
```

8.2.3　电池组温度信号采集程序

电池组的温度信号是利用 DS18B20 数字温度传感器进行采集的，由于传感器直接输出数字信号，因此可以直接通过 TMS320F2812 的 I/O 口进行采集。温度信号采集流程图如图 8-14 所示。

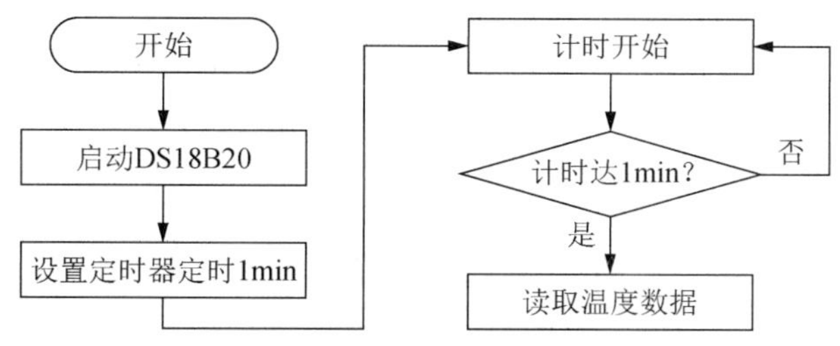

图 8-14　温度信号采集流程图

系统部分主程序如下：

```
InitGpio();                    //Gpio 初始化
InitSci();                     //Scia 初始化
while(1)
 {
   DS18B20_reset();            //复位
   DS18B20_write(0xcc);        //写跳过 RAM
   DS18B20_write(0x44);        //启动温度转换
   DS18B20_reset();            //复位
   DS18B20_write(0xcc);        //写跳过 RAM
   DS18B20_write(0xbc);        //开始读取温度转换结果
   Temp1=DS18B20_read();       //读取温度结果低 8 位
   Temp2=DS18B20_read();       //读取温度结果高 8 位
}
```

8.2.4　均衡控制程序设计

均衡控制程序是整个均衡管理系统的核心，在硬件电路设计基础上将电压作为均衡判断的标准，选用单体电池间的电压差值为均衡策略。图 8-15 所示为电池均衡管理系统中的均衡控制策略流程图。从流程图的结构可以看出，电池均衡管理系统首先通过程序代码换算得到各个电池实际的电压值，再对相邻电池间电压大小进行比较，电压差值用来判断是否需要启动均衡控制。当电压差大于设定的阈值时，DSP 输出 PWM 脉冲信号来控制开关管，将多余的电量从电压高的单体电池转移到电压低的单体电池，直到电压差降低到所设定的范围，均衡控制结束。

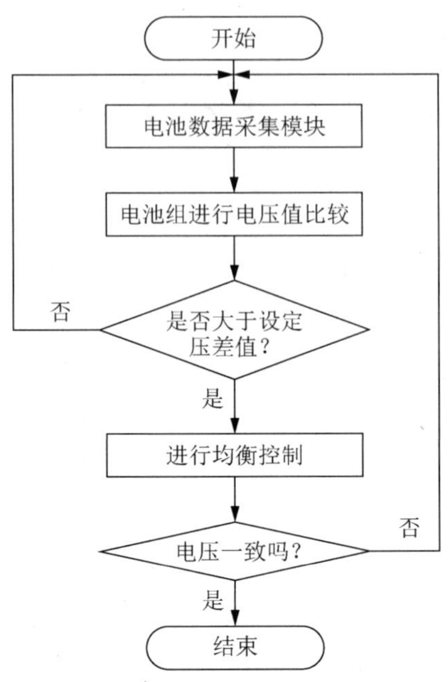

图 8-15　电池均衡管理系统中的均衡控制策略流程图

8.2.5　基于 LabVIEW 的通信模块

电池均衡管理系统的通信模块是基于 LabVIEW 软件设计的，其主要有两部分：一部分是 DSP 采集的电池数据通过串口与上位机相连，并进行数据传输；另一部分是运用封装好的 TCP/IP VI 函数完成与充电站的通信。LabVIEW 程序基本上由前面板和后面板两部分组成。前面板是程序的用户界面，可以设置一些参数，并观察程序运行的结果。后面板是对用户所需功能的设计和编写。当设计 LabVIEW 图形化程序时，在 LabVIEW 控制模板中找到所需的控制及显示控件加以调整，之后将其放在适当的位置就可以构建所要的仪器界面。在功能模板上选择合适的功能模块进行连接与参数设置，即可完成程序的设计[7]。

TMS320F2812 开发板与上位机的串口通信主要利用 LabVIEW 中的 VISA 函数。VISA 函数是一些设备与计算机的标准通信接口，能够接收和发送数据。TMS320F2812 开发板中采集到的数据通过 VISA 函数进入 LabVIEW 中，由于这些数据在 DSP 中被拆分了，因此要在 LabVIEW 中利用 while 循环实现数据的合并及变换，最终在波形图中显示变换后的结果。

数据通信模块的程序结构界面如图 8-16 和图 8-17 所示。服务器端程序的作用是读取 TMS320F2812 采集的关于电池组的数据，并与客户端建立连接，进行数据传输，最终在 LabVIEW 的波形图中实时显示电池组的各个参数。

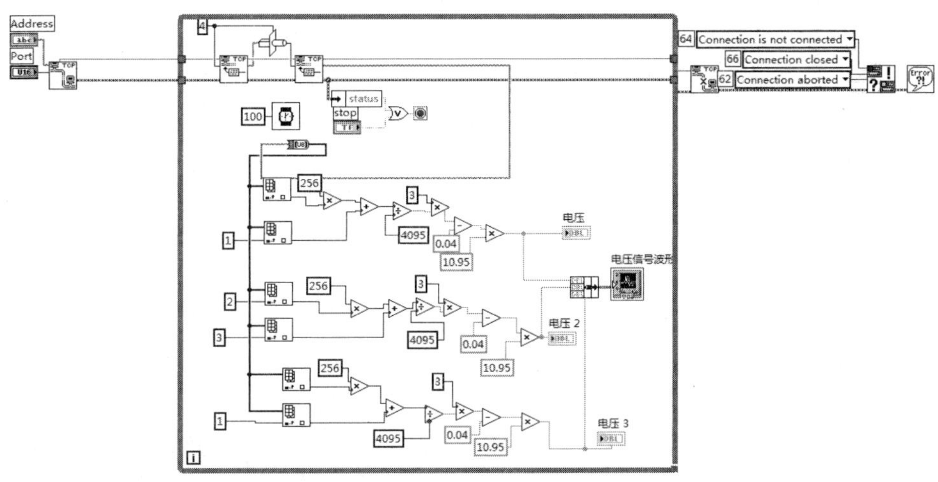

图 8-16　数据通信模块的程序结构（客户端）界面

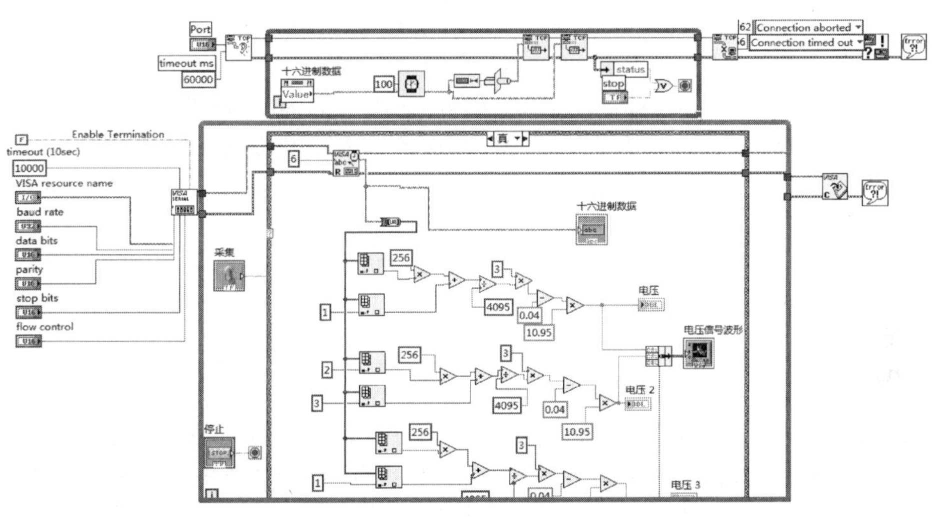

图 8-17　数据通信模块的程序结构（服务器端）界面

LabVIEW 软件中提供了封装好的 TCP 模块，用户使用时只需设置服务器的监听端口，客户端需要设置与其建立连接的地址和远程端口。本节设计采用的工作模式如下[8]。

1）启动服务器端，同时监听通信端口，等待客户发送的连接请求。

2）客户端计算机开启 TCP 连接。

3）服务器主机得到响应，并建立数据传输通道。

4）连接过程判断是否有网络错误，若无错误，则连接成功；若有错误，则中断连接。

5）VI 模块 TCP read/write 完成数据的收发。

6）结束连接。

8.2.6 以太网通信

以太网通信直接利用 TMS320F2812 开发板上的 Ethernet 接口，其主要实现过程是把采集的 A/D 转换模块中的电池数据通过 RTL8018AS 以太网控制器传送给远程终端，借助网络与充电站之间建立远程通信。以太网通信模块的实质是在 DSP 中完成简化的协议栈，并与上位机之间建立远程通信。以太网通信模块在设计上采用较为实用的服务器/客户端通信模式，用上位机代替充电站作为客户端，用 TMS320F2812 开发板作为服务器端。

TCP/IP 协议是目前使用最广泛的网络协议，它具有非常好的实用性和开放性。TCP 是面向连接的通信服务，在传送的过程中不仅要对传输内容的大小进行确认，还可以控制超时、流量等。通过 TCP 把信息送到较高层的应用程序，应用程序依次把信息送至 TCP 各层，再传送至 IP 层，最终传送到接收端。TCP 协议利用重发技术和拥塞控制机制可以保证可靠的数据通信。TCP 传输过程分为建立连接、数据传送和结束连接。TCP 是通过套接字实现面向连接的，套接字是可以提供给通信双方的唯一连接。实际上，它实现的是 IP 地址和网络通信端口的连接。当服务器和客户端连接后，双方就可以发送信息了，如果要结束传输，则通信双方都要断开连接[9]。

通信系统的硬件主要是 TMS320F2812 和网络芯片 RTL8019AS 等。DSPTMS320F2812 开发板已经把 RTL8019AS 集成到板上。RTL8019AS 是高度集成的以太网控制器，具有低功耗的特点，十分适合用在单片机系统上。以太网控制器 RTL8019AS 的内部有两套总线与 RAM 相连，其中一套是网卡控制器读/写网卡上的 RAM，称为本地 DMA；另一套是 DSP 读/写网卡上的 RAM，称为远程 DMA。本地 DMA 主要实现控制器与网线之间的信息交换，远程 DMA 用于完成 DSP 和 RAM 之间的数据传输。

8.2.7 IP 模块

当收发信息时，首先要对网络芯片 RTL8019AS 的一些控制寄存器进行设置，保证 DSP 能够完成通信的功能。RTL8019AS 基地址为 RTL8019BASE 0x004F00，各个寄存器地址是基地址加偏移地址。RTL8019AS 共有 4 页寄存器，page()子函数用于选择页，Delay_MS()函数用于延时。在以太网模块中，收发数据包必须经过 DMA 读和写，除此之外，还需要用到两个相关程序，即 void SendFrame(Uint16 *TxdNetBuff,Uint16 length)和 Uint16 RecFrame()。前者用于发送数据包，其参数*TxdNetBuff 为指向发送缓冲区的指针，length 为数据包的长度。设置好 RTL8019AS 后，再利用 TCP/IP 协议就能实现网络通信了。

地址解析协议（address resolution protocol，ARP）主要包括 ARP 请求和 ARP 响应两部分，要与其他计算机进行通信，需要能够实现 ARP 的响应。ARP 请求需要建立一个 IP 地址，然后映射到物理网络的地址。在发送 IP 包时，系统中有一张地址转换表，可以查找与之对应的物理网络的地址。若没有找到，则对网络上所有的主机广播，请求该 IP 节点回应。若收到 IP 地址的请求包，则发送物理网络的地址。当收到 ARP 回应包或 IP 包时，地址转换表要进行更新，将老条目用新条目替代。本节为了设计简便，程序中设置了固定的 IP 地址。上位机 IP 地址设定为 192.168.1.40，下位机 IP 地址设定为 192.168.1. 11。在通信将要开始瞬间发送 ARP 广播报文，收到与 IP 节点相对应的 MAC 地址，进行数据传输过程。

ARP 实现的相关函数有 ArpRequest()和 ArpAnswer()。ARP 请求和应答的实现是数据的打包过程。在程序中已经设置好了各个报头的偏移值，各个报头是逐次添加在数据包前面的。在最前面的是以太网报头，后面分别为 IP、TCP、数据。在完成 ARP 请求时，要在目的以太网地址中写入广播地址，使所有的以太网接口都能接收广播的数据帧；把各报头的偏移值写入发送缓存区中，再通过 SendFrame()函数将缓存中的数据发送到网络中。数据到达各以太网口后，通过比较各自的目的 IP 地址。然后写入相应的硬件地址，最后设置 ARP 应答值为 2，回送 ARP 应答报文[10]。IP 数据报的格式包括报头区和数据区两部分，其中报头区是为了保证正确地传输数据而添加的控制信息，数据区是高层协议传输的数据。IP 层需要处理 ARP、ICMP 和上层的 TCP。利用函数 DoNetworkStuff()检查是否接收数据帧，同时查看数据帧目的地址是广播帧还是单播帧。

8.2.8　TCP 模块

TCP 模块的设计主要是对下位机程序的开发，即在 DSP 上运行简化的 TCP/IP 协议。通信之前，要在服务器和客户端之间建立一条逻辑连接操作。协议通信流程图如图 8-18 所示[11]。

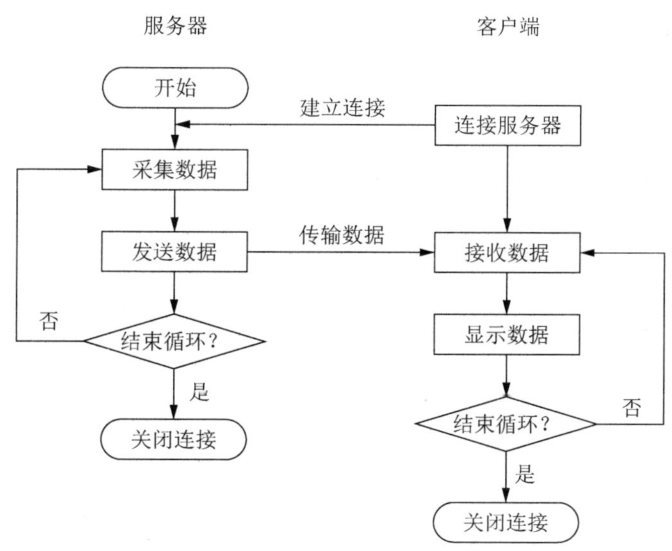

图 8-18　协议通信流程图

在 DSP 中实现 TCP/IP 协议的过程如下。

1）DSP 初始化。

```
void TCP_Init(void)
{   TCPTimeout=0;
    TCPStatus=0;
    TxSuccessFlag=0;
    TCPConnected=0;
    TCPResendNumFlag=0;
    TCPSendNextNr=0x0000;
    TCPActiveOpenFlag=0;
    TCPResendCount=20;
    ARPAnswerSuccessFlag=0;
}
```

2）双方建立连接后，进入监听状态。监听状态接收到客户端发来的连接请求后，首先调用 Process_TCP_Frame()函数处理 TCP 帧，若 IP 地址和端口号是本机，则接收，否则丢弃。然后根据 TCP 状态进行判断，若 TCPStatus=1，则通过 TCP_Syn_Rec()函数处理 SYN 报文，把其中的 32 位序号复制到 TCP 连接的套接字中；若 TCPStatus=3，则建立 TCP 连接需要调用 TCP_Established()函数，否则 TCPStatus=0，调用监听函数 TCP_Listen()继续监听，或者进入其他函数，如关闭函数 TCP_Close_Wait()。如果接收缓冲区发现新的帧，则 RecFrame()函数返回值为 1，在程序中调用 DoNetworkStuff()完成网络层任务，再根据标志位进行判断。如果标志位为 1，则用 ProeessEthBroadcastFrame()函数处理 ARP 帧；如果标志位为 0，则调用 ProcessEthIAFrame()函数处理 ICMP 帧、TCP 帧、UDP 帧。

```
void DoNetworkStuff()
{   Uint16 Temp;
    page(0);
    Temp=Reg0c;
    Temp&=0x20;
    if(Temp)
       ProcessEthBroadcastFrame();
    else
       ProcessEthIAFrame();
}
```

3）服务器发完数据，并发出 FIN 关闭请求后，开始进入 TCP_STATE_FIN_WAIT1 状态。

4）收到确认信息后，进入 TCP_STATE_FIN_WAIT2 状态。收到 FIN 关闭请求后，返回关闭状态。这时数据已经完成传输，可以断开它们之间的连接。此时需要调用 Delete_Socket()函数实现关闭连接[12]。

```
void Delete_Socket(void)
{   TCPConnected=0;
    TCPStatus=0;
    TCPResendNumFlag=0;
    TCPSegNr=TCPSegNr+10;
    TCPResendSeqNr=TCPSegNr+10;
}
```

程序中发送的数据长度放在变量 TxFrameSize 中，接收程序中只有接收到确认包后才复位这个变量。程序中 DoNetworkStuff()及 Process_TCP_Frame()是 TCP 处理发送数据的模块，使 TCP 栈建立连接。由于 TCP 是基于连接的协议，因此必须保持对 TCP 连接状态的监视，并将与状态有关的信息保存在发送函数中。接收数据的一方需要用到的 TCP 函数有 RTL8019ActiveOpen()、Process_TCP_Frame()等，发送数据的一方需要用到的 TCP 函数为 TCPActiveTxData()[13,14]。

8.3　均衡系统模型建立及系统仿真

MATLAB 软件中的 Simulink 工具具有进行动态系统建模和仿真等功能。Simulink 不需要编写大量的程序，利用工具包的各种仿真元器件就可以组成复杂的系统。本节介绍在 MATLAB 环境下根据电感式双向均衡方案，应用 Simulink 仿真工具自带模块建立电感式双向均衡管理系统的方法和仿真结果。

仿真的主要内容为：一是单体电池仿真模型的建立；二是介绍该电池均衡电路的控制策略；三是搭建均衡电路仿真模型，对其进行充电和放电过程的均衡系统仿真，四是将均衡效果和耗能型电阻均衡方案进行对比，分析和评价所采用的均衡系统的优缺点。

8.3.1　电池模型的选用

本节选用 Simulink 工具包中的 SimPowerSystems 模块，其中 Battery 为铅酸蓄电池模型。MATLAB 软件绘制的电池仿真模型，如图 8-19 所示。该电池模型可以很好地反映蓄电池的工作情况，电池模型的电路结构简单，应用方便，并且可以满足本节均衡管理系统的要求。设置 Battery 模型的电池类型为铅酸蓄电池，其他参数根据实验所用铅酸蓄电池的实际参数进行设置，额定电压为 12V，额定容量为 40A·h，用 0.2C 容量的恒流电源给铅酸蓄电池进行放电，得到蓄电池的放电曲线，如图 8-20 所示。

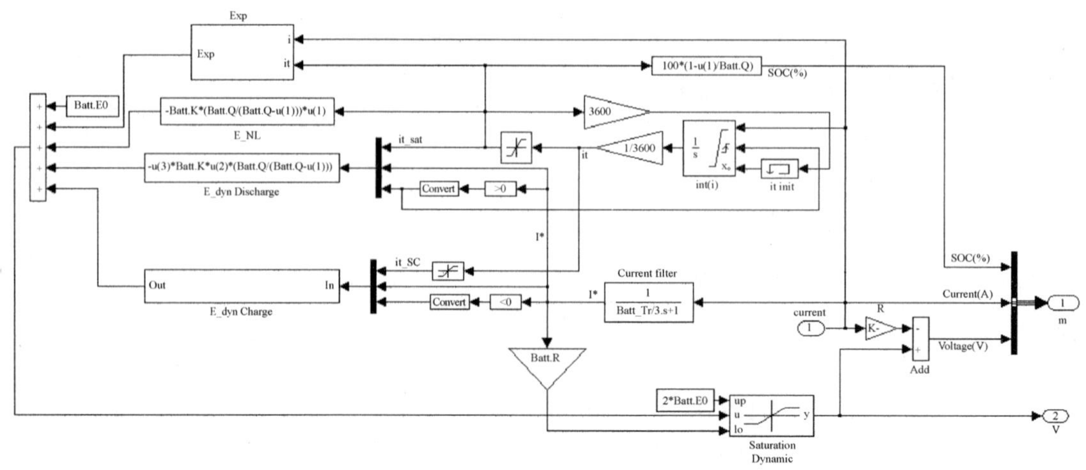

图 8-19　MATLAB 软件绘制的电池仿真模型

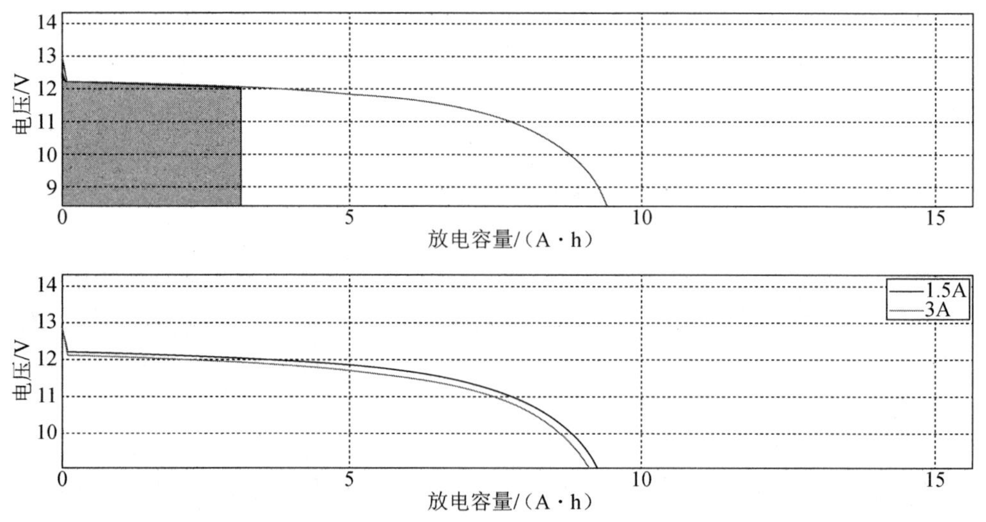

图 8-20　电池模型 0.2C 放电曲线

8.3.2　均衡系统的控制策略

目前，以电压为均衡判断标准的控制策略如下。

（1）最大值法

这种控制策略主要通过储能元件把电池组内最高电压的电池单体中多余的能量转移给其他电池，即 $V_{max}-V_{min}>\sigma$（σ 为电压误差）时，与最高电压电池对应的均衡模块开启，进行电池间能量的流动，直到 $V_{max}-V_{min}\leqslant\sigma$ 才结束。该策略主要针对电池组中有个别电池电压较高或较低的情况，对其他电池电压的分布情况均衡效果较差。采用这种均衡策略时能量的损失较少，但均衡过程需要的时间长，导致效率低。

（2）平均值法

这种控制策略以电池组的平均电压作为是否启动均衡的标准，即当$V_{max}-V_{average}>\sigma$时，与大于电池组平均电压的电池相连接的均衡模块开启，对电池进行放电；当$V_{average}-V_{min}>\sigma$时，与小于电池组平均电压的电池相连接的均衡模块开启，对电池进行充电，最终至$V_{max}-V_{min}\leqslant\sigma$，完成均衡的充放电过程。该策略适用于电池组内一部分电池电压稍大于平均电压，另一部分电池电压稍小于平均电压的情况。这种均衡控制策略均衡时间较长，会产生大量的热量，导致散热性能下降。

由于上述两种均衡控制策略都有一定的局限性，因此本节根据监测电池的数据并结合上述两种策略，对平均值法的控制策略进行改进，提出了另一种控制策略，具体如下。

如果电池电压满足$V_{max}-V_{min}>\sigma$的情况，与$V_i-V_{average}>\sigma'$的电池相连接的均衡模块启动，当$V_{max}-V_{min}\leqslant\sigma$时，结束均衡过程。$\sigma$和$\sigma'$分别为取值不同的某个恒定的电压，$\sigma$限定了电池组内各电池电压之间的最大差值，如果检测到电池组内电压差大于σ，则开启均衡模块进行能量的转移，直到电压差小于σ为止。在多个电池同时进行均衡的情况下，由于σ'的取值小于σ，可以通过调整σ'去掉接近平均电压的电池进行均衡，这样可以避免较多电池同时均衡时导致的散热问题。

8.3.3　建立均衡电路的 Simulink 模型

在 MATLAB 软件下，利用 Simulink 工具包中 SimPowerSystem 模块自带的元件建立电感式双向均衡模型。MATLAB 软件绘制的两块铅酸蓄电池电感式双向均衡仿真模型，如图 8-21 所示。图中两块铅酸蓄电池串联在一起，用一个示波器来显示两块铅酸蓄电池的实时电压波形图，这样容易直观地看到均衡效果。该模型对电路中部分器件进行了简化，利用电池之间的电压差值作为开关元件的开启和断开信号，并且忽略了 MOSFET 的电阻和通态阻抗，以及线路的电阻。输入端利用受控电流源代替实际中的充电机，作为模型调试的输入电压，对受控电流源的参数进行设置，使其作为电池组的负载进行快速放电，缩短了仿真的时间。

搭建完成电池均衡管理系统后，对模型中的仿真环境和各个模块进行初始化设置时，还要结合 8.1.6 节关于电感、开关管和其他元器件的选取和计算。首先进行 Simulink 中仿真求解器的设置，然后设置各个模块的参数，将储能电感设置为 4.7 μH，将所有的 PWM 信号的参数占空比设置为 35%，频率设置为 100kHz，均衡电压差的阈值为 0.005V，开关管和续流二极管均设置为默认值，根据充放电实验设置两块铅酸蓄电池模型的初始电压值。

图 8-21 所示仿真模型的均衡原理如下：通过比较两块蓄电池的电压差，设置均衡模块开闭的阈值，当电压差大于这个均衡的阈值时，与电压较高的蓄电池相连接的开关管导通，通过 PWM 信号控制电感的能量储存和释放，即电压较高的电池为储能电感充电，电感又通过续流二极管将能量传递给电压低的电池，这样不断往复循环，直到电压差小于或等于设置的阈值为止。

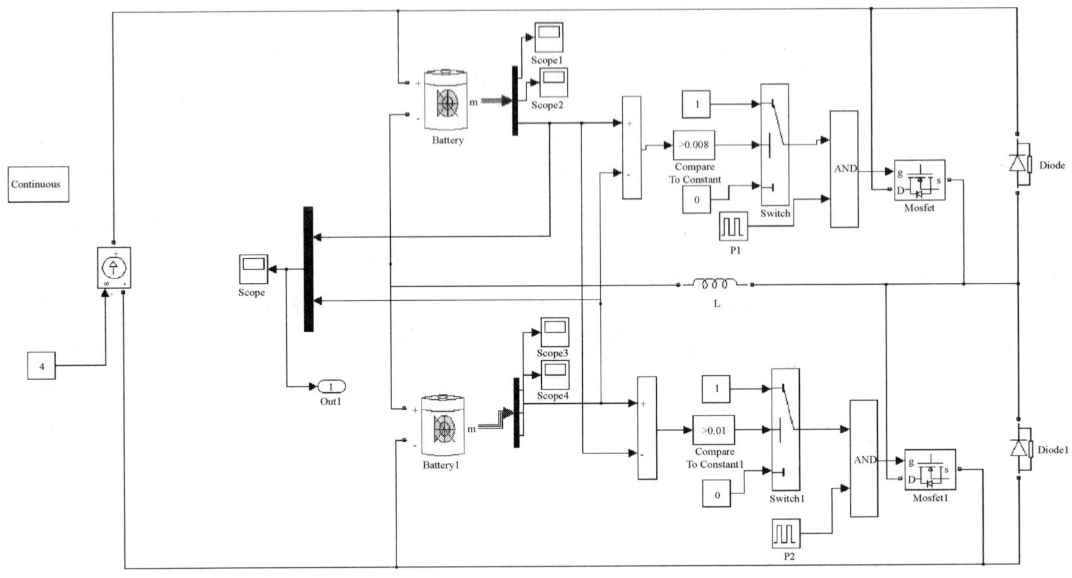

图 8-21　MATLAB 软件绘制的两块铅酸蓄电池电感式双向均衡仿真模型

8.3.4　充电状态均衡仿真

为了更好地观察均衡效果，当没有加入均衡系统时，对串联的蓄电池组进行充电，得到结果后再与带均衡电路的电池组进行比较。图 8-22 所示为 MATLAB 软件绘制的不带均衡电路的串联电池组充电仿真模型。

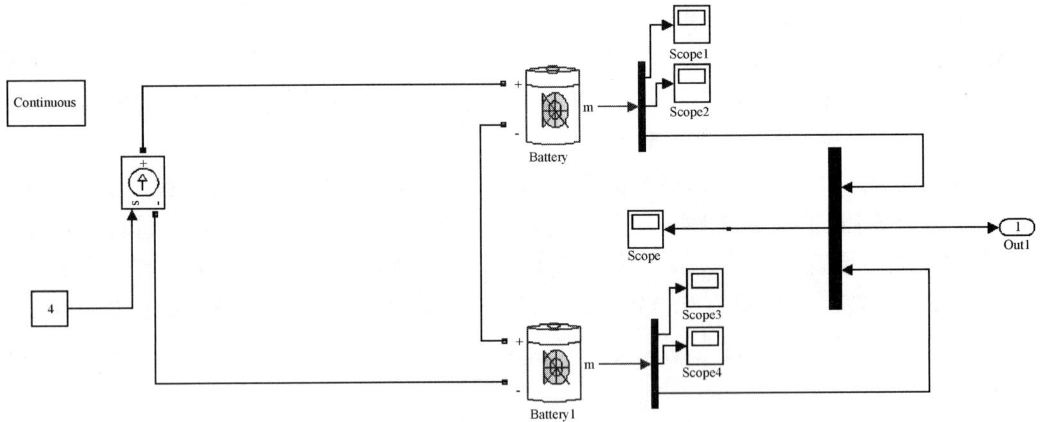

图 8-22　MATLAB 软件绘制的不带均衡电路的串联电池组充电仿真模型

每个电池额定容量为 40A・h，两块蓄电池的电压分别为 10.5V 和 9.7V，受控电流源设置为 4C，对两块串联的蓄电池进行 1 000s 充电，仿真结束时通过 Scope 示波器模块观察两块蓄电池充电时电压随时间变化的曲线，如图 8-23 所示。从曲线变化可以看出，两块蓄电池在充电过程中的电压变化曲线明显不一致，电池模型 Battery 容易发生过充现象，长期下去会对该电池造成一定程度的损坏，影响整个电池组的性能。

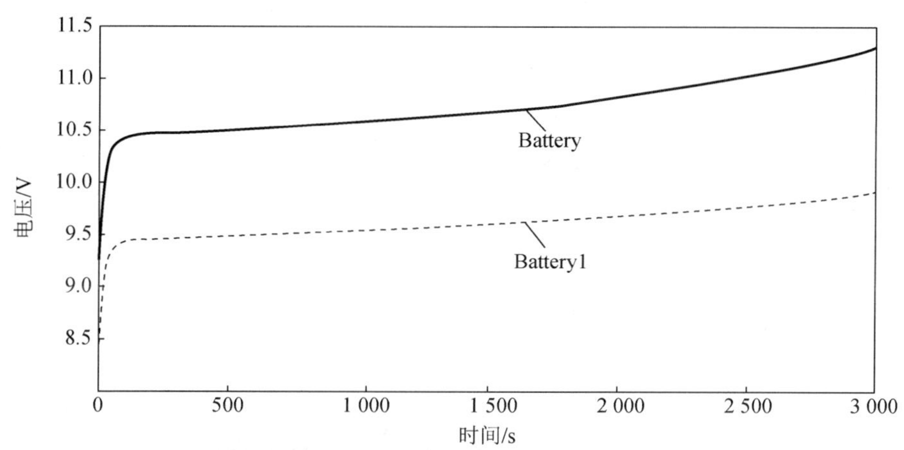

图 8-23　不带均衡的串联电池组充电时电压变化曲线

图 8-24 所示为 MATLAB 软件绘制的串联电池组充电过程均衡仿真模型。在充电时外加了一个受控电流源代替充电机为电池进行充电。该仿真模型通过电压差和 PWM 信号进行相与逻辑运算，再控制 MOSFET 进行均衡。均衡仿真模型的电池参数和受控电流源设置相同，均衡电路中的元器件参数设置为 8.1.6 节计算所得的数据。图 8-25 所示为电感式双向均衡系统充电时电池组电压随时间变化的效果图。与没有加均衡系统的电池组的仿真结果相比，两块电池在充电过程中经过均衡处理，均衡终止时刻两条随时间变化的电压曲线基本重合。同时还可以看出电池 Battery1 在充电过程中电压有明显的升高，Battery 的电压出现了下降的情况，这说明 Battery 在均衡时放出的能量大于受控电流源充入的能量，均衡系统对 Battery 起到了很好地抑制过充现象发生的作用。通过对电压变化曲线的比较和分析，验证了在充电过程中电感式双向均衡系统对串联电池组起到了很好的均衡效果，保护了电池，延长了电池的使用寿命。

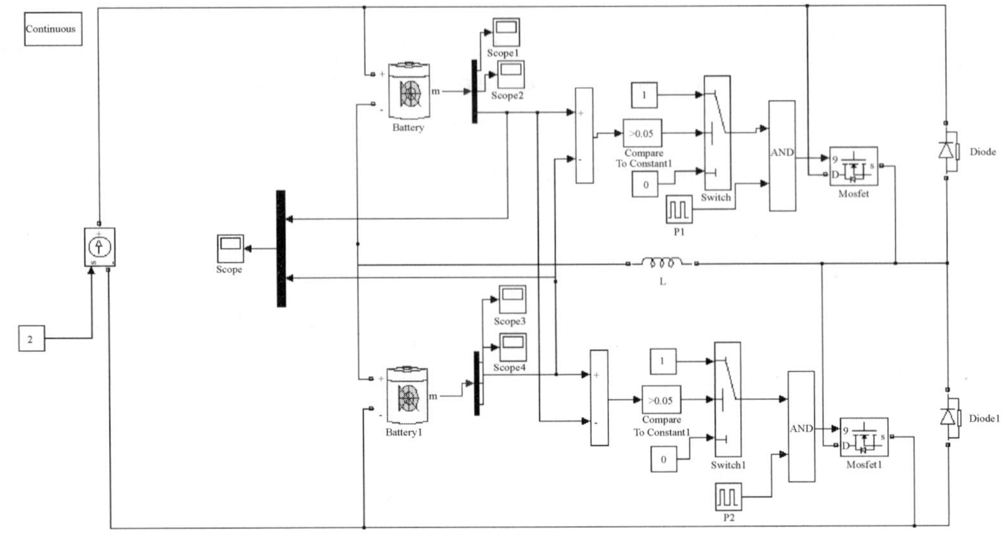

图 8-24　MATLAB 软件绘制的串联电池组充电过程均衡仿真模型

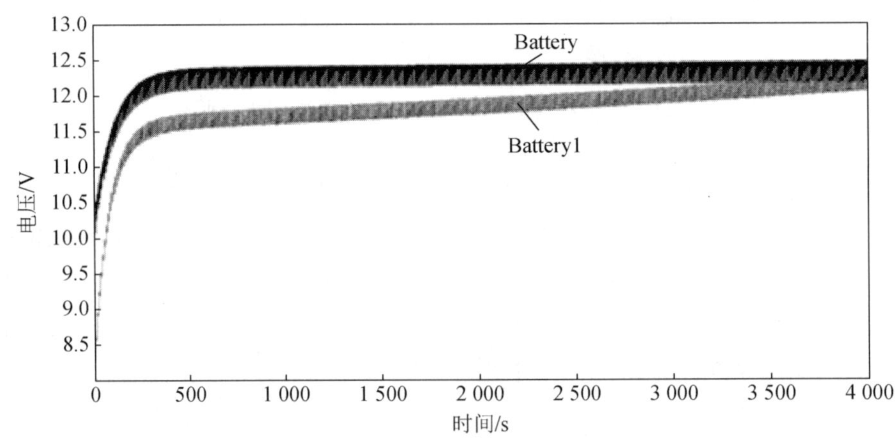

图 8-25　电感式双向均衡系统充电时电池组电压随时间变化的效果图

8.3.5　放电状态均衡仿真

在对串联电池组进行放电均衡仿真之前，先进行没有均衡电路串联电池组放电的仿真，对受控电流源进行设置，将其电流设置为负数，此时在放电过程中受控电流源作为负载起到快速放电的作用。图 8-26 所示为 MATLAB 软件绘制的不带均衡电路串联电池组的放电仿真模型。两块电池的电压分别设置为 11.6V 和 10.2V，受控电流源为−5C，对电池组进行恒流放电 5 000s，放电结束得到两块电池放电时电压的波形，如图 8-27 所示。

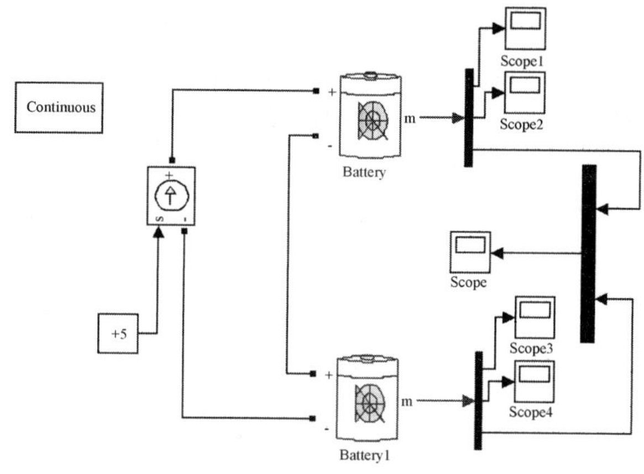

图 8-26　MATLAB 软件绘制的不带均衡电路的串联电池组的放电仿真模型

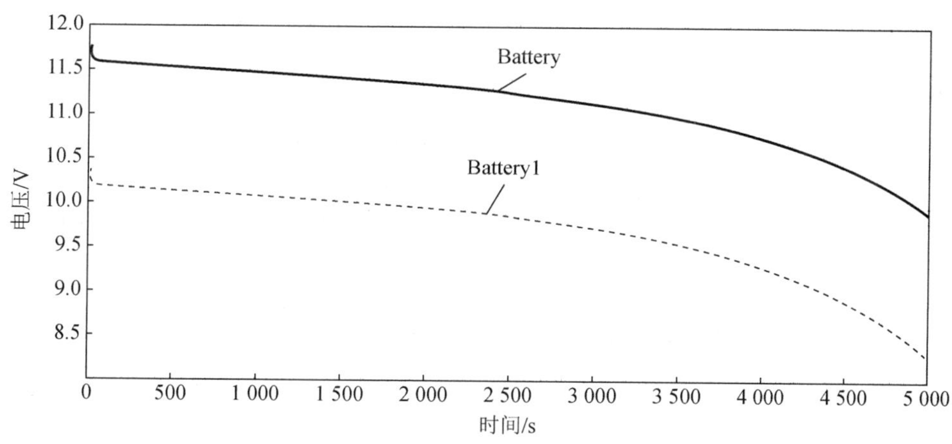

图 8-27　电池组放电过程电压波形图

从图中可以看出，在放电过程中，两块蓄电池的电压变化曲线差别很大，在仿真时间到 4 000s 后，电池 Battery1 的电压下降得较快。如果继续放电，Battery1 不仅会发生过放电现象，影响电池的使用寿命，而且会加剧整个电池组的不一致性。因此，为了避免个别性能差的电池出现过放电现象，电池组在放电过程中必须进行电池之间的电量均衡。

图 8-28 所示为 MATLAB 软件绘制的串联电池组放电过程均衡仿真模型。该模型是在图 8-26 所示模型的基础上加了一个均衡控制电路，当电池之间的电压差大于设置的阈值时，通过 MOSFET 的导通和断开使电池之间能量进行转移。该模型中电池组的参数设置与不带均衡电路的串联电池组的参数设置一样，受控电流源仍然输出−5C 的恒定电流，均衡电路中的元器件参数设置为 8.1.6 节计算所得的数据，就可以进行均衡仿真了。放电均衡仿真结束，在 Scope 示波器中得到电池组在放电过程中电压随时间变化的曲线，如图 8-29 所示。与不带均衡电路的串联电池组放电时得到的电压随时间变化的曲线进行比较，通过放电均衡控制得到的两条电压变化曲线在均衡将要结束时基本上达

到了一致。其中，对于电池 Battery1，在放电过程中均衡电路使其电压缓慢下降，而电池 Battery 电压则快速下降，直至与 Battery1 的电压基本一致为止，再使两者以同样的电压下降速度进行放电。在这个过程中，电池 Battery 除了通过负载放电外，还通过均衡电路中的电感将多余电量转移给电池 Battery1，从而抑制了 Battery1 发生过放电现象，同时也验证了该均衡管理系统在电池组放电过程中可以起到很好的效果。

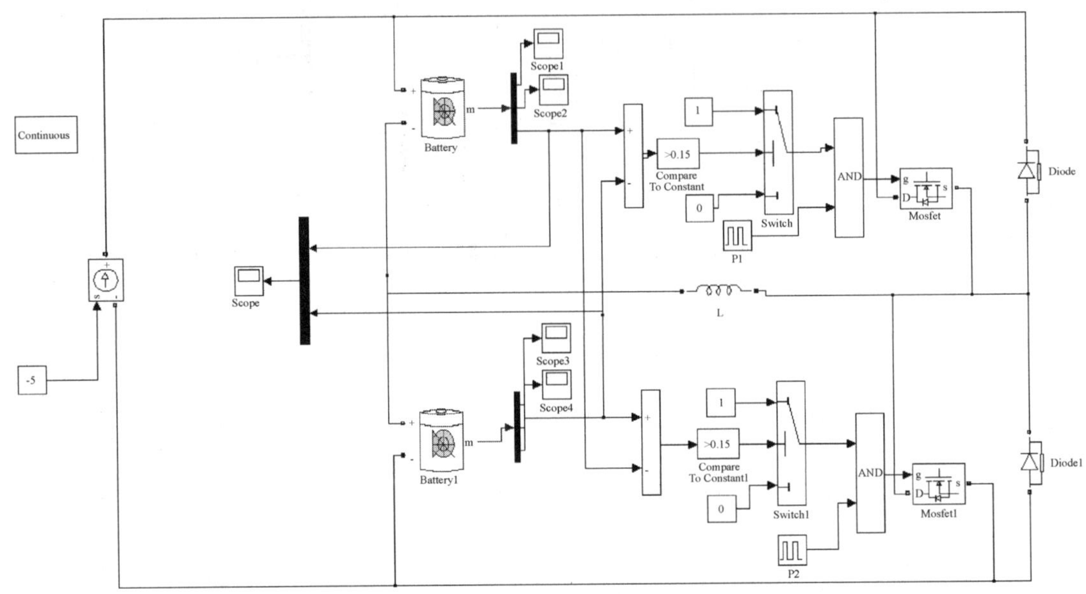

图 8-28　MATLAB 软件绘制的串联电池组放电过程均衡仿真模型

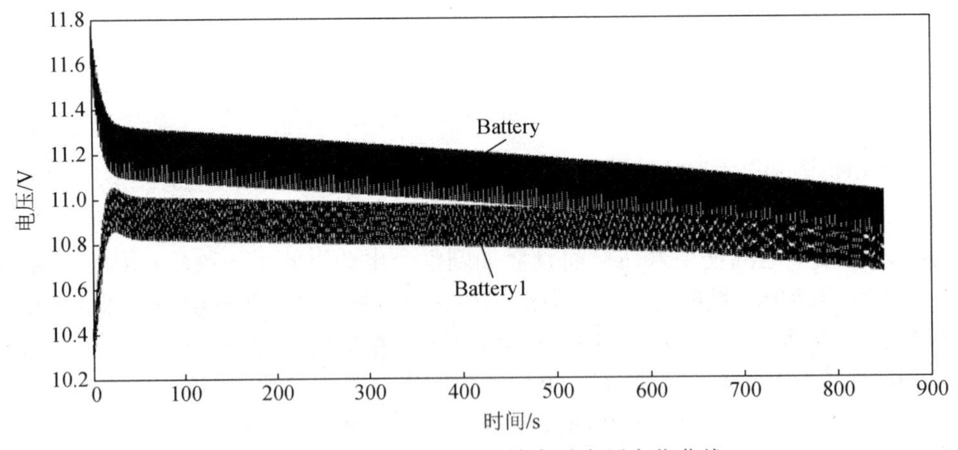

图 8-29　电感式均衡电池放电时电压变化曲线

8.3.6　电阻均衡方案对比仿真

在电池组放电和充电仿真过程中，电感式双向均衡系统起到了很好的均衡作用。为了进一步验证电感式双向均衡系统的使用价值和有效性，我们将采用最简单的电阻均衡方案与电感式双向均衡方案做一个对比仿真实验。

电阻均衡方案的控制策略与电感式双向均衡方案的控制策略相同。图 8-30 所示为 MATLAB 软件绘制的串联电池组电阻均衡方案充电时仿真模型。其中，电池电压、受控电流源充放电电流及 PWM 脉冲信号占空比的设置分别与电感式均衡方案充放电时的数据相同，只是把储能电感换为电阻。设置完成后，分别进行了放电和充电过程的对比均衡实验。

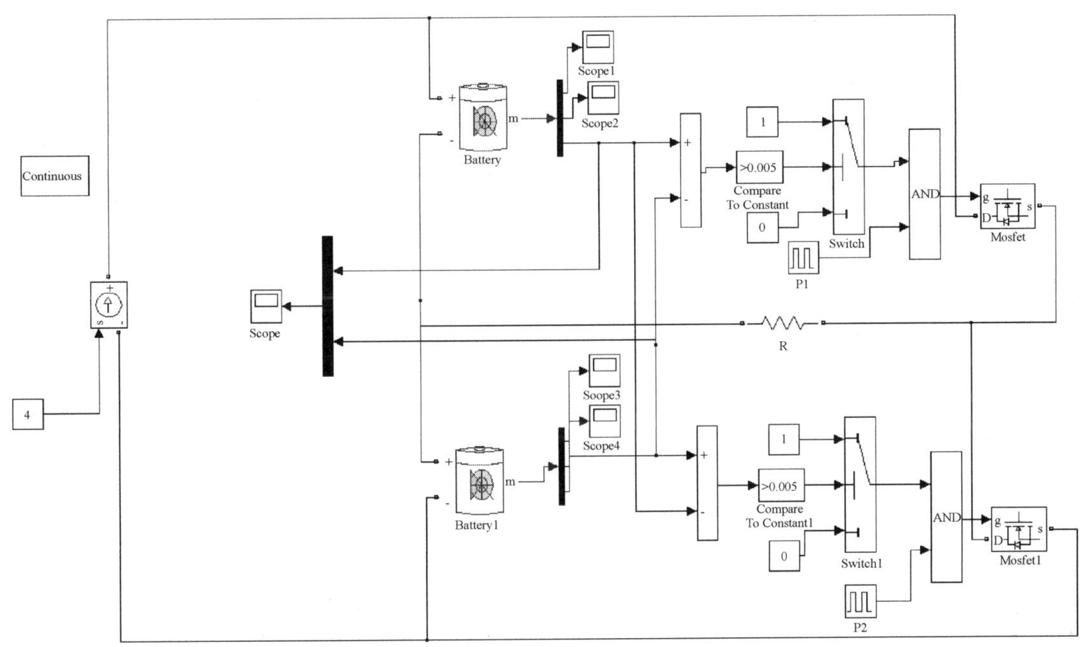

图 8-30　MATLAB 软件绘制的串联电池组电阻均衡方案充电时仿真模型

首先，对串联电池组电阻均衡方案进行充电过程的仿真。图中电阻均衡方案充电时仿真模型同样用受控电流源代替充电机给电池组进行充电操作，仍然以电压差作为均衡是否开启的判断条件，若电压差大于设置的阈值，则通过均衡电路中的电阻对电压高的电池单体进行放电，减小电池间的不一致性。该模型经过 1 000s 仿真时间后，得到了如图 8-31 所示的电阻均衡方案充电时两电池电压随时间变化曲线。与电感式双向均衡方案的均衡效果图相比，虽然电阻均衡方案对易过充电池起到了一定的抑制效果，但均衡需要的时间较长，最终均衡效果也不如电感式双向均衡方案，并且该方案还造成了电量的浪费。很显然，电阻均衡方案在电池充电过程中的效果不如电感式双向均衡方案。

图 8-32 所示为 MATLAB 软件绘制的电阻均衡方案放电时仿真模型。仿真模型中受控电流源的电流值设为负数即对电池组进行放电，经过 3 000s 仿真结束，观察示波器 Scope 模块得到的仿真结果。图 8-33 所示为电阻均衡方案放电时电池组内电池电压的变化曲线。虽然电池 Battery 放电时也像电感式双向均衡方案一样电压快速下降，但电池 Battery1 的电压与没有加均衡电路时相同。电阻均衡方案对电池之间的一致性方面有一

定作用，其效果比没有均衡电路的电池间一致性要好得多，但不如电感式均衡方案的效果好。和充电时一样，该方案均衡速度慢，且浪费电量。

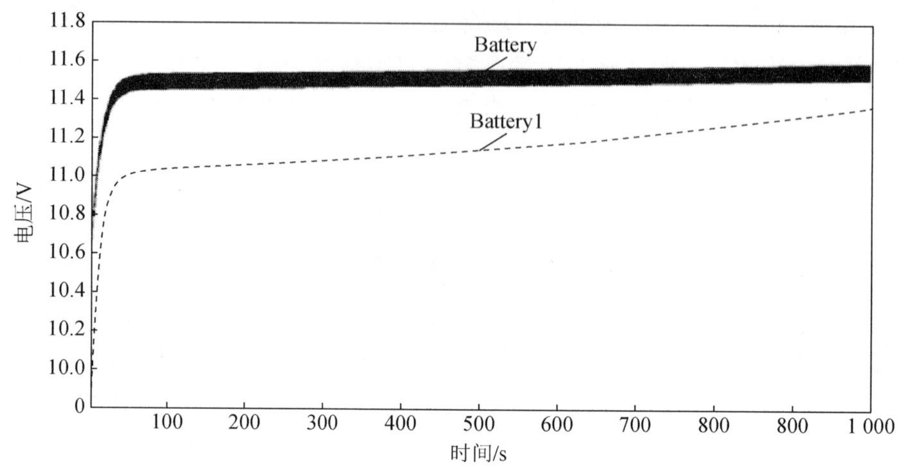

图 8-31　电阻均衡方案充电时两电池电压随时间变化曲线

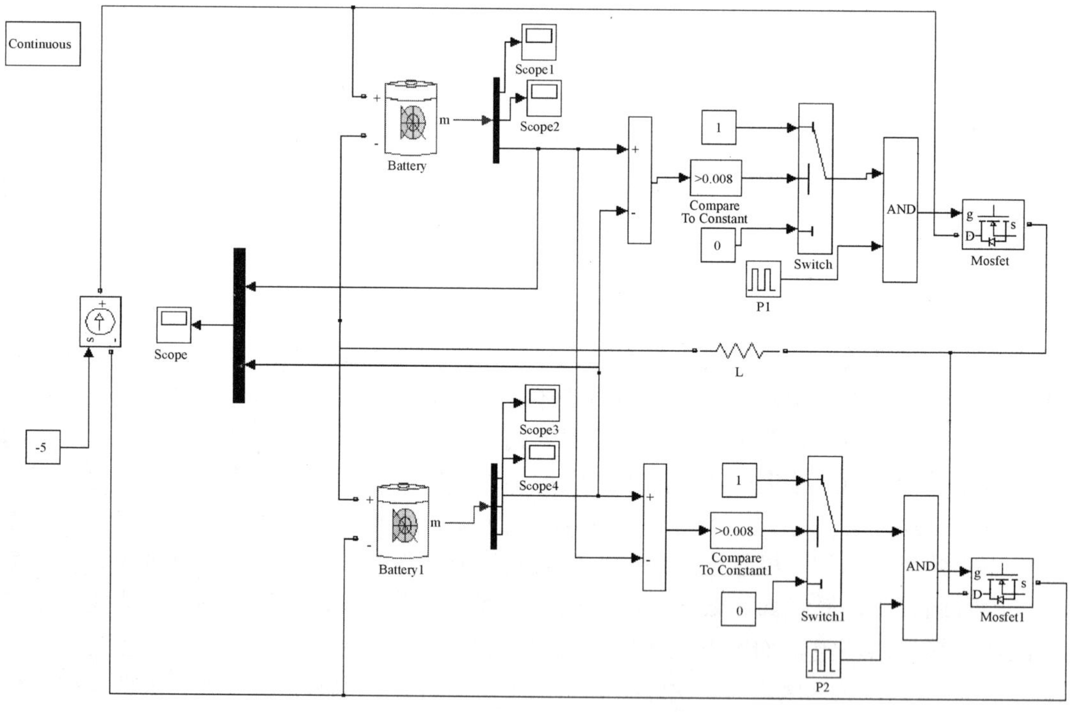

图 8-32　MATLAB 软件绘制的电阻均衡方案放电时仿真模型

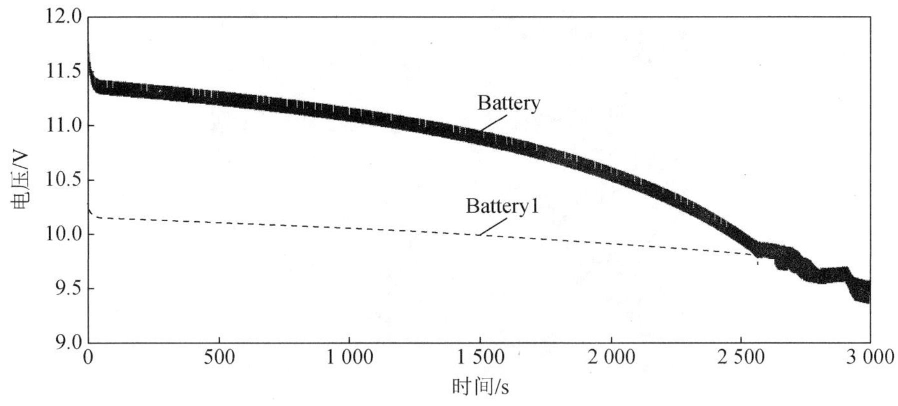

图 8-33　电阻均衡方案放电时电池组内电池电压的变化曲线

8.3.7　仿真结果分析

在 Simulink 环境下，利用其自带的各种模块成功地建立了电感式双向均衡管理系统，很好地完成了串联电池组充电和放电两种不同工况下，电池组中电池间不一致状态下的均衡仿真。通过分析电池在充、放电过程中电压变化的曲线，该系统达到了很好的均衡效果。然后与电阻均衡方案对比，更进一步证明了该均衡管理系统的实用性和有效性。从充电和放电过程的仿真结果中可以看出，在放电过程中，均衡时间稍长了一些，储能电感电量的转移速度慢。与最常见的电阻均衡比较，可以看出电感式双向均衡在均衡效率和效果上均优于电阻均衡。由于该均衡管理系统模型中部分元件进行了简化和忽略阻抗等，可能会造成实际中的均衡效果会与仿真结果有一些不同。虽然该均衡系统有一些不足之处，但是仿真结果验证了其可行性。

8.4　动力电池均衡管理系统实验

8.4.1　单体电池电压测量实验

电池组单体电池电压的测量是电池管理系统的一个重要功能，单体电池电压是表征电池状态最直接的参数，也是对整个电池管理系统进行均衡控制的前提与依据。

某混合动力客车电池组实验现场如图 8-34 所示。

本节取四节胶体铅酸蓄电池进行测量，将这四节电池串联起来后，额定电压达到 48V，通过 LabVIEW 监测界面观察并记录，同时利用数字万用表对各个电池进行实测。采集电压与实测值对照表见表 8-4。从表中可以看出，BMS 测量电压值与数字万用表实测值之间的最大误差是 80mV，精度可以达到 0.72%，达到了理想的精度要求。

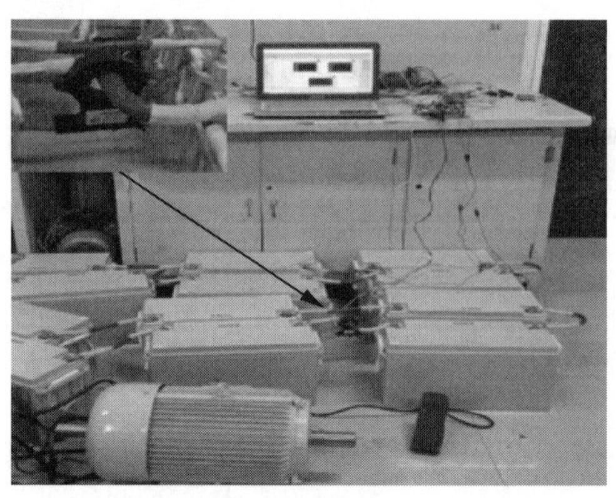

图 8-34　某混合动力客车电池组实验现场

表 8-4　采集电压与实测值对照表

电池序号	实际电池电压/V	检测电池电压/V	差值/mV
B1	11.26	11.18	80
B2	11.58	11.51	70
B3	11.83	11.78	50
B4	12.05	12.01	60

8.4.2　电池组电流测量实验

电池组电流是 BMS 表征蓄电池状态的一个重要参数，也是估算蓄电池 SOC 的重要依据。本节对电池组进行变电流充电实验，通过将系统测量数据与充电机记录数据进行对比验证该 BMS 电流测量方法的可行性。采集电流与记录值对照表见表 8-5。通过表可知，实测数据与充电机记录数据之间的误差较小，精度为 2%。

表 8-5　采集电流与记录值对照表

充电机电流/A	检测电流/A	差值/mA	误差/%
6	6.12	120	2
12	11.79	210	1.75
18	18.72	280	1.6
24	23.63	370	1.54

8.4.3　电池均衡实验

本节实验的均衡电路图如图 8-9 所示。其核心为正激式变压器，采样双向 DC—DC 变换器。电池组由 6 块单体电池组成，每节电池通过功率开关管连接到变压器二次侧绕组。变压器的一次侧也通过开关连接到电池组的总的正负极。假设第四节电池电压最高，且压差大于阈值电压，则均衡开启：MOS1、MOS3、MOS4 导通，软件控制 MOS2 以

200kHz、85%的占空比导通变压器的二次侧，通过变压器电磁转换将第一节电池的能量转移到电池组上完成顶部均衡。同理，当第四节电池电压最低时，MOS4、MOS2、MOS3 导通，软件控制 MOS1 以 200kHz、85%的占空比导通变压器的一次侧，将电池组的能量转移到第一节电池上，完成底部均衡[15]。使用 DSS1K8E 智能电池容量检测仪对电池组放电，设置放电电流为 25A，放电单体阈值电压设置为 3V（电池组串联电压为 3×6=18V），单体保护阈值电压设置为 2.8V（当单体最小电压低于 2.8V 时停止放电）。为提高实验结果精度，进行二次均衡与二次放电[15]。实验结果记录于表 8-6。为了验证电池信号以太网通信的准确性，通过 F2812 的 SCI 串口将采集的电池电压与电流信号发送至上位机，通过 LabVIEW 编程将采集结果实时显示，电池信号采集结果上位机显示界面如图 8-35 所示。

表 8-6　实验结果

试验次数	均衡时间/h	放电时间/h	放电量/(A·h)
第一次	12	6	596.748（99.458×6）
第二次	4	2	214.428（35.738×6）

电池组无损均衡后放电总量为 $596.748 + 214.428 = 811.176(\text{A} \cdot \text{h})$。

电池组均衡之前总 SOC 为 $180 \times 5 = 900(\text{A} \cdot \text{h})$。

均衡转移效率为 $811.176 \div 900 \approx 90.1(\%)$。

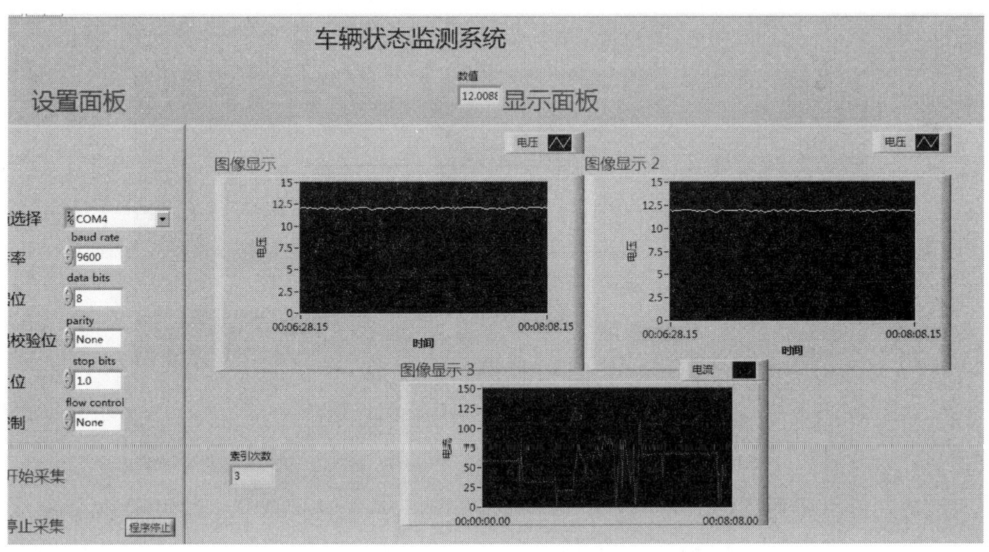

图 8-35　电池信号采集结果上位机显示界面

8.4.4　网络通信实验

通信模块测试之前，要把 TMS320F2812 开发板和上位机通过网线连接在一起。在程序中已经设定开发板的端口号为 1024 且 IP 地址为 192.168.1.11，子网掩码为 255.255.255.0，上位机的 IP 地址为 192.168.1.40。

为了能够在上位机上显示 DSP 发送来的数据，用 Visual C++ 6.0 编写了一个数据传输程序。该程序创建了一个套接字，绑定 IP 地址和端口号。当 TMS320F2812 开发板和上位机建立连接时，若通信模块连接成功，则在客户端的显示界面如图 8-36 所示。

用两块铅酸蓄电池作为检测的目标，将硬件 TMS320F2812（即作为服务器端）经网线与 DSP（即作为客户端）连接起来。整个硬件系统的连接如图 8-37 所示，实验过程中运行 IpTool 网络抓包工具，实现了对 DSP 通信系统和上位机之间 TCP/IP 协议数据包的监测，并可以显示接收的信息。IpTool 网络抓包工具截取的 ARP 数据和 TCP 传输的数据包界面如图 8-38 所示。

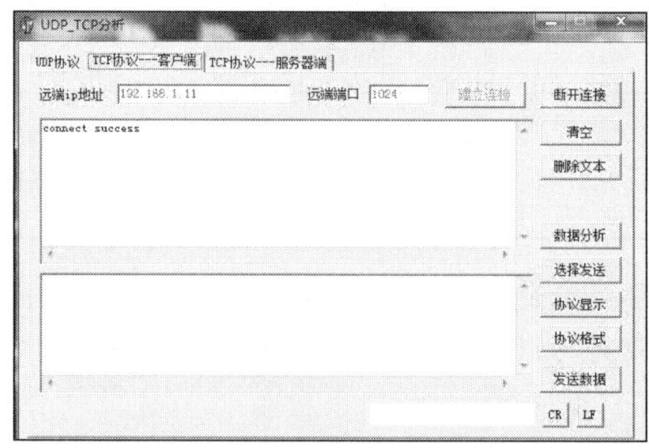

图 8-36　通信模块连接成功界面

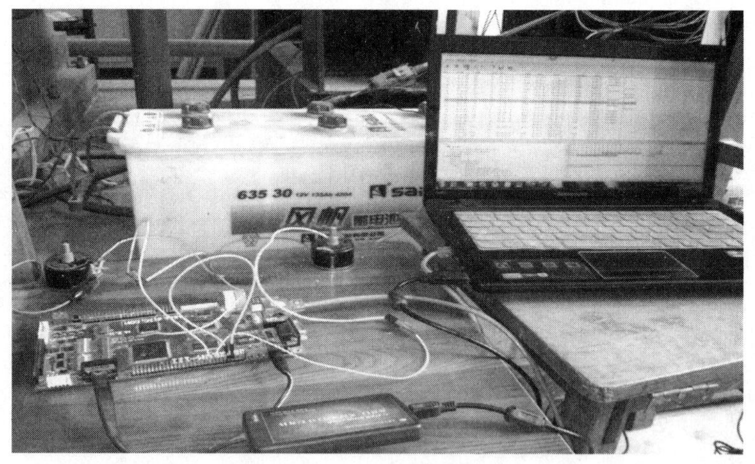

图 8-37　测试装置

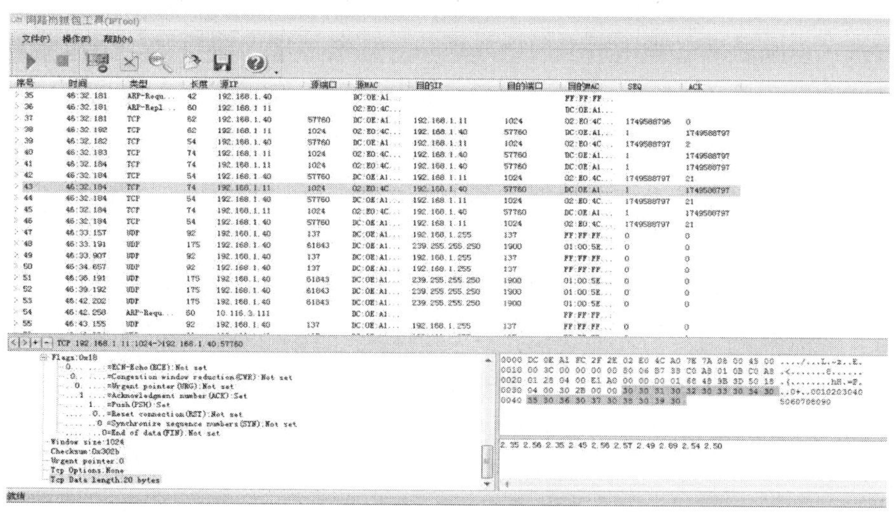

图 8-38　IpTool 网络抓包界面

8.5　车辆复合电源系统设计

汽车蓄电池作为储能设备，其能量密度较大，但是由于受到化学反应速率及其他因素的影响，蓄电池的功率密度受到限制，尤其是在负载功率突然变化时，如汽车起步或急加速时，无法快速实现功率的补偿，从而导致车辆的操控性及动力性下降。超级电容充放电过程不存在化学反应，能量密度大，能够实现快速能量释放。由于超级电容的能量密度受限，因此单纯采用超级电容作为车辆的供电系统并不现实。如果将超级电容与蓄电池结合，充分发挥蓄电池能量密度高及超级电容功率密度高的优点，就可以使系统获得更好的性能[16-18]。本节选用超级电容作为复合电源设备实现对车辆的电能补偿，改善了车辆在起步、换挡、急加速等复杂工况下的性能。

复合电源系统的工作原理主要是通过对车辆的电压、电流、转速及节气门开度等信号的监测实现对车辆运行状况的判断。在车辆起步、急加速等引起车辆电压下降的复杂工况下，控制超级电容的充放电实现对车辆电能的瞬时补偿，可以达到改善车辆性能的目的。车辆复合电源系统的整体设计框图如图 8-39 所示。

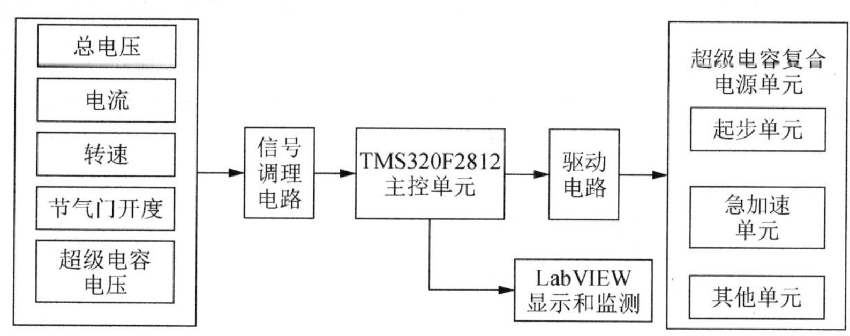

图 8-39　车辆复合电源系统的整体设计框图

车辆复合电源系统主要包括主控单元模块、信号调理电路模块、驱动电路模块及超级电容复合电源单元模块。为实现对整个系统的信号及工作状态的监测，该系统增加了状态监测系统模块。该模块采用 LabVIEW 作为上位机软件，与主控单元模块实现通信，完成对车辆实时信号的数据采集、显示和存储，为后续的数据分析及数据统计提供依据。

车辆复合电源系统的主控单元模块采用 TMS320F2812 作为主控芯片，主要实现车辆实时信号的采集及对超级电容充放电单元的充放电控制，同时应用 LabVIEW 软件作为上位机显示模块，通过串口模块完成通信功能，进而实现对采集信号的传输。

信号调理电路模块主要实现对车辆实时信号的调理。由于车辆的电压、电流、转速、节气门开度等信号不能直接输入主控单元进行采集，因此必须经过信号调理电路完成滤波、分压等处理。信号调理电路模块是车辆复合电源系统的关键模块，也是影响信号采集正确性和精度的重要环节。

驱动电路模块主要实现主控单元对超级电容供电单元的充放电控制，包括升压电路模块、推挽电路模块及主电路模块。

超级电容复合电源模块采用几种不同型号的超级电容作为储能单元，用于构成在车辆处于不同运行状态下的复合电源，包括起步单元、急加速单元及其他单元，通过主控单元产生驱动信号可以实现六组超级电容的充放电控制，可以满足不同运行工况下对复合电源的需求。

8.5.1 车辆辅助供电系统硬件电路设计

车辆辅助供电系统主要根据采集车辆运行时的总电压、总电流、节气门开度、转速等实时信号，通过主控单元根据既定的控制方法和控制策略判断车辆所处的运行工况，并进行分析和处理后对超级电容充放电单元模块进行充放电控制，从而实现瞬时电能补偿。

车辆辅助供电系统硬件总体设计框图如图 8-40 所示。该系统硬件电路总体设计主要包括主控单元模块、信号调理电路模块、驱动电路模块及超级电容充放电单元模块的设计，同时为了实现对不同型号超级电容充放电性能的测试，增加了超级电容充放电电流测试的硬件电路设计。

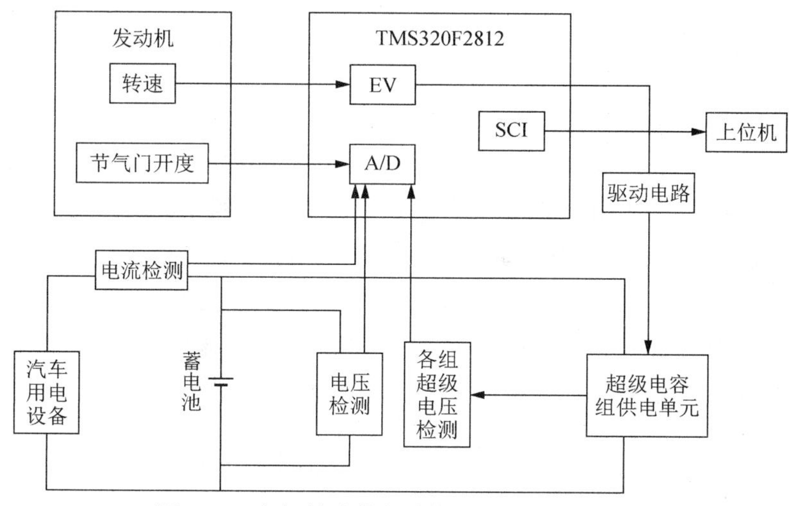

图 8-40　车辆辅助供电系统硬件总体设计框图

8.5.2　节气门开度信号调理电路设计

节气门开度信号与油门位置传感器信号类似，该信号是判断车辆运行状况的一个重要参数，并且直接反映驾驶员的意图。与采集油门开度信号相比，采集节气门开度信号具有方便接线和安装等优点，能够直接在发动机节气门开度信号线处接线实现采集[19,20]。

通过对测试车型的节气门开度信号进行测试可知，节气门信号输出为电压值，范围为 0～4.2V，即松开加速踏板时节气门开度信号电压输出值为 0V，而当加速踏板位置到达最大行程时节气门完全打开，此时节气门信号电压输出值为 4.2V。

根据测试车型节气门开度信号的特点设计了节气门开度信号的信号调理电路，如图 8-41 所示。图中节气门信号由输入端输入，经过电阻分压后进入由运算放大器 LM1458H 组成的电压跟随器，最后经过钳位电路后输入 ADC 信号采集端口。

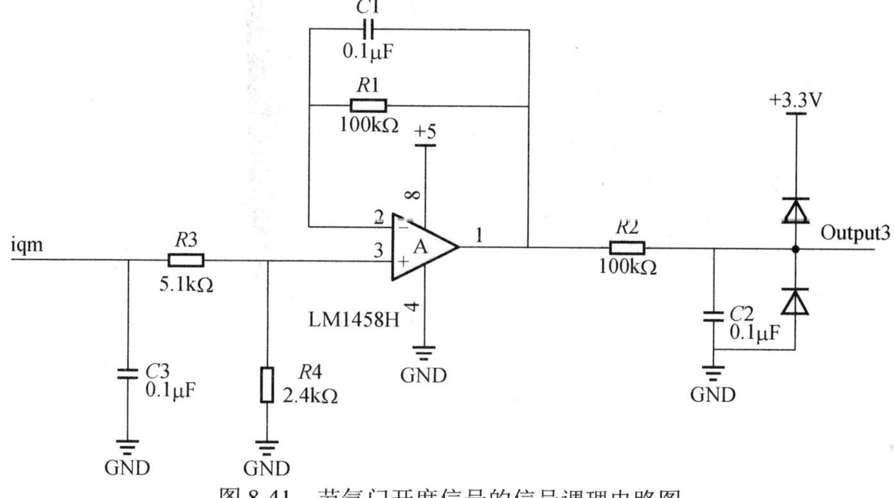

图 8-41　节气门开度信号的信号调理电路图

8.5.3 驱动电路设计

车辆复合电源系统的驱动电路由主控单元的驱动信号通过控制 MOSFET 开关管的导通与关断完成对超级电容辅助供电单元的充放电控制[21]。

驱动电路模块中采用 MOSFET 开关管实现对主电路的充放电控制，但是由于 DSP 主控芯片引脚输出电平为 3.3V，未达到 MOSFET 开关管的开启电压，因此控制信号必须进行升压处理。根据所选用的 MOSFET 开关管型号等因素设计了升压电路模块，如图 8-42 所示。升压电路模块采用 GS3662 升压芯片，输入端与蓄电池+12V 相接，经升压后电路的输出电压值为 20V。

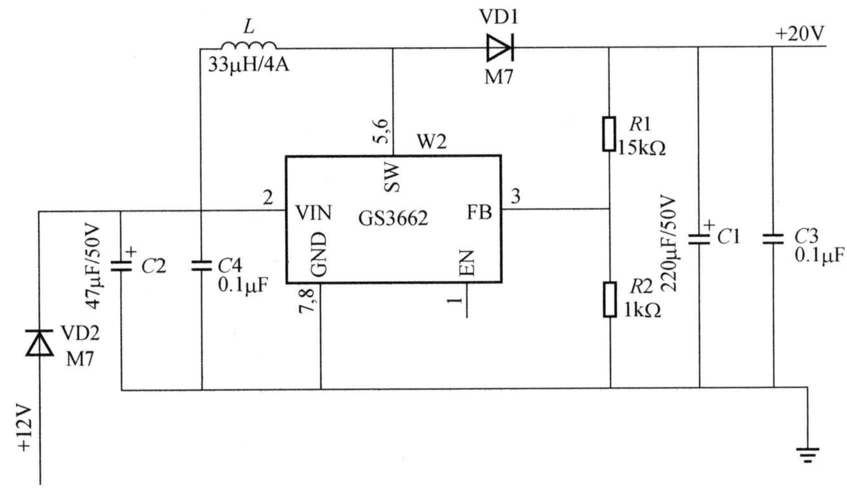

图 8-42 升压电路模块电路图

为增加 DSP 控制信号的驱动能力，增加了推挽电路模块，该模块由四个晶体管组成（NPN 型三个，型号为 8050 或 9013；PNP 型一个，型号为 8550 或 9012）。主控单元输出的 3.3V 驱动信号由输入端输入，经过推挽电路和升压后幅值达到 20V，能够满足使用要求。推挽电路模块电路图如图 8-43 所示。

电力电子器件不断研发，工艺不断改进，这些都加快了产品的更新速度。电力电子技术逐渐应用到汽车领域，尤其是 IGBT 和电力 MOSFET 得到了迅速发展和广泛应用。

作为电压驱动型器件，MOSFET 的驱动电路简单，驱动功率小，同时还具有工作频率高、开关速度快、热稳定性好等优点，因而被广泛应用到工业控制、汽车电子等领域。

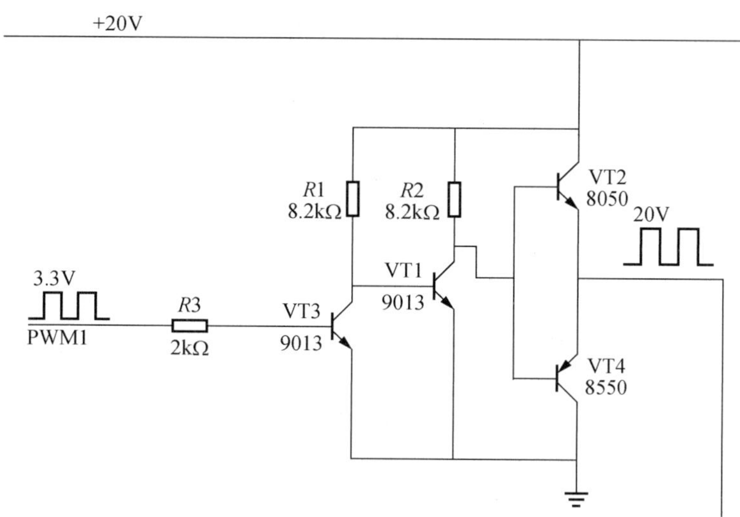

图 8-43　推挽电路模块电路图

本节中车辆蓄电池及发电机的输出电压范围小于 15V，并且根据选用的超级电容组单元的相关参数可知，超级电容组充放电过程电流范围小于 100A。综合考虑，选用 MOSFET 型号为 IRF1404，其性能参数满足本设计的使用要求。IRF1404 具体参数如表 8-7 所示。

表 8-7　IRF1404 具体参数

项目	符号	额定值
漏极直流电流（25℃）/A	I_D	162
漏极直流电流（100℃）/A	I_D	115
漏极脉冲电流幅值/A	I_{DM}	650
栅极-源极电压/V	U_{GSS}	±20
漏极-源极电压/V	U_{DSS}	40
容许沟道总功率/W	P_D	200
导通电阻/Ω	R_{DS}	0.004
工作温度/℃	T_J	−55～+175

主电路模块是车辆辅助供电系统的关键，关系到该系统能否实现电能补偿。该模块主要包括超级电容的充电电路和放电电路两部分。这两部分的设计原理相似，都是通过驱动信号控制 MOSFET 的通断，分别实现对充电电路和放电电路的控制，从而实现超级电容组的充放电功能。主电路模块电路图如图 8-44 所示。该图为其中一组超级电容的驱动电路，其余两组驱动电路与该电路图相同。

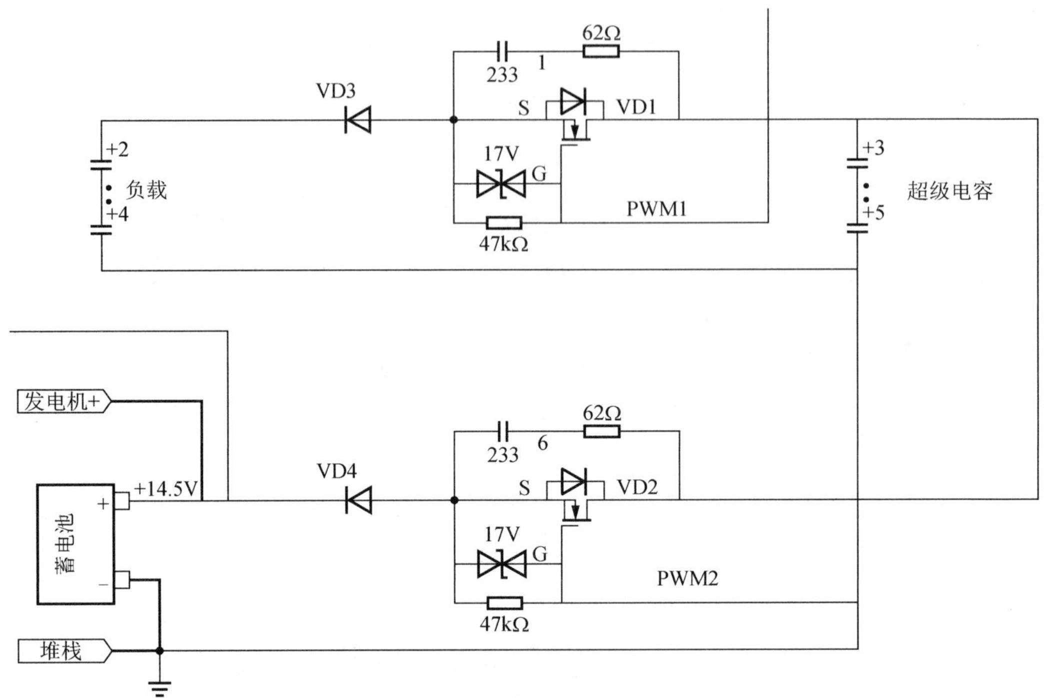

图 8-44　主电路模块电路图

超级电容充电电路由驱动信号 PWM2 控制 MOSFET2 的通断实现充电控制。MOSFET1 的源极经过二极管与蓄电池（发电机）的正极相接，漏极与超级电容的正极相接，超级电容的负极接地。PWM2 控制信号与 MOSFET1 栅极相接，控制超级电容的充电。

驱动信号 PWM1 控制 MOSFET1 的通断实现对放电电路的控制。MOSFET1 的漏极与超级电容的正极相接，源极经二极管与负载的正极相接，负载的负极接地，PWM2 控制信号与 MOSFET2 栅极相接，控制超级电容的放电。负载部分是为后续的调试和测试而添加的部分，在实际应用时，MOSFET2 的源极直接接到蓄电池（发电机）的正极。

主电路的关键设计如下。

1）由于 MOSFET 的栅极与源极之间存在极间电容，因此要求驱动电路部分具有较小的输出电阻，确保能够实现驱动电压的快速建立。

2）推挽电路输出的驱动信号的高电平为 20V，为确保 MOSFET 稳定工作，在栅极和源极之间增加了一个 17V 稳压管，防止出现电压过高导致 MOSFET 烧毁的情况。

3）为确保驱动电源具有足够的功率，驱动信号经过推挽电路方式进行驱动。

4）由于 MOSFET 的导通与关断由 U_{GSS} 决定，因此充电电路部分 MOSFET 的源极与蓄电池的正极（放电电路中栅极与负载的正极）不能直接相接，否则会使 MOSFET 的栅极绝缘层被击穿导致 MOSFET 烧毁。为解决这一问题，在源极与蓄电池的正极之间增加一个二极管，保证源极电压不会过高。

5）为保证 MOSFET 能够实现快速关断，在源极与漏极之间串联一个电阻和一个电容。同时，在栅极串联一个低值电阻，减少寄生振荡。

8.5.4　超级电容电流检测电路设计

超级电容放电电流的大小决定了电能补偿的作用。测试用的超级电容型号种类较多，放电电流的大小从几十毫安到几十安，电流范围较大，虽然在车辆复合电源系统中应用了电流传感器，该传感器的量程为 100A，主要对车辆运行时的总电流进行测量，这在较大的放电电流情况下能够实现精确测量，但是对于放电电流较小的超级电容组无法实现较为准确的测量。综合考虑，本节增加了对超级电容放电电流尤其是较小电流的检测，通过对不同容量组合的超级电容组进行放电电流检测，为超级电容的选型、匹配及数据分析提供数据参考。

电流检测电路采用可编程增益放大芯片来实现，放大器增益能够进行大范围的自动调整，适用于信号幅值大跨度的情况[22]。超级电容电流检测系统的整体设计框图如图 8-45 所示。

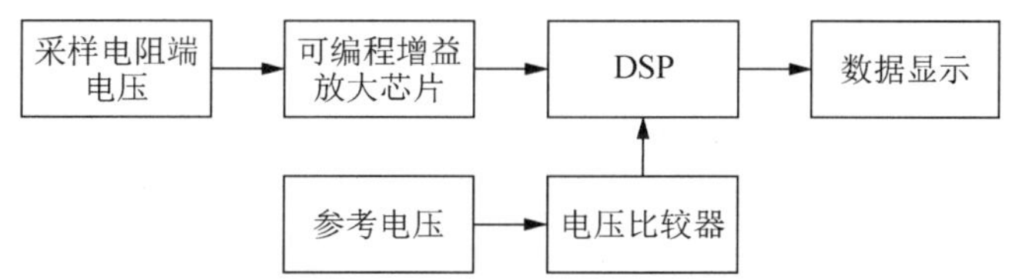

图 8-45　超级电容电流检测系统的整体设计框图

超级电容放电电流信号不能直接采集，必须先通过采样电阻转换成电压信号后，再通过 DSP 的 ADC 采集模块进行采集。为实现精确测量，本节设计中增加了可编程增益放大器模块及电压比较器模块，通过 DSP 芯片的控制实现放大倍数的灵活改变，并且保证输入 ADC 的电压范围在参考电压值和 ADC 输入的上限电压之内，最后将采集的电压值进行换算，得到超级电容放电电流的真实值。

可编程增益放大芯片采用单电源仪表放大器 AD623，该芯片能够通过增益电阻进行增益编程，增益最高可达 1 000 倍。此外，该芯片采用三运算放大器设计，具有低功耗、较宽的共模输入范围、线性度好及可靠性高等优点。

本节中增益电阻的变换通过模拟开关 CD4051 实现。CD4051 为八通道的数字控制模拟开关，能够通过控制 A、B、C 三相的输入状态来决定八路通道的通断。本节设计中，在每一路上接上不同阻值的电阻，通过对八路通道选择性的导通和关断，实现增益的变化。CD4051 真值表如表 8-8 所示。

表 8-8　CD4051 真值表

输入	C	B	A	输出
0	0	0	0	0
0	0	0	0	1
0	0	1	0	2
0	0	1	1	3
0	1	0	0	4
0	1	0	1	5
0	1	1	0	6
0	1	1	1	7

图 8-46 为可编程增益放大器的原理图。DSP 主控单元的三个 I/O 口与数字量控制端 A、B、C 三相相连，实现对八路通道中任意通道的控制，每个通道对应一个不同阻值的增益电阻，能够实现不同的放大倍数。本节中 1～7 通道外接了增益电阻，由于外接电阻无穷大或不接时 AD623 的增益为 1，因此 0 通道放大倍数为 1，作为初始通道。

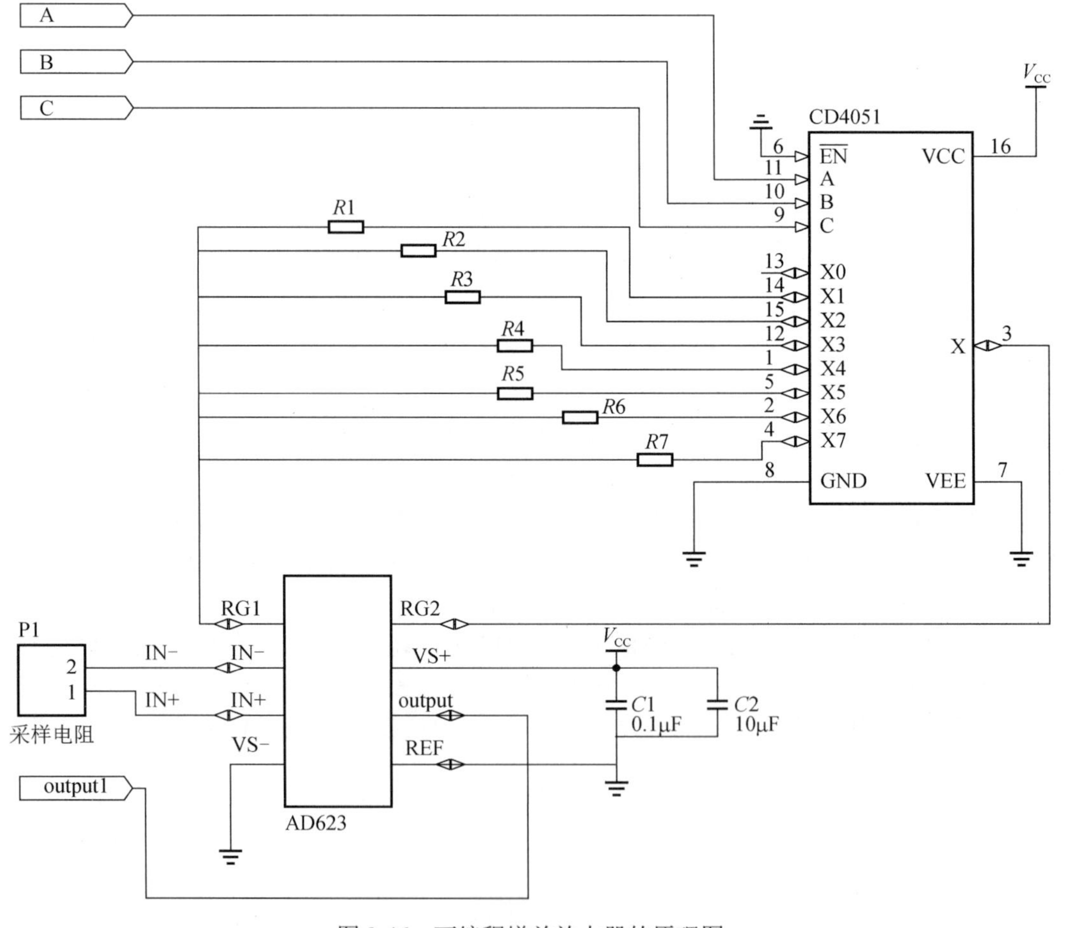

图 8-46　可编程增益放大器的原理图

DSP 的 ADC 采集模块输入电压为 0～3V，为了能够实现更高测量精度，所测信号采集值应当尽可能大。本节中，AD623 的输出电压除了进入 ADC 采集端口外，同时还提供给电压比较器，DSP 芯片通过对电压比较器输出电平的高低进行判断，确定是否满足转换要求。电压比较器的设计原理图如图 8-47 所示。

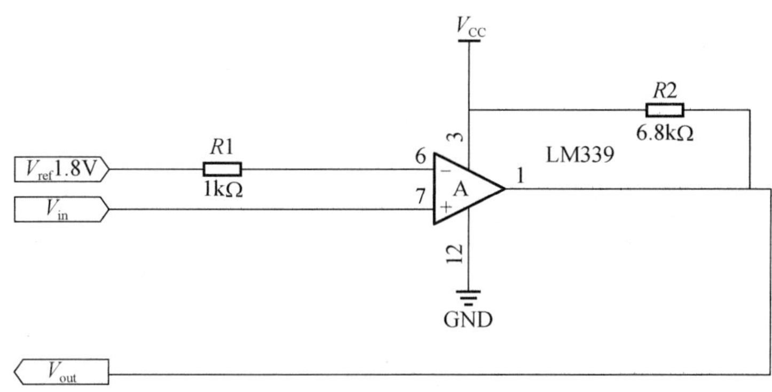

图 8-47　电压比较器的设计原理图

电压比较器选用 LM339，其内部集成了四个电压比较器。电压比较器的反相接线端接参考电压 1.8V，正相接线端与 AD623 的输出端相接，输出端与 DSP 的 I/O 口相接。

8.5.5　车辆复合电源系统软件设计

车辆复合电源系统主要完成信号采集、驱动信号的产生及串口通信等功能，其中车辆的总电压、电流及节气门开度信号主要通过 ADC 采集模块完成，发动机转速信号依靠事件管理器的捕获单元模块实现，驱动信号通过事件管理器实现，DSP 芯片与上位机软件的串口通信通过应用 SCI 单元完成。另外，实现串口通信过程还包括对 LabVIEW 软件程序的设计和编写。车辆复合电源系统软件的总体设计框图如图 8-48 所示。

DSP 主控单元完成对车辆实时信号的监测，同时根据信号监测值及制定的控制策略进行计算。如果满足驱动信号产生的条件，则根据计算产生相应的驱动信号实现对超级电容组的充放电控制；如果不满足，则继续进行信号采集，同时，采集的实时信号通过串口通信实现数据的实时显示和存储。

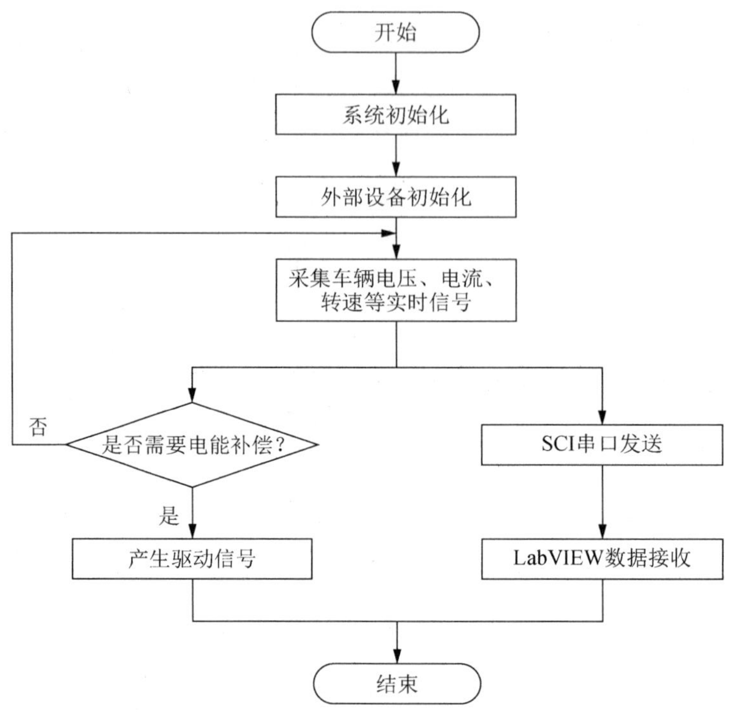

图 8-48　车辆复合电源系统软件的总体设计框图

8.5.6　控制方法及充放电控制设计

根据车辆复合电源系统设计的要求，其控制方法主要是通过采集车辆的实时信号来判断车辆所处的工况，从而实现对应超级电容供电单元的辅助供电功能。为实现对超级电容辅助供电单元的充放电控制，本设计采用 DSPF2812 主控单元的事件管理器单元产生根据采集信号的状态来产生相应的驱动信号，实现对驱动电路的控制。

DSPF2812 包含两个相同的事件管理器，均由通用定时器、比较单元以及捕获单元构成，同时事件管理器模块均采用高速时钟作为时钟源，并且能够通过对寄存器的设置完成时钟使能、控制寄存器、外部信号以及外部引脚等设置。

本节在设计时，驱动信号采用事件管理器实现，每个事件管理器能够产生八路信号输出（通用定时器两路，比较单元六路），将与信号输出相关的 I/O 口设置为功能引脚后能够对其输出进行控制，通过更改比较控制寄存器的相应设置，能够根据需要实现各个输出引脚的高低电平变化，从而实现对驱动电路的控制。在设计中，每组超级电容的充放电电路由两路信号进行控制，共需要 12 组控制信号，即 12 个引脚，这种方式能够满足使用要求。

为满足车辆复合电源系统的需要，本节采用六组超级电容作为超级电容辅助供电单元，并按照不同的容量将这六组超级电容分为起步单元、急加速单元及其他单元，分别为满足不同的工况需求而设计的，其他单元中又包含满足不同转速区间下的四组超级电容。六组超级电容器的充放电控制都根据主控单元采集的实时信号进行控制。超级电容单体充放电控制策略主要依据车辆运行在起步、急加速等工况下的车辆状态监测值来确定，如表 8-9 所示。由于不同车型之间存在差异，因此控制策略需要针对不同的车型进行调整。

表 8-9　超级电容单体充放电控制策略

超级电容组	充放电	蓄电池电压/V	超级电容单体电压/V	节气门开度/%	转速/（r/min）	控制信号
起步单元	充电	>12	<12	<10	>750	PWM1
	放电	<12	≥12	>25	>1 800	PWM2
急加速单元	充电	>12	<12		>750	PWM3
	放电	<12	≥12	>50	>2 500	PWM4
其他单元 1	充电	>12	<12		>750	PWM5
	放电	<12	≥12		>900	PWM6
其他单元 2	充电	>12	<12		>750	PWM7
	放电	<12	≥12		>1 500	PWM8
其他单元 3	充电	>12	<12		>750	PWM9
	放电	<12	≥12		>2 500	PWM10
其他单元 4	充电	>12	<12		>600	PWM8
	放电	<12	≥12		>3 000	PWM12

驱动程序设计流程图如图 8-49 所示。首先进行系统初始化及外部设备初始化，完成引脚功能的设计、时钟及中断等功能，然后通过 ADC 模块采集的实时信号来进行判断。当系统监测到电能需要补充时，根据制定的控制方法选择相应的超级电容组并完成放电；当完成电能补偿后，通过监测确定车辆是否满足充电要求，如果满足，则对放电的超级电容组进行充电。

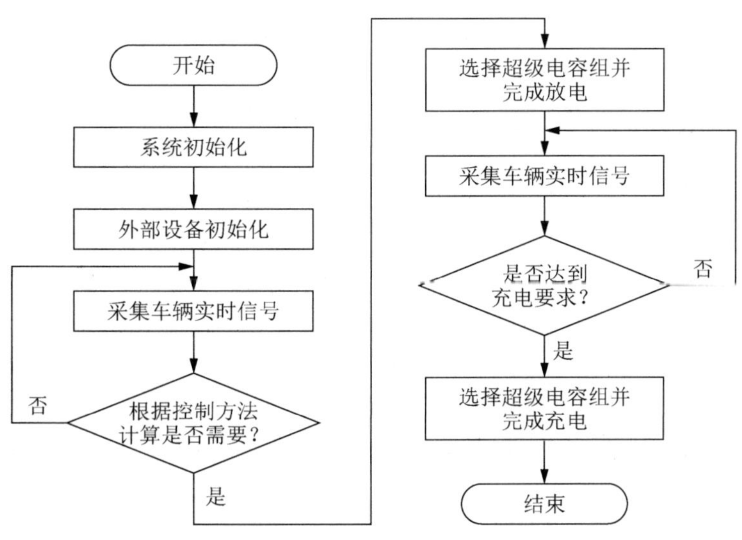

图 8-49　驱动程序设计流程图

8.5.7 超级电容电流检测软件设计

超级电容电流检测软件程序主要包括主程序、增益调整程序和AD采样中断子程序。程控增益放大主程序流程图如图8-50所示。程控增益调整子程序流程图如图8-51所示。初始通道为0通道，该通道的放大倍数为1，通过对电压比较器的输出信号的监测来控制通道的转换，当电压比较器输出信号低电平且稳定后通道调整结束，读取放大倍数和AD的转换结果。

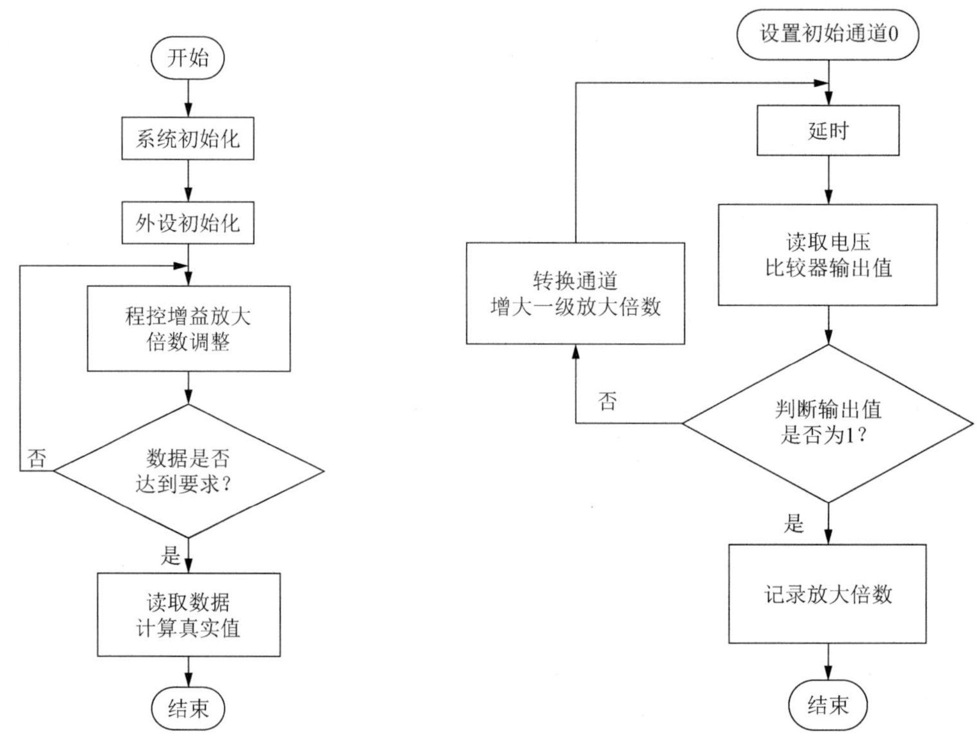

图8-50 程控增益放大主程序流程图　　图8-51 程控增益调整子程序流程图

8.6 车辆复合电源系统仿真

为验证系统的可行性，在MATLAB/Simulink下建立超级电容模型，对超级电容的充电性能进行仿真，同时建立超级电容与蓄电池复合电源模型，并与蓄电池单一电源的放电性能进行比较。为验证驱动电路部分的可行性，在SimPowerSystems下建立驱动电路模型，并在该环境下设置仿真信号对车辆部分信号进行模拟，通过制定的控制方法，对驱动电路模块进行仿真[23,24]。

8.6.1 超级电容充电性能仿真

超级电容的充放电性能是决定车辆辅助供电系统性能的重要因素，为实现对超级电容的选型和匹配，对超级电容充电性能进行仿真，主要是对超级电容恒压及恒流充电进行仿真，下面分别进行介绍。

在仿真环境下建立的超级电容单体仿真模型如图 8-52 所示，建立的超级电容恒压充电电路仿真模型如图 8-53 所示，该电路能够实现对超级电容恒压充电性能的仿真，通过对超级电容参数的更改能够得到不同容量的超级电容恒压充电曲线。

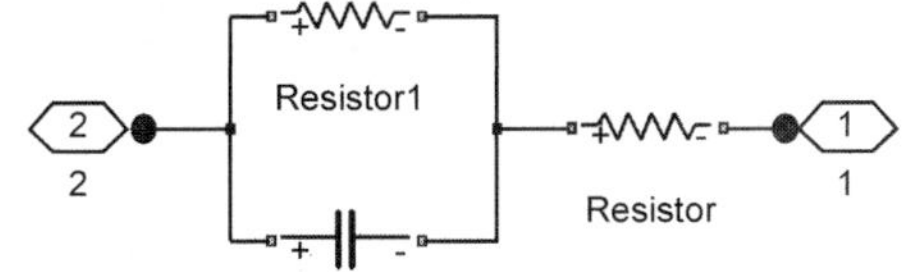

图 8-52 超级电容单体仿真模型

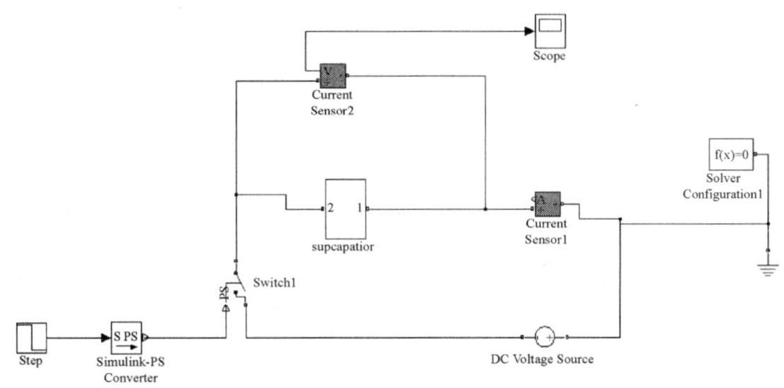

图 8-53 超级电容恒压充电电路仿真模型

本设计采用的超级电容单体容量为 0.5 F、1 F、2.0 F 和 3.3 F，将以上型号的超级电容容量分别进行恒压充电仿真得到的充电曲线如图 8-54 所示。

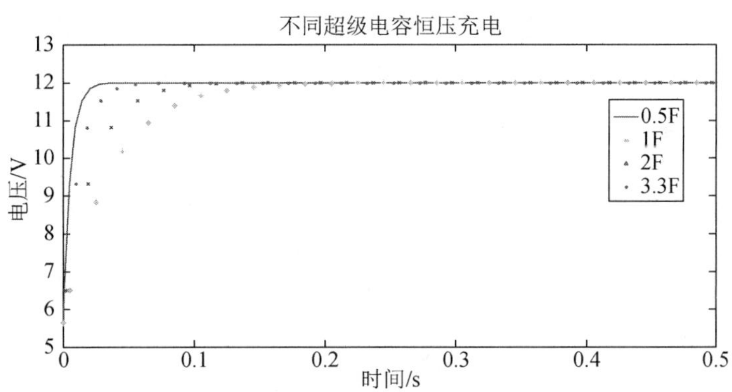

图 8-54 不同超级电容恒压充电曲线

在仿真环境下完成超级电容恒流充电模型的建立，整体仿真模型如图 8-55 所示。该电路能够实现对超级电容恒流充电性能仿真，通过改变超级电容参数可得到不同容量的超级电容恒流充电曲线，如图 8-56 所示。

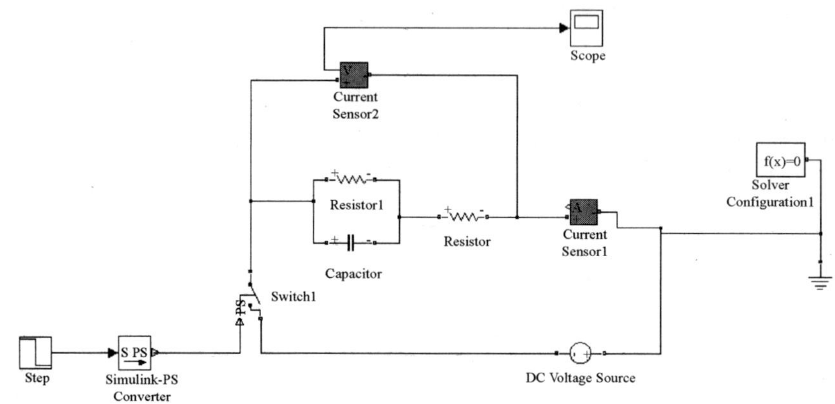

图 8-55　超级电容恒流充电电路仿真模型

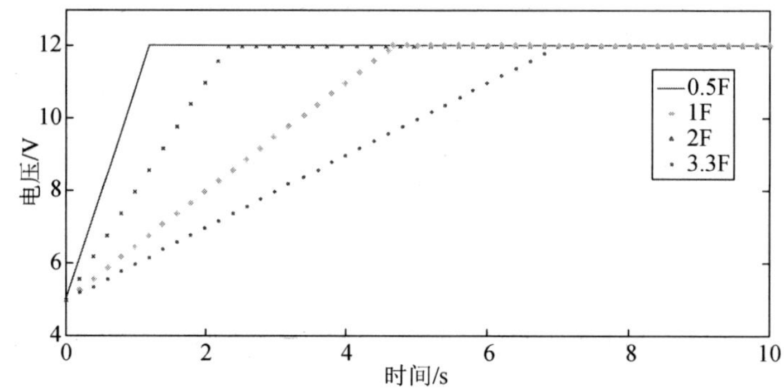

图 8-56　不同超级电容恒流充电曲线

通过对不同超级电容恒流充电及恒压充电进行仿真，可以得到其充电曲线，为后续的控制方法确定及超级电容的匹配提供参考。

8.6.2　复合电源性能仿真

为了验证超级电容与蓄电池复合电源的有效性，在 Simulink 下分别建立蓄电池及复合电源的模型，两种电源分别对负载放电，观察放电电流大小。

图 8-57 所示为蓄电池作为独立电源单独为负载电机供电仿真模型，蓄电池供电放电电流曲线如图 8-58 所示。

超级电容与蓄电池复合电源为负载供电仿真模型如图 8-59 所示，蓄电池电流、超级电容电流及总电流曲线如图 8-60 所示。

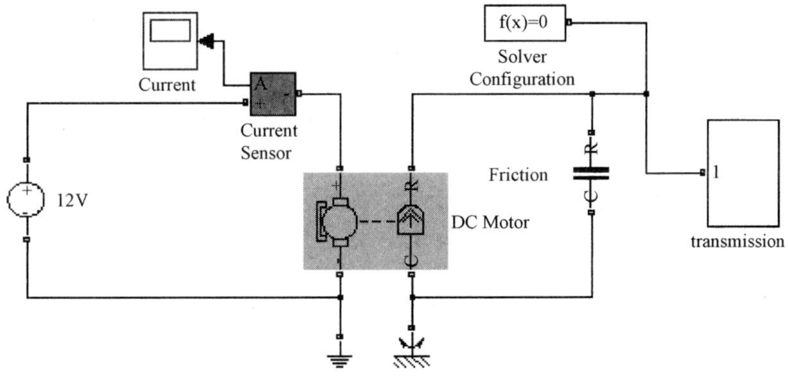

图 8-57 蓄电池供电仿真模型

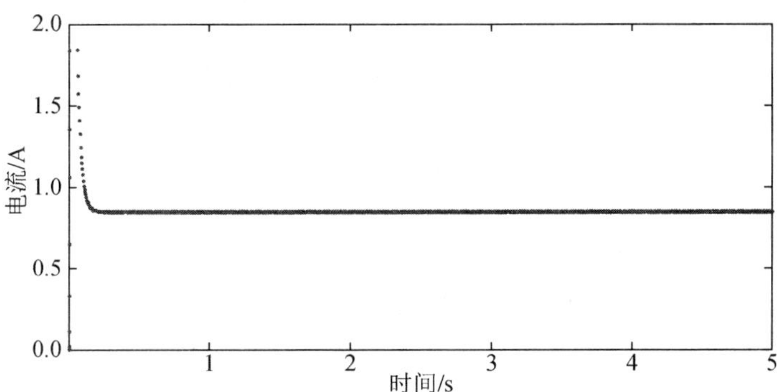

图 8-58 蓄电池供电放电电流曲线

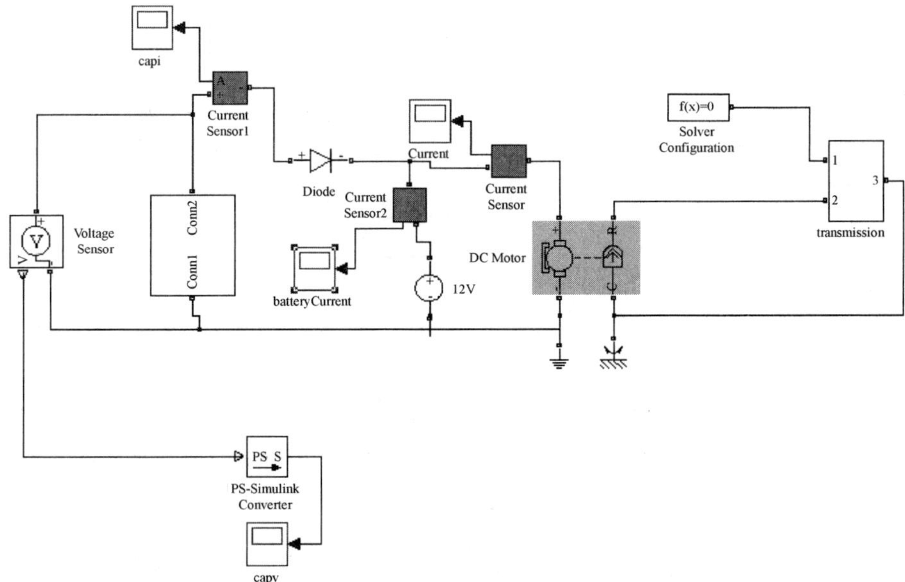

图 8-59 超级电容与蓄电池复合电源供电仿真模型

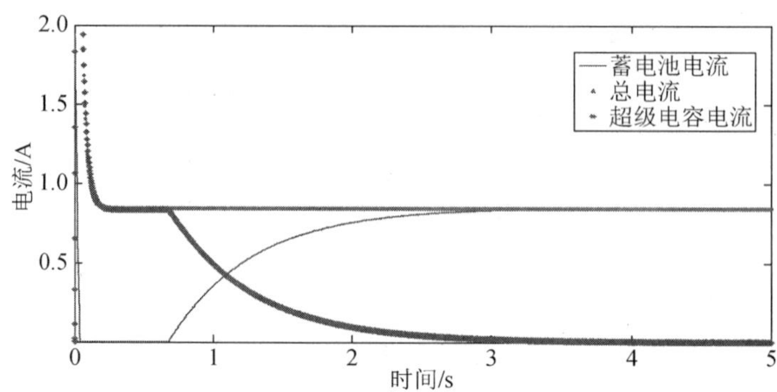

图 8-60　超级电容与蓄电池复合电源供电放电曲线

通过比较仿真结果可得，超级电容与蓄电池组成的复合电源为负载供电时，超级电容优先放电，随后蓄电池放电，减小了对蓄电池的大电流冲击，实现对蓄电池的保护作用。

8.6.3　驱动电路模块 Simulink 建模与仿真

在 Simulink 工具包的 SimPowerSystems 模块下，根据驱动电路及超级电容的等效模型建立仿真模型，驱动电路仿真整体仿真模型如图 8-61 所示。

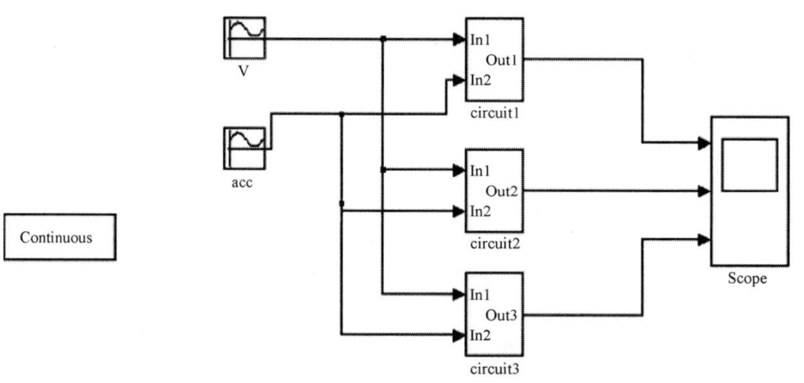

图 8-61　驱动电路仿真整体仿真模型

该模型包括信号模拟部分、超级电容充放电部分及信号显示。其中，信号模拟部分采用模块自带的正弦信号模拟车辆总电压及节气门开度信号；超级电容充放电部分采用三组进行仿真，三组电路相同，只是控制方法不同；信号显示部分记录三组超级电容的电压值。

每组超级电容的充放电仿真模型如图 8-62 所示。该模型根据前面章节中介绍的驱动电路而设计，包括控制器、充放电电路、蓄电池、超级电容模型及负载。控制器输入信号为电压及节气门开度信号，输出为两组控制信号，分别控制充放电电路中的

MOSFET，蓄电池完成对超级电容的充电，电压值参考车辆运行时的总电压值，设置为 14.5V，负载完成对超级电容电量的消耗。当输入信号满足放电要求时，放电电路开启，超级电容为负载放电，当输入信号满足充电要求时，充电电路开启，蓄电池为超级电容充电。

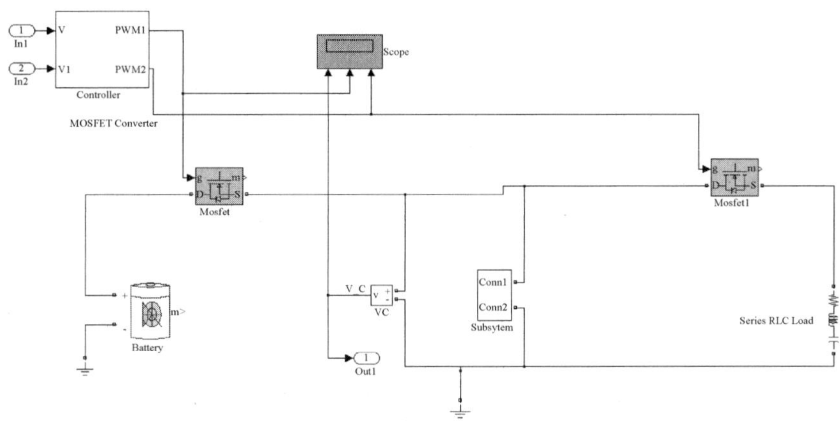

图 8-62　每组超级电容的充放电仿真模型

在充放电电路中，对模型中的部分器件进行简化，控制器输出的控制信号代替实际控制信号，取消升压电路及推挽电路模块，同时电路中忽略 MOSFET 的电阻和通态阻抗，以及线路中的其他电阻的阻值。

根据超级电容的等效电路建立的超级电容单体及超级电容组仿真模型如图 8-63 所示，超级电容组模型由六组超级电容单体串联而成，三组超级电容的容量分别为 3.3 F、2.0 F、1.0 F，等效串联电阻值及等效并联电阻值根据厂家给定的参数确定。

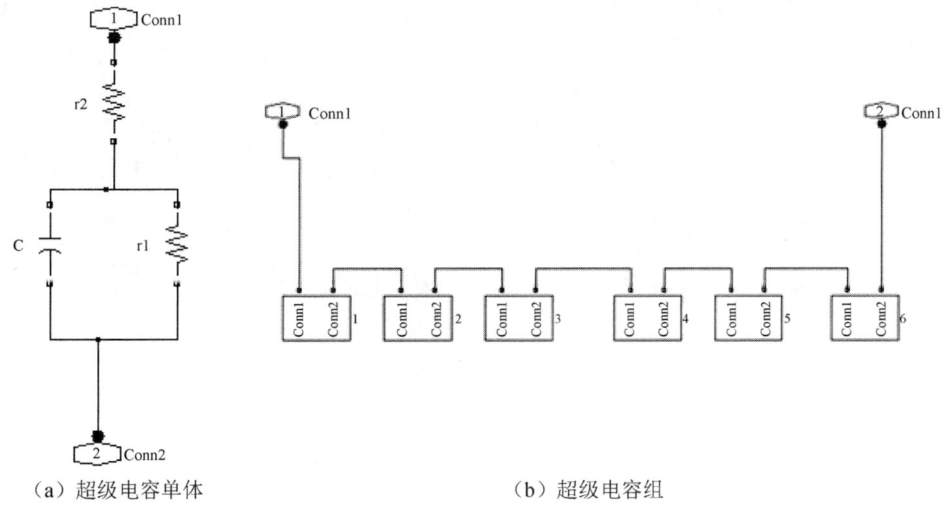

（a）超级电容单体　　（b）超级电容组

图 8-63　超级电容单体及超级电容组仿真模型

控制器模块仿真模型如图 8-64 所示。该控制器通过对输入的电压及节气门信号进行比较和逻辑判断，按照前面章节中制定的控制方法进行设置，当满足充、放电条件时输出驱动电路的控制信号，控制充、放电电路的工作。

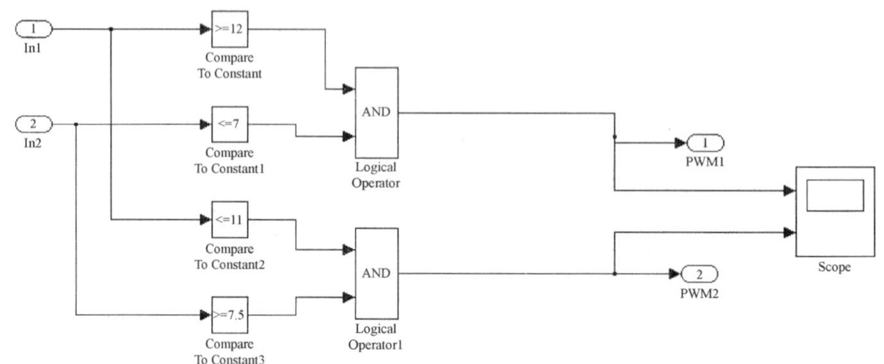

图 8-64 控制器模块仿真模型

建立驱动电路仿真整体模型后，对 Simulink 的仿真求解器进行设置，运行仿真结果如下：第一、二、三组超级电容充放电仿真结果如图 8-65～图 8-67 所示。图中显示的三部分曲线从上到下依次表示超级电容端电压、充电电路控制信号和放电电路控制信号。从图中可以看出，当充电电路开启时，蓄电池为超级电容组充电，电压升高；当放电电路开启时，超级电容为负载放电，电压降低。

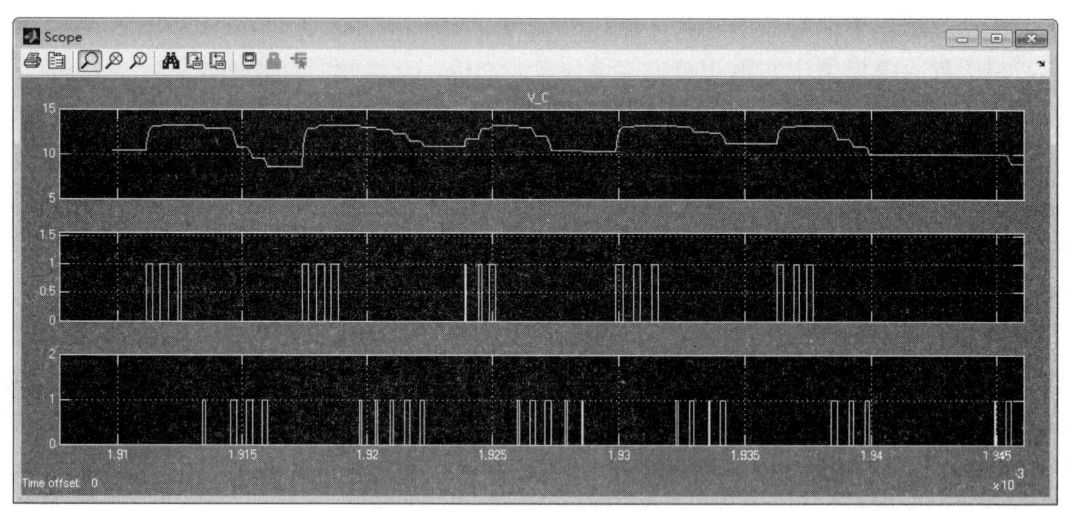

图 8-65 第一组超级电容充放电仿真结果

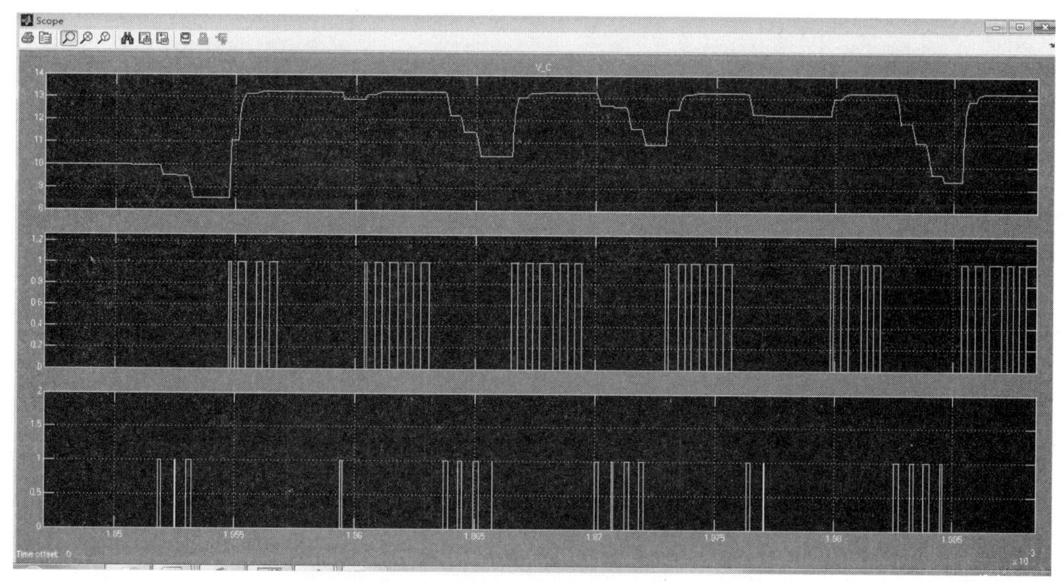

图 8-66　第二组超级电容充放电仿真结果

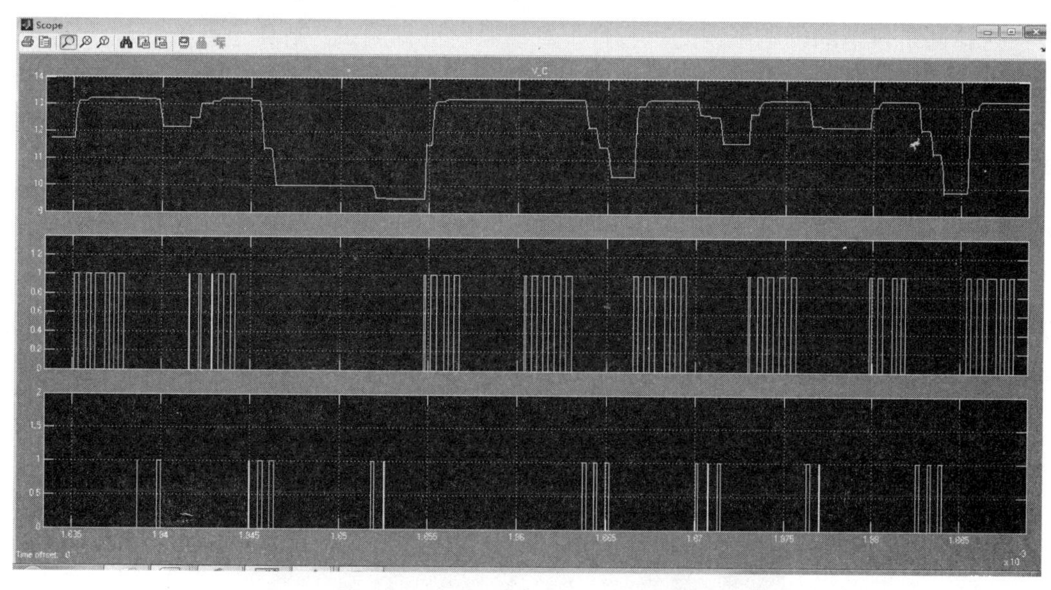

图 8-67　第三组超级电容充放电仿真结果

图 8-68 所示为三组超级电容电压值的变化曲线。从图中可以看出，三组超级电容可根据各自制定的控制规则完成充放电过程，各路之间互不干涉。通过对驱动电路部分进行仿真可得，设计的驱动电路是可行的，能够完成各组超级电容的充放电过程。

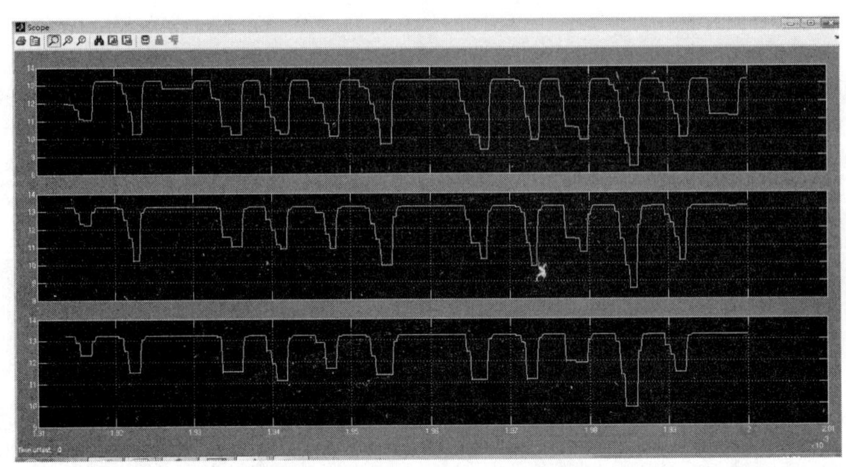

图 8-68　三组超级电容电压值的变化曲线

8.7　车辆复合电源系统测试

为验证车辆辅助供电系统的可行性，对该系统进行测试。首先进行的是超级电容的放电电流及充电时间的测试。其次，应用实验室 DSP 开发板作为主控单元，完成车辆辅助供电系统信号采集及驱动信号输出，同时采用现有设备对车辆信号的采集模块进行测试，经测试可行后，将信号采集模块在试验车上进行测试。

8.7.1　超级电容放电电流测试

为验证电流检测系统的正确性，应用超级电容电流检测系统对实验室不同容量的超级电容组的放电电流进行检测。测试采用实验室的风机作为负载，同时将万用表串入测试电路对电流值进行检测，测试现场如图 8-69 所示。

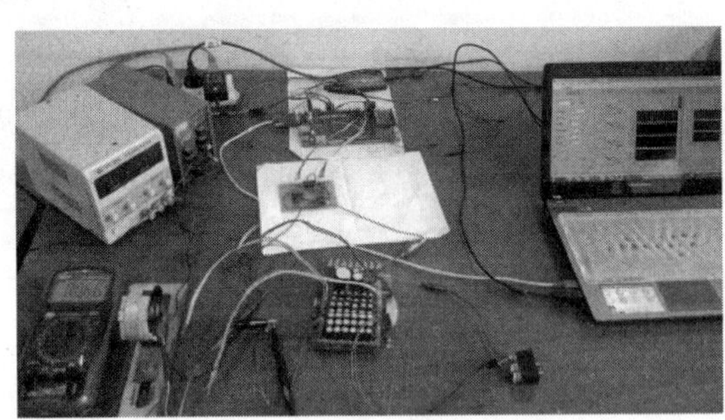

图 8-69　电流检测现场

超级电容放电电流值测试结果如表 8-10 所示。表中，3.3 F 表示该型号的超级电容组，测试值为超级电容充放电系统的测试值，实际值为万用表的读数值。通过比较可知，该测试系统具有较高的精度，能够用于超级电容放电电流检测。

表 8-10　超级电容放电电流值测试结果

超级电容容量/F	放电电流测试值/A	实际值/A
3.3	1.57	1.57
2.0	1.28	1.29
1.0	0.95	0.99
0.5	0.76	0.78
3.3+2.0	1.63	1.68
2.0+1.0	1.51	1.51
1.0+0.5	1.18	1.19

8.7.2　超级电容充电时间检测

考虑车辆运行过程中的电能缺失时间较短，超级电容必须能够保证在较短的时间内实现快速充电，进而才能保证及时地为系统供电。超级电容充电时间测试主要是在不同的初始电压下完成超级电容充电时间的测试，得出在满足使用要求的情况下的最短充电时间，同时该电压也是控制方法中超级电容的放电终止电压，从而确保超级电容在满足使用要求的情况下能够在较短时间内将电量充满。

超级电容的充电时间检测流程图如图 8-70 所示。通过对超级电容电压进行实时监测，同时记录在初始电压和终止电压下所对应的定时器计数器值及溢出次数，最后进行计算可得到超级电容的充电时间。为了验证系统检测的准确性，应用实验室示波器与该测试系统同时对超级电容电压进行实时监测，并进行比较。经验证，该系统能够实现对超级电容充电时间的准确测量。

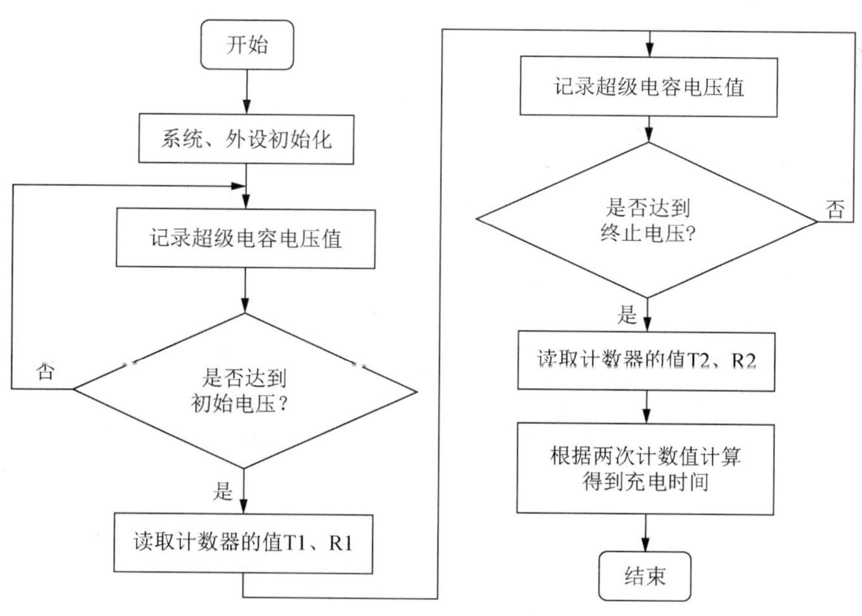

图 8-70　超级电容的充电时间检测流程图

图 8-71 所示为超级电容恒流充电的仿真和测试曲线比较。图中实测曲线为示波器测试的曲线，通过与仿真曲线比较可得，在开始充电过程中实测存在一个瞬间的电压提升，其充电过程及充电时间基本相同，后续的实验数据与仿真结果相同。

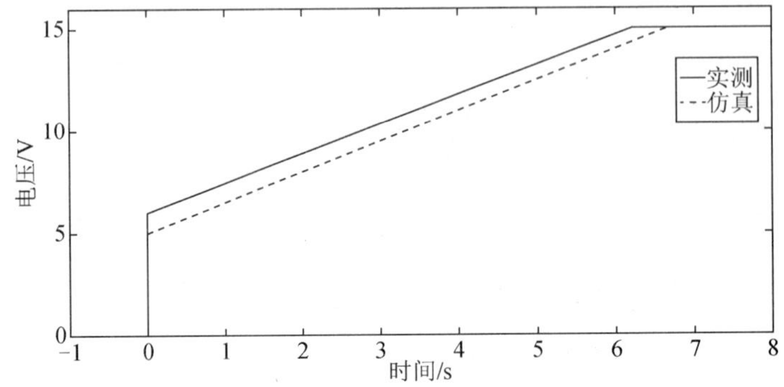

图 8-71　超级电容恒流充电仿真与测试比较

在实测和仿真的基础上对其他超级电容进行充电时间的测试，测试结果如表 8-11 所示。通过对不同超级电容组在不同的充电电流下进行充电时间检测可以得出，超级电容的充电电流越大，其充电时间越短，并且充电时间随充电初始电压的升高而减小。

表 8-11　超级电容充电时间测试结果

超级电容容量/F	充电电流/A	初始电压/V	终止电压/V	充电时间/s
3.3	1	5	15	2.97
3.3	0.5	5	15	6.52
2.0	1	5	15	3.68
2.0	0.5	5	15	5.12
1.0	1	5	15	1.15
1.0	0.5	5	15	3.37
0.5	1	5	15	0.62
0.5	0.5	5	15	1.57

8.7.3　系统充放电测试

在完成驱动电路部分仿真的基础上，应用实验室现有设备对车辆辅助供电系统进行整体测试。测试过程中，应用实验室稳压电源模拟电压和节气门开度信号，信号发生器模拟车辆转速信号。为了实现对整体系统的状态监测，采用单组超级电容监测的方式，在 LabVIEW 前面板实现对车辆信号的监测，以及单组超级电容电压和驱动信号的监测，从而实现对系统的整体测试。

系统测试前面板界面如图 8-72 所示。前面板主要有 VISA 设置，车辆电压、电流、转速、节气门开度信号，同时包含单组超级电容电压、充放电控制信号监测。测试过程中需注意主控单元、信号采集电路及驱动电路部分必须接地，同时充放电电路部分地线及电源线采用线径较大的导线。测试现场如图 8-73 所示。

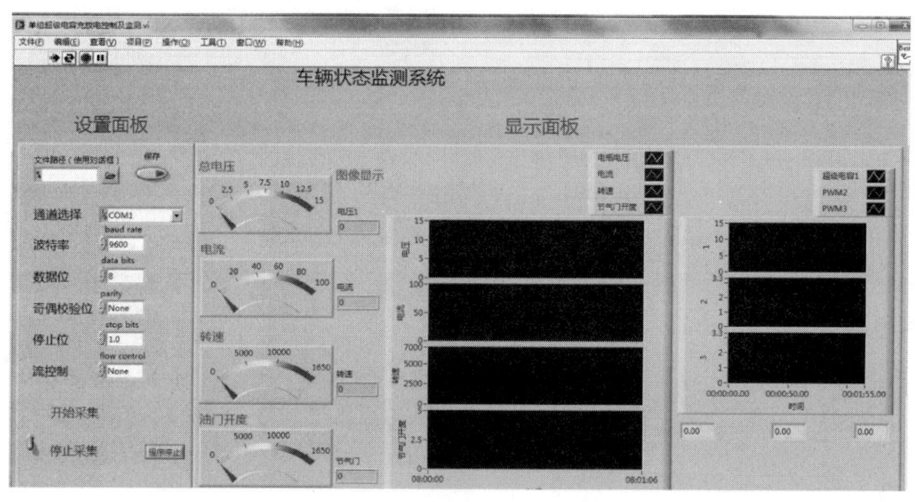

图 8-72　系统测试前面板界面

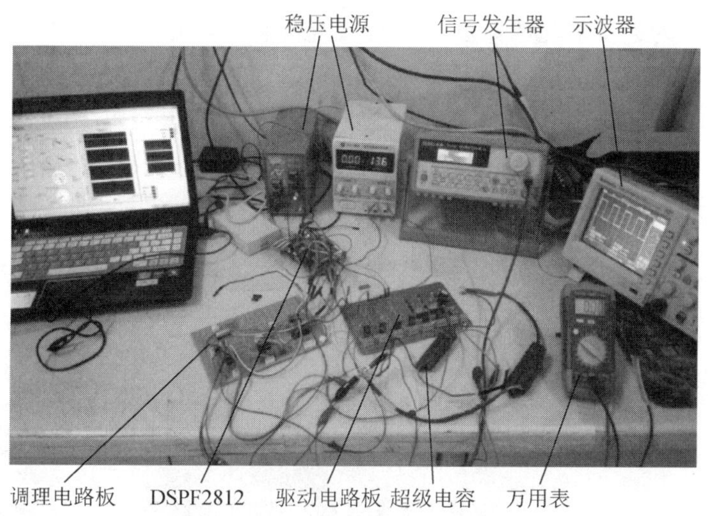

图 8-73　系统整体测试现场

图 8-74 所示为起步单元充电过程界面。根据控制要求，当系统总电压大于 12V 并且节气门开度小于 10%、转速大于 750r/min 时，主控单元产生驱动信号打开充电电路，完成充电。图中在满足控制条件时，PWM1 为高电平，超级电容由初始电压 5V 上升到 13V，完成充电过程。

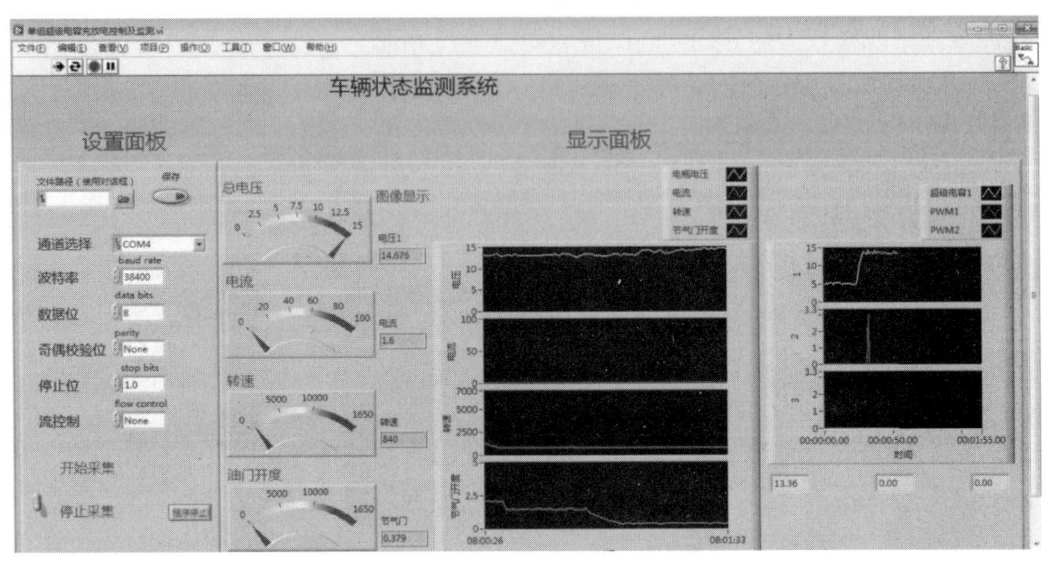

图 8-74　起步单元充电过程界面

图 8-75 所示为起步单元放电过程界面，当满足总电压小于 12V，超级电容电压大于 12V、节气门开度大于 25%并且转速大于 1 800r/min 时，超级电容放电。从图中可知，当满足该条件时，超级电容起步单元放电电路打开，超级电容电压由 13V 下降到 6V，完成放电过程。

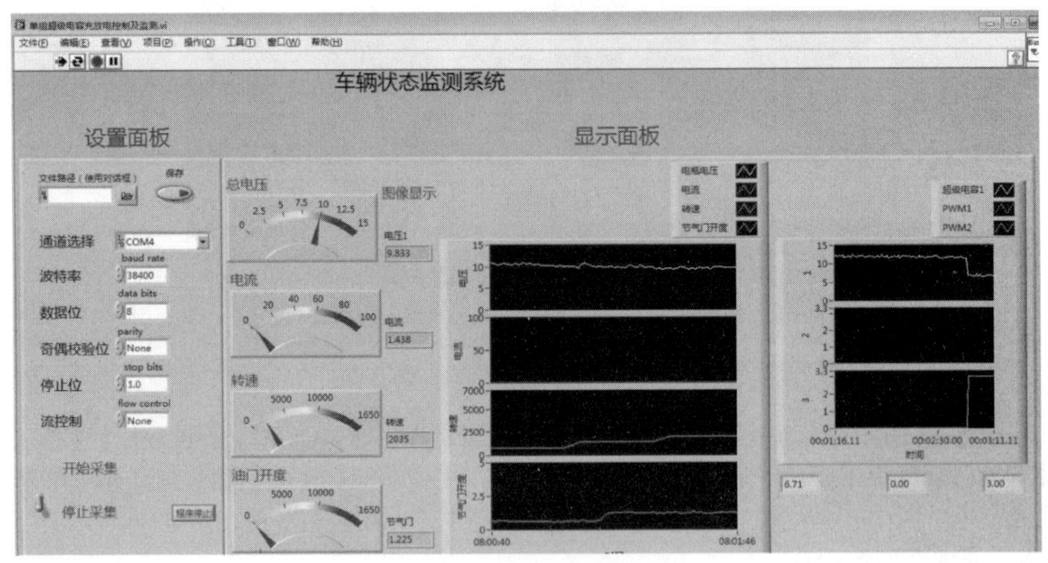

图 8-75　起步单元放电过程界面

图 8-76 所示为急加速单元放电过程界面。当满足急加速放电条件时，该组超级电容放电电路打开，超级电容电压值下降。

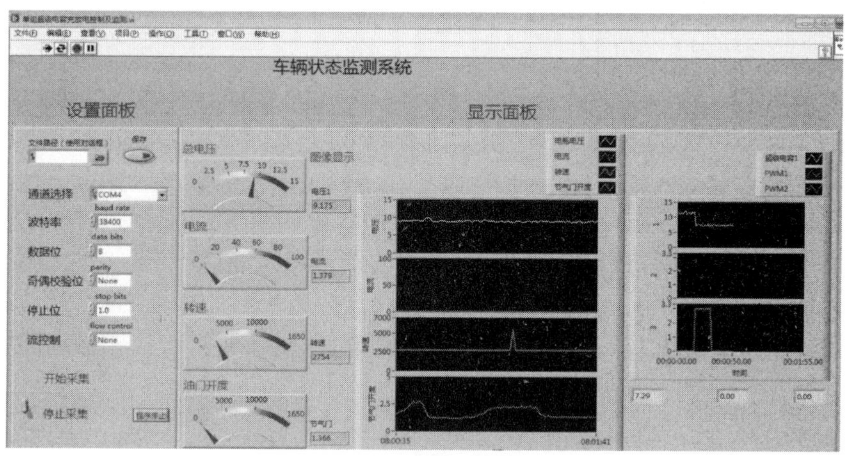

图 8-76　急加速单元放电过程界面

参 考 文 献

[1] 黄瑞，赵春莲，明鑫，等．电池管理系统测试平台设计与实现[J]．自动化与仪表，2017，32（1）：62-67.

[2] 刘和平，邓力，江渝，等．数字信号处理器原理、结构及应用基础：TMS320F28x[M]．北京：机械工业出版社，2007.

[3] 郑仁元．传感器应用一百例[M]．北京：电子工业出版社，1986.

[4] 宋炳雨，高松，钟磊，等．DS18B20 温度传感器在电动汽车电池管理系统中的应用[J]．山东理工大学学报（自然科学版），2010，24（5）：82-85.

[5] 周杰．蓄电池参数无线采集系统的开发[D]．大连：大连理工大学，2008.

[6] 孙丽明．TMS320F2812 原理及其 C 语言程序开发[M]．北京：清华大学出版社，2005.

[7] 于杰．电气化铁路接触线定位点抬升量在线监测系统[D]．北京：北京交通大学，2012.

[8] 侯江娜．混合动力汽车电池 SOC 估算与能量系统研究[D]．镇江：江苏大学，2013.

[9] 顾志峰，姚萌．基于网关的嵌入式数据采集系统[J]．仪器仪表学报，2006，27（6）：2030-2031.

[10] YANG R, CAI H, ZHANG M. Research and implement of ethernet interface based on embedded system[J]. Computional Intelligence and Design, 2009, 2(5): 288-291.

[11] FOROUXAN B A. TCP/IP 协议簇[M]．3 版．北京：清华大学出版社，2009.

[12] 王采莲，郭志强．嵌入式 TCP/IP 协议栈在指挥网络中的实现[C]．AECC 专题学术研讨会，2007.

[13] 耿玉菊．基于 TCP/IP 协议的嵌入式远程测控系统的研究与实现[J]．科技风，2008，5（3）：72.

[14] 孙先赏，冯国胜．基于 DSP 和 Labview 电动汽车电池的监测与通信[J]．石家庄铁道大学学报，2015，28（3）：86-90.

[15] 张小荣，冯国胜，谷枫，等．混合动力汽车电池管理系统的均衡策略研究[J]．石家庄铁道大学学报，2017，30（4）：68-72.

[16] 张纯江，董杰，刘君，等．蓄电池与超级电容混合储能系统的控制策略[J]．电工技术学报，2014，29（4）：334-339.

[17] 程志江，李永东，谢永流，等．带超级电容的光伏发电微网系统混合储能控制策略[J]．电网技术，2015，39（10）：2739-2745.

[18] CAO J, EMADI A. A new battery/ultracapacitor hybrid energy storage system for electric, hybrid, and plug-in hybrid electric vehicles[J]. IEEE Transactions on Power Electronics, 2012, 27(1): 122-132.

[19] 于海征，冯国胜，袁新华，等．基于 DSPF2812 的发动机转速测量系统设计[J]．石家庄铁道大学学报，2016，29（2）：72-77.

[20] 李晓楠，冯国胜，李倩茹，等．某型汽车信号采集与监测系统设计[J]．石家庄铁道大学学报，2017，30（2）：57-62.

[21] 于海征，冯国胜，姜新民．车辆辅助供电系统设计[J]．汽车工程师，2015（12）：23-27.

[22] 陈振生，张玉林，孙德芬，等．一种高精度微电流测量放大器的研制[J]．电子设计工程，2011，19（20）：72-75.

[23] 王沫然. Simulink 建模及动态仿真[M]．北京：电子工业出版社，2002.

[24] 王正林. MATLAB/Simulink 与控制系统仿真[M]．北京：电子工业出版社，2012.

第 9 章　混合动力汽车能量管理系统

在混合动力汽车上，发动机与电动机共同组成混合动力系统驱动车辆行驶，在电动机的辅助下发动机能够以更有效的方式将燃油的能量转换为机械能，使两者完美结合且发挥各自的优势，既保持了行驶里程长、机动性强等传统燃油汽车的特点，使燃油消耗量和有害排放物大量降低，又对蓄电池的依赖程度低，从而可以大幅度降低电池组的体积和质量。

9.1　混合动力汽车建模

9.1.1　发动机模块

发动机的建模采用以实验建模法为主、理论建模法为辅的混合建模方法，综合考虑发动机的使用外特性和万有特性。发动机的外特性函数为发动机转速的一元函数，一般采用最小二乘拟合法[1]。设发动机的输出转矩为 T_e ，转速为 n_e ，则

$$T_e = \sum_{i=0}^{k} A_i n_e^i \text{，} \quad i = 0,1,\cdots,k \tag{9-1}$$

式中，k——阶数；

A_i ——发动机外特性的拟合系数。

将测得的发动机转矩 T_e 及转速 n_e 代入式（9-1），可得

$$\begin{bmatrix} T_{e1} \\ T_{e2} \\ \vdots \\ T_{eN} \end{bmatrix} = \begin{bmatrix} 1 & n_{e1} & n_{e1}^2 & \cdots n_{e1}^k \\ 1 & n_{e2} & n_{e2}^2 & \cdots n_{e2}^k \\ \vdots & \vdots & \vdots & \vdots \\ 1 & n_{eN} & n_{eN}^2 & \cdots n_{eN}^k \end{bmatrix} \begin{bmatrix} A_1 \\ A_2 \\ \vdots \\ A_N \end{bmatrix} + \begin{bmatrix} e_1 \\ e_2 \\ \vdots \\ e_N \end{bmatrix} \tag{9-2}$$

由此求得系数矩阵 $\boldsymbol{A}$ ，其中 $e_i (i=1,2,\cdots,N)$ 为测得的随机误差，则发动机外特性方程为

$$T_e = \begin{bmatrix} 1 & n_e & n_e^2 & \cdots & n_e^k \end{bmatrix} \begin{bmatrix} A_1 \\ A_2 \\ \vdots \\ A_N \end{bmatrix} \tag{9-3}$$

发动机的万有特性为发动机输出转矩 T_e 和转速 n_e 的二元函数，一般采用曲面拟合法[2]，其数学模型为

$$g_e = \sum_{j=0}^{s} \sum_{l=0}^{j} \boldsymbol{A}_k T_e^l n_e^{j-1} \tag{9-4}$$

式中，g_{e}——发动机的燃油消耗率；

n_{e}——发动机转速（r/min）；

$\boldsymbol{A}_k$——万有特性的拟合系数矩阵，其中，$k=(j+1)(j+2)-j-1+i$；

s——阶数。

由曲面拟合法，可得

$$\begin{bmatrix} g_{\mathrm{e}1} \\ g_{\mathrm{e}2} \\ \vdots \\ g_{\mathrm{e}N} \end{bmatrix} = \begin{bmatrix} 1 & n_{\mathrm{e}1} & T_{\mathrm{e}1} & n_{\mathrm{e}1}^2 & n_{\mathrm{e}1}T_{\mathrm{e}1} & T_{\mathrm{e}1}^2 & \cdots & n_{\mathrm{e}1}^s & n_{\mathrm{e}1}^{s-1}T_{\mathrm{e}1} & \cdots & T_{\mathrm{e}1}^s \\ 1 & n_{\mathrm{e}2} & T_{\mathrm{e}2} & n_{\mathrm{e}2}^2 & n_{\mathrm{e}2}T_{\mathrm{e}2} & T_{\mathrm{e}2}^2 & \cdots & n_{\mathrm{e}2}^s & n_{\mathrm{e}2}^{s-1}T_{\mathrm{e}2} & \cdots & T_{\mathrm{e}2}^s \\ \vdots & \vdots & \vdots & \vdots & \vdots & \vdots & \cdots & \vdots & \vdots & \vdots & \vdots \\ 1 & n_{\mathrm{e}N} & T_{\mathrm{e}N} & n_{\mathrm{e}N}^2 & n_{\mathrm{e}2}T_{\mathrm{e}2} & T_{\mathrm{e}N}^2 & \cdots & n_{\mathrm{e}N}^s & n_{\mathrm{e}N}^{s-1}T_{\mathrm{e}N} & \cdots & T_{\mathrm{e}N}^s \end{bmatrix} \begin{bmatrix} A_1 \\ A_2 \\ \vdots \\ A_k \end{bmatrix} + \begin{bmatrix} e_1 \\ e_2 \\ \vdots \\ e_N \end{bmatrix} \tag{9-5}$$

求得系数矩阵 $\boldsymbol{A}$，则发动机的万有特性方程为

$$g_{\mathrm{e}} = \begin{bmatrix} 1 & n_{\mathrm{e}} & T_{\mathrm{e}} & n_{\mathrm{e}}^2 & n_{\mathrm{e}}T_{\mathrm{e}} & T_{\mathrm{e}}^2 & \cdots & n_{\mathrm{e}}^s & n_{\mathrm{e}}^{s-1}T_{\mathrm{e}} & \cdots & T_{\mathrm{e}}^s \end{bmatrix} \begin{bmatrix} A_1 \\ A_2 \\ \vdots \\ A_N \end{bmatrix} \tag{9-6}$$

在 MATLAB 软件的 Simulink 环境下利用高级车辆仿真器（advanced vehicle simulator，ADVISOR）绘制发动机模块仿真模型，如图 9-1 所示。

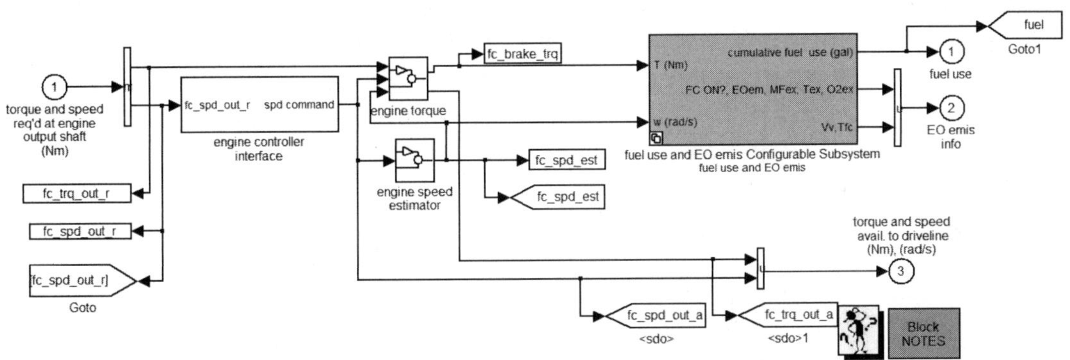

图 9-1　ADVISOR 软件绘制的发动机模块仿真模型

发动机是整车的主要动力模块，为混合动力汽车提供主要的驱动能量，其主要组成模块有转速计算模块、转矩计算模块、燃油和排放计算模块。发动机先将汽车需求的转矩数值传递给发动机控制模块，其发回的数据经转速计算模块和转矩计算模块计算后得到发动机应当提供的驱动转矩。在 ADVISOR 中，发动机参数对应的 m 文件如表 9-1 所示。

表 9-1　发动机参数对应的 m 文件

发动机参数	m 文件
发动机转速范围	fc_map_spd
发动机转矩范围	fc_map_trq
发动机最大转矩曲线	fc_max_trq

9.1.2 驱动电动机模块

驱动电动机的建模基于电动机的电压、转矩、功率的平衡方程和运行特性方程。在ADVISOR中的驱动电动机模型为动力学模型，不需要考虑其电磁特性，其建模方法与发动机基本相似，建模时将驱动电动机和电动机控制器看作一个整体，并考虑电动机的输出特性[3]。图9-2所示为交流电动机空间矢量等效电路图。

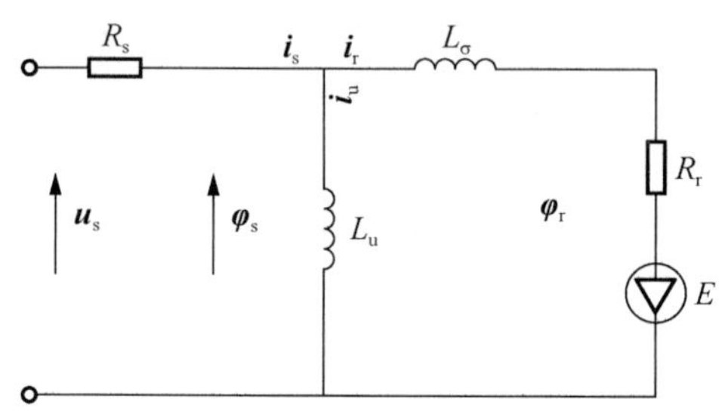

图9-2　交流电动机空间矢量等效电路图

图中，$\boldsymbol{u}_s$为定子电压矢量；$\boldsymbol{i}_s$为定子电流矢量；$\boldsymbol{i}_u$为励磁电流矢量；$\boldsymbol{i}_r$为转子电流矢量；R_r为单向转子电阻；$\boldsymbol{\varphi}_s$为定子磁链空间矢量；$\boldsymbol{\varphi}_r$为转子磁链空间矢量；E为转子反电动势；L_σ为单向转子与定子漏感之和；L_u为单向励磁电感与定子漏感之和。

在α-β坐标系下建立电动机的数学模型，其电压方程为

$$\begin{bmatrix} u_{s\alpha} \\ u_{s\beta} \\ 0 \\ 0 \end{bmatrix} = \begin{bmatrix} R_s + L_s P & 0 & L_m P & 0 \\ 0 & R_s + L_s P & 0 & L_m P \\ L_m P & L_m \omega & R_r + L_r P & L_r \omega \\ -L_m \omega & L_m P & -L_r \omega & R_r + L_r P \end{bmatrix} \begin{bmatrix} i_{s\alpha} \\ i_{s\beta} \\ i_{r\alpha} \\ i_{r\beta} \end{bmatrix} \tag{9-7}$$

式中，$u_{s\alpha}$——定子α轴电压（V）；

$u_{s\beta}$——定子β轴电压（V）；

$i_{s\alpha}$——定子α轴电流（A）；

$i_{s\beta}$——定子β轴电流（A）；

$i_{r\alpha}$——转子α轴电流分量（A）；

$i_{r\beta}$——转子β轴电流分量（A）；

L_m——定子在α-β坐标系下的转子与定子之间绕组互感（H）；

R_s——定子在α-β坐标系下绕组的电阻（Ω）；

L_s——定子在α-β坐标系下绕组的电感（H）；

R_r——转子在α-β坐标系下绕组的电阻（Ω）；

L_r——转子在α-β坐标系下绕组的电感（H）；

ω——电角速度（rad/s）；

P——微分算子。

电动机的磁链方程为

$$\begin{bmatrix} \varphi_{s\alpha} \\ \varphi_{s\beta} \\ \varphi_{r\alpha} \\ \varphi_{r\beta} \end{bmatrix} = \begin{bmatrix} L_s & 0 & L_m & 0 \\ 0 & L_s & 0 & L_m \\ L_m & 0 & L_r & 0 \\ 0 & L_m & 0 & L_r \end{bmatrix} \begin{bmatrix} i_{s\alpha} \\ i_{s\beta} \\ i_{r\alpha} \\ i_{r\beta} \end{bmatrix} \tag{9-8}$$

式中，$\varphi_{s\alpha}$——定子 α 的磁链（Wb）；

$\varphi_{s\beta}$——定子 β 轴的磁链（Wb）；

$\varphi_{r\alpha}$——转子 α 轴的磁链（Wb）；

$\varphi_{r\beta}$——转子 β 轴的磁链（Wb）。

电子转矩方程为

$$T_m = \frac{3p}{2L_\sigma}|\boldsymbol{\varphi}_s||\boldsymbol{\varphi}_r|\sin\theta \tag{9-9}$$

式中，p——电动机的极对数；

θ——转子磁链与定子磁链的夹角（°）。

ADVISOR 软件绘制的驱动电动机模块仿真模型如图 9-3 所示。该模型主要包括电动机转速限制模块、转矩限制模块、转动惯量作用模块、功率计算模块和控制器模块。驱动电动机在后向仿真的过程中把汽车需求的转矩和转速转化为电动机功率，并在前向仿真的过程中把实际功率转换为电动机的实际输出转矩和转速。在 ADVISOR 中，驱动电动机参数对应的 m 文件如表 9-2 所示。

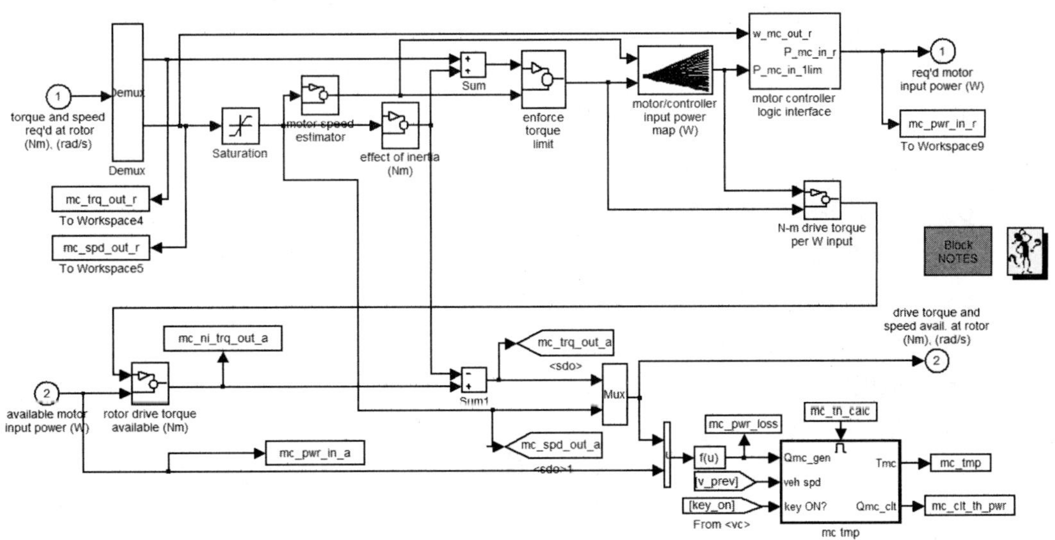

图 9-3　ADVISOR 软件绘制的驱动电动机模块仿真模型

表 9-2　驱动电动机参数对应的 m 文件

驱动电动机参数	m 文件
驱动电动机的转速范围	mc_map_spd
驱动电动机的转矩范围	mc_map_trq
驱动电动机不同转速下的最大转矩	mc_max_trq
驱动电动机的最大电流	mc_max_crrnt
驱动电动机的质量	mc_mass
驱动电动机的最低工作电压	mc_min_volts
驱动电动机过载系数	mc_overtrq_factor

9.1.3　蓄电池模块

混合动力汽车中常用的蓄电池主要有镍镉电池、等离子电池、镍氢电池和盐酸电池，其中镍氢电池由于具有较长的使用寿命和优良的快速充电与放电性能而得到广泛的应用[4]。蓄电池的建模基础是电池的电动势 E 和内阻 R_{int} 的特性函数[5]。该特性函数是由 R_{int} 随电池 SOC 的变化关系得到的。这种电池模型称为内阻模型。内阻模型可以通过蓄电池的等效电路来表达。蓄电池模块的等效电路图如图 9-4 所示。当蓄电池放电时，输出功率为正；当蓄电池充电时，输出功率为负。

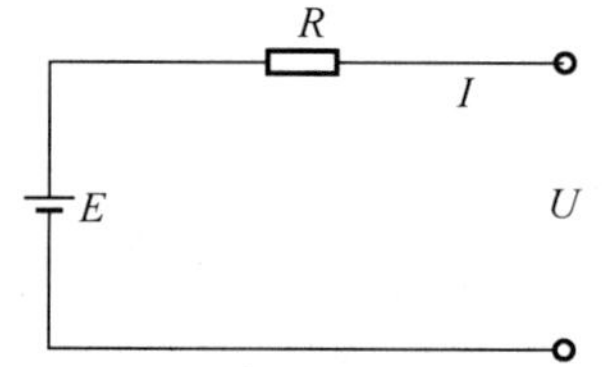

图 9-4　蓄电池模块的等效电路图

图中，R 为蓄电池内阻；U 为蓄电池负载电压；I 为蓄电池负载电流；E 为蓄电池开路电压。

蓄电池的剩余电量为

$$Q_{\text{res}}(i,t,\tau)=Q_{\text{init}}(\tau,i)-E_{\text{c}}(\tau)\int_0^t i(t)\mathrm{d}t \tag{9-10}$$

式中，Q_{res} ——蓄电池剩余电量（A・h）；

Q_{init} ——蓄电池容量（A・h）；

E_{c} ——充电效率；

τ ——蓄电池温度（℃）；

i ——蓄电池放电电流（A）；

t ——放电时间（s）。

蓄电池的 SOC 为

$$\text{SOC}=\frac{Q_{\text{init}}}{Q_{\text{res}}}-\frac{E_{\text{c}}(\tau)}{Q_{\text{res}}}\int_0^t i(t)\mathrm{d}t \tag{9-11}$$

负载状态下，蓄电池组端电压为

$$V=nV_{\text{oc}}-IR \tag{9-12}$$

式中，n ——电池组中蓄电池的个数；

V_{oc} ——单个电池端电压（V）。

蓄电池模块在后向仿真的过程中获得汽车行驶的需求功率，在前向仿真的过程中蓄电池把实际功率转化为电动机的驱动力。ADVISOR 软件绘制的蓄电池模块仿真模型如图 9-5 所示。当蓄电池放电时，输出功率为正。蓄电池模块主要包括蓄电池开路电压计算模块、开路电阻计算模块、功率限制模块和电流计算模块。在 ADVISOR 中，蓄电池参数对应的 m 文件如表 9-3 所示。

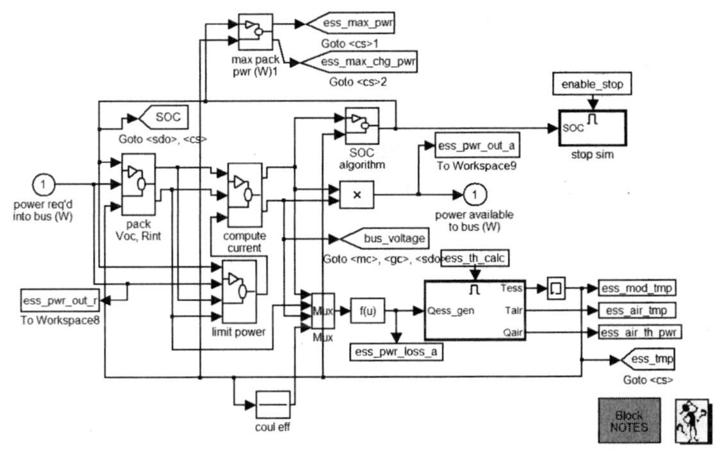

图 9-5　ADVISOR 软件绘制的蓄电池模块仿真模型

表 9-3　蓄电池参数对应的 m 文件

电池参数	m 文件
电池的放电电阻	ess_r_dis
电池的端电压	ess_voc
电池的充电电阻	ess_r_chg
电池的最大电压	ess_max_volts
电池的最小电压	ess_min_volts
电池的数量	ess_module_mun
电池的质量	ess_module_mass

9.1.4　变速器模块

变速器是混合动力汽车传动系统中的重要部件，通过调整传动比来完成对驱动转矩和转速的控制，从而满足车辆的行驶需求。当变速器置于空挡位置时，中断动力，有利于发动机起动或怠速。当变速器置于倒挡位置时，汽车可以进行倒车操作。其建模思想如下。

当变速器处于挂挡状态时，有

$$\begin{cases} \omega_{\text{out}} = \omega_{\text{in}} i_{\text{g}} \\ T_{\text{out}} = T_{\text{in}} i_{\text{g}} \\ J_{\text{out}} = (J_{\text{in}} + J_{\text{ti}}) i_{\text{g}}^2 + J_{\text{to}} \end{cases} \tag{9-13}$$

式中，ω_{out}——变速器输出转速（r/min）；

ω_{in}——变速器输入转速（r/min）；

i_{g}——变速器挡位传动比；

T_{out}——变速器输出转矩（N・m）；

T_{in}——变速器输入转矩（N・m）；

J_{out}——变速器输出转动惯量（kg・m²）；

J_{in}——变速器输入转动惯量（kg・m²）；

J_{ti}——变速器输入轴转动惯量（kg・m²）；

J_{to}——变速器输出轴转动惯量（kg・m²）。

当变速器处空挡状态时，有

$$\begin{cases}\omega_{\text{out}} = \omega_{\text{in\_0}} + T_{\text{in}} t / (J_{\text{in}} + J_{\text{ti}}) \\ T_{\text{out}} = 0 \\ J_{\text{out}} = J_{\text{to}}\end{cases} \tag{9-14}$$

式中，$\omega_{\text{in\_0}}$——变速器空挡时的输入转速（r/min）；

t——时间（s）。

在混合动力汽车建模中，变速器与发动机、电动机和主减速器之间进行数据传递。在后向仿真过程中，主减速器模块把汽车在工况下的请求转矩和转速传递给变速器控制模块。变速器控制模块通过调节当前的挡位来控制车速和发动机转矩。变速器模块包括换挡规律模块、输出轴力矩计算模块和输出轴转动惯量计算模块。ADVISOR 软件绘制的变速器模块仿真模型如图 9-6 所示。在 ADVISOR 中，变速器参数对应的 m 文件如表 9-4 所示。

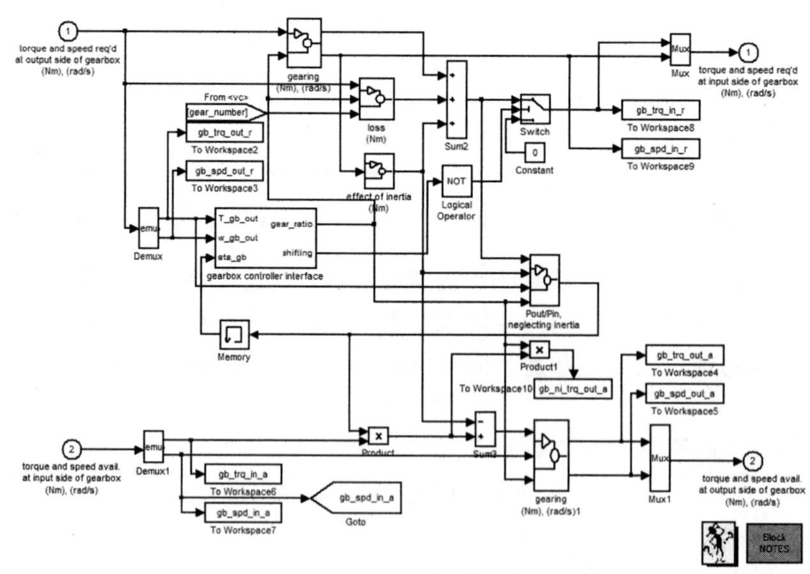

图 9-6　ADVISOR 软件绘制的变速器模块仿真模型

表 9-4　变速器参数对应的 m 文件

变速器参数	m 文件
变速器挡位数	gb_gears_num
变速器各挡传动比	gb_ratio
变速器质量	gb_mass

9.1.5　主减速器模块

汽车的主减速器位于驱动桥内，主要作用是改变发动机转矩方向，降低相应转速，对汽车的安全性和经济性有着重要影响。主减速器数学模型如下：

$$\begin{cases} \omega_{\text{out}} = \omega_{\text{in}} i_0 \\ T_{\text{out}} = T_{\text{in}} i_0 \\ J_{\text{out}} = J_{\text{in}} i_0^2 + J_{\text{f}} \end{cases} \tag{9-15}$$

式中，ω_{out}——主减速器输出转速（r/min）；

ω_{in}——主减速器输入转速（r/min）；

i_0——主减速器传动比；

T_{out}——主减速输出转矩（N·m）；

T_{in}——主减速器输入转矩（N·m）；

J_{out}——主减速器输出转动惯量（kg·m^2）；

J_{in}——主减速器输入转动惯量（kg·m^2）；

J_{f}——主减速器转动惯量（kg·m^2）。

在 ADVISOR 软件的后向仿真过程中，主减速器模块主要用来传递来自车轮模块的请求转矩和转速。在前向仿真过程中，把从变速器模块得到的实际需求的转矩和转速传递给车轮模块。ADVISOR 软件绘制的主减速器模块仿真模型如图 9-7 所示。主减速器模块主要包括转矩损失计算模块仿真模型（图 9-8）和转动惯量计算模块仿真模型（图 9-9）。在 ADVISOR 中，主减速器参数对应的 m 文件如表 9-5 所示。

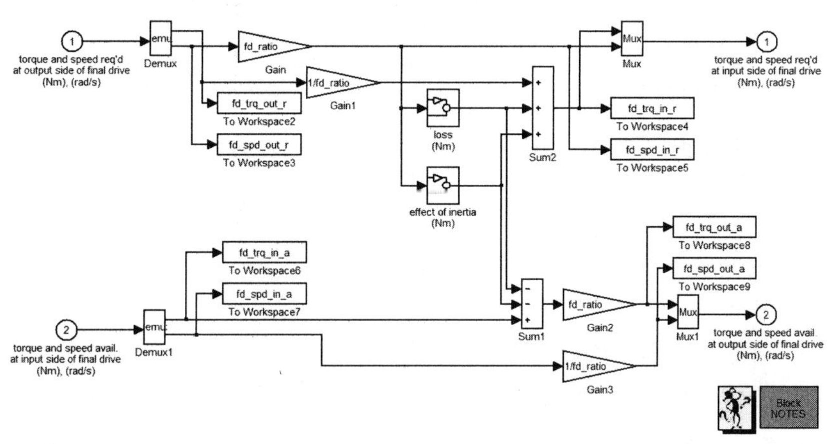

图 9-7　ADVISOR 软件绘制的主减速器模块仿真模型

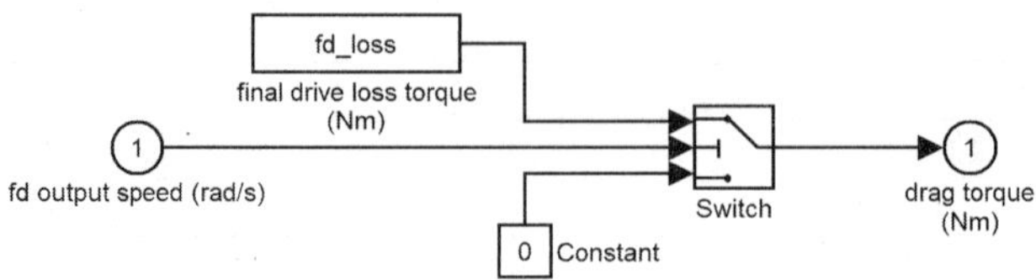

图 9-8 ADVISOR 软件绘制的转矩损失计算模块仿真模型

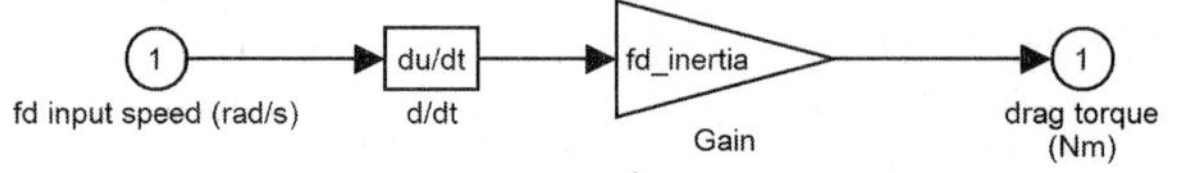

图 9-9 ADVISOR 软件绘制的转动惯量计算模块仿真模型

表 9-5 主减速器参数对应的 m 文件

主减速器参数	m 文件
主减器传动比	fb_ratio
主减速器质量	fb_mass

9.1.6 车轮模块

车轮模块用以连接主减速器模块和整车行驶模块，它直接反映整车的行驶速度，是整车行驶的终端，整个后向仿真过程是从车轮的请求速度开始逐级向上传递到整车的各个部分的[6]。其数学模型如下。

$$\begin{cases} \omega_{wh} = \dfrac{30u_a}{\pi r} \\ s = \dfrac{r\omega_{wh} - u_a}{u_a} \times 100\% \\ T_{out} = T_{tq} + T_{jw} \\ T_{jw} = I_w \dfrac{d\omega_{wh}}{dt} \end{cases} \tag{9-16}$$

式中，ω_{wh}——车轮输出转速（r/min）；

u_a——车轮中心线速度（m/s）；

r——车轮滚动半径（m）；

s——车轮滑移率；

T_{out}——车轮模块输出转矩（N·m）；

T_{tq}——车轮与地面的转矩（N·m）；

T_{jw}——车轮惯性阻力矩（N·m）；

I_w——车轮的转动惯量（kg·m²）。

车轮模块将来自整车行驶模块的需求动力和需求行驶速度转换为需求转矩和需求转

速传递给主减速器模块，并在向前仿真过程中根据主减速器模块传递的实际驱动转矩和实际转速来计算轮胎的牵引力和行驶速度。ADVISOR 软件绘制的车轮模块仿真模型如图 9-10 所示。

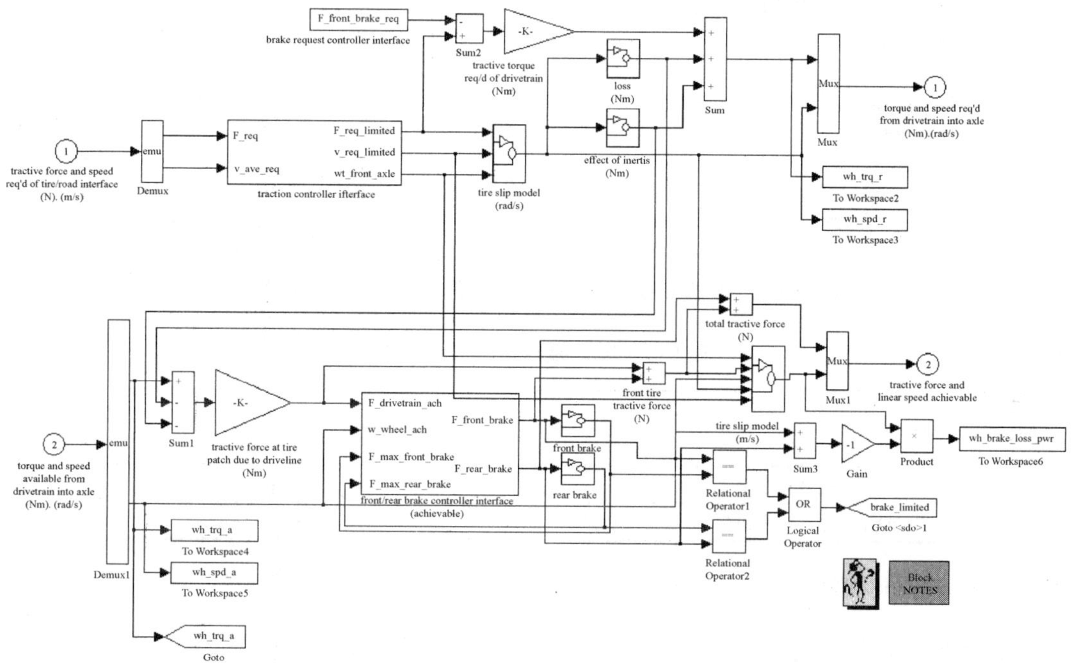

图 9-10　ADVISOR 软件绘制的车轮模块仿真模型

车轮转速不仅传递给下一级模块，而且要经过车轮损失计算模块仿真模型（图 9-11）和惯性转矩计算模块仿真模型（图 9-12）。在后向仿真过程中，整车行驶模块将计算所得的满足车速所需要的牵引力先传递给控制模块，由控制模块读取传递回来的经过限制条件之后的牵引力和车速，然后将所得的数据传递给车轮滑转模块仿真模型（图 9-13）。在 ADVISOR 中，车轮参数对应的 m 文件如表 9-6 所示。

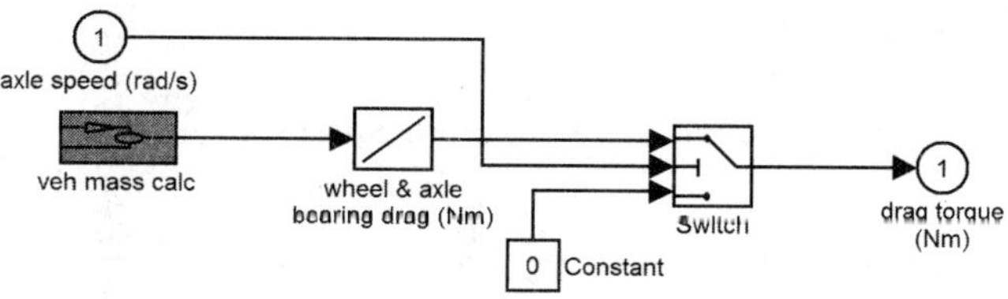

图 9-11　ADVISOR 软件绘制的车轮损失计算模块仿真模型

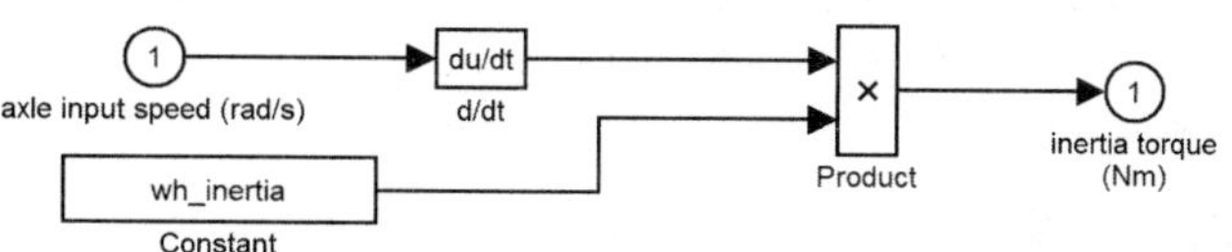

图 9-12　ADVISOR 软件绘制的惯性转矩计算模块仿真模型

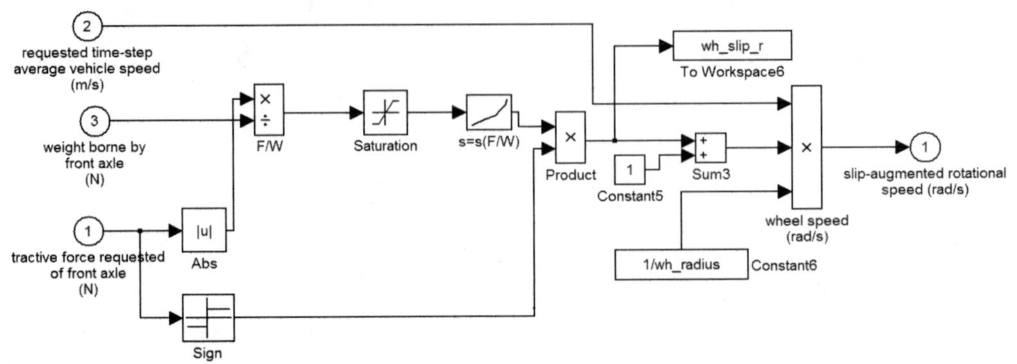

图 9-13　ADVISOR 软件绘制的车轮滑转模块仿真模型

表 9-6　车轮参数对应的 m 文件

车轮参数	m 文件
车轮滚动半径	wh_radius
轮胎的转动惯量	wh_inertia
轮胎的滚动阻力系数	wh_1 st_rrc

9.1.7　整车行驶模块

混合动力汽车仿真的主要目的是分析汽车的动力性和经济性，因此车辆的动力学模型仅涉及纵向动力学模型，即只考虑汽车的驱动力和制动力，不考虑车辆振动和行驶过程中外界所造成的不稳定性。为了简化汽车整体建模过程，在车轮动力平衡的基础上，将整车简化为一个固体，从而得到的模型是一个单自由度的车辆行驶模型。车辆在行驶过程中主要受到的阻力有滚动阻力 F_{f}、空气阻力 F_{w}、坡道阻力 F_{i} 和加速阻力 F_{j}。根据汽车动力学方程，车辆的驱动力 F_{t} 为

$$F_{\mathrm{t}}=F_{\mathrm{f}}+F_{\mathrm{i}}+F_{\mathrm{w}}+F_{\mathrm{j}} \tag{9-17}$$

整车行驶模块的数学模型为

$$\begin{cases} F_{\mathrm{t}}=mgf\cos\alpha+\dfrac{C_{\mathrm{D}}Av^2}{21.15}+mg\sin\alpha+\delta_{\mathrm{m}}\dfrac{\mathrm{d}v}{\mathrm{d}t} \\ T_{\mathrm{r}}=\dfrac{r_{\mathrm{t}}}{\eta_{\mathrm{t}}}\left(mgf\cos\alpha+\dfrac{C_{\mathrm{D}}Av^2}{21.15}+mg\sin\alpha+\delta_{\mathrm{m}}\dfrac{\mathrm{d}v}{\mathrm{d}t}\right) \\ \delta=1+\dfrac{1}{m}\dfrac{\sum I_{\mathrm{w}}}{r_{\mathrm{t}}^2}+\dfrac{1}{m}\dfrac{I_{\mathrm{f}}i_{\mathrm{g}}^2i_0^2\eta_{\mathrm{t}}}{r_{\mathrm{t}}^2} \end{cases} \tag{9-18}$$

式中，m ——汽车质量（kg）；

f ——滚动阻力系数；

α ——道路坡度（°）；

δ_m ——旋转换算质量系数；

C_D ——空气阻力系数；

v ——车速（m/s）；

dv/dt ——车辆行驶加速度（m/s^2）；

T_r ——整车行驶需求转矩（N • m）；

I_w ——车轮的转动惯量（kg • m^2）；

r_t ——车辆半径（m）；

I_f ——飞轮的转动惯量（kg • m^2）；

η_t ——机械传动效率；

i_g ——变速器传动比。

在 ADVISOR 的仿真过程中，先根据车辆在行驶工况下的请求速度和加速度计算所需要的驱动力，然后在前向路径中由车轮输出的驱动力得出整车行驶的加速度。ADVISOR 软件绘制的整车行驶模块仿真模型如图 9-14 所示，主要包括滚动阻力计算模块、空气阻力计算模块、坡度阻力计算模块、加速度阻力计算模块和实际车速计算模块。

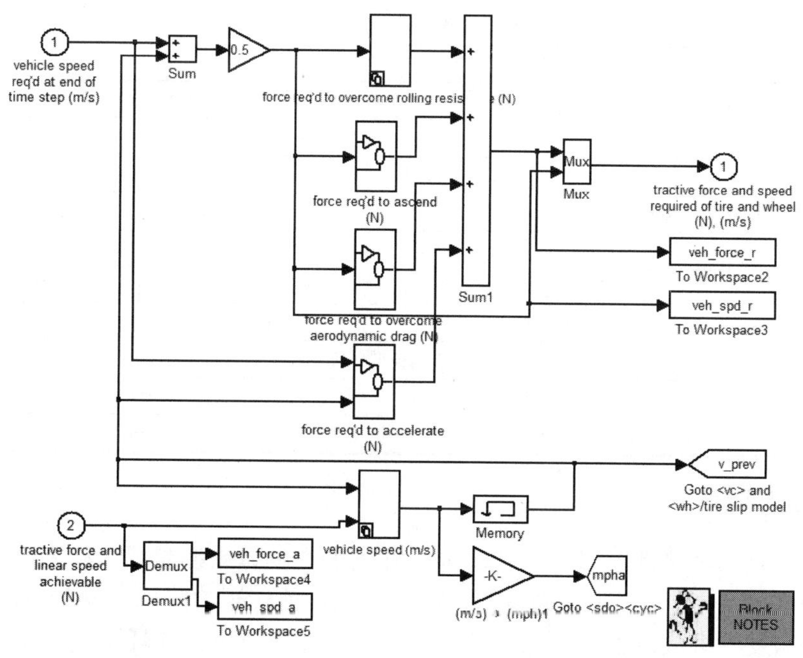

图 9-14　ADVISOR 软件绘制的整车行驶模块仿真模型

在 ADVISOR 中，整车行驶参数对应的 m 文件如表 9-7 所示，仿真中整车及各部分的主要参数如表 9-8 所示。

表 9-7　整车行驶参数对应的 m 文件

整车参数	m 文件
整车描述变量	veh_description
空气阻力系数	veh_CD
质心高度	veh_cg_height
前轴荷分配	veh_front_wt_frac
迎风面积	veh_FA
车辆滑行质量	veh_glider_mass
轴距	veh_wheelbase
最大装载质量	veh_cargo_mass

表 9-8　仿真中整车及各部分的主要参数

<table>
<tr><td colspan="12">整车参数</td></tr>
<tr><td colspan="2">整车质量</td><td colspan="2">车轮半径</td><td colspan="2">滚阻系数</td><td colspan="2">空气阻力系数</td><td colspan="2">迎风面积</td><td colspan="2">传动效率</td></tr>
<tr><td colspan="2">1 350kg</td><td colspan="2">0.282m</td><td colspan="2">0.009</td><td colspan="2">0.335</td><td colspan="2">2.0m²</td><td colspan="2">0.85</td></tr>
<tr><td colspan="12">动力传动系参数</td></tr>
<tr><td colspan="2">一挡</td><td colspan="2">二挡</td><td colspan="2">三挡</td><td colspan="2">四挡</td><td colspan="2">五挡</td><td colspan="2">主减速比</td></tr>
<tr><td colspan="2">13.45</td><td colspan="2">7.57</td><td colspan="2">5.01</td><td colspan="2">3.77</td><td colspan="2">2.84</td><td colspan="2">1</td></tr>
<tr><td colspan="12">发动机参数</td></tr>
<tr><td colspan="6">最大功率</td><td colspan="6">最大转速</td></tr>
<tr><td colspan="6">41kW（5 700r/min）</td><td colspan="6">81（N • m）（3 500r/min）</td></tr>
<tr><td colspan="12">电动机参数</td></tr>
<tr><td colspan="3">额定功率</td><td colspan="3">额定转速</td><td colspan="3">最高转速</td><td colspan="3">平均工作效率</td></tr>
<tr><td colspan="3">75kW</td><td colspan="3">2 000r/min</td><td colspan="3">10 000r/min</td><td colspan="3">0.92</td></tr>
<tr><td colspan="12">铅酸电池模型参数</td></tr>
<tr><td colspan="6">标准放电容量</td><td colspan="6">电池数量</td></tr>
<tr><td colspan="6">25A • h</td><td colspan="6">25</td></tr>
</table>

9.1.8　燃油经济性计算

发动机的燃油经济性是以每千瓦时能量输出的燃油量来衡量的，称为比油耗，单位为$[g/(kW \cdot h)]$，用b_e来表示。典型的汽油发动机最佳转矩曲线如图 9-15 所示。从图中可以看出，当发动机从一个工作点移动到另一个工作点时，其油耗是完全不同的，发动机的最佳转矩工作点是发动机全负载下的工作点[7]，如图中虚线所示。

通过求得发动机的输出功率、转速及随后求得的发动机比油耗，即可计算车辆的燃油经济性。发动机的输出功率为

$$P_e = \frac{v}{\eta_t}(F_f + F_w + F_i + F_j) \tag{9-19}$$

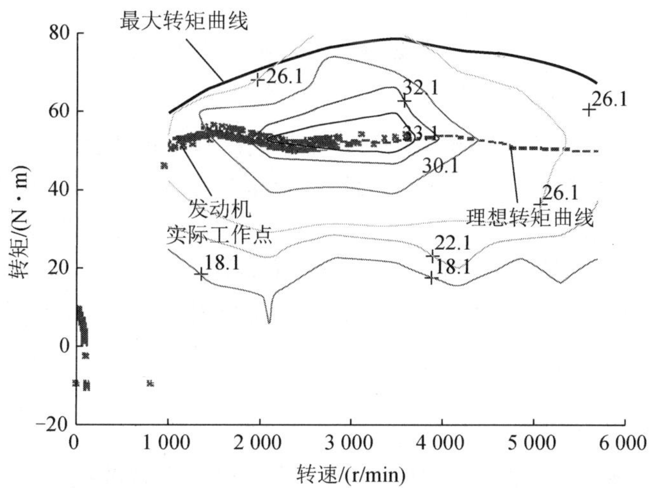

图 9-15　典型的汽油发动机最佳转矩曲线

式（9-19）可以进一步表示为

$$P_e = \frac{v}{1\,000\eta_t}\left(mgf_f\cos\alpha + \frac{C_D A v^2}{21.15} + mg\sin\alpha + m\delta\frac{dv}{dt}\right) \tag{9-20}$$

与车速和传动比相关的发动机转速可表达为

$$n_e = \frac{30 v i_g i_0}{\pi r} \tag{9-21}$$

发动机的功率和转速确定后，根据图 9-15 可以确定发动机的比油耗b_e，便可求得单位时间内的油耗（L/h）：

$$Q_t = \frac{P_e b_e}{1\,000\rho} \tag{9-22}$$

式中，ρ——燃油的密度（kg/L）。

车辆以恒定的车速v行驶在全程S内的总油耗为

$$Q_t = \frac{P_e b_e}{1\,000\rho}\frac{S}{v} \tag{9-23}$$

由此可以看出，混合动力汽车相对传统燃油汽车省油的原因有以下几点。

1）混合动力汽车在低速或下坡制动时可以关闭发动机，单独靠电动机提供驱动力，降低油耗。

2）混合动力汽车在高速行驶过程中，发动机可以控制在最佳工作点范围内，额外的补充转矩可以由电动机提供，发动机时时刻刻都在效率较高的范围内运行。

3）混合动力汽车在减速滑行或紧急制动时，可以利用发电机回收多余的制动能量，并将其转变为电能储存在电池中，进一步提高车辆的经济性。

9.2 控制策略的设计

控制策略为混合动力汽车的核心部分，对发动机和电动机的能量分配管理有着决定性作用。在不同的工况环境下，有时需要发动机单独工作，有时需要电动机单独工作，有时需要电动机和发动机一起工作，控制策略对不同工况环境下电动机和发动机工作状态的控制起到了重要的作用。控制策略通过调节发动机的转矩和电动机的转矩，使之达到最合理的能量分配，做到既能保证车速又能降低油耗，是实现节能减排的关键因素。

9.2.1 电动机辅助控制策略

电动机辅助控制，顾名思义，它是以发动机为主要动力、电动机为辅助动力设计的。电动机辅助控制策略是当今混合动力汽车中常用且简单有效的控制策略之一，它的主要设计思路是以混合动力汽车的发动机为主要出发点，通过对发动机提供额外的辅助动力，保证汽车的行驶速度[8]。它的设计思路如图 9-16 和图 9-17 所示。

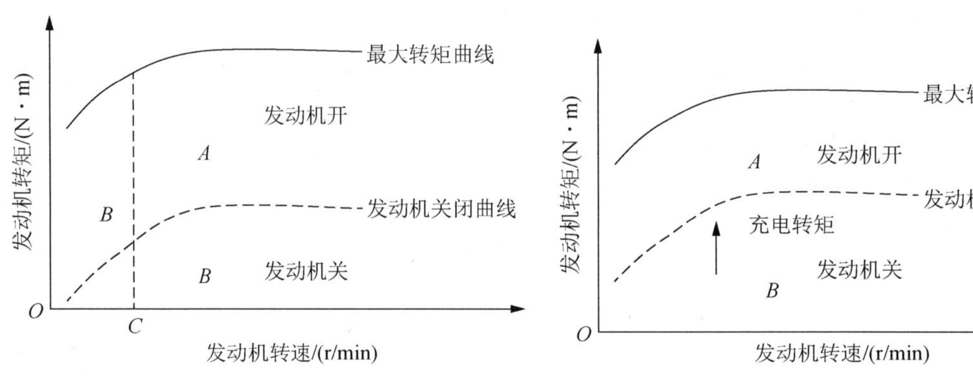

图 9-16 SOC > cs_lo_soc 时发动机的工作状态　　图 9-17 SOC < cs_lo_soc 时发动机的工作状态

在图 9-16 和图 9-17 中，*A* 区域代表发动机开始工作，*B* 区域代表发动机停止工作，*C* 点代表电动机的起动转速，cs_lo_soc 为蓄电池 SOC 的最低期望。电动机的工作状态有以下几种情况。

1）当汽车实际行驶的速度小于控制策略中设定的最小车速时，即实际的需求转矩较小时，发动机在此时的效率较低。例如，在城市中交通状况较为拥挤的情况下，由电动机单独驱动汽车行驶，这样既能保证速度，又减少了车辆在城市中的排放量。

2）当汽车实际行驶的速度大于控制策略中设定的最小车速时，即实际需求的转矩较大但未超过发动机最大转矩时，可由发动机单独提供转矩。

3）当汽车在行驶的过程中，由于速度的需要，车速实际需求的转矩超过发动机可以提供的最大转矩时，需要电动机提供辅助转矩以保证车速。

当蓄电池的 SOC 较低时，电池电量不足，电动机无法正常工作，这时，发动机会提供额外的转矩来驱动电动机为蓄电池充电。与图 9-16 相比，图 9-17 中的发动机关闭曲线向上移动了一小段，这一小段用上升箭头来表示，上升箭头代表了蓄电池的补充转矩。这说明在此情况下汽车制动转矩为电池充电。通过控制电动机提供的转矩来控制发动机的工作状态，MATLAB 软件绘制的电动机辅助控制策略仿真模型如图 9-18 所示。

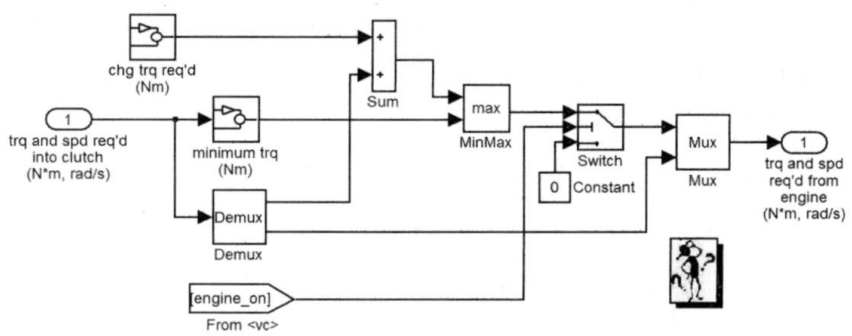

图 9-18　MATLAB 软件绘制的电动机辅助控制策略仿真模型

在图中，首先对汽车的请求转矩进行判断，当驱动转矩足够时，发动机单独工作；当驱动转矩不足时，电动机提供辅助转矩。发动机最低转矩判断模块为 minimum trp，如图 9-19 所示。发动机所提供的转矩应该高于其最低转矩曲线，避免发动机处于较低的工作效率，使能源不能最大效率地利用，从而导致油耗上升。图 9-19 中，cs_min_trp_frac 为发动机工作时的最低转矩系数，当 SOC < cs_lo_soc 时，电动机为蓄电池充电的情况下发动机工作的最低下限为(max_torque)×(cs_min_trp_frac)。经查表可得到发动机最大转矩曲线 max_torque。

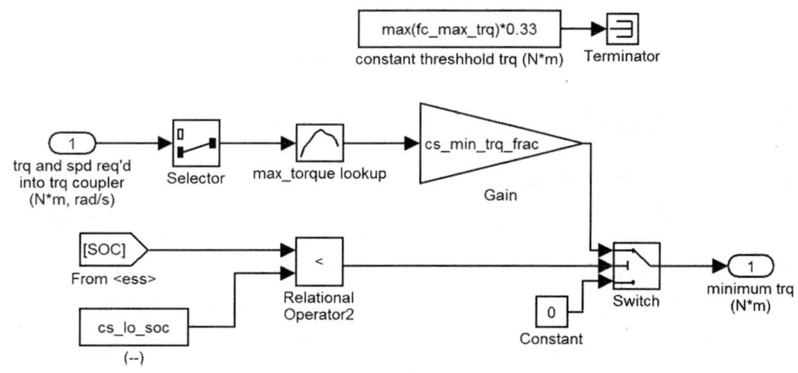

图 9-19　MATLAB 软件绘制的发动机最低转矩判断模块仿真模型

当蓄电池的 SOC 较低，即蓄电池电量不足时，需要电动机为其充电，电池充电电量所需转矩的计算模块为 chy trp rep'd。设 T 为汽车行驶过程中所需的转矩，T_e 为发动机为驱动车轮转动所提供的转矩，T_m 为电动机为驱动车轮转动所提供的转矩，T_{chg} 为充电状态下所补充的转矩。一般情况下，蓄电池有一个充电和放电的临界状态，这一临界状态蓄电池的 SOC 为 SOC_0。

当蓄电池的 SOC 在 0～SOC_0 范围内，即 $0 < SOC_{lo} \leqslant SOC_0$ 时，说明蓄电池电量不足，需要发动机提供额外转矩，$T_e = T + T_{chg}$，$T_m = T - T_e$，此时 T_m 为负值，驱动电动机给蓄电池充电，从而使蓄电池的 SOC 向右侧靠近它的临界位置 SOC_0。

当蓄电池的 SOC 在 SOC_0～1 范围内，即 $SOC_0 \leqslant SOC_{hi} < 1$ 时，说明蓄电池电量充足，这时蓄电池提供能量驱动电动机为发动机提供辅助动力，$T_e = T - T_{chg}$，$T_m = T - T_e$，此时 T_m 为正值，蓄电池放电，从而使蓄电池 SOC 向左侧靠近它的临界位置 SOC_0。

蓄电池补充转矩 T_{chg} 计算公式如下。

$$T_{chg} = K(SOC_0 - SOC) \tag{9-24}$$

$$K = \frac{T_{const}}{(SOC_{hi} - SOC_{lo}) / 2} \tag{9-25}$$

式（9-24）中，常数 $K > 0$。该值说明电池 SOC 离临界值 SOC_0 越远，平衡到该临界值所需的转矩越大。MATLAB 软件绘制的电池充电电量所需转矩的具体实现仿真模型如图 9-20 所示。该模块中 cs_lo_soc 对应式（9-25）中的 SOC_{lo}，cs_hi_soc 对应式（9-25）中的 SOC_{hi}，cs_charge_trq 对应式（9-25）中的 T_{const}。

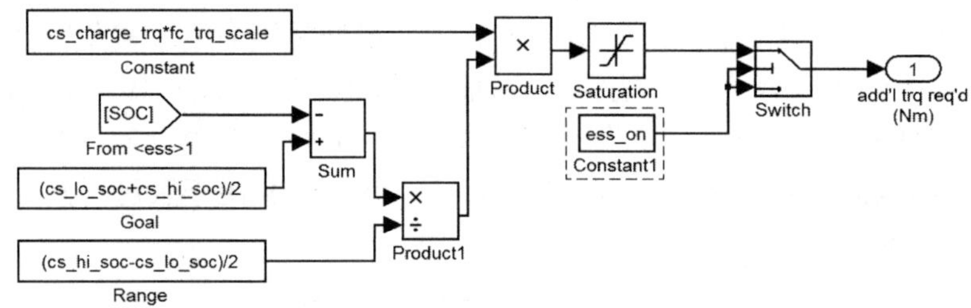

图 9-20　MATLAB 软件绘制的电池充电电量所需转矩的具体实现仿真模型

9.2.2　动态转矩协调控制策略

一定的工况环境下行驶的车辆，在偶然遇到特定行驶工况时，如爬坡，车辆所需的转矩过大，发动机和电动机都需要驱动车轮来提供足够的爬坡动力，这种情况容易造成发动机和电动机的输出转矩产生较大的波动，在发动机提供的最大转矩范围内，电动机也提供较大的转矩。此时出现的情况是，在此特定工况期间，蓄电池的 SOC 将在较长的一段时间内保持在一个较低的范围内，这样发动机的效率就没有得到有效利用，同时也不利于对电池寿命的保护。当车辆处于下坡时，制动力可以为电动机提供充电转矩，驱动电动机为蓄电池充电，而此时由于蓄电池长时间处于充电状态，电池 SOC 将在较长的一段时间内保持在一个较高的范围内，导致蓄电池产生过充现象，不利于对电池寿命的保护。动态转矩协调控制策略就是为了避免上述情况而设计的，通过对发动机的转矩和电动机的转矩进行协调控制，避免产生大幅度的波动[9]。在保证满足车辆行驶动力的条件下有效提高了蓄电池的寿命。

动态转矩协调控制策略基于电动机辅助控制策略，对蓄电池 SOC 的临界范围进一步划分，分为 $0\sim \text{SOC\_min}_{\text{lo}}$、$\text{SOC\_min}_{\text{lo}}\sim \text{SOC}_0$、$\text{SOC}_0\sim \text{SOC\_max}_{\text{hi}}$、$\text{SOC\_max}_{\text{hi}}\sim 1$ 四个区域来实现对发动机和电动机的协调控制，具体设计如下。

1）当蓄电池 SOC 在 $0\sim \text{SOC\_min}_{\text{lo}}$ 时，蓄电池停止放电，不再为电动机提供能量，此时电动机提供的辅助转矩 $T_{\text{m}}=0$。

2）当蓄电池 SOC 在 $\text{SOC\_min}_{\text{lo}}\sim \text{SOC}_0$ 时，即 $\text{SOC\_min}_{\text{lo}}<\text{SOC}_{\text{lo}}\leqslant \text{SOC}_0$，说明蓄电池电量不足，需要发动机提供额外转矩，$T_{\text{e}}=T+T_{\text{chg}}$，$T_{\text{m}}=T-T_{\text{e}}$，此时 T_{m} 为负值，驱动电动机给蓄电池充电。

3）当蓄电池 SOC 在 $\text{SOC}_0\sim \text{SOC\_max}_{\text{hi}}$ 时，即 $\text{SOC}_0\leqslant \text{SOC}_{\text{hi}}<\text{SOC\_max}_{\text{hi}}$，说明蓄电池电量充足，这时蓄电池提供能量驱动电动机为发动机提供辅助动力，$T_{\text{e}}=T-T_{\text{chg}}$，$T_{\text{m}}=T-T_{\text{e}}$，此时 T_{m} 为正值，蓄电池放电。

4）当电池 SOC 在 $\text{SOC\_max}_{\text{hi}}\sim 1$ 时，发动机不再为电动机提供充电转矩，蓄电池停止充电，此时电动机充电转矩 $T_{\text{m}}=0$。

由此可见，要避免出现蓄电池 SOC 在最低下限 $0\sim \text{SOC\_min}_{\text{lo}}$ 范围内，电动机继续提供辅助动力的情况，以及出现电池 SOC 在最高上限 $\text{SOC\_max}_{\text{hi}}\sim 1$ 范围内，电动机继续为电池充电的情况，即

$$0<\text{SOC}<\text{SOC\_min}_{\text{lo}}，\ T_{\text{m}}>0 \tag{9-26}$$

$$\text{SOC\_max}_{\text{hi}}<\text{SOC}<1，\ T_{\text{m}}<0 \tag{9-27}$$

此时，电池开关模块 ess_on 的值不再保持一个固定的常数。MATLAB 软件绘制的电池开关控制模块仿真模型如图 9-21 所示。

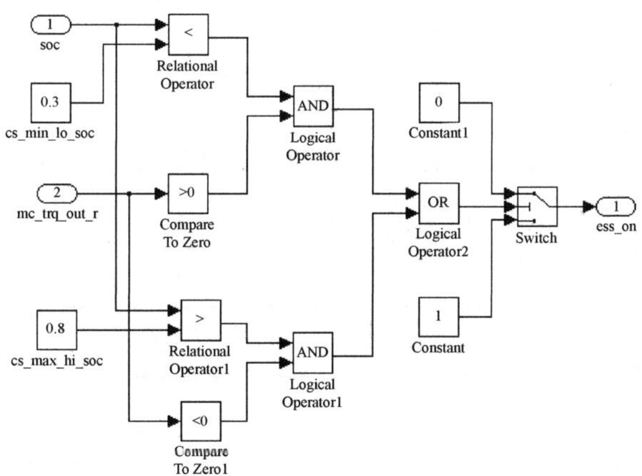

图 9-21　MATLAB 软件绘制的电池开关控制模块仿真模型

将此部分构建子系统更换电池充电模块中的常数模块 ess_on，如图 9-20 中虚线框内所示。MATLAB 软件绘制的更改后的充电模块仿真模型如图 9-22 所示。

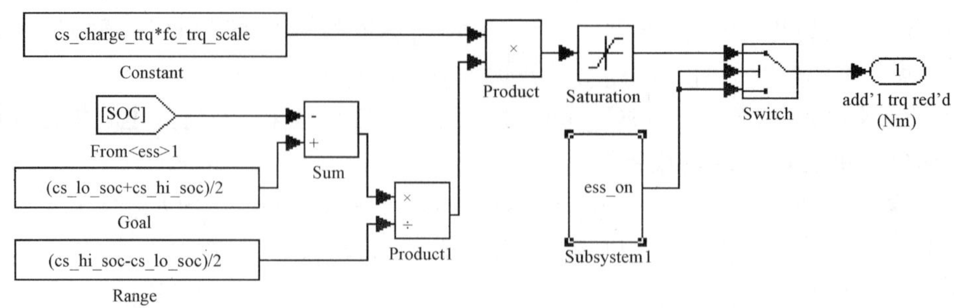

图 9-22　MATLAB 软件绘制的更改后的充电模块仿真模型

9.2.3　基于发动机效率的模糊控制设计

混合动力汽车模糊控制策略的出发点是以发动机的最佳转矩为基准，通过对发动机输出转速和转矩的控制，实现蓄电池充电和放电的平衡，使发动机的工作效率达到最大化，降低油耗，减少排放。模糊控制的输出为目标需求转矩和发动机最优转矩的差值ΔT、蓄电池的SOC，输出参数为比例系数K。根据发动机的万有特性曲线找出最小比油耗点，从而确定发动机最优的转矩曲线[10]，同时考虑当前电池的 SOC，适当调整发动机的输出转矩。模糊控制策略框图如图 9-23 所示。

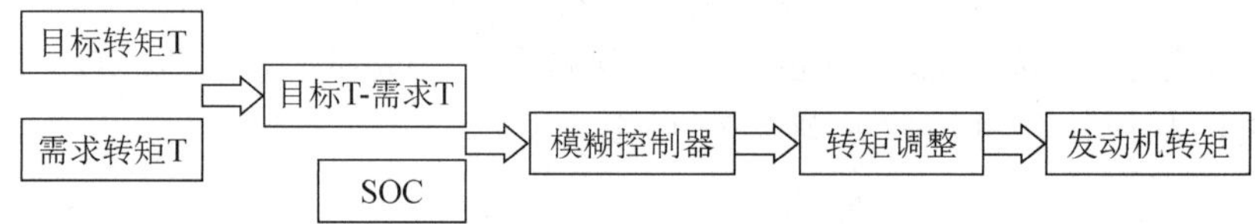

图 9-23　模糊控制策略框图

模糊控制策略框图中的输入有两个，分别为发动机目标转矩和发动机需求转矩，输出为发动机转矩，整个控制策略的核心为模糊控制器。在 MATLAB 下的 Simulink 中将图 9-23 编写为图 9-24 所示程序框图。

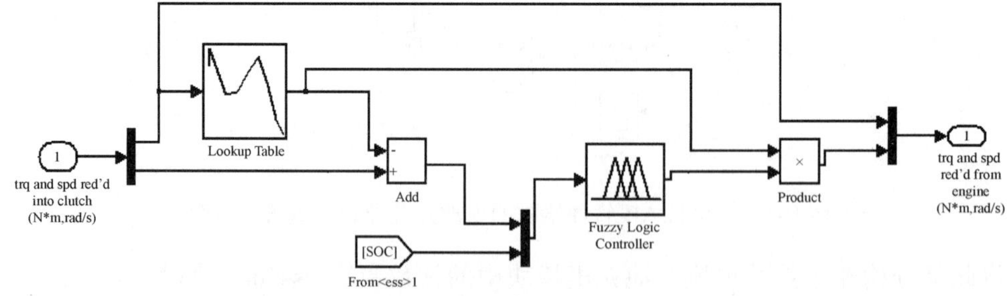

图 9-24　MATLAB 软件 Simulink 下的程序框图

1. 目标转矩

通过需求车速查表求得发动机的转速。发动机的目标转矩依据发动机的万有特性曲线得出。发动机理想转矩曲线（图 9-15）是根据发动机的万有特性，将一定转速下的发动机最小比油耗点连成的一条曲线[11]。这条曲线横坐标为转速，纵坐标为转矩。

2. 转矩差 ΔT

为求得目标转矩和需求转矩的差值 ΔT，将发动机的实际工作转矩曲线和理论上最大转矩曲线分别与理想转矩曲线进行对比，根据最大转矩曲线可以看出，发动机的最大转矩值在 80N・m 左右，理论上它与最低转矩的差值为 80，同时考虑临界值的取值范围，因此将 ΔT 的数值放大，最终确定在−90～+90N・m，即可将所取的范围全部包含在内。

在模糊控制中，ΔT 分割成{NB,NM,NS,ZO,PS,PM,PB}七种程度范围，并且保证每种程度下分割的转矩范围基本相同[12]，因此，在模糊控制器将输入 ΔT 的隶属函数设为梯形函数，梯形函数的四个点如下[13]，所得曲线如图 9-25 所示。

NB: [−90 −80 −60 −50]; NM: [−60 −50 −35 −20]; NS: [−40 −30 −15 0]; ZO: [−20 −5 −5 20]; PS：[0 15 30 40]；PM：[20 35 50 60]；PB：[50 60 80 90]。

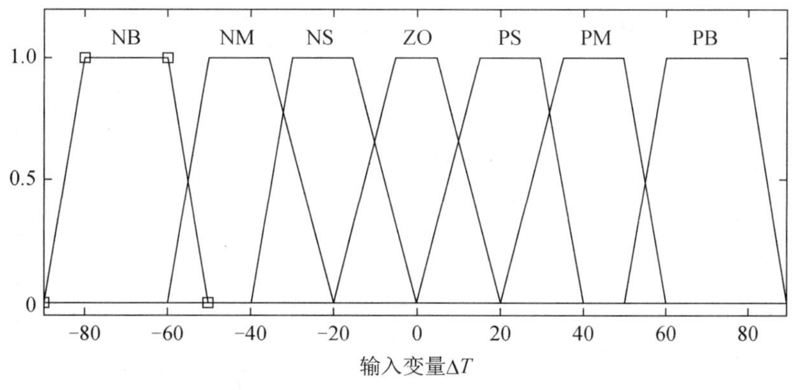

图 9-25　转矩差 ΔT 的隶属函数

3. 输入变量 SOC

电池 SOC 的数值为 0～1（0 表示空电，1 表示满电），因此 SOC 描述为{NB,NS,ZO,PS,PB} 五个范围，每个覆盖范围内，参考电池充电和放电时的 SOC 值变化如图 9-26 所示。电池 SOC 在 0.5～0.65 内满足充电和放电平衡的要求。

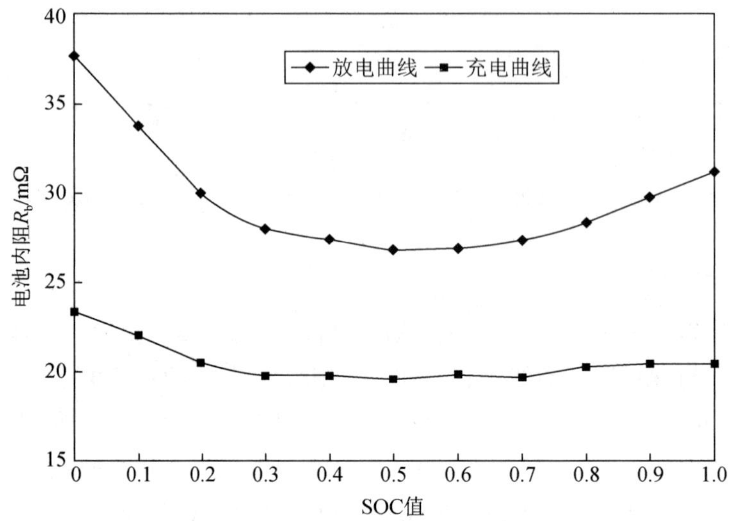

图 9-26　参考电池充电和放电时的 SOC 值变化

在模糊控制器中，输出量 SOC 的隶属函数为梯形函数，梯形的五个点如下，所得曲线如图 9-27 所示。

NB：[0.0 0.0 0.35 0.45]；NS：[0.35 0.4 0.5 0.55]；ZO：[0.5 0.55 0.6 0.65]；PS：[0.6 0.65 0.7 0.75]；PB：[0.7 0.8 1.0 1.0]。

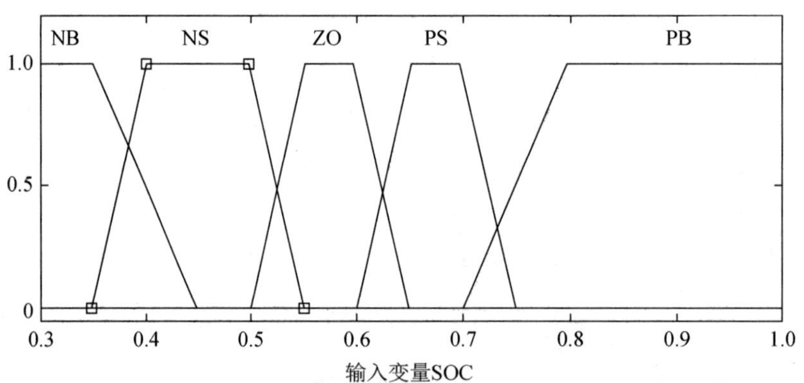

图 9-27　SOC 值的隶属函数

4. 输出转矩因子 K

由图 9-15 中的理想转矩曲线可知，理想转矩约为 50N・m。而发动机最大转矩约为 80N・m，可以求得输出转矩因子为 1.6，然而考虑 SOC 值过低及两条曲线不完全成比例，还应该适当提高转矩因子，最终确定转矩因子取值范围为 0～1.7。以此输出变量 K 取值为{0, 0.3, 0.5, 0.6, 0.75, 0.9, 0.95, 1.0, 1.05, 1.1, 1.15, 1.2 1.25, 1.3, 1.35 1.4, 1.45, 1.5,

1.6, 1.65, 1.7}。因此，在 K 中添加 21 个单值常数使之分别对应。转矩因子采用较为特殊的 sugeno 类型，此类型将去模糊化结合到模糊推理中，得到最终的输出量为精确量。$K_1, K_2, \cdots, K_{21}$ 分别对应以上 K 的取值，如图 9-28 所示。

K11	1.15		
K10	1.1	K21	1.7
K9	1.05	K20	1.65
K8	1.0	K19	1.6
K7	0.95	K18	1.5
K6	0.9	K17	1.45
K5	0.75	K16	1.4
K4	0.6	K15	1.35
K3	0.5	K14	1.3
K2	0.3	K13	1.25
K1	0	K12	1.2

output variable “K”

图 9-28　转矩因子 K 值

5. 模糊控制规则

模糊控制规则是整个模糊控制策略的核心，它是建立在对被控对象特性的理解和控制经验基础上的[14]。模糊控制规则的设计需要合理分配输入和输出的模糊值，理论上将输入量论域上分配的模糊值越多，模糊控制规则的细化程度越高，系统的精度越高，得到输出结果的精度也就越高。但是模糊控制规则的数目不宜太多，否则系统运算的工作量就会过大，不利于提高运算速度[15]。本模糊控制器的输入量为两个，一个为道路的请求需求转矩和发动机最优转矩的差值 ΔT；另一个为电池的 SOC，输出量为转矩因子 K。模糊控制规则表如表 9-9 所示。

表 9-9　模糊控制规则表

SOC	ΔT						
	NB	NM	NS	ZO	PS	PM	PB
NB	1.15	1.25	1.35	1.45	1.5	1.65	1.7
NS	1.05	1.15	1.25	1.35	1.45	1.5	1.65
ZO	0.95	1.05	1.1	1.2	1.3	1.4	1.5
PS	0.6	0.75	0.9	0.95	1	1.1	1.2
PB	0	0.3	0.5	0.6	0.75	0.9	1

表 9-9 中，第一行代表差值 ΔT 的论域范围，第一列代表电池 SOC 的论域范围，表中的数值是在输入量 ΔT 和 SOC 的论域范围下转矩因子 K 的取值。

转化为模糊控制语言如下：

If ΔT is NB and SOC is NB then K is K_{12}(K_{12}=1.15)

If ΔT is NB and SOC is NS then K is K_9(K_9=1.05)

If ΔT is NB and SOC is PB then K is K_8(K_8=1.0)

在模糊规则控制器中，编写模糊控制规则，如图 9-29 所示。

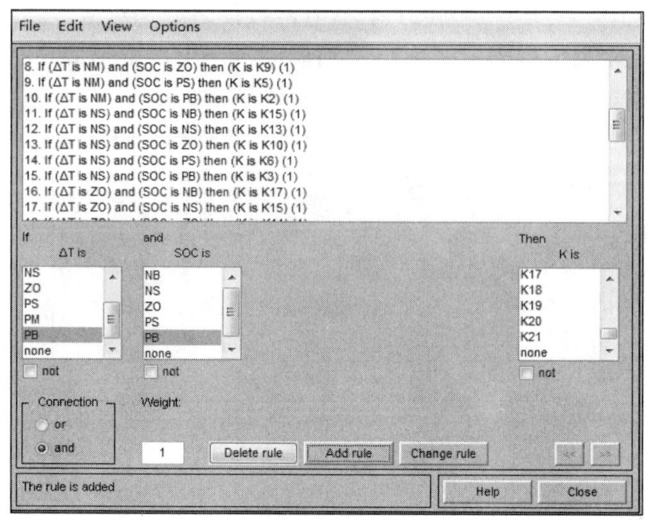

图 9-29 编写模糊控制规则

为了更直观地观察该系统输入与输出的关系，可以利用控制曲面观察器。模糊控制曲面如图 9-30 所示。

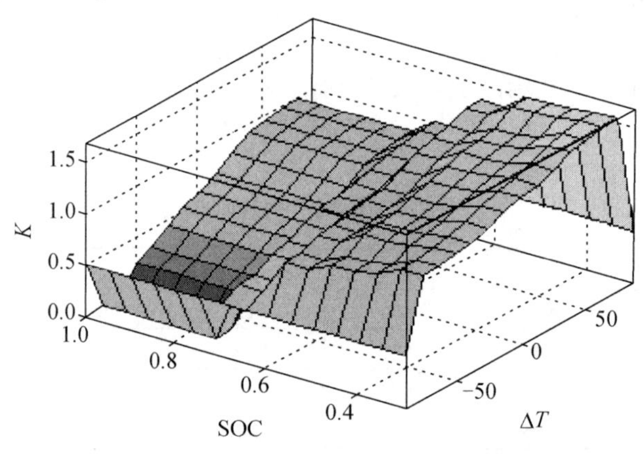

图 9-30 模糊控制曲面

9.3 控制策略的仿真结果与分析

9.3.1 ADVISOR 软件应用界面

ADVISOR 软件主要功能有估算车辆的燃油经济性；分析纯电动汽车、传统汽车和混合动力汽车传动机构的利用效率和其间的能量损失；各个循环工况下汽车尾气排放量的对比分析；评价不同工况下混合动力汽车能量控制策略的优劣；优化变速器传动比，减小燃油消耗，提高车辆的整体性能；准确判断该车型是否能够在该工况路段上行驶；准确计算在一次测试过程中的燃油量和电能消耗量；分析动力传动系统各部件的平均效率和最大效率；分析混合动力下发动机和电动机转矩的分配情况；计算变速器的平均效率。

ADVISOR 软件由输入脚本文件、模块图、输出脚本文件和控制脚本文件组成[16]，其应用界面主要包括输入界面和输出界面。图 9-31 所示为整车各部分参数的输入界面。图中右侧区域包含的选项有整车驱动模型、发动机型号、变速器类型、电池类型、后处理工作类型等，可以直接手动选择所需要的各部件类型，但是这种选择方法不利于保存结果，有时会因为需要输入的数据量太多而导致遗忘过程步骤。为此，ADVISOR 软件提供了源代码 m 文件，可以利用 m 文件直接对其参数进行修改，这样更易于保存。左下角的曲线为发动机燃油经济性曲线，它直接反映了发动机在不同转速下的燃油经济性。

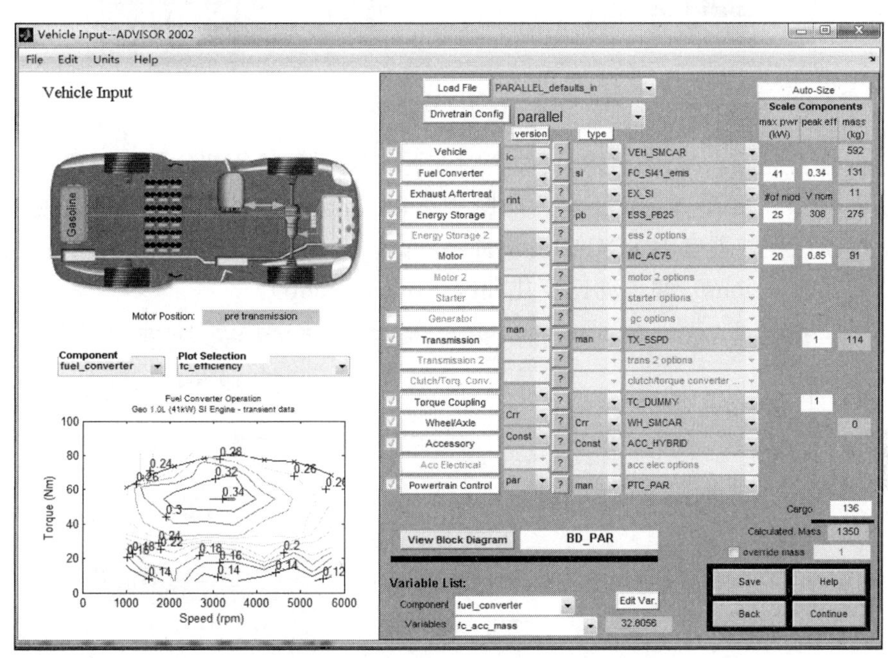

图 9-31　整车各部分参数的输入界面

设置完整车各部分的参数后，需要定义所需的行驶工况。行驶工况的选择界面如图 9-32 所示。在 ADVISOR 中提供了许多行驶工况，方便用户筛选出最合适、最接近测试的行驶工况。当然也可以修改工况所对应的 m 文件，这样可以设计出需求的行驶工况。CYC_UDDS、CYC_VAIL2NREL 和 CYC_NREL2VAIL 分别为本节所采用的行驶工况，在三种不同工况下对所设计控制策略的仿真结果进行比较。

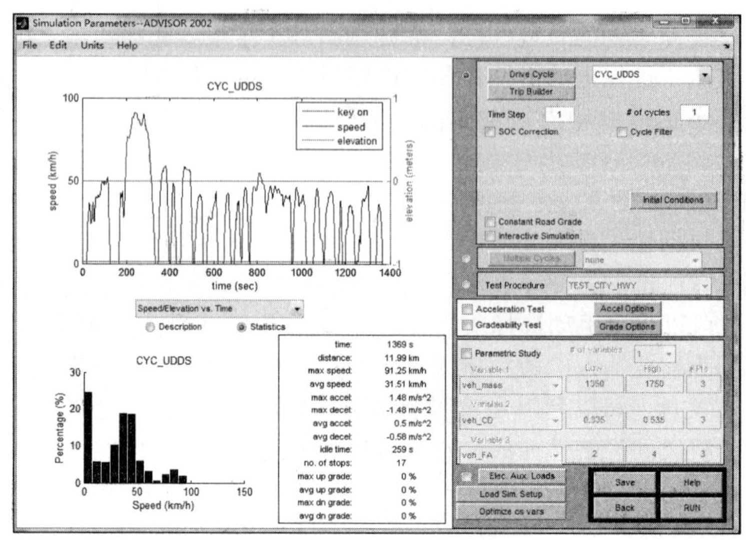

图 9-32 行驶工况的选择界面

确定行驶工况后，ADVISOR 软件会对在此工况下整车各部分的性能进行分析，最后得出仿真结果，如图 9-33 所示。从图中可以看出，它包含车速跟随行驶工况曲线（kpha）、行驶过程中蓄电池 SOC 的变化曲线（ess_soc_hist）、发动机排放的各部分气体的变化曲线（emissions）和传动比变化曲线（overall ratio）。

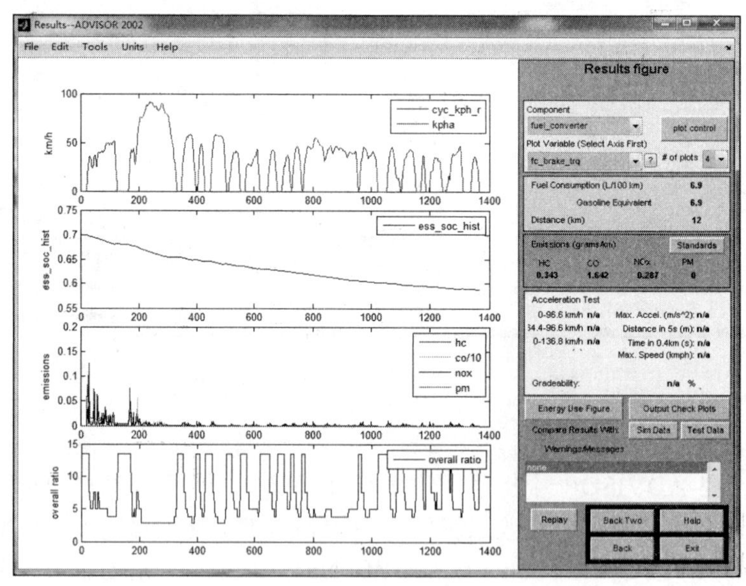

图 9-33 仿真结果

9.3.2 控制策略的嵌入

控制策略是整个汽车仿真系统（图 9-34）的一部分，它是整个混合动力汽车仿真的关键部分，对车辆的动力性能、排放、蓄电池的 SOC 有着直接的影响，因而大多数混合动力汽车的仿真中会根据实际情况修改控制策略。由于 ADVISOR 软件是基于模块开发的，因此控制策略也可以进行相应的修改替换[17]。图 9-34 中，虚线框内为整车控制策略。整车的仿真包括后向仿真和前向仿真。后向仿真由所选择的行驶工况出发，不考虑驾驶员对车辆的控制，从工况的需求得出车辆运行所需的速度，并将这一速度经过计算后反馈到车轮和车轴，请求沿后向路径逐级向上级模块主减速器、变速器、离合器、机械负载等传递，直到传递到发动机为止，之后发动机根据传递的数据计算出需要发动机提供的实际功率和转矩，此时后向仿真结果结束。发动机根据车轮和车轴的速度提供相应的转矩[18]。前向仿真的顺序与后向仿真的顺序相反，它从发动机出发，此时驾驶员的控制会对其结果产生影响，因此要考虑驾驶员因素，再逐步向下传递到机械负载、离合器、变速器、主减速器，直到传递到车轴和车轮为止[19]。在 ADVISOR 仿真的过程中，首先进行后向仿真，后向仿真结束后前向仿真才开始运行。

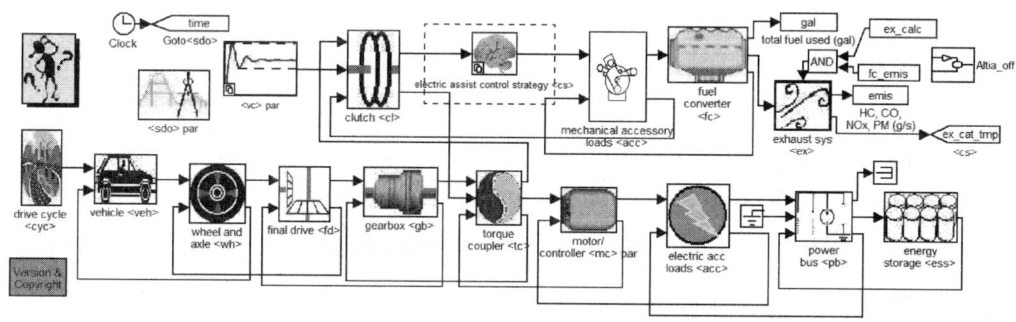

图 9-34　ADVISOR 软件绘制的整车的仿真系统

在整车仿真系统中找到控制策略模块（虚线框内），替换成 9.2 节所设计的控制策略模块，更改头文件，并将控制策略嵌入[20]，这里仅以模糊控制策略为例，简要说明操作步骤。

1）添加控制策略模块。将编写好的模糊控制模块添加到 lab_controls.mdl 下，如图 9-35 所示。其中，electric assist control strategy 模块是电动机辅助控制策略模块，ts 模块是转矩协调控制策略模块，fy 模块是模糊控制策略模块。

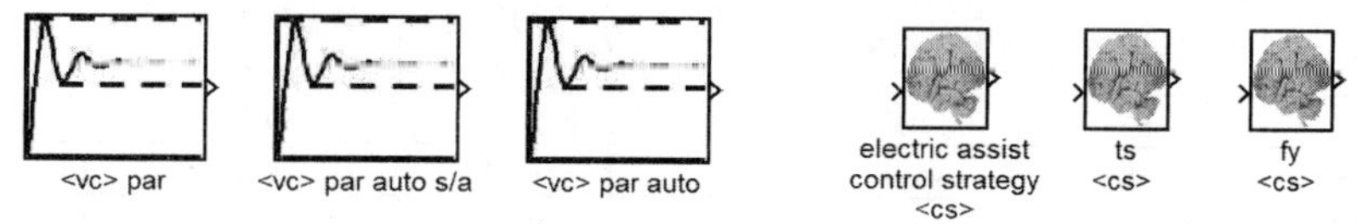

图 9-35　添加模块

2）构造顶层模块。打开 BD_PAR.mdl，需要将编写好的 fy 模块替换原来的控制策略模块，并另存为 BD_PAR_fy.mdl，如图 9-36 所示，虚线框内为替换好的模糊控制策略模块。

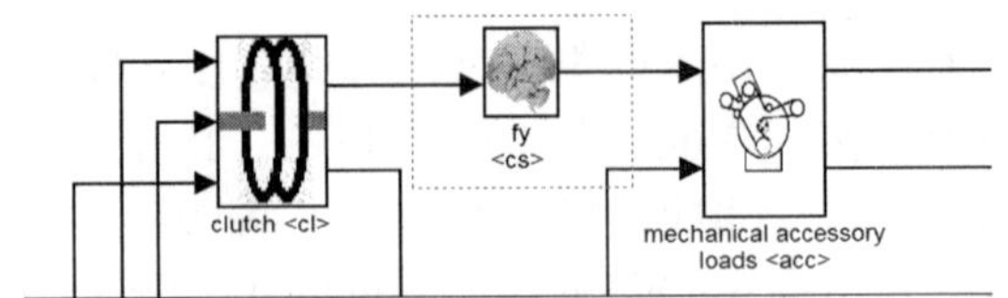

图 9-36 构造顶层模块

3）配置装载文件。将原 PARALLEL_defaults_in.m 的头两条语句修改为

```
vinf.name ='PARALLEL_fy_defaults_in'
vinf.drivetrain.name ='parallel_fy'
```

并另存为 PARALLEL_fy_defaults_in.m。

4）添加驱动链。为了保证 ADVISOR 能够识别所增加的模块，须向全局变量 vinf 的驱动链域中添加如下命令：

```
Optionlist ('add' , 'drivetrain' , 'parallel_fy')
```

5）修改相应的 m 文件。打开\ gui \ block_dia2gram name. m 文件，在 switch drivetrain 语句中增加：

```
case 'parallel_fy';
bd_name ='BD_PAR_fy'
```

这样，在 ADVISOR 中就添加完成了所设计的驱动链配置项（BD_PAR_fy）。

9.3.3 CYC_UDDS 工况下的仿真

在 ADVISOR 软件中提供了很多种标准循环工况（Drive Cycle）[21]，下面选取比较有代表性的三种工况之一的 CYC_UDDS 来分析 9.2 节三种不同控制策略的仿真结果。本节通过电池 SOC、发动机工作转矩范围和发动机效率三个方面来研究不同控制策略下混合动力汽车的动力性、经济性和排放[22]。有代表性的三种工况分别为 CYC_UDDS、CYC_VAIL2NREL、CYC_NREL2VAIL。三种工况的参数对比如表 9-10 所示。

表 9-10 三种工况的参数对比

工况	参数						
	持续时间/s	行驶距离/km	最高车速/（km/h）	平均车速/（km/h）	最大加速度/（m/s²）	平均加速度/（m/s²）	最大减速度/（m/s²）
CYC_UDDS	1 369	11.99	91.25	31.51	0.50	1.48	-1.48
CYC_VAIL2NREL	5 914	139.29	121.72	84.78	0.18	2.24	-3.20
CYC_NREL2VAIL	5 692	139.72	117.83	88.35	0.16	2.38	-2.33

工况	参数						
	平均减速度/（m/s²）	怠速时间/s	停车次数	最大上升坡度/%	平均上升坡度/%	最大下降坡度/%	平均下降坡度/%
CYC_UDDS	-0.58	259	17	0.0	0.0	0.0	0.0
CYC_VAIL2NREL	-0.21	27	0	10.6	3.8	7.7	2.9
CYC_NREL2VAIL	-0.17	114	5	7.5	2.9	7.9	3.8

UDDS 的全称为 urban dynamometer driving schedule，代表城市动态驱动工况，它主要应用于城市工况对轻型车辆的检测，工况路段较为平稳，如图 9-37 所示。

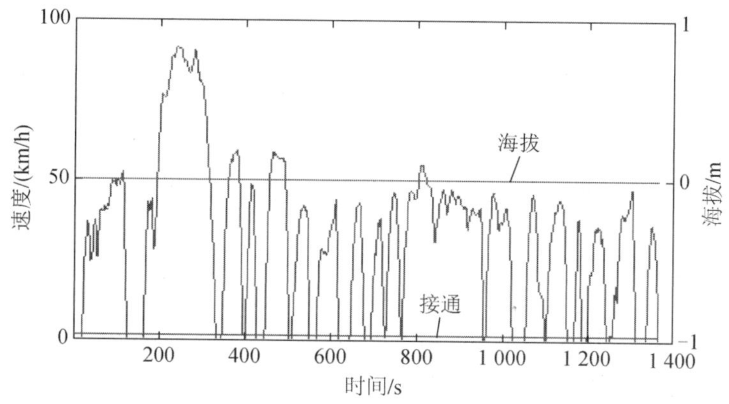

图 9-37　CYC_UDDS 工况图

从图中可以看出，在该工况下，海拔为 0 且为水平线，说明车辆在水平路面上行驶，无坡度。车辆在行驶的大部分时间内车辆的请求速度都需要控制在 50km/h 以下，只有在 200～380s 期间，请求速度才逐渐升高至 80～90km/h，说明在此时城市的交通比较松散，车辆较少，请求的车速较高；此后，车辆的请求速度将一直保持在 50km/h，并且在此后的 1 000s 内多次为零，说明车辆根据城市交通的情况（如在城市交通的十字路口等）需要停车等待交通信号灯而进行多次停靠，在此期间停车多达 17 次。因此 CYC_UDDS 最能代表绝大多数城市的行驶工况。由于 CYC_UDDS 的行驶时间较短，约为 1 400s，因此为了方便与 CYC_VAIL2NREL 和 CYC_NREL2VAIL 进行比较，将其循环次数定为四次，总时间为 5 600s。设置好的工况图如图 9-38 所示，分别将三种控制策略在此工况下运行。

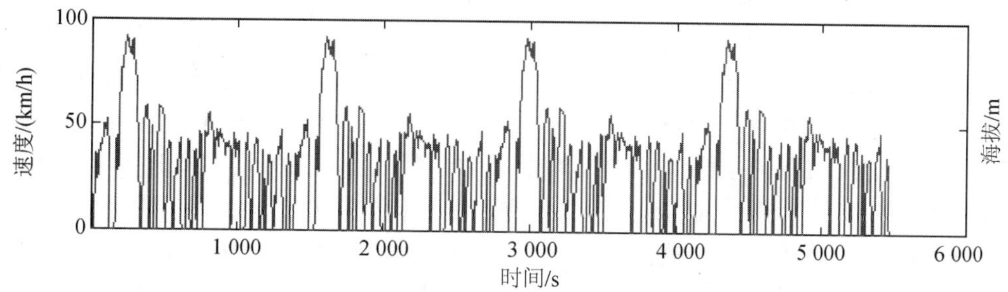

图 9-38　设置好的工况图

1. 电池 SOC 曲线

驱动电动机是靠电池提供能量来工作的，因此蓄电池的 SOC 间接反映了驱动电动机的工作状态。三种控制策略在 CYC_UDDS 工况下的电池 SOC 曲线如图 9-39 所示。

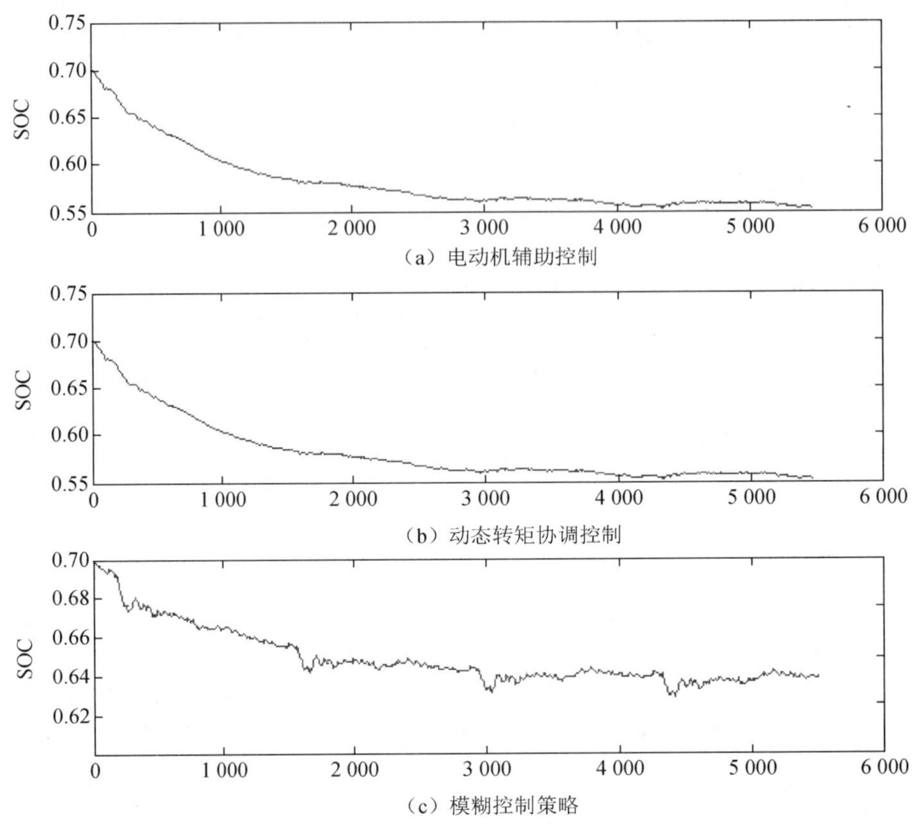

图 9-39 三种控制策略在 CYC_UDDS 工况下的电池 SOC 曲线

由图 9-39 可以看出，三种控制策略的 SOC 曲线在车辆行驶一段时间后均保持在 0.5～0.65 范围内，满足蓄电池充电和放电平衡的要求。图 9-39（a）和（b）所示的电池 SOC 曲线在此工况下基本相同，这是由工况的性质决定的，CYC_UDDS 工况较为平稳，车速要求相对较低。因为动态转矩协调控制策略是在电动机辅助控制策略的基础上将电池的 SOC 范围更进一步划分，分化出两个电动机停止工作的范围，即 $0 < SOC < SOC\_min_{lo}$ 和 $SOC\_max_{hi} < SOC < 1$。在这两个范围内，电动机既不提供辅助动力，也不给电池充电。在动态转矩协调控制策略中，将 SOC_min_{lo} 的值设为 0.3，SOC_min_{hi} 的值设为 0.8，只要电池的 SOC 超过这两个值，电动机就停止工作。然而在图 9-39（b）中，电池的 SOC 曲线保持在 0.55～0.7，即便在此控制策略下，电池的 SOC 范围仍在 0.3～0.8。动态转矩协调策略对其没有影响，SOC 曲线不发生变化。在行驶 2 000s 以后，电池的 SOC 基本维持在 0.55 左右。更改为模糊控制策略后，要求发动机工作转矩在其最佳转矩的曲线周围波动，在行驶 3 000s 时，发动机的转矩已经接近最佳转矩，蓄电池只需根据工况的需求放电或充电使电动机有足够的转矩来辅助发动机在最佳转矩的范围即可。此时，SOC 曲线趋于平稳，基本维持在 0.64 左右，只在车速需求较大的一小段时间产生了较小的波动。

2. 发动机工作转矩分布

图 9-40 所示为三种控制策略的发动机工作转矩分布图。

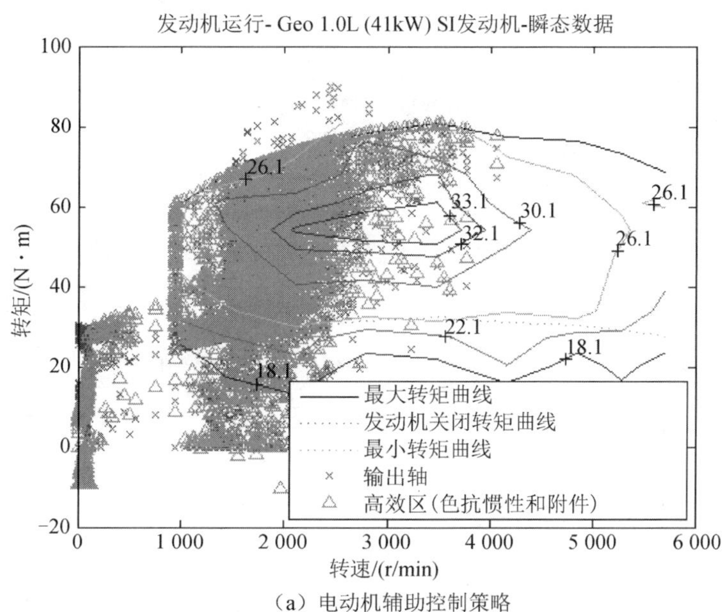

（a）电动机辅助控制策略

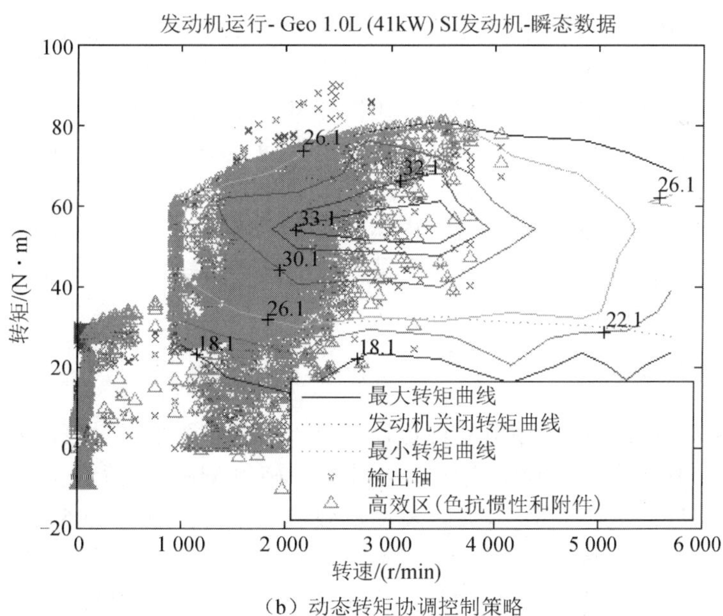

（b）动态转矩协调控制策略

图 9-40　三种控制策略的发动机工作转矩分布图

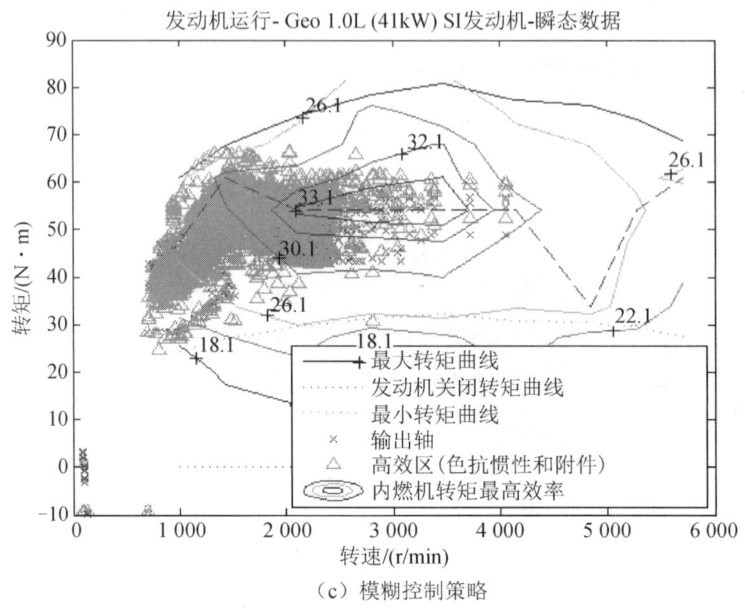

（c）模糊控制策略

图 9-40（续）

CYC_UDDS 工况下发动机在电动机辅助控制策略和动态转矩协调控制策略下的工作状态基本一致，转矩分布图也大体相似。在此工况要求下的车辆请求速度高，因此发动机在不影响蓄电池充放电平衡的条件下，提供的转矩基本可以满足车辆行驶的需要。

图中叉号表示发动机转矩的工作点。由图 9-40（b）可以看出，发动机的工作点有的已经高于转矩的最大转矩曲线，这时发动机提供的驱动转矩较高，电动机没有得到充分利用，也有部分工作点在最小转矩范围之下，此种情况下电动机可以代替发动机提供驱动转矩，避免发动机在最低效率范围内运行。图 9-40（c）中，发动机的工作点没有高于发动机的最大转矩曲线，也没有低于发动机的最小转矩曲线，基本分布在发动机的最佳转矩曲线（虚线）附近。

3. 发动机工作效率

三种控制策略的发动机效率分布图如图 9-41 所示。图中叉号表示发动机工作效率点。图 9-41（a）中，在 0～1 000s 运行过程中，车辆刚刚进入运行工况，其请求车速由高变低，到 1 000s 时车速趋于平稳，此时发动机效率点部分分布在 0.05～0.2，CYC_UDDS 工况下停车次数较多，尤其是车辆起步阶段，发动机的工作效率点有一部分在 0.02 之下，说明低速时发动机燃油消耗所提供的能量作用在驱动汽车行驶的部分较少，有一部分能量变成热量随着尾气排出，这就导致了发动机的效率降低，油耗增加，废气排放量升高。而在图 9-41（c）中，发动机工作效率点大部分集中在 0.25～0.35，效率点集中，低速时的效率点分布较少，说明发动机燃油消耗所提供的能量大部分作用于驱动汽车行驶，变成热量排出的较少，效率较高。

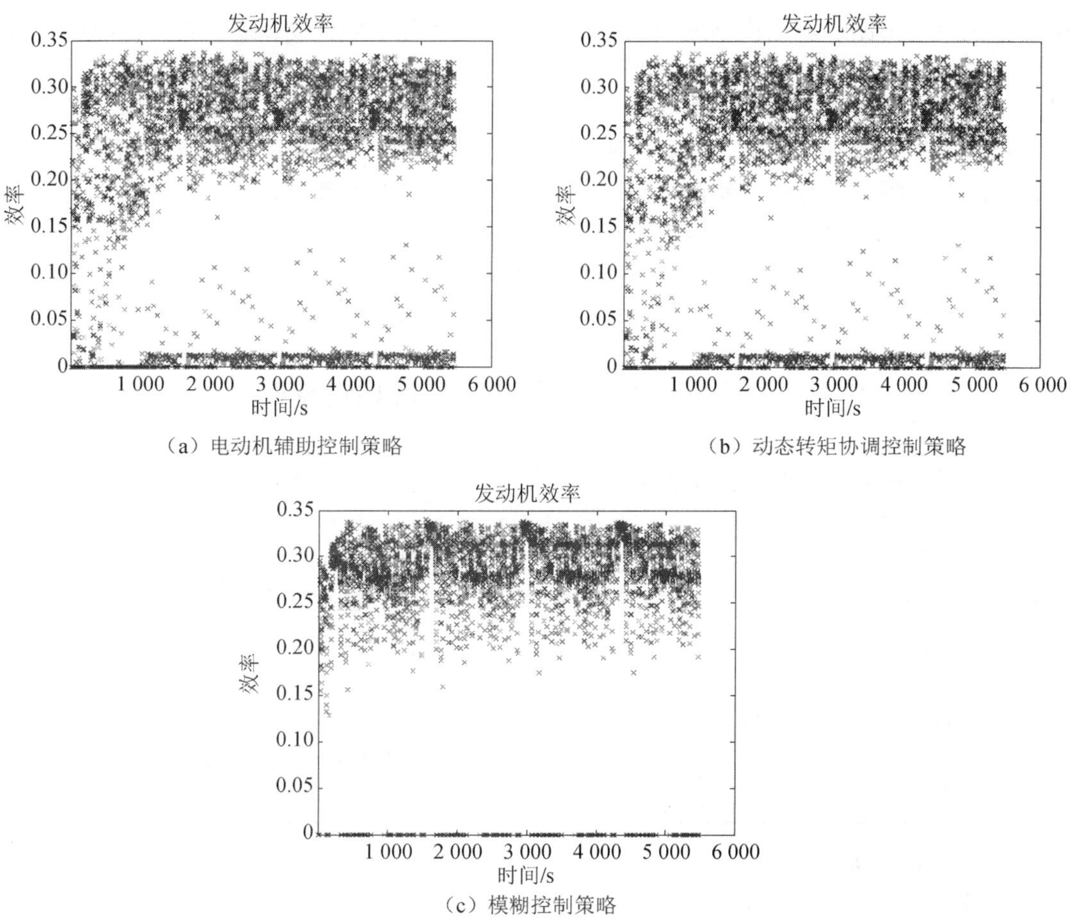

（a）电动机辅助控制策略

（b）动态转矩协调控制策略

（c）模糊控制策略

图 9-41　三种控制策略的发动机效率分布图

4. 经济性和排放

除了车辆动力性能之外，经济性和排放也是两个相当重要的性能。它们体现了车辆是否可以满足当今人们的消费水平，是否顺应当代社会的环保要求，人们不仅需要效率高的控制策略，同时也要注重废气的排放。表 9-11 反映了三种控制策略下经济性和汽车尾气的排放情况。

表 9-11　三种控制策略的经济性和汽车尾气的排放情况

控制策略	排放参数					
	距离/km	经济性/（L/100km）	HC/（g/km）	CO/（g/km）	NO_X/（g/km）	PM/（g/km）
电动机辅助	48	8.9	0.230	1.395	0.231	0
动态转矩协调	48	8.9	0.230	1.395	0.231	0
模糊控制	48	7.8	0.216	0.545	0.294	0

由上面几组对比图可以看出，在 CYC_UDDS 工况下，由于路面平稳，请求车速低，因此电动机辅助控制策略和动态转矩协调控制策略下的车辆在动力性方面基本一致，与

模糊控制策略相比，电动机辅助控制策略的动力性较强，电池 SOC 较低，说明电动机提供了额外转矩，但是发动机并没有在其最佳转矩范围内，导致发动机效率不高，百公里油耗为 8.9L，高于模糊控制的 7.8L，因此模糊控制的经济性比较好。而在排放方面，碳氢化合物的排放基本相似，一氧化碳的排放模糊控制远优于前两种控制策略，氮氧化合物的排放模糊控制较高，而在车辆高负载运行的条件下才会导致氮氧化合物升高，由于模糊控制下电动机必须配合发动机的最佳转矩曲线，因此发动机的驱动转矩较高，氮氧化合物的排放略高。总体来看，在 CYC_UDDS 工况下，无论是经济性还是排放，模糊控制策略都优于电动机辅助控制策略和动态转矩协调控制策略[23]。

9.4 混合动力客车动力参数匹配及建模

本节以 HB6732 型客车为原型，设计混合动力客车，并进行动力参数匹配。根据 HB6732 型客车的原有参数（表 9-12），选择混合动力客车结构类型，进行电动机及电池组的动力参数系统匹配，设计 SOC 控制策略，并利用 MATLAB 下的 Simulink 建立各部分模型。设计并建立后驱模块，并将建立模型嵌入 ADVISOR 2002 中进行整车仿真，验证后驱模块的可行性。

表 9-12　HB6732 客车参数

参数名称	尺寸/（mm×mm×mm）	整车质量/kg	轮胎半径/m	空气阻力系数	迎风面积/m^2	传动效率	前轴负载/kg	后轴负载/kg
参数值	7 280×2 100×2 600	4 260	0.395	0.6	4.83	0.9	2 010	2 250

9.4.1 混合动力客车结构形式选择

混合动力汽车按照动力传递方式分类，主要有串联式、并联式及混联式三种结构形式[24]。串联式混合动力汽车的发动机、电动机和发电机以串联形式连接组成 HEV 的动力系统，发动机向蓄电池充电，蓄电池与电动机串联，最终电动机驱动汽车行驶。这种结构形式在大中型汽车中较常见，其结构简单，但是传动效率较低。并联式混合动力汽车的发动机和发电机为并联形式，两者共同驱动车辆，也能单独输出驱动力。本田公司的 IMA 混合动力技术就属于并联式。并联式结构形式的传动效率与传统汽车接近，但是经济性能得到明显提高。混联式是串联式与并联式的结合，具有两者的优点，低速时以串联式混合动力模式工作，高速时以并联式混合动力模式工作，缺点是技术比前两者复杂，成本也会更高。本节选择并联式结构形式，如图 9-42 所示。

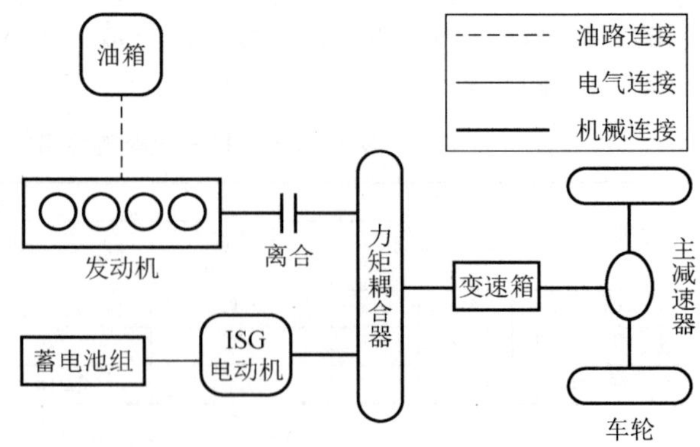

图 9-42　并联式混合动力客车传动形式结构简图

9.4.2　发动机模型建模

HB6732 型客车的发动机为 EQ6102-Ⅰ 型，其参数如表 9-13 所示。该发动机的外特性曲线和万有特性曲线如图 9-43 和图 9-44 所示。

表 9-13　EQ6102-Ⅰ 型发动机参数

总排量/L	额定功率/kW	最大转矩/（N・m）	最低燃油消耗率/[g/（kW/h）]	整机净重/kg	怠速/（r/min）	额定功率/转速/[kW/（r/min）]	最大转矩/转速/[（N・m）/（r/min）]
5.638	88	343	230	500	650±50	88/2 800	343/1600

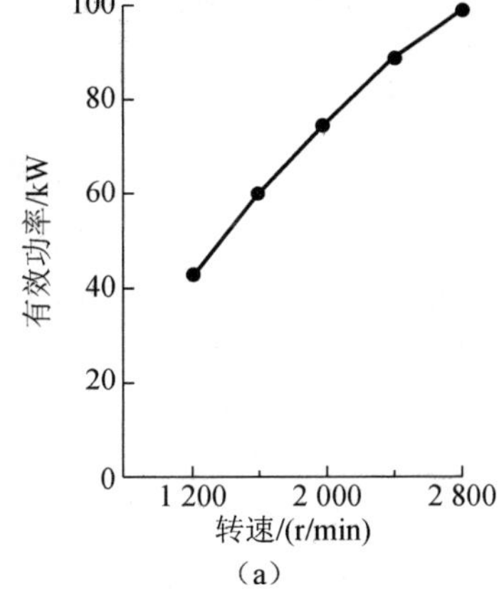

（a）

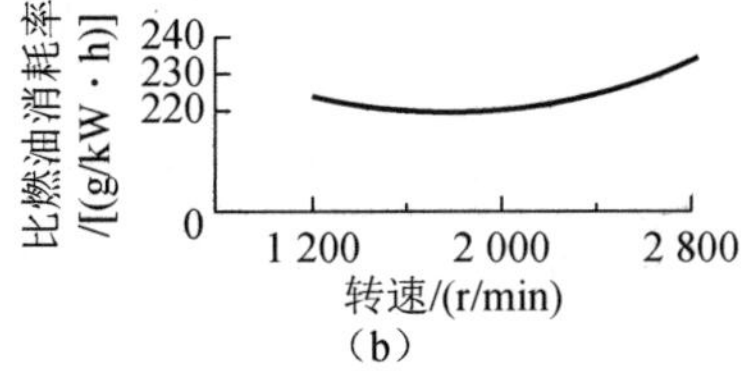

（b）

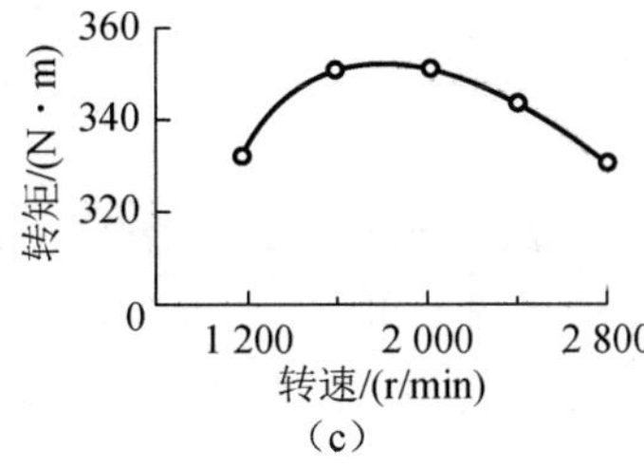

（c）

图 9-43　EQ6102-I 外特性曲线

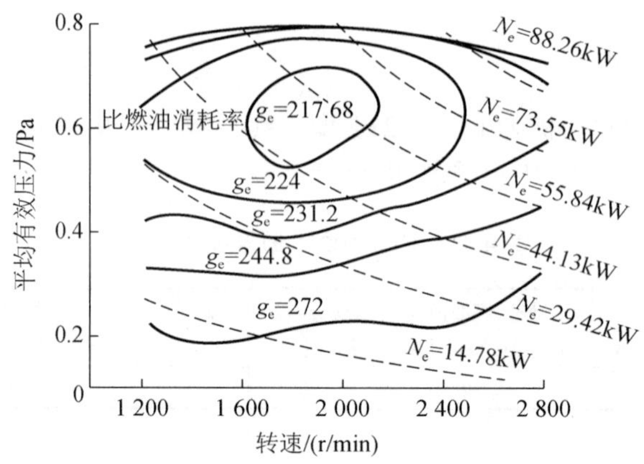

图 9-44　EQ6102-I 万有特性曲线

根据发动机的外特性曲线和万有特性曲线[25]，分别定义发动机的转速范围矩阵（rad/s）为 fc_map_spd，转矩范围矩阵（N·m）为 fc_map_trq，最大转矩曲线矩阵（N·m）为 fc_max_trq，燃油消耗率矩阵[g/（kW·h）]为 fc_fuel_map_gp，以及其他基本参数，并嵌入建立的模型中。发动机仿真模型见图 9-1。

9.4.3　驱动电动机匹配与建模

电动机作为并联混合动力汽车的辅助动力，其功率必须满足客车最高车速、爬坡度、加速能力的功率需求。通过其峰值功率的计算可以得到客车的动力源总功率峰值要求。

设计客车的最高车速 v_{max} = 95km/h，滚动阻力系数 f = 0.001 29，其最高车速确定的最大功率为

$$P_{em1}=\frac{1}{\eta}\left(\frac{mgfv_{max}}{3\ 600}+\frac{C_D A v_{max}^3}{76\,140}\right) \tag{9-28}$$

式中，m——整车质量（kg）；

η——传动效率，由于电动机到驱动轮只经过单级主减速器，因此 η= 0.9。

爬坡度 $x=\tan\alpha=\sin\alpha$ =0.1，低速爬坡时车速 v_0=20km/h， f = 0.008 72。爬坡性能决定的最大功率为

$$P_{em2}=\frac{1}{\eta}\left(\frac{mg\cos\alpha fv_0}{3\ 600}+\frac{C_D A {v_0}^3}{76\ 140}+\frac{mgxv_0}{3\ 600}\right) \tag{9-29}$$

加速到行驶车速 v_i = 60km/h，滚动阻力系数 f = 0.001 29，加速能力确定的最大功率为

$$P_{em3}=\frac{1}{3\ 600\eta t}\left(\frac{mgfv_i}{1.5}t+\frac{C_D A v_i^3}{21.15\times 2.5}t+\frac{\delta_b m{v_i}^2}{2}\right) \tag{9-30}$$

式中，δ_b——汽车旋转质量换算系数。

得到 P_{em1}=38.59kW；P_{em2}=39.15kW；考虑 20%加速后备余量，P_{em3}=104kW。

客车的动力源总峰值功率 P 需要满足：

$$P \geqslant \max\left[P_{\mathrm{em1}}, P_{\mathrm{em2}}, P_{\mathrm{em3}}\right] \tag{9-31}$$

纯电动模式最大车速 v_{emax}=40 km/h，f= 0.008 16 时，确定的电动机功率为

$$P_{\mathrm{em4}} = \frac{1}{\eta}\left(\frac{mgfv_{\mathrm{emax}}}{3\ 600} + \frac{C_{\mathrm{D}}Av_{\mathrm{emax}}^{3}}{76\ 140}\right) \tag{9-32}$$

由于发动机功率为 P_{f}=88kW，因此电动机功率为

$$P_{\mathrm{m}} > \max\left[P_{\mathrm{em3}} - P_{\mathrm{f}}, P_{\mathrm{em4}}\right] \tag{9-33}$$

得到 P_{m}>16.88kW，综合考虑选择额定功率为 20kW 的永磁无刷直流电动机，取其峰值功率为 40kW。

混合动力客车纯电动行驶时，由电动机单独驱动，驱动力只通过主减速器来直接驱动车辆，因此，电动机的最大转速应当满足。

$$n_{\max} \geqslant \frac{v_{\mathrm{emax}} i_0 i_{\mathrm{g}}}{0.377r} \tag{9-34}$$

式中，$n_{\max}$——电动机最大转速（r/min）；

i_0——主减速器传动比；

i_{g}——主减速器传动比；

r——车轮滚动半径（m）。

取一挡传动比 i_{g}=4.762，得到 $n_{\max}$≥6 236r/min，取 $n_{\max} = 6\ 500\mathrm{r/min}$。

电动机的额定转速应该由其过载系数确定，而过载系数一般在 2～4[26]，本节选取过载系数为 2，得到额定转速为 3 250 r/min。

表 9-14 为不同结构车型电池电压等级。本节采用并联式混合动力结构形式，选取电压等级为 144V，因此电动机的额定电压为 144V。通过计算得到的电动机参数如表 9-15 所示。

表 9-14 不同结构车型电池电压等级

车型	电压/V
传统汽车	12
并联 IGS 混合动力系统	144
纯电动客车	300～650

表 9-15 通过计算得到的电动机参数

类型	额定功率/kW	峰值功率/kW	额定转速/（r/min）	峰值转速/（r/min）
永磁无刷直流电动机	20	40	3 250	6 500

通过 m 文件定义电动机转速范围矩阵（rad/s）为 mc_map_spd，电动机不同转速下的最大转矩矩阵（N·m）为 mc_max_trq，电动机转矩范围矩阵（N·m）为 mc_map_trq，驱动电动机效率矩阵为 mc_eff_map，电动机的最大电流为 210A，最低工作电压为 70V。定义其他基本参数，并将这些参数嵌入建立的模型中。电动机的仿真模型如图 9-3 所示。

该模型主要包括转矩限制模块、转速限制模块、功率计算模块、转动惯量作用模块及控制器模块。后向仿真过程中，驱动电动机将汽车的需求转速、需求转矩转化为电动机功率；在前向仿真过程中，电动机将实际功率转化为实际输出转矩和实际输出转速。

9.4.4　客车变速器模型

变速器在并联式混合动力汽车建模中，与发动机、驱动电动机及主减速器进行数据传递。在后向仿真过程中，循环工况下汽车的请求转矩、请求转速，通过主减速器模块传递给变速器控制模块，之后变速器控制模块根据转矩、转速的需求来调节变速器挡位，进而控制发动机的转矩及车辆车速。变速器模块包括输出轴力矩计算模块、换挡规律模块及输出轴转动惯量计算模块。

HB6732 型客车的变速器为五挡，变速器传动比依次为 i_{g1}=4.762，i_{g2}=2.808，i_{g3}=1.594，i_{g4}=1.000，i_{g5}=0.756。将变速器挡位数、质量及传动比参数分别定义为 gb_gears_num、gb_ratio、gb_mass，并嵌入建立的模型中。变速器仿真模型见图 9-6。

9.4.5　客车主减速器模型

在后向仿真过程中，主减速器模块的主要作用是传递车轮模块的请求转矩及请求转速。在前向仿真过程中，主减速器模块将变速器模块传递来的实际需求转矩及需求转速传递给车轮模块。该车的主减速器传动比 i_0=4.875，将主减速器传动比和主减速器质量参数以 m 文件的形式分别定义为 fb_ratio、fb_mass，并嵌入模型中。主减速器模型主要包括转动惯量计算模块及转矩损失计算模块。为主减速器仿真模型见图 9-7。

9.4.6　客车车轮模型

在后向仿真过程中，整车行驶模块的需求动力、行驶速度转化为需求转矩、转速通过车轮模块传递给主减速器模块。在前向仿真的过程中，车轮模块根据主减速器模块传递的实际转矩、转速来计算轮胎的牵引力及行驶速度。将车轮滚动半径、轮胎的转动惯量、轮胎的滚动阻力系数参数以 m 文件的形式分别定义为 wh_radius、wh_inertia、wh_1st_rrc，并嵌入模型中。车轮仿真模型见图 9-10。

9.4.7　客车整车行驶模型

为了在 HB6732 型客车的基础上开发混合动力客车，需要对后轴驱动模型进行二次开发。对后轴驱动模块的二次开发就是对 ADVISOR 的牵引力控制模块进行后轴驱动再开发。汽车牵引力控制模块主要限制牵引力不超过轮胎与地面的附着力，即车轮不打滑时，需求牵引力不能超过轮胎提供的最大牵引力，以及整车速度不能超过其最大牵引力所提供的最大车速。

汽车牵引力控制模块第一部分的作用是计算整车的限制速度。轮胎能够提供的最大牵引力受到路面附着条件的影响，整车的需求车速应当小于路面极限附着条件下所能提供的车速[27]，因此要分析和建立后驱汽车在车轮打滑时所提供的最大驱动车速或最小制动车速的理论模型。

假设在轮胎极限附着力条件下，汽车以v_0的速度在坡度为α的路面上行驶，当前步长t内时间所能产生的最大速度为v_t，汽车行驶动力学模型如图 9-45 所示。

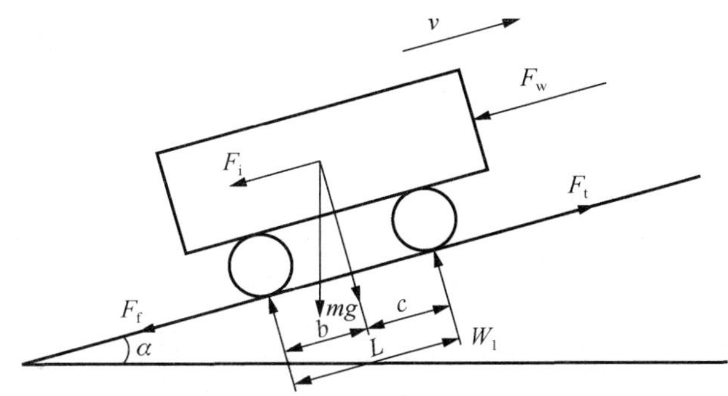

c—汽车质心到前轴的距离（m）；b—汽车质心到后轴的距离（m）；L—汽车轴距（m）

图 9-45　汽车行驶动力学模型

由整车受力可以得到平衡方程：

$$F_t - F_f - F_w - F_i = F_j = ma \tag{9-35}$$

式中，F_t——驱动力（N）；

F_w——空气阻力（N）；

F_f——滚动阻力（N）；

F_i——坡道阻力（N）；

F_j——加速阻力（N）。

在后轴驱动的极限附着力条件下：

$$F_t = W_2 \varphi_{max} \tag{9-36}$$

$$F_w = \frac{1}{2} \rho C_D A v_{aver}^2 \tag{9-37}$$

$$F_f = mg(f_1 + v_{aver} f_2)\cos\alpha \tag{9-38}$$

$$F_i = mg\sin\alpha \tag{9-39}$$

式中，W_2——后轴质量（kg）；

ρ——空气密度（kg/m^3）；

φ_{max}——路面最大附着系数；

v_{aver}——平均速度（m/s）；

f_1——前轮滚动阻力系数；

C_D——空气阻力系数；

A——迎风面积（m^2）；

f_2——后轮滚动阻力系数。

当前步长内汽车的加速度为

$$a = \mathrm{d}(v_{\mathrm{t}} - v_0)/\mathrm{d}t \tag{9-40}$$

当前步长内汽车的平均速度为

$$v_{\mathrm{aver}} = \frac{v_0 + v_{\mathrm{t}}}{2} \tag{9-41}$$

将式（9-36）～式（9-41）代入式（9-35）中，化简后可以得出汽车极限附着力条件下的最高速度v_{t1}；同样制动条件下，F_{t}为制动力，方向相反，就可以得到制动条件下的最小速度v_{t2}，即

$$v_{\mathrm{t1}} = \frac{W_2\varphi_{\max} - mgf_1\cos\alpha - mg\sin\alpha - \dfrac{1}{2}mgf_2v_0 - \dfrac{1}{8}\rho C_{\mathrm{D}}Av_0^2 + mv_0/\mathrm{d}t}{\dfrac{3}{8}\rho C_{\mathrm{D}}Av_0 + \dfrac{1}{2}mgf_2\cos\alpha + m/\mathrm{d}t} \tag{9-42}$$

$$v_{\mathrm{t2}} = \frac{-W_2\varphi_{\max} - mgf_1\cos\alpha - mg\sin\alpha - \dfrac{1}{2}mgf_2v_0 - \dfrac{1}{8}\rho C_{\mathrm{D}}Av_0^2 + mv_0/\mathrm{d}t}{\dfrac{3}{8}\rho C_{\mathrm{D}}Av_0 + \dfrac{1}{2}mgf_2\cos\alpha + m/\mathrm{d}t} \tag{9-43}$$

得到v_{t1}后就可以计算出时间步的平均速度，将其与需求平均速度进行比较，得出较小的一个速度；通过v_{t2}可以计算出制动条件下时间步内的平均速度，与之前得到的平均速度进行比较，其中较大的一个就是需求的限制速度，即通过最大驱动车速和最小制动车速来限制汽车的驱动需求速度。图 9-46 为 MATLAB 软件 Simulink 环境下建立的需求车速计算仿真模型。

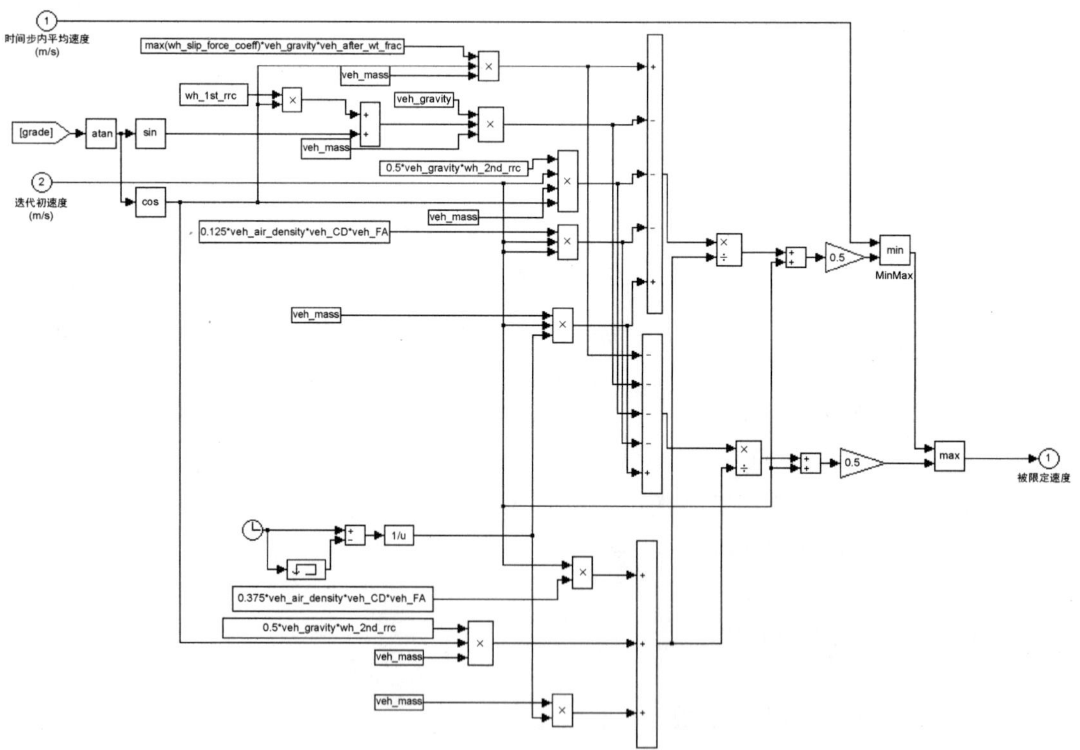

图 9-46 MATLAB 软件 Simulink 环境下建立的需求车速计算仿真模型

汽车牵引力控制模块第二部分的作用是计算汽车的限制驱动力，即需求牵引力不能超过轮胎提供的最大牵引力。将作用在汽车上的力对前轮与路面的接触面中心点取力矩，得到后轴载荷：

$$W_2 = mg\cos\alpha \frac{c}{L} + \left(mg\sin\alpha + m\frac{\mathrm{d}v}{\mathrm{d}t} + F_{\mathrm{W}} \right)\frac{h_{\mathrm{g}}}{L} \tag{9-44}$$

将式（9-44）代入式（9-36）中，得到后轴载荷后计算出路面最大附着条件下的驱动力，将其与需求驱动力进行比较，保证需求驱动力不超过最大附着条件下的最大牵引力。图 9-47 为 MATLAB 软件 Simulink 环境下建立的需求驱动力计算仿真模型，图 9-48 为 MATLAB 软件 Simulink 环境下建立的嵌入驱动力控制模块后的仿真模型。

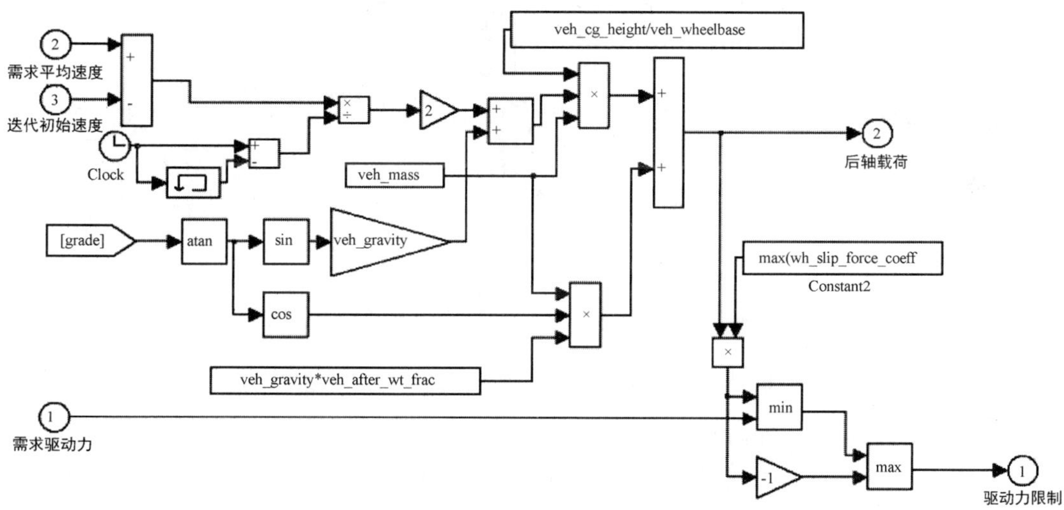

图 9-47　MATLAB 软件 Simulink 环境下建立的需求驱动力计算仿真模型

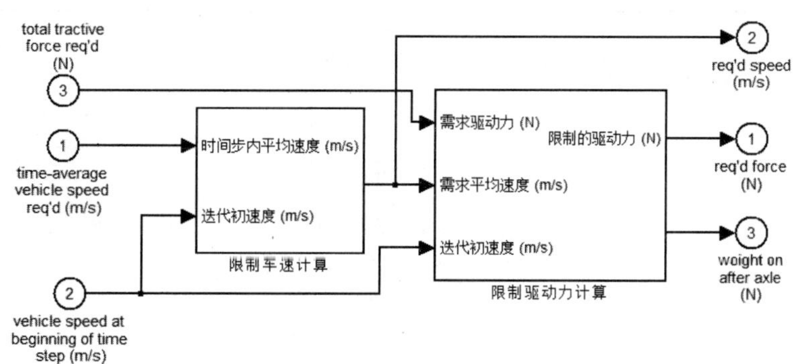

图 9-48　MATLAB 软件 Simulink 环境下建立的嵌入驱动力控制模块后的仿真模型

将建好的后轴驱动模型嵌入 ADVISOR 驱动力控制模块中，建立一个新的控制策略模块：〈vc〉后轮驱动，并嵌入模块库中，从模块库中调取模块，建立一个新的整车仿真顶层模型 BD_CONV_HB6732，将车型保存为 CONV_HB6732_FINA_in，方便以后使用及优化。ADVISOR 软件建立的 HB6732 型客车后轮驱动顶层模块仿真模型如图 9-49 所示。选择建立的整车模型，将仿真客车的整车参数、发动机参数、变速器参数等以全局变量形式嵌入整车仿真模型中。在仿真参数设定中，选择 CYC_UDDS 工况为循环工况，并建立 50km/h、60km/h、70km/h 等速工况[28]，设置相应的加速性能及爬坡性能测试参数，运行程序进行仿真。仿真结果如表 9-16 及图 9-50～图 9-52 所示。根据表 9-16 仿真值与实验结果的比较，其误差均小于 7%，这表明所建立的 HB6732 型客车模型及开发的后驱模块是有效可行的。

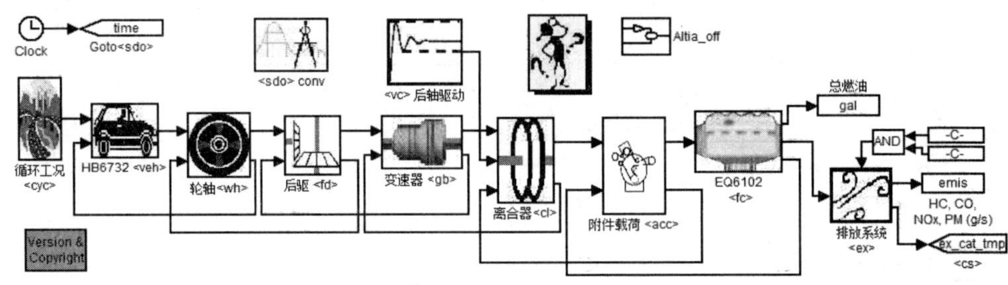

图 9-49　ADVISOR 软件建立的 HB6732 型客车后轮驱动顶层模块仿真模型

表 9-16　HB6732 轻型客车性能仿真结果与实验结果比较

项目	最高车速/（km/h）	0～80km/h 加速时间/s	最大爬坡度/%	50 km/h 等速油耗/（L/100km）	60 km/h 等速油耗/（L/100km）	70 km/h 等速油耗/（L/100km）
实验数据	98	42.5	27.5	12.30	14.40	16.80
仿真值	104.7	41	26.2	12.05	13.90	15.80
误差/%	6.8	3.5	4.7	2.8	3.5	6

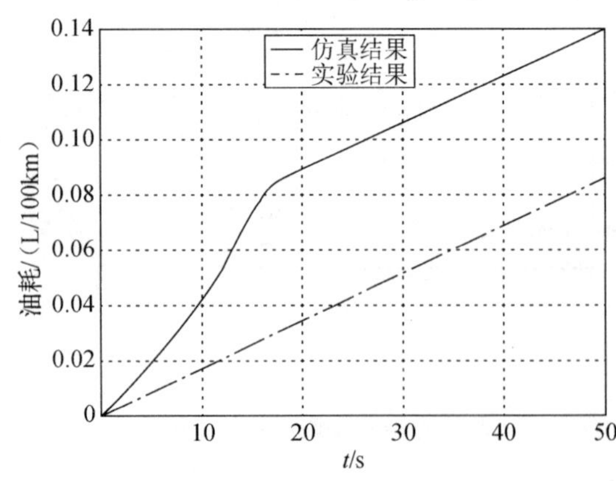

图 9-50　50km/h 等速油耗图

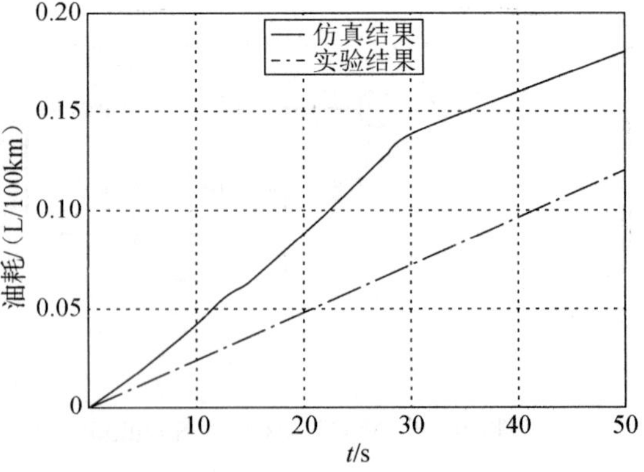

图 9-51　60km/h 等速油耗图

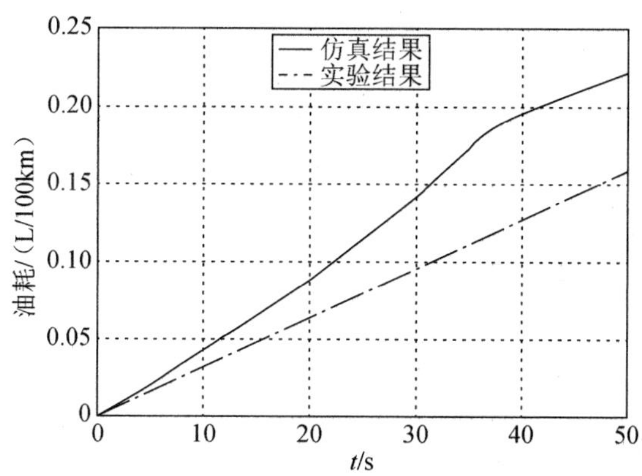

图 9-52　70 km/h 等速油耗图

本节以 HB6732 型客车为原型，进行了混合动力客车的动力系统参数匹配，根据其原客车参数及设计参数，建立混合动力客车发动机、驱动电动机、变速器、主减速器、车轮及车轴模型，并开发后轮驱动模块，将仿真值与原客车实验值进行比较，表明所建立的 HB6732 的汽车模型及开发的后驱模块是可行的[29]。

9.5　复合电源匹配及建模

ADVISOR（高级车辆仿真器）软件是由 NREL 基于 MATLAB/Simulink 开发的整车仿真软件，其内部模型没有蓄电池-超级电容复合电源模块，需要基于 MATLAB/Simulink 对蓄电池、超级电容、DC-DC 转换器和复合电源能量分配控制策略进行匹配及建模。

9.5.1　复合电源结构分析

复合电源系统中蓄电池和超级电容的连接形式为并联结构。蓄电池为主电源，超级电容作为辅助电源。利用超级电容比功率、循环寿命长等优点，在混合动力汽车起步、爬坡、加速、制动等大电流工况下工作，起到“削峰填谷”的作用，进而保护蓄电池。

由于蓄电池和超级电容的工作特性不同，它们之间需要连接双向 DC-DC 转换器来控制其间的能量分配。目前，复合电源根据布置形式、控制策略的不同，可以分为三种形式，如图 9-53 所示。

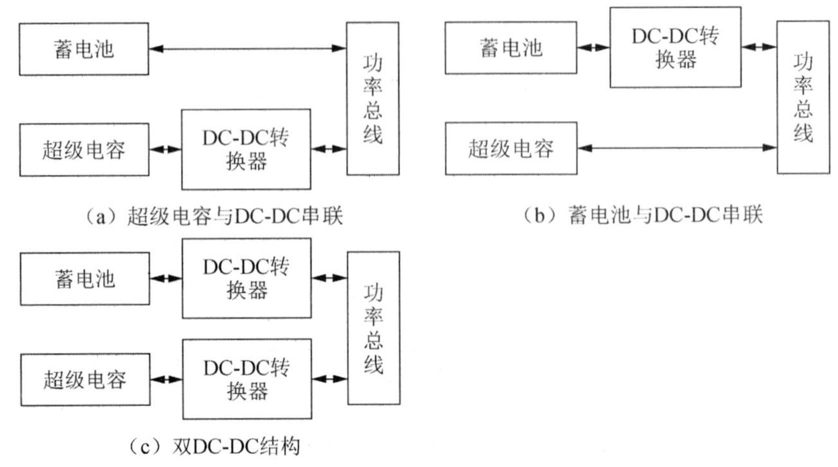

（a）超级电容与DC-DC串联　（b）蓄电池与DC-DC串联　（c）双DC-DC结构

图 9-53　复合电源结构形式简图

图 9-53（a）所示采用蓄电池和超级电容并联，超级电容与 DC-DC 转换器串联布置形式。这种结构的蓄电池直接对电机输出功率，输出效率高。超级电容通过 DC-DC 转换器检测蓄电池电压，并调节自身端电压与蓄电池进行匹配，这种结构比图 9-53（c）所示布置形式相对简单，而且蓄电池电压变化比较平缓，容易控制，又能起到保护蓄电池的作用。图 9-53（b）所示采用蓄电池和超级电容并联，蓄电池与 DC-DC 转换器串联布置形式。这种结构超级电容转换效率高，对瞬时大功率反馈快速，同时能改善蓄电池的输出特性，但是对超级电容的瞬时大电流控制比较困难。图 9-53（c）所示的布置形式，同时具有图 9-53（a）、（b）的优点，但是其结构复杂，控制系统难度高，成本较高。

本节选择铅酸蓄电池作为主要能源，其电压变化范围较小，电压下降较慢，因此不用 DC-DC 转换器进行调节。而超级电容的输出特性变化比较快，其比能量低，输出电压下降很快，输出特性需要 DC-DC 转换器进行调节。综上所述，选择图 9-53（a）所示的布置形式作为复合电源设计方案。

9.5.2　复合电源需求功率分析

复合电源功率需求为：蓄电池提供平均需求功率，超级电容提供峰值功率。本节根据《重型混合动力电动汽车能量消耗量试验方法》（GB/T 19754—2015）中的中国典型城市公交循环数据，建立中国重型混合动力汽车城市（CHINAURBAN）循环工况，如图 9-54 所示。其循环时间为 1 307s，最高车速为 60km/h，车辆行驶距离为 5.9km。根据建立的循环工况，利用 ADVISOR 计算出复合电源需求功率，如图 9-55 所示。

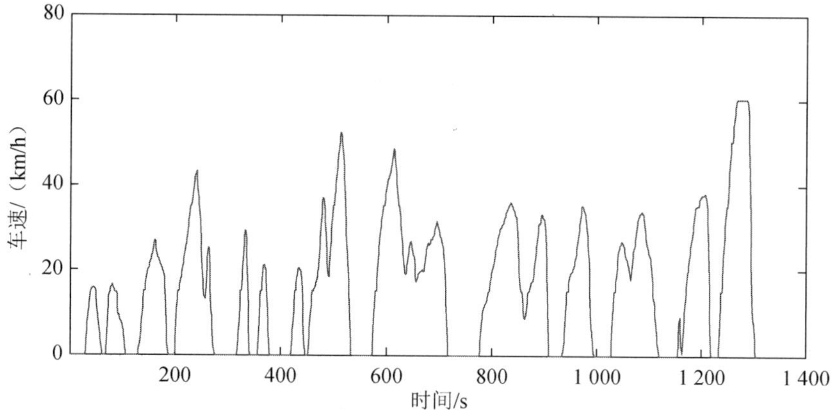

图 9-54　中国重型混合动力汽车城市（CHINAURBAN）循环工况

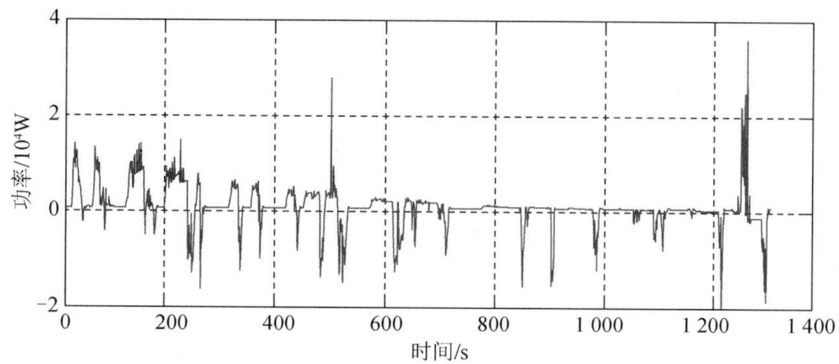

图 9-55　中国重型混合动力汽车城市循环工况复合电源需求功率

利用 8 个欧洲城市的工况建立 ECE8 循环工况，如图 9-56 所示，其循环时间为 1 569s，最高行驶车速为 50km/h，车辆行驶距离为 8km。根据循环工况要求，利用 ADVISOR 计算出的该循环工况下的复合电源需求功率如图 9-57 所示。

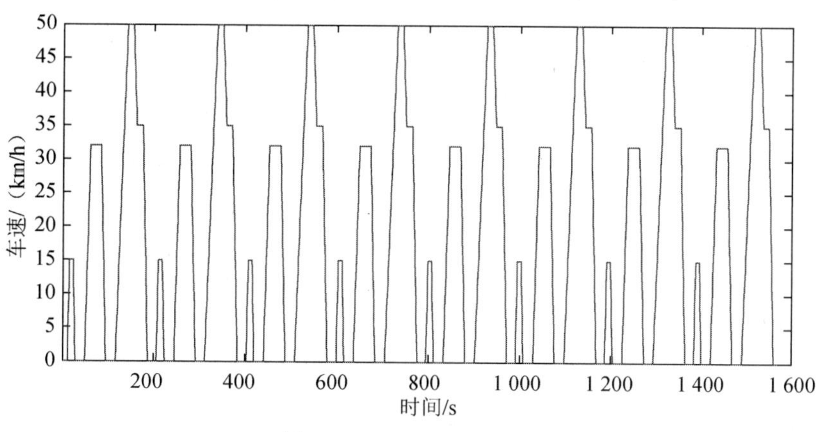

图 9-56　ECE8 循环工况

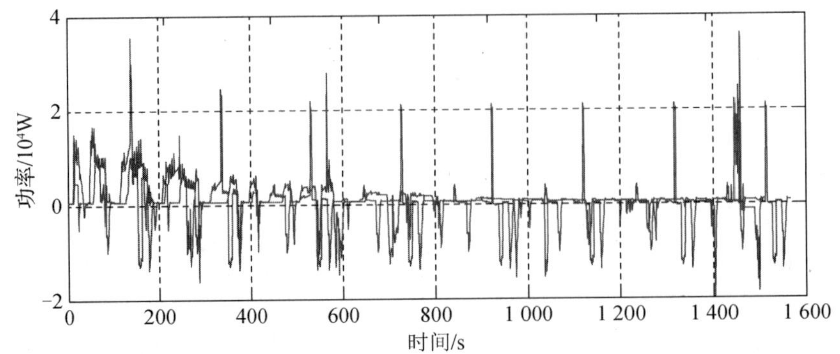

图 9-57　ECE8 循环工况复合电源需求功率

图 9-58 所示为复合电源需求能量计算程序框图，根据两种工况的需求功率，先判断功率的正负，之后对其进行积分，即可得到该循环工况下总的正（负）需求能量，并计算出该工况下的正（负）平均需求功率，得到的结果如表 9-17 所示。从表中的仿真数据可以看出，复合电源的平均需求正功率取 10kW，平均需求负功率取−10kW。

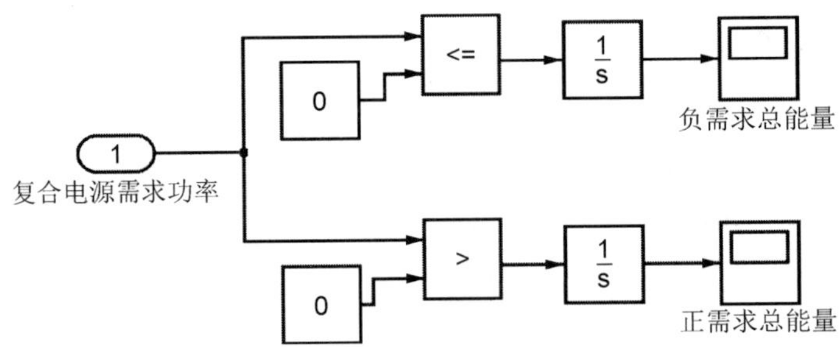

图 9-58　复合电源需求能量计算程序框图

表 9-17　两种工况对复合电源需求功率

工况	正功率需求				负功率需求			
	总需求能量/J	峰值需求功率/W	循环时间/s	平均需求功率/W	总需求能量/J	峰值需求功率/W	循环时间/s	平均需求功率/W
CHINAURBAN	1.088×10^7	3.595×10^4	1 089	9.991×10^3	-2.160×10^6	-1.997×10^4	218	-9.908×10^3
ECE8	1.277×10^7	3.549×10^4	1 278	9.992×10^3	-2.900×10^6	-1.373×10^4	291	-9.966×10^3

9.5.3　铅酸蓄电池参数匹配

确定复合电源结构形式后，需要根据功率需求对蓄电池进行动力参数匹配计算，并建立蓄电池模型。

蓄电池作为混合动力汽车的第二动力源，是混合动力汽车的核心部件之一。其选择不仅要考虑满足提供电功率的需要，还要考虑满足车辆的续驶里程[30]。其设计参数可由下式进行计算

$$W_{ess} \geqslant W_{road} \tag{9-45}$$

$$W_{ess} = nC_{be}U / 1\,000 \tag{9-46}$$

$$W_{road} = P_{ess} \times t = \left(\frac{mgf}{3\,600} \cdot v_{ele} + \frac{C_D A \cdot v^3{}_{ele}}{76\,140} \right) \times \frac{S}{v_{ele}} \tag{9-47}$$

式中，W_{ess}——电池实际释放的能量（J）；

W_{road}——汽车行驶过程中所需能量（J）；

P_{ess}——纯电动行驶功率（kW）；

t——续驶时间（s）；

n——电池数量；

C_{be}——单节电池的容量（A • h）；

U——单节电池的输出电压（V）；

S——电池的续驶里程（km）；

v_{ele}——纯电动行驶车速（km/h）。

根据计算结果，依据电动车高压直流电压等级选择 144 V 电压，取 20 %的后备能量，可以得到蓄电池的容量 C_{be} 应大于 91 A • h，即

$$C_{be} > 91\ \text{A} \cdot \text{h} \tag{9-48}$$

复合电源系统中，由蓄电池提供平均功率，超级电容提供峰值功率[31]，因此蓄电池提供的功率应大于电源平均需求功率，即

$$P_{batmax} > P_{aroad}\eta \tag{9-49}$$

式中，P_{batmax}——蓄电池最大功率（kW）；

P_{aroad}——复合电源平均需求功率（kW）；

η——传递效率，取 0.9。

蓄电池提供的最大功率为

$$P_{batmax} = kC_{bp}U_b \tag{9-50}$$

式中，k——蓄电池最大放电倍率；

C_{bp}——蓄电池容量（A • h）；

U_b——蓄电池电压（V）。

当蓄电池频繁工作在大倍率电流工况下的时候，其内阻增大，致使内阻损耗功率变大。这样不仅会降低能量转换效率，而且会使蓄电池的使用寿命大大降低。一般蓄电池在放电倍率为 3C 时，其工作效率最高。超级电容的引入，使蓄电池的最大放电倍率需求降低。本节选择蓄电池的最大放电倍率为 2C。可以得到：

$$C_{bp} > 42\text{A} \cdot \text{h} \tag{9-51}$$

蓄电池的容量 C 为

$$C = \max(C_{be}, C_{bp}) \tag{9-52}$$

根据计算结果和表 9-15 选择电压等级为 144V 电压，取 20%的后备能量，可以得到

蓄电池容量应大于 91A·h，综合考虑选择单节电压为 12V，容量为 120A·h 的电池 12 个。表 9-18 为所选蓄电池参数。

表 9-18　蓄电池参数

型号	电压/V	容量/（A·h）	价格/元	尺寸（长×宽×高）
6-EVFJ-120	12	120	850	406mm×171mm×240mm

9.5.4 铅酸蓄电池建模

蓄电池是为混合动力汽车提供第二动力源的核心部件。其充放电过程是与工作电压、温度、工作电流、工作时间、电解液密度等有关的复杂的电化学过程，需要用各个参数相关的非线性函数来描述蓄电池。建模过程中，需要综合考虑相关因素对蓄电池仿真结果的影响。

目前，在混合动力汽车应用的蓄电池模型主要有内阻（Rint）模型、阻容（R-C）模型、神经网络模型和基于铅酸蓄电池的理论（Fundamental Lead Acid Model）模型等。R-C 模型充分考虑了蓄电池瞬时工作过程，但是其建模过程比较复杂；Fundamental Lead Acid Model 虽然是由铅酸蓄电池的理论模型建立的，但是由于其数学模型采用了大量近似模型，其准确性较低；神经网络模型需要大量较多的参数识别及实验积累；而 Rint 模型不仅在其模型结构上比较容易理解，而且还具有较高的精度，因此最终选择 Rint 模型作为本节的仿真模型。

Rint 蓄电池模型将其储存的电荷量看作“蓄水池”，其模型就是各个参数与 SOC 值有关的等效电路。该模型将蓄电池等效为一个理想开路电压和内阻串联的模型。其建模主要考虑开路电压和内阻计算、电流计算、功率限制、SOC 计算、热计算五个模块。

（1）开路电压和内阻计算模块

蓄电池组的建模方法是将蓄电池看作由理想开路电压和内阻串联的等效电路。开路电压和内阻都是蓄电池 SOC 的分段线性函数，同时蓄电池在充放电时，内阻计算方法不一样[32]。这个模块主要是利用当前 SOC 和需求功率来计算等效电路的开路电压和内阻。其仿真模型如图 9-59 所示。该模块的建立分为以下几个步骤，根据当前 SOC 值和温度，通过查表法计算单个蓄电池的开路电压。

根据需求功率的正负来判断内阻的计算方法，其正负代表蓄电池的充放电模式。

计算蓄电池组的开路电压和内阻。内阻的计算公式为

$$\begin{aligned}\text{ess\_res\_scale\_fun} &= \text{inline}((x(1)\times \text{ess\_module\_mun} + x(2)) \\ &\quad \div x(3)\times \text{ess\_cap\_scale} + x(4))\end{aligned} \tag{9-53}$$

式中，ess_res_scale_fun——函数比例因子；

ess_module_num——蓄电池的数量；

ess_cap_scale——电池组的最大安时容量因子。

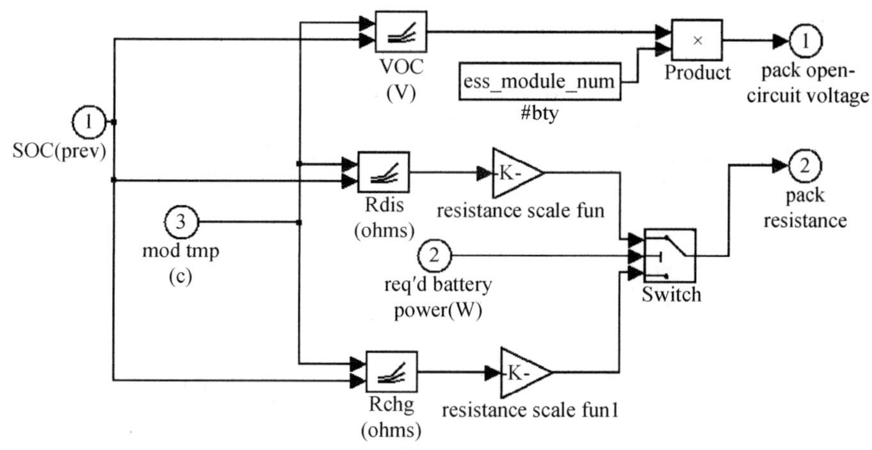

图 9-59　蓄电池开路电压和内阻计算模块仿真模型

（2）电流计算模块

1）图 9-60 所示为 Rint 模型等效电路[33]。根据基尔霍夫定律 $V = V_{OC} - RI$ ，功率定义式 $P=V\times I$，可得

$$P = (V_{OC} \times I) - I^2 R_{int} \tag{9-54}$$

式中，P——输出功率（kW）；

I——输出电流（A）；

V——端电压（V）；

V_{OC}——总电动势（V）；

R_{int}——内阻（Ω）。

因为相同功率下，电路电流较大会导致电压较小，所以舍去较大解。同时，忽略功率总线端电压小于终端电压 $V_{OC}/2$ 的解。限制充电电压，使其不能超过最高电压。最大充电电流由 $I=（V_{OC}-V_{max}）/R_{int}$ 得到。

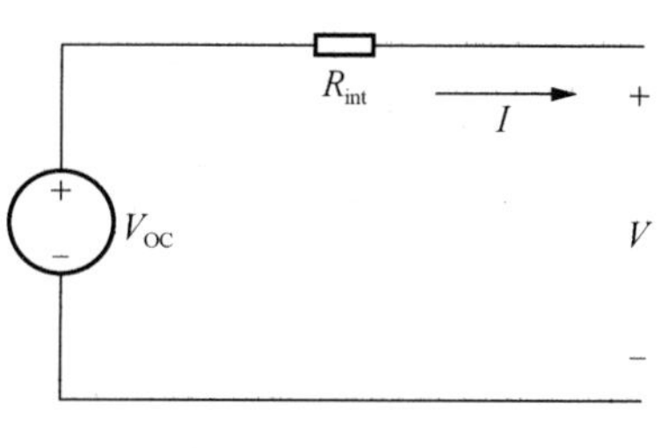

图 9-60　等效电路

2）由 $V=V_{OC}-RI$ 得到终端电压。通过开路电压、内阻和实际功率的二次方程式可以计算得到等效电路的参数。该模块利用基尔霍夫电压定律和电功率的二次方程式计算电路电流。其仿真模型如图 9-61 所示。

（3）功率限制模块

蓄电池可传递功率必须在允许范围内。通过该模块来限制其输出功率范围，主要通过 SOC 值、点击最小允许电流、开路电压、电流来限制功率输出。

当输出需求功率为正且蓄电池 SOC 较低时，限定蓄电池需求功率为 0；当输出需求功率为负且蓄电池处于满电荷状态时，限定蓄电池功率需求为 0。

在工作电压应高于蓄电池最低电压和电机最低工作电压条件下，当蓄电池工作电压为开路电压一半时，输出功率最大。

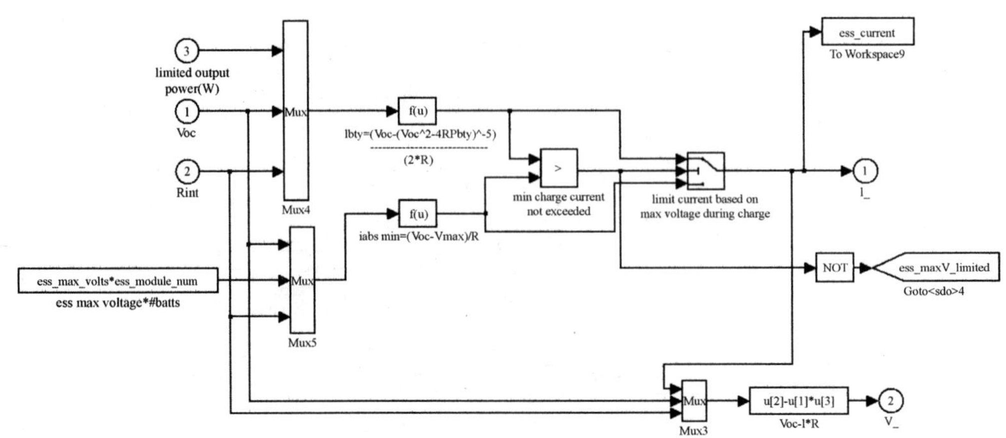

图 9-61　电流计算模块仿真模型

根据式（9-54）得到最大功率限制为

$$P = V_{\text{bus}} \frac{V_{\text{OC}} - V_{\text{bus}}}{R} \tag{9-55}$$

式中，P——最大功率限制（kW）；

V_{bus}——$V_{\text{OC}}/2$、电机最低电压和蓄电池最低电压的最大值（V）；

R——电阻（Ω）。

功率限制模块仿真模型如图 9-62 所示。

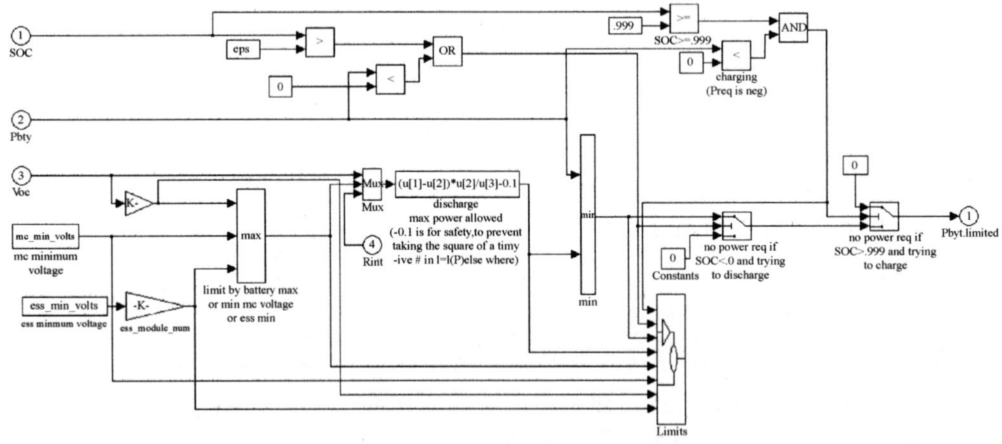

图 9-62　功率限制模块仿真模型

（4）SOC 计算模块

蓄电池的 SOC 值是通过蓄电池的电流得到的。其建模过程如下：通过平均库伦效率估算充电电流与放电电流的积分，确定蓄电池的有效电量。蓄电池的 SOC 初始值不为 0，并且为（1）开路电压和内阻计算模块中的初始值，即

$$\text{AH\_used\_init} = (1 - \text{ess\_init\_soc}) \times \text{max\_cap} \tag{9-56}$$

式中，AH_used_init——已消耗的电池容量初始值（A·h）；

ess_init_soc——蓄电池初始 SOC；

max_cap——电池的最大容量（A·h）。

计算 SOC 值的公式为

$$SOC = \frac{max\_cap - AH\_used}{max\_cap} \tag{9-57}$$

建立的 SOC 值估算模块如图 9-63 所示。

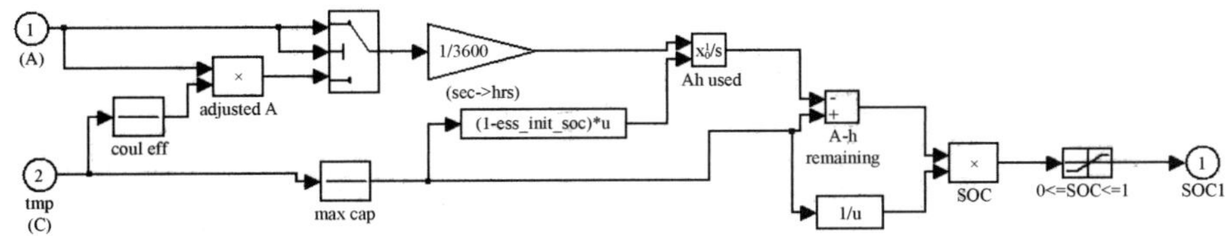

图 9-63　蓄电池 SOC 值估算模块仿真模型

（5）蓄电池热模块

利用该模块计算蓄电池的温度，由此来确定蓄电池的各个性能参数。利用单节点集参数热模型建立蓄电池的热模块。在行驶过程中，热模块可以估算出蓄电池内、外部的工作温度。冷却方法为平行空气流冷却法，其仿真模型如图 9-64 所示。

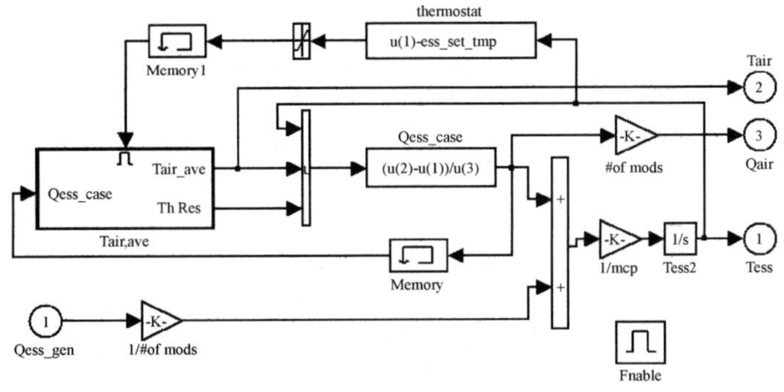

图 9-64　蓄电池热模块仿真模型

9.5.5　超级电容参数匹配

复合电源系统中的超级电容具有大比功率的优势，要提供电源系统的峰值需求功率，也就是说，其参数匹配需求为提供瞬时大功率，即在车辆启停、急加（减）速等工况下，提供瞬时大功率或吸收瞬时大功率。

根据 DC-DC 转换器的特性分析，得到当蓄电池和超级电容的电压比接近 1 时，其工作效率最高。蓄电池组的电压为 144V，超级电容标准单体电压为 2.5V，因此超级电容的串联个数 n_{uc}=144/2.5=57.6 个。又因为超级电容的电压不能大于蓄电池的电压，所以取 n_{uc}=56，超级电容的电压 U_{uc}=56×2.5=140 V。

超级电容充放电允许电压和其放电持续时间决定了超级电容的容量。

根据循环工况对复合电源功率需求，超级电容的峰值功率应满足条件：$P_{ucmax} \geqslant 36\text{kW}$，由于超级电容的成本随其功率增加而增加，因此确定其峰值功率为36kW。

根据文献[34]，超级电容应满足车辆 10s 的助力要求，可得到超级电容的单节容量应该满足以下条件：

$$E_{uc} = \frac{1}{2} n_{uc} C_{uc} (V_{ucmax}^2 - V_{ucmin}^2) / 100 > tP_{ucmax} \tag{9-58}$$

式中，V_{ucmax}——超级电容单体最大电压（V）；

V_{ucmin}——单体最小电压（V）；

P_{ucmax}——峰值功率（kW）；

n_{uc}——超级电容个数；

C_{uc}——超级电容容量（F）；

t——助力时间（s）。

为了让超级电容保持较高的能量转换效率，超级电容的最小单体电压一般取最大电压的 0.5 倍，即 1.25V，也就是说单节超级电容的电压范围为 1.25～2.5V，由式（9-58）可以得到 C_{uc}>2 750F。因此，选择超级电容的单体容量为 3 000F，其参数如表 9-19 所示。

表 9-19　超级电容参数

厂家	最大电压/V	最小电压/V	容量/F	电流范围/A	价格/元
Maxwell	2.5	1.25	3 000	-225～225	350

9.5.6　超级电容建模

超级电容的模型结构相比普通电容复杂很多，其建模涉及其内阻特性、容量特性、漏电电流、放置时间、循环寿命等。目前其等效模型主要有 RC 模型和三支路模型。三支路模型需要复杂的实验参数支持，本节采用 RC 模型作为等效模型。超级电容等效电路图如图 9-65 所示，其结构主要由一个电容 C、串联内阻 R_1、并联电阻 R_2 组成。串联内阻 R_1 用来计算超级电容的能量损失，并联电阻 R_2 用来等效漏电电流[35]。

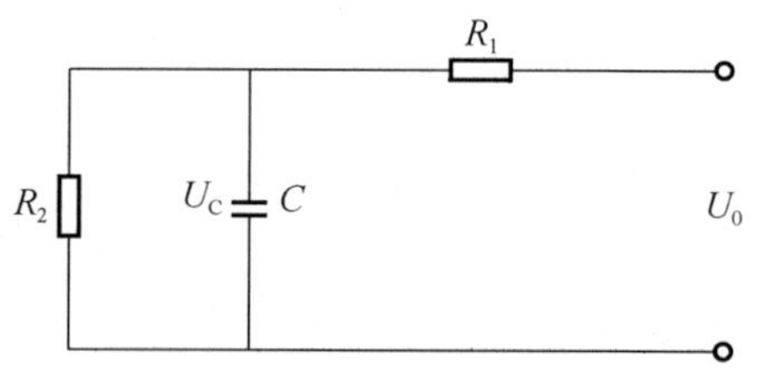

图 9-65　超级电容等效电路图

超级电容放电的瞬时电压为

$$V(t) = V_0 \exp\left(-\frac{t}{\tau}\right) \tag{9-59}$$

式中，V_0——初始电压（V）；

τ——与 C、R_1 和外部负载有关的时间常数。

电量 Q 表示为

$$Q = VC \tag{9-60}$$

$$Q = Q_0 - \int_0^t i\mathrm{d}t \tag{9-61}$$

式中，i——放电电流（A）。

端电压和放电电流之间的关系为

$$V_2 = V - iR_1 \tag{9-62}$$

输出功率得到的电流为

$$i = \frac{P_2}{V_2} \tag{9-63}$$

将式（9-63）代入（9-62），可得

$$V_2^2 = \frac{Q}{C}V_2 - P_2R_1 \tag{9-64}$$

由此得到端电压公式为

$$V_2 = \frac{1}{2}\frac{Q}{C} + \sqrt{\frac{1}{4}\left(\frac{Q}{C}\right)^2 - P_2R_1} \tag{9-65}$$

其 SOC 取决于超级电容的输出电压，由其特性可知储存电量与电压近似成线性关系，所以其 SOC 可表示为

$$\mathrm{SOC} = \frac{Q_r}{Q_t} = \frac{C(V - V_{\min})}{C(V_{\max} - V_{\min})} = \frac{V - V_{\min}}{V_{\max} - V_{\min}} \tag{9-66}$$

式中，Q_r——剩余容量（A • h）；

Q_t——总容量（A • h）；

V——工作实际电压（V）；

$V_{\min}$——电容最小电压（V）；

$V_{\max}$——电容最大电压（V）。

文献[36]做了超级电容效率分析和充、放电 Peukert 测试和恒功率充、放电 Ragone 测试，得到超级电容的总体效率。

Peukert 测试的超级电容总体效率为

$$\eta=\frac{E_{\rm dis}}{E_{\rm chg}}=\frac{\int_0^{Q_0/i}\left(\frac{Q_0-it}{C}-iR_1\right)\mathrm{d}t}{\int_0^{Q_0/i}\left(\frac{it}{C}-iR_1\right)\mathrm{d}t}=\frac{Q_0-2CR_1i}{Q_0+2CR_1i} \tag{9-67}$$

式中，$E_{\rm dis}$——超级电容传递总能量（J）；

$E_{\rm chg}$——总能量（J）。

超级电容的局部效率用功率比 $\eta_{\rm B}(t)$ 表示为

$$\eta_{\rm B}(t)=\frac{P_{\rm dis}(t)}{P_{\rm chg}(t)}=\frac{V(t)-R_1(t)i(t)}{V(t)+R_1(t)i(t)} \tag{9-68}$$

超级电容仿真模型如图 9-66 所示。

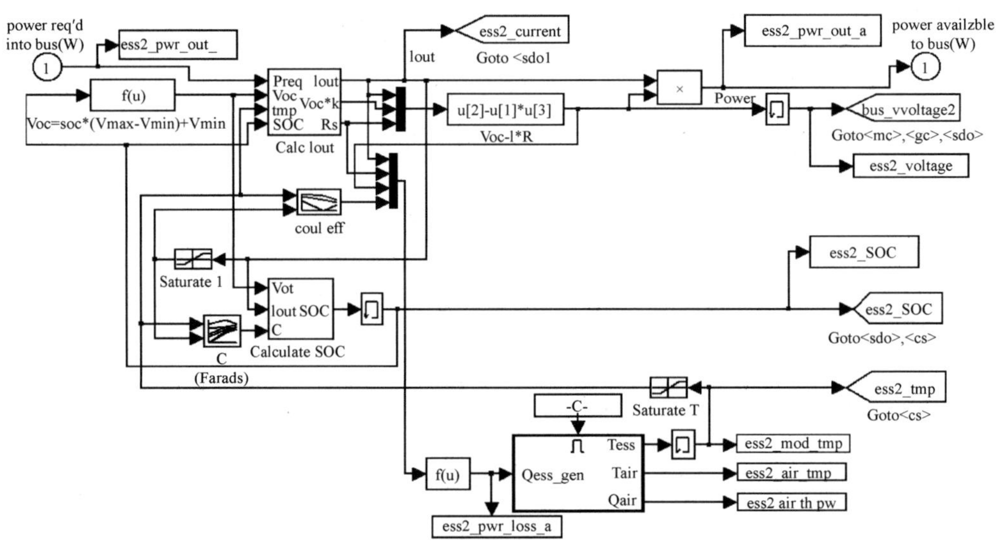

图 9-66　超级电容仿真模型

9.5.7　DC-DC 转换器建模

ADVISOR 2002 软件中没有 DC-DC 转化器模块，需要基于 MATLAB/Simulink 建立其仿真模型。根据仿真要求，只需要建立 DC-DC 传递功率的数学模型。按照功率守恒原则搭建其数学模型，即输出功率等于输入功率与 DC-DC 传递效率的乘积。建模时，利用 Simulink 中的二次插值函数建立 DC-DC 转换器模型。表 9-20 所示为 DC-DC 传递效率二次插值查询表，图 9-67 所示为 Look-Up Table（2-D）参数设置界面，图 9-68 所示为建立的 DC-DC 转换器仿真模型。

表 9-20　DC-DC 传递效率二次插值查询表

传递效率/kW	端电压比值				
	0	0.4	0.6	0.8	1
0	0.8	0.8	0.8	0.8	0.8
20	0.946	0.953	0.966	0.972	0.977
40	0.94	0.95	0.958	0.966	0.97
60	0.936	0.945	0.951	0.961	0.962
80	0.935	0.945	0.95	0.96	0.961

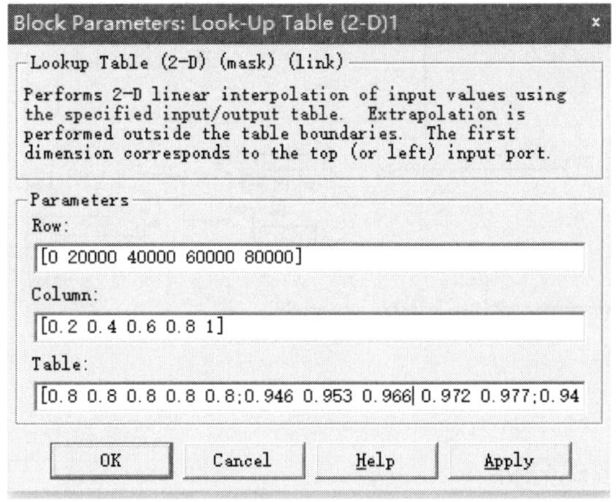

图 9-67　Look-Up Table（2-D）参数设置界面

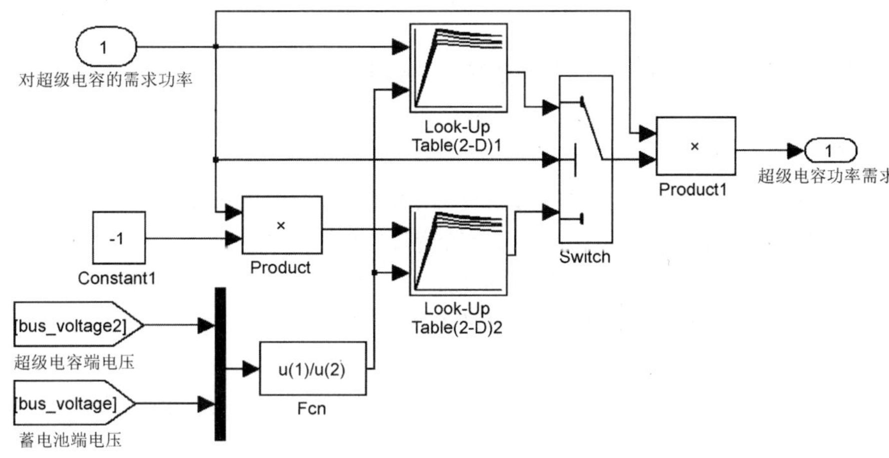

图 9-68　DC-DC 转换器仿真模型

9.5.8 功率总线模型

功率总线模块衔接整车动力系统和复合电源系统，其作用是通过电机需求功率、电源系统有效功率、需求输出功率来协调电机、电源系统、发电机之间的功率输出、输入关系。功率总线仿真模型如图 9-69 所示。

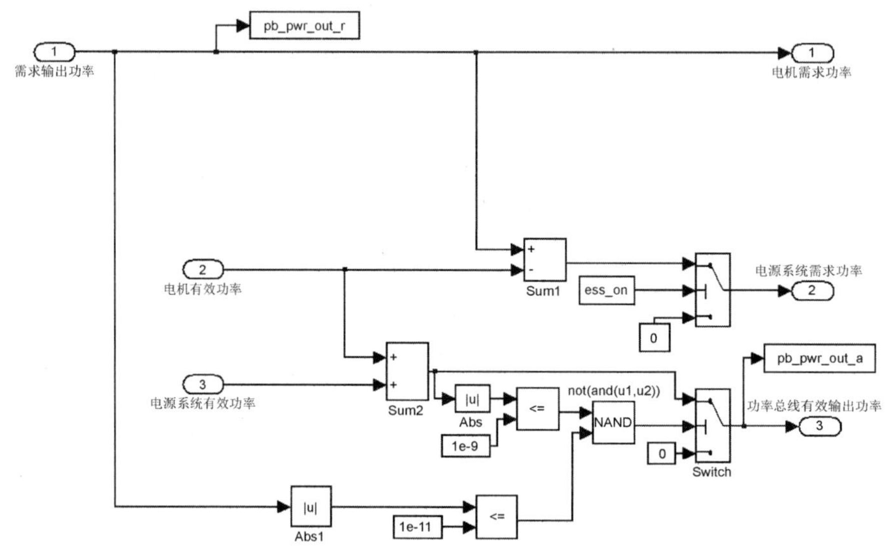

图 9-69 功率总线仿真模型

9.5.9 复合电源工作模式分析

复合电源由超级电容和蓄电池组成，利用超级电容大功率密度和蓄电池大能量密度的特点，以其寿命最优为控制目标，制定不同的工作模式。本节制定的工作模式如下。

1）蓄电池单独工作模式。在此模式下，车辆行驶在功率要求比较小的匀速或加速工况，这种工况对功率需求较小，能量需求较大，可发挥蓄电池大功率密度的特性，因此蓄电池单独驱动。

2）蓄电池和超级电容共同工作模式。在此模式下，一种情况是：车辆处于急加速、爬大坡、重载工况下，蓄电池的最大功率不能满足功率要求，超级电容不能满足驱动能量要求，需要根据蓄电池和超级电容的 SOC 为控制目标共同驱动车辆运行。另一种情况是：当超级电容单独驱动车辆并且其能量不足以满足能量需求时，也需要蓄电池介入共同驱动。

3）超级电容单独工作模式。在车辆处于轻载、短时间加速、爬缓坡等对电源系统功率要求比较高的工况下，该工况电源系统短时间功率要求大，能量要求小，为了避免大电流对蓄电池的伤害，充分发挥超级电容大功率密度的特点，采用超级电容单独工作模式。

4）制动再生工作模式。在车辆处于减速、下坡工况时，处于再生制动工况，电机给电源系统充电，根据 SOC 的状态分配超级电容和蓄电池的电量，并优先给超级电容充电，避免充电大电流对蓄电池的伤害。

9.5.10　逻辑门限控制策略

根据 9.5.9 对复合电源系统工作状态的分析，本节选择总需求功率 P_r 和超级电容荷电状态 SOC_u 作为门限值来制定控制策略。利用平均正需求功率 P_{av+}，通过平均负需求功率 P_{av-}，作为总需求功率 P_r 的门限阈值。分别利用 0.2、0.9 作为 SOC_u 上下门限阈值。

（1）放电工况下能量分配策略

复合电源处于放电状态时，$P_r>0$，其控制策略包括以下三种情况。

1）$P_r>0$ 且 $P_r\leqslant P_{av+}$ 时，车辆处于低负荷工况，需求功率较小，不需要超级电容提供功率，因此 $P_b=P_r$，$P_u=0$。

2）$P_r>0$ 且 $P_r>P_{av+}$，当 $SOC_u>\min\{SOC_u\}=0.2$ 时，车辆处于较高负荷工况，由蓄电池和超级电容共同提供功率。为了避免瞬时大电流对电池的伤害，保证蓄电池放电稳定性，一般采用低通滤波法限制蓄电池电流，可用下式表示：

$$f(s)=\frac{1}{1+\tau\cdot s} \tag{9-69}$$

式中，τ——时间常数，取 $\tau=10$。因此，$P_b=P_r\times f(s)$，$P_u=P_r-P_b$。

3）$P_r>0$ 且 $P_r>P_{av+}$，当 $SOC_u\leqslant\min\{SOC_u\}=0.2$ 时，超级电容不足以提供功率，蓄电池单独工作，即 $P_b=P_r$，$P_u=0$。

（2）充电工况下能量分配策略

复合电源处于放电状态时，$P_r\leqslant 0$，其控制策略包括以下三种情况。

1）$P_r\leqslant 0$ 且 $P_r\leqslant P_{av-}$ 时，车辆处于较大的能量回收情况下，超级电容单独负责大功率能量回收，即 $P_b=0$，$P_u=P_r$。

2）$P_r\leqslant 0$ 且 $P_r>P_{av-}$，$SOC_u\leqslant\max\{SOC_u\}=0.9$ 时，超级电容和蓄电池共同充电，回收能量，即 $P_b=P_r\times f(s)$，$P_u=P_r-P_b$。

3）$P_r\leqslant 0$ 且 $P_r>P_{av-}$，$SOC_u\leqslant\max\{SOC_u\}=0.9$ 时，超级电容电量处于饱和状态，停止工作，蓄电池单独回收能量，即 $P_b=P_r$，$P_u=0$。

根据充放电的规则，制定的控制策略流程图如 9-70 所示，根据流程图建立控制策略仿真模型如图 9-71 所示[37]。

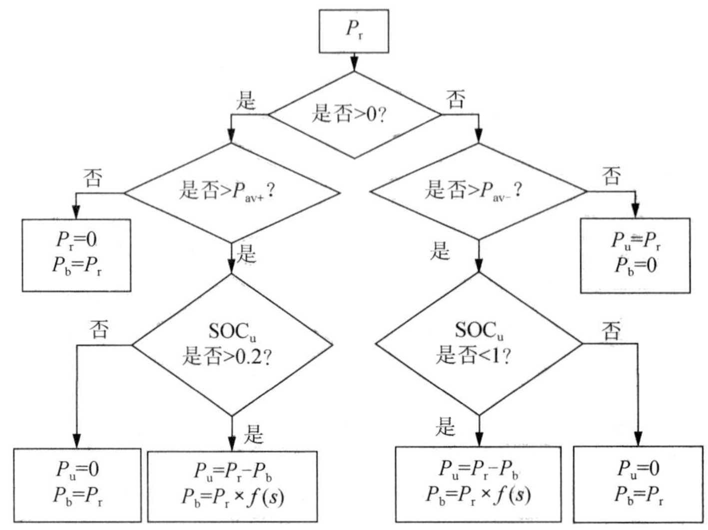

图 9-70　逻辑门限控制策略流程图

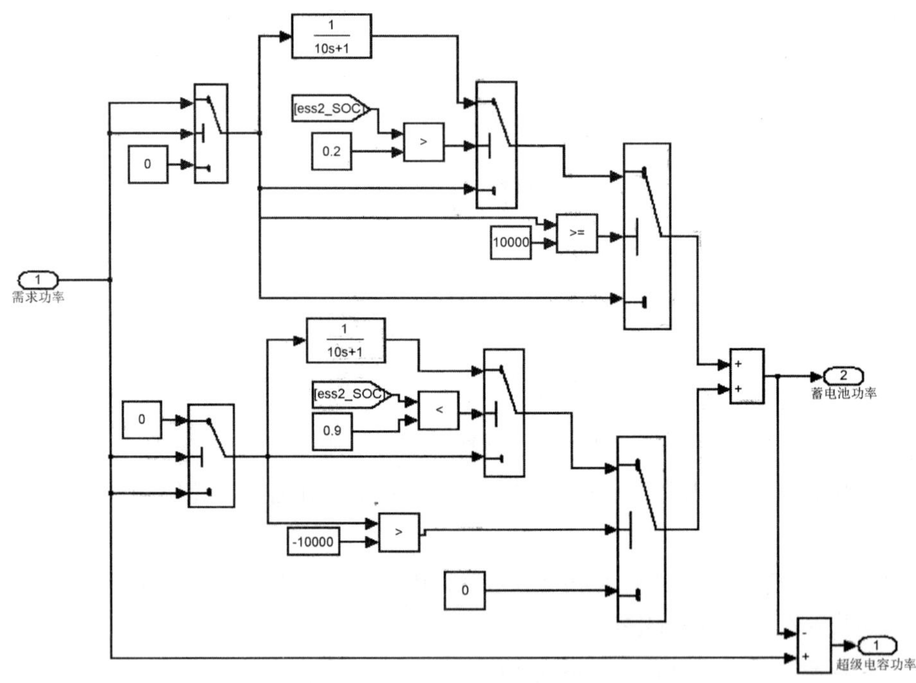

图 9-71　逻辑门限控制策略仿真模型

9.5.11　模糊控制策略

模糊控制系统是以模糊集合化、模糊语言及模糊推理为基础的一种计算机控制系统，它不需要精确的数学模型就可以实现有效地控制。模糊控制系统是一种非线性控制，广泛应用于汽车等没有确定函数关系的系统控制中。图 9-72 所示为模糊控制的基本结构框图，模糊控制器主要由模糊化接口、知识库、模糊推理机、解模糊接口四部分组成。图中，u_t为输入变量，y_t为输出变量，s_t为参考输入，e_t为误差。FC 为模糊控制器，它根据 e_t产生合适的控制作用于 u_t，输出给被控对象。

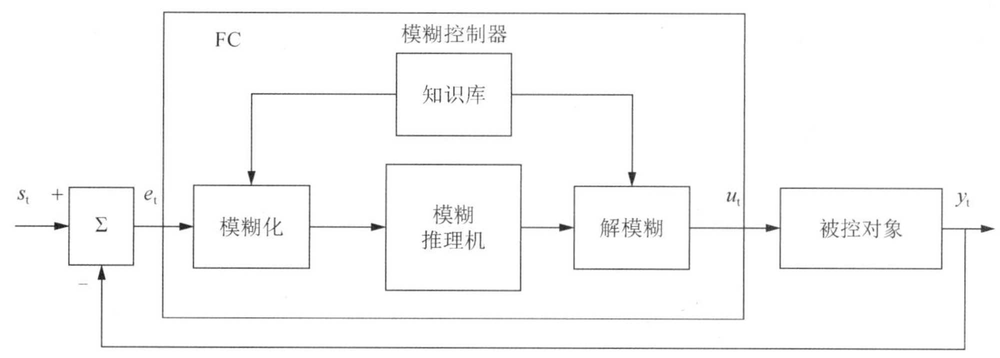

图 9-72　模糊控制的基本结构框图

根据驱动和制动工况的不同，混合动力汽车的复合电源系统具有放电和充电两种工况。由于放电和充电时的功率需求不同，控制的重点也不同。放电状态下，利用超级电容大功率密度的特点，提供瞬时大功率，使蓄电池平稳输出功率，即实现“削峰”的作用；充电状态下，超级电容接收大功率，避免大电流对蓄电池的伤害，即实现“填谷”的作用。因此，应分别制定复合电源系统在充、放电状态下的功率分配策略。

（1）模糊化

1）输入、输出变量确定。模糊控制策略的目的是实现蓄电池和超级电容的功率分配，蓄电池和超级电容的功率与其荷电状态（SOC）有关[38]，因此以需求功率和两者的 SOC 值 SOC_b、SOC_u为输入变量，超级电容的功率分配系数 k_{uc}为输出变量，可以得出：

$$P_u = k_{uc}P_r \tag{9-70}$$

$$P_b = P_r - P_u \tag{9-71}$$

式中，P_r——复合电源总需求功率（W）；

P_u——超级电容功率（W）；

P_b——蓄电池功率（W）。

2）量化因子。为了避免蓄电池和超级电容的过充电和过放电式，需要制定超级电容和蓄电池的 SOC 值工作范围，以及超级电容能量分配因子 kuc 的范围，即设定输入、输出变量的集合论域。根据上文中对复合电源需求功率的分析可知，输出变量的实际论域为：$P_r \in \{0, P_{rmax}=36\,000\text{W}\}$。模糊论域为 $P_r \in \{0,1\}$。因此，其量化因子为

$$k_p=\frac{P_{rmax}-P_{rmin}}{P_{rmax}^*-P_{rmin}^*}=\frac{1-0}{36\ 000-0}=\frac{1}{36\ 000} \tag{9-72}$$

式中，k_p——P_r的量化因子；

P_{rmax}、P_{rmin}——P_r模糊论域的上下限；

P^*_{rmax}、P^*_{rmin}——P_r实际论域的上下限。

其他输入变量的实际论域为：$SOC_b\in\{0,1\}$、$SOC_u\in\{0,1\}$;输出变量的实际论域为：$k_{uc}\in\{0,1\}$。模糊变量的模糊论域分别为：$SOC_b\in\{0,1\}$、$SOC_u\in\{0,1\}$、$k_{uc}\in\{0,1\}$。同理可以得到输出变量蓄电池 SOC 的量化因子 $k_{soc_b}=1$，超级电容 SOC 的量化因子 $k_{soc_u}=1$；输出变量超级电容的分配因子的量化因子 k_k=1。

3）输入量的变换。对于实际的复合电源总需求功率 P_r，采用线性变换将其实际论域变换到模糊论域，变换公式为

$$P_r=P_{rmin}+\frac{P_{rmax}-P_{rmin}}{P_{rmax}^*-P_{rmin}^*}(P^*-P_{rmin}^*)=P_{rmin}+k_p(P^*-P_{rmin}^*)=\frac{1}{36\ 000}P^* \tag{9-73}$$

式中，P^*——实际总需求功率（W）。

同理得到 SOC_b 和 SOC_u 的变换公式为

$$SOC_b=SOC^*_b \tag{9-74}$$

$$SOC_u=SOC^*_u \tag{9-75}$$

各个变量的模糊集合论域如表 9-21 所示。

表 9-21　输入、输出变量模糊集合论域

变量	模糊集合论域
P_r	[0,1]
SOC_b	[0,1]
SOC_u	[0,1]
k_{uc}	[0,1]

（2）知识库

1）变量模糊划分。为了保证运算精度，兼顾灵敏度和稳定性，并且拥有合适的计算量，将变量子集划分如下：放电状态下，P_r={TS（较小）S（小）M（中）B（大）}，SOC_u={L（低）M（中）H（高）}，SOC_b={L（低）M（中）H（高）}，k_{uc}={TS（较小）S（小）M（中）B（大）}；充电状态下，P_r={S（小）M（中）B（大）}，SOC_u={L（低）M（中）H（高）}，SOC_b={TL（较低）L（低）M（中）H（高）}，k_{uc}={TS（较小）S（小）M（中）B（大）}。

2）隶属函数确定。在模糊控制系统中，隶属函数是表征模糊集合的特征函数，取值范围为[0,1]连续区间，其定义了模糊集合论域上的每个元素点映射到 0 和 1 之间的隶属度。常用的隶属函数有三角形、高斯型、梯形三种。三角形隶属函数计算简单，分辨率较高，控制灵敏度较高；高斯型隶属函数输入输出较平缓，具有良好的过渡性，稳定性好，但是分辨率低；梯形隶属函数控制稳定性较好。本文选择高斯型的隶属函数关系，由此得到的放电状态和充电状态隶属函数关系分别如图 9-73 和图 9-74 所示。

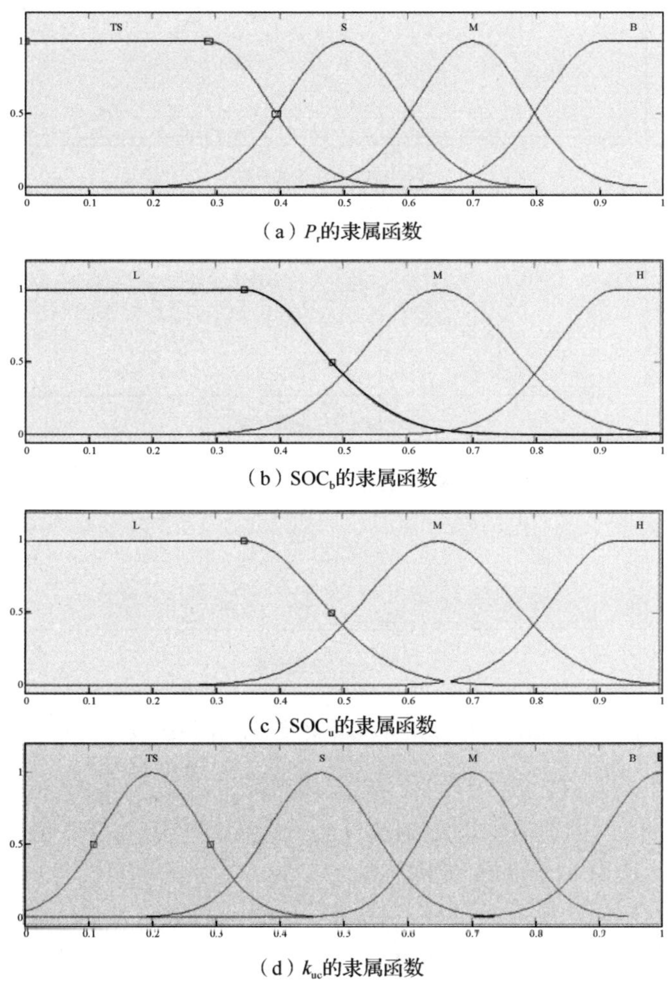

（a）P_r的隶属函数

（b）SOC_b的隶属函数

（c）SOC_u的隶属函数

（d）k_{uc}的隶属函数

图 9-73　放电状态下各变量的隶属函数

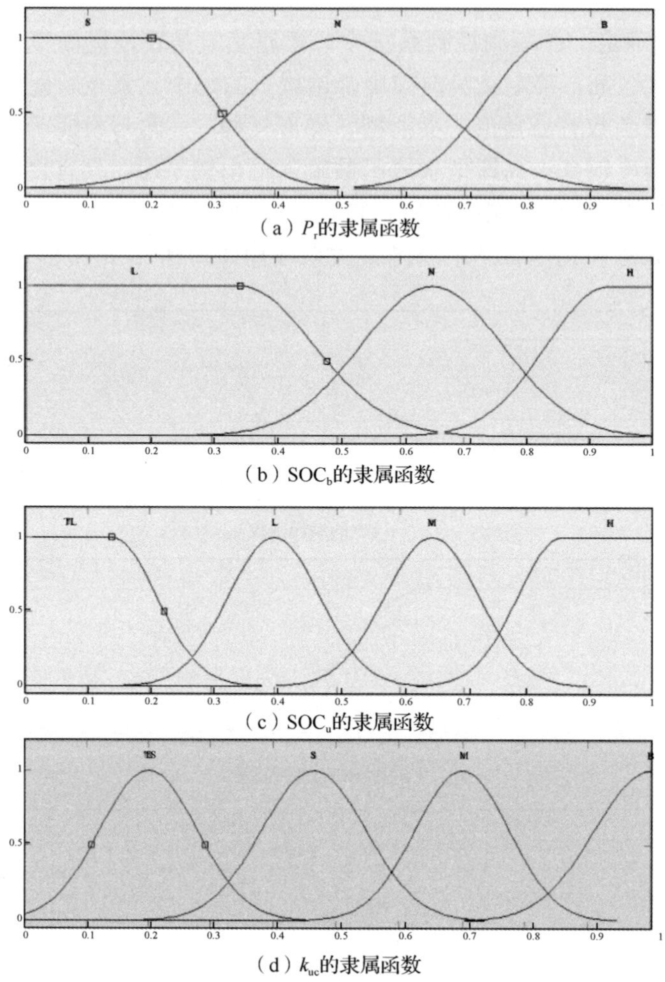

（a）P_r的隶属函数

（b）SOC_b的隶属函数

（c）SOC_u的隶属函数

（d）k_{uc}的隶属函数

图 9-74　充电状态下各变量的隶属函数

3）模糊规则。MATLAB 中的模糊控制逻辑工具箱的推理方法为 Mamdani 和 Sugeno。由于 Sugeno 推理方法输出为线性函数，而本节的复合电源控制没有准确的线性函数方程，因此选用 Mamdani 推理方法。

模糊规则作为模糊控制系统的核心部分，是由一条条语言化的条件语句连接而成，常见的连接关系词有 if-then、and、also、else、end 等。模糊控制器根据这些条件语句进行运算，完成对控制目标的控制。本节中放电状态采用三输入单输出控制器，充电状态采用二输入单输出控制器，用“If A and B，then C”语句表达模糊控制规则条件。制定的模糊控制策略如表 9-22 和表 9-23 所示。

表 9-22　放电状态的模糊控制规则表

SOC_b	SOC_u	P_r			
		TS	S	M	B
SOC_b=L	L	TS	TS	TS	S
	M	TS	S	M	B
	H	S	M	B	B
	SOC_u	P_r			
		TS	S	M	B
SOC_b=M	L	TS	TS	TS	TS
	M	TS	TS	S	M
	H	TS	S	M	B
	SOC_u	P_r			
		TS	S	M	B
SOC_b=H	L	TS	TS	TS	TS
	M	TS	TS	TS	S
	H	TS	TS	S	M

表 9-23　充电状态的模糊控制规则表

	SOC_u	P_r		
		S	M	B
SOC_b=L	TL	B	B	M
	L	B	M	M
	M	M	S	TS
	H	TS	TS	TS
	SOC_u	P_r		
		S	M	B
SOC_b=M	TL	B	B	B
	L	B	B	M
	M	B	M	S
	H	TS	S	S
	SOC_u	P_r		
		S	M	B
SOC_b=H	TL	B	B	B
	L	B	B	B
	M	B	B	M
	H	S	S	M

通过模糊控制语句编辑的模糊控制策略规则图如图 9-75 所示。

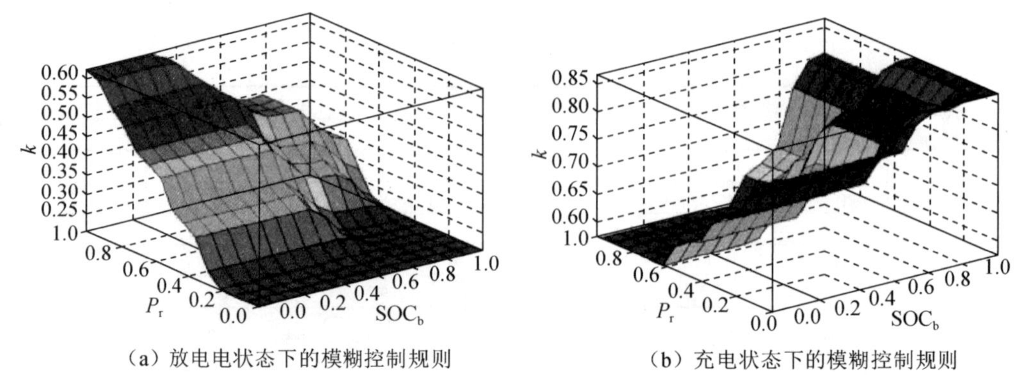

（a）放电电状态下的模糊控制规则　　（b）充电状态下的模糊控制规则

图 9-75　制定的模糊控制策略规则图

（3）解模糊

解模糊就是将模糊推理得到的模糊量变换为实际用于控制的清晰量。首先将模糊控制量变换成在论域范围内的清晰量，然后在论域范围内表示为实际控制量。将输出集合U中的每个元素作为加权系数，采用加权平均法得到结果如下：

$$x_0=\frac{\sum_{i=1}^{n}x_i\mu_{\mathrm{U}}(x_i)}{\sum_{i=1}^{n}\mu_{\mathrm{U}}(x_i)} \tag{9-76}$$

式中，x_0——加权平均法的输出结果；

$\mu_{\mathrm{U}}(x_i)$——隶属度；

x_i——加权系数。

完成模糊控制器的设计后，需要根据蓄电池和超级电容的功率分配关系建立复合电源的功率分配控制模型，搭建的复合电源模糊控制策略仿真模型如图 9-76 所示。

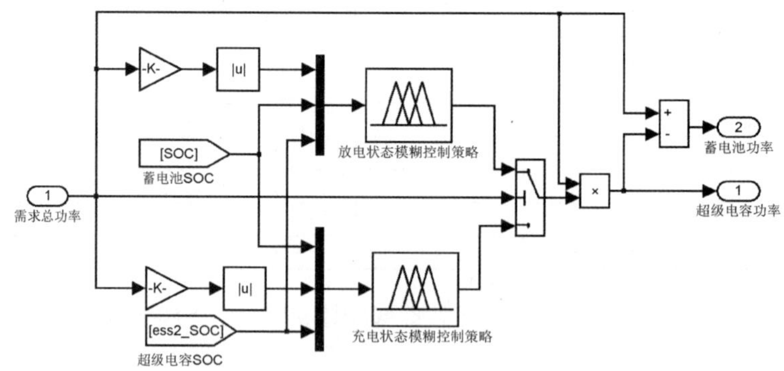

图 9-76　复合电源模糊控制策略仿真模型

根据选取的 DC-DC 模块、超级电容串联与蓄电池并联的复合电源结构类型，将控制策略、DC-DC 模块、蓄电池模型、超级电容模型进行封装，搭建复合电源仿真模型，如图 9-77 所示。

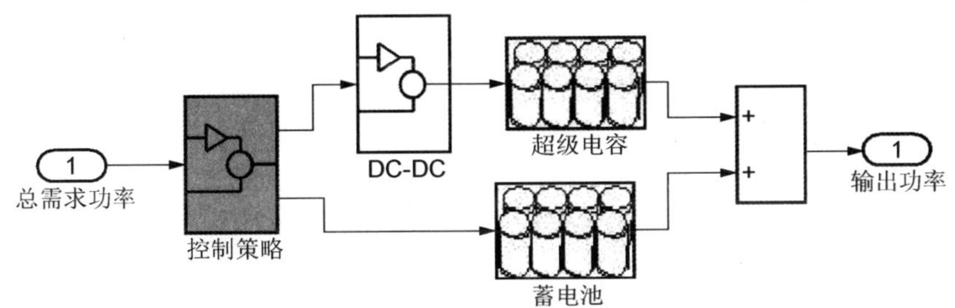

图 9-77　复合电源仿真模型

9.6　复合电源仿真分析

为了将已经建立好的复合电源模型嵌入 ADVISOR 中，需要对 ADVISOR 进行二次电量第二电源模块开发。嵌入复合电源模型后，得到复合电源系统的并联混合动力模型，结合动力匹配参数及建立好的模型进行整车性能仿真，根据仿真结果分析复合电源的优越性。

9.6.1　建立并联混合动力汽车顶层模块

ADVISOR 软件中的第二电源模块是未激活的，进行复合电源系统仿真的首要任务是激活第二电源模块，然后建立复合电源系统的并联混合动力模型，设置模型及程序调用，将模型嵌入 ADVISOR 中。

ADVISOR 原带并联式混合动力汽车顶层仿真模型如图 9-78 所示，主要由循环工况模块、主减速器模块、变速器模块、车轮和车轴模块、电气附件模块、整车模块、功率总线模块、电机控制模块、电池模块、离合器模块、控制策略模块、机械附件模块、发动机模块、排放后处理模块、数据输出模块和交互模块等 17 个模块组成。

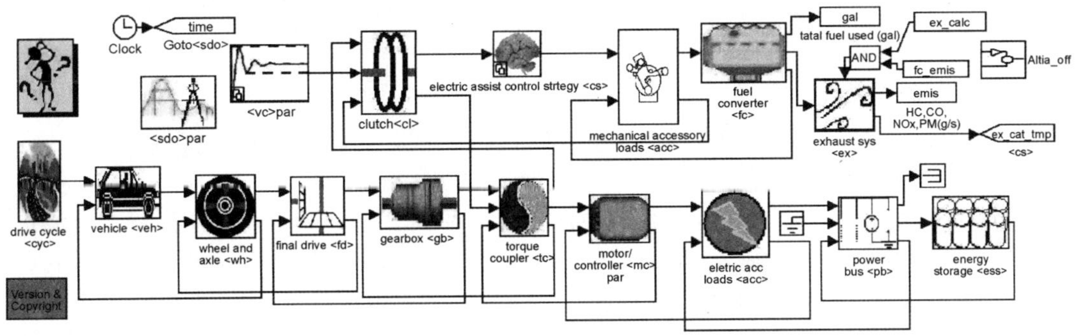

图 9-78　ADVISOR 原带并联式混合动力汽车顶层仿真模型

复合电源系统的并联式混合动力汽车模型就是将 9.5 节中建立好的复合电源模型嵌

入其顶层模块中，即用功率总线和复合电源系统模型替换原有的功率总线和蓄电池模块，并将新模型保存为 BD_PAR_FHDYSYS。图 9-79 所示为复合电源系统的并联式混合动力汽车顶层仿真模型。虚线框中即为嵌入的功率总线和复合电源系统模型。

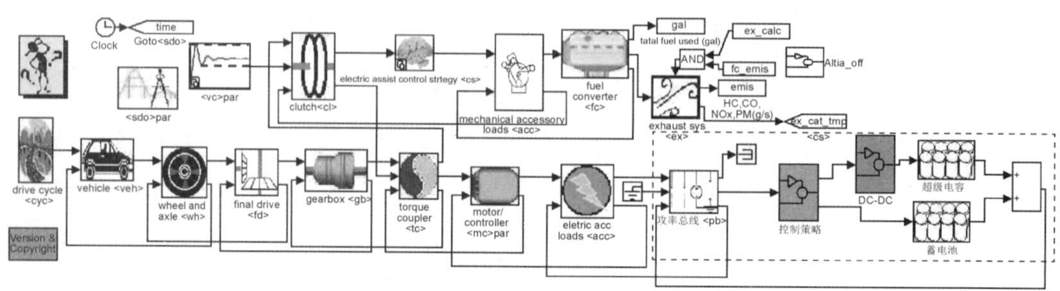

图 9-79　复合电源系统的并联式混合动力汽车顶层仿真模型

9.6.2　m 文件和 mdl 文件修改及调用

ADVISOR 中默认第一电源未激活状态，第二电源需要通过修改和定义底层 M 文件进行激活并调用相应的超级电容模块。需要进行以下几步设置。

（1）修改整车定义 m 文件

复合电源系统的并联式混合动力汽车与传统单一电源混合动力汽车相比，多了超级电容，因此必须在整车 m 文件中添加超级电容说明语句，这样才能使超级电容模块被识别并调用[39]。在 ADVISOR2002\saved_vehicles 中找到 PARALLEL_FHDYSYS_defaults_in，修改整车说明语句如下：

```
vinf.name='PARALLEL_FHDYSYS_defaults_in';%定义文件名
vinf.drivetrain.name='parallel_FHDYSYS';%定义驱动链
```

添加第二电源说明语句如下：

```
vinf.energy_storage2.name='ESS2_UC2_Maxwell';%定义第二电源名称
vinf.energy_storage2.ver='rc';%定义第二电源版本
vinf.energy_storage2.type='cap';%定义第二电源类型
```

最后将修改后的文件另存为 PARALLEL_FHDYSYS_defaults_in。

（2）点亮第二电源选项

ADVISOR 中的第二电源选项为灰色，处于未激活状态，因此要先激活第二电源选项。第二电源的配置文件默认其版本为 saber、类型为 pd，由于建立的模型版本为 rc、类型为 cap，因此需要配置文件进行修改，进而避免第二电源默认 saber 检测。首先加载 all_menus.mat 文件，然后在 matlab 命令窗口输入以下命令并执行：

```
options. energy_storage2=options. energy_ storage;%载入第二电源名称
options.ess2_ver= options.ess_ver;%载入第二电源版本
options. ess2_type= options. ess_type;%载入第二电源类型
```

执行命令以后，可以看到在 all_menus.mat 配置文件中已经添加了第二电源的配置，并保存 all_menus.mat 文件。

（3）修改超级电容模型变量名称

由于默认的超级电容模型和蓄电池模型的变量名称是一样的，因此需要将超级电容的定义 m 文件及 Simulink 模型的变量名称进行修改，即将超级电容定义 m 文件及 Simulink 模型的变量名称中除了 ess_mod_int_tmp 变量外的 ess 改为 ess2，并将其 m 文件保存为“ESS2_UC2_Maxwell.m”。将 bus_voltage 变量改为 bus_voltage2，SOC 变量改为 ess2_SOC，mc_voltage_limited 变量改为 mc_voltage2_limited。

（4）修改 gui 相关 m 文件

为了将图形交互界面导入所建立的模型和图像，将在 ADVISOR2002/gui 中的 block_diagram_name.m 文件中添加以下命令：

```
case 'parallel_FHDYSYS'
   bd_name='BD_PAR_FHDYSYS'
```

并在 ADVISOR2002/gui 中的 gui_image.m 文件中添加以下图形命令，将本次车型图片添加到仿真界面：

```
case 'parallel_FHDYSYS'
parallel_im=imread（'parallel_FHDYSYS.jpg','jpg'）; % HB6732 车型所对应的图形调用
h2 = image（'Parent',h1, ...
   'ButtonDownFcn','gui_select',...
   'CData',parallel_im, ...
   'Tag','parallel_image'）;
```

（5）加载整车模型和驱动链

为了使整车模型和驱动链能够加载到 ADVISOR 仿真界面中，需要将 MATLAB 的 workspace 清空，打开 all_menus.mat，在 MATLAB 命令窗口输入并执行以下命令：

```
Optionlist('add','input_file_names','PARALLEL_FHDYSYS_defaults_in' )% 加载整车模型
Optionlist（'add','drivetrain','parallel_FHDYSYS'）% 加载驱动链
```

之后保存 all_menus.mat 文件。

9.6.3 复合电源整车仿真

经过前两节的二次开发，将建立的复合电源模型嵌入 ADVISOR 中，并将车辆、发动机、电池、超级电容、轮轴、变速器参数通过编辑底层 m 文件的形式嵌入仿真界面[40]。仿真界面如图 9-80 所示，从图中可以看出第二电源选项已经激活。

选择建立的 CHINAURBAN、ECE8 循环工况作为仿真工况，设置爬坡度、加速能力测试相关参数，仿真参数设置界面如图 9-81 所示。

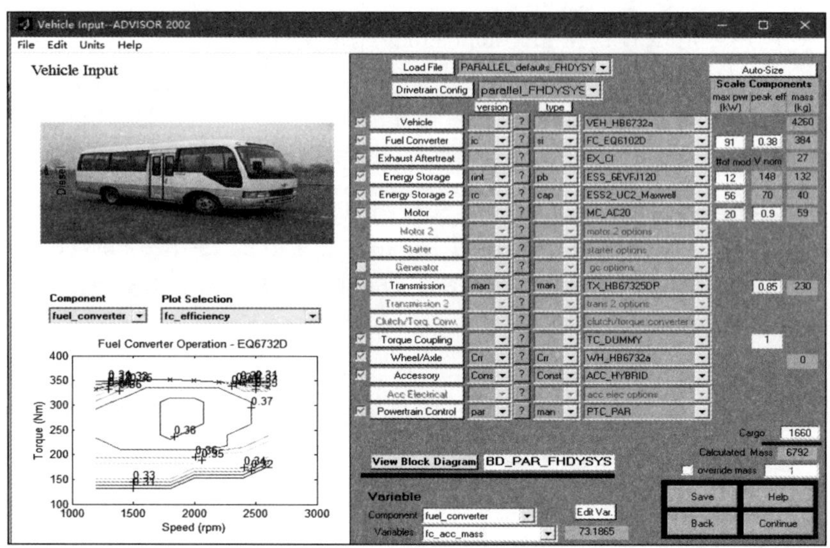

图 9-80 二次开发后的 ADVISOR 仿真界面

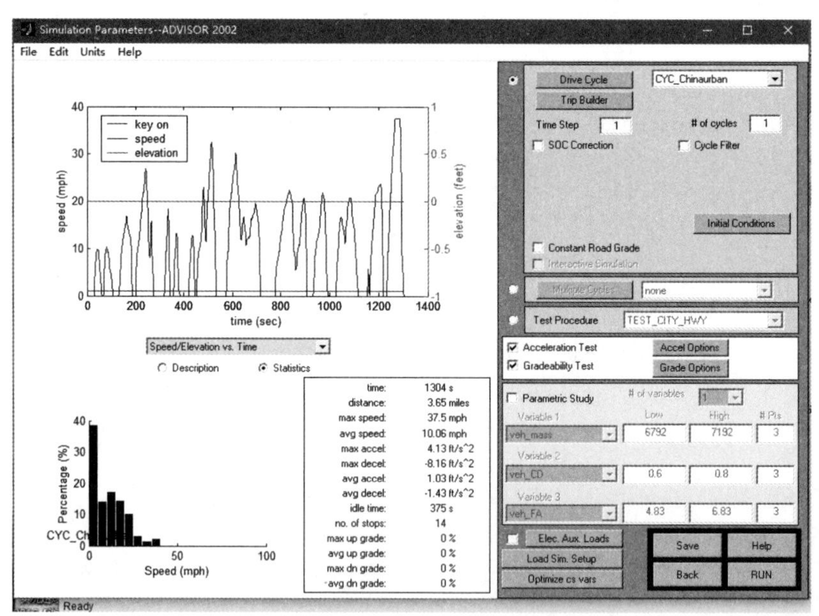

图 9-81 ADVISOR 仿真参数设置界面

单击 RUN 按钮，运行软件，得到如图 9-82 和图 9-83 所示的车辆循环工况跟随情况图。从图中可以看出，红线仿真结果与循环工况跟随性很好，车辆参数匹配能够满足循环工况要求，本次设计的混合动力汽车能够满足两种循环工况行驶要求。

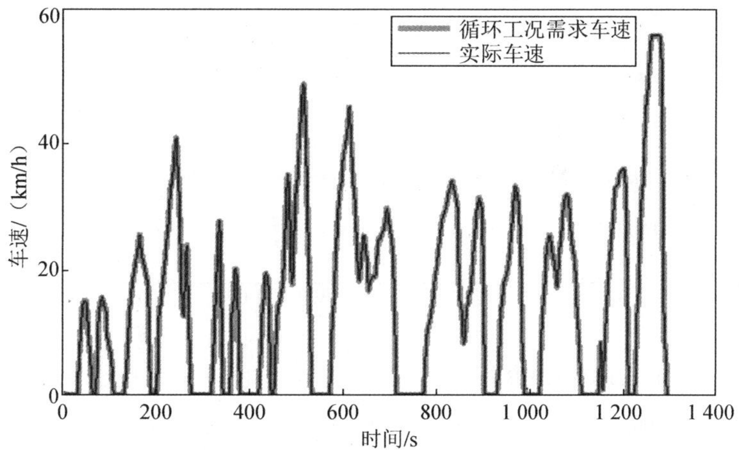

图 9-82　CHINAURBAN 工况下实际车速与需求车速跟随情况

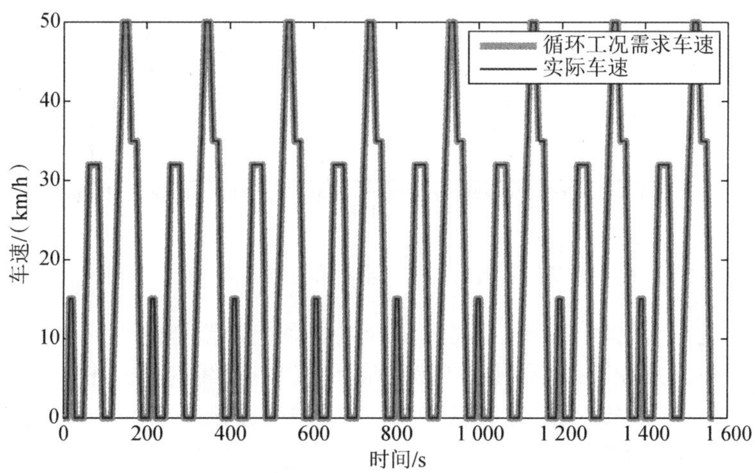

图 9-83　ECE8 工况下实际车速与需求车速跟随情况

9.6.4　复合电源和单一电源结果比较分析

使用相同模型仿真，将单一电源的仿真结果与复合电源的仿真结果进行比较分析。图 9-84 和图 9-85 分别为 CHINAURBAN 和 ECE8 工况下复合电源系统中蓄电池电流和超级电容电流的对比图。图中蓝线为蓄电池电流随时间的变化曲线，红线为超级电容电流随时间的变化曲线。从图中可以看出，负载电流中的瞬时大电流大部分被超级电容吸收，尤其是对充电电流（负电流）的吸收更明显，蓄电池电压变化较平稳，且在两种工况下蓄电池放电电流均小于 200 A，充电电流维持在一个较小值，说明制动回收能量对蓄电池充电较少，有效地保护了蓄电池，进而提高了蓄电池的寿命。同时也说明超级电容在制动回收时，优先吸收瞬时大电流，加速等大功率需求工况下，超级电容优先提供瞬时大电流。

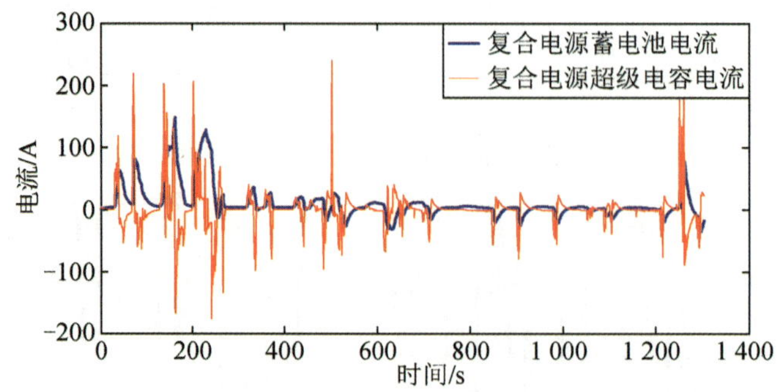

图 9-84　CHINAURBAN 工况下蓄电池电流和超级电容电流对比图

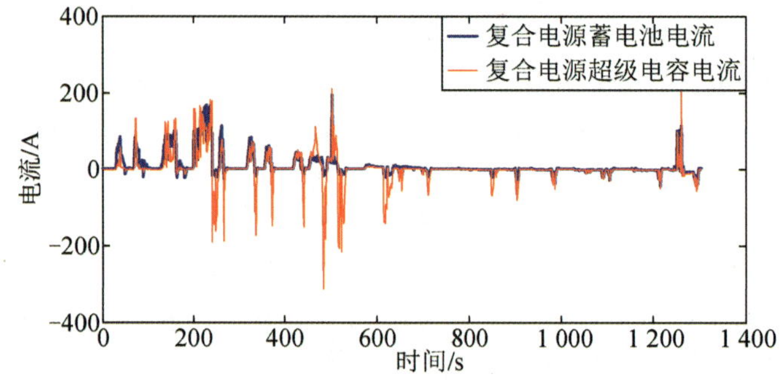

图 9-85　ECE8 工况下蓄电池电流和超级电容电流对比图

CHINAURBAN 工况和 ECE8 工况下复合电源系统中蓄电池电流和单一电源中的蓄电池电流的对比图分别如图 9-86 和图 9-87 所示。图中蓝线为单一电源蓄电池电流随时间的变化曲线；红线为逻辑门限控制策略下，复合电源系统中蓄电池电流随时间的变化曲线；绿线为模糊控制策略下，复合电源系统中蓄电池电流随时间的变化曲线。从图中可以看出，不同的两种工况，逻辑门限和模糊控制策略下，复合电源系统中的蓄电池电流较单一电源的蓄电池电流峰值都明显减小。放电电流明显减小，充电电流不仅减小明显，而且变化十分平稳，说明超级电容提供瞬时大电流和制动能量回收效果明显，起到了明显的“削峰”效果，有效避免了大电流对蓄电池的伤害，同时起到了“填谷”作用，避免了频繁充电对蓄电池的伤害，提高了蓄电池寿命。对两种控制策略进行比较，可以看出逻辑门限控制策略下的蓄电池电流变化比较平稳，而模糊控制策略的控制实时性较好。

CHINAURBAN 工况和 ECE8 工况下复合电源系统中蓄电池功率和单一电源中的蓄电池功率的对比图分别如图 9-88 和图 9-89 所示。图中蓝线为单一电源蓄电池功率随时间的变化曲线；红线为逻辑门限控制策略下，复合电源系统中蓄电池功率随时间的变化曲线；绿线为模糊控制策略下，复合电源系统中蓄电池功率随时间的变化曲线。其变化规律与电流变化一致，可以看出超级电容对瞬时大功率及制动回收能量功率进行了有效回收。

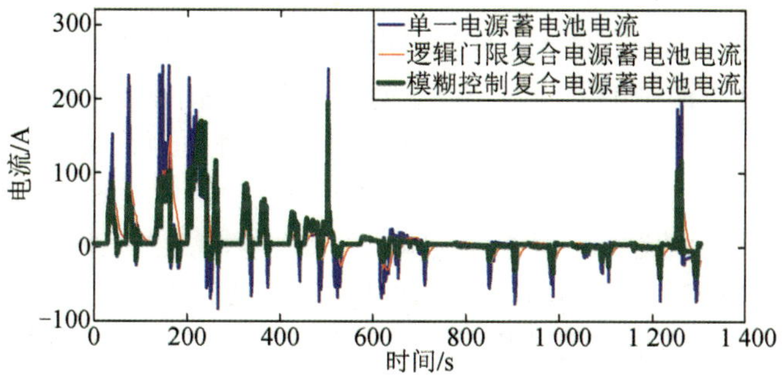

图 9-86　CHINAURBAN 工况下蓄电池电流对比图

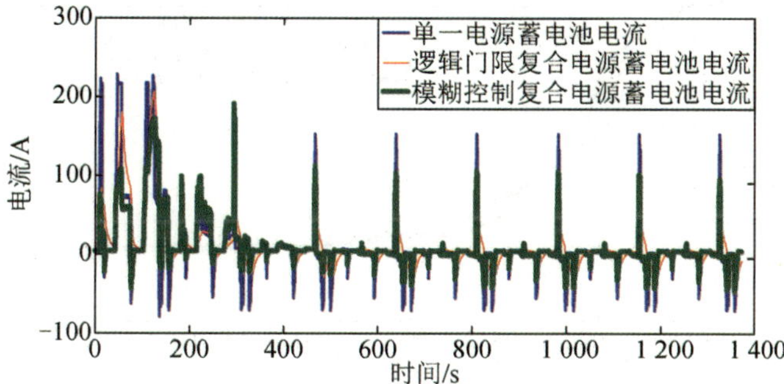

图 9-87　ECE8 工况下蓄电池电流对比图

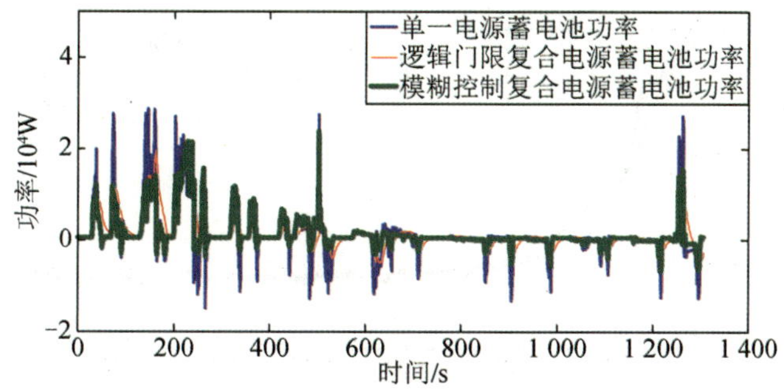

图 9-88　CHINAURBAN 工况下蓄电池功率对比图

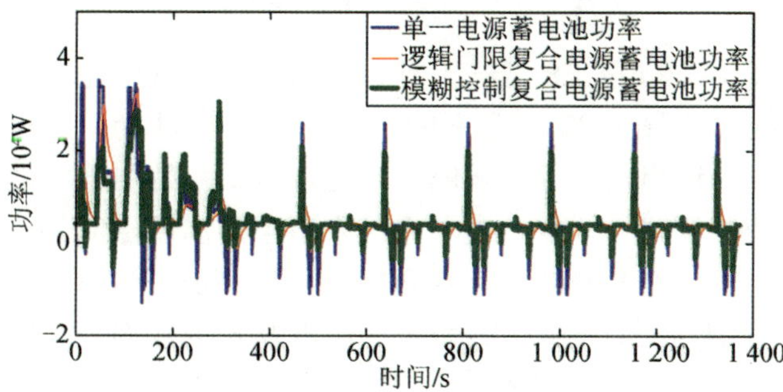

图 9-89　ECE8 工况下蓄电池功率对比图

图 9-90 和图 9-91 所示分别为 CHINAURBAN 工况和 ECE8 工况下复合电源系统中蓄电池 SOC 和单一电源中的蓄电池 SOC 的对比图。图中蓝线为单一电源蓄电池 SOC 随时间的变化曲线；红线为逻辑门限控制策略下，复合电源系统中蓄电池 SOC 随时间的变化曲线；绿线为模糊控制策略下，复合电源系统中蓄电池 SOC 随时间的变化曲线。从图中可以看出，不管是逻辑门限控制策略下，还是模糊控制策略下的蓄电池 SOC 较单一电源的蓄电池 SOC，在蓄电池 SOC 快速下降阶段，变化都比较平缓。说明由于超级电容的介入，蓄电池的电量消耗相对变小，进而能提高蓄电池的寿命。而模糊控制策略较逻辑门限控制策略，复合电源蓄电池 SOC 变化更加平缓，效果更加明显。

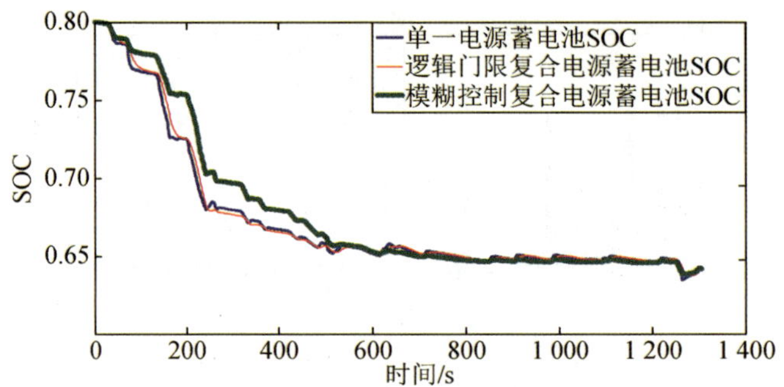

图 9-90 CHINAURBAN 工况下蓄电池 SOC 对比图

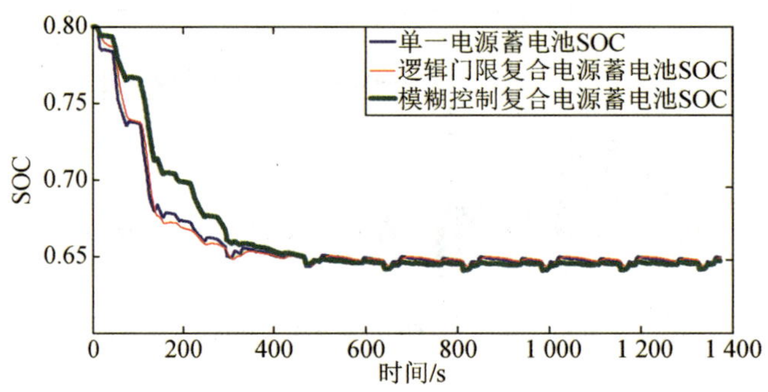

图 9-91 ECE8 工况下蓄电池 SOC 对比图

CHINAURBAN 工况和 ECE8 工况下复合电源系统中蓄电池温度和单一电源中的蓄电池温度的对比图分别如图 9-92 和图 9-93 所示。图中蓝线为单一电源蓄电池温度随时间的变化曲线；红线为逻辑门限控制策略下，复合电源系统中蓄电池温度随时间的变化曲线；绿线为模糊控制策略下，复合电源系统中蓄电池温度随时间的变化曲线。由于温度是评价蓄电池性能的一个重要指标，在蓄电池频繁充放电过程中，温度不断提高，不仅对蓄电池寿命有影响，而且对 HEV 系统性能以及安全性都会有影响，因此降低蓄电池温度是很有必要的。引入超级电容后，图 9-92 中，蓄电池的最高温度由接近 25℃降低到了不到 22℃；图 9-93 中，蓄电池的最高温度由接近 27℃降低到了不到 23℃，因此充放电效率得到提高，同时避免了高温带来的危险。

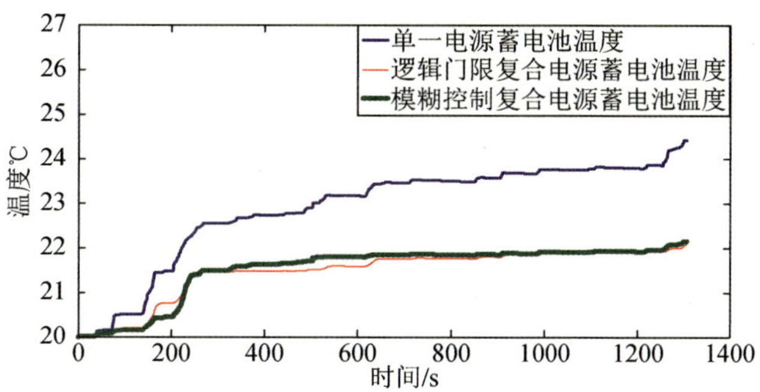

图 9-92　CHINAURBAN 工况下蓄电池温度对比图

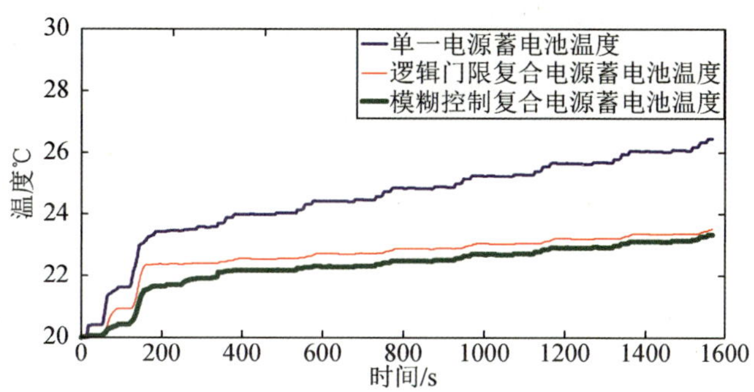

图 9-93　ECE8 工况下蓄电池温度对比图

本节激活了 ADVISOR 的第二电源选项，将建立好的复合电源模型嵌入整车模型，对仿真界面进行了二次开发。分别进行了单一电源、逻辑门限控制策略下复合电源及模糊控制策略下复合电源的整车仿真。超级电容发挥了“削峰”的效果，避免了放电瞬时大电流对蓄电池的伤害；同时起到了“填谷”的作用，在制动能量回收中有效地保护了蓄电池。复合电源满足混合动力汽车对比功率和比能量的双重需求。

参 考 文 献

[1] 张京明，赵桂范．发动机特性计算模型在整车性能计算中的应用[J]．车用发动机，2000（6）：26-28．

[2] 魏春源，张卫正，葛蕴珊．高等内燃机学[M]．北京：北京理工大学出版社，2007．

[3] 代康伟．混合动力城市客车动力系统参数匹配与仿真研究[D]．合肥：合肥工业大学，2008．

[4] 尧文亮．并联式混合动力汽车能量控制策略研究[D]．长沙：湖南大学，2010．

[5] 何华强，张靖，李朝乐，等．混合动力整车控制策略仿真研究[J]．汽车科技，2012（6）：42-45．

[6] 李少波，杨观赐．进化算法与混合动力系统优化[M]．北京：机械工业出版社，2013：144-145．

[7] 曾小华，宫维钧．ADVISOR 2002 电动汽车仿真与再开发应用[M]．北京：机械工业出版社，2014．

[8] 赵航，史光奎．混合动力电动汽车技术[M]．北京：机械工业出版社，2012．

[9] 魏长河，邱峰，陈李建，等．混联式混合动力系统的动态转矩协调控制策略研究[J]．农业装备与车辆工程，2012，50（10）：1-3．

[10] 吴丹峰，谢冰，邓文娟．PHEV 模糊逻辑驱动控制策略模块开发[J]．重庆工学院学报，2008，22（4）：8-11．

[11] 资新运，杜常清，张增建，等．混合动力汽车模糊逻辑转矩管理策略仿真[J]．武汉理工大学学报，2008，30（4）：561-564．

[12] 张邦基，于德介，邓元望．基于模糊控制的并联混合动力汽车能量控制系统[J]．汽车工程，2009，31（6）：496-502.

[13] 李国勇．智能控制及其 MATLAB 实现[M]．北京：电子工业出版社，2005：254.

[14] 刘金琨．先进 PID 控制 MATLAB 仿真[M]．2 版．北京：电子工业出版社，2004：104-105.

[15] 徐小东，张冰战．基于模糊逻辑的混合动力汽车控制策略研究[J]．合肥工业大学学报（自然科学版），2012，35（6）：725-728.

[16] 张翔．电动汽车建模与仿真的研究[D]．合肥：合肥工业大学，2004.

[17] 庄怀天．混合动力电动汽车转矩管理控制策略设计[J]．机械研究与应用，2014，27（4）：82-85.

[18] 甄娜．面向后驱动复合电源电动汽车仿真的 ADVISOR 二次开发研究[D]．西安：长安大学，2011.

[19] 曾小华，王庆年，李胜，等．正向仿真模型与反向软件 ADVISOR 的集成开发[J]．汽车工程，2007，29（10）：851-854.

[20] 曾小华，王庆年，李俊，等．基于 ADVISOR2002 混合动力汽车控制策略模块开发[J]．汽车工程，2004，26（4）：394-395.

[21] 周炜冬．基于 Advisor 的增程式电动汽车性能仿真及试验研究[D]．合肥：合肥工业大学，2012.

[22] 付振元．并联混合动力汽车能量控制策略仿真研究[D]．哈尔滨：哈尔滨工业大学，2013.

[23] 马良，冯国胜，牛晓燕，等．基于模糊控制的并联混合动力汽车能量控制策略研究[J]．石家庄铁道大学学报，2016，29（3）：76-80.

[24] 钱超，冯国胜，张小荣，等．基于 ADVISOR 的混合动力客车动力系统匹配与仿真[J]．汽车工程师，2016（11）：33-36.

[25] SOLIMAN A, FENG G S, NIU X Y. Modeling and simulation of diesel performance[C]. International Conference on Computer Science and Communication Engineering.

[26] 余龙．山区路况下直驱型纯电动客车控制策略仿真与试验研究[D]．北京：北京理工大学，2015.

[27] 曾小华，王庆年，王伟华，等．基于 ADVISOR 软件的双轴驱动混合动力汽车性能仿真模块开发[J]．汽车工程，2003，25（5）：424-427.

[28] ZHANG Q, JIN W Z. Selection of experimental routes for the investigation into bus driving cycles in big cities[J]. Journal of South China University of Technology (Natural Science), 2005, 33(4): 59-62.

[29] 冯国胜，钱超，贾素梅，等．基于 ADVISOR 的后置发动机驱动模块开发[J]．重庆交通大学学报，2018，37（1）：116-120.

[30] 周彬，张铁柱，霍伟．混合动力客车动力系统参数匹配与仿真优化[J]．青岛大学学报(工程技术版)，2014，29（1）：64-68.

[31] 王斌，徐俊，曹秉刚，等．电动汽车的多模式复合电源管理自适应优化[J]．西安交通大学学报，2015（12）:130-136.

[32] 张路．基于 ADVISOR 二次开发的太阳能汽车能量管理策略研究[D]．沈阳：沈阳工业大学，2015.

[33] 殷国栋．混合动力汽车系统建模与控制[M]．北京：机械工业出版社，2015.

[34] 倪颖倩．电动汽车关键技术：复合电源的研究[D]．南京：南京理工大学，2008.

[35] VARSHA A,PRASANTA K,RANJAN M, et al. Improved method for characterization of ultra-capacitor by constant current charging[J]. Int J Modeling Optimiz, 2012, 2(3): 290-294.

[36] 于海征．车辆辅助供电系统设计及控制方法研究[D]．石家庄：石家庄铁道大学，2016.

[37] 钱超，冯国胜，张小荣．基于逻辑门限的混合动力客车复合电源分析[J].汽车工程师，2017（6）：23-26.

[38] LI Q, CHEN W, LI Y K, et al. Energy management strategy for fuel cell/battery/ultrcapacitor hybrid vehicle based on fuzzy logic[J]. Electrical Power and Energy Systems, 2012, 43: 514-525.

[39] 樊宇．电动汽车复合电源系统功率分配策略研究[D]．大连：大连理工大学，2014.

[40] 于远彬，王庆年．基于 Advisor 的仿真软件的二次开发及其在复合电源混合动力汽车上的应用[J]．吉林大学学报(工学版)，2005，35（4）：353-357.

第 10 章　混合动力汽车电动机控制系统

混合动力汽车英文缩写为 HEV（Hybrid Electric Vehicle）是指在特定的工作条件下，可以从两种或者两种以上的能量存储器、能量源或者能量转化器中获取驱动能量的汽车。它有效继承了传统汽车燃油效率高，动力强的优点，又秉承了电动汽车排量小的优势，使两者完美结合起来，发挥出各自的特点，填补了由传统燃油汽车向纯电动汽车过渡的空白期。

纯电动汽车和燃料电池汽车等是无排放的交通工具，代表着先进的能源利用模式，可有效降低空气污染和能源消耗；但目前受电池和氢气等能源的能量密度以及能源添加基础设施等条件的限制，它们的行驶里程、使用简便性等难以满足大范围商品化生产与应用的需求。

插电式混合动力电动车可以视为在混合动力电动车的基础上，通过使用大功率电机和较大容量的电池组并辅以外部充电接口而成，需要修建新的基础设施。由发动机驱动的汽车转变成混合动力电动车时，发动机尺寸可以减小，对原车的结构改动小，还可以利用电机实现汽车更加灵活的控制性能，如防抱死制动（ABS）和汽车稳定性控制（VSC）。另外，混合动力电动车不需要新的基础设施，不需大范围提高消费者使用成本和社会建设成本，是目前世界各主要汽车生产厂商大力推广的新能源汽车。混合动力电动车将在一段时间内扮演清洁节能电动汽车的主要角色。

10.1　永磁无刷直流电动机数学模型

永磁无刷直流电动机由电动机本体、转子位置检测和电子开关三部分组成，假定无刷直流电动机在两相导通星形联结状态下工作，反电动势波形是平顶宽度为 120° 电角度的梯形波，忽略磁路饱和，不计涡流和磁滞损耗，忽略齿槽效应，不考虑电枢反应，三相绕组完全对称。因为永磁无刷直流电动机的反电动势波形是梯形波，从而造成定子和转子间的互感是非正弦的，难以将永磁无刷直流电动机三相方程变换为 d-q 方程[1]，所以直接利用电动机原有的相变量，用 A-B-C 坐标系来建立数学模型较为方便。

10.1.1　电压方程

由以上假设条件可知，永磁无刷直流电动机每相绕组的相电压由电阻压降和绕组感应电动势两部分组成，因此定子电压平衡方程可以用以下方程表示：

$$\begin{bmatrix} u_a \\ u_b \\ u_c \end{bmatrix} = \begin{bmatrix} R_a & 0 & 0 \\ 0 & R_b & 0 \\ 0 & 0 & R_c \end{bmatrix} \begin{bmatrix} i_a \\ i_b \\ i_c \end{bmatrix} + \begin{bmatrix} L & M & M \\ M & L & M \\ M & M & L \end{bmatrix} \frac{d}{dt} \begin{bmatrix} i_a \\ i_b \\ i_c \end{bmatrix} + \begin{bmatrix} e_a \\ e_b \\ e_c \end{bmatrix} \tag{10-1}$$

式中，u_a、u_b、u_c——三相电压（V）；

e_a、e_b、e_c——三相反电动势（V）；

i_a、i_b、i_c——三相相电流（A）；

L——三相定子自感（H）；

M——三相定子各绕组间互感（H）；

R_a、R_b、R_c——三相定子绕组的相电阻（Ω）。

由于电动机采用星形联结，$i_a + i_b + i_c = 0$，$R_a = R_b = R_c$，因此式（10-1）可以改写为

$$\begin{bmatrix} u_a \\ u_b \\ u_c \end{bmatrix} = \begin{bmatrix} R & 0 & 0 \\ 0 & R & 0 \\ 0 & 0 & R \end{bmatrix} \begin{bmatrix} i_a \\ i_b \\ i_c \end{bmatrix} + \begin{bmatrix} L-M & 0 & 0 \\ 0 & L-M & 0 \\ 0 & 0 & L-M \end{bmatrix} \frac{d}{dt} \begin{bmatrix} i_a \\ i_b \\ i_c \end{bmatrix} + \begin{bmatrix} e_a \\ e_b \\ e_c \end{bmatrix} \tag{10-2}$$

根据式（10-1）可得永磁无刷直流电动机等效电路图，如图 10-1 所示。

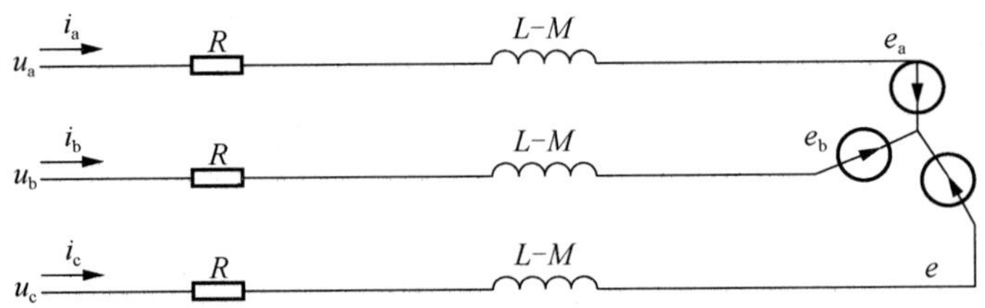

图 10-1　永磁无刷直流电动机等效电路图

10.1.2　转矩方程

根据功率与速度的关系可以得到无刷直流电动机的电磁转矩方程

$$T_e = (e_a i_a + e_b i_b + e_c i_c) / \omega \tag{10-3}$$

式中，T_e——电磁转矩（N·m）；

ω——电动机角速度（rad/s）。

当永磁无刷直流电动机满足以下情形：在 120° 电角度方式下工作运行，定子绕组是三相星形联结，有且仅有两相有电流流过，且大小相等、方向相反，忽略换相暂态过程，则转矩可以用另一种方程表示

$$T_e = 2p\psi_m i_A = K_T i \tag{10-4}$$

式中，ψ_m——每相绕组永磁磁链的最大值（Wb）；

p——电动机极对数；

K_T——电动机转矩系数；

i_A——稳态时的绕组相电流（A）。

$$\psi_m = 2NSB_m \tag{10-5}$$

式中，N ——绕组匝数；

S ——绕组在定子内径表面围成的面积（m^2）；

B_{m} ——转子永磁体气隙磁密分布的最大值（T）。

由电压方程和转矩方程可以得出永磁无刷直流电动机的运动方程：

$$T_{\mathrm{e}} - T_{\mathrm{L}} - B\omega = J\frac{\mathrm{d}\omega}{\mathrm{d}t} \tag{10-6}$$

式中，B ——黏滞摩擦系数（N • m • s/rad）；

J ——电动机的转动惯量（kg • m^2）；

T_{L} ——负载转矩（N • m）。

10.1.3　传递函数模型

以定子绕组两两通电方式、三相全桥驱动的永磁无刷直流电动机为例，从母线电压和角速度之间的关系推导其传递函数。由于二极管的续流作用，三相绕组在换相过程中均有电流流通。只有关断相的电流变为 0 时，二极管才会停止续流的状态，此时换相过程才算结束，电动机重新处于新的两相导通状态。在换相过程中产生的换相转矩脉动，对于永磁无刷直流电动机是重要的动态过程。为了简化计算，在电动机稳态分析和传递函数推导中不予考虑电动机的换向过程，这个过程对电压的有效值产生的影响较小，而且时间相对短暂。近似考虑只有两相绕组导通，以 A 相、B 相绕组稳态导通为例，其电流大小相等、方向相反。若忽略反电动势的梯形斜边，不考虑换相暂态过程，则 e_{A} 、e_{B} 的大小相等、符号相反，有

$$\begin{cases} u_{\mathrm{AB}} = 2Ri + 2(L-M)\dfrac{\mathrm{d}i}{\mathrm{d}t} + (e_{\mathrm{A}} - e_{\mathrm{B}}) \\ i_{\mathrm{A}} = -i_{\mathrm{B}} = i \\ \dfrac{\mathrm{d}i_{\mathrm{A}}}{\mathrm{d}t} = -\dfrac{\mathrm{d}i_{\mathrm{B}}}{\mathrm{d}t} = \dfrac{\mathrm{d}i}{\mathrm{d}t} \end{cases} \tag{10-7}$$

$$u_{\mathrm{AB}} = u_{\mathrm{d}} = 2Ri + 2(L-M)\frac{\mathrm{d}i}{\mathrm{d}t} + 2e_{\mathrm{A}} = r_{\mathrm{a}}i + L_{\mathrm{a}}\frac{\mathrm{d}i}{\mathrm{d}t} + k_{\mathrm{e}}\omega \tag{10-8}$$

式中，u_{d} ——直流母线电压（V）；

r_{a} ——绕组线电阻（Ω），$r_{\mathrm{a}}=2R$；

L_{a} ——绕组等效线电感（H），$L_{\mathrm{a}}=2(L-M)$；

k_{e} ——线反电动势系数。

将式（10-4）代入式（10-6）中，得

$$K_{\mathrm{T}}i - T_{\mathrm{L}} - B\omega = J\frac{\mathrm{d}\omega}{\mathrm{d}t} \tag{10-9}$$

空载情况下的电枢电流为

$$i = \frac{B}{K_{\mathrm{T}}}\omega + \frac{J}{K_{\mathrm{T}}}\frac{\mathrm{d}\omega}{\mathrm{d}t} \tag{10-10}$$

将式（10-10）代入式（10-8）中，得

$$u_{\mathrm{d}}=r_{\mathrm{a}}\left(\frac{B}{K_{\mathrm{T}}}\omega+\frac{J}{K_{\mathrm{T}}}\frac{\mathrm{d}\omega}{\mathrm{d}t}\right)+L_{\mathrm{a}}\frac{\mathrm{d}}{\mathrm{d}t}\left(\frac{B}{K_{\mathrm{T}}}\omega+\frac{J}{K_{\mathrm{T}}}\frac{\mathrm{d}\omega}{\mathrm{d}t}\right)+k_{\mathrm{e}}\omega \tag{10-11}$$

整理得

$$u_{\mathrm{d}}=\frac{L_{\mathrm{a}}J}{K_{\mathrm{T}}}\frac{\mathrm{d}^2\omega}{\mathrm{d}t}+\frac{r_{\mathrm{a}}J+L_{\mathrm{a}}B}{K_{\mathrm{T}}}\frac{\mathrm{d}\omega}{\mathrm{d}t}+\frac{r_{\mathrm{a}}B+k_{\mathrm{e}}K_{\mathrm{T}}}{K_{\mathrm{T}}}\omega \tag{10-12}$$

对式（10-12）进行拉氏变换以后，可以得到无刷直流电动机的传递函数：

$$G(s)=\frac{\Omega(s)}{U_{\mathrm{d}}(s)}=\frac{K_{\mathrm{T}}}{L_{\mathrm{a}}Js^2+(r_{\mathrm{a}}J+L_{\mathrm{a}}B)s+r_{\mathrm{a}}B+k_{\mathrm{e}}K_{\mathrm{T}}} \tag{10-13}$$

可知，此传递函数是一个二阶系统，将其整理为二阶系统的标准形式，得

$$G(s)=\frac{K_{\mathrm{T}}}{r_{\mathrm{a}}B+k_{\mathrm{e}}K_{\mathrm{T}}}\frac{\omega_{\mathrm{n}}^2}{(s^2+2\xi\omega_{\mathrm{n}}s+\omega_{\mathrm{n}}^2)} \tag{10-14}$$

式中，ω_{n}——二阶系统的固有频率，$\omega_{\mathrm{n}}=\sqrt{\dfrac{r_{\mathrm{a}}B+k_{\mathrm{e}}K_{\mathrm{T}}}{L_{\mathrm{a}}J}}$；

ξ——二阶系统的阻尼比，$\xi=\dfrac{1}{2}\dfrac{r_{\mathrm{a}}J+L_{\mathrm{a}}B}{\sqrt{L_{\mathrm{a}}J}\sqrt{r_{\mathrm{a}}B+k_{\mathrm{e}}K_{\mathrm{T}}}}$。

将选用的电动机代入式（10-13），求得电动机的具体传递函数为

$$G(s)=\frac{17}{1.8s^2+5.83s+20.6} \tag{10-15}$$

10.2 永磁无刷直流电动机控制策略

10.2.1 模糊控制策略

一般设计一个模糊控制器主要包括以下几个步骤：确定模糊控制器的输入和输出变量，选择模糊控制器的输入变量及输出变量的论域并确定模糊控制器的参数（如量化因子、比例因子），设计模糊控制器的控制规则，确立模糊化和去模糊化（又称清晰化）的方法。

（1）输入变量的模糊化及量化因子的选择

模糊化就是将输入的精确量以一定的比例转换到论域，并以口语化变量来描述精确量的过程。

在本节中，永磁无刷直流电动机转速误差的实际变化范围为$e^*\in[-1\,000,1\,000]$，误差变化率 ce 的实际变化范围为$ce\in[-200,200]$。两者的模糊论域都设为$[-3,3]$，因此转速误差的量化因子可以设为

$$k_{\mathrm{e}}=\frac{e_{\max}-e_{\min}}{e_{\max}^*-e_{\min}^*}=\frac{3-(-3)}{1\,000-(-1\,000)}=0.003 \tag{10-16}$$

同理，可得误差变化率 ce 的量化因子为

$$k_{\text{de}}=\frac{ce_{\max}-ce_{\min}}{ce_{\max}^{*}-ce_{\min}^{*}}=\frac{3-(-3)}{200-(-200)}=0.015 \tag{10-17}$$

（2）模糊控制规则表

模糊控制规则表一般由以下两种方法获得：①离线算法。即根据采样得到的误差 e 和误差的变化率 ec，应用模糊数学进行推理，从而计算出相应的控制量变化 U_{ij}；②通过人的实际经验获得。这种方法是依靠人的主观判断来实施的，因此通过这种方法获得的模糊规则表很粗糙，有时也不一定符合实际的控制对象，还需要对模糊控制表进行在线修正。

（3）去模糊化

通过模糊推理得到的输出量是一个模糊集合。在实际控制系统中，只有知道确定的值才能控制或驱动执行机构，将推理得到的模糊量转化为精确值的过程称为去模糊化。常用的去模糊化方法有三种：最大隶属度法、重心法和加权平均法。本节中输出量 u 的论域范围为[−3,3]，在实际的控制中电动机转速的实际控制量 u^* 的变化范围为[0,1 000]，采用线性变换，可得实际的控制量 u^* 为

$$u^{*}=u_{\min}^{*}+\frac{u_{\max}^{*}-u_{\min}^{*}}{u_{\max}-u_{\min}}(u-u_{\min})=0+\frac{1\,000-0}{3-(-3)}(u+3)=\frac{500}{3}u+500 \tag{10-18}$$

10.2.2　模糊控制器的 MATLAB 仿真

MATLAB 模糊控制工具箱为模糊控制器的设计提供了一种非常便捷的途径，通过它不需要进行复杂的模糊化、模糊推理及去模糊化运算，只需要设定相应参数，就可以很快得到所需要的控制器。

（1）进入 FIS 编辑器

在 MATLAB 的工作区（workplace）中输入“fuzzy”即可打开 FIS 编辑器，如图 10-2 所示。首先，设置模糊输入为 2、输出为 1 的模糊控制器，因此需要增加一个输入；其次，单击各输入框和输出框，在 Current Variable 选项区域的 Name 文本框中修改变量名；最后，选择 File→Export→To File 命令保存系统。这里将创建的系统命名为 dianji.fis。

（2）进入隶属函数编辑器

在 FIS 编辑器中双击输入或输出变量的图框即可进入隶属函数编辑器。在隶属函数编辑器中，需要对各个变量的论域范围、隶属函数进行编辑。

该模糊控制器以 e 和 ec 为输入语言变量，u 为输出语言变量，其各语言变量的论域都设为[−3,3]。图 10-3 所示是编辑完成后的隶属函数编辑器界面，图中显示的为对应变量 e 的隶属函数[2]。

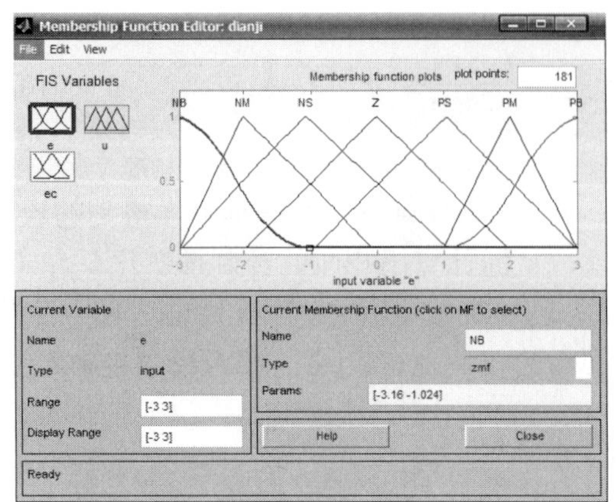

图 10-2　FIS 编辑器的界面

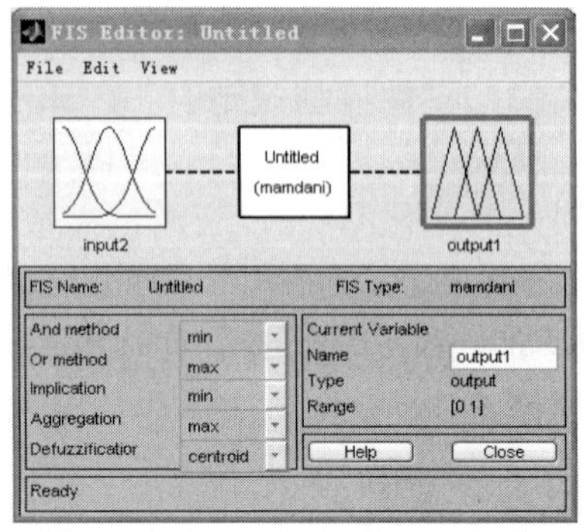

图 10-3　隶属函数编辑器界面

（3）进入规则编辑器

选择 edit→rules 命令，进入规则编辑器界面。

语言变量值域的选取：为了使计算更精确，输入语言变量 *e*、*ec* 和输出语言变量 *u* 的值域取值“负大”（NB）、“负中”（NM）、“负小”（NS）、“零”（Z）、“正小”（PS）、“正中”（PM）和“正大”（PB）七种。添加完成后的规则编辑器界面如图 10-4 所示。

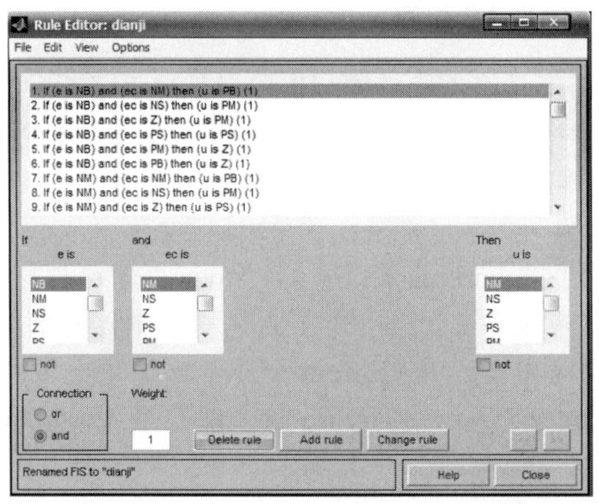

图 10-4　添加完成后的规则编辑器界面

（4）保存 FIS 结构

对于建好的 FIS 结构，选择 File→Export→To File 命令，将 FIS 结构保存到磁盘上，即完成了利用模糊控制工具箱的 GUI 工具建立模糊控制器（dianji.fis）的过程。利用 View 菜单中的 Rules 命令，即可查看模糊推理规则，如图 10-5 所示。

选择 View→surface 命令，可以打开曲面观测器界面，查看模糊推理输出特性曲面，如图 10-6 所示。

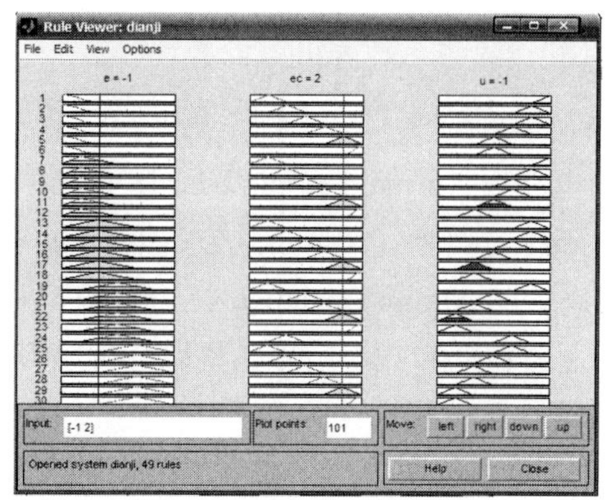

图 10-5　模糊推理规则界面

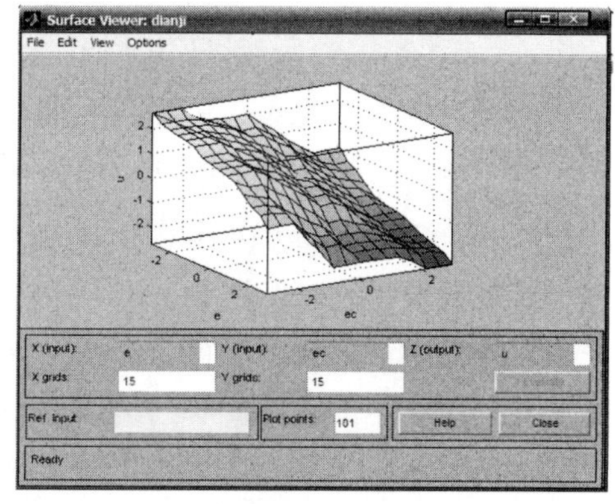

图 10-6　模糊推理输出特性曲面

10.2.3　仿真结果

利用 MATLAB 软件的 Simulink 工具对电动机进行模糊控制仿真。MATLAB 软件绘制的速度模糊控制仿真模型如图 10-7 所示。模糊控制和 PID 控制的转速波形比较如图 10-8 所示。从图中可以看出没有超调量，并且调节时间很短[3]。

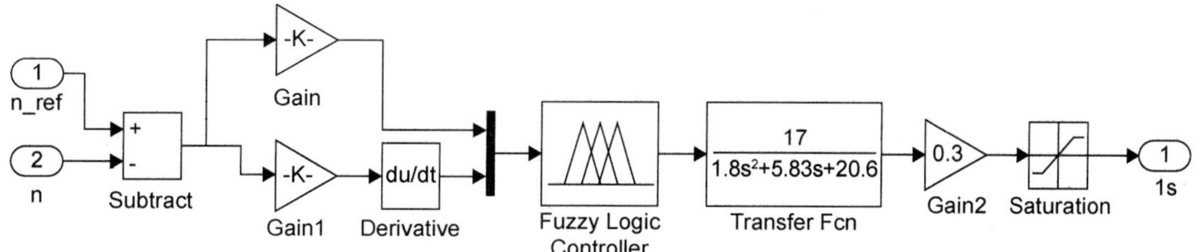

图 10-7　MATLAB 软件绘制的速度模糊控制仿真模型

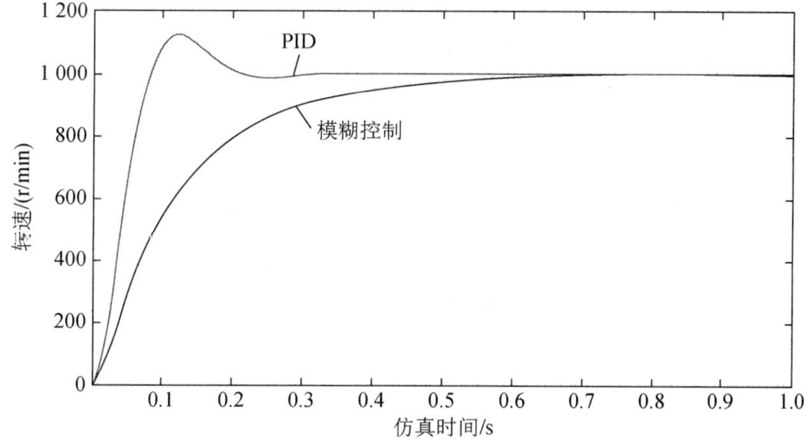

图 10-8　模糊控制和 PID 控制的转速波形比较

10.3 永磁无刷直流电动机控制系统硬件设计

永磁无刷直流电动机的硬件电路设计和印制电路板（printed circuit board，PCB）设计均在 Altium Designer v14 中进行。Altium Designer 是奥腾（Altium）公司推出的一体化电子产品开发平台，也是 Protel 软件的正统续作。在 Altium Designer 中，用户可以轻松完成原理图设计、电路仿真、PCB 绘制、拓扑逻辑自动布线、信号完整性分析等多种功能，并利用丰富的元件库和封装库，完成整个硬件系统的设计。

Altium Designer 的开发流程一般分为两部分，即原理图绘制和 PCB 绘制。在绘制原理图时，首先应该对设计的各个功能和布局有整体的把握，原理图绘制采用自顶向下的模块化设计思路，即在总图中绘制各个模块之间的相互关系和连接，在各个子图中完成各个模块所应实现的功能。系统顶层设计图如图 10-9 所示。在绘制过程中，需要加载各种需要的元件，这些元件可以从元件库中直接调取。如果没有对应型号的元件，则需要对元件进行绘制。加载元件后，还需要对元件的封装进行定义。封装是对元件的尺寸大小、形状、焊点等参数的说明。与元件调用一样，封装也可在封装库中直接调用。如果没有所需封装，则同样需要手工绘制。绘制完成后，将各个元件按照电路设计连接起来，并生成网络报表，为 PCB 的绘制做准备。在绘制 PCB 时，首先导入对应原理图的网络报表，并设置 PCB 规则，PCB 规则包括 PCB 的大小、导线宽度和过孔等内容，PCB 规则设置应当充分考虑当前的设计需要。在本节中，首先根据元件的数量和 PCB 的大小，采用传统双层板设计。然后放置元件进行布局，元件的布局应当充分考虑电磁干扰及散热等问题。元件的布线在元件数量不大、电路设计走线简单的情况下，可以使用先自动布线再手动调整的方式进行，这样既能简化设计、缩短开发周期，又能避免遗漏等错误。最后对设计规则、元件布局和走线进行检查，检查无误之后生成报表，完成 PCB 设计。

永磁无刷直流电动机控制系统的硬件是根据调速控制系统进行设计的，本节采用飞思卡尔（Freescale）的 PowerPC MPC555 作为主控芯片，其调速控制系统硬件结构框图如图 10-10 所示，主要包括供电电源模块、功率驱动模块、位置检测模块、电流检测模块和信号处理电路模块。系统的主控芯片采用的是 PowerPC MPC555 处理器，它可以提供六路输入逆变电路的 PWM 信号，功率驱动电路由 IR2130 和六个 N 沟道的 MOSFET 组成。位置检测模块采用的是霍尔传感器，其检测到的方波信号经过信号处理后，传递到主控器内作为反馈信号，以便进行电动机调速控制。电流检测模块采用精度高的无感采样电阻，用来采集电动机的三相相电流，并将其输入电流环，实现电动机的双闭环控制。

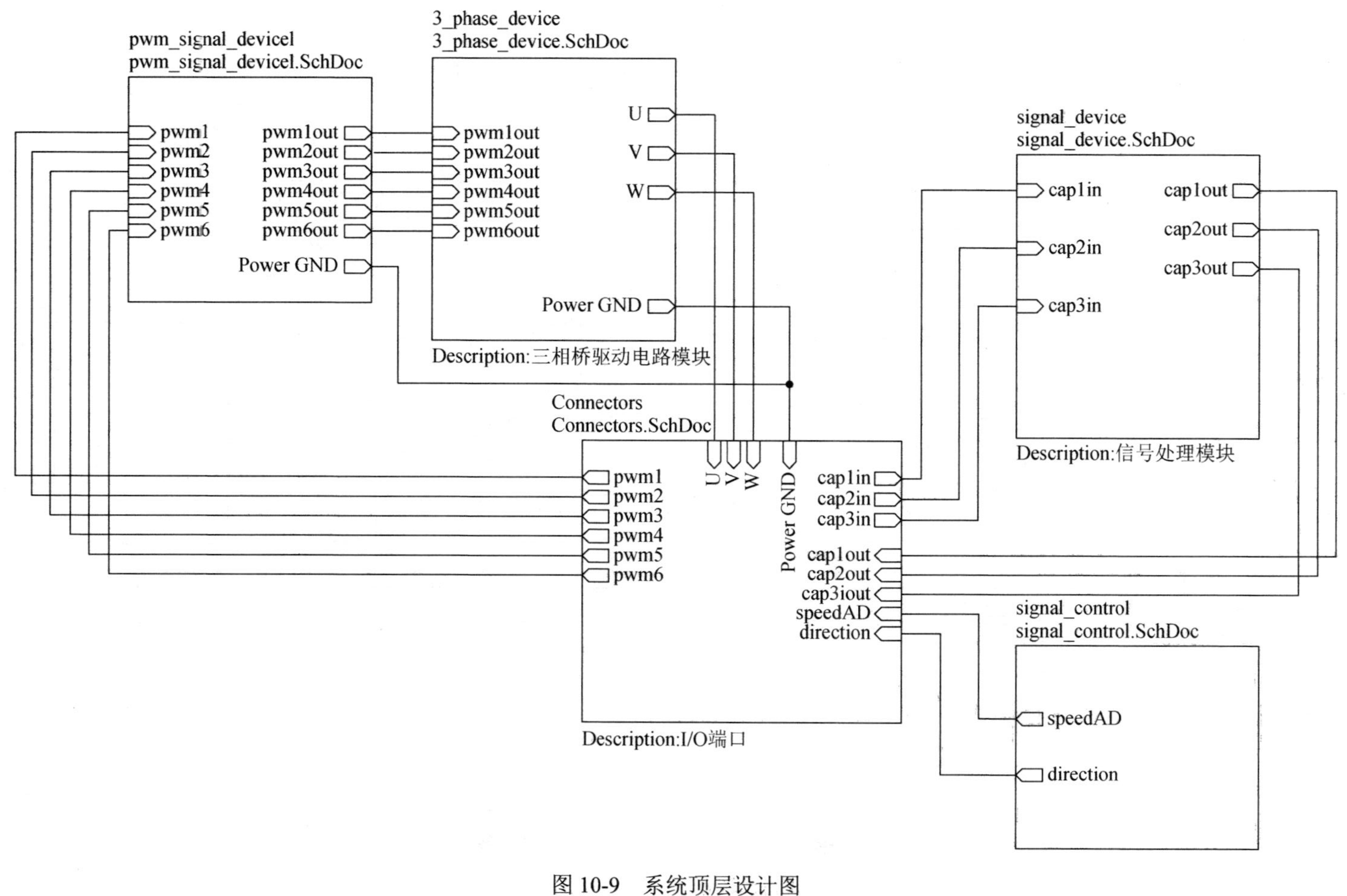

图 10-9　系统顶层设计图

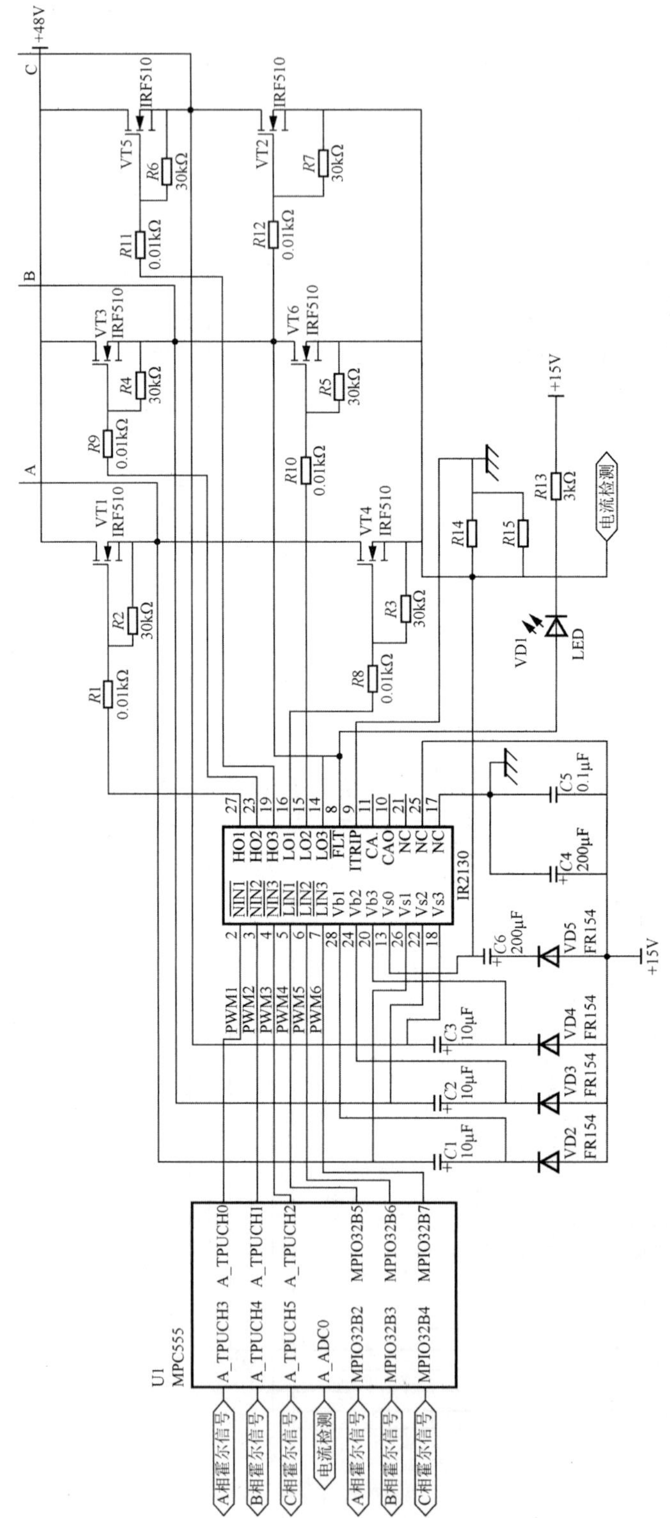

图 10-10　永磁无刷直流电动机调速控制系统硬件结构框图

10.3.1　主控芯片 MPC555 简介

MPC555 是摩托罗拉（Motorola）公司开发的 MPC500 微控制器家族的一员，主要适用于高端汽车、航空航天、智能系统等复杂嵌入式控制系统[4]。MPC555 模块结构框图如图 10-11 所示。MPC555 不仅可以在极其苛刻的条件下工作（工作温度：-40～+125℃），它还具有如下特点。

1）主频 40MHz。

2）有浮点单元的 PowerPC 内核。

3）26 位快速存储 RAM 及 6KB 的 TPU 微码 RAM。

4）448 位可编程可擦除的闪存。

5）时间处理单元（TPU3）。

6）普通 I/O 接口（MIOS1）。

7）双队列 A/D 转换模块（QADC64）。

8）双 CAN 2.0B 控制器模块（TouCANs）。

9）串行队列模块（QSMCM）。

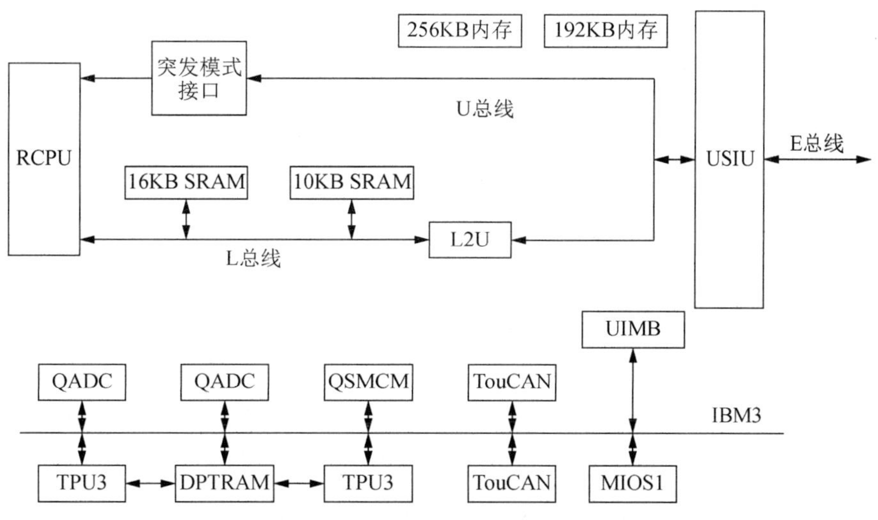

图 10-11　MPC555 模块结构框图

注：相关模块的含义可以参考本书第 1 章章后的参考文献[5]。

10.3.2　MPC555 外部电路

MPC555 的外部电路由主控芯片加上一些电阻、电容等外部元器件构成，其能够独立运行，实现最基本的功能。

1）时钟电路。MPC555 系统时钟可以由主系统振荡器（OSCM）、外部时钟输入、备用时钟（BUCLK）片上环形振荡器提供。主系统振荡器使用 4MHz 或 20MHz 晶体振荡器产生锁相环参考时钟，与其外部输入晶体振荡器（CRYSTAL）通过接口 EXTAL 和 XTAL 相连接。主系统时钟振荡器电路原理图如图 10-12 所示。

2）复位电路。为了防止程序进入死循环或程序跑飞，设计了复位电路。MPC555 复位逻辑包括如下输入：系统上电复位、外部硬件复位引脚（HRESET）、外部软件复位引脚（SRESET）、片上时钟转换、软件“看门狗”复位、调试端口硬件复位、调试端口软件复位和 JTAG 复位。复位电路图如图 10-13 所示。本节永磁无刷直流电动机选用的型号是 57BL-1080H1，额定电压是 48V，额定电流是 0.52A，额定功率是 100W。根据电动机本身的结构及其额定条件进行硬件设计。

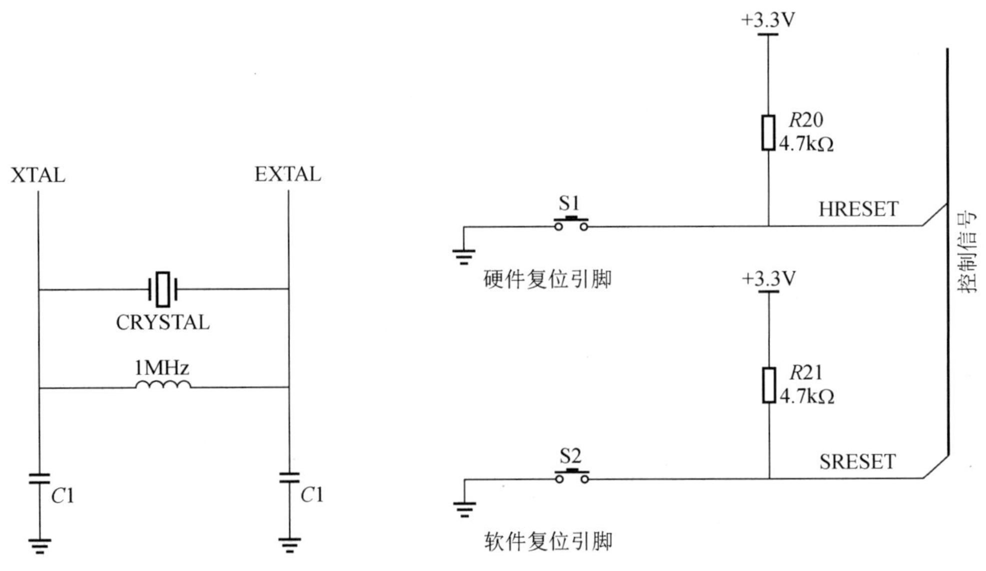

图 10-12　主系统时钟振荡器电路原理图

图 10-13　复位电路图

10.3.3　供电电源电路

本节实验采用的稳压电源为 0～30V，而硬件电路各个芯片的供电电源则各不相同，因此需要进行电压转换。硬件电路供电电压如表 10-1 所示。

表 10-1　硬件电路供电电压

电压值/V	供电芯片或供电电路
5	MPC555 芯片，三相霍尔信号
15	IR2130
24	上桥臂三个 MOSFET 的漏极

实验中将稳压电源调节到 24V，运用 DC/DC 转换器实现 5V、15V 和 24V 的供电。DC/DC 转换器为转变输入电压后有效输出固定电压的电压转换器。选用降压型 DC/DC 转换器，根据输入和输出电压的大小进行选型，本实验选用 TD5138 型号。图 10-14 所示是 24V 到 5V 的转换电路，其输出电压 $V_{out}=(1+R_2/R_1)\times 1.222\text{V}$，当转换电阻 R_2 为 22.5kΩ时，即可获得 24V 到 15V 的输出电压[5]。

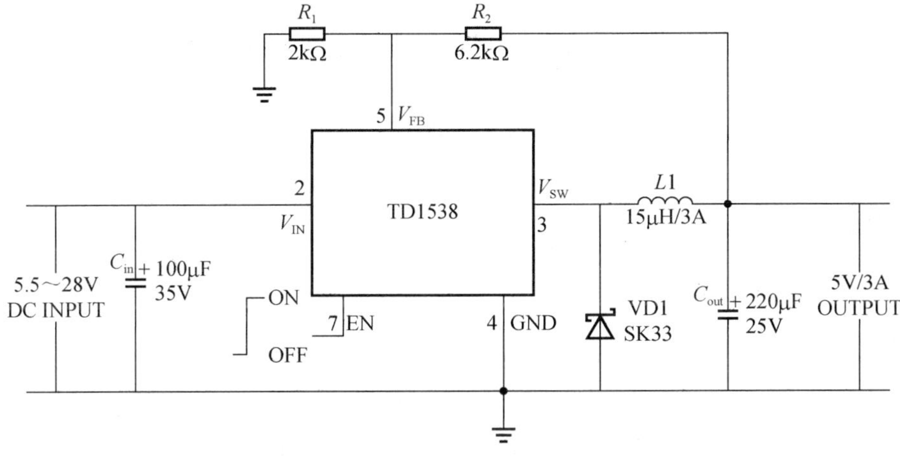

图 10-14　24V 到 5V 的转换电路图

10.3.4　功率驱动电路

驱动模块的核心任务是驱动功率管的开关状态，MOSFET 完全导通需要栅极电压高于源极电压 10～15V，而 DSP 所产生的 PWM 信号的高电平只有 3.3V，因此，需要在控制功率管之前进行功率放大，使之能够导通功率管。本节所采用的功率驱动电路是以 IR2130 芯片为核心的三相全桥逆变电路。由 DSP 产生三组互补的 PWM 信号，IR2130 经过功率放大，驱动功率管的开关，从而完成整个逆变过程。其中，功率管的控制方式采用软开关模式，即 IR2130 输出的高三路 HIN1、HIN2、HIN3 采用 PWM 控制，低三路 LIN1、LIN2、LIN3 采用高低电平控制。使用这种方式控制，电流纹波较小[6]。

1. IR2130 简介

IR2130 是国际整流器（IR）公司推出的 MOS、IGBT 功率器件专用的栅极驱动芯片。IR2130 门极输出电压可达 20V，并通过自举电路工作原理，使其既能驱动三相桥式电路中低压端的功率管，又能驱动高压端的功率管。IR2130 内部还集成了过电流、过电压、欠电压及上下桥臂 2.5μs 死区时间等保护功能，是一款功能非常强大且易用的芯片。

IR2130 最大可以驱动不高于 600V 电压的驱动系统，最大正向峰值驱动电流为 250mA，反向峰值驱动电流为 500mA，完全满足需要[7,8]。

2. 功率管的选择

功率管的选择主要取决于以下几个重要参数。

1）漏极电压 V_{DS}：决定功率管所能承受的最大正向电压。

2）漏极电流 I_D：决定正常工作时功率管所能承受的最大电流。

3）开关频率 f_S 与最大工作温度：保证在正常环境下系统工作的可靠性。

本节采用的电动机为 100W/48V 的无刷直流电动机，峰值电流为 1.04A，所选型号为 IRF540 的 MOS 管，其输出电压可达 100V，漏极电流最大可达 22A，满足本电动机驱动电路的设计要求。

3. 功率驱动电路设计

功率驱动电路采用典型的 IR2130 驱动电路设计。IR2130 的供电电压为 12V，并在电源信号 VCC 和 VSS 与 VS0 之间分别加入 220μF 滤波电容，在故障检测信号 FAULT 前串联一个发光二极管和一个 2kΩ 的电阻作为故障指示灯，电流检测信号 ITRIP 由驱动电路主回路跨接于 VS0 和 VSS 之间的采样电阻实现[9]。高三路的驱动电源由 VCC 通过三只快恢复二极管和并联在高三路的三只自举电容得到，在信号输入至功率管栅极之前串联一个 10Ω 缓冲电阻，防止电流上升速率过快[10]。设计的驱动电路图如图 10-15 所示。

10.3.5 霍尔信号检测电路

霍尔信号检测电路的功能是将电动机定子上相隔 120° 电角度的三个霍尔信号，经过信号处理送入 DSP 的捕获端口。电动机的霍尔传感器采用 5V 电源供电，经过电阻和电容组成的无源滤波器之后，送入施密特触发器 HEF40106BP 对数字信号进行进一步整形，之后送入光耦合器（简称光耦）进行光电隔离，最后送入 DSP[11]。光耦是以光为媒介来传输电信号的器件，通过封装在内部的发光二极管和光敏器件，实现信号“电-光-电”的转换，对信号输入端与输出端完全实现电气隔离，增强了信号的抗干扰能力。本节采用东芝公司的 TLP521 作为光电隔离芯片，输入端输入 5V 信号，输出端采用 3.3V 供电，经过上拉电阻将信号送入 DSP[12]。霍尔信号检测电路图如图 10-16 所示。

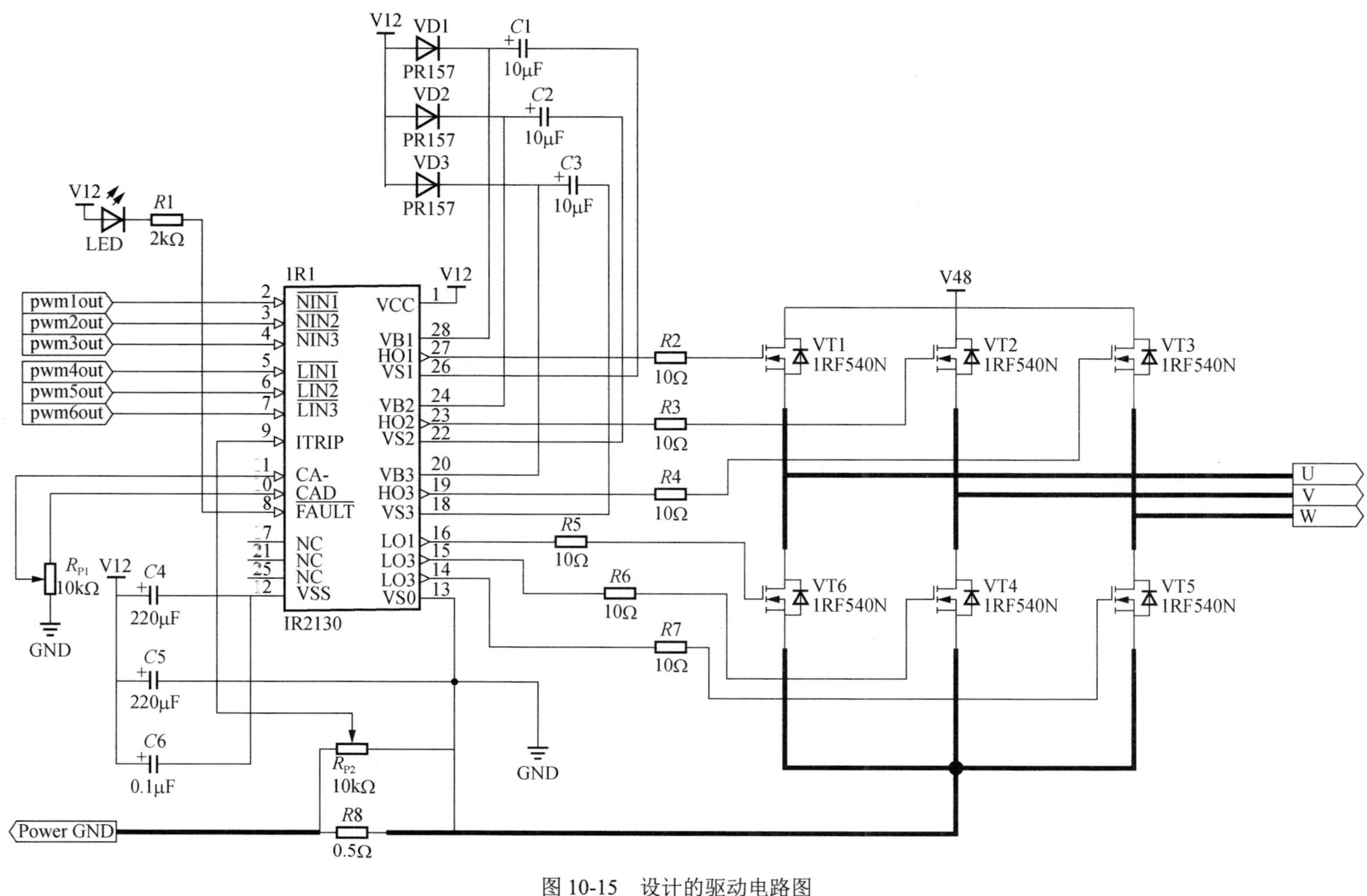

图 10-15　设计的驱动电路图

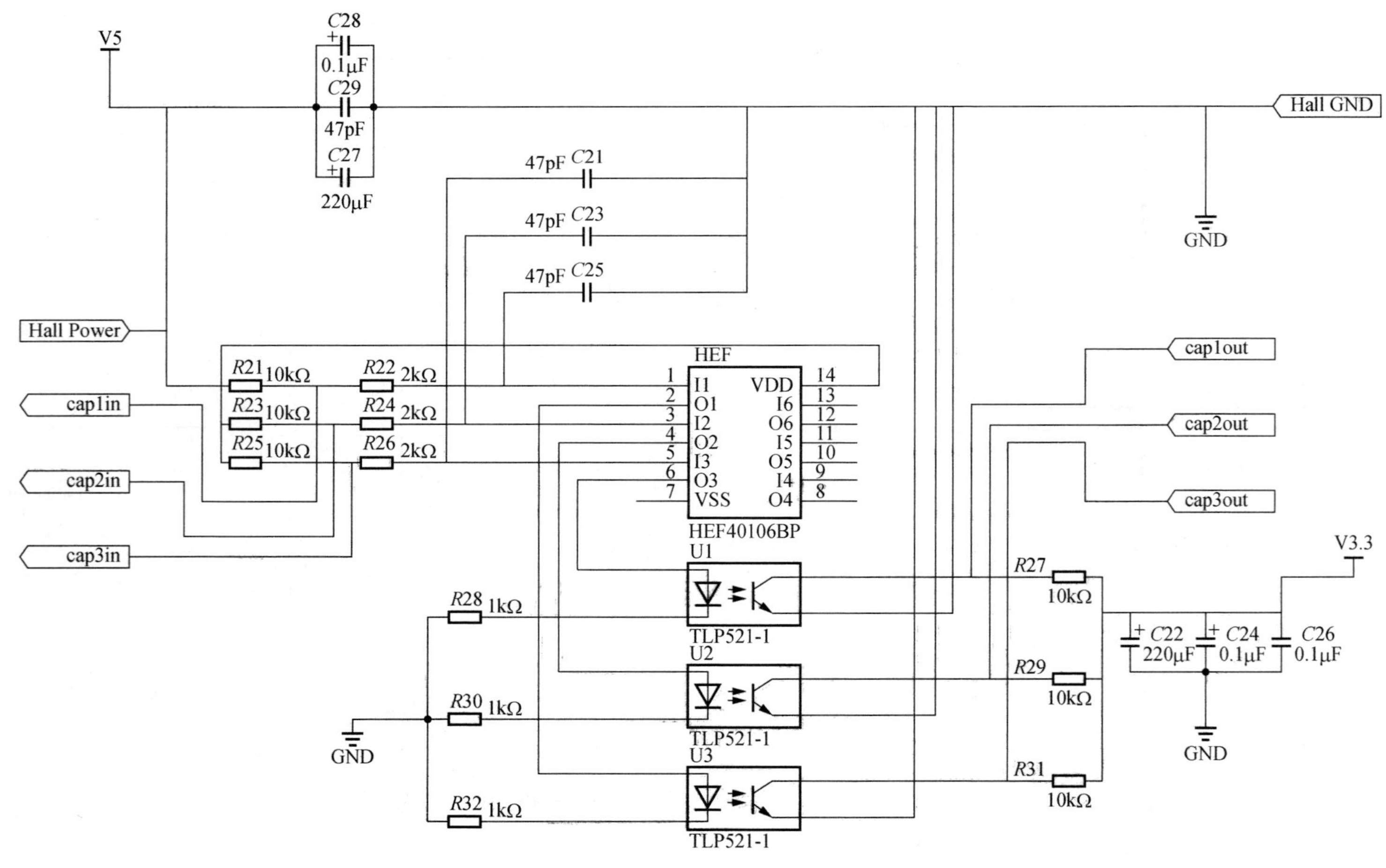

图 10-16　霍尔信号检测电路图

10.3.6 PWM 信号处理电路

IR2130 采用不隔离的驱动方式，若主电路功率器件损坏，则高压将直接串入 IR2130，引起 IR2130 永久性损坏，严重时还会将 IR2130 前级电路击穿。因此，在将 DSP 发出的 PWM 信号送入功率驱动电路之前，加入光电隔离电路，将 DSP 和驱动板之间进行电气隔离，保证 DSP 板的电路安全。另外，电气隔离还将 DSP 板和功率驱动电路的电源和地线分开，减少了驱动电路电磁干扰对前级电路的影响，增强了系统的稳定性。

与霍尔信号检测模块不同的是，PWM 信号频率远大于霍尔信号的变化频率，使用东芝公司的 TLP521 作为光电隔离芯片不能满足设计要求。本节采用的 PWM 信号频率为 10kHz，选用 HCPL-2630 高速光耦作为光电隔离芯片。HCPL-2630 采用 5V 电源供电，信号传输速率高达 10Mb/s，满足设计要求。DSP 送出 3.3V 的 PWM 信号经过电平转换成 5V PWM 信号，经过高速光耦合上拉电阻后，将隔离后的信号送入功率驱动模块[13]。值得注意的是，功率驱动电路和 PWM 信号处理电路高速光耦的接收端都采用功率电源供电，而其他模块电源则采用信号电源供电，这两种电源之间完全电气隔离，地线不接地。PWM 信号处理电路图如图 10-17 所示。

10.3.7 控制信号输入电路

本节用到的外部控制信号有两个，一个是转速控制信号，另一个是正反转控制信号。其中，转速控制信号采用电位器分压的方式，将一个阻值为 10kΩ 的电位器与 1kΩ电阻串联，一端接 3.3V 信号电源，另一端接地，电位器的输出端接入 DSP 的 A/D 采集端口，使 0～3V 的电压线性对应零到额定转速。正反转控制信号采用一个单刀双掷开关，将高低电平两种状态对应正反转两种信号，将信号送入 DSP 的数字 I/O 端口，并在电路中加入两个发光二极管对应正反转两种状态，作为信号指示灯。控制信号输入电路图如图 10-18 所示。

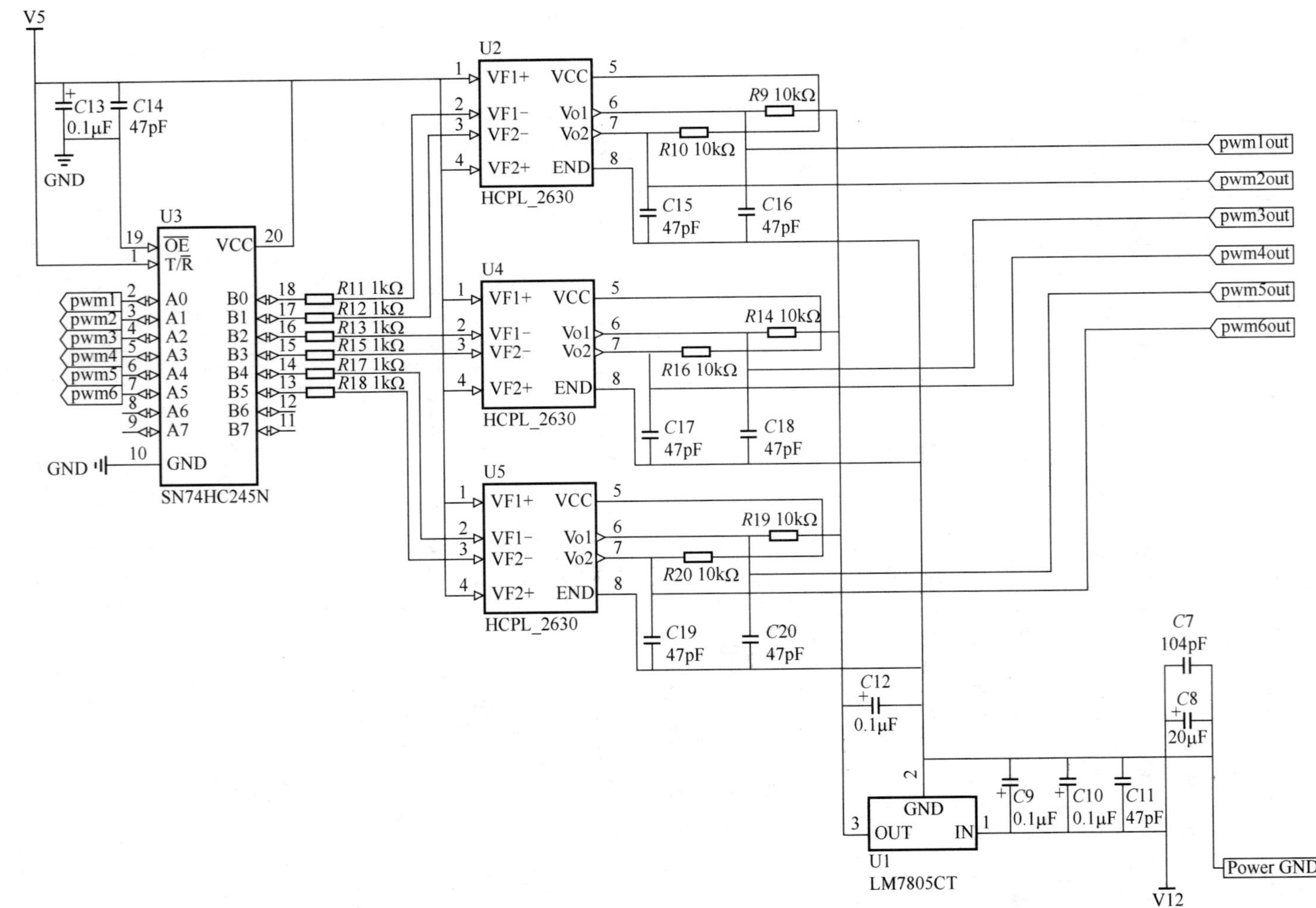

图 10-17　PWM 信号处理电路图

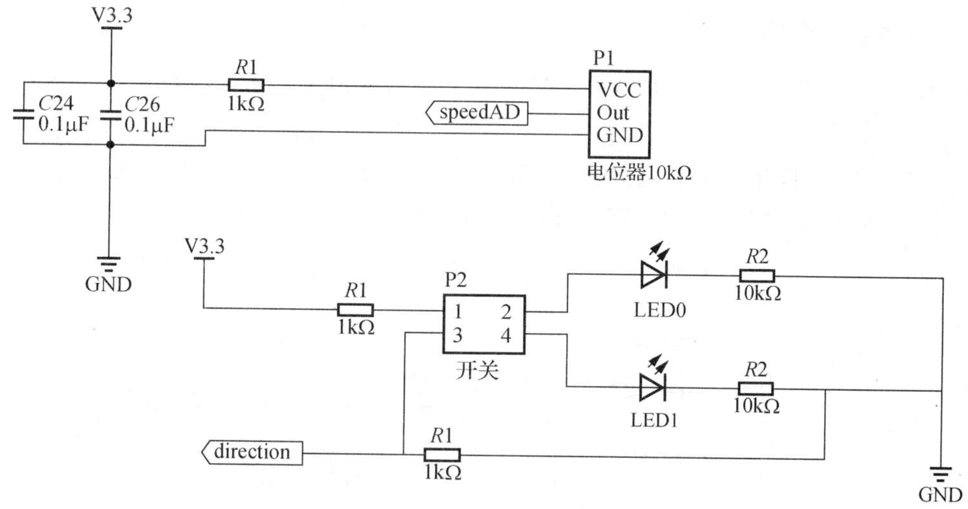

图 10-18　控制信号输入电路图

10.3.8　保护电路

保护电路的作用是在系统正常工作环境受到严重影响时，保障系统和电路的安全，避免发生危害。常用的保护电路有过电流保护电路、过电压保护电路和过热保护电路等。本节用到两种保护电路，分别是过电压、欠电压保护电路和电流调理电路。

1. 过电压、欠电压保护电路

过电压、欠电压保护电路采用电阻分压的方式，将母线电压信号按照一定比例送入比较器，再通过与采样信号的比较，经过上拉电阻后将结果发送至 DSP 进行处理。过电压、欠电压保护电路图如图 10-19 所示。

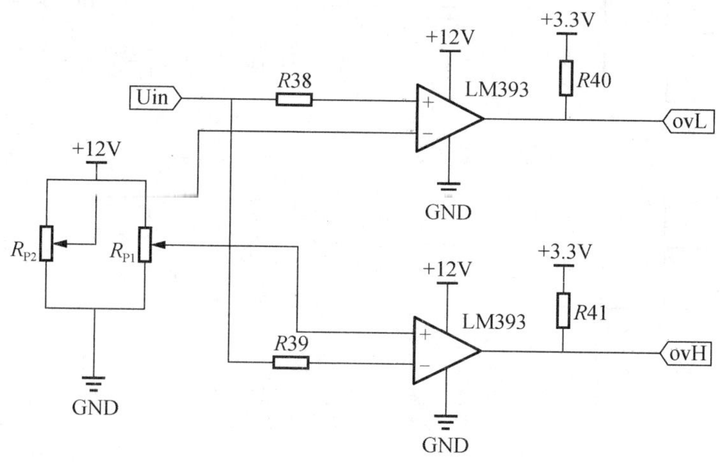

图 10-19　过电压、欠电压保护电路图

2. 电流调理电路

本节采用检测采样电阻两端电压的方法计算电流，得到的电流信号经过一个二阶压控的低通滤波器，避免波形受到干扰产生毛刺。由于 DSPAD 采集端口电压不能超过3.3V，否则会烧毁 DSP 芯片，因此在将电流信号送入 DSP 之前需要通过 3.3V 的钳位电路，保证系统安全。电流调理电路图如图 10-20 所示。

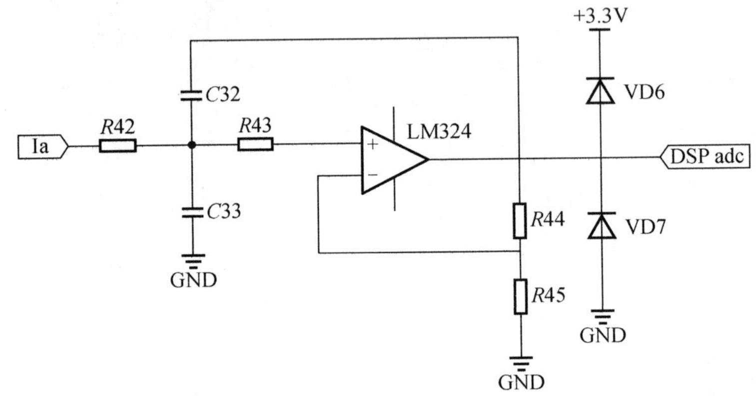

图 10-20　电流调理电路图

10.3.9　端口名称及定义

外部端口的功能是将硬件各个模块及电动机和 DSP 连接起来，在进行 PCB 设计时，将各个端口设计成方便连接和拆卸的接插件，方便硬件的连接和调试。输入、输出端口电路图如图 10-21 所示。本节所用到的各个端口名称和定义如表 10-2 所示。

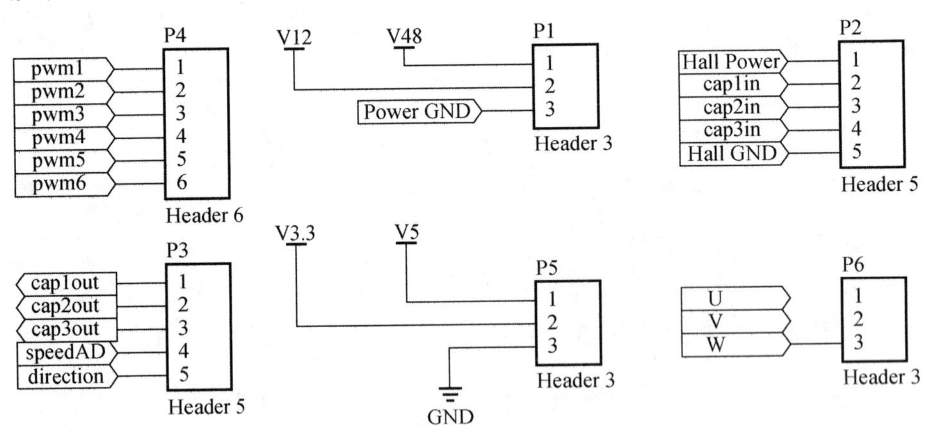

图 10-21　输入、输出端口电路图

表 10-2　硬件系统端口说明及定义

端口名称	端口接线	功能
pwm1~pwm6	DSP 的 PWM1～PWM6 的输出端口	将 DSP 产生的六路 PWM 信号送入驱动板
Hall Power	电动机霍尔传感器正极	为霍尔传感器供电
Hall GND	电动机霍尔传感器负极	霍尔传感器信号地线
cap1in～cap3in	电动机产生的三路霍尔信号	连接电动机的三路霍尔信号
cap1out～cap3out	DSP 的三路捕获端口	将处理过的三路霍尔信号送入 DSP
speedAD	DSP 的 A/D 采集端口	将外部输入的转速信号送入 DSP
direction	DSP 的数字 I/O 端口	将外部输入的正反转信号送入 DSP
V12、V48	连接 12V 和 48V 功率电源	为电动机和驱动板提供 12V 和 48V 功率电源
Power GND	功率电源地线	为电动机和驱动板提供地线接口
V3.3、V5	连接 3.3V 和 5V 信号电源	为 DSP 和驱动板提供 3.3V 和 5V 信号电源
GND	信号电源地线	为 DSP 和驱动板提供信号接地端口
U、V、W	连接电动机 U、V、W 三相电源	电动机三相电源的接口

10.3.10　PCB 设计的一般流程

完成硬件电路的 PCB 设计是 PCB 的必要基础，电路板的合理设计和布局能够保证系统工作的稳定性及可靠性，这也是走向产品化进行大批量生产的前提。

PCB 设计以设计好的电路原理图为基础，在保证电气连接及硬件功能的前提下，对所有用到的元器件的封装进行选择，其中大部分常用元器件的封装可以在 Altium Designer 封装库里找到，而对封装库里没有的元器件，则需要用户在网上查找或根据用户需要按照元器件的尺寸标准自行设计元器件的封装。图 10-22 所示为 PCB 设计的一般流程图。

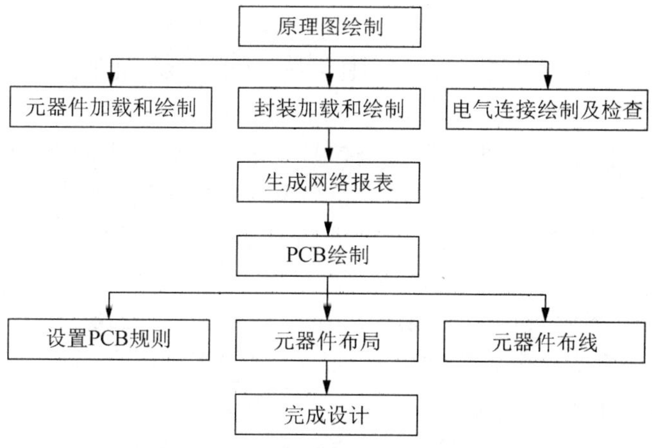

图 10-22　PCB 设计的一般流程图

10.3.11　永磁无刷直流电动机控制系统 PCB 设计

在完成永磁无刷直流电动机硬件系统的原理图绘制后，首先对各个元器件的封装进行调整，根据需要选择合适的封装。由于插装的元器件焊接、调试方便，故选择插装的元器件类型。在生成 PCB 时，先要进行设计规则检查，检测元器件封装及电气连接的正确性。检测无误后，对 PCB 设计进行布局，选择 PCB 尺寸，放置元器件。在本节中，根据元器件布局，采用长为 15.825cm，宽为 10.922cm 的 PCB。将元器件合理布置后，对 PCB 进行整体布线，制定合理的线宽，满足间距、拐角等电气规则[14]。一般导线宽度为 0.254mm，电源及大功率元器件导线宽度为 0.508mm。最后为双层 PCB 进行多边形覆铜，并把 PCB 文件存档并整理，方便制定为成品。永磁无刷直流电动机硬件系统 PCB 设计如图 10-23 所示。

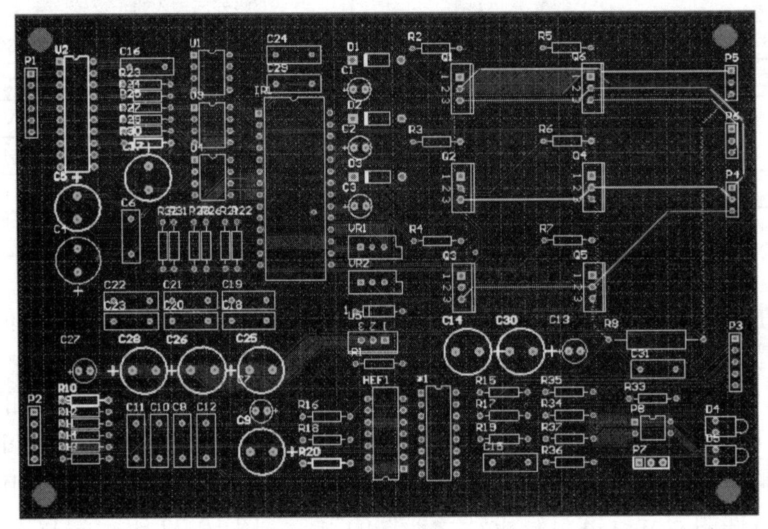

图 10-23　永磁无刷直流电动机硬件系统 PCB 设计

10.4　永磁无刷直流电动机控制系统软件设计

软件部分的主要功能是根据位置检测信号确定永磁无刷直流电动机的换相顺序，根据电流反馈和转速反馈来进行速度控制，整个系统软件采用模块化设计思想，包括主程序及初始化程序、位置检测子程序、定时测速子程序、斜坡控制器程序和 PID 调速程序等。

MPC555 的编程环境为 CodeWarrior IDE v8.7。CodeWarrior 是专门面向 Freescale 与 DSP 的嵌入式软件开发工具，支持汇编、C、C++等多种语言，并支持混编，编程简单方便。CodeWarrior 能够自动检查代码中的明显错误，它通过一个集成的调试器和编译器来扫描代码，以此找到并减少明显的错误，再编译并执行程序。

10.4.1　主程序和初始化程序

主程序是整个设计的核心部分，可以调用子程序。当程序开始运行时，进行系统时

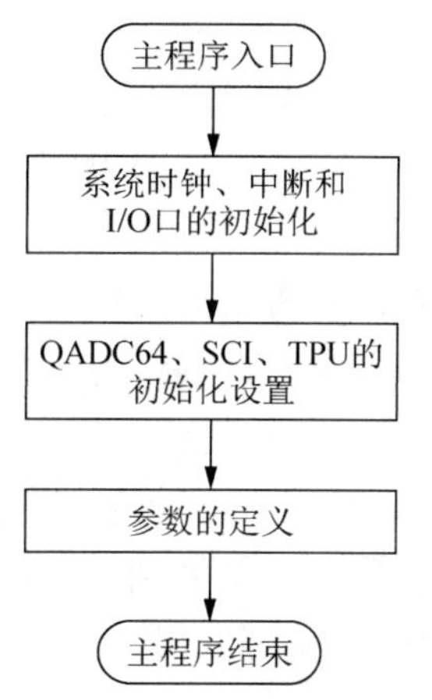

图 10-24　初始化程序框图

钟、PIE 等的初始化及所用到的各个模块的初始化。

系统时钟的初始化主要包括关闭“看门狗”、将主频设置为 40MHz，对 TPU_A 进行预分频设置，使 TPU_A 模块的主频为 1MHz。中断的初始化主要包括禁止系统中断，设置中断标志位。QADC64 的初始化包括确定转换模式，设置 I/O 引脚，指定结果寄存器，设置中断等级。SCI 的初始化包括设置波特率、使能发送、设置中断等级、开中断。初始化程序框图如图 10-24 所示。

10.4.2　位置检测子程序

本节利用 MPC555 中 TPU3 的捕捉功能进行位置检测，三个霍尔信号输出相差 120° 电角度的方波，可以通过检测方波的上升沿或下降沿来读取高低电平，以便确定电动机所处的时刻，进行精确换相。位置检测子程序首先读取 MPIO32B2、MPIO32B3、MPIO32B4 端口的电平，并写入变量 H1、H2、H3 中，再根据上一时刻的霍尔传感器值来判断转子转向，在判断好转子的转向后，更改相应的标志位 nowd，最后更新传感器标志位 LH1、LH2、LH3。位置检测子程序框图如图 10-25 所示。

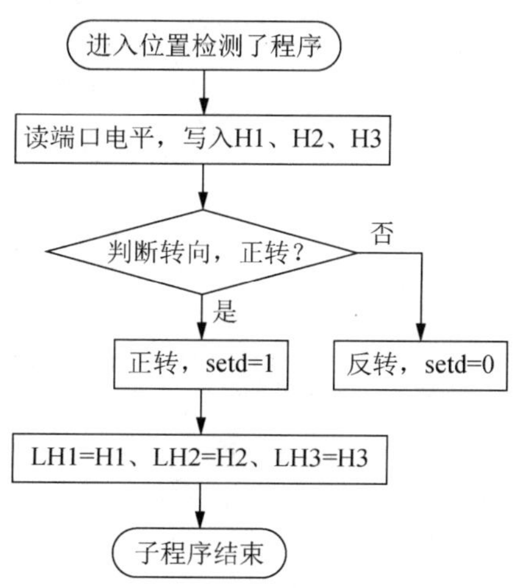

图 10-25　位置检测子程序框图

10.4.3　定时测速子程序

速度计算可以由位置传感器的三路霍尔信号得到，无刷直流电动机转子在每个旋转周期内都会产生六个交变信号，由于速度信号可以写成

$$\omega = \frac{\Delta M}{\Delta T} \tag{10-19}$$

式中，ΔM ——电动机的机械转角（电动机转子的旋转角度）。

电动机的机械转角与电动机的电角度$\Delta\theta$（磁场的旋转角度）的关系式

$$\Delta M \cdot p = \Delta\theta \tag{10-20}$$

式中，p——电动机的极对数。

本节中电动机的极对数是 5，又由于霍尔传感器相对于电动机的位置是固定的，即两交变信号之间的相位差是不变的，也就是$\Delta\theta$不变（每两个信号交变的相位差为 60°电角度），因此计算速度只要测出两交变信号间的时间间隔ΔT，就可以得到速度信号。

在由 MPC555 构成的系统中，捕获单元采用 TPU3 模块的 NITC 功能进行转速检测，通过函数 tpu_nitc_init_tcr_mode 设置捕捉通道、优先级、检测边沿和最大计数值等，在程序中只要记下连续两次发生捕获中断时刻的计数器值，通过相减，就可以得到ΔT，速度也就容易求得了。部分程序如下：

```
for(i=0;i<=2;i++)
{
    tpu_nitc_init_tcr_mode(tpua,i,TPU_PRIORITY_HIGH, TPU_NITC_FALLING,
    2,TPU_NITC_SINGLE,TPU_NITC_TCR1,TPU_NITC_NOLINK,TPU_NITC_START_LINK_
    CHANNEL_1,TPU_NITC_LINK_FIVE, PU_NITC_INTERRUPT);
       if((tpu_check_interrupt(tpua, i)) != 1)
       {
           tpu_clear_interrupt(tpua, i);
       }
     max_count_nitc = tpu_nitc_read_max_count(tpua, i);
     final_tcr1_capture_nitc = tpu_nitc_read_final_trans_time(tpua, i);
     last_tcr1_capture_nitc = tpu_nitc_read_last_trans_time(tpua,i);
     if(final_tcr1_capture_nitc-last_tcr1_capture_nitc>0)
       {
          frequence[i]=(float)1250000/(final_tcr1_capture_nitc-last_
          tcr1_capture_nitc);
       }
       if(final_tcr1_capture_nitc-last_tcr1_capture_nitc<0)
       {
          frequence[i]=(float)1250000/(65536+final_tcr1_capture_nitc
          -last_tcr1_capture_nitc);
       }
}
```

10.4.4　斜坡控制器程序

斜坡控制器程序本质上是一个延时程序，其目的是使从当前状态到目标状态的变化过程更为平滑。在电动机起动过程中加入斜坡控制器程序，会使电动机的起动更为平稳，有效地避免了卡机、抖动和噪声过大等问题，在控制过程中，控制参数的变化过快、过大，都会导致电压、电流的突变，轻则影响程序的正确运行，重则直接烧毁电路，造成安全问题。在 PID 控制中，减缓目标状态的变化过程还可以使超调量减少，使 PID 控制更为容易。因此，在调用控制参数之前先加入斜坡控制器程序是十分必要的。

在斜坡控制器程序中有两个最重要的参数，一个是单位值 StepValue，另一个是延时计数值。单位值是控制从当前状态到目标状态的步长，即需要若干个单位值的过渡状态最终达到目标状态。延时计数值是指每过渡一个状态所需要的时间。根据这两个参数并结合控制参数自身所具有的特性，即可完成斜坡控制。图 10-26 所示为斜坡控制器的设计流程图。

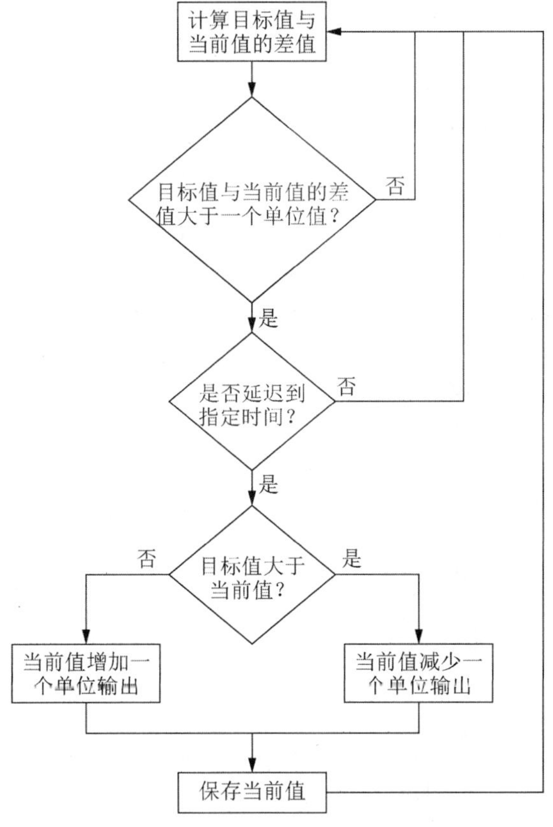

图 10-26　斜坡控制器的设计流程图

10.4.5　PID 调速程序

PID 控制程序是精确控制电动机转速的关键，在 3.4 节中已经介绍过传统 PID 控制，这里不再赘述。本节着重介绍PID程序的实现和参数的调节设置。

除了 K_p、K_i、K_d 三个 PID 核心参数外，还加入了积分限幅参数 OutMax、OutMin 和积分补偿参数 K_c。其中，OutMax 和 OutMin 两个参数限制了 PID 输出的最大变化范围，保证 PID 控制程序的稳定性和输出结果的可靠性，而积分补偿参数 K_c 则以一定比例对超过变化范围的积分进行补偿，加快系统的响应速度，减少了系统进入稳态的时间。

在软件编程中，首先应当根据式（3-23）计算误差值 $e(t)$，此处设定值为 A/D 模块采集到的设定转速信号，而实际输出值则为捕获单元采集到的当前转速。然后计算各部分数值 UP、UI、UD，其中 UP 由参数 K_p 与误差相乘直接得到，UI 每次计算都需要累加上一次 UI 计算的结果和积分补偿部分，而 UD 则利用两次误差的差值实现微分功能。程序部分代码如下：

```
void pid_reg3_calc(PIDREG3 *v)
{
    //计算误差
    v->Err = v->Ref - v->Fdb;
    //计算比例系数
    v->Up = _IQmpy(v->Kp,v->Err);
    //计算积分作用系数
    v->Ui = v->Ui + _IQmpy(v->Ki,v->Up) + _IQmpy(v->Kc,v->SatErr);
    //计算微分作用系数
    v->Ud = _IQmpy(v->Kd,(v->Up - v->Up1));
    //计算预饱和输出
    v->OutPreSat = v->Up + v->Ui + v->Ud;
    //饱和输出
    if (v->OutPreSat > v->OutMax)
      v->Out =  v->OutMax;
    else if (v->OutPreSat < v->OutMin)
      v->Out =  v->OutMin;
    else
      v->Out = v->OutPreSat;
    //计算饱和差值
    v->PwmOut = v->Ref + v->Out;
    if (v->PwmOut > _IQ(2000))
      v->PwmOut = _IQ(2000);
    else if (v->PwmOut < _IQ(0))
      v->PwmOut = _IQ(0);
    else
      v->PwmOut = v->PwmOut;
        v->SatErr = v->Out - v->OutPreSat;
    //更新以前的比例系数
```

```
        v->Up1 = v->Up;
    }
```

PID 控制的关键是设置控制参数，合理的参数设置可以使系统的控制效果更佳。一般情况下，PID 参数需要进行反复调整，工作量较大，设计者们根据自己的经验总结出试凑法、临界比例度法、扩充临界比例度法等参数设置方法，确定 PID 参数的步骤如下[15]。

（1）确定比例系数 K_p

确定比例系数 K_p 时，首先去掉 PID 的积分项和微分项，即令 K_i、K_d 为零，使之成为纯比例调节。输入设置为系统允许输出最大值的 60%～70%，比例系数 K_p 由 0 开始逐渐增大，直至系统出现振荡；再使此时的比例系数 K_p 逐渐减小，直至系统振荡消失。记录此时的比例系数 K_p，设置 PID 的比例系数 K_p 为当前值的 60%～70%。

（2）确定积分常数 K_i

积分常数 K_i 的确定与 K_p 类似，在保留 K_p 取值之后，令 K_i 为零，取系统振荡临界值的 150%～180%。

（3）确定微分常数 K_d

在确定比例系数 K_p 和积分常数 K_i 之后，取系统振荡临界值的 30%左右作为 K_d 取值。

（4）确定积分限幅值 OutMax、OutMin 和积分补偿值 K_c

积分限幅参数的选定需要与电动机的参数对应，在保证电动机正常工作的前提下，尽量减少对积分幅值的限制，使之能够更快地进入稳态。积分补偿值 K_c 的确定应当在确定积分限幅值之后进行，取值范围在 0.1～0.5 之间即可。

10.4.6　中断程序设计

中断程序是串联各个模块功能完成整个程序设计的关键。合理的中断程序设计，不仅能够简化系统设计，还能增加系统的稳定性，提高系统的运行效率。

本节用到的中断程序及说明如表 10-3 所示。

表 10-3　中断程序及说明

中断程序	中断程序说明	调用子程序和变量
T2OFINT_ISR()	通用定时器 2 的上溢中断	计数溢出标志位 R1
ADCINT_ISR()	ADC 中断程序	A/D 采集信号 Speed_adc
T1UFINT_ISR()	通用定时器 1 的下溢中断	斜坡函数，PID 子程序
CAPINT1_ISR()	捕获单元 1 中断	换向程序，测速程序
CAPINT2_ISR()	捕获单元 2 中断	换向程序，测速程序
CAPINT3_ISR()	捕获单元 3 中断	换向程序，测速程序

其中，通用定时器 2 的上溢中断程序用于完成计数值的累加和溢出值的计算。在 ADC 中断程序中，完成 A/D 采集的数据更新。在三个捕获中断程序中，完成程序换向和转速的数据更新。在通用定时器 1 的下溢中断程序中，调用斜坡函数和 PID 子程序，完成对转速控制信号的处理。

10.4.7 故障诊断程序

故障诊断程序是确保系统安全性能的重要保障。在系统发生故障时，系统根据故障原因给出说明，并进行紧急处理，从而避免系统崩溃和危险的发生。

本节用到的故障诊断信号有三部分，分别是过电压、欠电压故障，IR2130 芯片故障和电动机堵转故障。当系统发生故障时，立即将六路 PWM 输出信号置为高电平，使电动机停止运行，并根据故障类型亮起相应的故障指示灯，同时将故障标志位锁存，启动 10s 计时程序，在计时期间，程序不能再次运行。计时过后，直到故障排除，系统才能重新运行。

故障诊断程序设计流程图如图 10-27 所示。

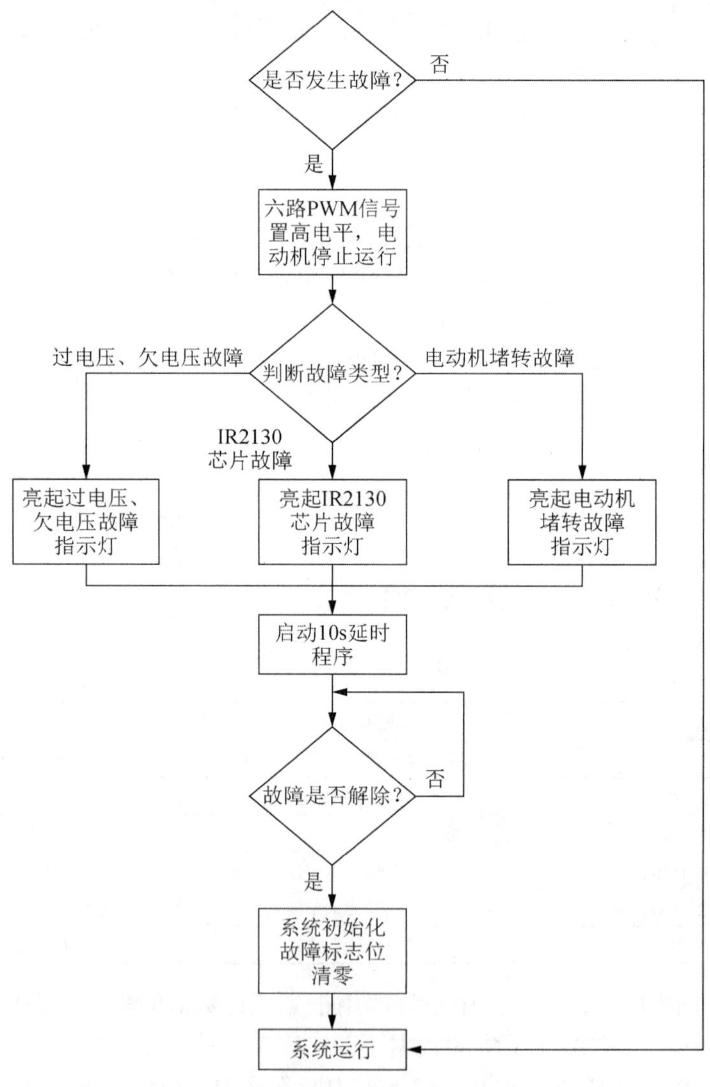

图 10-27　故障诊断程序设计流程图

10.4.8　基于 LabVIEW 的图形界面设计

本节利用 LabVIEW 的 VISA 控制接收串口数据，并以图形界面显示，实现由 DSP 向上位机 PC 的通信功能。LabVIEW 程序设计主要包括三部分。

（1）VISA 控件接口部分

VISA 控件接口部分主要是对 VISA 参数进行设置，并对数据流走向和错误信息反馈进行设计[16]。VISA 控件模块设计图如图 10-28 所示。本节采用的串口发送程序的波特率为 9 600Bd，8 位数据位，无奇偶校验位，1 位停止位，每次在 LabVIEW 上读取 1 000 个数据进行操作。

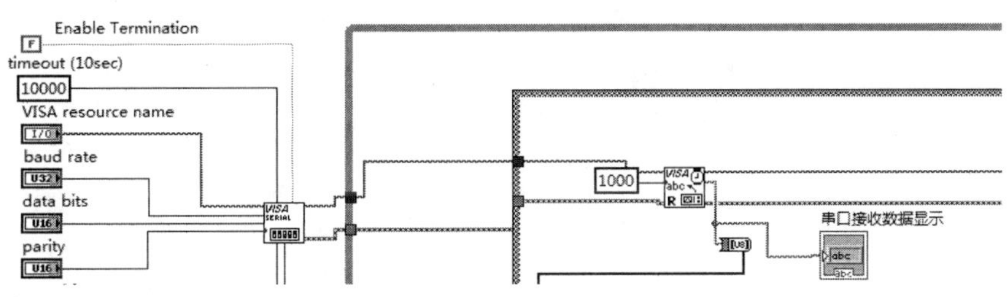

图 10-28　VISA 控件模块设计图

（2）数据标志位查询部分

数据标志位查询主要针对多路采集系统，对数据流中每次发送的数据根据标志位确定该数据属于哪一个通道。数据查询模块设计图如图 10-29 所示。在进行多通道串口通信时，系统并不能自动检测当前接收的数据属于哪一个通道，因此在发送数据时需要发送一个数据标志位，在 LabVIEW 接收程序中，也要对接收到的数据进行判断。数据标志位的选择应当避免与发送数据可能出现的数值重复，否则将导致系统误将发送数据当作数据标志位，使通道选择发生错误。本节发送的数据不超过 0xFFF，因此采用大于 0xFFF 的数据 0xABCD 作为数据标志位即可。

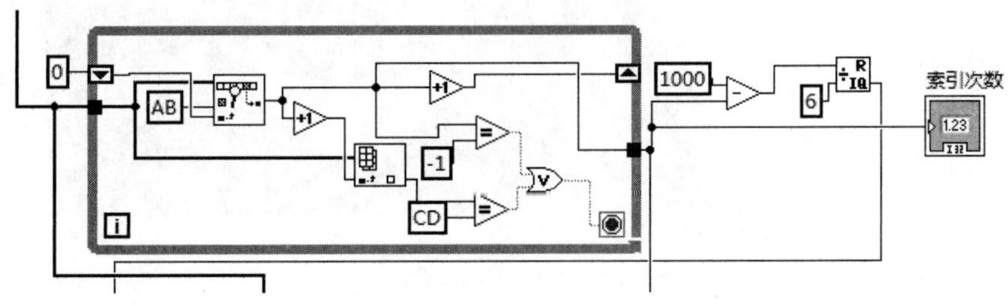

图 10-29　数据查询模块设计图

系统在每次读取 1 000 个数据时，首先通过索引找到 0xAB，再判断下一个数据是否为 0xCD，找到数据标志位后，下一组数据即为第一通道数据，以此类推，完成数据通道的处理过程。

（3）数据整理和显示部分

因为 DSP 存储的数据是 16 位的，串口模块发送的数据是 8 位的，所以需要在 LabVIEW 中将数据的高 8 位和低 8 位重新进行整合，再将整合好的数据送入显示模块生成图像[17]。数据接收模块设计图如图 10-30 所示。因为每组数据的高 8 位和低 8 位前后相邻，所以只需将高 8 位数据左移 8 位再加上低 8 位数据即可还原原来的 16 位数据，最后通过循环语句将每组数据送到指定的通道进行处理。

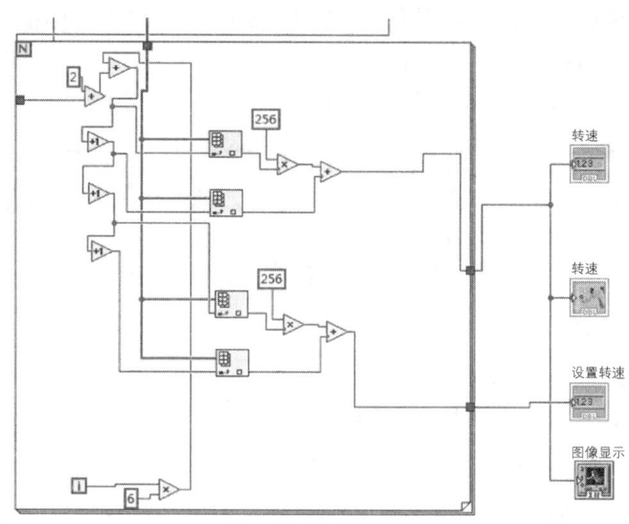

图 10-30　数据接收模块设计图

在完成 LabVIEW 程序设计之后，还需要对前面板，也就是显示界面进行合理布局，形成上位机图形显示界面，如图 10-31 所示[18]。

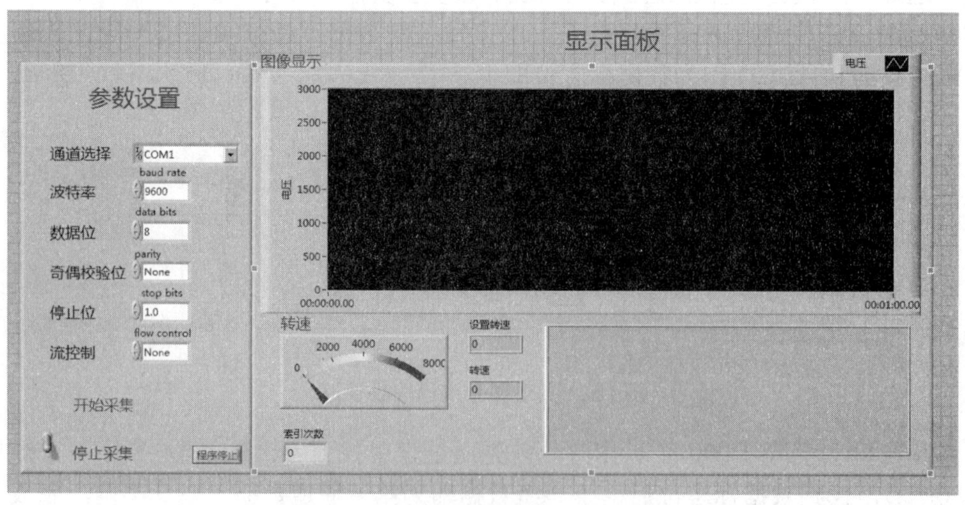

图 10-31　上位机图形显示界面

10.5　永磁同步电动机数学模型

永磁同步电动机在运行过程中是一个高阶、非线性和强耦合的复杂系统[19]。为了对永磁同步电动机控制系统进行解耦分析，需要建立电动机数学模型[20]。本节通过坐标变换，即静止坐标系与旋转坐标系之间的变换，实现静止坐标系下电动机旋转过程的解耦，建立电动机数学模型，简化系统变量的复杂程度，可以对永磁同步电动机进行数据分析和系统控制。

10.5.1　定义坐标系

根据永磁同步电动机的结构和工作原理，定义静止坐标系和旋转坐标系两种坐标系，如图 10-32 所示。静止坐标系包括三相 *A-B-C* 坐标系和两相 α-β坐标系；旋转坐标系，即 *d-q* 坐标系[21]。

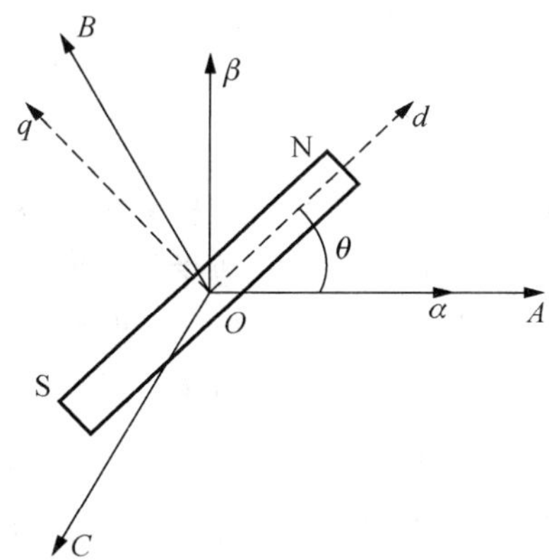

图 10-32　永磁同步电动机定义坐标系

由图 10-32 可以看出，三相 *A-B-C* 坐标系是静止坐标系，其中 *A* 轴、*B* 轴、*C* 轴分别与永磁同步电动机定子 U、V、W 三相绕组的轴线平行，三个轴之间相差 120° 空间电角度。在 *A-B-C* 坐标系上，空间任意量在三个轴上的投影表示该矢量在三相绕组中的分量。α-β坐标系是两相直角静止坐标系，α 轴与三相定子坐标系的 *A* 轴重合，β轴逆时针超前α轴 90° 空间电角度。*d-q* 坐标系是随着电动机转子转动的旋转坐标系，*d* 轴与转子磁极轴线平行，即 *d* 轴为电动机转子直轴，*q* 轴逆时针超前 *d* 轴 90° 空间电角度，*q* 轴可看作电动机转子交轴。

10.5.2　坐标变换

坐标变换是对复杂系统的解耦，是建立电动机数学模型不可缺少的一步。下面利用

Clarke 变换和 Park 变换理论，在定义的坐标系间进行坐标变换[22]。

旋转的空间矢量 $\boldsymbol{i}$，从三相 A-B-C 坐标系变换到两相 α-β 坐标系，称为 Clarke 变换，也称为 3/2 变换，表达式为

$$\begin{bmatrix} i_\alpha \\ i_\beta \end{bmatrix} = \frac{3}{2}\begin{bmatrix} 1 & 0 \\ \dfrac{1}{\sqrt{3}} & \dfrac{2}{\sqrt{3}} \end{bmatrix}\begin{bmatrix} i_A \\ i_B \end{bmatrix} \tag{10-21}$$

旋转的空间矢量 $\boldsymbol{i}$，从两相 α-β 静止坐标系变换到随电动机转子转动的两相 d-q 旋转坐标系，称为 Park 变换，表达式为

$$\begin{bmatrix} i_d \\ i_q \end{bmatrix} = \begin{bmatrix} \cos\theta & \sin\theta \\ -\sin\theta & \cos\theta \end{bmatrix}\begin{bmatrix} i_\alpha \\ i_\beta \end{bmatrix} \tag{10-22}$$

式（10-22）的逆变换，即从随电动机转子转动的两相 d-q 旋转坐标系变换到两相 α-β 静止坐标系，称为 Park 逆变换，表达式为

$$\begin{bmatrix} i_\alpha \\ i_\beta \end{bmatrix} = \begin{bmatrix} \cos\theta & -\sin\theta \\ \sin\theta & \cos\theta \end{bmatrix}\begin{bmatrix} i_d \\ i_q \end{bmatrix} \tag{10-23}$$

10.5.3 电动机数学模型

结合坐标系定义和坐标系变换，给出不同坐标系的数学模型，可分为三相 A-B-C 坐标系下的数学模型和两相 d-q 旋转坐标系下的数学模型[23]。

1）三相 A-B-C 坐标系下的数学模型。由永磁同步电动机在静止坐标系（图 10-32）的等效模型可得，转子磁极轴线与定子 A 相绕组轴线相差 θ 空间电角度。根据电动机每相绕组电压、电阻和磁链的关系，可得电动机的电压平衡方程：

$$\begin{bmatrix} U_{\mathrm{A}} \\ U_{\mathrm{B}} \\ U_{\mathrm{C}} \end{bmatrix} = \begin{bmatrix} R_{\mathrm{s}} & 0 & 0 \\ 0 & R_{\mathrm{s}} & 0 \\ 0 & 0 & R_{\mathrm{s}} \end{bmatrix}\begin{bmatrix} i_{\mathrm{A}} \\ i_{\mathrm{B}} \\ i_{\mathrm{C}} \end{bmatrix} + p\begin{bmatrix} \psi_{\mathrm{A}} \\ \psi_{\mathrm{B}} \\ \psi_{\mathrm{C}} \end{bmatrix} \tag{10-24}$$

式中，U_{A}、U_{B}、U_{C}——三相绕组的相电压（V）；

R_{s}——每相绕组的电阻（Ω）；

i_{A}、i_{B}、i_{C}——三相绕组的相电流（A）；

ψ_{A}、ψ_{B}、ψ_{C}——三相绕组匝链的磁链；

p——微分算子，$p = \mathrm{d}/\mathrm{d}t$。

由于永磁同步电动机的三相绕组是对称分布的，呈星形联结，且三相电流之和为零，结合电动机的磁链方程，可以简化永磁同步电动机电压方程：

$$\begin{bmatrix} U_{\mathrm{A}} \\ U_{\mathrm{B}} \\ U_{\mathrm{C}} \end{bmatrix} = \begin{bmatrix} R_{\mathrm{s}}+Lp & 0 & 0 \\ 0 & R_{\mathrm{s}}+Lp & 0 \\ 0 & 0 & R_{\mathrm{s}}+Lp \end{bmatrix}\begin{bmatrix} i_{\mathrm{A}} \\ i_{\mathrm{B}} \\ i_{\mathrm{C}} \end{bmatrix} - \psi_{\mathrm{f}}\omega_{\mathrm{r}}\begin{bmatrix} \sin(\theta) \\ \sin(\theta-120^\circ) \\ \sin(\theta-240^\circ) \end{bmatrix} \tag{10-25}$$

式中，ψ_f ——转子每极永磁磁链的幅值；

L——$L=\dfrac{3}{2}L_{ms}+L_{ls}$，$L_{ls}$为漏感，$L_{ms}$为互感；

ω_r——转子旋转角速度。

2）两相 d-q 旋转坐标系下的数学模型。由于三相坐标系下的数学模型不能对永磁同步电动机的运动物理量进行清晰的描述，下面结合坐标变换，即从三相静止坐标系先变换到两相静止坐标系，再变换到转子两相旋转坐标系，对永磁同步电动机各坐标系上的物理值进行变换，可以简化电动机数学模型，实现解耦电动机系统的目的。

由三相 A-B-C 坐标系下的电动机电压方程经过 Clarke 变换，得到两相α-β静止坐标系的电压方程：

$$\begin{bmatrix}U_\alpha\\U_\beta\end{bmatrix}=\begin{bmatrix}R_s+Lp & 0\\0 & R_s+Lp\end{bmatrix}\begin{bmatrix}i_\alpha\\i_\beta\end{bmatrix}-\sqrt{\frac{2}{3}}\psi_f\omega_r\begin{bmatrix}\dfrac{3}{2}\sin\theta\\-\dfrac{3}{2}\cos\theta\end{bmatrix}\tag{10-26}$$

式中，U_α、U_β——α-β坐标系下的定子电压分量；

i_α、i_β——α-β坐标系下的定子电流分量。

再由两相α-β静止坐标系的电压方程，经过 Park 变换，得到转子两相 d-q 旋转坐标系下的电压方程：

$$\begin{bmatrix}U_d\\U_q\end{bmatrix}=\begin{bmatrix}R_s+L_dp & L_q\omega_r\\L_d\omega_r & R_s+L_qp\end{bmatrix}\begin{bmatrix}i_d\\i_q\end{bmatrix}+\begin{bmatrix}0\\\sqrt{\frac{2}{3}}\psi_f\omega_r\end{bmatrix}\tag{10-27}$$

式中，$L_d=L_q=L$；

U_d、U_q——d-q 坐标系下的定子电压分量；

i_d、i_q——d-q 坐标系下的定子电流分量。

同时，在两相 d-q 旋转坐标系下的输出电磁转矩为

$$T_e=p(\psi_di_q-\psi_qi_d)=p\left[\psi_ri_q+(L_d+L_q)i_qi_d\right]\tag{10-28}$$

式中，p——电动机极对数。

在输出电磁转矩中包括两项分量，前一项分量是永磁转矩，后一项分量是由气隙不均匀而引起的磁阻转矩。

10.6　永磁同步电动机矢量控制原理

矢量控制原理是调节永磁同步电动机定子绕组的三相电流矢量的相位和幅值，通过坐标变换反映到对定子电流分量的调节，从而实现电动机转矩控制[23]。电流空间矢量图如图 10-33 所示。在 d-p 坐标系下，电动机数学模型中的输出电磁转矩用 T_e表示，见

式（10-28），其中当转子磁链和电动机 d 轴、q 轴电感为定值时，式（10-28）中的电动机转矩只与定子电流在 d-q 坐标系下的分量 i_d、i_q 有关。根据电动机的电磁分析，i_d、i_q 是两个相互独立、相互垂直的分量，分别是定子电流分解出的励磁电流和转矩电流。可以通过多种调节方式对 i_d、i_q 两者进行调节，实现对永磁同步电动机的转矩控制[24]。

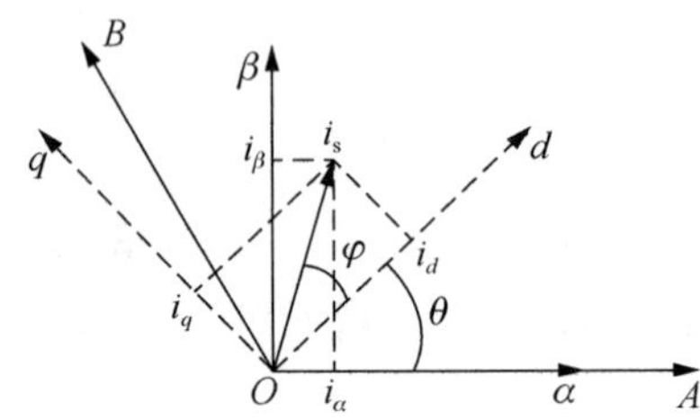

图 10-33　电流空间矢量图

永磁同步电动机的矢量控制方法包括：$i_d=0$ 控制、$\cos\theta=1$ 控制、恒磁链控制、最大转矩/电流控制和弱磁控制等。

本节选用 i_d=0 控制，主要是因为在系统设计中矢量控制容易实现，简单可靠。具体方法：把 i_d=0 代入式（10-28），可得永磁同步电动机的转矩方程

$$T_e = p\psi_f i_q \tag{10-29}$$

从式（10-29）中可以看出，电动机的输出转矩只有永磁转矩分量，与定子电流 q 轴分量有关，与其幅值成正比。由此，永磁同步电动机的控制由多变量的复杂系统变换为类似于直流电动机的控制，运动方程如下：

$$T_e = T_L + \frac{J}{p}\frac{d\omega}{dt} \tag{10-30}$$

式中，T_L——负载转矩（N·m）；

J——转动惯量（kg·m^2）；

ω——角速度（rad/s）。

图 10-34 所示是永磁同步电动机应用 i_d=0 控制的系统结构框图，定子电流 i_A、i_B 由电流传感器测量得到，通过 Clarke 变换和 Park 变换，定子电流变换为 d-q 旋转坐标系下的电流分量 i_d、i_q。把 i_d、i_q 作为反馈量，与 i_{dref}=0 和给定的 q 轴分量 i_{qref} 进行控制器调节，这里用到的是比例积分调节，得到定子电压在 d-q 坐标系下的电压分量 U_d、U_q，再经过逆 Park 变换，变换为 α-β 坐标系下的电压分量 $U_{s\alpha}$、$U_{s\beta}$，最后利用空间矢量脉宽调制（space vector pulse width modulation，SVPWM）控制技术，控制基本矢量合成，得到 A-B-C 坐标系上的旋转定子电压 U_s。在系统中，只需要调节 q 轴分量 i_{qref}，定子电流分量就会上升，通过电流环反馈调节增加 SVPWM 占空比，使通入电动机定子绕组的电流增加，从而使电动机的输出转矩增加，负载不变，电动机转速上升，由此实现了对电动机系统的控制。

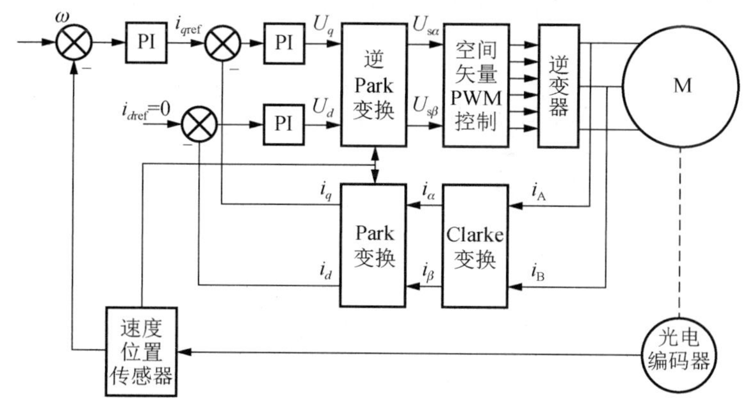

图 10-34　永磁同步电动机矢量控制系统结构框图

10.6.1　SVPWM 控制技术

SVPWM 是一种对 PWM 的优化调制方法，是对逆变器的功率器件产生特定开启顺序和时间的脉宽调制波。功率器件的开启顺序和时间，可以组合通入三相绕组的电压，产生较为理想的电角度相差 120° 的三相正弦电流，合成旋转磁场。SVPWM 应用于为永磁同步电动机供电的逆变器中，不仅可以高效利用电源，而且永磁同步电动机的动态稳定性高，控制性能好。图 10-35 所示是三相电源逆变器结构框图。

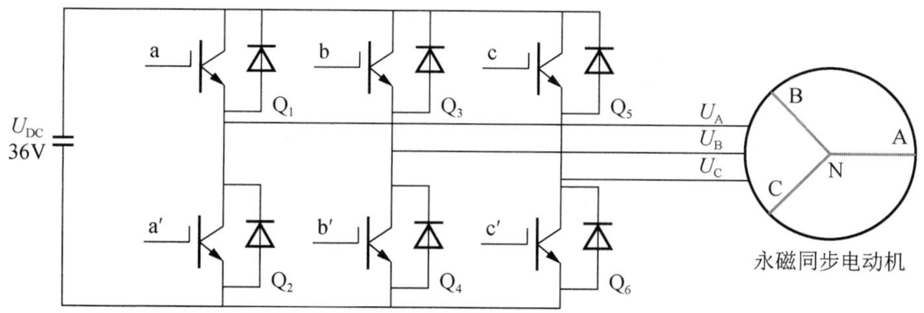

图 10-35　三相电源逆变器结构框图

图中，U_A、U_B、U_C 为逆变器输出的电压；Q_1～Q_6 为功率器件；a、a′、b、b′、c、c′分别是六路 SWPWM 控制功率器件的接口；U_{DC} 为直流电源电压。

10.6.2　空间矢量定义

逆变器的六个功率管 Q_1～Q_6，上下互为一组，开关状态互为相反状态，即逆变器的任一上侧功率管开启，与之对应的下侧功率管必然关闭，避免电源短路。供电电源电压为 U_{DC}，当 a 逻辑为 1，代表通入开启功率管信号；同理，0 代表关闭功率管逻辑。对应[a,b,c]的组合方式有八种，上侧功率管的开关可以产生八种组合，同时也有八种三相绕组的相电压。功率管开关状态与电动机线电压、定子电压 α-β 坐标系分量、基本空间矢量的关系如表 10-4 所示。

表 10-4 功率管开关状态与电动机线电压、定子电压 α-β 坐标系分量、基本空间矢量的关系

a	B	c	U_{AN}	U_{BN}	U_{CN}	$\boldsymbol{U}_{s\alpha}$	$\boldsymbol{U}_{s\beta}$	$\boldsymbol{U}_{ector}$
0	0	0	0	0	0	0	0	$\boldsymbol{O}_0$
1	0	0	$2U_{DC}/3$	$-U_{DC}/3$	$-U_{DC}/3$	$2U_{DC}/3$	0	$\boldsymbol{U}_0$
0	1	0	$-U_{DC}/3$	$2U_{DC}/3$	$-U_{DC}/3$	$U_{DC}/3$	$U_{DC}/\sqrt{3}$	$\boldsymbol{U}_{120}$
1	1	0	$U_{DC}/3$	$U_{DC}/3$	$-2U_{DC}/3$	$U_{DC}/3$	$U_{DC}/\sqrt{3}$	$\boldsymbol{U}_{60}$
0	0	1	$-U_{DC}/3$	$-U_{DC}/3$	$2U_{DC}/3$	$-U_{DC}/3$	$-U_{DC}/\sqrt{3}$	$\boldsymbol{U}_{240}$
1	0	1	$U_{DC}/3$	$-2U_{DC}/3$	$U_{DC}/3$	$U_{DC}/3$	$-U_{DC}/\sqrt{3}$	$\boldsymbol{U}_{300}$
0	1	1	$-2U_{DC}/3$	$U_{DC}/3$	$U_{DC}/3$	$-2U_{DC}/3$	0	$\boldsymbol{U}_{180}$
1	1	1	0	0	0	0	0	$\boldsymbol{O}_{111}$

三相坐标的相电压 U_{AN}、U_{BN}、U_{CN}，可以通过 Clarke 变换，得到直角坐标系下的定子电压分量 $\boldsymbol{U}_{s\alpha}$、$\boldsymbol{U}_{s\beta}$。

$$\begin{bmatrix} U_{s\alpha} \\ U_{s\beta} \end{bmatrix} = \frac{2}{3}\begin{bmatrix} 1 & -\frac{1}{2} & -\frac{1}{2} \\ 0 & \frac{\sqrt{3}}{2} & -\frac{\sqrt{3}}{2} \end{bmatrix}\begin{bmatrix} U_{AN} \\ U_{BN} \\ U_{CN} \end{bmatrix} \tag{10-31}$$

八组定子电压分量 $\boldsymbol{U}_{s\alpha}$、$\boldsymbol{U}_{s\beta}$，合成在静止坐标的八组基本空间矢量。基本空间矢量与对应[c,b,a]示意图如图 10-36 所示。基本空间矢量可以在空间上分成六个扇面。

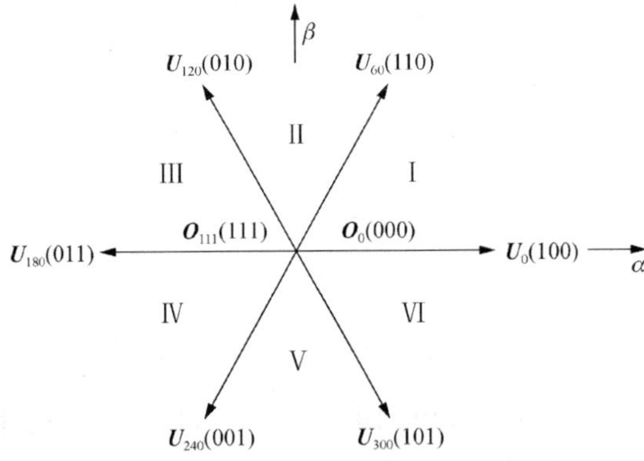

图 10-36 基本空间矢量与对应[c,b,a]示意图

10.6.3 电压矢量的作用时间

SVPWM 控制技术可以通过对上面基本空间矢量的组合，实现表示全扇面的任一定子矢量电压[25]。具体方法是：给定一个定子电压矢量 $\boldsymbol{U}_{out}$，在 α-β 直角坐标系下，$\boldsymbol{U}_{out}$ 可由电压分量 $\boldsymbol{U}_{out\alpha}$、$\boldsymbol{U}_{out\beta}$ 表示，如图 10-37 所示。

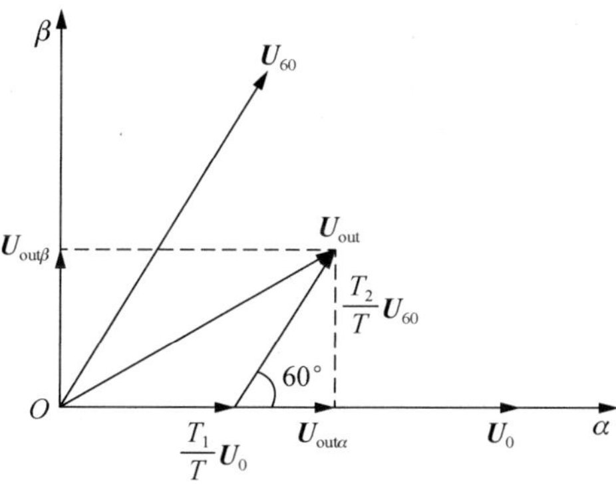

图 10-37　$\boldsymbol{U}_{out}$ 及电压分量 $\boldsymbol{U}_{out\alpha}$、$\boldsymbol{U}_{out\beta}$ 与基本空间矢量的对应关系

同样，$\boldsymbol{U}_{out}$ 在基本空间矢量 $\boldsymbol{U}_0$、$\boldsymbol{U}_{60}$ 之间的扇面内，可以表示为

$$\begin{cases} T = T_1 + T_2 + T_0 \\ U_{out} = \dfrac{T_1}{T}U_0 + \dfrac{T_2}{T}U_{60} \end{cases} \tag{10-32}$$

其中，定义在周期时间 T 内，$\boldsymbol{U}_0$、$\boldsymbol{U}_{60}$ 作用时间分别是 T_1、T_2，T_0 是零向量作用时间，则有

$$\begin{cases} U_{out\alpha} = \dfrac{T_2}{T}|U_{60}|\sin 60^\circ \\ U_{out\beta} = \dfrac{T_1}{T}|U_0| + \dfrac{T_2}{T}|U_{60}|\cos 60^\circ \end{cases} \tag{10-33}$$

定义基本空间矢量作用时间的相对值为 t_1、t_2，结合表 10-4，并将式(10-32)和式(10-33)代入，可得

$$\begin{cases} t_1 = \dfrac{T_1}{T} = \dfrac{1}{2}(\sqrt{3}U_{out\alpha} - U_{out\beta}) \\ t_2 = \dfrac{T_2}{T} = U_{out\beta} \end{cases} \tag{10-34}$$

同理可得，如果 $\boldsymbol{U}_{out}$ 在基本空间矢量 $\boldsymbol{U}_{60}$、$\boldsymbol{U}_{120}$ 之间的扇面内，则矢量作用时间的相对值表示为

$$\begin{cases} t_1 = \dfrac{T_1}{T} = \dfrac{1}{2}(-\sqrt{3}U_{out\alpha} + U_{out\beta}) \\ t_2 = \dfrac{T_2}{T} = \dfrac{1}{2}(\sqrt{3}U_{out\alpha} + U_{out\beta}) \end{cases} \tag{10-35}$$

结合式（10-34）和式（10-35），定义三个变量 X、Y、Z，具体如下：

$$\begin{cases} X = U_{\text{out}\beta} \\ Y = \dfrac{1}{2}(\sqrt{3}U_{\text{out}\alpha} + U_{\text{out}\beta}) \\ Z = \dfrac{1}{2}(-\sqrt{3}U_{\text{out}\alpha} + U_{\text{out}\beta}) \end{cases} \tag{10-36}$$

由式（10-36）可知，当 $\boldsymbol{U}_{\text{out}}$ 位于任意两个相邻基本空间之间时，与其对应的 t_1 和 t_2 可以用 X、Y、Z 表示，如表 10-5 所示。

表 10-5　t_1 和 t_2 与 X、Y 和 Z 的对应关系

扇区	$\boldsymbol{U}_0\boldsymbol{U}_{60}$	$\boldsymbol{U}_{60}\boldsymbol{U}_{120}$	$\boldsymbol{U}_{120}\boldsymbol{U}_{180}$	$\boldsymbol{U}_{180}\boldsymbol{U}_{240}$	$\boldsymbol{U}_{240}\boldsymbol{U}_{300}$	$\boldsymbol{U}_{300}\boldsymbol{U}_0$
t_1	$-Z$	Y	X	Z	$-Y$	$-X$
t_2	X	Z	$-Y$	$-X$	$-Z$	Y

10.6.4　相邻电压矢量的作用顺序

SVPWM 控制的开启顺序可以在切换扇面时避免频繁开关，减少谐波[26]。零向量既可以是上部功率管全开，也可以是上部功率管全关，与基本空间矢量配合，而相邻电压矢量的作用顺序则按照减少 PWM 切换和功率管开关次数来安排[27]。DSP 内部功能可以实现五段式 SVPWM。说明基本电压矢量作用顺序的 $\boldsymbol{U}_{\text{out}}$ 所在各个扇面下的五段式 SVPWM，如表 10-6 所示。

表 10-6　五段式 SVPWM

$\boldsymbol{U}_{\text{out}}$ 所在扇面	开关切换顺序	三相波形图					
Ⅰ扇面 (0°≤θ≤60°)	1—2—7—7—2—1	1	1	1	1	1	1
		0	1	1	1	1	0
		0	0	1	1	0	0
		$T_{1/2}$	$T_{2/2}$	$T_{0/2}$	$T_{0/2}$	$T_{2/2}$	$T_{1/2}$
Ⅱ扇面 (60°<θ≤120°)	2—3—0—0—2—3	1	0	0	0	0	1
		1	1	0	0	1	1
		0	0	0	0	0	0
		$T_{1/2}$	$T_{2/2}$	$T_{0/2}$	$T_{0/2}$	$T_{2/2}$	$T_{1/2}$

续表

U_{out} 所在扇面	开关切换顺序	三相波形图
Ⅲ扇面 ($120°<\theta\leqslant180°$)	3—4—7—7—4—3	0　0　1　1　0　0 1　1　1　1　1　1 0　1　1　1　1　0 $T_{1/2}$　$T_{2/2}$　$T_{0/2}$　$T_{0/2}$　$T_{2/2}$　$T_{1/2}$
Ⅳ扇面 ($180°<\theta\leqslant240°$)	4—5—0—0—5—4	0　0　0　0　0　0 1　0　0　0　0　1 1　1　0　0　1　1 $T_{1/2}$　$T_{2/2}$　$T_{0/2}$　$T_{0/2}$　$T_{2/2}$　$T_{1/2}$
Ⅴ扇面 ($240°<\theta\leqslant300°$)	5—6—7—7—6—5	0　1　1　1　1　0 0　0　1　1　0　0 1　1　1　1　1　1 $T_{1/2}$　$T_{2/2}$　$T_{0/2}$　$T_{0/2}$　$T_{2/2}$　$T_{1/2}$
Ⅵ扇面 ($300°<\theta\leqslant360°$)	6—1—0—0—1—6	1　1　0　0　1　1 0　0　0　0　0　0 1　0　0　0　0　1 $T_{1/2}$　$T_{2/2}$　$T_{0/2}$　$T_{0/2}$　$T_{2/2}$　$T_{1/2}$

10.7　DSP2812 的最小系统硬件设计

DSP2812 的最小系统是能够使 DSP2812 独立工作的必备硬件系统，主要是指芯片及其外部电路和接口，包括主芯片、时钟源、电源电路、复位电路及 JATG 接口[28]。DSP2812 功能框图如图 10-38 所示，其最小系统结构框图如图 10-39 所示。本节介绍 DSP 最小系统的硬件部分。

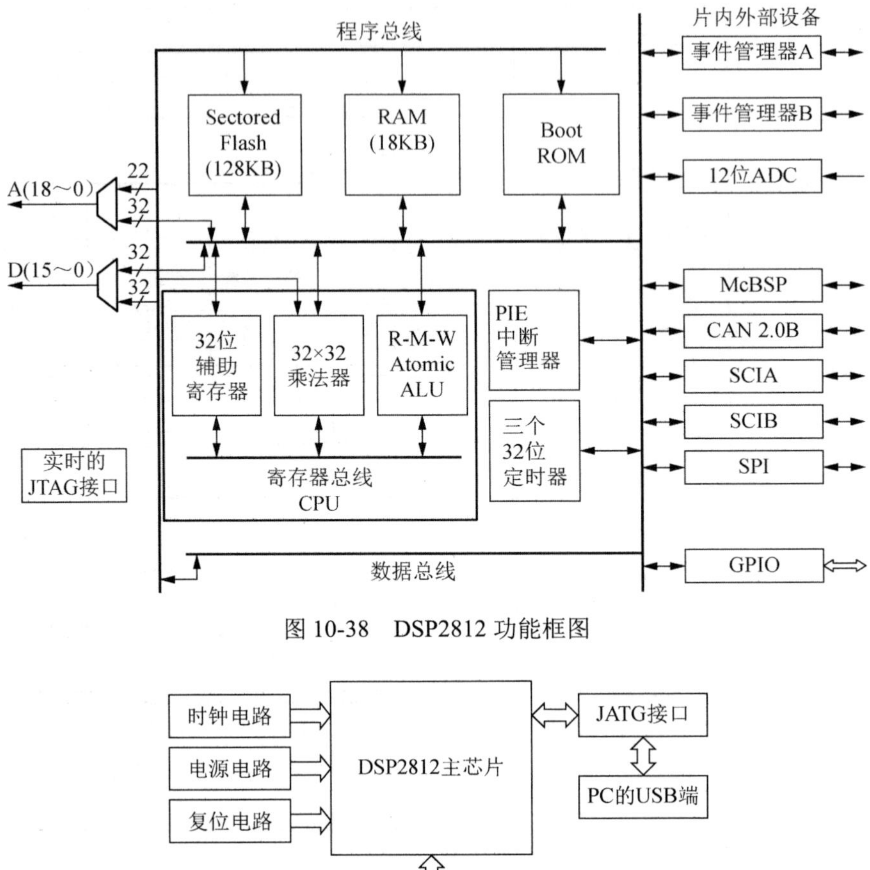

图 10-38　DSP2812 功能框图

图 10-39　DSP2812 最小系统结构框图

10.7.1　电源电路设计

电源电路为 DSP2812 提供电源。本系统选择 TI 公司的一款双路低压差电源调整器，型号为 TPS767D301，非常适合为 TI 公司的 DSP2812 系统供电。根据芯片的资料，参考芯片推荐电路，添加去耦电容、电阻等，提高电源系统的整体抗干扰性和稳定性。为芯片 5、6 引脚输入 5V 电压，从芯片 23、24 引脚得到 1.8V 内核电压，从 2OUT 引脚得到 3.3V 电压，供 DSP2812 或外部设备所用，设计满足要求，安全可靠。电源电路图如图 10-40 所示。

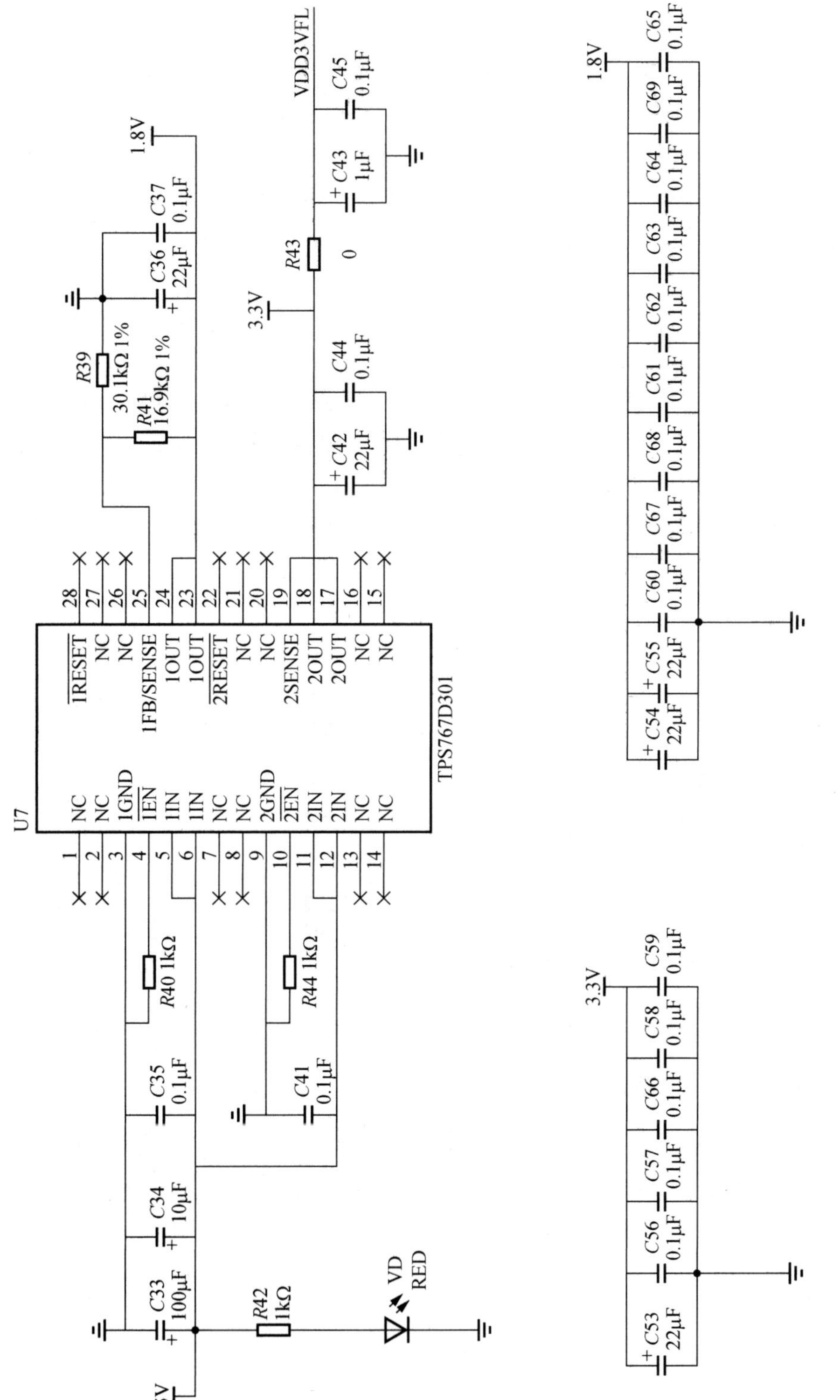

U7
TPS767D301
NC
NC
1GND
1EN
1IN
1IN
NC
NC
2GND
2EN
2IN
2IN
NC
NC
1RESET
NC
NC
1FB/SENSE
1OUT
1OUT
2RESET
NC
NC
2SENSE
2OUT
2OUT
NC
NC
1
2
3
4
5
6
7
8
9
10
11
12
13
14
15
16
17
18
19
20
21
22
23
24
25
26
27
28
1.8V
C37
0.1μF
C36
22μF
R39
30.1kΩ 1%
R41
16.9kΩ 1%
VDD3VFL
C45
0.1μF
C43
1μF
R43
0
3.3V
C44
0.1μF
C42
22μF
R40 1kΩ
R44 1kΩ
C35
0.1μF
C41
0.1μF
C34
10μF
C33
100μF
R42
1kΩ
VD
RED
5V
1.8V
C65
0.1μF
C69
0.1μF
C64
0.1μF
C63
0.1μF
C62
0.1μF
C61
0.1μF
C68
0.1μF
C67
0.1μF
C60
0.1μF
C55
22μF
C54
22μF
3.3V
C59
0.1μF
C58
0.1μF
C66
0.1μF
C57
0.1μF
C56
0.1μF
C53
22μF

图 10-40　电源电路图

10.7.2 时钟电路设计

时钟电路为DSP2812提供时钟信号。本系统选取振荡频率为30MHz的无源晶体振荡器，分别连接到X2、X1/XCLKIN两个DSP2812引脚[29]，配合DSP内部锁相环模块使能，本系统的主频可以达到150MHz，同时再分为高速时钟和低速时钟，分配给外部设备模块，提高系统的可靠性与适应性。时钟电路图如图10-41所示。

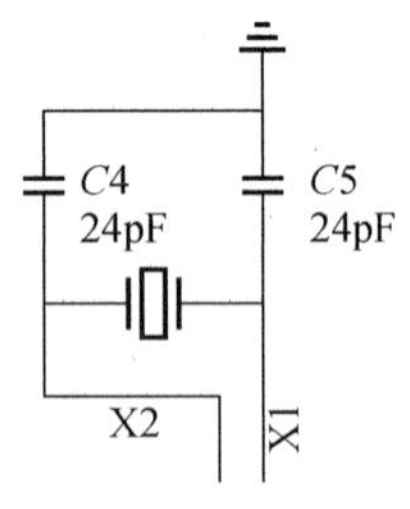

图 10-41 时钟电路图

10.7.3 复位电路设计

复位电路是为了保证DSP2812正常运行。本系统中设置了四路复位信号，通过外部的复位按钮（低电平有效）输入DSP2812，使系统恢复初始状态。在四路复位信号中，一路信号作为器件复位，XRS使器件终止运行，其余三路信号分别连接芯片的XNMI、XINT1、XINT2引脚，作为外部中断预留的复位按钮。复位电路图如图10-42所示。

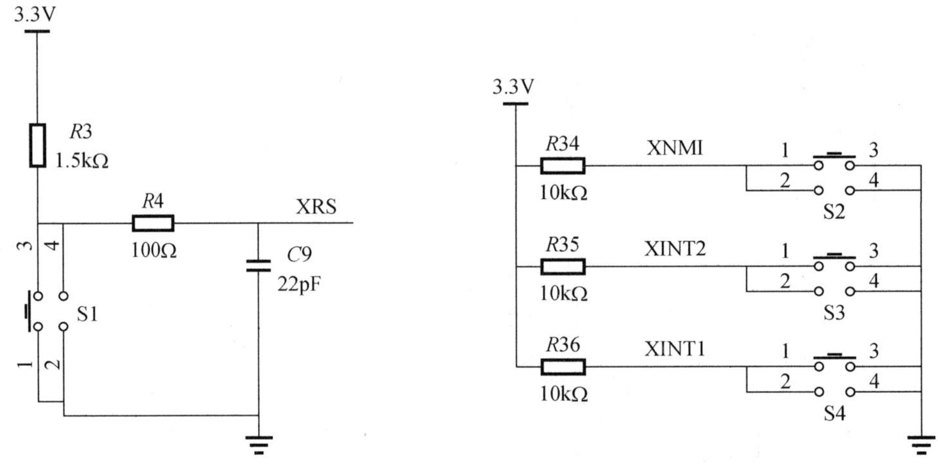

图 10-42 复位电路图

10.7.4 JATG 接口电路设计

JATG接口电路用于实现DSP2812的烧制程序、程序调试和下载，是系统不可或缺的重要部分。本系统选择14引脚标准接口，与配套的仿真器一致，在调试中使用方便。JATG接口电路图如图10-43所示。

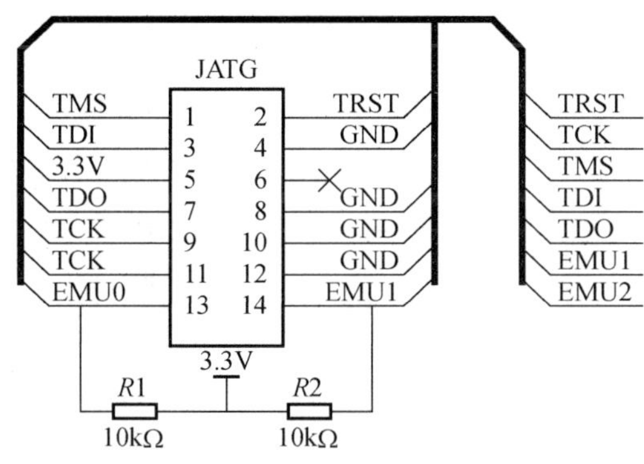

图 10-43　JATG 接口电路图

10.8　永磁同步电动机控制系统硬件设计

系统硬件总体设计主要包括电动机控制器硬件设计、电动机驱动器硬件设计和 CAN 总线通信单元硬件设计三部分。系统硬件总体设计效果图如图 10-44 所示。

电动机控制器是系统完成控制算法和信号处理的硬件平台。电动机控制器硬件设计即完成 DSP2812 最小系统的硬件设计及其外部处理电路设计，使芯片正常工作，保证采集的模拟量和脉冲信号完整，并能够被 DSP2812 识别处理，同时对 DSP2812 发出的 SVPWM 信号进行调理驱动，实现信号的功能。

电动机驱动器是系统实现驱动电动机的硬件平台，主要包括电动机驱动电路和电动机相电流采集电路两部分。电动机驱动电路是功率驱动芯片与功率管组成的三相桥式逆变电路，其电路设计主要涉及功率驱动芯片和功率管的选取，以及三相桥式电路的搭建。电动机相电流采集电路是由霍尔电流传感器组成的电流采集电路。

CAN 总线通信单元主要用于 CAN 总线的通信传递，包括 CAN 接收、发送模块设计和 SCI 串口通信模块设计。本系统设计了两路通信线路，一是检测单元与汽车整车控制器的 CAN 总线通信线路，实现混合动力汽车状态实时监测；二是汽车整车控制器与电动机控制器的 CAN 总线通信线路，实现电动机转速等信息的传输。

系统硬件设计流程框图如图 10-45 所示。首先围绕 DSP2812 芯片绘制电路原理图，做最小系统，并进行实验调试。接着以此为基础进行电动机控制器外部调理电路的硬件设计，根据信号调理的需要加入 ADC 采集调理电路、CAP-QEP 信号调理电路和 SVPWM 调理电路。然后设计电动机驱动电路，围绕 IR2130 芯片和 MOS 构成三相桥式逆变电路，调试实现电动机驱动功能。最后加入 CAN 通信接收单元，设计检测单元与混合动力汽车主控单元的通信线路，实现信号采集、上位机实时数据显示；设计电动机控制器与混合动力汽车主控单元的通信线路，实现电动机转速值的传输。

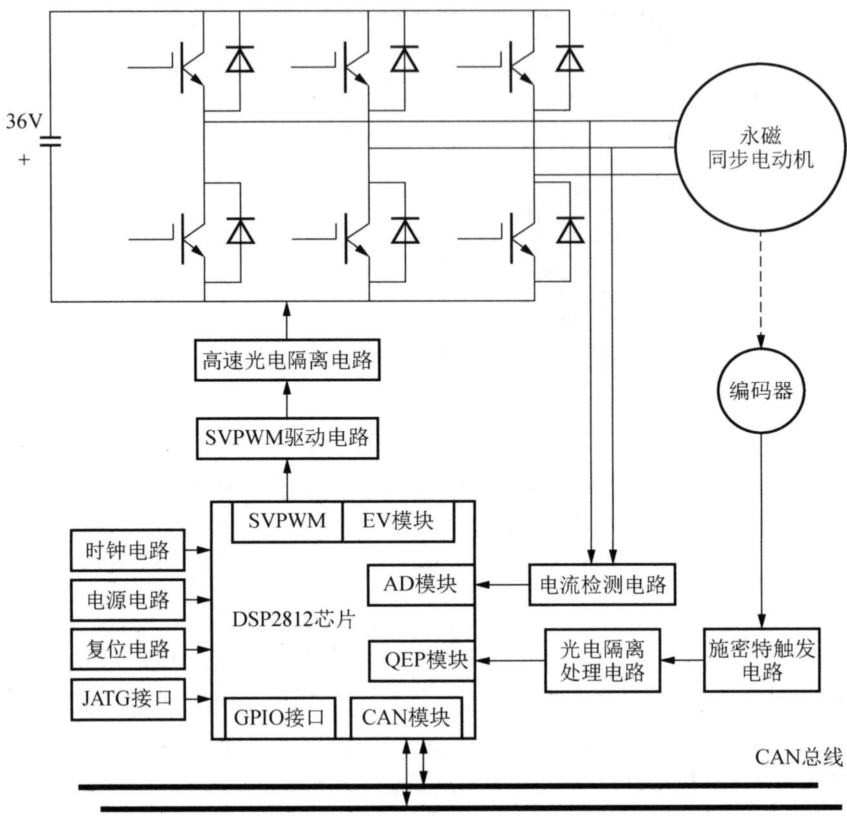

图 10-44　系统硬件总体设计效果图

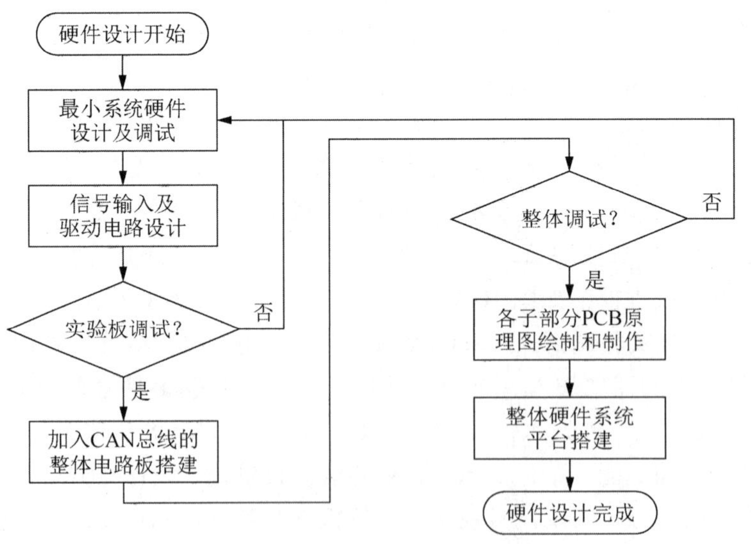

图 10-45　系统硬件设计流程框图

10.8.1　ADC 信号调理电路设计

本系统电动机控制器运用 ADC 模块测量电动机的两相电流和电位器的输入电压，ADC 模块可以识别的模拟电压的输入范围是 0～3V，在进行硬件设计时应当采取过电压保护措施。本方案在进行硬件设计时，利用 TL084D 构成经典的二级滤波电路，以保证过滤干扰，实现准确采集数据；同时，利用 LM324 和钳位二极管构成过电压保护电路，以增加整套系统采集电压、电流方面的安全性。经过信号调理后，输入 ADC 模块端口。ADC 信号调理电路图如图 10-46 所示。信号从网络标号 ADCINA2 进入，先通过二级滤波电路得到 INout，再输入过电压保护电路，然后直接送入芯片的 ADC 模块。

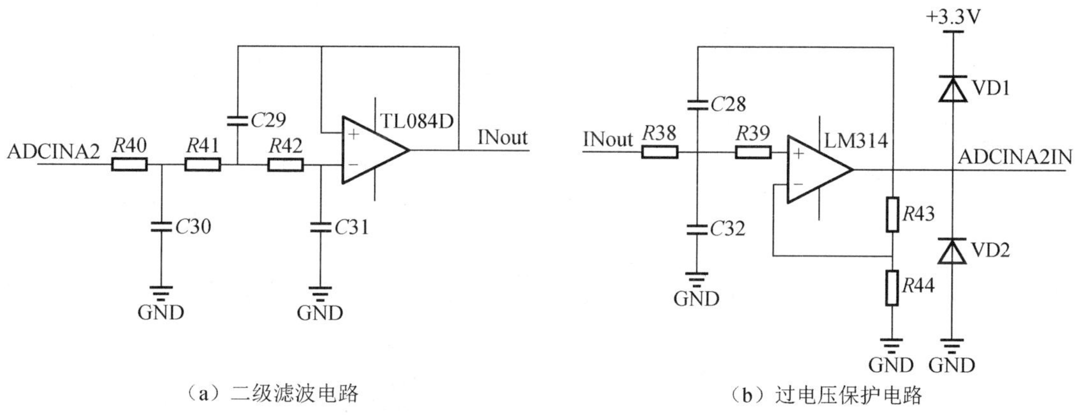

（a）二级滤波电路　　（b）过电压保护电路

图 10-46　ADC 信号调理电路图

10.8.2　正交脉冲信号调理电路

本系统所用电动机采用增量式光电脉冲编码器，输出两组信号，一组为霍尔信号 HALL1、HALL2、HALL3；另一组为正交编码信号 A、B、Z 三路脉冲信号。A 信号比 B 信号超前 90° 电角度，两路信号可以通过采集脉冲进行相位对比，判断电动机转向，测量电动机转速和转子转动的电角度；Z 信号为电动机每转动一圈出现一个脉冲，可用于基准点修正和复位电角度。正交脉冲信号调理电路用于调理三路脉冲，使 CAP-QEP 模块能够识别信号。考虑光电脉冲编码器在实际应用中可能会受到周围环境和元器件间的电磁干扰，从而影响脉冲形状，电路中加入 HEF40106 型施密特触发器，其可以对脉冲信号进行整形处理，增强脉冲的上下沿识别度。同时考虑隔离，电路中用到了光电隔离芯片，型号是 TLP521-4，设计成上拉电路，能够将 5V 脉冲降压至 3V 脉冲，以便主芯片 CAP-QEP 模块识别。光电编码器信号调理电路图如图 10-47 所示。光电编码器信号 A、B、Z 三路信号分别与网络标号 CAP1-QEP1X、CAP2-QEP2X、CAP3-QEPI1X 连接，经过调理电路，输入 DSP2812 对应的 CAP-QEP 模块。

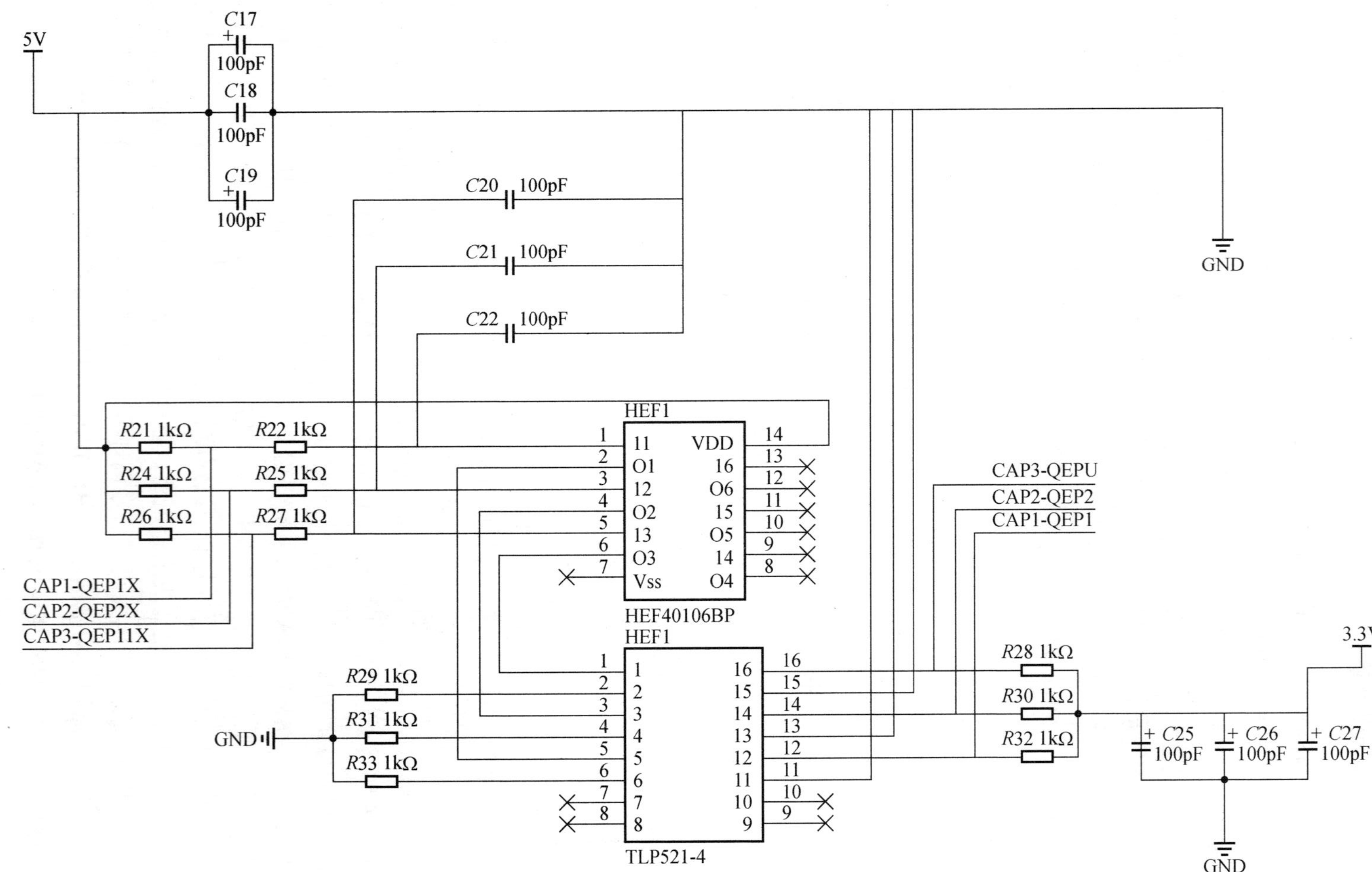

图 10-47　光电编码器信号调理电路图

10.8.3　霍尔信号调理电路

增量式光电脉冲编码器输出一组霍尔信号，即 HALL1、HALL2、HALL3，根据这三路信号的高低电平组合，可以检测电动机转子磁极位置范围，以判别电动机的初始扇面，用于电动机起动。霍尔信号调理电路图如图 10-48 所示。从图中可以看出，霍尔信号由网络标号 HALL1、HALL2、HALL3 接入，通过 TLP521-4 的 1、3、5 的 IN 引脚进行光电转换，再输出至芯片 GPIO1、GPIO2、GPIO3 接口[30]。

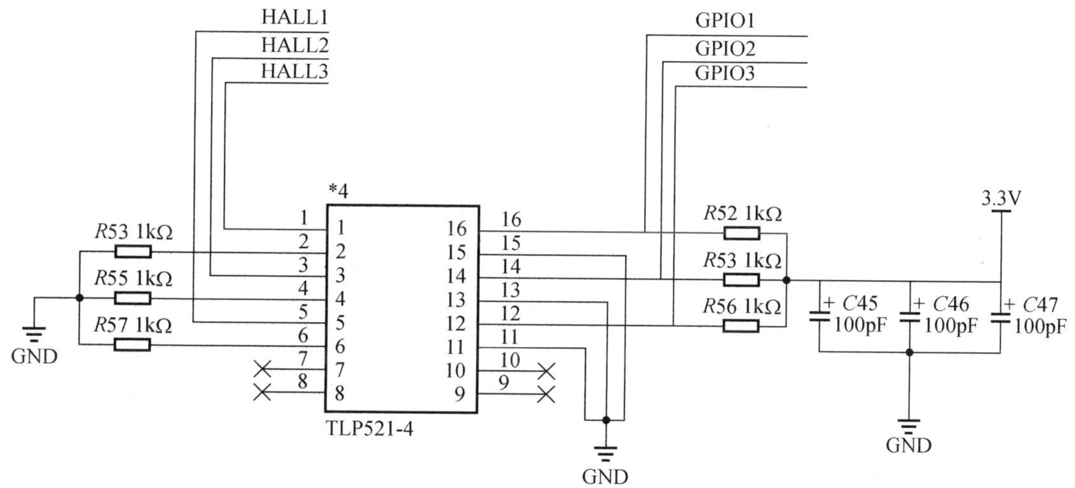

图 10-48　霍尔信号调理电路图

10.8.4　SVPWM 驱动调理电路

SVPWM 是永磁同步矢量控制的核心，控制逆变器 MOS 的导通时间和顺序，实现电动机的转矩控制。SVPWM 驱动调理电路对 SVPWM 进行光电隔离和电平升高，以提高波形精度、保护电路，满足逆变器芯片的要求。该调理电路选择 SN74LVC4245A 芯片，将 DSP2812 直接产生的五段式 SVPWM 波形的幅值升高到 5V。该调理电路选择 HCPL-2630 高速光耦，实现对 SVPWM 的光电隔离。SVPWM 驱动调理电路图如图 10-49 所示。

10.8.5　电流采集电路

电流采集电路采集电动机运行中的两相电流，为电动机控制的反馈调节提供电流信号。本系统采用永磁同步电动机，电动机额定电流是 8.2A，选取 CS100EK1 型霍尔电流传感器，实现相电流采集。该霍尔电流传感器量程为 100A，与输出电压成线性关系，满足设计要求。传感器供电电压为 15V，线性输出量程设置为 0～4V，在输出端加入电压调理电路，再接入 DSP2812 的 ADC 模块，编写程序完成电压与电流的转换，采集得到准确的相电流数据。电流采集电路图如图 10-50 所示。

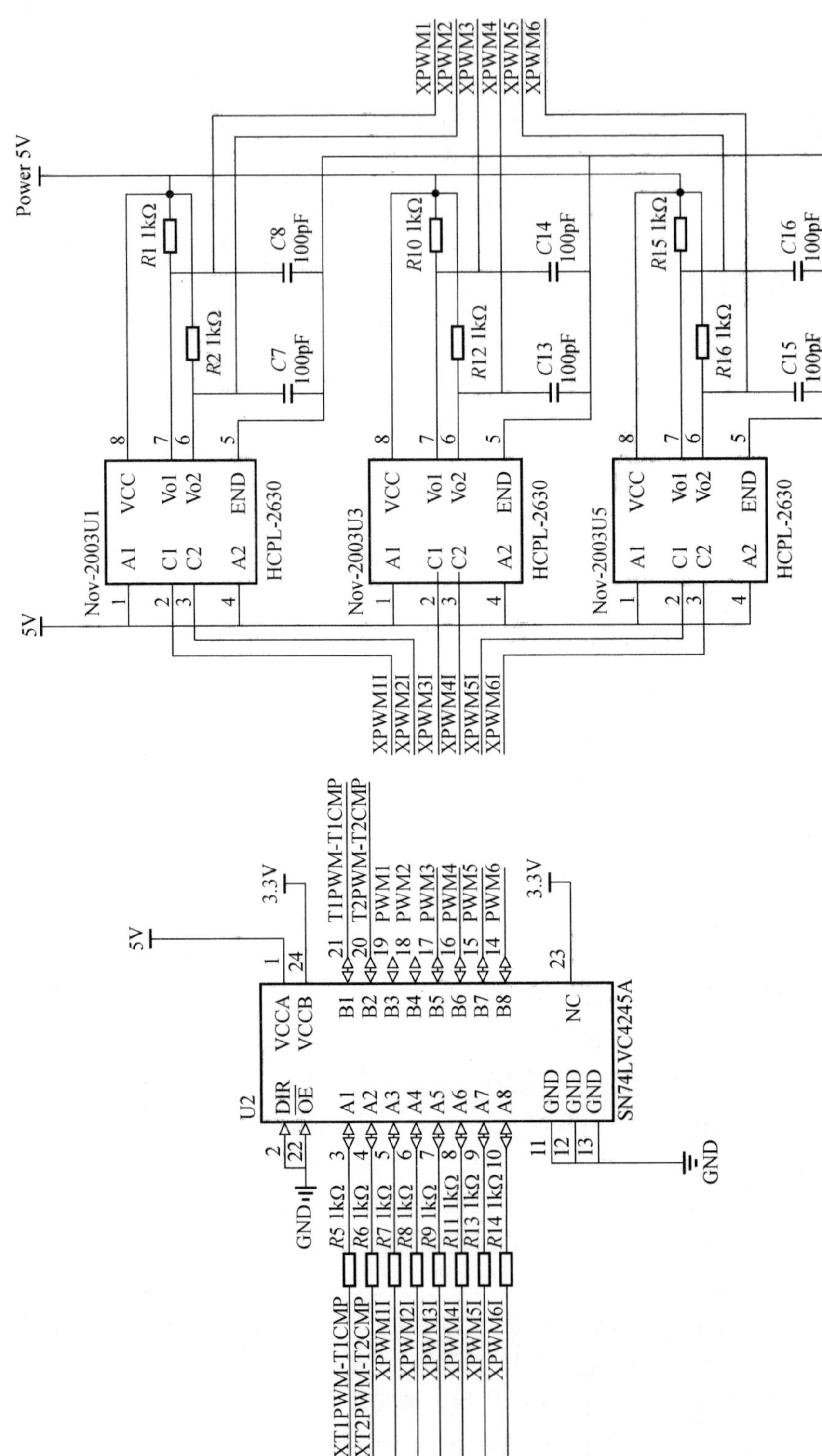

图 10-49 SVPWM 驱动调理电路图

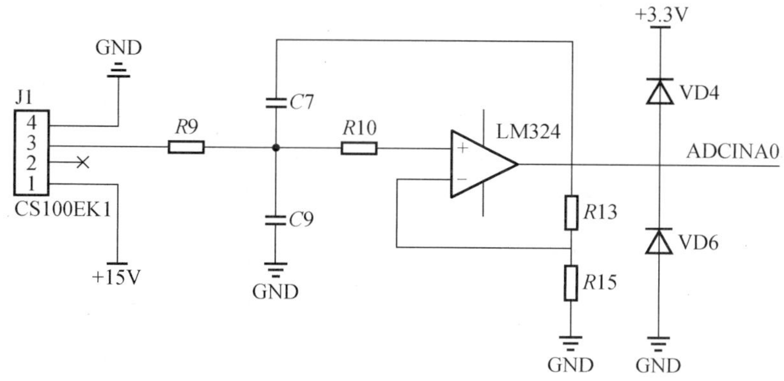

图 10-50　电流采集电路图

10.9　永磁同步电动机矢量控制软件设计

永磁同步电动机矢量控制系统软件设计包括电动机矢量控制主程序和 CAN 总线通信主程序，以及信号采集、SVPWM 驱动、双闭环 PI 控制和 CAN 通信功能子程序，通过调试，完成信号产生、采集、通信和处理，实现永磁同步电动机的矢量控制。

电动机矢量控制主程序主要对永磁同步电动机进行 i_d=0 控制方式的矢量控制。电动机起动时，通过 CAN 总线通信，系统程序接收混合动力汽车主控单元给定的转速，采集光电编码器的霍尔信号，判断转子初始位置所在扇面，给定扇面中间位置的矢量电压，异步起动电动机。转速信号由程序从光电编码器正交编码电路采集，通过速度 PI 控制器对光电编码器得到的电动机转速与给定转速进行反馈调节，获得 q 轴参考电流。同时，光电编码器测量电动机两相定子电流 i_A、i_B，通过三相静止到两相静止坐标变换，即 Clarke 变换[式(10-21)]，以及两相静止到两相旋转坐标变换，即 Park 变换[式(10-22)]，转换成两相 d-q 旋转坐标系中的定子电流分量 i_d、i_q。d 轴参考电流始终为零，q 轴、d 轴参考电流 i_{dref}、i_{qref} 与测量定子电流分量 i_d、i_q 做反馈控制，进行电流 PI 控制器修正调节，得到 d-q 轴电压定子分量 U_d、U_q，再对这两相旋转坐标系下的垂直分量进行坐标变换［逆 Park 变换，式（10-23)］，得到两相 α-β 静止坐标系下的控制量 U_α、U_β，根据由所需的基本空间矢量合成的定子参考电压矢量及其所在扇面，完成 SVPWM 模块的配置，并将相关参数输入驱动器三相桥式逆变电路中，控制 MOS 的开启顺序和时间，实现电动机的矢量控制与高效运转。永磁同步电矢量控制系统的整体设计框图如图 10-51 所示。

本系统中，DSP2812 采集单元的 A/D 模块采集电池荷电状态（state of charge，SOC）和节气门开度信号，CAP 模块捕获混合动力汽车传动轴转速，并与汽车主控单元通过 CAN 总线通信传输数据。汽车主控单元处理数据，通过 SCI 串口通信传输到上位机的 LabVIEW 软件界面，实现对采集信号的实时显示，以及工作状态的实时监测；同时，通过 CAN 模块与电动机控制器通信，传输电动机所需转速，从而实现汽车主控制器对电动机的速度调节，完成 CAN 总线通信整体设计，如图 10-52 所示。

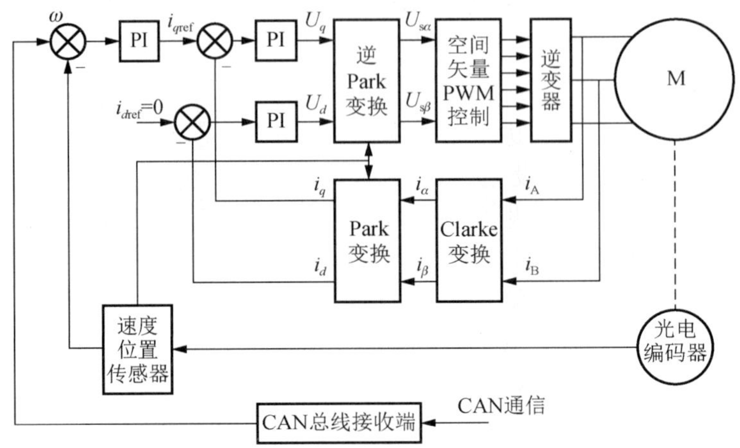

图 10-51 永磁同步电矢量控制系统的整体设计框图

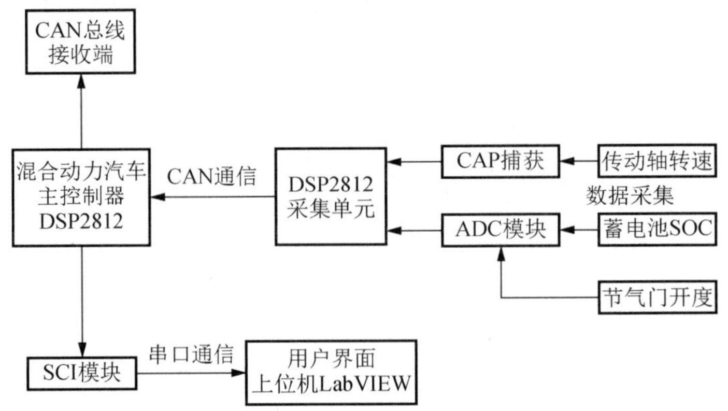

图 10-52 CAN 通信系统的整体设计框图

10.9.1 初始化程序和主程序

电动机矢量控制软件系统包括初始化模块、A/D 采集模块，电动机起动与扇面判断程序、角度和转速采集程序、电动机调速程序、电流环和速度环 PID 程序、SVPWM 实现程序、sin()、cos()函数表程序加载、Q 格式应用、CAN 接收节点程序等各子功能程序，它们共同完成电动机的矢量控制。

电动机矢量控制初始化程序用于设置系统时钟和使能外部设备模块[31]。电动机控制器硬件系统选择振荡频率为 30MHz 的外部晶体振荡器作为时钟源。系统初始化包括设置片上锁相环模块使能，CPU 可得 150MHz 的系统时钟，给外部设备 EVA、ADC 分配 75MHz 高速时钟；给 SCI 分配 37.5MHz 低速时钟。同时对外部设备模块进行使能，本程序中使能的外部设备模块包括 EV、CAN、ADC、GPIO 和 SCI 等。

主程序包括头文件加载、功能子程序调取、中断函数配置调取、变量的定义及初始值设定、电动机起动程序。

10.9.2　系统中断程序

系统中断服务是程序有序进行的保证。本系统程序子功能丰富，需要完成电动机的矢量控制、信号采集和通信，设置多个触发中断方式以避免冲突。在电动机控制程序中，考虑 SVPWM 的发生、电流采集和角度、转速检测都使用中断实现，系统中断程序主要包括捕获单元 3 中断程序、定时器 3 周期中断程序和定时器 1 下溢中断程序。

捕获单元 3 中断程序由检测光电编码器的 Z 零位置信号的上升沿触发中断，Z 零位置信号在电动机转动一圈，产生一个脉冲，从而触发捕获中断，目的是复位直轴角度为零，使角度累计重新计算，是对电动机的电角度位置重新校正。捕获单元 3 中断流程框图如图 10-53（a）所示。

定时器 3 周期中断程序由定时器 3 的周期计数开始，根据光电编码器 A、B 正交编码电路得到相邻两个时间点的脉冲数，通过周期时间内的脉冲差值来计算转速，这里应当注意光电编码电路是四倍频，在转速计算中要作修正。同时，在中断程序中进行速度环 PI 控制运算，实现转速的反馈调节。定时器 3 周期中断流程图如图 10-53（b）所示。

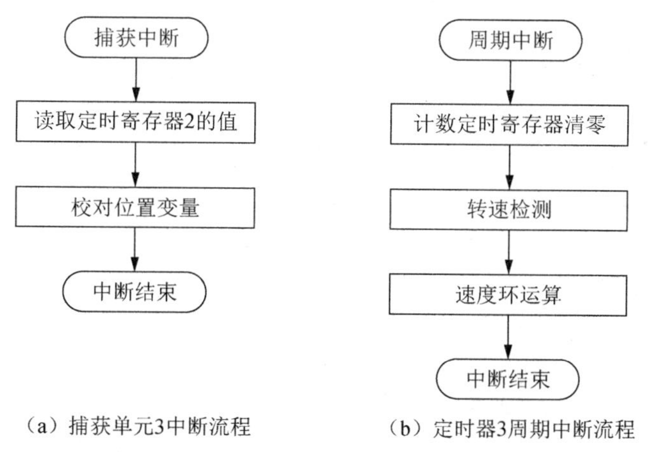

（a）捕获单元3中断流程　　（b）定时器3周期中断流程

图 10-53　捕获单元 3 中断和定时器 3 周期中断流程图

定时器 1 下溢中断程序由定时器 1 计数为零触发，中断目的是坐标变换、电角度计算、电流环 PI 控制和 SVPWM 生成，是电动机控制程序的关键。中断程序首先读取光电编码器脉冲得到相邻两个时间点的脉冲数，通过脉冲计数累加得到从零初始位置转过的电角度；然后设定两个 PWM 周期控制触发语句，采集 U 相和 V 相的电流，并进行电流环 PI 控制；最后通过坐标变换和逆坐标变换得到需要的两相静止坐标的电压值，并输入 SVPWM 模块，产生六路空间矢量 PWM 波形。定时器 1 下溢中断程序流程图如图 10-54 所示。

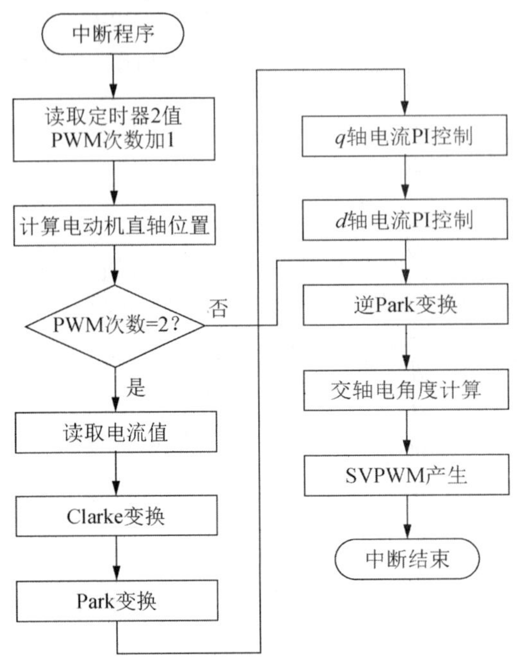

图 10-54　定时器 1 下溢中断流程图

10.9.3　电动机起动与扇面判断程序

本系统所用电动机为 YZ-57BLS140 型永磁同步电动机，它具有增量式光电脉冲编码器，包括霍尔传感器和光电编码器。电动机起动时，霍尔传感器用霍尔信号判断初始位置。光电编码器在电动机运行中用光电编码器的两路正交脉冲信号计算电角度和转速。霍尔传感器三个位置点在电动机内部呈 120°，生成的三路霍尔信号相位相隔 120°电角度。转动电动机的转子，转子通过电动机的六个扇面，都会在霍尔信号上产生不同的电平状态。

本系统检测增量式光电编码器输出 HALL1、HALL2、HALL3 的电平高低，区分初始六个扇面。霍尔信号通过调理电路接入 DSP2812 的 GPIO 接口[32]，程序设定 GPIO1、GPIO2、GPIO3 为电平接入口，读取 GPIO 的高低电平。根据表 10-7，得到三路霍尔信号与转子位置的对应关系，计算电动机的初始位置。

表 10-7　三路霍尔信号与转子位置的对应关系

信号	0°～60°	60°～120°	120°～180°	180°～240°	240°～300°	300°～360°
HALL1	1	0	0	0	1	1
HALL2	0	0	1	1	1	0
HALL3	1	1	1	0	0	0

10.9.4　角度和转速采集程序

本节所用电动机采用增量式光电脉冲编码器。光电编码器产生 A、B、Z 三路脉冲信号，A、B 两路脉冲相位相差 90° 电角度，形成正交信号；Z 脉冲为电动机转子转动一圈触发一个脉冲。运用 DSP2812 的 EVA 模块的正交编码电路（QEP）[33]，通过 A、B 正交脉冲判断转向和测量转速、角度，Z 信号为电动机转子每转动一圈，触发一个脉冲，它可以作为修正电动机初始转动角度的参考信号。

光电编码器的 A 和 B 输入 DSP2812 的 QEP1、QEP2；Z 输入 CAP3，作为角度修正中断触发。首先设定定时器 2 为定向增/减计数模式，当 QEP 电路工作时，捕获两路正交编码脉冲的上升沿和下降沿，它们都会产生一个时钟脉冲，这个时钟脉冲将提供给定时器 T2 进行计数，由此 QEP 电路为定时器 T2 所提供的时钟频率是每路输入脉冲序列的 4 倍。本系统所用电动机的一圈光栅为 1 000 个，极对数为 2，电动机每转动一圈，光电编码器 A、B 都为 1 000 个脉冲，因为 QEP 电路是四倍频，所以 T2 计数为 4 000，电角度为 360°×2=720°。T2CNT 赋初值为 0，T2PR 赋初值为 0xFFFF，通过设置定时器 1 的下溢中断，每隔一段时间读取 T2CNT 的值，用于确定电动机的转速和旋转角度[34]。角度和转速采集流程图如图 10-55 所示。

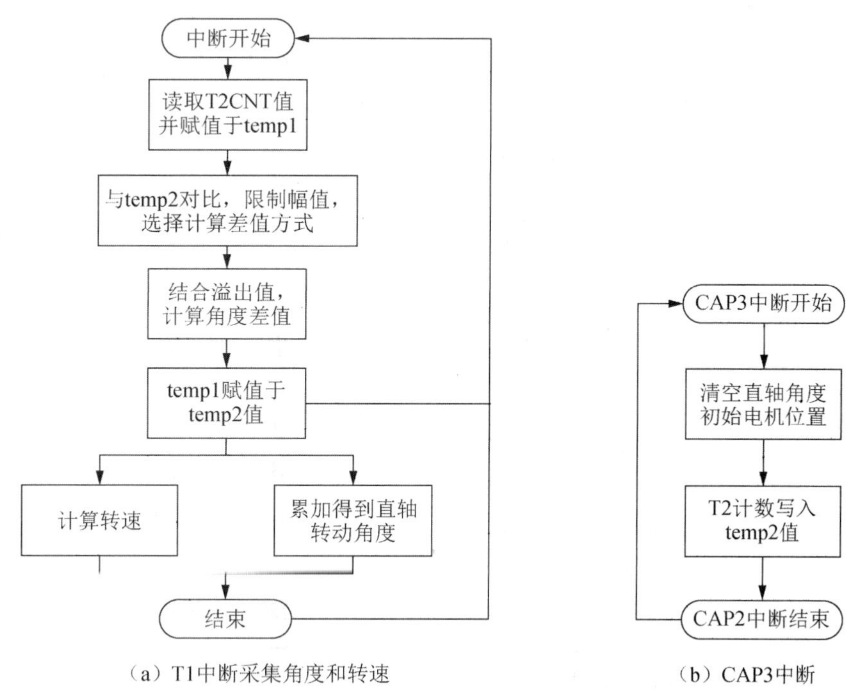

图 10-55　角度和转速采集流程图

设置定时器 1 的 TIPR 为 3 750，根据 EVA 为 75MHz 高速时钟，且定时器时钟一分频，得到 T1 下溢中断时间 t，即读取 T2CNT 的值的时间 t 为

$$t = \frac{2 \times \text{TIPR}}{\text{TCKL} \times 10^6}\text{s} = 0.01\text{s} \tag{10-37}$$

由前后读取的两个 T2CNT 的值 temp1、temp2 相减得到 t 时间内电动机转过的角度 $\Delta\theta$为

$$\Delta\theta = \frac{\text{T2CNT}[(k+1)t] - \text{T2CNT}[kt]}{4\,000} \times 360^\circ \tag{10-38}$$

通过时间 t 和转过的角度可以得到电动机转速 n 为

$$n = \frac{\text{T2CNT}[(k+1)t] - \text{T2CNT}[(k)t]}{4\,000t} \times 60\text{r/min} \tag{10-39}$$

同时，累计前 kt 时间段的角度即为第$(k+1)t$ 时刻电动机转子直轴转动的角度θ:

$$\theta[(k+1)t] = \theta[kt] + \Delta\theta \tag{10-40}$$

根据直轴转动的角度得到超前 90° 的交轴转动电角度，并且可以得到电动机在运行状态的扇面，为后面对应扇面的 SVPWM 波形变换提供依据。同时，由于定时器的计数是 16 位，在高速时存在计数溢出，判定 T2CNT 溢出时，若设定相差范围超过 50 000，则为溢出，获取脉冲的具体程序如下：

```
extent_temp1=EvaRegs.T2CNT;
if((extent_temp2-extent_temp1)>=50000)        //电动机正转
 {
 extent_temp=65536 - extent_temp2 + extent_temp1;
  extent_D+=extent_temp;
}
else if(extent_temp1 >= extent_temp2)         //电动机正转
{
 extent_temp=extent_temp1 - extent_temp2;
 extent_D+=extent_temp;
 }

extent_temp2=extent_temp1:
if(extent_D >= 4000)
{
  extent_D = extent_D - 4000;
   }
extent_Q = extent_D + 500;                     //交轴角度
```

10.9.5 电流环和速度环 PI 程序

本系统的永磁同步电动机选择速度环和电流环双闭环控制，核心运算使用 PI 控制方法，即通过对实际输出量与给定量进行偏差计算，将偏差的比例和积分量进行线性叠加控制，达到与给定量接近的效果，操作简单，效果明显[35]。本系统在增量式数字 PI

控制器的基础上带有积分校正，能够较快地退出饱和，同时加入输出限幅，能够避免较大的超调，提高控制效果。PI 控制器算法框图如图 10-56 所示，U_{max} 和 U_{min} 分别为输出限幅的最大值和最小值。

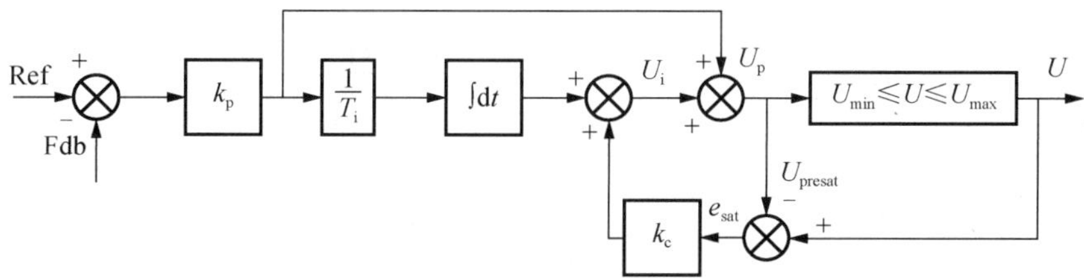

图 10-56　PI 控制器算法框图

算法的具体算式如下：

$$\begin{cases} U_p(k) = K_p e(k) \\ U_i(k) = U_i(k-1) + K_p K_i e(k) + K_c[U(k) - U_{presat}(k)] \\ U_{presat}(k) = U_p(k) + U_i(k) \end{cases} \tag{10-41}$$

式中，K_p——比例系数；

K_i——积分系数；

K_c——积分项的校正系数；

$U_p(k)$——比例项的输出值；

$e(k)$——偏差；

$U_i(k)$——积分项的输出值；

U_{presat}——输出限幅前的值；

$U(k)$——输出值。

PI 控制的参数对于控制器是至关重要的，合理的参数分析和选择能够提高系统的整体稳定性和动态特性[36]。K_p 为比例系数，其作用为加快系统的响应速度、提高系统调节精度。K_i 为积分系数，其作用为消除系统的稳态误差。K_c 为积分项的校正系数，当控制器输出饱和时，其能够迅速使积分项的输出值降下来[37]。本系统中，速度环和电流环具有不同的调节周期和初始数值，需要针对两个闭环各自给定相应的频率信号，反复调节，直到确定较为合理的参数[38]。

在电流环闭环控制中，从霍尔电流传感器测量得到电动机两相定子电流 i_A、i_B，通过 Clarke 变换和 Park 变换转换成 d-q 坐标系中的定子电流分量 i_d、i_q，与给定的 q 轴、d 轴参考电流 i_{qref}=0、i_{dref}=0 进行电流 PI 控制调节。得到的定子电流分量 i_d、i_q 的输出值是 SVPWM 和转矩调节的基础，对于高响应和高精度的电动机控制[39] 而言，电流环是核心。本系统的电流环在 T1 中断中进行两相电流的同时调节，调节频率是 5kHz，即两个 PWM 周期调节一次。电流环为内环，需要首先确定其 PI 控制的参数。电流环 PI 控制的参数选择是在固定电动机转子的情况下，输入 q 轴给定频率的正反电信号，与采集

q 轴电流反复对比，以观察电流环的运行，调节效果，选择合理的参数。由于 d 轴与 q 轴的结构一致，以 q 轴 PI 控制程序为例，程序如下：

```
I_er_Q = I_order_Q - I_ref_Q;
Up_IQ = 9*I_er_Q/10;
Ui_IQ = Ui_IQ + 1*Up_IQ/10 + 1*SatErr_IQ/10;
OutPreSat_IQ = Up_IQ+Ui_IQ
if (OutPreSat_IQ > 1000)
  IQ = 1000;
else if (OutPreSat_IQ < -1000)
  IQ =-1000;
else
  IQ = OutPreSat_IQ;
SatErr_IQ = IQ - OutPrdSat_IQ;
```

在速度环 PI 控制中，从光电编码器中测量得到电动机转速。本系统的速度环在 T3 中断中进行速度环调节，调节频率是 1kHz。速度 PI 控制的参数选择是通过给定速度信号，反复对比调节效果，以此来选择合理的参数。速度 PI 控制程序与 q 轴 PI 控制程序类似，这里不再列举。

10.9.6 SVPWM 实现程序

永磁电动机的矢量控制，关键在于 SVPWM 的正确设置。DSP2812 可以采用其内部硬件功能实现 SVPWM，即五段式 SVPWM，而且每个 EV 模块中都可以产生六路 SVPWM。本程序采用 DSP2812 的事件管理器 EVA 模块设定使能比较操作和空间矢量 PWM 模式，确定 SVPWM 的作用时间、开启顺序，产生五段式 SVPWM 波形，如图 10-57 所示。具体设置如下。

本程序选择 EVA 输出 SVPWM，设置 ACTR 寄存器，定义 SV=0，空间矢量 PWM 正转，六个比较输出引脚的输出极性分别是 PWM1、PWM3、PWM5 低电平有效和 PWM2、PWM4、PWM6 高电平有效；设置 COMCON 寄存器，比较器使能比较，使能空间向量 PWM 模式，比较器重新加载方式选择 T1 下溢中断；T1PR=3 750，即 PWM 的频率为 10kHz；通用定时器 1 设置为连续增/减计数模式，并启动定时器计数。以式（10-33）作为计算依据，利用两相电流确定电压 $\boldsymbol{U}_{\text{out}}$，并得到 $\boldsymbol{U}_{\text{out}}$ 在两相 α-β 坐标系下的分量 $\boldsymbol{U}_{\text{out}\alpha}$ 和 $\boldsymbol{U}_{\text{out}\beta}$；利用交轴的扇面确定两个相邻矢量 $\boldsymbol{U}_{\text{x}}$、$\boldsymbol{U}_{\text{x+60}}$；利用 SVPWM 的调制周期 T 计算得出两个基本空间矢量作用时间的相对值 t_1、t_2，并将 t_1 的值写入 CMPR1 寄存器，将 t_1+t_2 的值写入 CMPR2 寄存器[40]，进行比较，生成 PWM。同时，在 SVRDIR 位设置 SVPWM 转向，并根据旋转中的转子交轴所在的扇面，把 SVPWM 波形的开启方式写入 ACTR 的 D2～D0 位，依扇面的变换而转变。根据扇面的不同，由不同的 SVPWM 波形组合成基本空间矢量，合成给定空间矢量，以达到矢量控制电动机的目的。

SVPWM 产生的工作流程图如图 10-58 所示。生成的空间矢量 PWM 的波形是关于每个 PWM 周期中心对称的。

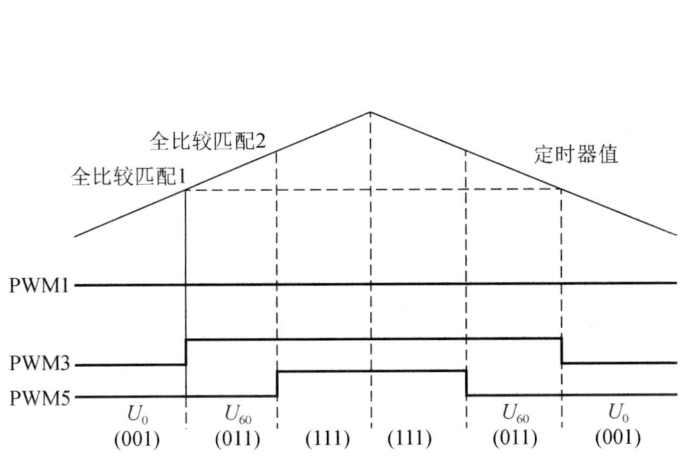

图 10-57　五段式 SVPWM 波形

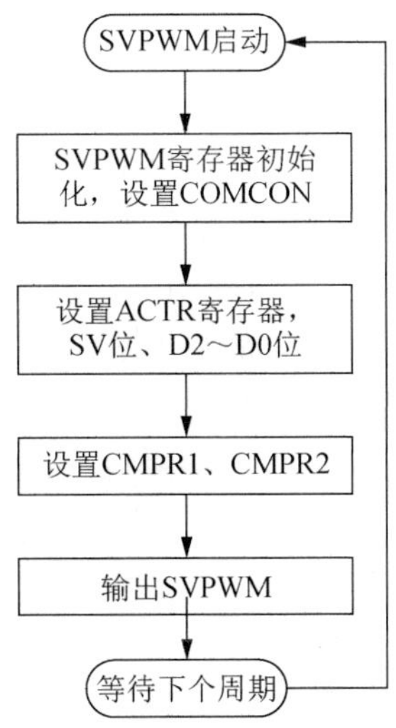

图10-58　SVPWM 产生的工作流程图

设计程序如下：

```
EvaRegs.T1CON.all = 0x0842;
EvaRegs.T1PR = 3750;
EvaRegs.CMPR1 = 0;
EvaRegs.CMPR2 = 0;
EvaRegs.COMCONA.all = 0x9200;
EvaRegs.ACTR.all = 0x1999;
EvaRegs.T1CNT = 0;
......
EvaRegs.ACTR.all=extent[extent_i];  //把扇区位置写入 PWM 控制寄存器
   Switch(extent_i)
   {
        case 0:
           t1=(-z*CMPR_temp)>>15; t2=(x*CMPR_temp)>>15;break;
        case 1:
          t1=(y*CMPR_temp)>>15; t2=(z*cmpr_temp)>>15;break;
                   ......
   }
EvaRegs.CMPR1=t1;
EvaRegs.CMPR2=t1+t2;
```

10.10 电动机控制系统实验与分析

10.10.1 永磁无刷直流电动机控制系统实验

本节的主要目的是通过实验的方法验证永磁无刷直流电动机控制系统是否满足设计要求，并通过对实验的分析进一步阐述无刷直流电机控制系统设计。本实验用到的实验器材主要有：①0～30V直流稳压电源两台；②MPC555开发板一块；③100W八线制永磁无刷直流电动机一台；④功率驱动板一个；⑤示波器一台；⑥万用表一台。实验装置如图10-59所示。

图10-59 永磁无刷直流电动机控制系统实验装置

1. 霍尔信号采集

本实验采用的电动机为100W八线制永磁无刷直流电动机，其中的三线为U、V、W三相电源线，另外五线为电动机内部的三路霍尔传感器信号接口和电源接口。霍尔传感器安置在电动机内部且彼此相隔120°，各路产生的霍尔信号相位也相隔三分之一个周期，根据各个时刻捕捉到的霍尔信号电平状态的组合情况判断转子的位置，从而给出换向指令。

在电动机平稳运行时，三路霍尔信号经过霍尔信号检测模块检测后送入示波器。图10-60所示为A、B两路霍尔信号波形图。从图中可以看出，A、B两路信号相位间隔120°电角度，占空比近似50%，经过信号处理电路后，方波信号基本平稳，但仍有少量波动。

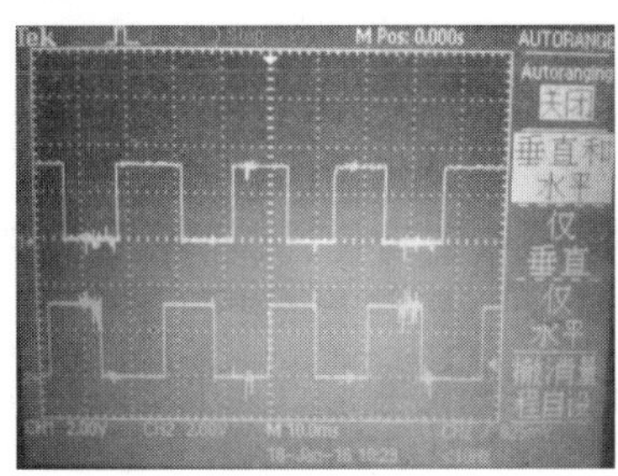

图 10-60　A、B 两路霍尔信号波形图

2. PWM 驱动信号

由 10.3.6 节可知，根据三路霍尔信号组成的六个组合状态，DSP 给出下一次换向六路 PWM 的导通顺序。本节采用软开关模式，即导通侧高压端（PWM1、PWM2、PWM3）高电平有效，低压端（PWM4、PWM5、PWM6）强制低电平，其余强制高电平，霍尔信号换向指令对照表如表 10-8 所示。根据表中的换向关系，将检测到的霍尔信号状态送入换向子程序，DSP 给出六路 PWM 控制信号。图 10-61 所示为换向状态“100”时刻六路 PWM 的输出波形。

表 10-8　霍尔信号换向指令对照表

换向状态	高电平有效端	强制低电平	强制高电平
101	PWM1	PWM5	PWM2、PWM3、PWM4、PWM6
100	PWM1	PWM6	PWM2、PWM3、PWM4、PWM5
110	PWM2	PWM6	PWM1、PWM3、PWM4、PWM5
010	PWM2	PWM4	PWM1、PWM3、PWM5、PWM6
011	PWM3	PWM4	PWM1、PWM2、PWM5、PWM6
001	PWM3	PWM5	PWM1、PWM2、PWM4、PWM6

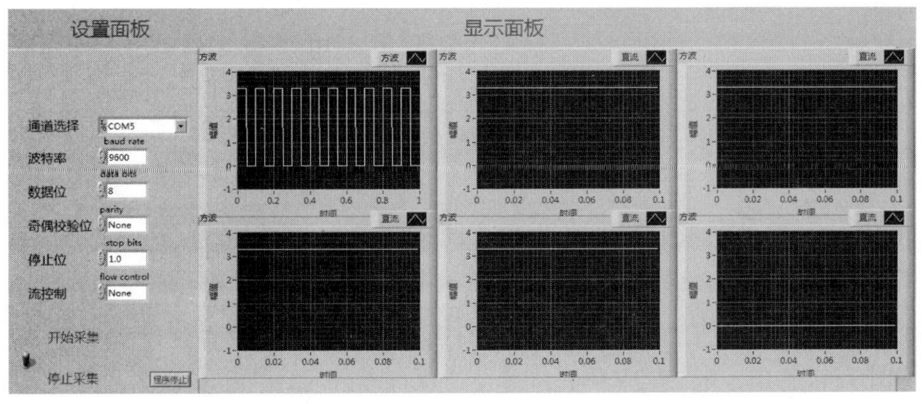

图 10-61　换向状态“100”时刻六路 PWM 的输出波形图

3. PID 调速控制

PID 调速程序是验证本实验是否满足设计要求的关键，也是整个工程的核心内容，要想实现对电动机转速的控制，首先需要对转速信号进行采集，保证得到的转速信号真实有效。

本节以电动机空载 2 000r/min 转速实验为例。未处理的转速信号波形，如图 10-62 所示。从图中可以看出，在未进行信号滤波及软件信号处理时，转速信号波动较大，受到干扰时导致转速计算产生巨大错误，因此这样的转速信号无法直接进行后续调速处理。

在对信号进行滤波隔离，并且在软件算法中进行优化后，转速信号基本趋于稳定。经过滤波隔离的转速信号波形，如图 10-63 所示。

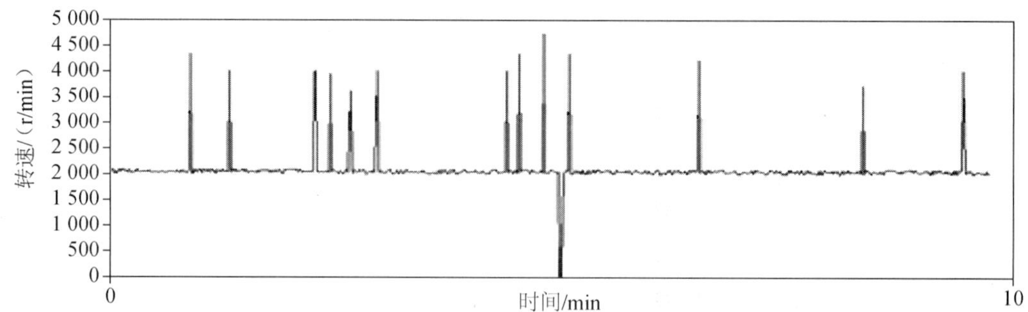

图 10-62 未处理的转速信号波形图

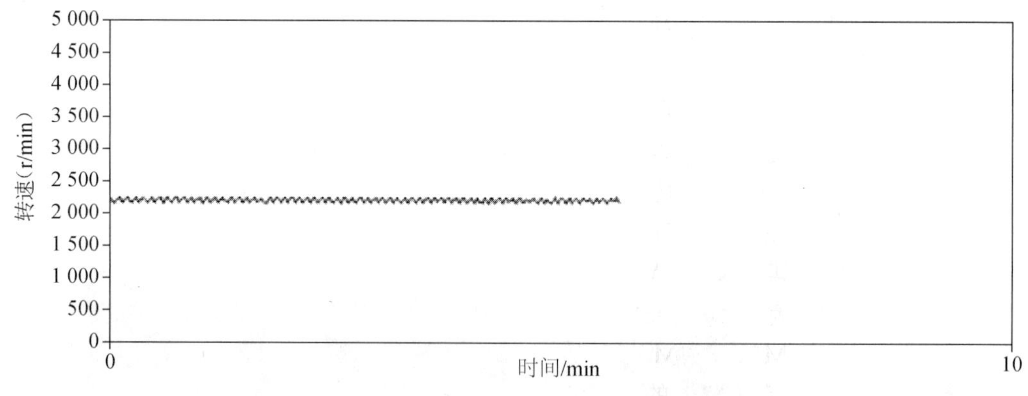

图 10-63 经过滤波隔离的转速信号波形图

此后采用前文提到的 PID 参数设定方法，对 K_p、K_i、K_d 三个参数进行设置，通过多次实验的方法，最终得到效果较好的 PID 调速参数。本节 K_p、K_i、K_d 三个参数的设定值分别为 K_p=4，K_i=0.5，K_d=0.2。经过 PID 控制的转速信号波形图，如图 10-64 所示。

从图中可以看出，电动机从静止加速到 2 000r/min 时，有小量超调，但进入稳态较快，并且趋于平稳，误差在±20r/min 以内，基本满足预期设计要求。

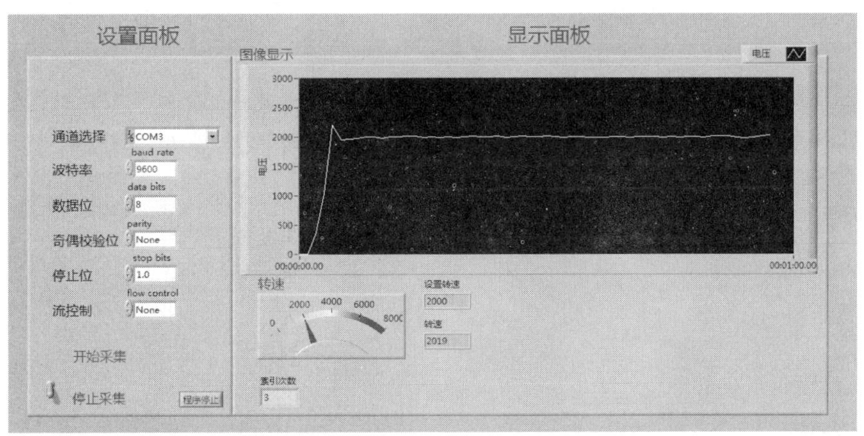

图 10-64　经过 PID 控制后的转速信号波形图

10.10.2　永磁同步电动机控制系统实验

本实验用到的实验器材和仪表主要有：①140W 永磁同步电动机一台，型号为 YZ-57BLS140；②0～36V 直流稳压电源两台；③信号发生器一台；④示波器一台；⑤永磁同步电动机控制器 PCB；⑥永磁同步电动机驱动实验板；⑦万用表一台；⑧电位器；⑨DSP2812 开发板及仿真器两套。

永磁同步电动机的三线为 U、V、W 三相电源线，另外 1、4 线为电动机增量式光电编码器的信号和电源线路，包括六路三对互相对称的光电脉冲编码信号，分别是 A+、A−、B+、B−、Z+、Z−；六路三对互相对称的霍尔传感器信号，分别是 H1+、H1−、H2+、H2−、H3+、H3−；还有一路 5V 电源线和一路接地线，为光电编码器和霍尔传感器提供电源。本系统只取正向信号。光电编码器三路信号 A+、B+、Z+分别接入电动机控制板的 CAP-QEP1、CAP-QEP2、CAP-QEP3 接口，霍尔传感器三路信号 H1+、H2+、H3+通过处理电路接入电动机控制板的 GPIO1、GPIO2、GPIO3 接口，5V 电源接入永磁同步电动机控制器 PCB 的 5V 接口；电动机的 U、V、W 三相电源线分别接入驱动实验板的 U、V、W 接口，其中 U 和 V 电源线需要接入霍尔电流传感器内，采集两相电流；驱动实验板的电源侧接入 12V、36V 和地线，由电动机控制器 PCB 的 PWM1、PWM2、PWM3、PWM4、PWM5、PWM6 端口分别接入驱动实验板的 H1、L1、H2、L2、H3、L3 端口；两个霍尔电流传感器的 12V 电源端和接地端接入直流稳压电源，两个霍尔电流传感器的输出端接入电动机控制器 PCB 的 ADCINA0、ADCINA1；电位器的正极接入电动机控制器 PCB 的 3.3V 和接地，输出电压端接入 ADCINA2，作为转速输入量；电动机控制器 PCB 接 5V 电源，CAN_2 总线接入 CAN 模块接口，完成与汽车主控单元的通信。永磁同步电动机控制系统实验平台如图 10-65 所示。

电流环和速度环双闭环控制是构成高性能控制系统的基础，它直接影响电动机矢量控制策略的稳定和动态响应。本节在永磁同步矢量控制系统的硬件和软件设计的基础上，实现电流环和速度环的 PI 控制。

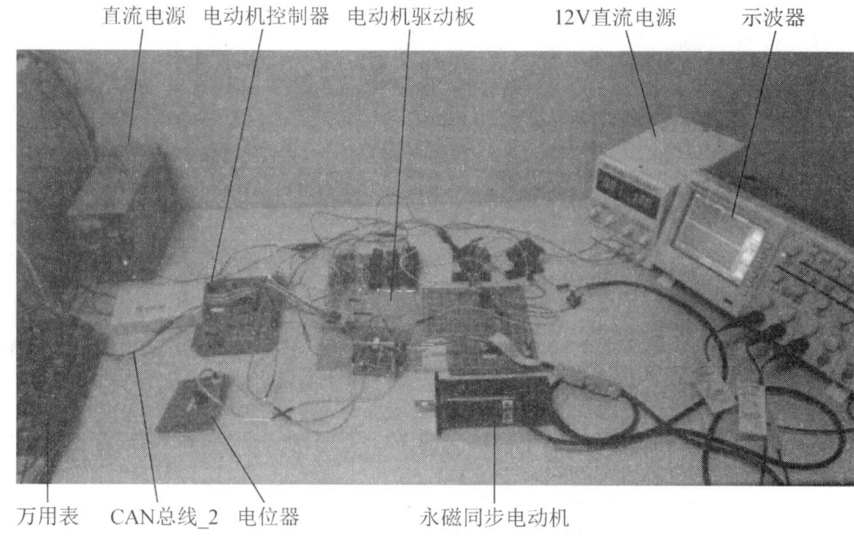

图 10-65　永磁同步电动机控制系统实验平台

电流环为内环，首先需要确定其 PI 控制的参数。电流环 PI 控制的参数选择通常在固定电动机转子的情况下，观察电流环的运行，输入 q 轴给定频率为 5kHz 的正反电信号，对采集的相电流经过坐标变换得到采集 q 轴电流，与给定 q 轴电流反复对比，调节效果，选择合理的参数。参考相关文献[31]设定电流环 PI 控制参数的初始值，再进行调节，反复对比，由此可得 q 轴 PI 控制选择的参数为 K_p=0.9、K_pK_i=0.1、K_c=0.1、U_{max}=1 000、U_{min}=−1 000；d 轴 PI 控制选择的参数与 q 轴类似，确定的参数为 K_p=0.9、K_pK_i=0.1、K_c=0.1、U_{max}=500、U_{min}=−500。

速度环为外环，通常设定电动机控制系统的电动机转速为 1 000r/min，将光电编码器信号输入 QEP 模块采集电动机转速，并在 LabVIEW 界面上显示。对比速度环多次运行的效果，并选取合理的 K_i、K_p、K_c、U_{max} 和 U_{min}。设定速度环 PI 控制参数的初始值，再进行反复调节，观察电动机运行的平稳情况，由此选择速度环 PI 调节的参数为 K_p=10、K_pK_i=0.32、K_c=1、U_{max}=1 600、U_{min}=−1 600。电动机转速信号波形图如图 10-66 所示，图中电动机转速有一定波动，但基本上满足双闭环设计要求。

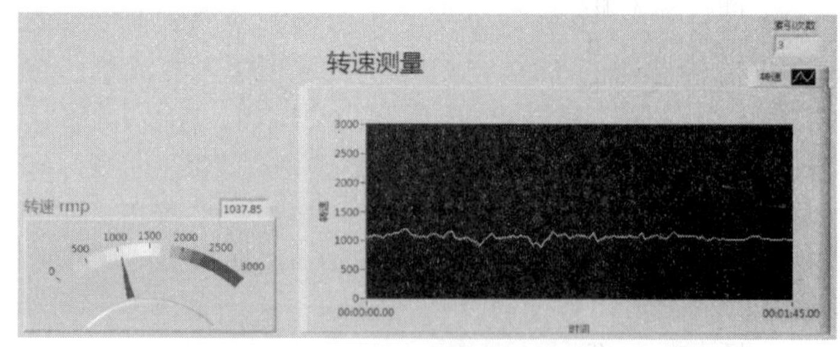

图 10-66　电动机转速信号波形图

参考文献

[1] 朱高剑，关振宏，张士奎．基于 MATLAB 的无刷直流电机控制系统建模与仿真[J]．电子元器件应用，2012，14（4）：37-41．

[2] 孙铸，韩华．基于自适应模糊 PID 控制的太阳光跟踪伺服系统[J]．物联网技术，2012（9）：76-78．

[3] 甄苗苗，冯国胜，李森．混合动力汽车驱动电机控制系统建模与仿真[J]．汽车工程师，2013（7）：42-46．

[4] 吴进军．MPC555 的发动机电控单元最小系统设计[J]．单片机与嵌入式系统应用，2006（3）：8-11．

[5] 张小芳．基于 MPC555 微处理器的四轮直线行进系统的研究和实现[D]．上海：复旦大学，2005．

[6] 林成瑛，王致杰，刘三明，等．新能源电动车控制器设计方法研究[J]．信息技术，2013（9）：6-9．

[7] 朱西成，林辉． 无刷直流电动机功率驱动电路设计[J]．现代电子技术，2009（14）：162-164．

[8] 苏亦白，李季，徐淑彦．大规模集成芯片 IR2130 触发器[J]．现代电子技术，2007，30（20）：7-9．

[9] 张琛．直流无刷电动机原理及应用[M]．北京：机械工业出版社，1996．

[10] OMBACH G, MASMOUDI A. Electromechanical system with IPM motor used in electric or hybrid vehicle[J]. The International Journal for Computation and Mathematics in Electrical and Electronic Engineering, 2011, 30(1): 137-150.

[11] LI W, LI Z P, CHEN T T. Influence of rotor structure on starting performance of PMSM used for HEV[J]. Advanced Materials Research, 2011, 383(390): 1855-1861.

[12] GAO W G, YUAN X L, ZHANG H Y. Modeling and simulation of BLDCM drive system based on Z-source converter[J]. Applied Mechanics and Materials, 2012, 189: 359-363.

[13] ZHANG C L, ZHANG J J, LIU H B. Velocity-current double closed-loop control model and simulation of BLDCM in pure electric vehicle applications[J]. Advanced Materials Research, 2012, 466: 881-885.

[14] 李晓楠，冯国胜，李晨阳，等．HEV 控制系统高速 PCB 信号完整性分析[J]．上海工程技术大学学报，2016，30（4）：294-299．

[15] 裴家祥，刘兴奎．基于 DSP2812 的无刷直流电机模糊 PI 控制[J]．现代驱动与控制，2014（1）：33-36．

[16] 施雅婷，郭前岗，周西峰．一种改进的 LabVIEW 串口通信系统的实现[J]．电子测试，2010（8）：64-69．

[17] 徐华中，黄丽萍．基于 LabVIEW 和 DSP 串口的多通道电机参数采集系统[J]．电子测量技术，2011（4）：66-69．

[18] 邓伟，冯国胜，王超．电控发动机多通道数据采集系统开发[J]．内燃机，2011（1）：10-12．

[19] KUNG Y S, THANH N P, CHOU H H. Design and implementation of a microprocessor-based PI controller for PMSM drives[J]. Applied Mechanics and Materials, 2015, 764-765:496-500.

[20] 山健，胡文海．工业锁眼机主轴伺服电机控制原理分析[J]．微电机，2013，46（05）：65-69．

[21] 司伟．基于 DSP 的永磁同步电机伺服系统的研究与实现[D]．北京：北京交通大学，2009．

[22] 刘辉．基于 FPGA 的永磁同步电动机变频调速系统设计[D]．南昌：南昌大学，2014．

[23] 高旭东．永磁同步电机智能控制系统研究[D]．石家庄：石家庄铁道大学，2016．

[24] 金硕，曹勇，赵文秀，等．电动汽车永磁同步电机无速度传感器矢量驱动系统的研究[J]．辽宁工业大学学报（自然科学版），2015（1）：6-9，15．

[25] 岑海洪．电动注塑机曲柄滑块射胶伺服系统的研究[D]．广州：华南理工大学，2011．

[26] SHRIWASTAVA R G, DAIGAVANE M B, DAIGAVANE P M. Simulation analysis of three level diode clamped multilevel inverter fed PMSM drive using carrier based space vector pulse width modulation (CB-SVPWM)[J]. Procedia Computer Science, 2016, 79: 616-623.

[27] 金永顺．三电平逆变器 SVPWM 方法的分析与研究[D]．长沙：湖南大学，2007．

[28] 彭朝亮，冯国胜，李晓楠，等．基于 CAN 总线的混合动力汽车状态实时监测系统[J]．汽车工程师，2016（6）：36-39．

[29] 袁新华．混合动力汽车永磁无刷直流电机控制系统开发[D]．石家庄：石家庄铁道大学，2016．

[30] 彭朝亮，冯国胜，袁新华．混合动力汽车电机控制器硬件设计与 CAN 通信[J]．农业装备与车辆工程，2017，55（3）：12-17．

[31] 史江．永磁同步电机控制系统 PI 参数优化研究[D]．天津：河北工业大学，2013．

[32] 李永国．基于 DSP 的转台伺服系统研制与低速爬行问题研究[D]．西安：西安电子科技大学，2012．

[33] 姜程．基于 DSP 的六相感应电机矢量控制系统[D]．重庆：重庆理工大学，2011．
[34] 李昕奇，金勇．基于 DSP2812 的电动机测速方法的研究[J]．电气自动化，2011，33（4）：81-82．
[35] 桂文斌．基于 DSP 的电机双闭环控制系统[J]．工业控制计算机，2010，23（1）：41-42．
[36] APTE A A, JOSHI V A, WALAMBE R A, et al. Speed control of PMSM using disturbance observer[J]. IFAC PapersOnLine Issue Date, 2016, 49(1): 308-313.
[37] 陈荣．永磁同步电机控制系统[M]．北京：中国水利水电出版社，2009．
[38] 杨耕，罗应立．电机与运动控制系统[M]．北京：清华大学出版社，2006．
[39] 周华伟，陈龙，刘国海，等．一种改善 PMSM 动态性能的弱磁策略[J]．电机与控制学报，2014，8（9）：23-29．
[40] 叶金虎．现代无刷直流永磁电动机的原理和设计[M]．北京：科学出版社，2017．